大明奠基人 朱棣江山

燕山刀客 ◎ 著

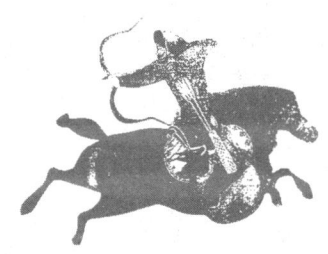

当代世界出版社
THE CONTEMPORARY WORLD PRESS

图书在版编目（CIP）数据

大明奠基人朱棣．江山 / 燕山刀客著．— 北京：当代世界出版社，2022.5
ISBN 978-7-5090-1614-5

Ⅰ．①大… Ⅱ．①燕… Ⅲ．①明成祖（1360-1424）—传记 Ⅳ．① K827=48

中国版本图书馆 CIP 数据核字（2021）第 102401 号

大明奠基人朱棣：江山

作　　者：	燕山刀客
出版发行：	当代世界出版社
地　　址：	北京市东城区地安门东大街 70-9 号（100009）
邮　　箱：	ddsjchubanshe@163.com
编务电话：	（010）83907528
发行电话：	（010）83908410（传真）
	13601274970
	18611107149
	13521909533
经　　销：	全国新华书店
印　　刷：	北京楠萍印刷有限公司
开　　本：	710 毫米 ×1000 毫米　1/16
印　　张：	42.25
字　　数：	600 千字
版　　次：	2022 年 5 月第 1 版
印　　次：	2022 年 5 月第 1 次
书　　号：	ISBN 978-7-5090-1614-5
定　　价：	98.00 元（全 2 册）

如发现印装质量问题，请与承印厂联系调换。
版权所有，翻版必究，未经许可，不得转载！

推荐序：重新认识朱棣及靖难之役

余世存[1]

两千多年的皇权专制史，某种意义上说，其实只有两大主题：夺取政权与捍卫政权。中国历史上的夺权者非常多，成功的却很少，只有司马炎、刘裕这样的极少数幸运儿笑到了最后。而想以地方一隅起兵争夺天下的，几乎全部以惨败告终，失利者通常都会被满门抄斩。盘点一下就能看出，唯一凭藩王身份成功夺权，并且夺权之后还能政绩卓著的，只有明朝初年的燕王朱棣。

有位历史学家曾经说过，有明三百年，只有一个皇帝，那就是太祖朱元璋；只有一个宰相，那就是万历首辅张居正。但事实上，朱棣在明朝历史中所起到的作用、所扮演的角色、所开创的格局，并不弱于朱元璋。没有朱棣就没有今天的北京、今天的故宫、今天的十三陵，也没有郑和下西洋，没有内阁制，没有《永乐大典》……

如果朱棣没有靖难成功，中国历史与版图一定会是另外一番模样，用面目全非来形容，一点儿也不夸张。

此外，没有朱棣的迁都盛举，北京在中国历史上的地位与分量，无疑要受到很大影响。

---

[1] 余世存，著名作家，生于湖北省随州市，主要作品有《非常道》《中国男》《老子传》《家世》《人间世：我们时代的精神状况》等。

这是年轻的历史作家燕山刀客在《大明奠基人朱棣》一书中表现出的见识。书中还有很多新奇有趣的史料故事以及作者合理的大胆假设和猜想。作者的很多观点，往往与大众普遍认知的不同，有让人眼前一亮的感觉。

如果你想要了解有关朱棣的历史知识，那么你可以看看这本书，它高度还原了靖难之役的原貌，能让你重新认识"朱老师"；如果你打算做个人品牌营销，那么你也可以看看这本书，它能给你提供许多经典案例；如果你希望振奋精神，那么你还是可以看看这本书，它有着浓厚的励志色彩。

作者以史实为依据，并不拘泥于时间线索，而是从朱元璋驾崩、朱棣奔丧讲起，为我们讲述了建文帝继位之后，朱棣因为朝廷猜疑，不得已起兵靖难，经过三年努力，历经大小几十次战役，有过大获全胜的辉煌，也有过陷入绝境的无奈，还有过短暂的动摇与彷徨，但还是一如既往地坚持，最后占领南京，终于登上皇位的过程。

总之，朱棣的靖难之路，充满了传奇色彩，也是一个非常有感染力的励志故事。

燕山刀客是一位"民间作者"，也许正因如此，他才能摆脱传统历史写作的条条框框，其行文可谓天马行空，别具一格，有时甚至有点令人匪夷所思。跟当下众多年轻的作者一样，燕山刀客也有以今人流行语境叙述历史的偏好，历史写作更坐实在文学层面，尚未能坐文望史、坐史望经。唯有如此，他的作品才更贴近普通读者，较之专家学者，民间作者读史论世时的吉光片羽，也会更快、更广泛地传达给社会大众。

从字里行间不难发现，燕山刀客对历史别有怀抱，因而独具只眼。其实说起靖难之役这段历史，大多数中国人都不太陌生，但对于其细节，往往缺乏足够的认知，甚至有很多误解。我们对历史的轮廓和细节往往知其一不知其二，如对玄武门之变的细节，我们虽然已有所了解，但对其意义仍缺乏历史的和哲学层面的观照。而对于靖难之役，我们不仅缺乏经史叙事，也缺少足够的文学叙事。

过去史学界对朱棣的评价，过多地集中于其得位不正、靖难之役的血腥、诛杀方孝孺等人时的残暴等，但这些我们看到的历史，早已经过多代人的修改，成了"一切历史都是当代史"。关于朱棣的性格、心理、抱负等，在当代作家笔下，尚无足够的分析。朱棣得胜后的心理变异一如其父，一如中国历史上前前后后的"精英"们，是值得认真辨析的重大历史和人生命题。因为确实，其中大部分人成功前都是人中龙凤，是心存敬畏、礼贤下士、坚毅、百折不挠、勤勉、义气、仁爱……的典范。

正如本书中所讲的那样，朱棣能够以八百人马起兵，用三年时间夺取最高权力，并非因为其好战成性和血腥残忍，恰恰相反，面对突如其来的灾祸时，朱棣没有坐以待毙，没有怨天尤人，没有自乱阵脚，而是依靠自身的不凡创意、不懈努力和不屈意志，依靠身边大将的勇猛与谋士的忠诚，依靠一点儿好运气，最终成功地改写了历史。而这个过程之艰辛、代价之沉重，恐怕是很多人无法想象的。

在战斗中，朱棣总是身先士卒，不避危险，大大鼓舞了士气；他能针对不同的对手，根据不同的天气和地形情况，采取不同的战术；他注重心理战，善用反间计，对于可以不在战场上解决的问题，尽量采用和平手段处理；他特别注重骑兵战术的运用，以消灭敌方有生力量为目标；他的运气确实相当好，但与其对手不同的是，在好运降临之时，他总能敏锐地捕捉到机会，并让这种好运最大化；面对挫折与危机，他有超出常人的承受能力，并有一种不达目的誓不罢休的韧劲儿。

与很多人的第一印象大相径庭的是，朱棣并不是一个好战分子，极少滥杀无辜。在与南方朝廷的战争中，他对抓来的俘虏一律不予处决或强行收编，还放他们回归家乡；包围济南之时，明明可以决黄河水轻易结束战斗，但他却不想伤及平民；打了胜仗，他下令清扫战场，掩埋本方将士的遗骨，也安葬敌方死者的尸首；每攻占一座城池，他都要求不得扰民，更不允许抢劫；他冒险直击南京，也是想尽快结束战事，尽量减少人员伤亡，尽可能地避免对无辜百姓的伤害。

从书中可以看出，朱棣靖难成功看似有一定偶然性，但他在那三年中所表现出来的情商、谋略、大局观及领导才能，在当时绝对是出类拔萃、首屈一指的。即使放在中国五千年历史长河中，这样的领袖也不多见。与竞争对手建文帝相比，朱棣显然更适合担任大明帝国的最高领导人。也就是说，朱棣的上位，是力量悬殊状态下厮杀出来的结果，是逆袭成功的典范，堪称中国特色的选战。

有人认为，朱棣靖难成功，很大程度上奠定了大明江山得以延续近三百年的基础，避免了王朝的短命崩溃，促进了中华民族的大融合，为中国最终拥有现在的疆域创造了历史契机。让我们跟随作者燕山刀客的笔触，穿越到六百年前的那场战局中，领略朱棣的风采，探究那些不为人知的靖难真相吧！

目　录

引　子 | 001
第一章　早熟少年有大志 | 007
　一、老爹不登基，就不配有名字 | 007
　二、学习不努力，后果很严重 | 011
　三、封王的代价，就是给大哥磕头 | 016
　四、十六岁了，给我一个姑娘 | 020
　五、凤阳军训，为的是展翅高飞 | 023
第二章　就藩北平得历练 | 031
　一、前元故都，令朱棣如鱼得水 | 031
　二、一见如故，拥有自己的刘伯温 | 036
　三、随军出征，二十来岁跟对人 | 041
　四、一战成名，三十来岁做对事 | 049
　五、"三十不获"，为什么一炮走红 | 055
第三章　争储失败不气馁 | 059
　一、有大哥在，朱棣并无非分之想 | 059
　二、朱标去世，父皇选错接班人 | 062
　三、借刀杀人，老四巧除异己 | 069
　四、舐犊情深，朱元璋最后的关怀 | 074

第四章　建文削藩造困局 | 079

　　一、奔丧遇阻，朱棣尽显诚意 | 079

　　二、甫一登基，建文帝就铸大错 | 081

　　三、班底水平，决定了新帝的命运 | 084

　　四、急于动手，却又搞错方向 | 089

　　五、避实就虚，实则欺软怕硬 | 093

第五章　痛定思痛下决心 | 099

　　一、弱智君主，实为反贼催化剂 | 099

　　二、麻痹对手，就是让对方轻视你 | 102

　　三、装神弄鬼，只为给自己信心 | 105

　　四、天降大礼，消除最后一道障碍 | 112

第六章　装疯无罪求生存 | 117

　　一、人生如戏，全凭演技混社会 | 117

　　二、因祸得福，将行为艺术进行到底 | 118

　　三、你行我也行，北平有了"特洛伊木马" | 120

　　四、听老妈的话，才能不犯浑 | 124

第七章　起兵靖难没商量 | 129

　　一、非常时期，就要用非常手段 | 129

　　二、兵不厌诈，玩的就是计谋 | 133

　　三、掌握话语权，所有兆头都是吉兆 | 136

第八章　肃清外围护北平 | 143

　　一、打好第一仗，对士气至关重要 | 143

　　二、巩固后方，才可稳定前线 | 145

　　三、用敌人的矛，攻击敌人的盾 | 147

　　四、玩转反间计，方能事半功倍 | 152

第九章　轻松戏弄耿炳文　|159

一、你过你的中秋，我送我的贺礼　|159

二、牵着对手鼻子走，才能立于不败之地　|164

三、先虚后实，玩的还是计谋　|167

第十章　借兵羞辱李景隆　|177

一、撤掉差的，换上更差的　|177

二、一封书信，能抵十万雄兵　|180

三、空头支票，也能搞定兄弟　|182

四、胖子守城，大块头有大智慧　|187

五、关键时刻，女性创造奇迹　|190

六、郑村坝大战，结局出人意料　|195

第十一章　神风助战白沟河　|203

一、朱棣再上书，大打心理战　|203

二、不认可你，但认可你的批评　|207

三、佯攻大同，让你过不好冬天　|211

四、一视同仁，敌军亡魂也要祭奠　|214

五、越是危险，越能彰显智慧　|215

六、战局瞬息万变，你要抓住时机　|224

第十二章　败走山东不失志　|229

一、围攻济南，四皇叔险些中招　|229

二、活学活用，有人比朱棣更狠　|234

三、声东击西，不过是家常便饭　|238

四、东昌鏖战，从最惨一仗中逃脱　|242

第十三章　有仇必报终雪耻　|251

一、每一次祭奠，都是战前动员　|251

二、神风再临，帮的还是老朋友　|256

三、藁城对决，朱棣晋级"朱三风"　|265

第十四章　相持之中破僵局　|273

一、以我为主，牢牢把握主动权　|273

二、见招拆招，使节战也是心理战　|277

三、粮食战争，你狠我比你更狠　|281

四、识破离间计，父子从此更一心　|286

五、众将劝进，朱棣不为所动　|289

六、破釜沉舟，才能勇往直前　|292

第十五章　将靖难进行到底　|299

一、伏击平安，燕王再失悍将　|299

二、多管闲事，半路杀出个小舅子　|303

三、灵璧崩盘，是意外巧合还是精心设计　|307

四、决战浦子口，天降一份大礼　|313

五、龙潭宴，作用胜过鸿门宴　|317

第十六章　占领南京继大统　|321

一、再坚固的城池，也挡不住奸细　|321

二、天遂人愿，朱允炆离奇失踪　|324

三、群臣"冒死"劝进，朱棣"被迫"登基　|328

引 子

大明洪武三十一年[1]（1398）闰五月，前元故都，边陲重地北平。

正值盛夏，天气异常闷热，空气中几乎没有一丝风，路面已经被晒出了很多裂缝。街上的行人寥寥无几，道边的店铺也冷冷清清。除非有要紧事情，否则市民们都躲在家里，不愿出门。

在那个一没空调、二没电扇的年代，降温措施实在原始，大家只能靠土办法解决，男人们喜欢光着膀子来对付酷暑，女人们也是哪里凉快哪里待着。北平市民们怎能料到，在这个炎热的夏天，自己和亲人的生活将会发生巨大的变化。

回想洪武元年（1368）七月，大明军队开进了这座各色人等混杂的移民城市，元顺帝妥懽帖睦尔不战而逃。此后三十年间，当地百姓再也没有经历过战争的威胁，生活变得平静而又惬意。

这座城市真正的主人，可不是北平布政司，而是在市民心目中享有极高声望的燕王朱棣，洪武皇帝钟爱的皇四子。十八年前，朱棣和王妃徐氏刚刚来到北平时，还是一个帅气小伙儿，现在，他已接近不惑之年。夫妻俩成亲二十来年，感情一直非常好，并有了三个儿子[2]和五个女儿。

朱棣和徐氏所住的燕王府，是由元朝皇帝的隆福、兴圣二宫改建

---

[1] 本书一律采用皇帝年号纪年，日期用农历。
[2] 四王子夭折，没有留下姓名。

的❶，前庭房高院深，亭台曲径通幽，后院绿树成荫，东边还有太液池（今北海）可以乘凉。这天，一家十口正在后院避暑，一个密探突然神色慌张地跑进来，扑通一声跪倒，声音发颤地说道："殿下……"

"休得惊慌，慢慢说来。"朱棣隐隐感觉有大事发生，他尽量控制自己的情绪，但听着听着，泪水还是止不住涌了出来，"父皇……"

这时，他身边的徐氏和几个女儿也已经跪倒在地，放声痛哭。

原来，朱棣的父皇、洪武大帝朱元璋，已经于当月初十丑时❷驾崩了！

过去三十一年来，大明帝国这艘大船，都是在朱元璋的把控下行驶的，所有人都适应了这样的安排，也都习惯于这样的统治。所有人都不敢想象，失去老皇帝的这一天，会是什么样子。

这位开国皇帝的离世，会在这个国家、这个皇族中间，引发什么样的轩然大波呢？新帝继位，能否得到各方的一致拥护？没有人清楚，但没有人会不紧张。

早在洪武二十五年（1392）五月，朱棣的大哥、太子朱标就去世了，同年九月，朱元璋立朱标次子、十六岁❸的朱允炆为皇太孙，作为自己的接班人。

六年之后，朱允炆已长大成人，各方面都历练得趋于成熟，似乎到了可以独立执掌朝政的时候。但是，这毕竟是大明第一次皇位更迭，谁敢保证不出意外呢？

熟悉中国历史的人，会很轻易地发现一个"二世定律"。从秦朝开始，几乎每一个帝国的开国皇帝去世之后，不是政权交接得非常不顺畅，就是在二代执政时期酿成了严重危机。秦与隋直接二世而亡了，而西汉的吕后专权、西晋的八王之乱、唐朝李世民的玄武门之变、宋朝赵光义的"斧声烛影"等，都对国运造成了严重危害，甚至埋下了政权崩溃的祸

---

❶ 明初占领大都之后，将皇城和宫城拆毁，并将北城墙向南移五里，使城市规模远小于南京。

❷ 凌晨一点到三点。

❸ 本书人物的年龄一律采用虚岁。

根。成吉思汗何等雄才大略，依旧处理不好接班人问题，让窝阔台和拖雷两兄弟的后人争斗了几十年，以致元气大伤。

对于这些历史，朱棣并不陌生，对于大侄子朱允炆，他也相当不放心。以这孩子的性格，能治理好大明的万里江山吗？

这一年，朱棣三十九岁，他生命力旺盛、心智成熟，正处于一个男人的黄金年龄。他的身材不算特别高大，但非常结实，常年的军旅生活练就了他强壮的体格、挺拔的身躯。一张标准的国字脸，双眼非常有神。最引人注目的是他的胡子，很长很浓密，几乎垂到了肚脐。

朱棣之所以不修剪胡子，当然并不是因为忙得没有时间。在北方，胡子是一个男人英武的象征；胡子也会让蒙古人感到敬畏，知道这是个厉害的角色。

朱棣的王妃徐氏出身名门，是开国元勋徐达的大女儿，她已经三十七岁了，但肌肤依旧胜雪，容颜依然精致，举手投足之间，总能不经意地流露出一种高贵气质。

徐王妃与朱棣成婚已二十三年，两人生育了八个孩子。新婚之后，他们就视彼此为知己。这么多年过去了，两人依旧非常恩爱。让北平市民难以置信并非常佩服的是，贵为洪武大帝的四皇子、担任燕王的朱棣，多年以来只有这么一个王妃，一个侧室都没有纳，似乎他的心里根本容不下第二个女人。

这一年，朱棣的大儿子、燕王世子朱高炽二十一岁，在朱棣于中都凤阳参加军事训练时出生。朱高炽身材臃肿，行动吃力，腿还有点瘸；他面目和善儒雅，却显得缺乏英气。他根本谈不上干练英武，也与风流倜傥绝缘。但在朱高炽看似平庸的外表之下，也掩藏着不易为人所察觉的睿智与精明。

朱高炽的妻子、世子妃张氏已过门三年，此时总算有了身孕，即将为朱棣生下第一个孙子或孙女。在未来的岁月里，估计张氏自己也没有想到，她会一路前行，节节高升，先后担任皇后、皇太后及太皇太后等显赫职位。当然，她的每一次荣升，都是以一位至亲的离世换来的。

老二朱高煦年方十九，于朱棣夫妇来北平后三个月出生，是那个年代的八零后。也就是说，徐王妃当年是怀着身孕来到北平的。洪武二十八年（1395），朱高煦被封为高阳郡王。

相比老大，朱高煦也许更像他们的父亲。他身材魁梧，皮肤黝黑，眉宇间有一股收敛不住的英武之气，一看就不是省油的灯。但霸气过于外露，城府略显不足。他打小不爱读书，却练就了一身好武艺，并和燕王府的军官们混得很熟。

老三朱高燧年仅十六，按理说还是毛孩子，却已经脱离了少不更事的状态。他身体瘦小，还没有完全进入青春发育期，但一双小眼睛却似乎看透了世间的一切。

全家人一时泣不成声，整个院子乱成一团。还是朱棣比较冷静，他搀扶起王妃，伸手抹了一把脸上的泪水。此时此刻，他知道自己应该做些什么，他必须马上行动。

"请道衍先生前来！"

工夫不大，一位僧人从外面走来，他身材高大，背有点驼，须发雪白，满脸皱纹，显然已上了年纪，但一双三角眼却分外有神，有着一种饱经风霜之后的淡定。道衍快走两步，双手合十，向朱棣行礼。朱棣急忙招呼看座，并向他讲述了朝廷中发生的重大变故。

道衍本名姚广孝，已经在北平生活了十六年，他不单是朱棣的军师，更可以说是后者的人生导师。过去这些年里，朱棣对道衍可以说是知无不言，有大事必与其商量，后者也从未让主子失望过。

"王爷，别等圣旨了，您这就上京祭奠吧！"道衍果断地说。

朱棣也是这么想的。父皇去世了，不出意外的话，侄子朱允炆一定会继位。但是，这毕竟是大明王朝的第一次权力交接，未必就能很顺利地进行下去。而他自己，作为朱元璋的在世皇子中年龄最大的，也应为诸王做出表率，主动站出来拥护新帝。

朱棣让道衍和徐王妃在北平布置灵堂，立即开始悼念活动；又令张玉、朱能统领燕王府护卫，应对不测。自己则带上三个儿子，点齐五百名军兵，骑快马日夜兼程，赶赴京师。

丽正门外的吊桥已经放下，朱棣打马一掠而过。他回头看看高耸的城墙，不禁想起了十八年前，自己第一次来到北平、第一次策马入城的场景。朱棣知道，自己能当上燕王、能统领十万军队，都要归结于父亲朱元璋的信任与扶持。

父皇，孩儿来了！

五百人昼夜兼行，披星戴月，紧赶慢赶，终于来到了淮安。只要渡过淮河，离京城就不远了。可哪里想到，就在这里，一支五千人的军队，挡在了他们面前，拦住了奔丧的去路。这让朱棣的心，瞬间凉透了。

见不到父皇最后一面，已经让人极度痛苦，千里迢迢赴京奔丧，朝廷居然要横加阻挡。近二十年为国戍边的回馈，莫非就是今天的羞辱？

到底应该干上一仗，还是乖乖地打道回府？

到底应该捍卫皇叔的尊严，还是接受新帝的安排？

朱棣为什么不能进京？朱允炆到底在害怕什么？这位久经沙场的四皇叔，又将作出什么样的应对？

在回答这些问题之前，让我们先把镜头切换到三十八年前，切换到朱棣刚刚降生的时候，看看这位影响了中国之后六百年发展的伟大帝王，是如何一步步成长和成熟的。

第一章　早熟少年有大志

一、老爹不登基，就不配有名字

元顺帝至正二十年（1360），农历庚子年。元世祖忽必烈登基整整一百年之后，蒙古人对华夏大地的统治已是摇摇欲坠，各路反元势力此起彼伏，繁华的南方各行省，几乎都落入了起义军手中。他们抓住每一个机会攻城略地，遏制对手的扩张，扩大自己的地盘。

这年四月十七日，一个男孩降生在了应天府。然而，这小子却一没有名字，二不认自己的亲娘，但值得吹嘘的是，他有一个了不起的老爸。

虽说他爹还不是皇帝，但在当时已经名声显赫了。此人便是应天府的主人，也是未来全天下的主人，原名朱重八，曾用名朱兴宗，后来又改为朱元璋——我们现在可以随便说，当时人乱叫是要脑袋搬家的。

江南的四月中旬已是初夏，万物生长，鲜花盛开，处处生机盎然。应天这个曾经的六朝古都，却笼罩在战争的阴云之下。

四年之前，曾经当过放牛娃、和尚与乞丐的朱元璋占领了集庆路，改名为应天府。应天，即"顺应天意"，这么大气的名字，是朱元璋想破脑袋也想不出来的。他读书不多，但知道读书人的厉害，会利用知识分子。当然这名字并非原创，北宋时的商丘，也叫应天府。

在这个乱世，每天都有不少人死亡，每天也有很多人出生，最不缺少的就是人丁，最不值钱的就是人命。

几乎没人能想到，中国历史的发展进程，会因为一个人的出生而发生重大转变。一如三十二年前，他父亲的出生。

朱元璋已经有三个儿子了，出于"边际效用递减"法则，他对老四的出生，也不会表现出多大的热情。对他来说，得到这个儿子，远不如上个月得到以刘基为代表的"浙东四先生"让他觉得开心。

再说，朱元璋实在是太忙了，军国大事太多。孩子出生时，父亲在不在场，都完全是个历史之谜，有兴趣的同学可以去考证一番。

老四的母亲，很可能是一位蒙古女性碽妃。如此一来，孩子就有了一半蒙古血统——这也许对他那种彪悍性格的形成有一定影响。

多数历史学家认为，碽妃是朱棣和老五朱橚的亲生母亲，但在第二年，老五出生后不久，她就不明不白地死了。

中国历史有一个优良传统，就是为皇帝的出生造势。

根据一些学者严肃认真的考证，老四这孩子一出生，就预示着真龙天子降临人间。当时，五光十色的祥云充满了整个屋子，把房间映衬得通亮，一天都不带散的，在场的人全看傻了。

这当然是无稽之谈。尽管已经有三个儿子了，但朱元璋忙得顾不上给他们起名字。元朝时流行用数字起名，老朱他爸叫朱五四，自己叫朱重八，他妈叫陈二娘。得，打仗要紧，给孩子起名的事一拖再拖，老大老二先就这么叫着，于是新出生的孩子，就暂时先叫老四。

当时，主要的反元势力，包括占据河南、安徽一带，与元朝统治核心区域最接近的刘福通，他以亳州为都城，立韩林儿为小明王，年号龙凤，名义上是各义军的统一领袖，但实际上是大家的挡箭牌，替弟兄们挡住了北方蒙古军队的正面威胁。

占据湖广、江西大片土地的陈友谅，作为天完皇帝徐寿辉的部下，却架空领导当上汉王，以战略重地江州（今江西省九江市）为都城，拥有水陆军队数十万，是实力最强的一方势力。

占据长江下游的张士诚，则以繁华的平江（今江苏省苏州市）为大本营，控制了江浙大片富庶地带。其他割据势力还有浙江的方国珍、福建的陈友定和四川的明玉珍等，不过对朱元璋威胁最大的，无疑是陈友谅和张士诚。

军务繁忙，战事吃紧，朱元璋一点也不敢大意。马丁·路德·金有一个梦想，让美国黑人享受和白人一样的权利；陈友谅也有一个梦想，把朱元璋请到江州喝茶——绑着去，朱元璋哪儿敢分神？

在不算特别长的一生中，朱元璋一共有二十六个儿子，十六个女儿，还收了一堆养子。朱元璋的夫人，就是赫赫有名的马氏❶、后来的马皇后，其绰号更加有名——马大脚。马皇后是朱元璋前领导郭子兴的养女，和丈夫感情很好。她自己很可能生不了孩子，偏又喜欢孩子，就把别人的孩子当亲生的收养。她的位分尊贵，老朱最大的几个儿子，肯定都愿意说自己是马皇后生的。但唯一有可能是她亲生子的，只有朱标一人。

朱元璋在建国之后有点滥杀无辜，读书人对他特别仇视，而朱棣也算得上"得位不正"，就被人编排了很多段子。民间传说，碽妃是元惠宗妥懽帖睦尔的妃子，徐达占领大都后，把她作为战利品献给朱元璋。其实她当时已有身孕，六个月后生下朱棣。当发现这个老四是蒙元孽种时，朱元璋大怒，秘密处死了碽妃。但为了家丑不外扬，还是把这个孩子留下了。（这样，十三陵里那些人岂不都是蒙古人的后代，朱元璋光复河山又有什么用呢？）

不过这个传言丝毫不可信。徐达占领大都是洪武元年（1368），而朱棣出生于元至正二十年（1360），明朝建立时已经九岁。而且，朱棣还有个同母弟周王朱橚，如果碽妃当时就死了，周王是谁生的？

当然，朱棣的生母是蒙古人也没什么可怕的，当时还是元朝，蒙古人分布在全国各地，朱元璋作为江南等处行中书省左丞相，有个漂亮的蒙古女人当小老婆，也不算多困难的事情。

---

❶ 民间传说其名为马秀英。

龙生龙,凤生凤,老鼠的儿子会打洞,朱棣的父亲,就是史上最成功的草根皇帝朱元璋,朱棣从记事时起,就深深感受到了父亲身上那股子英气、霸气和杀气。

朱元璋出身低微,却能在很短时间内成为拥兵数十万的雄主;他读书不多,(登基前)却从不轻视书本知识,特别重视读书人;他眼光长远,不计较一城一地之得失;他意志坚定,再大的危机也不曾让他乱了方寸;他体恤民生,对于扰民行为严惩不贷。

在战场上,他是极其出色的将军,在应天府中,他是极富人格魅力的领袖。这样一位父亲,显然有资格成为孩子学习的典范和效仿的目标。

朱棣的许多行为,无疑有朱元璋深深的影子。这也许正是朱元璋不希望朱棣接班的原因。朱元璋更喜欢老大,也就是后来的太子朱标,但朱标的性格并不太像他,明显更像马皇后一些。

但平心而论,作为"皇二代",朱棣没有父亲骨子里的那种自卑感,当然也犯不着处事过于极端。

马夫人不是朱棣等人的生母,但按照封建大家庭的习惯,她就是所有孩子的嫡母。马夫人身份尊贵却为人谦和,每逢饥荒,她都拒绝吃荤,却把最好的食物留给儿女们。她教育朱棣等人,一定要摒弃无端的享乐,远离恶习,同情民生疾苦。从她那里,朱棣也学到了很多,甚至对未来的另一半,也有了懵懵懂懂的想法。

都说穷人的孩子早当家,即使贵为朱元璋的儿子,朱棣也比同龄人早熟,只因他不能体会到普通孩子的快乐。元末战争弱肉强食的丛林法则,已经深深地融入了他的血液中,牢牢地刻在了他的脑海里,不需要更多的证明,不需要额外的提醒,一切都是天经地义。

朱元璋不把朱棣放在心上,但这孩子的出生,似乎给当爹的带来了好运。在此后七年的时间里,内有李善长、刘基等文官的悉心辅佐,外有徐达、常遇春等大将的浴血奋战,老朱不仅彻底打败了陈友谅和张士诚,让他们从地球上彻底消失,还巧妙地做掉了小明王韩林儿——不杀了这个傀傀，自己怎么当皇帝啊！

元至正二十六年（1366）十二月，南方已定，已经当上吴王的朱元璋，定次年年号为吴。吴元年（1367）十月，他派徐达、常遇春率领二十五万兵马，渡江北伐，光复中原。

第二年（1368）正月初四，朱元璋在应天府登基，国号大明，年号洪武，是为洪武元年。老朱封王后马氏为皇后，立世子（当时已取名朱标）为皇太子。八月，北伐军攻占了守备空虚的大都城（今北京），元惠宗事前得到消息，根本不敢抵抗，很明智地逃到了上都（开平）。

这是人类历史上的第一次，一个汉人王朝彻底打败不可一世的蒙古军队；这是开天辟地以来的头一回，一个政权自南向北统一了全中国。

洪武元年（1368），是中华民族历史上一个重要的年份，自唐哀宗天祐四年（907）唐朝灭亡之后，将近五百年来，汉人再次建立起了统一的强大国家。

不过，欢欢喜喜迎接中原光复的知识分子和老百姓们，却发现蒙古人被打跑了，自己其实并没有翻身成为主人，待遇甚至比以前的更差。

生活在那个时代，置身于那样的宫廷，朱棣也深深感受到了等级的无比森严，见识了权力的巨大魅力。在他幼小的心灵中，对权力的迷恋及对成功的渴望，就很自然而然地形成了。也许他自己并不知道，也许他根本就没这样的意识，但这种性格的形成，是潜移默化的。

环境，确实能够造就人。环境，迫使他比一般的孩子成熟得更早。皇室的孩子，是没有无忧无虑的童年可以回忆的。

那么，他们都在忙些什么？

二、学习不努力，后果很严重

在朱元璋称帝的前一年，他的儿子增加到了七人。老大朱标已经十二岁了，这在现代至少可以上初中，甚至开始学编程了。老四也已经八岁，早应该上小学了。朱元璋在天下大事忙得差不多、当皇帝成为定局之后，才发觉该给儿子们取名了。

从出生到八岁，朱棣显然没有得到亲爹多少陪伴，其实就连朱元璋本人，也不敢保证最后得天下的一定是自己。无论是朱棣的亲妈碽妃还是马皇后，恐怕也就只能管孩子简单地填饱肚子，哄他们睡觉，朱元璋更是没有时间和精力去辅导他们。

今天的孩子那是要多幸运有多幸运，他们才是真正的小皇帝。他们的父母会购买很多图书和课程来供孩子学习，生怕自己的宝贝输在起跑线上。家长们的投入不可谓不巨大、态度不可谓不端正、目标不可谓不长远，但实际效果呢，还真是不好说。

而朱棣贵为皇子，学前教育却几乎是一片空白，没办法，那时候可没有这个条件。他的胎教，不是听江南的炮火，就是听朱元璋的发飙；他的幼教，就是跟随两位母亲，看着军队一次次开拔又回归，在应天府里担惊受怕；他的早教，就是耳濡目染朱元璋丞相府、吴王府和明皇宫内森严的等级，深深体会到生活的艰难、人心的险恶。

朱元璋打小就是个滑头，他给地主放牛时，和几个孩子为了吃牛肉，居然把一头小牛杀掉，就地生火给烤了。吃完之后，朱元璋把牛尾巴插在岩石上，硬说是牛自己钻进去，出不来了。

朱棣比他老子幸运，并不用受多少苦，想吃个牛肉不是太难的事，但他也没有父亲这般自由，只能老老实实待在王府中，不能乱跑乱动。

还没当上皇帝，只是区区吴王时，朱元璋就在那些读书人的怂恿下，越来越讲规矩、讲排场、讲尊严了，即使远离权力中心的小孩子，也能感觉得出来。

同样，也是在听取了文官的建议后，朱元璋给儿子们全取了木字旁的名字。十年树木，百年树人，孩子的名字依次是：

老大朱标，老二朱樉，老三朱㭎，老四朱棣，老五朱橚，老六朱桢，老七朱榑。

他们也是朱元璋所有后代中，唯一使用单字名的一代。都说能者多劳，老朱把后世子孙的名字都定好了。朱标的后代是"允文遵祖训，钦武大胜君，顺道宜逢吉，师良善用晟"。而且名字的最后一个字，也是按命木水火土的顺序排列的。

顺便说一下，对了解明史很有帮助：朱棣后代的排名顺序是"高瞻祁见佑，厚载翊常由，慈和怡伯仲，简靖迪先猷"。他的三个儿子是"高"字辈，老大朱高炽，就是后来的明仁宗，老二是汉王朱高煦❶，老三是赵王朱高燧，最后一个字中都有"火"，朱高炽的长子朱瞻基，以及朱棣的其他所有孙子，最后一个字中有"土"。明朝的亡国之君是思宗崇祯皇帝，本名朱由检，最后一个字中又有"木"了。

朱元璋奋斗了半辈子，完成了从社会最底层（乞丐）到开国君主的乾坤大挪移，坐上皇帝位子时已四十一岁了。而他的七个儿子，根本不需要艰苦奋斗，就能远远超过这个帝国的芸芸众生。当然，作为一代雄主，老朱对儿子们的要求，不是有点高，而是相当高。洪武大帝的孩子，显贵是显贵，但想舒舒服服地当王爷、轻轻松松地享受荣华富贵，真可以说是白日做梦。

朱元璋自己是大老粗，没读过多少书，但从刘基和宋濂等文化人那里，他见识了知识的力量。打虎亲兄弟，上阵父子兵。与很多成功人士一样，朱元璋表面宽容大度，实则心胸狭窄，别看收了一堆义子，但在他的心目中，只有自己生出来的才信得过，因而也就特别重视对儿子们的教育和训练。

朱元璋称帝的头一年，就在南京修建了大本堂，作为太子和其他诸子的学习场所。《明实录》里是这么说的：

洪武元年十一月戊戌朔辛丑，宴集东宫官及儒士，各赐冠服。先是，上建大本堂，取古今图书充其中，延四方名儒教太子、诸王，分番夜直，

---

❶ "煦"字是形声字，其中上半部分的"昫（xū）"是声旁，下半部分的"灬"是形旁。"灬"不仅是四点底，它本身也是一个字，有（huǒ）和（biāo）两种念法，无论哪种念法都有"火"的意思。

选才俊之士充伴读……

到底是皇帝,既可以把古往今来的经典集中起来,供皇子们阅读,又能从全国范围内选调大儒,给他们授课辅导,还能找来八方青年才俊,充当小王爷的伴读。这算以权谋私吗?——当然不算,这是为了天下苍生的长远利益嘛!

当然凡事有利也有弊,这么好的条件,如果再学不好、被老爸考住,这帮皇子们可就有苦头吃了。即便有无数的奏折要批阅、无数的国事要拍板、无数的威胁要清理,朱元璋还会经常挤出时间,来到大本堂和皇子们交流思想、讨论问题。当然,这个气氛是相当友好的。虎毒不食子,朱元璋也不会因为孩子一句半句话有失,就像对付朝臣一样,按倒在地上就打,证据不足就杀。

洪武二年(1369)四月的一天,朱元璋当着诸子和博士孔克仁的面,提出了自己的教育思想:"如果我有一块金子,我得找手艺高超的工匠去打造;如果我有一块璞玉,我就得找世界上最好的玉匠来加工。至于我的孩子,都有很好的潜能,如果不请名师来教授,岂不是说我爱孩子还不如爱黄金美玉?各位皇子将来是要治理国家的,各位功臣的后代也要为国出力。教育孩子的方法,最要紧的是正心。只要心正,什么事都能办好;心如不正,什么邪念就都来了,这是很可怕的事情。要教给皇子们实在的学问,不能像一般文士那样,只会死背辞章典故,没一点好处。"

能有机会给皇子们当老师,那肯定是天大的荣耀;能有幸被选为皇子们老师的人,自己肯定得有两把刷子。皇子的师傅们,在这些未来的主人翁面前其实比奴才强不了太多,但这些读书人为了自己的责任,还是冒着被修理的危险,严格要求学生。

曾有个叫李希颜的博士,胆子略为大了一点。有一次,一个皇子,好像是调皮的秦王不听话,李希颜就抡起戒尺打在他脑袋上,那里顿时起了个包。朱元璋见了很心疼,一时大怒,准备治老李的罪。据说马皇后在旁劝解道:"师傅教我们的儿子以圣人之道,哪里还能对人家发怒呢?"朱元璋这才消了气,不久还给李希颜升了官。史书中没记载朱棣当时的反应和心情,但他肯定也是在这样严肃的气氛中进行学习的。

朱棣兄弟除了接受师傅们的教育外,还要随时接受朱元璋的训诫。洪武元年(1368)十二月的一天,老朱退朝回宫,见几个皇子都在,便指着宫中的一片空地说:"你们也许会好奇,这里为什么不修建一些亭台楼榭,作为游玩场所呢?修当然可以修,但是我不忍心浪费民财。昔日商纣王大造琼宫瑶室,结果天下人都怨恨他。汉文帝在位之时,曾想建一座露台,得知要花费一百两黄金,就没有建,所以当时国泰民安。你们以后要经常心存警诫啊!"

朱元璋这话倒不是作秀,他的农民本色,还真让自己不习惯于太奢华的享受。这种性格对后来的朱棣也有深刻的影响。相比老大朱标,朱棣显然更朴实、更没有架子。

朱元璋希望自己的孩子不要死读书本,而是学习治国的道理,为将来担任要职打好基础。当然,作为马上天子,老朱也重视对孩子身体素质的培养,不希望他的儿子们成为文弱书生。

他曾经"命内侍制麻屦行縢。(诸子)每出城稍远,则马行其二,步趋其一"。麻屦就是麻鞋,行縢就是缠腿。也就是说,他让朱棣等人穿上麻鞋、裹上缠腿,到城外去跑步。不过只需要跑三分之一路程,剩下的三分之二路程还是可以骑马的,有劳有逸,有张有弛。表现好的会有奖励,表现不好的,很可能就要接受惩罚了。

作为明太祖的儿子,就注定了他们不可能像普通孩子一样,有那么多的玩乐可享,有那么多的错误可犯,有那么多的时间可以消遣。他们必须强大起来,大明帝国辽阔的边疆等着他们去驻守,朱家王朝庞大的军队等着他们去驾驭,虎视眈眈、复国之心不死的北元,也等着他们去进攻。

要么出众,要么出丑,好像还没有第三条路。

有一种说法是,孩子的性格一半来自遗传,这包括直系亲属的DNA遗传以及血型遗传;另一半则来自后天发展,包括孩子所处的生活环境、家庭氛围、教养方式，甚至包括居住条件和饮食习惯。

朱棣肯定是朱元璋的亲生儿子，老爸的努力、豪爽、狡诈、精于算计和藏拙等性格，他身上同样也有；而马夫人的善良、大度与宽容，在他身上或多或少也有所体现。当然，马皇后既然能和朱元璋走到一起，风雨同舟，不离不弃，很难让人们相信两人的性格会是两个极端。

朱棣不爱读书，写不出什么漂亮的文字。但从很小的时候，他就对置身的这个世界，有着比别人更清醒的洞察力、更深刻的危机感和生存意识。

长期生活在应天府里，听着炮声、闻着火药味长大，对于弱肉强食的游戏规则会有一种本能的认同，对于如何生存和变得强大会特别敏感。朱元璋"高筑墙，广积粮，缓称王"的思想，肯定也影响到了朱棣，他在诸王之中，一直注意藏拙，避免锋芒过盛，遭到兄弟们特别是太子大哥的嫉妒。这种习惯应该也是在童年时就形成了。

一个人小时候的性格，能否决定他的一生？这是个很难回答的问题。但至少朱棣儿时的经历，对他日后的气质形成，有相当大的影响。很快，朱棣的好事到了。

那又是什么呢？

三、封王的代价，就是给大哥磕头

日子还在一天一天地过，不是每一天都开心，但总有一些事让人兴奋。洪武三年（1370）四月初七，这是年幼的朱棣难以忘怀的一天。

当时朱元璋已经有了十个儿子，他决定把朱标（已立为皇太子）之外的九个皇子，全部封为一字亲王[1]。这一年，朱棣只有十一岁。

为了显示这次活动的严肃性与权威性，朱元璋举办了一场声势不小的册封仪式。活动在紫禁城的正殿——奉天殿举行，还颁布了诏书，公示天下：

---

[1] 此次册封中，还将从孙朱守谦封为靖江王。

朕惟帝王之子，居嫡长者必正储位。其诸子当封以王爵，分茅胙土，以藩屏国家。朕今有子十人，即位之初，已立长子标为皇太子，诸王之封，本待报赏功臣之后，然尊卑之分，所宜早定。乃以四月七日，封子樉为秦王，㭎为晋王，棣为燕王，橚为吴王❶，桢为楚王，榑为齐王，梓为潭王，杞为赵王，檀为鲁王，从孙守谦为靖江王。皆授以册宝，置相傅官属。

册封仪式极为隆重，参加典礼的只有年龄较大的五个皇子，对于当天的仪式，他们一点也不陌生，可能也已经彩排过多次了——就怕出乱子，就怕不吉利。

当天，大殿内外被清扫得分外干净，还铺上了红色地毯，挂上了彩灯，一派喜庆的气氛。这么重要的仪式，自然得由当朝皇帝朱元璋亲自主持。他身披龙袍，神态庄严，在大殿内的宝座上坐好，司辰官报告吉时已到，太子朱标当先，带着四个弟弟在殿外跪下，向朱元璋行跪拜大礼。

当册礼官把册宝交给他的时候，小朱棣的心情还是非常激动的。他知道，常遇春跟随父皇征战多年，生前都封不上王，死后才追封了一个开平王，而自己，十一岁就有了王爵，还有了昔日的元大都作为封地，这多么让人开心啊！

但是，把老四朱棣封为燕王，不怕他两个哥哥闹情绪吗？不会的。北平虽是前元故都，但在明朝建国后地位迅速衰落，从防备北元的战略意义上讲，西安和太原的地位要重于北平，因此，老二老三才会被封藩到这两地。

小小年纪就当上了燕王，朱棣应该感到相当满足才对，可是，在他们兄弟一遍遍地磕头时，却看到大哥朱标就站在朱元璋跟前，一遍遍地受着弟弟们的跪拜大礼。小朱棣的心里，又感到了一丝丝悲凉。

仪式的冗长讲究，也让朱棣不开心。他对这些繁文缛节非常痛恨，有

---

❶ 洪武十一年（1378）正月，改封为周王。

那么多的场合要下跪、有那么多的前辈要磕头,当皇帝多威风啊,从来都是别人向他跪拜,有没有那么一天,自己也可以坐在宝座上,俯视跪在殿下的那群人呢?

"凭什么我只能当个燕王,大哥一生下来就是太子,就一定要当皇帝呢?"

小朱棣当时还想不通,等能想明白的时候,少年时光已结束了。他其实不应该感到心理不平衡的,弟弟给大哥磕头不是很正常吗,叔叔给侄子磕头才荒唐,不是吗?而且在这世上,比他活得更憋屈的人,实在是太多、太多了。

朱元璋是开国皇帝,朝中无数武将九死一生,多少文臣披肝沥胆,为大明的建立可以说是奉献了最美好的时光,但朱元璋登基都三年了,没有大规模地封赏功臣,却先封了十王,洪武大帝试图用亲儿子代替朝中大将的远大宏图,可以说是初见端倪。

为了安抚可能产生的不满情绪,朱元璋在封王之前,就先在奉天殿和文华殿上宴请众臣。席间,朱元璋深情地说:

"各位爱卿,当初元朝失去了控制天下的能力,群雄并起,祖国的大好河山成为战场,人民的生命财产安全无法得到保证。我朱元璋虽然是一介淮右农民,但知道为民谋利,于是带领义军驱逐胡虏,恢复中华。上天也被我们感动,如今海内承平,人民安居乐业。

"然而我朝的疆域如此辽阔,边界线如此漫长,一定要封藩建国,上可以保卫国家,下可以安定民心。现在我的几个孩子已经长大,到他们为国家作贡献的时候了!应该给他们封爵,让他们离开京城,去镇守边关,为国分忧,为民造福……"

朱元璋喝了一口酒,深情地看着大家:"我不是偏向我的孩子,不过是遵守了先王的制度,是为了天下的长治久安!"

说着,他用一双和蔼的眼睛,凝视着众大臣。

能跟朱元璋混的,都不可能是没有眼色的呆子;能坐到这儿喝酒的,都是心眼儿比针眼儿还细的人精。他们当然知道自己应该怎么回答，当然不会不懂规矩，不然，这帮兄弟喝的就不是美酒，而是毒酒了。

他们一致表示："陛下您封建诸王、保卫江山社稷，是造福子孙万代的大好事啊……"（能怎么办，什么好事不都是你们朱家的？）

朱元璋也不客气，接茬说："以前的君主封自己的儿子当王，是为了保护黎民百姓。周武王实行封建制，所以能开创八百年江山，秦朝搞郡县制，两代就亡国了。汉晋以来都是这样的。为了国家长治久安，需要皇子们为国家作出牺牲……"

真会说，有一天朱元璋把砍刀架在这些大臣脖子上时，也会说"杀你是为了国家的长远利益"。

到了十一月，也许是要抑制不满情绪的扩散，也许是正好赶上徐达、李文忠北伐大军返京复命，朱元璋才对跟随自己出生入死的功臣们有所表示，但不过封了六个公，汤和、唐胜宗等二十八人则仅被封侯。晋封宣国公李善长为韩国公，晋封信国公徐达为魏国公，封常遇春之子常茂为郑国公、李文忠为曹国公、邓愈为卫国公、冯胜为宋国公。常遇春由于早死，格外开恩，被追封为开平王，也就是说，非朱家后代，异姓活着是不能封王的！

更让读书人寒心的是，六公中只有李善长一个文臣，作为大明第一谋士，刘基为朱元璋贡献了许多锦囊妙计，但这次封赏跟他完全没有关系。

也许是朱元璋良心发现，半个月之后，刘基被封为诚意伯（三等爵位），但年俸只有二百四十石，日子过得紧巴巴的。而那些小王爷呢，说了别不服气——五万石。老刘就算思想觉悟再高、心理素质再过硬、位置摆得再正、心态放得再平，也会有巨大的失落感，没气得吐血都算不错了。

这还不算完。洪武五年（1372），朱元璋又设置了王府护卫指挥使司，每个亲王府都设三卫，亲兵至少三千人，多的可达一万九千人；并规定："遇有警急，其守镇兵、护卫兵并从王调遣。"也就是说，朝廷派来的大将到了地方上，也得听亲王们指挥。

这些出生入死的功臣太可怜了，级别比寸功未有的九位亲王低了好几个台阶，见了这些小朋友，还得跪倒磕头。当然，这帮人可能还没想到，更大的悲剧还在后头，向小朋友磕头仅仅是丢人，过不了多久，他们就要掉头，就要丢命了。

朱元璋仅仅强调了周朝分封带来的八百年江山，却不提周朝分封的除了周王的后代，还有很多功臣，功臣与皇子几乎是平起平坐的；他只强调秦始皇不分封诸子、二世而亡的悲剧，却不提西晋分封造成了"八王之乱"，导致国家分崩离析的事实；事实上，西汉也有"七国之乱"、骨肉相残的教训；他这一系列操作堪称"选择性失明"。

说句"事后诸葛亮"的话：朱棣能够登上皇位，根本不是朱元璋的本意。但恰恰是老爹的封建政策，为老四的成功提供了可能。

如果让朱棣一直待在南京，他十有八九就是一位平凡的王爷。即使有浑身的本事，没有施展的舞台，没有自己的团队，他也只能在荣华富贵中虚度一生。

历史充满了偶然性，也充满了诡异感。

过了几年，朱元璋可能真是越来越喜欢朱棣了，在百忙之中，居然要亲自给老四说媒了。

他看上的是谁家的姑娘呢？

四、十六岁了，给我一个姑娘

学业是枯燥的，练武是痛苦的，皇位是大哥的，前途是不确定的……

南京城郊的桃花开过了一回又一回，秦淮河上的摇橹姑娘换了一拨又一拨，夫子庙前的贡院里，赶考的学子中又添了不少新面孔。年轻，没有什么不可以。

而朱棣也在不知不觉中长大：突然有一天，他发现自己已经比父亲还高了；突然有一天，他觉得有必要注意梳洗打扮了；突然有一天，他就这么不经意地长大了。

十六岁了，给我一个姑娘……

朱棣没想到，有人居然特别在意他的婚事。这个人的地位还特别高。

高到什么程度呢？天下第一。

徐达是明初第一武将，也是朱元璋多年的至交，洪武五年（1372）三月，徐达出塞远征，在哈拉和林以南的土剌河遭老对手王保保阻击，损失相当惨重。明朝从此被迫放弃了彻底吞并北元的想法，但朱元璋并未对主帅作任何处罚。

洪武八年（1375）的一天，在亲切友好的气氛中，朱元璋和徐达东拉西扯聊了不短时间。

把徐达都快整蒙了，皇上这是要搞什么？突然间，朱元璋话锋一转："听说爱卿的长女，人称女诸生，还未曾婚配吧？"

徐达又不是常遇春、蓝玉之类的莽夫，马上就明白怎么回事了。皇上这是要给儿子选妃啊。

"当然没有，这么大的事情，岂能不事先禀告皇上。"

"朕与爱卿是布衣之交。自古以来，君臣相契，儿女结姻。肯不肯将她嫁与朕的四子朱棣？"

据说徐大小姐"自幼文静好读书，声名远播"，朱元璋亲自求亲，徐达当然是求之不得，心花怒放。虽说女儿当不了太子妃，当个王妃也挺好。

平心而论，徐达与朱元璋的关系已经超越了简单的君主与大臣、老板与雇员，那真可以说是一起开过荒、一起放过枪、一起受过伤。连徐小姐她妈，都是朱元璋赐给徐达做老婆的。这算是长线投资吗？二十年前，我送你个老婆；二十年后，你再送我个儿媳妇，真是好生意。

贵为太子的朱标，娶的不过是常遇春的女儿。朱元璋肯这样为朱棣提亲，说明他真的非常喜欢朱棣，给老四安排的婚姻也是最体面的。两个哥哥秦王朱樉和晋王朱棡，娶的王妃都是名门之后，但跟徐家大小姐比还是差不少。朱樉的正妃，是北元第一猛将王保保的妹妹，次妃是宁河王邓愈的女儿。朱棡的正妃，不过是永平侯的女儿。

洪武九年（1376）正月二十七日，元宵刚过，喜事又来。这注定是朱棣终生难忘的一天。朱元璋为十七岁的老四和十五岁的徐小姐举办了隆重的婚礼。可谓极度风光，极其奢华，极为有排场。

九年之后，为朱明王朝奋斗了一辈子的老将军徐达不幸去世，终年五十三岁，他老人家根本没想到，自己的女儿虽当不了太子妃，却照样能当皇后！她四十岁时就能够母仪天下。十三陵里躺着的历代大明皇帝，有十二个都是自己的直系后代，剩下一个，还是自己的女婿。

新婚之后，夫妻俩非常恩爱。徐王妃读书识礼、雍容华贵，品貌出众又性格平和，做事很有分寸，展示出了与实际年龄不相符合的成熟与稳重。这也让朱棣非常省心。

更让人高兴的是，马皇后也非常喜欢徐小姐，隔三岔五就把她叫到自己的住处聊天喝茶，对她简直就像对亲生女儿一样。

徐氏青春貌美、性格温顺，让朱棣非常开心，恨不得一天十二个时辰都守在她跟前，享受只有两个人才能拥有的亲密。不过，这种好日子并没有持续太久，很快，朱棣就没法和徐氏天天在一起了。

好消息总是伴随着坏消息。婚后没多久，朱元璋就命令朱棣离开京城，去中都凤阳，也就是他的老家参加"军训"，还不准带家属。对此朱棣早就有心理准备，他的二哥三哥都去过了，自己早晚也得去。

朱元璋之所以把几个年龄较大的皇子送到中都军训，是为了让他们积累作战和管理经验，为以后就藩作好准备。中都凤阳是朱家列祖列宗生活了多年的故乡，也是改变了老朱一生命运的福地。把皇子们拉到那里训练，颇有些忆苦思甜的味道，足见老皇帝的良苦用心。

朱棣刚刚十七岁，但已经结了婚，无论是父皇朱元璋，还是朝中大臣，都把他当成年人看了，温柔体贴的徐小姐，更是对他寄予了全部的希望。

从这时起，直到她生命的终点，两人的命运就联系在了一起。他做燕王，她是燕王妃；他当燕庶人，她是庶人妻；他外出借兵，她坚守北平；

他登基坐殿，她母仪天下。她是他的精神寄托，而他是她的整个世界，即使他让大侄子害得装疯卖傻，她对他的忠诚也从没有动摇过。

这时候的朱棣，肯定会想到自己的父亲，想到老人家十七岁时的情形。

那是一个甲申年（1344），淮河流域发生了严重的旱灾和瘟疫，朱元璋的父亲、母亲还有大哥、大哥的长子，都在一个月内相继饿死。而他，却拿不出安葬亲人的费用，最后在好心人的帮助下，才把这些亲人草草下葬。自己也走投无路，不得不去皇觉寺当和尚。

从那时起，朱元璋的心里，就暗暗埋下了造反的种子。如果没有这么多变故，他很可能一辈子就留在凤阳，一辈子当农民，一辈子默默无闻了。

痛苦有多深，成就就有多大。

压迫有多重，反抗就有多强。

命运是可以改变的，人的潜力是无穷的！

现在，轮到同样十七岁的朱棣挑战自己的命运了。他已经成家，按父皇的安排，在中都军训合格之后，他就要带着徐王妃，到遥远的北平，到当年元朝皇帝号令天下的都城，开拓属于自己的事业，迎接属于自己的辉煌了。

但是，一切真的就这样水到渠成吗？

五、凤阳军训，为的是展翅高飞

洪武九年（1376）二月十六日，朱棣与两位皇兄一起离开了京城，前往中都凤阳。这时距朱棣新婚只有二十天——蜜月都没有度完，而且三人都不能带家属。

三百三十里的路程，今天走高速公路一个半小时就能到达，但在朱棣那个时代，却要走上整整两天。江南已是春光明媚，杂花生树，群莺乱飞。骑在马上，可以更多地领略沿途的美丽风景。

这是朱棣第一次离开家乡。十七岁的人，在今天不过是个孩子，对周遭的一切还充满好奇，但对于朱棣来说，他是已经结了婚的成年人，是大明帝国的皇子，是即将奔赴北平前线的燕王。路边的风景他早已不感兴趣，他操心的是自己的前程。

离开了表面上花团锦簇但情况复杂的京城，远离了权力的中心，可以在约束不是太严的环境下，做一些自己愿意做的事情，未尝不是件好事。

凤阳府所在的濠州，本来是个很不起眼的城市，只是因为朱元璋的关系，这里被定为中都凤阳府，一度成为与北京开封府、南京应天府并列的城市。但就像一个中了千万大奖的农民，尽管可以穿上一身名牌，可气质还是无法改变，崇高的荣耀遮掩不了它真实战略地位的尴尬。

"说凤阳，道凤阳，凤阳本是好地方，自从出了朱皇帝，十年倒有九年荒。"这首地球人都知道的凤阳花鼓词，其实是后人伪造出来挤对明朝皇帝的。处于淮河洪水多发地带的凤阳，十年有九年荒是古来有之，并不是朱重八带来的，恰恰相反，有了朱皇帝，凤阳在全国的地位大大提高了。

洪武元年（1368），朱元璋就把凤阳定为中都，并任命丞相李善长为营建城池的工程总指挥，从全国抽调将近九万工匠，还有几十万的军士、民夫和罪犯，加班加点工作。要知道元朝修治黄河也不过征调了十七万人，还搞得天怒人怨，间接引发了红巾军大起义。修建中都，难道不怕悲剧重现吗？

朱元璋也是看到了这一点，又不希望家乡亲贵的势力在朝中过于强大，威胁自己的几个皇子。因此在洪武八年（1375）决定停止工程，并打消了迁都凤阳的念头，但他对这里的感情，肯定是割不断的。

在明初，凤阳事实上扮演着南直隶首府的角色，它下辖十八个县和五个州，驻扎有八个卫所，保护着朱家祖坟和府城。

登上皇位后的朱棣，曾经对自己的三个儿子讲述过自己在凤阳时期的往事。他说："朕少时尝居凤阳，民间细事，无不究知。"

显然，朱元璋把儿子们放到这里，不是让他们游山玩水，不是让他们打着皇子的招牌享受生活的，而是要他们体验民生，学会与百姓相处，提高自己应对问题的能力；让他们在中都进行严格的军事训练，为了在不远的将来独立守边，为帮助自己对抗北元作准备。

朱棣兄弟跟随大明帝国最精锐的部队，进行了极为严格的训练。他们学会了如何管理与协调步兵、骑兵与炮兵部队，如何组织部队行军、偷袭与撤退，如何利用天气及地形作掩护，如何鼓舞士气、稳定军心。他们不仅能熟练掌握各种武器，更懂得了如何成为一个战士、一名将军、一位统帅。

朱棣的血管里，天生流着战士的血。他特别喜欢骑马，喜欢追求那种风驰电掣般的快意。他平时性情随和，喜怒不形于色，但只要跨上战马，就有了一种莫名的冲动和兴奋。这也许跟他传说中的蒙古血统有一定关系。

在操练中，身边的卫兵都吃够了朱棣的苦头，总是被他修理得狼狈不堪。当然，他知道是自己的身份让卫兵们多有顾忌，自己赢得也不过瘾。朱棣希望有一天，能有一个真正的对手，让他打个痛快。

这样的机会什么时候能来呢，也许只有蒙古人才能给，也许……谁又能预知未来呢？

除了学习作战指挥，朱棣兄弟还要学习作战的后勤供应，如何有效运输粮草、救治伤员、筹措军费等。白天训练完毕之后，尽管相当疲劳，这位四殿下还总是要抽出时间，在灯下研读兵书，学习古人的智谋。

军事训练，并不是皇子生活的全部。

朱棣和他的几个兄弟，还经常微服走入农家，体察农民劳作的艰辛、认识淮河水势的无情。他们也理解了当时父亲为什么会出家，为什么要造反，领悟了父亲为什么能创造奇迹，实现从社会最底层到权力最高处的乾坤大挪移。

朱棣发现，自己骨子里是一个随性的人，喜欢大碗喝酒，喜欢和人高声说笑，也喜欢骑马出去兜风，不希望被约束。

有一次，朱棣一行人在骑马返回驻地途中，看到路上有几个小贩在摆摊卖水果，想买些来吃。手下的亲兵给朱棣提建议，干脆把这些水果抢了算了，反正也没人知道是燕王做的。

朱棣一听，立即把手伸向了怀中。

当然，那个年代的长官并不佩手枪，朱棣也并不想因这么大点事，就玩杀人立威的游戏，他掏出来的是银子。

朱棣告诉亲兵："你过去买就是了。"

亲兵买来了水果，朱棣坐在路边和手下一起分享。他向大家讲述了朱元璋教育自己的话："父皇曾告诉我，百姓财力俱困，不可拔其羽；新植之木，不可摇其根，安养生息之而已。"

那个建议打劫的亲兵，可以说是无比羞愧，恨不得在地上找条缝钻进去。从此，朱棣的部下更加约束自己，生怕受到这位皇子的处罚。

朱棣兄弟在凤阳读书、习武，远离了京城的是是非非，但是，无形的失落感又涌上了心头。

一是新婚妻子不在身边，他一年也回不了南京几次。徐氏不是他自由恋爱的情人（那个时代还没有这个概念），却几乎具备了当时男人对好女人的一切要求。她温柔贤惠、举止得体、持家有方，又不干涉丈夫的公务。总不能在一起，年轻的朱棣真是相当舍不得。而且，徐王妃很快就有身孕了，他也不能陪在身边。

二是一出生就决定的命运，因为晚生了几年，本来亲如手足的兄弟，现在却有了严格的尊卑贵贱之别。朱棣永远也忘不了，朱标被册封为太子时，他们兄弟几个都要跪倒反复磕头的情景。他觉得，大哥固然值得依赖，但手足兄弟间要行这样的大礼，实在有些屈辱，还不如平民之家的兄弟，可以一起喝酒玩笑，那样惬意。

洪武十一年（1378）八月，成婚两年后，朱棣和徐王妃有了第一个孩子，这是他们爱的结晶，但朱棣并没有自作主张，而是请示了父皇。朱元璋给孩子取名为朱高炽。

朱高炽仅比后来被立为皇太孙的朱允炆小一岁。儿子的到来，让朱棣尝到了初为人父的喜悦，也更多了一份父亲的责任感，尽管他只有十九岁，按今天的观点，他自己完全就是个孩子。

即使不能马上去北平就藩，朱棣也已经开始作准备了。

他向表哥李文忠建议，对北平的城防和建筑进行维修，为自己在不远的将来进驻作好准备。李文忠论辈分是朱棣的表哥，但其实只比朱元璋小十一岁，比朱棣大二十一岁。在当时，那可是一代人的年龄差距。

也许是将自己这个表弟的话太当回事了，李文忠这回可是撸起袖子真抓实干。他抽调了上万名士兵，对北平进行了全面的升级改造。

北平在元朝时就是大都，是国家的首都，绕城墙一圈有五十七里，开有十一个城门，但城墙却是土墙。洪武元年八月，徐达占领大都后，将北城墙向南移了五里，去掉了光熙、肃清二门，避免它的气势压过南京的。

但北平城垣规模还是不小。仅在外层包砖，就是一个浩大的工程。四面城墙全部加高，在九个城门上，重新修整了垛口和箭孔，总之，考虑到和蒙古人打持久战的需要，一切都以最高的标准和最严格的要求进行。

由于朱棣要入住元朝皇宫，李文忠也将宫殿进行了全面翻修装饰，并依照大明制度，撤去帝王才能用的黄瓦，全部换成亲王用的绿瓦。

李文忠对工程质量相当满意，认为是自己的又一杰作。但万万没有想到的是，他的辛勤工作，给大明王朝留下了深重的祸患，导致了严重的、灾难性的后果，也在一定程度上改变了历史的走向，这恐怕是他做梦也没想到的。

这又是怎么回事呢，我们后面会讲到。

朱元璋也一直在为皇子就藩作准备。洪武十年（1377）正月，老朱宣布，增加三个藩王——秦王、晋王和燕王朱棣的军队。燕王府原有燕山护卫军一千三百六十四人，再增加金吾左卫二千二百六十三人；两个哥哥的亲兵规模也都扩大了一倍以上。

洪武十一年（1378），二十一岁的秦王和二十岁的晋王接到圣旨，于五月初四从南京出发，前往各自的封国——西安和太原。

离开的人踌躇满志，没离开的人心情低落。对于朱棣来说，毕竟已经十九岁了，自己最佩服的唐太宗李世民在这个年龄已经统率唐军太原起义、攻打天下了，自己却还得在凤阳作简单的军事训练。

李世民在登基前是秦王，并且担任了尚书令，如今朱元璋把老二封为秦王，又把他放到西安，让其执掌重兵，难道真的不担心历史重演吗？

但是别忘了，朱元璋可是在战场上摸爬滚打了近二十年，才一路打上皇帝宝座的，这和唐高祖李渊靠三个儿子打天下大不一样，他有这个信心，能够控制自己的皇子们。况且这个秦王和李世民相比，无论是天赋还是努力程度，都差了不止几十条街。

元顺帝逃到漠北之后，每当想到祖祖辈辈经营近百年的首都让前叫花子朱重八攻占了，心里那是说不出的痛。已经习惯了一线城市生活的北元贵族，很不适应在荒漠中单调无聊的生活，都一心想打回来。

不过，不是每个人都能等到报仇的机会的。洪武三年（1370），元顺帝就带着复国未酬的深深怨恨，和这个世界说再见了，其实他的正式庙号应该是元惠宗，顺帝是他死后，明太祖朱元璋封的。

朱元璋很"厚道"，为了表扬元惠宗当年不作任何抵抗，就从大都坚决逃走的明智行为，彰显这是顺应天命，就赠给了这位蒙古族君主一个"顺帝"的称号。顺帝长子爱猷识理达腊继承皇位，是为元昭宗。

昭宗统治时期，除了北元的中央军之外，蒙古最主要的军事力量，可以分成三大部分：首先是由王保保（蒙古名为扩廓帖木儿，被其舅察罕帖木儿收为养子）的十余万军队，占据山西、甘肃一带，直接威胁太原和西安；其次是丞相纳哈出，手下有步骑兵二十余万，盘踞辽东，威胁长城沿线；最后是梁王把匝剌瓦尔密，拥有十余万军队，控制着西南边陲云南。

在朱棣的两个哥哥就藩的这一年，元昭宗也去世了，益宗脱古思帖木儿继位。

大明立国之初，北元对明朝最大的威胁，并不是来自北平一带，而主要是来自西北。洪武八年（1375）王保保死后，这个威胁也大大降低了。不过，让秦晋二王先行就藩，从顺序上讲也是很自然的事情。

朱元璋也觉得老四还年轻，需要在凤阳历练，不用急着去北平。朱棣虽然失落，也不得不接受这个事实。

就在这时，朝廷发生了一个大变故，有明三百年乃至中国历史的走向也受到了巨大冲击，并直接影响到了朱棣就藩的前景。

洪武十三年（1380）正月，朱元璋以壮士断腕的无比勇气，铲除了自己亲自任命的丞相胡惟庸，连带处理了超过三万名同党，甚至干脆连丞相这一重要岗位都取消了，亲自领导六部的工作。朱元璋双管齐下，一边大杀权臣，铲除不稳定因素，一边抓皇子们的文化武功，其用意再明显不过了——让他们成为朱家王朝能力合格、素质过硬、身体健康的接班人。

朱元璋在南京搞大清洗的时候，朱棣还在凤阳习文练武。对于老爸的这次行动，他应该是相当震惊的，牵连进去的同党，仅处死的就上万人，如果这些人真要谋反，早点动手，朱元璋挡得住吗？皇帝真是一个高风险的职业！不过，既然杀了这么多异姓官员，那就势必要重用同姓皇族，特别是自己的几个亲生骨肉。

那么，朱棣等到好消息了吗？

第二章　就藩北平得历练

一、前元故都，令朱棣如鱼得水

宝剑锋从磨砺出，梅花香自苦寒来。经过四年凤阳训练的朱棣，已和从前大不一样了。

洪武十三年（1380）三月初，在胡惟庸反朝廷集团被镇压不到两个月之后，朱棣就收到了令其即日就藩北平的诏书，他心里非常高兴。风里来雨里去地过了四年，不就盼着这一天的到来吗？尽管他很清楚，就藩北平可不是去坐享太平的，而是肩负有"慎固边防，翼卫王室"的重大责任。

三月十一日，是朱棣离开南京的日子。这一年，他只有二十一岁。

离别的气氛有些伤感，作为一国之君，朱元璋当然不会表现出难过的样子，对他来说，把儿子送到边塞，好像是这个当父皇的必须作出的牺牲。马皇后看着孩子们一个个离开，心里有些舍不得，特别是徐小姐。

史书记载，马皇后一贯是这么夸儿媳妇的："真吾妇也（真是我的好媳妇啊）！"马皇后简直把她当自己的亲生女儿对待。徐王妃当然也不愿意离开马皇后，她也并不知道，这一次的分别，居然是两人最后一次见面。

徐王妃这时候已经又怀孕了，但她不愿影响丈夫的前程，既没要求朱棣在自己生完孩子后再去北平，也没有让丈夫先走，而是坚持和他一起出发。

身为燕王的朱棣，自然不会像徐小姐一样多愁善感。天高任鸟飞，海阔凭鱼跃。朱棣翅膀还不怎么硬，知道自己飞不远，但是，总得先飞出南京，飞离老爸的眼皮底下，飞到一个自己说了算的地方吧。当然，面对父皇母后，他还是得做出一副难舍难分、相当痛苦的样子。

朱棣披挂整齐，拜别了朱元璋和马皇后，带着徐王妃和护卫亲兵五千七百七十人，踏上了奔赴北平的行程。

今天，乘京沪高铁从北京到南京只需要四个小时，坐飞机则是两个小时，便捷的交通，缩短了出行时间，等于延长了人们的寿命。但是在当时，国人不得不忍受一种很不方便的交通方式。

朱棣一行先是骑马到达扬州，随后乘船经大运河到淮安，接着改走陆路，沿着运河北上。

继续走运河不行吗？不行。一来，有些河段已经不通航了；二来，这将近六千的人，得找多少条船？别折腾了。

大运河的河道淤积，给年轻的朱棣留下了深刻的印象，看着沿线百姓终日劳苦工作，他不禁庆幸自己可以不为生活发愁。不过，朱棣同样要受命运的摆布。如果把自己比作这条运河，老头子朱元璋就是河上的水闸，掌控着他的命运。

半个多月后，燕王夫妇终于走到了运河的尽头。在通州短暂休整之后，他们直奔目的地——蒙古人刚刚离开的大都。

这里曾经是世界的中心、地球上最大的国家的都城。从这里发出的每一道圣旨，都可以让无数人头落地，从这里出发的每一次远征，都能改变人类历史的进程。当朱棣前来就藩时，元朝皇帝离开这里不过十二年。

作为元朝故都，北平担负着守卫北方边境的重任，燕王的重要性可想而知，而朱元璋偏偏选了朱棣。

提到北平，就不得不提一位重要的历史人物，他和朱棣有着很多的共同点。此人就是北平（元大都）城的修建者，元世祖忽必烈。

朱棣和忽必烈都是历史上首屈一指的人物，也都是自己家里的老四。

他们的江山，都是抢来的，也就是说，皇位的继承人原本不是他们。

中统元年（1260），忽必烈在其兄蒙哥去世后，不顾蒙古大多数贵族的反对，在开平悍然称可汗，与各部落选出的阿里不哥（自己的七弟）开战并打败了他。整整一百年后，朱棣出生。

至元八年（1271），忽必烈采用汉族王朝的年号称帝，定都大都。在近一百年后的洪武三年（1370），朱棣被封为燕王，封邑北平，以忽必烈的大都皇宫为王府。

北平，把两个历史巨人连接在了一起，冥冥之中，似乎有什么定数……

忽必烈模仿汉族皇帝建立大元国号后，在金中都的基础上修建了大都城。此后近一百年间，这里不仅是元朝的京师，也是全世界最重要的城市之一。直到洪武元年（1368）八月初二，朱棣的岳父徐达占领大都，赶走元朝皇帝后，它的地位才有所下降。朱元璋改大都路为北平府，取"平定北方"之意。而北平府周边，即元中书省直辖区域的核心部分，也以北平府的名字命名为北平布政司，这在全国十三个省级单位中，又是独一份儿。

如今，这里又有了一位年轻的新主人，这个城市也将因为他而重新成为世界的焦点。

在北平，还有一位故人等着朱棣小两口。

"父亲大人，终于见到您了……"见到徐达在丽正门下迎候，徐王妃早早下车，快步上前参拜，眼泪止不住地流了下来。

"好孩子，一路受苦了。"徐达也开心不已。朱棣已经来到近前了。老将军正准备行大礼，做女婿的赶紧拉住他，自己却深施一礼："参见岳父！"

短暂寒暄之后，徐达把女儿和女婿接进了装饰一新的燕王府，这可是在废弃的元朝皇宫基础上改建的，忽必烈当年也在这里住过。

这顿晚饭，一家人吃得特别香。

自从十二年前占领大都之后，徐达要用更多的时间驻守这里，无法与在南京的家人团聚。现在，火炬要传递到年轻人手中，责任要交到年轻人肩上，他也有更多的时间可以回家探亲了，这当然是好事。

更何况，这个年轻人不是别人，正是自己的女婿。老将军怎能不高兴呢，又怎能不好好指点这位女婿呢？

徐达和另一位名将傅友德在军务上的关照指点，对于朱棣的成长成熟，无疑起了很大的作用，这显然也出自朱元璋的刻意安排。朱棣知道，自己到这里，绝不是来享福的，绝不是要做一个花天酒地的皇二代的，而是要成为大明王朝出色的将军、父皇军事路线最有力的执行者的，自己要让那些开国老将，对自己不仅仅是表面上的服从，要让蒙古人听到自己的名字，就像当年的匈奴人听到霍去病一样畏惧。

朱棣猛然觉得，父亲对自己的要求最严格，期望也最大。自己的藩地是蒙古故地，自己的府第是元朝皇宫，自己的夫人是第一名将的女儿，自己的岳父还驻军北平协助和指点自己，这么好的机会，如果自己不珍惜，如果自己不能有一番作为，那就真是无药可救了。

即使在边关，也还是打仗的时候少，和平的日子多。按照朱元璋对藩王的安排，各个皇子的封地，简直就像一个独立王国，有自己完备的官僚系统，包括王相府、王傅府和参军府，还有参军、咨议官和王府教授等官员。

胡惟庸案之后，朱元璋自己取消了丞相，各王府相也就没有了，参军也改为长史。燕王并不直接管理北平的民政，但北平布政司见到他还是得下跪。

相比明朝官员可怜的俸禄，皇子的福利是非常好的。作为藩王，朱棣可以享受大约五万石的岁禄，还有数量不菲的食盐、布匹和茶叶等，可以过上非常舒适的生活，娶十五六个小妾、养七八十个儿子也不会造成多大负担。但朱棣显然不是那种花花公子型的王爷，他有更大的理想。

几个月之后，喜事就来了。

徐王妃在北平生下了他们的第二个儿子，取名为朱高煦。这个北国出生的孩子，似乎一生下来就带有北方的野性，也似乎命中注定，形成与老大不同的气质。

人们常说，只羡鸳鸯不羡仙。朱棣在情窦初开的时候有了徐小姐，似乎就忘记了世界上还有其他美女，这倒也好理解，先入为主嘛。

但是，在北平生活的二十年里，朱棣居然只有一个夫人，实行严格的一夫一妻制度，这就显得不太正常了。世界上真有这么"自律"的男人吗？

不管如何，史书上的记载的确如此。

天高任鸟飞，海阔凭鱼跃。打从心底里说，朱棣并不喜欢待在南京或凤阳，他很庆幸自己能躲得远远的，可以少惹些事，也就少了很多麻烦。他希望自己能把藩王的使命完成好，首先不让朱元璋挑出毛病，然后还要讨老头子欢心。

朱棣不会不明白，二十六个兄弟之间，别看现在有老爸镇着，搞不出什么事来；一旦有一天父皇不在了，大家还会像现在这么客气吗？这还真不一定。

北平是元朝的旧都、大明的屏障，朱棣还保持着在凤阳时养成的良好习惯，除了正常的练兵之外，他会带上几个随从、穿上寻常百姓的服装，了解北平周围的山川地势，以及当地民众的实际生活。

他后来回忆道："我当年在北平时，几次打猎都在村民家吃饭（给钱的！），看到他们的伙食过于简单，知道他们生活艰苦。每次我以燕王的身份向村民表示感谢时，他们无不感动……用人之道，必须先得到人心，然后才能让对方为你立功。如果能做到'养之于无事之时，用之于感恩之后'，就没有不尽心尽力的。"

一个成大事的人，身边肯定少不了帮手，朱棣也不例外。他和他的父亲一样，喜欢结交天下豪杰，用人不拘一格。朱棣没有皇子的气势，也不摆王爷的架子，换成现在的话说，就是相当亲民。

朱棣不把他们当成会说话的工具，而是当作自己的手足兄弟。南京方面有了赏赐，他不是自个儿关起门来享受，而是分给官兵们。

朱棣在战场上，从来不缩在后面叫嚷："哥几个给我上！"而是喜欢打马冲在最前面："弟兄们跟我来！"

领导才能可以在实际工作中培养，但领袖气质，很大程度上是天生的，朱棣无论穿不穿军装，只要往军人中间一站，就有一种天然的凝聚力。用现在的话说，那是气场太强大。

正因为朱棣有这样的风范，没有用多长时间，他就把一批军官团结在了自己周围，就已经有了徐达和傅友德的支持。

在燕山卫，朱棣的主要将领有张玉、朱能、陈珪、郑亨、孟善、火真、张信、李远、郭亮和房宽等。慢慢的，凭借自身的威望和手段，这些人都成为他的死党。

但他缺少一个运筹帷幄之中、决胜千里之外的谋士。刘邦的成功离不开张子房，刘备的基业少不得诸葛亮，忽必烈指望刘秉忠出谋划策，朱元璋依赖刘伯温神机妙算。

朱棣还能请来这个刘伯温吗？

不能，因为刘伯温已经死了。

那可怜的朱棣，又应该怎么办呢？

二、一见如故，拥有自己的刘伯温

也许是上天故意安排，也许是手气实在太坏，不，是太好，朱棣想要个自己的刘伯温，这个人就及时出现了。

洪武十五年（1382）八月十五日，朱棣正和徐王妃在府中过中秋。就在这天，他们收到了朝廷的加急文书，朱棣拆开信件，差一点没有背过气去，徐王妃看过之后，更是跪在地上，放声痛哭。

朱棣收到的，居然是马皇后去世的噩耗。朱棣虽然不是马皇后亲生的，但生母早就去世了，自己是马皇后一手养大的，不是生母，感情上却胜似生母。

朱棣很快安排好王府的事宜，带上亲随上京，为马皇后奔丧。皇后当时不过五十一岁，这在今天，只是中年刚刚开始，在当时也都不算老。她到底得什么病死的，具体病情如何，史书上并无记载。她死的时候，因胡惟庸案导致的大屠杀还没有结束，上万名官员被砍了头。

九月二十四日，朱元璋主持了隆重的葬礼，追谥马皇后为孝慈皇后，安葬在京郊紫金山下、年前刚动工的大明第一座皇陵。为了纪念皇后，朱元璋特意将陵墓命名为孝陵，并抽调精锐亲兵，组建了一支特殊部队——孝陵卫来守护皇陵。别以为孝陵卫是多体面的职业，说白了不过是一群看坟的。

老大朱标可以长年留在一线大城市南京，朱棣等兄弟作为藩王，无法像普通百姓那样在京城守孝三年，为了表达对母亲的孝道，就一定得有别的变通办法。哥几个一商量，决定向老爸请求，派几个佛学底蕴深厚的高僧，跟随他们到各自的藩地，为母后念经祈福。这种好事情，朱元璋当然不反对，反而觉得孩子们长大了，有出息了。

高僧宗泐当时正在南京担任僧录司的左善世，他向朱棣隆重推荐了一个和尚。而正是此人，影响和改变了朱棣日后的生活。

宗泐推荐的僧人，就是历史上赫赫有名的道衍，俗名姚广孝。

道衍出生于元惠宗元统三年（1335），比朱元璋只小七岁。他出身江浙行省长洲县（今属江苏省苏州市）的一个行医世家。当医生多好啊，收入高，又受人尊重，但他居然在十四岁时，放着这份很有前途的工作不干，要当和尚——不过是个喜欢喝酒吃肉的花和尚。当个花和尚也就罢了，他还不安分，还跟着一个叫席应真的道士学阴阳术数。

席应真也是个厚道人，教这个刺头还是教得很投入的。所谓阴阳术数，并不是简单的封建迷信、装神弄鬼，而确实有不少实用技艺。道衍还学会了作诗和书法。但是，这个道衍的志向，绝不仅止于此，他追求的，是在神州历史上留下自己的姓名。

元末天下大乱时，道衍并没有出来活动。洪武开国之后，道衍去嵩山游历，碰到一位相士袁珙。后者一见到他，就大惊失色："这是哪里来的怪和尚，长个三角眼，像个病虎，性格必定嗜好杀戮，免不了成为下一个刘秉忠。"道衍听了，不但不生气，反而非常得意，笑得合不拢嘴。

刘秉忠是谁？他也是一个和尚，跟道衍一样；他还是元世祖忽必烈的第一谋士，类似于朱元璋的刘伯温，这也是道衍的努力方向。你说，道衍一听，能不乐吗，能不多给几个算命钱吗，能不把袁珙视为知己吗？

有一次，道衍和宗泐一起到镇江著名的风景区北固山游玩，这里风光秀丽，名胜颇丰，著名词人辛弃疾曾留下了传颂千古的《永遇乐·京口北固亭怀古》，而道衍面对祖国的大好河山，也不甘寂寞，心潮难平，随口吟出了一首七律：

谯橹年来战血干，烟花犹自半凋残。
五州山近朝云乱，万岁楼空夜月寒。
江水无潮通铁瓮，野田有路到金坛。
萧梁事业今何在？北固青青客倦看。

道衍陶醉在对宏图霸业的美好憧憬中，像怀春的姑娘思念白马王子，宗泐吃惊地看着他的光头："这，这好像……不应该是出家人说的话吧？"道衍微笑不语，也许心中暗想——你这燕雀安知我鸿鹄之志！

有些人，认识了一辈子，却只能是陌路人，是两条永不相交的平行线；有些人，仅仅见了一面，就可以一见如故，从此惺惺相惜。一男一女走到一起，是为了爱情，两个男人成为知己，是出于对建功立业的强烈渴望。道衍与朱棣的第一次会面，就颇有点"金风玉露一相逢，便胜却人间无数"的味道。流传最广的版本如下：

九月二十四日当晚，刚参加完国丧的朱棣心力交瘁，正坐在寓所休息，护卫突然来报，说是道衍大师求见，朱棣一听，心想：真烦人，没看我都累成什么样了！又一想：这是为母后祈福的高僧，不能不见，打发走了不吉利，见吧！

"贫僧叩见燕王殿下，千岁，千岁，千千岁。"

"大师平身，请坐，上茶。"

落座之后，寒暄了几句，道衍见周围没有人，突然压低了声音，神秘地说："殿下，贫僧有一件礼物相送。"

朱棣一愣，心想天下都是我们朱家的，我想要什么就有什么，还用得着你来送？当然，表面还是装得客客气气的："愿闻其详。"

道衍喝了口茶，鼓足勇气，无比真诚地说："殿下如果能让我随您一起回北平，我一定送给您一顶帽子！"

"什么颜色的？"朱棣盯着他的光头，好像准备随时砍下来当球踢一样。

"白色……"

朱棣站起来（看看房梁上有没有锦衣卫潜伏），然后一转身，用锐利的目光逼视着道衍："大胆和尚，本王对朝廷忠心耿耿，你居然想煽动本王谋反，是何居心？！"

对啊，朱棣本来是王，王上面加个白字，不就是皇帝的"皇"字吗？

道衍一听，知道他在装腔作势，于是很淡定地摸了摸自己的光头，温声答道："守孝期间，王爷您是要戴白帽子的……"

这个故事广为流传，甚至被写入正史，但它显然经不起推敲。

首先，朱棣做事谨慎保守，在二十三岁时，不可能流露出哪怕是模糊的篡位野心，以至于千里之外的花和尚都清楚。如果是这样的话，遍布全国的锦衣卫系统早就能查出，朱元璋肯定也早就知道了。

其次，京城不是朱棣的地盘，而是太子朱标的势力范围，锦衣卫的势力又无孔不入，他不可能想不到这一层。就算要见面，也应该选在北平，我的地盘我做主嘛。

再次，没有朱棣的事先安排，一个和尚能贸然前往燕王住所，并且受到人家接见吗？朱棣在南京并没有固定的王府，这和尚怎么能找到燕王的住处？

最后，朱棣当时并不是储君，太子朱标也只有二十七岁。立志做刘秉忠第二的道衍，为什么要把宝压在并不起眼的老四身上，而且轻易就用自己的生命作赌注，只是为了给燕王提个醒？

因此，这个所谓白帽子的典故，只能是后人的小说笔法，用来讽刺朱棣很早就想着谋权篡位，即使是在为母后守孝期间也不安分，马皇后算是白养他了。

朱棣是什么时候开始有叛逆之心的，这个很难说清楚，不能因为他后来选择了靖难，就说他一直有不臣之心，也不能因为他在建文初年还对侄子行君臣大礼，就说建文的削藩政策不得人心，硬是把一个对君主无限忠诚的好下属给逼得造反了。

朱棣把道衍带到北平，也许真没想太多，也许真的只是为了给马皇后祈福，也许只是想有一个处理藩地事务的帮手，仅此而已。

但不管怎么说，朱棣的南京之行确实是见到了道衍，而后者确实是愿意跟他去北平的。

这年十月十八日，朱棣回到了北平，迎接他的人中，居然有一个既陌生又熟悉的身影，在向他双手合十。

道衍已经先到北平了，他是跟着北平的护卫军，坐船沿着运河先期回来的。

据说在路上，道衍还偷偷作了首诗：

石头城下水茫茫，独上官船去远方。
食宿自怜同卫士，衣钵谁笑杂军装？
夜深多橹声摇月，晓冷孤桅影带霜。
历尽风波难苦际，无愁应只为宾王。

这首七律的前半部分是在发牢骚，独上官船，食宿跟士兵一样，还穿着军装，晚上只能听到橹声，早上还给冻醒了。亮点在最后一句：虽然和尚我历经磨难，但心中充满了希望，因为我终于可以成为骆宾王了（一说是可以辅佐贤王了）。

道衍到了北平之后，被安排到了大庆寿寺做住持。这个寺院离燕王府不远，便于朱棣与他经常会面。更有意思的是，大庆寿寺就是当年刘秉忠修行之地，寺里有一座九层的砖塔，就是刘的墓塔。

这真的是天意吗？当然不是，是朱棣故意安排的。好在有前面为马皇后祈福之说，远在南京的朱元璋和太子朱标，也不会往深层里想。

从此，在北平这个元朝的帝都，朱棣住在忽必烈的皇宫，道衍住在刘秉忠的寺院，朱棣经常以诵经为名把道衍邀入宫中，屏退左右密谈。

从这时候起，夺权的种子也许就已经埋藏在了朱棣心底，只是他并不自知。而道衍经常为种子施肥浇水，看着它一天天长大，直到破土而出、野蛮生长。

朱棣与道衍，表面上看是主仆，实际上更接近于师徒，毕竟前者当时只有二十出头，人生阅历和经验远不及后者，需要后者全方位的指点。对道衍来说，这位学生不仅聪明过人，而且城府很深，自己一旦行为不慎，甚至会有杀身之祸。

当然，朱棣可不只道衍一个老师，徐达和傅友德两位百胜将军，在作战指挥上，也让他学到了很多。

朱棣已经长大了，他的血管里流的是军人的血，他有一颗渴望胜利的心，他希望能早日成为真正的统帅，做徐达、常遇春那样的将军，尽自己燕王的义务，也为自己将来的发展积累资本。

这一天，什么时候能够到来呢？

三、随军出征，二十来岁跟对人

军人的天职就是打仗。朱元璋把皇子们派到边境，肯定不是让他们舒舒服服地当王爷的，而是要他们打破蒙古军队南下的企图，甚至能像卫青、霍去病当年打败匈奴那样，把这帮家伙彻底打服。

到了边关，还愁打不了仗吗？机会马上就来了。

朱棣到北平的第二年正月，元将乃儿不花在西北抢掠，朱元璋任命徐达为主帅，汤和、傅友德为副将，统领十万大军开赴西安。朱棣也领命跟随岳父出征。

二十三岁了，这是朱棣生平第一次真正上战场，其心情既激动又担心。激动的是自己总算有了与蒙古人真刀真枪比拼的机会；担心的是如果战场上受挫，会影响自己在父皇心中的形象和地位。

不过岳父大人并不想让朱棣亲自上前冲杀，只把他留在中军帐中，做点辅助工作，也就是说，带他出来开开眼界、见见世面，仅此而已。

傅友德身为这次行动的先锋，带领一支精锐部队快速行军，渡过黄河后，蒙古主力已经事先得到情报，使出了他们的拿手好戏——逃跑，而且也不打招呼，挺不厚道的。

眼看这一次要空手而归，也许换了别人，就得大老远白跑一趟了，但傅友德是谁？那是元末明初战神级别的大将，别人办不成的事他能办，别人立不了的功他能立，别人做梦都想不出的阴招，他也能使出来。

傅友德收到情报，马上装出一副撤军的样子，故意让敌方的情报人员知道——我们要走了，你们该干啥还干啥吧。

傅友德已经侦察到，蒙古军队在灰山附近有个营地，养了很多战马。于是一边大张旗鼓地撤军，一边秘密挑选三千精锐骑兵，借助夜色掩护，以迅雷不及掩耳之势，杀进了蒙古人的地盘。

兵贵神速，如果走漏了风声，整个行动就会前功尽弃。傅友德带领部队夜行昼歇、加速前行，而他们的对手，却完全没有防备。

当傅友德带着弟兄们摸到灰山营地的时候，正是伸手不见五指的黑夜，他们的对手也很忙——忙着休息。很多蒙古士兵，真的就应了一句古话，睡着了就再也没有醒来。而那些听到动静被惊醒的，也不过是象征性地抵抗了几下，半推半就之间就缴械了。他们的头领——平章别里不花、太史文通等，也是非常明智地投降，并交出了大批战马和军用物资。

这是一场漂亮的完胜。傅友德胜利返回北平之后，向徐达和燕王汇报了作战过程。未上战场的朱棣听得分外入神，他非常希望自己能早点建立战功，这样回京城见父皇时，就会更有底气。

遗憾的是，傅友德很快就离开了北平，因为他太能打了，朱元璋要好好利用他。这年秋天，朱元璋封傅友德为征南将军，带着左副将军蓝玉、右副将军沐英，统领三十万步骑兵出征云南。

这一次的目标很明确：光复云南，将它变成大明领土不可分割的一部分。傅友德也果然不辱使命，第二年正月，明军占领昆明，梁王把匝剌瓦尔密自杀，整个云贵全部控制在了大明手中。

不久，更大的遗憾就来了。

洪武十七年（1384），徐达突然得了怪病，背上生疽。朱元璋听说之后，派徐达的长子徐辉祖前来探望，不久后又下诏，让老将军回京城养病。次年二月，徐达去世，时年五十四岁。

徐达的去世让朱棣相当难过。他不但失去了岳父，更失去了一位军事上的重要导师，他还年轻，还想向这位战神学习很多东西，他的心情肯定是不好受的。但是，他又想道：自己在北平可以少些约束，对于自己的活动减少了可能有的干预，又何尝不是好事呢？不过徐王妃就可怜了，洪武十五年（1382），她经历了马皇后的病故，三年孝期刚满，就又迎来了自己父亲的死亡，感情上如何承受得住呢？

朱元璋对老战友徐达的死也极为悲痛，他追封徐达为中山王，诏告天下，陪葬于孝陵——将来跟自己还是邻居。徐达长子徐辉祖继承魏国公爵位。

当然，民间传说是朱元璋赐徐达蒸鹅，导致后者毒发身亡。这和老朱"火烧庆功楼"等段子一样，都是后人为丑化洪武皇帝而编造出来的，朱元璋固然不是正人君子，但他杀功臣都是光明正大地杀，不至于这么对待自己的亲家老徐。

更何况，徐达死后，徐王妃的两个妹妹也先后嫁给了朱元璋的两个儿子：十三子代王朱桂和二十二子安王朱楹。可见老朱对徐家有多偏爱。

徐达死后不久，大明又一重臣冯胜来到北平，接替徐达留下的军务。

洪武十八年（1385），在处理完了云南的事务，留下沐英镇守之后，晋封颍国公的傅友德又返回了北平，并且带来了一批小太监，朱棣从中挑选了一个机灵的回族小孩，让他跟随道衍学习术数。这个小太监的名字，至今依然被人们屡屡提起，他的知名度并不比我们的男一号朱棣小——你还真别不信。

洪武二十年（1387），朱元璋决定一劳永逸地解决东北问题，赶走盘踞在辽东的纳哈出势力。明朝建立的当年，徐达大军就占领了大都，但辽东却一直被蒙古人控制在手中，这对于汉人政权，显然是一个重大的威胁。

这一年，朱元璋任命宋国公冯胜为征虏大将军，颍国公傅友德、永昌侯蓝玉为左右副将军，南雄侯赵庸、定远侯王弼为左参将，东川侯胡海、武定侯郭英为右参将，率领步骑兵二十万进发辽东。这次征调兵马的规模仅次于二十年前的北伐，三个主将更是当时能凑齐的最强班底。派出如此豪华的阵容，足以说明朱元璋对这场战事的重视、对对手纳哈出的忌惮。

朱棣当然也不能闲着，他被要求在冯胜帐下听令，做些辅助工作。

纳哈出的来头不小，说起来也是名将之后，他的祖爷爷是成吉思汗四杰之首的木华黎，整个辽东都是当年木华黎从金朝那里抢过来的。

纳哈出是朱元璋的老朋友了，元至正十五年（1355）朱元璋攻克太平时，他就做了俘虏，朱元璋爱惜其才，一心想收降他。但作为名门之后，纳哈出死活不投降，哭着闹着要当烈士。朱元璋为了收买人心，显示自己的大度，就把他给放了。明朝建立之后，纳哈出据守辽东，手下（号称）有近二十万兵马，是北元各派势力中最强大的，也对明朝的统治形成了不小威胁。

但是，朱元璋生前，从来没有意识到要迁都北平。

大军出发之前，朱元璋亲自召见了冯胜等人。在没有电话能够随时联络的年月里，大政方针需要事先交代好，以后更多地就要看他们自己的发挥了。朱元璋指示冯胜说："纳哈出诡计多端，在没有探清这小子底细的情况下，你们先驻扎通州，派人打探元军的消息，如果他们主力在庆州，就趁其不备，用轻骑兵发动突然袭击。占领庆州后，就可以用全军主力直捣金山，打纳哈出个措手不及，一定能把他给收拾了。"

二月初三，冯胜大军到达通州，他派探马出松亭关侦察，得知纳哈出果然在庆州驻扎了重兵。得，这个危险的工作，可不能让皇子朱棣来干，派蓝玉去吧。

蓝玉是明朝初年用一只手就能数过来的名将之一，虽说是开平王常遇春的内弟，但这哥们儿的成功，几乎和开平王无关，都是靠自己的努力。

当时的辽东还是隆冬，天寒地冻，经常下雪，蒙古人都猫在帐篷里不愿意出来活动。而蓝玉这个战争的狂热分子，有这样的表现机会，当然不会放过。他只点了五百名最精锐的骑兵，对他们进行了一番战前动员。

蓝玉告诉这五百名将士，他们要做的事情，犹如光武帝刘秀以三千兵马大破王莽百万大军一样光荣，和李朔雪夜入蔡州的英雄事迹一样伟大，众位必须以一当十、全力拼杀，方能立下不世之功勋，不然，军法伺候，向前一步是建功立业，退后一步是人头落地！

战士们的士气显然得到了很大提高，一个个都像在笼子里关了很久、等待狠啄一场的斗鸡。

一行人星夜兼程赶到庆州时，当地的守军根本没有心理准备，被蓝玉军杀得七零八落，北元的平章果来在乱军中被打死，他的儿子不兰奚和其他数千人，都成了蓝玉的俘虏。

占领庆州之后，三月初，冯胜才率大军出松亭关，驻兵大宁。他不急于进攻，而是继续派出探马侦察敌情。六月庚午，冯胜在大宁留下五万兵马，其余十五万人全部整装出发，直奔金山。

在冯胜大军进发的时候，朱元璋派出的特使乃剌吾已经率先到达了松花河，并前去拜访了纳哈出。

纳哈出见到老部下，不免大吃一惊。乃剌吾于是就呈上朱元璋的亲笔信，讲述了大明王朝对蒙古的宽大政策，大意是只要他投降，一切官职待遇照旧，甚至比以前的还要好。纳哈出肯定想起了自己年轻时被朱元璋俘虏的往事，觉得这辈子怎么斗也斗不过朱重八了，北元也无法支援自己，干脆投降吧。

但是，投降过程中出了点乱子。

纳哈出到明营来投降，蓝玉热情地迎接（史书上如此记载，感觉应该是主将冯胜亲自出来招呼才对），并置办了丰盛的酒席招待。席间，蓝玉看到纳哈出这哥们儿的衣服相当破旧，胜利者的同情心油然而生，就把自己的外套脱下来，想亲手为纳哈出披在身上。

不知道是蓝玉的动作实在太大，还是纳哈出的自尊心实在太强，这个蒙古男人执意不从。蓝玉那是相当尴尬，手下的常茂（常遇春之子、蓝玉之婿）更是看不过眼，居然拔出腰刀，砍伤了纳哈出的左臂。都督耿忠看到出了变故，忙保护着纳哈出去见冯胜。纳哈出手下及其亲属十余万人听说主将被砍，就不想投降了。多亏冯胜派出观童过去安抚，好不容易才说服了这些人，一共收编了二十余万人。

收降纳哈出后，冯胜胜利班师。美中不足的是，都督濮英率领三千兵马殿后，与蒙古人撞上，几乎被敌军全部杀害。

大军回到南京，冯胜讲述了自己打胜仗的经过，也汇报了常茂的恶行。朱元璋非常高兴，派特使劳军，并拘押常茂。但这时，朱元璋却收到了一封极为重要的举报信，这封信改变了冯胜一生的命运。

看到信之后不久，朱元璋就撤了冯胜的职务，并收了大将军印，从此，这个名将的军事生涯算是结束了。

原来在这封信中，举报人举报冯胜私藏良马，威逼纳哈出之妻交出珍珠异宝，并且在蒙古王子刚死两日时，就强娶蒙古公主，让当地人民很有意见，不处理不足以平民愤。

朱元璋对冯胜破坏民族团结这件事非常生气，又因为损失了濮英及三千兵马，同时被抓的常茂也在说冯胜的坏话，朱元璋大怒，于是就有了上述决定。

纳哈出的二十万大军不战而降，辽东从此并入了大明版图。对于这样的战果，朱棣相当吃惊。

他明白了什么叫不战而屈人之兵，最高明的征服，不是用武器在战场上的屠戮，而是用气势在战场下的征服，不是让敌人放下武器，而是让对手彻底归心。

他明白了，为什么自己父亲的武力并不是最强大的，策略也不是最高明的，却能成为世界上最有权力的人。

他明白了，为什么冯胜和蓝玉这样的人，只能带兵打仗，却无法驾驭群臣。

在游泳中学习游泳，在战争中学习战争，父皇，我感激你！

冯胜的政治生命就此终结。到底是谁向朱元璋揭发的，还是老朱早有动冯胜的想法？朱棣会不会是幕后黑手呢？相关的史料已经被销毁干净，但唯一可以确定的是，朱棣一直在冯胜军中，他了解事情的全过程。而且，他作为皇子，在军中监视大将，本来就是顺理成章的事情，这也是朱元璋一直所期望的。

朱棣清楚父皇的心思，也完全有可能利用自己的身份和条件，向朱元璋告密。但是，我们确实也不能太过阴谋论。

九月丁未，朱元璋提拔蓝玉为大将军，交给他十五万兵马，命延平侯（一说延安侯）唐胜宗、武定侯郭英为左、右副将军，都督佥事耿忠、孙恪为左、右参将，要求他们肃清沙漠，把残元的势力彻底消灭。

这一次的行动，朱棣没有参加，但他对蓝玉的行动，也保持了密切的关注。

洪武二十一年（1388）四月，蓝玉率军从大宁进至庆州。听说北元皇帝脱古思帖木儿躲在捕鱼儿海（贝尔湖），他立即命令部队加速前进，直奔目标。

乙卯时，部队行至百眼井，离捕鱼儿海只有四十余里了，但侦察不到敌人。由于粮草接济困难，蓝玉想撤军，部将王弼说："我们十几万人兴师动众，深入沙漠，没有遇到敌人就班师，没法向皇上交代啊！"

蓝玉当然也清楚这一点。于是他们隐藏行军，夜行晓宿，在地下挖坑做饭，防止敌人看到烟火。到了捕鱼儿海南面时，探马打听到了好消息——北元的大营在海东北八十余里处。王弼接任先锋，带领精锐骑兵秘密行动。脱古思帖木儿因为错误的情报，还以为蓝玉他们缺乏粮草，已经准备收队，备战工作也都放松了。

天公也不作美。沙尘暴在大漠里是家常便饭，可在面临十几万凶狠的汉人进攻时，这样的天气最好还是不要有——对逃跑不利啊。跟着沙尘暴的后脚跟，王弼带领的骑兵杀了过来。前者只是让他们吃了一嘴的沙子，后者则让他们饱尝了锋利的弯刀砍在头上的滋味。

元军统领太尉蛮子还试图抵抗，他带领亲兵冲了出来，但没想到，汉人的骑兵比蒙古的更加凶猛。一个小兵飞马赶来，人到刀到，他一头就从马上栽了下去，再也没有爬起来。剩下的人一见主帅被杀，纷纷立即投降。

为了不做俘虏，脱古思帖木儿连自己的大营都不要了，带着太子天保奴和丞相失烈门，在随身亲兵的保护下，仓皇逃命，大小老婆都顾不上了。

虽说没抓住脱古思帖木儿，但还是俘虏了皇次子地保奴、故太子必里秃妃、詹事院同知脱因帖木儿、吴王朵儿只、代王达里麻和平章八兰等高级贵族近三千人，军士男女七万余口，收缴了忽必烈用过的传国宝玺、符敕金牌和金银印等物，马驼牛羊十五万余只，几乎将整个北元势力打扫了个干净。

蓝玉也因此立下了不世之功，奠定了自己在徐达之后大明第一武将的地位。朱元璋传令嘉奖，封他为凉国公，并将他比作自己的卫青、李靖（其实是韩信）。韩信曾经当着刘邦的面，点破了"狡兔死，走狗烹；飞鸟尽，良弓藏"的潜规则，而蓝玉既没有这么理性的思维，也没有这样的文采，连一句豪言壮语都没留下。

蓝玉登上顶峰之时，也是走背运的开始。功高震主，脑子又不够灵光的人，下场基本上是相似的。

而我们的男一号朱棣，则用他那超出常人的冷静与理智，静静地观察着这一切。他知道，属于自己的舞台早晚有一天要搭起，属于自己的责任早晚有一天要扛起，属于自己的风险早晚有一天要担起。自己现在要做的，不是急于表现自己，而是扎实地作好准备。不是以皇子的身份挑战主将的权威，而是扮演好学生的角色，学习他们的先进经验。

独挑大梁的那一天，什么时候能到来呢？

四、一战成名，三十来岁做对事

朱元璋对协助自己打天下的那些名将，都打心眼儿里不放心，但他也不是很着急把兵权交给皇子们。不过，捕鱼儿海战役之后，北元的主力已经被消灭，已经无力也无心对大明造成实质性的威胁了。

如果说狡兔死，走狗烹，十年前还不到时候，那么现在该烹的就可以随意烹，该杀的就可以放心杀了。况且，自己的亲生儿子们一个个都长大成人，能够带兵了，由皇子们执掌军权的时代也就顺其自然地来到了。

洪武二十三年（1390），朱棣已经三十一岁，他来北平也已经整整十年了，江南的阳光已经渐行渐远，漠北的风沙让他更加感觉亲切。在北平生活了十年，他几乎完全转型成为一个北方人；经过十年的历练，他也日益成熟，越发像一个优秀的将军了。

他觉得，也许自己命中注定是个军人，上马奋力杀敌，下马痛快喝酒，就是自己一生的命运。而军人注定属于北方，和契丹、女真、蒙古这些强悍的民族无法分开。江南总让他想起秦淮河上的画舫、裙带飘飘的少女，以及宛如天籁的丝竹之声。

十年时间里，他先后跟随徐达、傅友德和冯胜这三位大明顶级将领，参加了大大小小几十次战役，虽然没有独立指挥过重大的军事行动（主将们都怕他出事），但常年跟随在中军帐中，耳濡目染，他也获得了很多启发与思考。对一场战役应该掌握的指挥艺术，他有了相当程度的洞察和领会；对一个统帅应该具备的领袖气质，他也有了极为清醒的理解与感悟。

这十年，也让出生在南方的朱棣得了一种怪病。但也正是这种病，在关键时刻保护了他。这在下文中会讲到。

这年正月初三，朱棣接到了父皇北征的命令。与以往不同的是，朱棣和三哥朱㭎将是这次行动的总指挥，宋国公冯胜和凉国公蓝玉不参加，朱棣以前的老师傅友德被任命为征虏前将军，南雄侯赵庸为左副将军，怀远侯曹兴为右副将军，定远侯王弼为左参将，全宁侯孙恪为右参将，除王弼在太原晋王帐下外，其他人等都集中在北平操练军马，归燕王指挥。老七齐王朱榑率领兖州护卫及徐邳两卫军马，也归燕王节制。

这次行动的目标是北元太尉乃儿不花。在纳哈出投降之后，北元在辽东的势力已经非常弱小，完全是被动挨打的份儿，根据史料分析，这哥们儿能够调动的军队，加上老婆孩子，满打满算，居然不超过一万人！有朱元璋给朱棣的手谕为证：

询及来胡，言残胡甚少，骑者才五千人，共家属一万口，马称之，有急则七人皆一骑。趁水草长行，大军负载且重，追袭甚劳。今降将尝与彼共仕大官，已使在彼。而晃忽儿又能辞说，由是其众二心，欲南向者众，北向者少。且将粮饷运至上都，及口温，集于各程，然后再候人来，知其所在一举而中矣。

如果战神蓝玉出马，带三千骑兵、三百火铳手，就能把这些人收拾了。可朱元璋怎么会把便宜让给别人？他之所以要动用这么豪华的班底，去攻打根本不是同一个重量级的敌人，正是为了给几个皇子树立信心，为他们提供扬名立万的机会，替他们将来全面接管帝国军政大权铺路。

你看，朱元璋不但安排了这么多人陪朱家兄弟去打仗，还给俩儿子出主意，让他们先运送军粮，等到有可靠情报后再出兵，生怕出什么意外。

但是，这并不是说，蒙古人听说朱棣他们要来，就自个儿把自个儿绑了，等着明军过来抓。二十几年来，一拨拨的蒙古兵在明朝铁骑的威胁之下，也学会了老鼠与猫之间的博弈。

首先，他们更熟悉环境，知道哪里有淡水哪里是草原，知道在什么地方躲起来，汉人找不到的可能性更大。明军虽然来势汹汹，但显然不熟悉地形，又没有卫星定位系统，在茫茫荒原之中寻寻觅觅，可能只会发现自己人疲惫的身影。

其次，他们更适应气候。他们在这里吃沙子已经吃了几十年，又特别抗冻，相比之下，明军因为气候原因，出现额外非战斗减员的情况，非常普遍。

最后，朱棣和朱橚虽说已多次上过战场，但以前都是待在中军帐内，为主将做一些辅助工作，不会有什么危险。以主将的身份带兵，而且还要指挥这么多将领，对他们来说还是第一次。

人生就是不断尝试、不断成长的过程，第一次的经历非常关键。是一炮打响，给父皇和朝廷重臣留下深刻的印象，以后可以拿到更多重要战役的指挥权，还是出现意外，损兵折将，让父皇对自己的能力产生怀疑？

舞台已经搭好，就看你如何表演了。

这年三月，朱棣带领大军离开北平，踏上了前往辽东的征程。一路上军容齐整，军纪严明，军威肃穆。在古北口，朱棣经过了岳父徐达当年修建的卫所，参观了当地百姓自发修建的杨业祠。大军穿行在山谷中，雄关漫道，残阳如血，让朱棣无限感怀。他的血管里，奔腾的是朱明王朝战士的血液；他的字典里，从来没有害怕这两个字，他也不允许自己退缩。他很清楚，空手而归的下场是什么。

大军开出了古北口，城市的炊烟早已没有了踪影，眼前能看到的，只有茫茫无际的荒漠，连个野兔都难得撞见。朱棣知道，这样漫无目的地搜索，把军粮都吃光了也不会有什么收获，反而有可能被人偷袭，不能再走了！

于是他下令，选择合适的地方扎营休息，并派出四路轻骑，穿上蒙古军人的衣服，分头打探敌情。

看来老天真的是眷顾朱棣，两天后，有一支骑兵来报，乃儿不花的大营扎在了迤都（今蒙古国苏赫巴托尔省达里干嘎南）。朱棣心中暗喜，他命令军队加速前进,直奔目的地。

蒙古的三月还是冬末,行军途中突然下起了暴风雪,大风吹着雪花,打在人的脸上,钻进人的眼睛里,给行军带来了相当大的麻烦。军中不少从江南来的士兵,对于这样的大雪很是畏惧,难免产生抵触情绪,不想走了。一些军官的思想也发生了动摇。怎么办?

危急时刻,最能体现一个统帅的勇气与决断,大家都把目光投向了这位皇子,希望他能拿主意。朱棣猛然想起,三年前蓝玉奇袭庆州,杀死北元的平章果来时,也是大风雪天气,因为气候恶劣,元军以为蓝玉不会来,疏于防备,让他成就了不世之功。这一次,同样的场景、同样的机遇,我朱棣堂堂皇子,怎能输给一个赳赳武夫?

朱棣朝队伍挥了挥手,人群安静下来,大家都把视线转向了这位器宇不凡的皇子,朱棣清了清嗓子,大声说道:

"弟兄们,敌人就在眼前,越是大雪,蒙古人就越以为我们不敢来,我们就越能出奇制胜,打他们个措手不及。你我深受皇恩,今天到报效的时候了,打下迤都,各位都是国家的功臣,我给大家请功,如有再言撤退者,军法处置!"

朱棣不愧是个天才的演说家,一番话说得众人热血沸腾。

顶着漫天飞舞的雪花,迎着吹在脸上生疼的寒风,在崎岖的道路上,朱棣和他的弟兄们加速前进,埋锅做饭(防止敌人发现炊烟),日夜兼程,终于到达了离迤都营地仅几里的地方。天寒地冻,乃儿不花一伙还躲在大帐中烤火啃羊腿呢。

"王爷,我们动手吧⋯⋯"

"不行!"朱棣的目光很坚定,语气不容置疑。他要做什么呢?

如果朱棣摆摆手,让骑兵冲进去一通砍,这片草原上,又会多出几千具尸体。

但如果朱棣这么做,他就不是朱棣了。他玩,就要玩个尽兴;他做,就要做到极致。打仗要杀人,但打仗不是为了杀人,而是有更重要的目的。

他作出了一个让人目瞪口呆的决定：

"停止前进，扎营休息！嗯，就这样定了！"

随后，他叫过身边侍卫，吩咐了一番。这小兵边听边点头，钦佩之情无以言表。

乃儿不花忧郁地坐在大帐里，想起过去这些年自己的失落、失败、失意，一时无限惆怅。突然卫兵来报，说营外有个叫观童的求见，自称是将军的老朋友。

观童一进大帐，就很热情地给了老熟人一个拥抱，乃儿不花毕竟是蒙古战士，没有汉人那么多心眼，一下就放松了警惕。

在昏暗的灯光下，两个人一边喝酒，一边讲起了这些年的事。乃儿不花郁闷啊，同是蒙古人，他的爷爷辈把这帮汉人满世界地追着砍、追着杀，他这个当孙子的，被汉人满世界追着砍、追着杀，真是愧对列祖列宗。

观童看起来倒是气色不错，他以自己的亲身经历，向乃儿不花讲述了大明皇帝朱元璋的民族和解政策，大概意思就是，自打投降之后，生活待遇也提高了，生活条件也改善了，还娶了好几个汉族小丫头，小日子过得很滋润。老弟你一年到头喝的西北风比喝的马奶酒还多，吃的沙子比吃的烤羊肉还多，你就没有什么想法？

乃儿不花听到这里，为了显示自己的镇定，表情严肃地跳了起来："我是成吉思汗的子孙，应当战死沙场，岂能投降那个叫花子南蛮？"

"坐，坐，"观童乐了，"其实我刚才忘了告诉你，你的人都已经被包围了……"

乃儿不花怒了："来人！"话声未落，一个身穿大明军装的士兵真进来了："报告将军，你已经被明军完全包围了，燕王特意让我们请你到营中一叙，我们这就动身吧。"

乃儿不花愤怒地回头看着观童，原来他的笑容是那么的虚伪，那么的恶心，怨谁呢？

观童是见过大世面的人，三年前他就劝降过纳哈出，又是乃儿不花的老熟人。这次，朱棣又让他来劝降这一位老朋友，也是物尽其用嘛。

可怜的乃儿不花将军就这样被戏弄了，可怜的蒙古军人就这样被包围了，帐外已经相当混乱，明军已经将大营重重包围，想活着冲出去的希望不是很大。乃儿不花明白，自己的老朋友自打投降了汉人，也学会了他们的阴谋诡计，自己太没心眼了！

观童劝说乃儿不花，让他命令部队不要行动，一切等和燕王谈判后再作决定。乃儿不花答应了，两人即刻出发，前往明军营地。

早有快马前去通报，两人赶到盟军大营外时，只见旌旗招展，鼓乐齐鸣，帅旗下站着一位大将，身形健壮、器宇轩昂，朱棣亲自出来迎接了，这让乃儿不花非常感动。在他看来，自己一个败军之将，前往人家的地盘，就是找羞辱去的。

乃儿不花赶紧下马、拜伏在地，朱棣亲手搀扶，并为他引见了身边的将领。随后，朱棣置办了丰盛的酒席招待来宾。长年在荒漠里当游击队长的乃儿不花和随从，光一桌子叫不上名字的菜，都已让他们看晕了。

这顿酒饭，让这些几年没吃好饭的蒙古男人相当开心。好酒总能拉近双方的距离。朱棣不会像蓝玉那样，做出脱下自己的脏衣服硬让别人披的狂妄举动。乃儿不花也不像纳哈出，把个人尊严看得过于重要。

结果就是，在亲切友好的气氛中，朱棣与乃儿不花商量好了投降的优待条件，出乎乃儿不花的意料，朱棣开出的支票太过优厚，除了宣布名义上的主子由北元大汗变成大明皇帝外，其他政策都不会变，所有士兵及其家属的安全得到了保障，还要上奏朱元璋，给予封赏。

最后朱棣问："将军还有什么要求，小王都会尽量满足。"给人感觉这不是在收编降兵，而是在安置国家功臣。

乃儿不花赶紧表态："非常好，好极了，我很满意！"

他是个实在人，也知道自己既然玩花样玩不过人家，搞阴谋连人家搞剩下的都搞不好，还不如老老实实地合作，别让人反悔。

乃儿不花立即回到了本部大营，向那些担惊受怕的弟兄们声情并茂地讲述了自己在朱棣那里受到的种种优待，描绘了一幅归顺之后的美好前景，恐吓了一番不合作的人。可以说是情真意切、感人肺腑了，很快，所有人都达成了共识，只有两个字——投降。

其实到了这时候，战争胜负已定，别说什么置之死地而后生，也别说什么绝地反击，战争最终拼的还是实力。无论是兵力还是装备，朱棣都占据着明显优势，无论是生理还是心理，蒙古人都已经崩溃了。

朱棣的第一次独立军事行动，就这样画上了一个圆满的句号。从北平出兵到班师凯旋，前后仅仅二十九天时间。几乎没有人员伤亡，就让乃儿不花归降，还接收了他们全部的马驼牛羊。

消息传到南京，据说朱元璋大喜，对朝廷臣说："清沙漠者，燕王也，朕无北顾之忧矣！"意思是说，有我们老四在，北边蒙古的事我就没什么好担心的了。

而朱棣的三哥朱㭎呢？他从太原动身，踌躇满志地出发，灰头土脸地回来。在茫茫沙漠之中转悠了一个多月，连蒙古包都没有发现半个，上万号人每天就在沙漠里盲目穿行，白白消耗军粮。朱元璋最重视节俭，在得知朱棣获胜的消息后，立马派人给朱㭎下达命令——你快回来！

五、"三十不获"，为什么一炮走红

朱棣的第一次亮相相当给力，在父亲朱元璋那里留下了良好的印象，为他以后的发展奠定了良好的基础。因为这一仗尽管难度并不大，但却至关重要，影响深远。他不仅打败了蒙古人，也打败了三哥朱㭎。

有的人打了一辈子的仗，却只能为世界留下一次次的平庸记录，还记吃不记打，这是能力问题；有的人头一回上战场，就让对方小兵的冷箭给射死了，什么都没有留下，这是运气因素。一个成功者，能力与运气缺一不可，都非常重要。而我们的男一号朱棣，恰恰这两点都不缺。

朱棣三十岁之前的表现堪称平庸，但在三十一岁这一年却一战成名，表现出了过人的才华，他不仅是个出色的将领，更是一位天才的领袖。他的成功,并不在于他收降了北元高官,带回了不少战利品,而是他展现出了对战争进程超凡的驾驭能力。

朱棣第一次独立带兵作战,却表现得相当老练沉稳。做事有章法,不急不躁。大军出关,先派出探马,探听敌人位置,而不是贸然行动,带来不必要的损失,影响士气。

他有一股不达目的不罢休的执着。进军敌营途中遭遇暴风雪,很多人打退堂鼓,他不为所动,坚持自己的主张,得以出奇制胜。

他明白攻城为下、攻心为上的道理,知道用武器不能解决的问题,用谈判可以解决。他完全可以用武力消灭乃儿不花,但杀敌一千,自损八百的胜利,远不如不战而屈人之兵,给父皇留下的印象深刻。

他注重信用、不搞阴谋,在把乃儿不花带到自己大营招待之时,没有趁蒙古人群龙无首时搞袭击(其实这也不是多见不得人的事),这更让对方能死心塌地地投降。

他为人豪爽、不拘小节,因此在军队中有很强的认同感,他重视细节、演技逼真,让蒙古人感激涕零,真心投降,而不是像蓝玉一样,硬要把自己的脏衣服往人家身上披。细节决定成败,朱棣做得相当到位。

千里之行,始于足下;万丈雄心,从零开始。南京皇宫的竹林中,有过他苦练武功的身影;凤阳郊外的山路上,有过他长途跋涉的记录;忽必烈当年居住的皇宫里,他秉烛夜读,学习兵法战略;关汉卿曾经生活过的小巷中,他微服私访,了解民生疾苦。

朱棣这一次,看似一鸣惊人,但成功的背后,是他十年如一日的努力与付出、坚持与执着。

正因为朱棣的表现如此完美,朱元璋才会看在眼里、喜上心头,知道老四很有自己当年的神韵,才会很自豪地夸奖一番。

朱元璋不光口头表扬,还给了物质奖励。他奖励给朱棣一张面额一百万两的宝钞,这些钱的购买力约合今天的人民币一亿元。据说这宝钞本是皇上想奖励给朱㭎的,但老三却无功而返,白白浪费了国家无数粮食，当然不能奖给他了。

由于朱棣大获全胜，这一年闰四月，各王府及百官向朱元璋进《贺平虏表》，为皇帝歌功颂德。作为此次胜利的操盘手，朱棣当然也在朝中赢得了相当高的声望。

第二年春，朱棣再次出征，他在傅友德的配合下，顺利击溃了蒙古将军阿失里的军队，虽然没有能抓获敌方主将，但依然歼敌数千，并缴获了大批军用物资，他的声望进一步上升。

在以后的岁月里，朱棣驻扎在北平，风里来雨里去，为大明王朝看守着北大门。在战场上，他身先士卒，冲击在前；在营帐中，他爱兵如子，嘘寒问暖。对北平百姓来说，他是胜利的化身；对蒙古贵族来说，他则是噩梦的代名词。

朱元璋很快就要进入古稀之年，活一天少一天了。他知道，让老四在北平戍边，让老大在南京监国，自己就会很轻松，可以安安稳稳地享福。不过，让人感到有点不公平的是，这位皇上欣赏老四，却从来没想过让他代替老大。当然朱标做得还是不错的。而他对朱棣，根本就没有动过那样的念头。

那么，朱棣自己，又是怎么想的呢？

第三章　争储失败不气馁

一、有大哥在，朱棣并无非分之想

朱棣不是没做过太子梦，不是没想过争位，但是在三十三岁之前，他面前横亘着一座大山，高得让他不得不仰视；他面前奔涌着一条鸿沟，深得难以想象。如果没有非常规措施，朱棣想跨过去根本是不可能的。

此人就是朱元璋的长子，大明帝国的皇太子及监国，朱棣的大哥朱标。

不过，洪武二十五年（1392）五月十七日，一条消息从南京传出，宛如惊雷，在朝野上下引起了极大的震动——太子薨了！朱元璋培养了二十多年的接班人朱标不幸去世，享年三十八岁。朱元璋非常难过，将其安葬于孝陵，追谥为懿文太子。

得到这个消息的朱棣，心里可谓五味杂陈。

朱棣不是马皇后的亲生儿子，这已经没有任何争议。问题是：朱标是不是马皇后的亲生儿子？如果不是，他们两人的性格何以如此相像？如果不是，朱标何以得到朱元璋如此的厚爱？如果不是，他的亲生母亲又能是谁呢？

元至正十五年（1355），朱标生于太平。那时候，朱元璋还没占领应天府呢。

他是朱元璋的第一个儿子，怎么能不受到重视呢？马皇后对朱标更是爱得不行，走到哪儿都要背到哪儿。

笔者一直怀疑，朱标才是马皇后唯一的亲生儿子，两人的性格气质都更为接近。当然关于这一论点，目前的证据稍显不足。

吴元年（1367），朱元璋立老大为世子，并安排他回凤阳老家扫墓。洪武元年（1368）正月初四，朱元璋登基的当天，就将马氏封为皇后，将朱标立为皇太子，一点犹豫的工夫都没有。而多年之后的朱棣，在立太子问题上，却是那样的摇摆不定。

朱元璋还特意挑选功勋老臣和有才能的新官员，兼任东宫官，这个阵容豪华得有些吓人：左丞相李善长兼太子少师，右丞相徐达兼太子少傅，中书平章军国重事常遇春兼太子少保。有这三巨头不算完，还有数十位大臣共同任职于东宫。

朱元璋还下诏说，他在东宫不单独设立府僚，而让重臣兼职，是因为战争没有完全停止，如果自己需要带兵离开京城，就留下太子监国。如果设立两套班子，东宫的大臣就有一个忠于太子还是忠于朝廷的问题，反而会产生不信任。

朱元璋不仅聘请明初第一学者宋濂亲自为太子授课，还从国子监中挑选了王琦、王璞和张杰等十余位德才兼备的年轻人，陪太子读书，他更是特意挑选了一批有德行的名士，充当太子的宾客和谕德，为其传授帝王之道、成败之迹❶。而朱棣和其他皇子并没有这个福分，他们所受的教育，相对来说是比较简单的。

洪武十年（1377），朱标二十三岁，朱元璋觉得他长大了，下令朝中政事先要汇报给太子，经其审阅后才传给皇上，形成了一种事实上的监国制度。这是对朱标才华和能力的进一步肯定。

朱标死时，大儒方孝孺的挽诗中就有"监国裨皇政，忧劳二十年"这样的说法，并没有受到任何惩罚。可见在时人心目中，朱标已然是第二个

---

❶ 参见《明太祖实录》卷三十一。

皇上了，而朱元璋居然也一点不担心。

在朱元璋与陈友谅激战的那些年月里，马皇后随时把朱标背在身上。（如果朱标不是嫡子，她有必要这么做吗？怎么不背朱棣？）朱标被立为太子后，为纪念这段经历，就特意请画师画了《负子图》，并随身携带。

朱标天性仁慈宽厚，解决问题对事不对人，这一点很像马皇后和登基前的朱元璋，而与当政后的洪武皇帝形成了鲜明的对比。

当李善长因受胡惟庸案牵连被赐死时，朱标公开进谏说："父皇您杀戮太多，恐怕要让众大臣寒心了。"朱元璋当时没说什么。

第二天，朱元璋把朱标叫到寝宫，把一根带刺的木棍丢在地上，让朱标捡起来抓在手上。朱标一看，这不得把我扎得满手是血吗？不干。于是面露难色。朱元璋乐了："朕命你抓住木棍，你知道棍上有刺，怕伤到手，那么把上面的刺去掉，不就没事了吗？我现在诛杀李善长等一干权臣，就是为你拔刺，我的一片苦心，你这都不明白吗？"

话说得倒是很直白、坦诚，显示了一个好父亲对儿子的拳拳之心。而朱标的一番回答，更让朱元璋突然来了精神。老头子猛地站了起来，活动活动胳膊，转身……操起座椅就朝宝贝儿子身上砸去。

这究竟是怎么一回事呢？原来朱标是这么说的："上有尧舜之君，下有尧舜之民。"潜台词无疑就是，你自己远远达不到尧舜那样的贤明，难怪大臣们个个都成了乱臣贼子。这样讽刺老爸，确实也有些不像话了。朱元璋什么时候受过这种挤对？难怪他要发怒了。

好在朱标躲得快，他跪倒在地，从怀里掏出《负子图》。还准备继续行凶的朱元璋看了之后，不由得想起了过去马皇后的好，也就下不了手了。

据说，秦王、周王哥俩曾经多次因为过失，惹怒了朱元璋，多亏有太子说好话做工作，才让他们免予撤藩，重回封地。

晋王朱棡曾被人举报有谋反之心，朱元璋准备采取行动时，朱标为保住弟弟，在朱元璋面前长跪不起、放声痛哭，终于把老父亲感动了，总算没有拿自己的亲骨肉开刀。

朱元璋当初打天下时，为了收买人心，把大哥的儿子朱文正、外甥李文忠及沐英等十多人收为养子。马皇后对待这些养子如同对待亲生儿子一样，太子看在眼里，也记在心中。

马皇后去世后，朱元璋看到自己的亲生儿子都渐渐长大了，就将当年为他流血卖命的养子们看成威胁，千方百计找由头想除掉他们，而太子却总是尽自己的力量，来劝说父亲不忘旧情，对这些兄弟加以保护。

朱元璋曾想过迁都西安，让明朝再现大唐盛世的荣光。洪武二十四年（1391）八月，他派朱标巡抚陕西。当时，老二朱樉由于过失，已经被召回京师问罪了。老朱提醒太子说："天下山川，唯有陕西号为险固，我安排你前去考察民情风俗，慰劳三秦父老子弟。"

朱标知道父亲的打算。秦中自古是帝都，南北有山川高原庇护，东西有险要雄关可守，渭河平原土地肥沃，物产丰饶，又是丝绸之路的起点和内陆经济中心，作为周秦汉唐四大最强盛汉人政权的京师，是天然的建都之所。在陕期间，他悉心视察了多处城防，搜集整理了很多资料，并且绘制了详尽的地图。

十一月，朱标回到南京，献上陕西地图，但很快就一病不起。即使在生病中，他依旧向父皇建言，希望能早定迁都大计。

但是，意想不到的情况突然出现了。

二、朱标去世，父皇选错接班人

朱标去世的消息传到北平，手足情深，说朱棣完全不伤心，那肯定不是事实。但兄弟俩确实性格差异挺大，也常年不在一起，朱棣也不至于特别痛苦。而且，经过短暂的伤心之后，老四心中突然燃起了希望——莫非这是上天有意成全我？

一年前，自己刚刚收降了乃儿不花，声望得到了很大提高。大哥死了，留下的几个孩子都还小，最大的朱允炆也还不到十六岁。自己的二哥三哥，都有这样那样的问题，不招父皇待见。

如果有一个皇位摆在你面前,你会不会珍惜?

但朱标的死,对朱元璋的打击可实在太大了。

如果当初不派他去巡抚陕西,如果不经历这一番折腾,恐怕也不会白发人送黑发人!朱元璋的心里,能不自责吗?

可以说,朱标是个好太子,很敬业,很仁义,很有家国天下抱负,也不缺乏自己的主见。朱标的死,意味着他父皇二十多年辛苦培养接班人的计划彻底失败,无数心血付诸东流。

人生最惨痛的几件事,少年丧父、中年丧妻、老年丧子,朱元璋全部赶上了。六十四岁的年纪,在那个经济条件落后的时代,绝对称得上风烛残年了。

腊月二十三是小年,这一天,朱元璋来到京城光禄寺祭灶王爷,发出了这样一番感慨:

朕经营天下数十年,事事按古有绪。维宫城前昂中洼,形势不称。本欲迁都,今朕年老,精力已倦,又天下新定,不欲劳民。且废兴有数,只得听天。惟愿鉴朕此心,福其子孙,云云。

当年的雄心斗志,几乎已经荡然无存了。

朱标死了,自己的阳寿也不多了,必须尽快确定皇位继承人。可是,选谁呢?

元朝和清朝这样的少数民族政权,没有嫡长制的观念,皇位继承人是由皇帝指定,或者由贵族会议集体讨论决定的。但自周武王以来,汉人政权就形成了由长子继承的传统。蒙古君主无意于早定太子,皇位交接中多次出现严重问题,最严重的一次,就是忽必烈的强行继位,导致了蒙古帝国大分裂。因此,朱元璋一直引以为鉴。

朱标死了,秦王朱樉就是皇子中的老大。但朱元璋一直不喜欢老二,要不是朱标劝阻,他都把朱樉的王爵革掉了。晋王朱㭎原来很受朱元璋喜爱，但有被人举报在五台山藏匿兵器、试图谋反的前科，而且和朱棣比起来，朱橚在作战指挥方面，表现得相当弱智，朱元璋怎么能放心呢？

这两人在朱元璋看来，显然不够资格。

朱棣则是最像父皇的，他面相忠厚，粗看似乎全无心机，实际上是胸有城府，大智若愚。不像有些人，一点聪明劲儿都写在脸上，但遇到大事，就突然没有了主见。朱棣表面为人豪爽，不拘小节，但实际上心细如发，心明如镜。他不仅有指挥重兵作战的素养，还有亲自上马杀敌的能力。

最难能可贵的是，老四不仅仅是天生的战士，还是一位天生的领袖。他不仅作战勇猛，还有管理地方事务的天赋。他的名字不仅让蒙古人闻风丧胆，也让北平的老百姓交口称赞。

朱棣重视民生疾苦，特别痛恨欺压百姓的行为，这一点也非常像朱元璋。别看老朱对当官的狠，对百姓疾苦却是发自内心地同情——他可是当过佃农和乞丐的。

其实，朱棣是一个天才的表演艺术家。平心而论，他的目标如果只是当一个藩王，就不会在其他领域过多地出镜。在北平，关于燕王疾恶如仇、保护弱小、为民除害的故事非常多，这种故事的流行是很不正常的，我们试分析一下。

据说有一次，燕王微服出巡，看到一对逃难的父女，父亲因为生病倒在路边，女儿因为无钱看病而不停哭泣。过路的小年轻不但不帮忙，甚至还想调戏这个女孩。朱棣见此情景，立即停下脚步，下令把父女二人送到自己的燕王府，亲自安排太医给老人看病，病愈之后，又送银两让父女两人回山东老家。

这样的事情，如果燕王自己不透露，别人如何知道？北平地处边关，如果那父女俩是蒙古人的奸细，进了王府，随时搞暗杀怎么办？如果全北平的人都知道了燕王乐善好施，都装出一副苦兮兮的样子来勒索，等他来拯救，这世界还不乱套了？

所以，这样的故事，八成是燕王或道衍大师让人故意放出来，收买人心的。显而易见，其志不在小。

朱元璋不是没考虑过朱棣，但是，在讲究长幼尊卑的汉人政权中，嫡长制已经成为一种天经地义的纲常伦理，神圣不可侵犯。想选择一个非长子长孙的人当皇帝，反对的声音太大了。实话实说，如果朱棣是老二而不是老四，估计会好办得多。

《奉天靖难记》中记载，朱元璋曾经想过立朱棣为太子。他秘密召集重臣商量说："太子死了，孙子辈的不懂事，国家江山必须交给得力的人。我想立燕王为太子，以承担治理天下的大任，这样江山社稷的巩固就有保障了。"众人默不作声，不知道是应该附和赞同，还是直言反对，害怕这番话又是朱元璋"引蛇出洞"式的阳谋。

这时终于有不怕死的站出来了，翰林学士刘三吾不知趣地慷慨陈词："陛下，您要是立了燕王，那将置秦王和晋王于何地？而且皇长孙（这里说的不是朱雄英，他死得比老爹还早，而是朱标的二儿子朱允炆）已经长大，可以立为太孙，将来继承大位。"朱元璋于是悻悻作罢，非常不乐意地立了朱允炆为皇太孙。

这个故事纯属杜撰，立储这么重大的事情，骨子里看不起读书人的朱元璋，怎么可能让一个地位卑微的书呆子参与。而且，其他人都不吱声，皇上怎么可能因一个人的意见，就轻易改变了主意？如果朱元璋坚定地想立朱棣为太子，全中国、全世界谁敢反对？刘三吾有几个脑袋可以砍，敢这样对皇帝说话？

这个故事，无非是想给朱棣的篡位制造一些合法性。而且，即使再拙劣的谎言，总有人会上当，而能看破谎言的人，却未必敢说三道四。

说朱元璋最希望立朱棣，显然是后来的歌功颂德派的附会，但说朱元璋没考虑过朱棣，恐怕也不符合事实。

洪武二十五年（1392）九月，朱元璋正式下旨，立朱允炆为皇太孙，正式确定其为皇位的继承人。

当朱棣知道这个结果之后，其失落的心情显然是难以用言语来形容的。毕竟自己已经三十出头，而那个皇太孙还不到十六岁。

但是，自己上面还有两个哥哥，又有什么合法的理由，能让父皇绕开他们，直接选择自己呢？他们两个，还不是一样觉得不公平。

有种观点认为，在朱标死后，朱元璋足足拖了四个多月，一百多个日日夜夜，直到九月，才终于作出了一个艰难的决定，正式下诏立朱允炆为皇太孙，继承大统。这说明老皇上是非常在乎朱棣的，在皇长孙和皇子之间反复抉择，反复犹豫。如果对朱允炆没有顾虑，他也不会考虑这么长时间。比起他刚当吴王就立朱标为吴世子，当上皇帝的同一天，就宣布朱标为太子，这一次时间拖得太久了。

但这种看法显然不靠谱。之所以九月才立太孙，是因为八月才将太子陪葬于孝陵。而从朱标死到安葬这几个月里，已经六十五岁高龄、非常难过的朱元璋，应该是没有心思和精力考虑继承人的问题的，而等朱标下葬之后，他很快就作出了选择，虽然也并不是没有顾虑。

其实，朱允炆既不是长孙，也不是太子嫡出，他能够当上皇太孙，一个重要原因，当然是有个好父亲。但是，除了"我爸是朱标"之外，难道他就一无是处了吗？

朱元璋当然不是庸才，他看人眼光很毒，扶不上墙的烂泥，不可能入得了他的法眼，比如自己的老二。他一点也不傻，辛辛苦苦打下的江山，真的愿意交到一个白痴手中，听任后者给折腾光、糟蹋完？当然不是。

实际上，朱元璋选择朱允炆是最合情合理的，也可以说是必然的。这个孙子是朱标最合适的替身。相比朱棣和其他皇子，朱允炆也有着自己的优势。

首先，朱元璋非常喜欢朱标，而朱允炆的性格酷似其父。

朱元璋是个粗人，出身底层，没读过几天书，对于知识分子有出于本能的不信任。但是对于历代那些有知识有教养的皇帝，他还是相当欣赏和佩服的，甚至在骨子里有一种自卑感，而朱标父子的风度气质，恰恰类似唐宋皇帝的儒雅。

选择朱允炆，既维护了长子继承制的大原则，又改善了朱家门风，如果总是武夫当国、粗汉秉政，就显得很不体面，难免让后人取笑。朱允炆并非朱标长子，也不是正妃所生，但常妃所生的朱雄英已死，吕妃所生的朱允炆是在世孙辈里的老大。

更何况，常妃自己也不在了，吕氏已经是事实上的正妃。如果朱标登基，吕妃毫无疑问就会晋封为皇后，她的长子朱允炆，就是板上钉钉的太子。

这些都是朱元璋首肯的。在他心目中，朱允炆就是嫡长孙，别人再拿这个说事，肯定就是挑拨离间。

其次，马皇后当年最喜欢的儿子是朱标，她也非常疼爱这个孙子。

在战火连天的岁月里，在随时需要逃跑的日子里，马皇后一直将朱标随身背着，没听说她背过其他四个孩子。前文说过，笔者一直怀疑，朱标可能是马皇后唯一的亲生儿子，两人的性格气质都更为接近。当然这种观点目前证据不足。

如果有这层关系在，那朱棣们早早就出局了。不让朱标的后人当皇帝，朱元璋会觉得愧对马皇后的在天之灵，更不知道死后怎么在孝陵中面对她。

最后也是最关键的，朱允炆自己也不是一无是处，也有招皇爷爷喜欢的地方。

朱允炆小的时候，就很招朱元璋喜欢。有一次，朱元璋看到他把头睡偏了，就笑着说他是"半边月"。这也许是对他未来的某种担心，但至少也说明了，朱元璋确实喜欢这个孙子。

朱允炆长大之后，可以说是聪明懂事，好学不倦，尊敬长辈，举止得体，大有其父朱标当年的神韵，朱元璋也相当满意。

十四岁那年，朱标出巡陕西，回来就得了重病，朱允炆守在病床前，经常昼夜不离。第二年，朱标去世了，他为父亲戴孝守灵，几天饭都不吃一口，非常疲惫，身体状况受到了很大影响。

朱元璋一生亲手终结了无数人的生命，也亲自为很多人送葬，但像朱允炆这样的孝子，他还是第一次见到。六十五岁了，白发人送黑发人，他自己非常痛苦，但看到朱允炆这样，他却看不下去了，反而要过去安慰孙子。

朱元璋像当年一样摸着孙子的头，伤心地说："你至诚至孝，可你父亲已不在了，为了我，你也不能这样啊！"朱允炆毕竟是听话懂事的孩子，这才肯吃一点东西了。

朱允炆长了个"半边月"，那他写的关于月亮的诗如何呢？史书上还真留下了一首据说是他创作的诗，还是跟自己的父亲朱标一起写的。

有天晚上，天上挂着一轮新月，朱元璋和自己的长子长孙在一起赏月，这时，他想考察一下自己两个有文化的后代的水平。于是下令，让朱标父子以新月为题作首诗。

朱标作的是一首七绝：

昨夜严陵失钓钩，何人移上碧峰头。
虽然未得团圆象，也有清光照九州。

严陵就是严子陵，是东汉开国时刘秀的谋士，隐居富春山，经常钓鱼，而未得团圆象，不知从何说起，整首诗显得比较悲凉。

轮到朱允炆，朱元璋以为他能写出一首明快的。谁知他随口吟出了一首五绝：

谁将玉指甲，掐破天上痕？
影落寒潭底，鱼龙不敢吞。

朱元璋看后，不免更为失望了，这更没有帝王家的气势了。

当然，后来有些历史学家分析，这两首诗并不是朱标父子所作，是后人移花接木,硬要算在他们头上,为他们后来命运的合理性造势。

据说,朱元璋曾经让朱允炆和朱棣对对子,他出的上联是:"风吹马尾千条线"。在南京学习了多年的朱允炆,对的是"雨打羊毛一片毡",对得是软弱无力,既没有美感又缺乏力度,让皇爷爷相当失望。而作为成天在北平跟蒙古人打架的莽夫,朱棣倒对出了"日照龙鳞万点金"的佳句,对仗工整且透出了一种大气,高下立判。

这个广为流传的段子,九成也是杜撰的。朱标死时,朱棣还驻守北平,并没有回来奔丧,马皇后葬礼时朱棣倒是回来了,不过那时候朱允炆才五岁,也不可能对对子,其他时候,两个人一起见朱元璋的机会,还真没有。

再说,朱允炆一直都在南京,由最好的学者教导,而且聪明有见识,怎么可能把一个简单的对联对成这副德行。这很可能是好事者编出来抹黑朱允炆的。而朱棣呢?会不会对联我们不知道,但他一定会杀人,还知道不用自己的刀。

三、借刀杀人,老四巧除异己

朱允炆当上皇太孙之后,朱元璋又任命冯胜和傅友德为太子太师,蓝玉为太子太傅,这三个当时明朝最重要的武官,都被拉到了朱允炆的身边。

遗憾的是,在随后的两年时间里,这三人都永远倒下了。试想一下,如果这三位中有一个能在靖难中跟朱棣对峙,就都够四皇子喝一壶的。

蓝玉作为徐达之后的明朝第一武将,捕鱼儿海一战立下了不世之功,声望从此达到了顶点。然而,辉煌不过持续了五年,朱标刚死、朱允炆被立为皇太孙的第二年,他就倒大霉了。

洪武二十六年(1393)二月,蓝玉就遭到了灭顶之灾,不仅以谋反大罪满门抄斩,牵连进来在黄泉路做伴的人更是有一万五千之多——也许说明了蓝玉平时的人缘相当不错。

根据《明史》的说法,在随后两年内,冯胜和傅友德也先后被赐死。这样,明初的开国名将们,就像《红楼梦》中的经典台词——落了片白茫茫大地真干净。

三位名将特别是蓝玉之死，与朱棣到底有多大关系，现在已经成为永远的谜，因为相关的史料已经被销毁。我们只能说，蓝玉的死，朱棣是有一定嫌疑的；冯胜、傅友德的死，朱棣是受益很大的，仅此而已。

朱棣的运气也忒好了。

蓝玉案是朱元璋在世时最后一次大规模的清洗运动。传统的观点，说是为太孙朱允炆继位扫清障碍，这个结论显然经不起推敲。

蓝玉是什么人？他是常遇春的内弟，太子朱标正妃常氏的舅舅，虽然朱允炆不是常氏所生，而是吕妃的儿子，但蓝玉和朱标的关系，确实非同一般。

常遇春在洪武二年（1369）就去世了。洪武六年（1373），朱元璋为了显示自己对当年结拜兄弟的感情，不仅把常遇春封为开平王（大明第一个封王的异姓，当然活人是不能封的），而且要朱标娶开平王长女为正妻。当时朱标已经有了一个妃子，但并未生育，有传言说是妃子的问题。果然，婚后第二年，常妃就为朱标生下了长子朱雄英。

因此，蓝玉也就责无旁贷地承担起了保护外甥的责任。也就是说，蓝玉这个武夫，一直是个不折不扣的太子党。太子死后，又成为顽固不化的太孙党。朱元璋留着他，为朱允炆保驾护航不行吗？

史书上说，蓝玉"长身赪面，饶勇略，有大将才"。徐达、李文忠先后去世，冯胜又被拘押，蓝玉当仁不让地成为武将中的第一人。据说朱元璋非常欣赏蓝玉，后者因此居功自傲，行为不端，豢养多名家奴和义子。

《明史》还给蓝玉安了一大堆罪证，反正人已经被杀了，死无对证：

第一，不尊重农民：强占东昌民田，当地御史过来劝阻，居然把御史打跑了。

第二，猖狂到令人发指的程度：北征胜利后，带兵回喜峰关时已是深夜，当地驻军不给开门，居然攻打自家城门。

第三，破坏太祖的民族团结政策：发现自己抓获的元主妃年轻貌美，就强行霸占，元主妃因此含恨自尽。

第四，壮大自己的势力：在军队中安插自己的亲信，培植自己的势力。

第五，心直口快，不懂得含蓄：朱标死后，被封为太子太傅，位列冯胜、傅友德之下，这俩是太子太师，他大为不满，"我不堪太师耶"。

蔡东藩先生为蓝玉写了一首诗，抄录如下：

功狗由来未易全，况兼骄恣挟兵权。
朱公泛棹留侯隐，毕竟聪明足免愆。

还是蔡老看得清楚，有再多军功，在朱元璋眼里只是一条狗。不过，要让蓝玉学习陶朱公范蠡和留侯张良，也太强人所难了，他连韩信的眼光和能力都没有。

洪武二十六年（1393）二月，锦衣卫指挥蒋瓛突然弹劾蓝玉谋反，蓝玉随后被抓——要谋反的人，临死前居然不反抗，乖乖就擒。抓捕他的公文上说，蓝玉伙同景川侯曹震、鹤庆侯张翼、舳舻侯朱寿、东莞伯何荣及吏部尚书詹徽、户部侍郎傅友文等阴谋造反，想趁皇帝出巡时起兵。

在最短时间内，这些罪犯及他们的九族，都遗憾地进入了大明帝国的死亡名单。前后被杀的人有一万五千之多。这些人的名字被列入了《逆臣录》，永远受到谴责与唾骂——活着被收拾，死了也不得安生。

据查继佐《罪惟录》记载，蓝玉在伏诛前大喊："朱公谓天下已定，何不留一二防不测乎？"如果事情属实，那可真叫一语成谶。

有一句话叫杀鸡给猴看，传言朱元璋杀蓝玉时，还特意把冯胜和傅友德两位老朋友专车接到南京，让他们见识一下自己是怎么消灭叛乱集团的，领教一下造反派的下场是什么。这老哥俩被吓得够呛，赶紧表示坚决拥护朱元璋的英明决定，坚决批判蓝玉的反动行径。

在随后的两年内，两人也很识趣地都死了，真相扑朔迷离。但张岱的《石匮书》中，居然记载了这样一个故事：

朱元璋宴请大将，分给傅友德的一盘蔬菜没有吃干净，勤俭节约的朱元璋非常恼火，训斥一顿并说："把你的两个儿子叫来。"就像之前一样，这位战神领命出门，也不问原因。

　　不大工夫，傅友德就回来了，还浑身血迹。难道让人行刺了？而且，两个儿子并没有带来，就这效率？不过，老将军把手里的东西往地上一扔，在场的所有人都吓呆了，如果现场有传菜的宫女，准得把盘子摔个粉碎。

　　那是两颗血淋淋的人头，是傅家两个儿子。朱元璋大怒："你怎么忍心下手？"（我杀遍全中国，却一个儿子都舍不得杀！）傅友德毫不客气地答道："你不是想要我父子的人头吗，都给你！"说完抽出了匕首。

　　别以为老将军会行刺皇上，他只是抹自己的脖子，下去陪两个儿子了。朱元璋没有宽恕的意思，还将傅家子女亲属发配到最荒凉的辽东和云南，以示警诫。

　　这个故事可信度极低，但张岱居然一本正经地将其收录在自己的代表作之中，还当成正史描述。只能说，大明的文人才子，对开国皇帝朱元璋的成见实在太深了，之后，这种成见显然也用在了朱棣身上。

　　蓝玉一死，朱元璋高兴了，总算把这个不安定因素铲除了，大明江山更安全了；北元的残余势力高兴了，杀人狂一死，我们多活几年的小小愿望就可以实现了；小帅哥李景隆（李文忠长子）高兴了，大将军的位子，名将二代里面最有希望的就是自己了；担任兵部尚书的文官高兴了，少了难说话、不好伺候的大将；大明百姓高兴了，百姓的好皇帝朱元璋，惩治不法分子，真是一点都不手软啊……

　　但最高兴的还不是他们。

　　喜讯传来，朱棣与道衍哥俩，估计会在大庆寿寺的某个密室里痛饮，心照不宣地幸灾乐祸。但这个时候的朱棣，恐怕也不会想到自己非搞靖难不可。

　　征讨纳哈出一役，朱棣跟随冯胜出征，但主要还是留在大营中做后勤，后者为了保障四皇子的安全，并没有让其出战。而蓝玉作为先锋，雪夜入庆州杀出来的战绩让所有人刮目相看：原来常遇春的这个小舅子能够当上大将，并不仅仅是因为自己的出身。

朱棣对蓝玉的军事才华当然非常佩服，但也不敢和他走得太近，一来蓝玉是太子的人，自己不能有拉拢之嫌；二来也不希望让父皇生疑。

蓝玉从辽东班师回京，途中在北平休整，见到朱棣时，他特意送上几匹非常名贵的蒙古战马，希望和朱棣套近乎。

朱棣这时候就体现出自己圆滑的一面了。他首先表示感谢，装模作样地说了一大通客套话，然后客气地回绝道："马未进朝廷，而我先受献，显得对父皇不够尊重，还是请蓝将军将马献给父皇和太子殿下吧。"

蓝玉回到南京，立即去见朱标。

他说："我看燕王在他的封国，举止行动就像一个皇帝。我又听会看地气的人说，燕地有天子之气，希望殿下事先预防，对朱棣留一手！"

太子一向仁慈厚道，劝蓝玉说："不会吧，燕王对我很尊重啊，肯定不会有这种事。"

蓝玉急了："殿下对我非常照顾，所以我才把掏心窝的话说给你听，希望我说的话会落空，不然它变成事实，那可就太晚了……"

太子乐了："舅舅您太过虑了，四弟和我手足情深，他不会的。"这样一说，倒显得蓝玉像是搬弄是非的人了。

朱标平时的保密工作做得不到位，两人的这番谈话，不知道什么原因居然让老四知道了。朱棣因此非常讨厌蓝玉。

燕王回南京述职，与朱元璋单独会谈时，不失时机地提醒父亲："在朝廷中有一些被封了公侯的人，纵恣不法，将来恐怕尾大不掉，应当妥善处置……"虽说点到为止，滴水不漏，但朱元璋是何等聪明的人，知道他指的肯定是刚刚封了凉国公的蓝玉。

"凉"这个字，让人听着就觉得有点怪怪的。据说朱元璋本来想封蓝玉为梁国公，但为了提醒他做事收敛，不要让自己心凉，特意想出了这个主意。但蓝玉这个粗人，体会不到朱元璋的苦心。

明朝大学者王世贞认为，蓝玉被控谋反和被处决，燕王要负主要责任。这个观点并非毫无依据,三大将领的非正常死亡,与朱棣似乎都脱不了干系,而正是因为他们的缺失,才使得在靖难之役中,军事才能并不算极其出色的朱棣,没有真正的对手,可以凭借八百壮士起兵,一举而定天下。

但是,蓝玉之死,显然不是朱棣能够左右的,在朱元璋面前说过蓝玉坏话的人,没有上千也有上百,而朱元璋并不喜欢搬弄是非的人。他之所以清洗蓝玉势力,也是为了捍卫朱家政权。

与朱允炆争夺皇储的斗争,朱棣暂时失利。但是,他却成了蓝玉案的最大受益者。三大威胁都被清除,朝廷中已经没有能让朱棣害怕的将领了。

那么,朱元璋对朱棣还有什么期望呢?

四、舐犊情深,朱元璋最后的关怀

朱标的死,给大明王朝这个第一家庭也带来了厄运。洪武二十八年(1395)三月二十日,朱棣的二哥朱樉在西安归天,死时还不到四十岁。朱元璋赐谥为秦愍王。"愍"是明显的贬义词,看来老二的表现实在不怎么样,不然朱元璋也不会这样对待一个死人。

洪武三十一年(1398)三月十二日,又有噩耗传来。晋王朱棡薨,同样也只有四十岁。朱元璋平素比较偏爱老三和老四,数次安排他们出塞对蒙古人用兵,在藩国内筑城屯田,连冯胜、傅友德这样级别的将军,都要受他们节制,只有特别重大的军情才上报南京,平时都是他们直接处理。老三是朱元璋相当喜欢的孩子,葬礼极为隆重,赐谥为晋恭王,这与对待秦愍王的态度显然有很大区别。

朱元璋四十一岁时登上大宝,没想到两个儿子却都在四十岁时归天,此时自己已经是七十一岁的老人了,真正进入风烛残年。六年时间里,三个最年长的儿子相继去世,每接到一次丧报,都是对老头子一次极其沉重的打击;每参加一次祭奠,他的身心都要受到莫大的摧残。

从洪武二十三年(1390)开始,晋王与燕王事实上已经取代了开国元老,成为北方边境军事指挥的核心将领,这也是朱元璋多年来不断努力想达成的效果。晋王一死，在世诸王中，燕王年龄最大，军事才华也无人能与之相比。这既是他个人努力的结果，也有相当的运气因素。朱元璋对朱棣的事情相当关心。四月初九，颁发敕书给老四：

闻烽火数警，此胡虏之诈。欲诱我师出，纵伏兵也。可西凉召都指挥庄德、张文杰二指挥，开平召刘真、宋晟二都督，辽东召武定侯郭英会兵一处。步军须十五万，布阵以待。武定侯与刘、宋翼于左，庄、张与指挥陈用翼于右，尔与代、辽、宁、谷五王居其中。彼此相护，首尾相救，无不胜矣。

四月二十九日，朱元璋又给朱棣发出一道敕令，提醒老四注意边备：

朕观成周之时，天下治矣。周公犹告成王曰："诘尔戎兵，安不忘危之道也。"今虽海内无事，然天象示戒，夷狄之患岂可不防？朕之诸子，汝独才智克堪其任。秦、晋已薨，汝实为长，攘外安内，非汝而谁？已命杨文、郭英并辽府护卫，悉听尔节制，尔其总率诸王，相机度势，用防边患，又安黎民，以答上天之心，以副吾付托之意。其敬慎之勿怠。

老皇帝自己恐怕也没想到，这居然是自己给老四的最后一道命令。

今天看来，这道文书真像是一封政治遗嘱，饱含深情，寄予厚望，把朱棣的位置抬得过高，基本上无视朱允炆的存在，不由得让人怀疑是后人编造的。但从另一方面来说，朱棣在诸王中的地位确实非常特殊，这也是事实。

五月初八，朱元璋病倒了。经过多年风雨，这位大半辈子与炮火亲密接触的开国皇帝，敏锐地感觉到，自己这次很可能是真的不行了，必须对后事有所交代。

对于自己一生的对手蒙古人，朱元璋到死都有几分忌惮。对北方的防御,他依然非常重视。据说在生命的最后时刻,他也反复强调和强化朱棣在北部边塞事实上的领导地位。

在与左都督杨文的谈话中,朱元璋再一次表达了这种思想,他说:"兵法有言,有二心的大臣,不能长久跟随皇帝。心存疑虑的将军,不能让他们带兵迎敌。当大将的,不能不知道这些道理!我的四儿子燕王镇守北平。那里是中原门户,今天封你为总兵,派你到北平辅佐燕王,从北平都司、行都司以及燕、谷、宁三府护卫中,选练精锐马步军士随燕王往开平驻扎。一切号令,都由燕王自己决定,你们听从就是了。大小军官,全部由燕王节制。你们一定不能有二心,不能对燕王的能力有所怀疑!"

对武定侯郭英,朱元璋则有这样的训示:"自从朕夺取天下以来,蒙古人长时间都躲得远远的。但俗话说萌蘖未殄,不可不防。现命你为总兵,都督刘真、宋晟为副职,通知辽王,以辽东都司及护卫各卫所步军,除守城马军之外,挑选精锐部队,统领随辽王驻扎到开平北边布防,选择险要地势安营,一切号令,你们都必须听燕王节制。"

如果这些史料属实,那就说明朱元璋确实对朱棣寄予了很大期望,但这种期望,并不是让他成为九五之尊,君临天下,而是看好祖国北大门,为大侄子朱允炆站好岗、放好哨。

朱元璋对朱棣,并不真正了解,对他的野心,其实也没有清晰的洞察。

朱元璋是当时世上最有权力的人,能决定无数人的生存与死亡,但他又是世上最孤独的人,除了马皇后,他没有一个能够真正理解自己、能够交心的知己。他作过无数个天才的设想、无数次英明的决断,但临死之前,却犯下了一个重大的错误。

曾经有一段著名的祖孙对话,如果是真实的,那说明朱元璋真的是老糊涂了,在某些方面,洞察力甚至不如自己文弱的孙子。

蓝玉、冯胜和傅友德死后,朱元璋感觉天下已定,没有人可以跟朱允炆叫板了,把江山交给这个文弱的孙子,也不会出多大乱子。于是在一次祖孙谈话中,他轻松愉快地告诉孙子:"我把镇守边关、防备北元的重任交给了你的诸位皇叔,边疆太平,将来你可以放心当皇帝了。"

看着朱元璋坦然的目光和自信的表情,朱允炆却在不停地思考,他没有祖父那么乐观,也不会盲从于这种乐观的情绪。

在这个时候,他表现出了一种与年龄不相符的成熟与理智。

想了一会儿,朱允炆平静地说:"蒙古人不守规矩,有诸位皇叔防御;如果诸位皇叔不守规矩,起兵为祸,将如何是好?"

老谋深算的朱元璋听到这话,居然一时没了主意。他问孙子:"那你看呢?"

朱允炆想了想,很自信地回答:"用仁德安抚他们,用礼数制约他们,如果不行就削夺他们的领地,如再不行就废掉他们的王爵,如果这一切都不能让他们守规矩,那……"

"那怎么着啊……"朱元璋听得高兴,想逗逗这个小孙子。

朱允炆猛地站起身来,握住拳头,斩钉截铁地说:"就举兵讨伐,将叛乱者消灭!"

说得真是有理、有力、有节,又有条不紊,朱元璋大喜:"是啊,没有什么别的好办法了。"老头心里八成美滋滋的:我孙子别看平时表现得过于文弱,还是很有主见的!我可以安心地走了。

可惜的是,能说是一回事,能不能做,又是另一回事了。赵括谈起兵法来头头是道,一上战场就发挥不出来,朱允炆在爷爷面前可以夸夸其谈,真让他动手收拾亲叔叔,总觉得有心理负担:别让我背上骂名呀……

也许是受了皇孙这番话的影响,也许是自己醒悟,朱元璋对自己的这个四皇子的野心,开始有所觉察。他秘密召见了一个人,交代他要保护幼主,谨防有人谋反。

梅殷,字伯殷,是汝南侯梅思祖之侄,为人谦恭谨慎,武艺出众,而且很有谋略,朱元璋对他相当欣赏。洪武十一年(1378),梅殷娶了朱元璋的二女儿宁国公主,在十六位驸马中,朱元璋最器重梅殷。

梅殷赶到南京皇宫,跪倒在朱元璋的病榻前。老皇帝喘着粗气,用颤抖的声音告诉自己的宝贝女婿:"我……恐怕不行了……你是我最中意的驸马,忠于大明,诚实有信,我……我就把孙子托付给你了!"梅殷连忙磕头:"臣必当肝脑涂地,辅佐皇太孙!"朱元璋又把他叫到跟前,非常严肃地说:"允炆年幼,诸位藩王不得不防,特别是燕王……切不可放松警惕!"

梅殷眼含热泪,拼命地点头。

洪武三十一年(1398)闰五月初十,洪武大帝朱元璋告别了人间。作为中国历史上出身最为低微的一个皇帝,朱元璋的一生堪称野蛮生长,神奇蜕变,他在一个需要英雄的年代里成为英雄,缔造了自盛唐之后最为强盛的汉人王朝,自然值得大书特书。他不愿固守江南半壁江山,毅然北伐的勇气与决心、光复燕云的辉煌和荣耀,值得后人永远铭记,世代颂扬。

他同情民生疾苦,痛恨官吏腐败,一改前元的"无为而治",恢复和发展经济,减轻农民负担,用严刑峻法约束官员,注重典章制度的作用。至于严格实行海禁、压制商品经济、强化恐怖统治、否定两宋"与士大夫共治天下"等错误与弊端,其实没必要刻意放大,也不应由他一个人来负责。

朱棣之所以能有所建树,很大程度上是由于他站在了父皇的肩膀上。没有朱元璋,就没有朱棣,这是毫无疑问的。

朱元璋显然舍不得这个世界,舍不得皇太孙,也舍不得老四。他一生眼光敏锐,却没有意识到,自己死后一年,不可思议的悲剧就发生了。

这一切究竟是谁导致的呢?

第四章　建文削藩造困局

一、奔丧遇阻，朱棣尽显诚意

朱棣接到洪武皇帝的死讯，立即出了北平，骑快马日夜兼程，希望能早一点到达南京。

一行人眼看就要到达淮安，可以渡过淮河之时，突然听到远方一声号炮响，片刻间尘土飞扬，锣鼓喧天，一支兵马出现在了他们的队伍之前。

朱棣的哨兵来报，前面这支队伍人数有好几千，领军的是校尉潘安（和东晋那个著名的美男子同名）。

朱棣端坐在马上，用马鞭指了指潘安道："好大的胆子，见了本王，为何不拜？"

潘安拱手道："四殿下息怒，小人是来传旨的。"

朱棣只能领着三个儿子跪了下来。潘安宣读的，正是早些时候已经发布的洪武遗诏。其中自然就有"诸王临国中，无得至京"的语句。四人听着听着，不禁放声大哭。

朱棣对遗诏并非完全相信，但也不能马上就站起来指责它是假的。潘安则表情严肃，他收起遗诏，要求燕王殿下立即回到北平，不得擅离职守，否则，自己的五千精兵就只能公事公办了！

朱棣只带了五百兵马，显然挡不住对方，再说，自己是来奔丧的，又不是来惹事的，这一仗，无论如何也不能打，否则就成了抗旨。

可是，就这么转身回去，又实在不甘心，朱棣强忍悲痛，向潘安提出了自己的要求。

听朱棣说完，后者的表情相当复杂，四殿下的要求让他非常为难，他又不可能当场掏出手机，向远在几百里之外的兵部请示。

到底应该爽快答应，还是断然拒绝呢？

几日之后，北平这座城市依然笼罩在哀悼氛围中。

忽听有人猛敲燕王府的大门，一名侍卫透过门缝看去，居然看到了熟悉的身影，他赶紧打开大门，并跑去通知王妃。

徐王妃和道衍见到朱棣，都非常吃惊：这点儿时间跑个单程还差不多，他怎么就回家了呢？当朱棣把途中的经历讲给两人听时，王妃哭得更伤心了，怎么劝也劝不住。而道衍则脸色大变，背过王妃，他悄悄地对朱棣说："王爷，您这个举动太冒险了！"

原来，就在淮河边上，朱棣眼见自己进京没有半点可能，就想了个变通的方法，请求潘安把自己的三个儿子带到南京，给皇爷爷送葬。潘安一开始还不敢接收，可兵部只让他阻截燕王，并没说不能带皇孙入京，搞不好，他把两边都得罪了。

朱棣是什么人啊，哪儿能这么容易放弃，他继续劝说，甚至是声泪俱下、苦苦哀求，就差当场跪下来了。再怎么说，燕王可是洪武大帝的亲儿子，这样的孝心，谁看了能无动于衷？一个统领十万大军的藩王，一个让蒙古人谈之色变的英雄，愿意承受这样的屈辱，还不是为了尽儿臣最后的义务？这点小小要求都不能满足，是不是也太不近人情了？

潘安纠结了半天，最终勉为其难地答应下来。

朱棣当然明白，自己这样做意味着什么，但又有什么更好的办法呢？唯有如此，才能表现出自己对先皇帝的孝心、对新皇帝的忠诚——三个儿子全都交给你了，我还能做什么坏事呢？

朱棣知道，大侄子朱允炆是个做事有底线的人，就算对四叔戒心很重，就算不希望他出现在国葬现场，也要表现出一个侄子的礼数，更要表现出一位新君的气度。看到做叔叔的如此委曲求全、这样用心良苦，即便他不会从心里感动，至少也得在表面上欣赏，不会对三个堂弟多加为难。

但要是说朱棣一点都不担心，那也是不可能的。毕竟在朱允炆潜意识里，以及大多数朝臣心中，四皇子就是对皇位最大的威胁，如果把他的三个儿子作为筹码，未来在与朱棣的博弈中，朝廷一方显然就会占上风。这个道理，朱棣岂能不明白？

和父亲一样，朱棣极为注重亲情，一下交出三个儿子，也就等于交出了自己的老命。如果说这时候的朱棣，已经作好了造反的准备，似乎并不符合逻辑。而如果朱允炆一直把三个堂弟留在南京，甚至对他们进行收买分化，后面的一切将会如何发展，我们真的无法想象。

话分两头。等朱高炽哥仨赶到了京城时，才发现葬礼早就结束，朱元璋已经住进孝陵了，他们连皇爷爷最后一面都没有见到——敢情人家根本就没打算等你来。兵部尚书齐泰听说潘安把三位王子全都带回来了，当然非常高兴，立即让人好好照顾、重点保护。

三兄弟在灵堂前守了一个月，准备返回北平之时，朝廷的答复却让他们惊呆了，老二朱高煦更是非常恼火，就差和来人动手了。

朱允炆传下圣旨，要三兄弟和自己的两个弟弟一起读书，朱高炽和朱高燧倒没有什么意见——京城的学习环境当然更好，学习资料也更加完备，侍候他们生活起居的宫女还更漂亮。平生最不爱读书的朱高煦可火了，想回北平不让回，想出去玩不让出去，这不就是传说中的人质吗？

更让人有些想不通的是，朱允炆为什么这么快就安葬他皇爷爷呢？

二、甫一登基，建文帝就铸大错

朱允炆知书达礼、仁孝谦恭，不仅深受老皇帝朱元璋喜爱，在朝廷内外也有非常好的口碑。按理说，在丧葬问题上，他应该表现出新君的大度。可又有多少人会想到，朱允炆的做法会如此小家子气，这实在是令人不解。毫不夸张地说，从公布"先皇遗诏"的那一刻起，他就给自己的江山、给未来的施政,埋下了不和谐的种子。

遗诏是老皇帝留给世界的最后一道命令,是其对身后事务的一种安排,当然具有非常重要的意义。但在中国的专制王朝,很多时候大家都心照不宣,所谓的遗诏,往往只是个幌子,不过是新皇帝借死人之口,来实现自己的目标、满足自己利益的一种手段。

这份洪武遗诏,有些地方就很让人捉摸不透。其全文是这样的:

朕受皇天之命,膺大任于世,三十有一年。忧危积心,日勤不怠,专志有益于民。奈何起自寒微,无古人之博智,好善恶恶,不及多矣。今年七十有一,筋力衰微,朝夕危惧,虑恐不终。今得万物自然之理,其奚哀念之有!皇太孙允炆,仁明孝友,天下归心,宜登大位。内外文武臣僚同心辅佑,以福吾民。葬祭之仪,一如汉文帝勿异。布告天下,使知朕意。孝陵山俱因其故,勿改。诸王临国中,无得至京。王国所在,文武吏士听朝廷节制,惟护卫官军听王。诸不在令中者,推此令从事。

遗诏一开始,就是对朱元璋的极力称颂,说他三十一年来为民操劳,从不懈怠(其实失误和过错也不少,死后还把四十个妃子中的三十八个拉着陪葬),也知道天地万物有生就有死,让天下人不必过于悲痛。然后是对朱允炆的高度肯定,为其继位制造合法性。

问题出在遗诏的后面:"诸王临国中,无得至京。"此时的诸王,有三个是大行皇帝❶的孙子,其他都是他的亲生儿子。不让他们来向遗体告别,显然太不符合情理了。平心而论,相比朝中大臣,洪武皇帝显然更依赖自己这帮儿子。生前,他把父子之情看得无比重要,死后,怎么可能不让皇子们来见他最后一面呢?

而且,朱允炆已经做了六年皇太孙,在朝中的地位已经比较稳固了,诸王要是想趁先皇下葬时发动政变或搞其他小动作,只能是搬起石头砸自

---

❶ 对皇帝死后且谥号未确立之前的称呼,出自《后汉书·孝安帝纪》。

己的脚，身为一国之尊的朱允炆，应该有这一点最基本的信心。

如果从要么不做、要么做绝的角度想，先把藩王都召入京，然后果断地发布命令，将对新帝威胁最大的几个皇子关押起来，那样，这个世界应该多么清静啊。如果这样做，这个名单里，肯定包括燕王朱棣和宁王朱权，这两个掌握兵马最多的人。但很显然，无论朱允炆自己，还是身边的智囊，都没有这样的勇气和魄力。

"文武吏士，听朝廷节制，惟护卫官军听王。"这样就等于剥夺了藩王对地方的行政管理权，更要命的是，连军队指挥权都直接拿走了，诸王现在能调动的，不再是数以万计的大明军队，而是剩下的数百王府护卫，这也与老皇帝的一贯作风不相符。朱元璋信任儿子远胜过地方官员，自己都要死了，却不多给孩子们些优惠政策，而是收回他们的权力，这无论是从道义上还是逻辑上，都让人无法理解。

因此，每一个皇子都不由得怀疑，这是一份被篡改的遗诏。这倒未必是朱允炆的本意，很可能是他手下那些急着拍马屁、献殷勤的大臣搞出来的。但无论是谁出的主意，不经朱允炆加盖大印，就无法生效，也不可能发出。也就是说，对于这个不得人心的阴招，朱允炆至少是默许的。

显然，作为皇子，叔叔们还不至于在老爸尸骨未寒之时，就公然对抗帝国的接班人。朱允炆的防御措施，既显得小家子气，又让人不舒服。怨恨的种子就这样埋下了。要知道，大明的哪个王爷都不能随便得罪，朱允炆却一次把二十几个叔叔全惹火了。他的威望，从这时起就受到了相当程度的损害。

老皇帝大行六天之后，朱允炆主持了非常隆重的葬礼，为朱元璋上庙号太祖，谥号"钦明启运俊德成功统天大孝高皇帝"，将皇爷爷葬入了钟山脚下早就建好的孝陵。就在当天，他在奉天殿正式登基，并改次年年号为建文。但这样做是有问题的。

首先，按照专制社会的惯例，先皇灵柩怎么着也得停一个半月以上，给全国的皇亲高官充分哀悼的时间。这么急着安葬，实在是有点冒失和草率,不像是合法继承人应有的沉稳表现。

其次是急着登基。按照中华历代帝王登基的惯例,即便有遗诏作保证,怎么也得搞个三推四让的表演,表现出"我实在不想当皇帝,都是大臣们逼的"这样的架势。毕竟先皇刚离世,什么事能比祭奠更重要呢?

最后,也是最离谱的,朱允炆居然把老皇帝下葬和新皇帝登基两项重大活动放在同一天。朱允炆熟读历史,应知道以往的任何皇帝,都不会这样安排,这会显得对先皇很不尊重,其实晚个十天半个月再登基,又耽误什么事呢?

江湖传言,朱允炆少年老成,做事识大体、顾大局,但在登基问题上,却给人留下了很多把柄。恐怕只能说他对岗位工作还不熟悉,被手下这帮人害苦了。

当时,朱允炆已经娶亲,皇后也姓马,和当年的马皇后一样通情达理,并且有了两个皇子。作为帝王,二十二岁已经不算年轻,绝不能用年幼无知来当挡箭牌了。

如果不当皇帝,李煜可以是个伟大的婉约派词人,赵佶可以是个天才的山水派画家,朱由校可以是个出色的家居木匠,光绪可以是个了不起的机械钟表师。但作为皇帝,他们不但明显不合格,还因为能力缺陷,给自己的国家、自己的人民、自己的荣誉带来了巨大的灾难。当然,这些人坐上龙椅,并不是出于主动选择,而是一种被动继承。

从事普通职业,可以正常退休,享受天伦之乐,但是当了皇帝,除非被赶下台,否则你就得干一辈子,就如同被绑在了命运的陀螺上。龙椅前的台阶,不是给你下的。从这点来讲,当皇帝也挺可怜的。

朱允炆下令在淮河边上阻截朱棣,说明了他和手下团队都对位高权重的燕王极不信任。但接下来,他们的麻烦与问题,究竟还有哪些呢?

三、班底水平,决定了新帝的命运

才二十二岁,朱允炆就继承了皇祖父的万里江山,成为这个天下第一大帝国的最高领导人,这不能不说是苍天眷顾。从古到今,多少人对这个职位梦寐以求,多少人为了能坐到这里,不惜出卖朋友、出卖亲人、出卖灵魂、出卖自己,结果,却倒在了通向宝座的半道上。更多的人,甚至连想象一下的勇气都没有。

而他,朱允炆,真的是无比幸运。

奇怪的是,当上最高领导人的朱允炆,却并没有表现出多少高兴劲儿,这不光是因为皇祖父的死,更有他对前途的担心。

五岁时,大娘常妃就不幸去世了;六岁那年,疼爱自己的奶奶马皇后去世,同一年,哥哥朱雄英也过早地离开了人世;十六岁时,父亲朱标积劳成疾,不治身亡;再后来,二叔三叔都走了;到现在,皇爷爷也归天了。偌大一个皇宫,知心的人越来越少……

生命的成长,也许就是伴随着一个又一个亲人的离去。

和父亲朱标比起来,朱允炆同样仁慈,却更加柔弱。这在常人看来,不算是什么大问题,但要登基坐殿,处理天下大事,这样的性格可能会带来许多的麻烦。

朝中文武大臣虽多,但真正有才华、有能力的,基本上都让朱元璋定点清除了,给朱允炆剩下的,无非齐泰、黄子澄、方孝孺、茹瑺、梅殷和李景隆等人,虽然不能说是一群"废柴",但在关键时候,他们能起到的作用却相当有限。

高阳先生认为:齐、黄二人,是中国历史上一等一的忠臣,但才具实在有问题,充其量只是治世的良臣,绝不能担当"削藩"的重任。

这个见解非常客观。在和平年代,可以允许平庸的忠臣,但是在国难当头的非常时期,仅仅有忠心是远远不够的。眼高手低,会给政权造成极大麻烦,更会给国家带来无穷灾难。

齐泰本名德,字尚礼,别号南塘,江苏溧水人。洪武十七年(1384)在应天参加乡试,取得第一名,第二年高中进士,后来担任过礼部和兵部主事。

朱元璋的谨身殿遭雷击,没学过物理的老朱一下子紧张起来,于是决定到寺庙祭拜，求得平安。

为了显示自己的真诚态度，朱元璋想从朝中官员挑选九年内没有任何过错的陪祀——话说，这难度是不是有点大了？不过还真有这样的人。能在善于从鸡蛋里挑骨头的洪武大帝手下当了九年官，不仅没掉脑袋，还没被找出毛病，这种素质还真是一般人比不了的。老朱挑出的人正是齐德。

据说齐德的记忆力很好，朱元璋询问了一堆边境守将的名字，他都对答如流。老朱又问他各地的形势，齐德不慌不忙，从袖子里掏出准备好的一本小册子，皇上要的都在上面记着呢，人才啊！

朱元璋对齐德不由得刮目相看，于是决定赐名齐泰。洪武二十八年（1395），升他为兵部左侍郎（第一副部长）。朱允炆即位后，更是升齐泰为兵部尚书。

不过，能背书的人不一定能担负起兵部尚书的重担，没有过错的人也许只是中规中矩，不一定能力就高。

但和黄子澄比起来，齐泰就绝对算能臣了。后者更是浪得虚名。

黄子澄，名湜，字子澄，江西分宜人（和一百多年后的大奸臣严嵩是同乡）。洪武十八年（1385），他参加会试，勇夺全国第一，进入翰林院任编修，不久又升为修撰官，被朱元璋钦点去东宫任职，陪太子读书。

朱标去世以后，黄子澄很自然地又和朱允炆走到了一起，陪太孙读书，并一路升到太常寺卿。相比齐泰，他和皇太孙接触的机会更多，他们的关系更加亲密也就不足为奇了。

有一天，朱允炆和黄子澄坐在皇宫东角门外聊天。朱允炆突然悲从心起："我那堆皇叔都拥有重兵，很多人都行为不轨，我应该怎么办啊？"

黄子澄胸有成竹地答道："诸王的护卫亲兵，用来自保还马马虎虎，想造反的话，我们朝廷只要派六师精兵去镇压，他们哪个能挡得住？汉朝时期，叛乱的七国不能说不强大，最后还是被朝廷消灭了，这个道理，就是以大制小、以强制弱。"朱允炆觉得很有道理。

朱允炆即位后，很快任命黄子澄为太常寺卿兼翰林学士，与齐泰同参国政。有一天散朝之后，皇上特意叫住了黄子澄，相当严肃地提醒道："先生还记得当初在东角门说过的话吗？"

黄子澄一听这话，赶紧跪倒磕头："微臣决不敢忘。"表现出一副为主分忧的样子。当然，这也许是他身上唯一的亮点。这样肉麻的话，为人死板的齐泰恐怕就说不出来，因此，尽管齐泰的眼光与见识明显胜过黄子澄，朱允炆对后者的信任却要超过对前者的，他俩更投缘，性格更接近，气场更合拍。

还有一个人，也值得一提。尽管他只是个正五品，跟"齐、黄"的级别差了很多，但在朱允炆眼中，此人的价值不是用官衔可以衡量的。

方孝孺，字希直，又字希古，浙江宁海人。宁海是著名的状元之乡，盛产文曲星的地方，出现方孝孺这样"读书种子"并不足为奇。他的父亲方克勤，在朱元璋时期的"空印案"中被错杀。方孝孺从小就表现出与众不同的学习能力，读书飞快，被视为神童。

后来，方孝孺成为大儒宋濂的学生，颇受欣赏。先辈胡翰、苏伯衡这些学者，提起方孝孺都自叹不如。但是，方孝孺并不愿意做一辈子钻故纸堆的书虫，希望以"明王道、致太平"为己任。当然，理想很丰满，现实却很骨感。

洪武十五年（1382），经过地方推荐，方孝孺被朱元璋召见。老朱见他行为端正，对朱标说："这是一个才子，以后可以辅佐你。"然后……把他遣送回家了。十年后，朱元璋再次召见方孝孺，然后说还没到用他的时候，又把他打发走了。

方孝孺回来后被聘为陕西布政司汉中府教授，官阶从九品，低到尘埃里了。朱元璋十一子、蜀献王朱椿听说过他的学问与品德，特聘其为世子师，对其恭敬有加，并将其书房命名为"正学"。

朱元璋不喜欢方孝孺，但朱允炆却非常欣赏此人，刚一即位，就把方孝孺从成都挖了过来，担任翰林侍讲。第二年又升他为侍讲学士，正五品。朱允炆有重大事情一定和方孝孺商量，对他的信任甚至超过了对齐泰和黄子澄的。他还让方孝孺担任了《太祖实录》和《类要》等书的总裁，当然，后来讨燕檄文的执笔人，更非方老师不可。

朝廷重臣病死的病死、处决的处决，这三人构成了朱允炆身边最重要的谋士集团。他们均为人正派、理想远大、学识渊博，好为帝王师，好替君上分忧。

但这些都不是最重要的，这几个人最大的相同之处，在于其政治上的天真。对于置身其中的这个残酷世界，他们的认识实在是远远不足的。

朱元璋已经废除了丞相一职，并由他本人亲自领导六部。朱允炆上台之后，将六部尚书的级别由正二品升为正一品，但事实上，齐泰、黄子澄和方孝孺凭借与皇帝的特殊关系，取得了超越六部尚书的职权。他们并非大学士，却形成了一个事实上的"内阁"。对于朱元璋在世时期的很多弊政，这三人当然相当清楚，也非常期待新皇帝能有所作为。

朱允炆首先改进了洪武时期极为严厉的法令，在朱元璋的英明领导下，三百多万平方公里的神州大地，事实上变成了一座大监狱。朱允炆执政之后，下令禁止将朱元璋制定的《大诰》作为审案标准，为自己赢得了一定的民意。

为了减轻江南百姓的负担，朱允炆力主减少这些地区的税收，并革新了征税方式，同时，他限制佛、道二教寺院所拥有的免税土地数量，将更多土地分给了耕种者。为了让农民都有饭吃、过上安稳的生活，朱允炆甚至认真地和方孝孺等人探讨过恢复井田制的可能性。

这些措施显然要遭到无数既得利益者的反抗，实际执行效果当然也会大打折扣。作为新帝，维持现状，采用"温水煮青蛙"的形式进行变革，打着维护祖制的旗号渗透自己的政令，显然是更为稳妥而明智的方法。可惜，朱允炆集团明显操之过急了。

更重要的是，这位年轻皇帝的精力实在有限，在其短暂的执政生涯中，他大部分时间也在为另一件事所困扰，并最终令自己走上了不归路。

四、急于动手，却又搞错方向

刚刚登上皇位的朱允炆，很快就发现了一个残酷的事实，这让他无比沮丧。

自己接手的，甚至可以说并不是一个统一的国家，而是一个明朝廷，外加二十五个独立王国！这其中的二十二个藩王都是朱允炆的亲叔叔，其他三个是他的堂弟。

这些王爷，个个都有丰厚的俸禄、奢华的宫殿、成群的王妃（朱棣除外），很多人甚至还有广阔的地盘和庞大的卫队，对朝廷来说，当然是重大的威胁。作为这些藩王的老子和爷爷，朱元璋自然可以完全震慑住他们，但新帝朱允炆一上台，就感到了莫大的威胁和压力，他彻底没有了安全感。

其中权力最大的，无疑是为了对付蒙古人而设立的"九边"，这九大军事要塞都由藩王驻守，这九位藩王也被称为"塞王"，他们的控制区东起鸭绿江，西到嘉峪关，大体上沿长城一线分布，每个王府都有三个护卫指挥使司、两个围子手所、一个仪卫司，其直接管辖的军队不下万人。九王名义上是为天子守边，实际上却是皇权的重大威胁，他们分别是：

秦王朱尚炳：二皇叔朱樉长子，自己的堂弟，建藩陕西西安府。

晋王朱济熺：三皇叔朱棡长子，自己的堂弟，建藩山西太原府。

燕王朱棣：四皇叔，建藩元故都北平府。

代王朱桂：十三皇叔，建藩山西大同府。

肃王朱楧：十四皇叔，建藩陕西平凉府。

辽王朱植：十五皇叔，建藩辽宁广宁府。

庆王朱㮵：十六皇叔，建藩陕西宁夏府。

宁王朱权：十七皇叔，建藩辽宁大宁府。

谷王朱橞：十九皇叔，建藩河北宣化府。

你急，或者不急，威胁就在那里，不尴不尬。

你削，或者不削，藩王就在那里，不增不减。

尾大不掉的诸位藩王，坐拥数十万军队，自然成为新政权的最大威胁。更让人尴尬的是，大部分藩王都是朱允炆的长辈，他们很难打心眼儿里服从朱允炆这个文弱的年轻人。想要解除他们的兵权，实在有很长一段路要走。

齐泰和黄子澄都是坚定的削藩分子，他们饱读史书，很清楚汉朝和晋朝的藩王是怎样祸害朝廷的。在朱元璋当权时，他们不敢就此提出建议，害怕拍马屁拍到马腿上，被一蹄子踢死。

要知道，封藩建国是朱元璋的得意之作，老皇帝就是一心想让自己的儿子代替武将守边，掌握军队，防止江山改变颜色。

其实在洪武初年，对于藩王拥兵太重，不少大臣早就看出了危害，但大家都是心照不宣地一言不发。洪武九年（1376）闰九月，由于天生异象，似乎预示国有大难或天下有不平之事。朱元璋下诏，要天下人上书直言。本来也就是一说，但有人就不知死活地跳出来了。

国子生授平遥县训导叶伯巨，就上了道洋洋洒洒近万字的《奉诏陈言疏》。

叶伯巨直言封藩的隐患：认为强干（中央）弱支（地方）是安定团结的根本，按照传统，最大的封地，也不能超过首都的三分之一，但现在的秦、晋、燕、齐诸国，都有城郭数十座，而且有精兵，恐怕再过几朝，就不得不进行削藩夺权，势必引发祸乱。

叶伯巨举西汉的七国之乱和西晋的八王之乱，说明即使是天子骨肉，如果分封的地盘过大、待遇过优，也会贻害无穷。七国诸王，那可都是刘邦家族的后代啊，和汉景帝有直接的血缘关系，一旦被削地，还不是一起发兵西向，跟朝廷叫板？晋朝的八王也都是晋武帝司马炎的子孙，却为了权力相互攻击，导致了外族首领刘渊、石勒的乘虚而入，给司马家的江山带来了灭顶之灾。由此看来，分封一旦越制，祸患立即丛生。

最后，叶伯巨指出，贾谊曾劝说汉文帝尽分诸侯国的地盘，空置下留给其后代子孙，文帝没有早采纳贾谊的建议，埋下了七国之乱的祸端。叶伯巨建议朱元璋在诸王未及就国之前，果断采取措施，严格限制藩王的发展空间，防患于未然，所谓"割一时之恩，制万世之利，消天变而安社稷，莫先于此"。

叶伯巨的上书可谓字字忠心、句句真诚，更何况还是在朱元璋反复要求上书直言的情况下进行的。朱元璋读了之后，也非常激动，大叫："这小子离间我父子骨肉，赶紧给我抓来，我要亲手射死他！"

叶伯巨被抓起来后，被关进了刑部大牢。朱元璋由于工作繁忙，一时还没抽出时间去亲手杀他，几个月后，这名小官就在牢里"病"死了。

叶伯巨死后，朝中大臣更是噤若寒蝉，为了皇帝的家务事掉脑袋，既不光彩也不值当。洪武二十八年（1395），朱元璋颁定《皇明祖训》条章，明确规定"后世有言更祖制者，以奸臣论"，之后就更不会有人跳出来反对了。

现如今事态的发展，完全应验了叶伯巨当年的预测，甚至有过之而无不及。

像比朱允炆仅小一岁的宁王朱权（还不得不叫人家皇叔），不仅麾下有八万兵马，还掌管着朵颜、泰宁和福余三卫。三卫是由蒙古骑兵组成的雇佣军，战斗力非常强，如果发生兵变，未必能三千里奔袭进攻京师，但如果宣布独立，甚至与蒙古勾结，都够朝廷折腾好一阵子的了。

而皇叔中年龄最大的老四朱棣，手下则有十万精兵，属于麻烦中的麻烦、隐患中的隐患、危险中的危险。更可怕的是，朱棣继承了父亲朱元璋的作战指挥才华，又先后得到了徐达、傅友德和李文忠等名将的悉心指点，颇有青出于蓝胜于蓝的态势。朱棣到了三十出头之时，傅友德、冯胜这些大将军，居然都要受其节制。

朱允炆与其团队在削藩上已经达成了共识。但对于先削谁、如何削，他们的意见无法统一。

当然，想削藩的并不只是核心管理层的这些人，朝中也有大臣提出了自己的意见，其中两个人的看法比较有个性。

户部侍郎卓敬认为，燕王朱棣"智谋过人，雄才大略，很像先帝。北平地势险要，兵强马壮，金元两朝就从那里崛起（这可不是实情，这两朝是先崛起再占领北平的）。现在应徙封南昌，万一有变，也容易控制"。

如果朱允炆真能下旨，朱棣也真能听话，乖乖到南昌上任，后果将是不堪设想的。对于一个经营了北平二十年的将军来说，离开自己的根据地，其损失将无法估量。朱棣的亲信和死党都在燕王府，如果不让他带张玉、朱能和谭渊这帮死党去南昌，他还有能力造反吗？难！太难了。

而且，南昌和南京只有不到十天的路程，可以说就在朝廷的眼皮底下，想做什么坏事，还真的不太方便。

当然，朱允炆并没有采纳这个建议，否则，南昌历史上就只有一个王爷朱棣，而没有王阳明大战鄱阳湖的传奇故事了。

吏部一个小官高巍则建议，别学晁错削夺之谋，那是会引起诸王造反的，而要学主父偃推恩之策。"在北诸王，子弟分封于南；在南，子弟分封于北。如此则藩王之权，不削而自削矣。"比如朱棣有三个儿子，就把三个王子都封到江南去，断绝他们的有效联系，这实际上就是变相夺权，但比公开削藩高明一些，属于杀人不见血的那种。

但是，朱允炆还是没有采纳，为什么呢？他太相信自己身边的亲信团队了。可这些人有什么高招呢？

齐泰认为，当然得擒贼先擒王，把最大的威胁朱棣收拾了，其他的不值一提，所谓"去其大者，小者自慑"。而黄子澄却觉得燕王做事稳当，抓不住明显的把柄，勉强治罪会损害朱允炆的声誉，主张先削周王朱橚，这是朱棣的同母弟，打击他无疑是对朱棣的折磨，同时也可以观察燕王的反应，以采取下一步措施："周王如被抓，燕王肯定要设法搭救，难免露出把柄，到时可以一锅端。"黄子澄侃侃而谈，而齐泰在旁边却是大摇其头。

黄子澄真急了，连比喻句都整了出来："只要先除了周王，那么燕王在北平一隅就势单力孤，就像一堆没垒好的鸡蛋，随时可能倒塌，谁还会跟随他谋反呢？"

说来也巧，就在不久前，朱允炆还真收到了一封密信，举报朱橚有谋反嫌疑，希望朝廷捉拿严办。这个对形势门儿清的告密者是谁呢？说来大家可能都不敢相信，居然是周王的二儿子，汝南王朱有爋——坑爹这个典故，估计就是打这儿来的。

洪武三年（1370），朱橚被封为吴王（朱元璋自己就是从吴王当上皇帝的，这个身份不一般），驻守中都凤阳；洪武十一年（1378）又改封为周王，驻守开封。这里是宋朝故都，明朝初年的"北京"，周王府就是由北宋皇宫改建的，可见朱元璋对老五的厚爱。

朱橚当然不是省油的灯，可人家的志趣显然不在谋反。他不但是个曲艺发烧友，还是宋词元曲的研究专家，创作了《元宫词》百章。

同时，朱橚还是个天才的植物学家，研究了国内可以食用的四百多种植物，绘制成图，编撰出了专著《救荒本草》，很有当年神农氏的风采，要在今天，完全有望出任农业科学院院长。这么有个性的人，要他当皇帝，每天看一大堆奏折，见一大堆大臣，听一大堆废话，人家还真不一定乐意呢。

究竟谁的想法更正确，还真不好下结论，历史是复杂的，两个人的意见其实都有道理，没有谁对谁错，事后诸葛亮就不必做了。但是，在朱允炆刚刚上台之际，就这么磨刀霍霍地进行削藩，显然并不是明智之举，这不仅违背了朱元璋的祖训，也与建文朝整体的宽大思路不符。

真的需要这么着急吗？一个新政权刚刚建立，寻求更多的支持者，恐怕要比铲除潜在的不安定因素更加重要。

拿五叔开刀，朱允炆还是于心不忍。在黄子澄苦口婆心劝了好几回之后，他终于下了决心，并秘密召见了一个人。

五、避实就虚，实则欺软怕硬

朱允炆准备对朱橚采取行动，就找来了将二代李景隆。

此时的小李子刚刚年满三十，就身居曹国公高位，实现了这个帝国绝大多数人一辈子也无法企及的梦想，好像他为大明朝作过多大贡献似的。

如果告诉你，人家十九岁就获得了这个爵位，你是不是更得肃然起敬呢？

其实李景隆年纪轻轻就能当上曹国公，跟自身能力没有一点关系，只是因为父亲李文忠在洪武十七年（1384）就病死了，作为长子的他接了班。这对父子倒是类似战国时的赵奢与赵括，父亲的军事才华体现在实战上，荣誉是打出来的；儿子的作战水平体现在言论中，名气是吹出来的。后来，李景隆还真差点成了赵括的升级版。

洪武三十年（1397），朱元璋曾任命李景隆为征虏大将军，在开封练兵。当时李景隆就成天去周王府玩耍，和朱橚的关系处得挺好，而且李景隆本来就是朱元璋的亲甥孙和干孙子，又能附庸风雅，和喜欢曲艺的周王有很多共同语言。

洪武三十一年（1398）八月，距朱元璋的驾崩还不过百天，朱允炆，这个以仁孝著称的好皇帝，就要向自己的亲叔叔朱橚下手了。

李景隆领命之后，倒是相当沉稳，不慌不忙。他首先放出风来，说是要继续到开封备边，训练士兵。随后他就带兵从京城出发了。

在路上，他对手下亲兵仔细交代了一番。

到了开封，李景隆让大队人马在城外扎营，然后带着几百亲随来到城下，守门的军官当然认得去年就来过的曹国公，于是打开城门，把一行人放了进去，并立即通报周王。朱橚一听李景隆来了，当然很高兴，立即下令准备酒菜。

在亲切友好的气氛中，丰盛的酒菜摆了出来，俏丽的姑娘抱着琵琶走了出来，清新舒缓的音乐响了起来。叔侄俩就这样喝着小酒，听着小曲，欣赏着李景隆从京城带来的绝本草药图，评论着朝中的领导交接和市政工程。两个人酒到酣处，朱橚也琢磨着，什么时候能回京城，到秦淮河边走一圈。说到秦淮河，两个人的眼睛都亮了……就在这时，李景隆突然把杯中的酒大口喝完，然后把酒杯重重地摔在了地上！

这个动作，大家都不陌生吧？

李景隆的亲卫冲了进来，将朱橚当场拿下。气氛一下子变得非常紧张，突然的变故把这位王爷搞得丈二和尚摸不着头脑。而李景隆还是那样轻松愉快，在一片混乱中，当场取出朱允炆的诏书，宣布了周王有负先皇、图谋不轨的罪行。朱橚当时就崩溃了，削藩的传言他不是没有听说过，但没想到会这样开始，也没有想到自己成了第一个，更没想到宝贝侄子李景隆给当表叔的玩了一把摔杯为号。

朱橚被押解到京城，得到了一个光荣称号——周庶人。庶人是明朝的一个专有名词，并不是指庶民百姓，而是指被废的皇族。

从此，朱橚被剥夺了作为皇子的一切待遇和补助。随后他的好侄子朱允炆一声令下，又将其一家老小打发到了云南蒙化。当时的云南可没有现在的丽江、大理这样的旅游胜地，条件比神农架好不了多少——当然可能更适合朱橚，这里远离都市的尘嚣，野生植物资源特别丰富，纯天然无污染，如果他要继续搞科研，倒是一个挺不错的地方。

娇生惯养几十年的朱橚，哪受得了这种苦？而且在云南的日子里，他被关在小黑屋中，根本不准出门考察野生植物，想发挥专长都没机会，吃的饭都是从屋墙的洞中向里送的，伙食标准也跟普通老百姓的差不多。

后来，朱允炆听从了朝臣的建议，可能也怕五叔自杀，给自己留下骂名，又把朱橚押送到凤阳，关进了朱元璋当年修建的、专门关押有罪皇室成员的监狱。得，在列祖列宗战斗过的地方，好好改造灵魂吧。

人人都想当第一，不过做第一未必都是好事，作为第一个被削的皇叔，朱橚也许会觉得自己做人很失败。不过如果想一想后面几个王弟的处境，他也许就会心理平衡不少。

同年十二月，朱元璋第十三子代王朱桂遭到了弹劾，罪名是"贪虐残暴"。朱桂的母亲郭惠妃，是郭子兴的亲生女儿。就凭这一点，朱桂在诸皇子中待遇也不低。

同样值得强调的是，朱桂娶了中山王徐达的二女儿，和朱棣是连襟。代王被废为代庶人，关押地不在别处，就在自己的封地大同，这也是够有讽刺意味的。

齐王朱榑是朱元璋的第七子，生母是陈友谅最宠爱的阇妃。他的王府在青州（今属山东省潍坊市），洪武二十三年（1390），朱榑曾随燕王北征。据说此人"以武略自喜，然性凶暴，多行不法"，也被废为齐庶人，关押在京城。

齐代二王都是拥有重兵的"塞王"，但面对捉拿他们的御林军，都根本不想抵抗，乖乖束手就擒，好像盼望了很久一样。也许，他们也想摆脱这种提心吊胆的日子，坦然地当一个庶人。

周王被抓的消息传到北平，可怜的朱棣还在为父皇守孝呢！三个儿子落入了朱允炆的手里，同母至亲朱橚又遭不幸，朱棣当然不能不管，就马上写了一份奏折，其中说道：

"若周王所为，形迹暧昧，念一宗室亲，无以猜嫌，辄加重谴，恐害骨肉之恩，有伤日月之明。如其显著，有迹可验，则祖训俱在。"

这份奏折不知道是谁当的枪手，写得既深明大义，又顾及手足之情；既流露出希望宽大处理的愿望，又表达了服从圣裁的理智。难怪性格仁厚的朱允炆看了之后，眼泪差点都流了出来。

他马上传示齐泰、黄子澄进宫，把朱棣的奏折拿给他们看："削藩的事，就到此为止吧。"

齐泰和黄子澄表示，他们要考虑一下，于是出了宫，在一起商量。两人一致认为，皇上这是"妇人之仁"（武则天表示不同意），现在事已至此，拉弓没有回头箭了。

于是他们又一起去找朱允炆，并说："既然把周王抓了，众王中最让人不放心的就是燕王，他因为长期镇守边关，名声日渐显赫，不如趁机一起收拾了，以免留下后患。"

朱允炆犹豫不决，于是想搜集燕王的罪证，但一时没抓住什么把柄。这位小皇帝的书呆子劲儿又上来了："我们拿不到证据，凭什么抓燕王？"齐泰心想，我怎么碰上这么个一根筋的君上！不过还是耐心地开导他说："就凭他那份想营救周王的奏折，我们就能把他逮起来。"

朱允炆说："你讲的也没错，但我刚刚登基，立足未稳，就连削数王，难免让天下人非议，暂时先放一放吧！"

齐泰说:"我们以加强边境防卫为名,派可靠的大将带兵驻守北平,趁机把北平的护卫精锐,全部都调到辽东,去掉朱棣的羽翼,他再有办法,也无可奈何了。如果现在不行动,以后肯定要铸成大错。"

朱允炆同意了齐泰的说法。洪武三十一年(1398)十一月,朝廷任命张昺为北平布政使,谢贵、张信为北平都指挥使,并责令他们严密监视燕王的动向,及时密报。

有道是家贫出孝子,国难出忠臣。这时候又出来了一个四川岳池教谕程济,八品小官,大致相当于今天一个县的教育局局长。他居然直接上书给皇帝,说"北方兵起,期在明年"。朱允炆看了奏折之后,不知道出于什么原因,居然非常生气,说程济无端妄言,让人把他抓到京城,甚至打算处死。程济当然不想死,他说:"请先把我关押,如果朱棣一年之内不反,再杀我也不迟。"那意思就是说,如果一年之内朱棣反了,你们就赶紧把我放了!于是,程济被关在了南京的大牢内。

难道连远在四川的文人都能看出朱棣的反意,而朝廷却看不出来吗?当然不是,这个程济不过是个托儿。

然而,朱允炆还是不想对四皇叔下手。

转眼到了第二年,年号改了,也就是建文元年。二月,朱允炆追尊父亲朱标为孝康皇帝,庙号兴宗,尊朱标正妃常氏为孝康皇后,自己的生母吕妃为皇太后。朱标并没有坐过一天龙椅,但由于有了个好儿子,也得到皇帝规格的祭祀。

同时,朱允炆封自己的正妻马氏为皇后,弟允熥为吴王、允熞为衡王、允熙为徐王,立长子文奎为皇太子。

三月,兵部派遣都督宋忠、徐凯率兵屯开平、临清及山海关,以防备朱棣异动。北平燕王府护卫军中的精锐,大都被抽调到了开平;北平、永清二卫军,被派到了彰德、顺德;就连曾跟随朱棣北征立功的蒙古骑兵指挥观童,也被召到了南京。齐泰和黄子澄合计,朱允炆即使狠不下心来废掉燕王,凭借这些措施,朱棣也成不了什么气候。

一切尽在我们的掌握之中。齐泰应该会这么想。与此同时，削藩的工作并未停止。

四月，有人告发湘王朱柏私印宝钞，牟取暴利，并干扰国家金融秩序。朱允炆于是准备采取行动，把十二叔捉拿到京城问罪。但是，这一次却出现了麻烦。

与前几位兄弟的乖乖配合相比，这个朱柏性格刚烈，面对前来捉拿的官军，他在荆州自己的府第里发表了一篇相当煽情的演讲："我听说前朝大臣获罪，都不愿受辱，以自杀来表明心迹。我身为太祖之子，面南称王，今日却要折辱于奴婢之人？我不能如此苟活于世！"说完，他就在府内放了一把大火，把妻子儿女都叫在一起，不是烤火，是自焚！一家人用这种最悲壮的方式，表达了对大侄子最强烈的抗议。

善良的朱允炆得知十二叔的悲剧之后，削藩的决心再一次被严重动摇了。湘王的自杀确实有损朱允炆的仁慈之名，并造成了相当恶劣的影响。齐泰和黄子澄却不为所动，削藩工作并没有停止。

六月，镇守云南的西平侯沐晟突然上书，弹劾与他同城的朱元璋十八子岷王朱楩。朱允炆非常在意，立即捉拿朱楩，废为庶人，将其关押送到漳州。要说这个沐晟也真会配合朝廷大计，同时也借机除掉了一个潜在威胁，让自己成为没有王爵的云南王。

一年之中，朱允炆接连废掉了五个亲王，力度不可谓不强劲，效果不可谓不明显，影响不可谓不深远，口碑不可谓不恶劣。这个曾以仁柔闻名的乖孩子，过了扑到叔叔怀里要糖吃的年纪，就抡起大棒收拾起自己的叔叔来，这步子迈得也忒大了。

死了的那个估计整天忙着向阎王投诉，关起来的那四个自然是咬牙切齿地咒骂，依然有爵位的现在真可以说是人人自危、战战兢兢：不知道下一个出局者会是谁，不知道哪天早上一开门，带着削藩圣旨的御林军就在门口恭候了。

我们的男一号朱棣在做什么呢？

第五章　痛定思痛下决心

一、弱智君主，实为反贼催化剂

当事后诸葛亮容易，洞察真相却很难。现在的很多学者，都认为燕王早有造反之心。但是，朱棣的靖难，真的是不可避免的吗？

没有人一生下来就是反贼，没有人一生下来脑后就有反骨。朱棣走上造反之路，朱允炆及其幕僚就没有责任吗？答案显然是否定的。

显然，父皇还在世时，朱棣并不想造反。朱元璋和李渊不同，大明江山是老朱一手打下来的，他对朝政和军队、财政和外交，都有着绝对的控制权。领军打仗比朱棣更厉害的傅友德、冯胜及蓝玉等一代名将，都被朱元璋轻松地除掉了。朱棣肯定不想以卵击石，作无谓的牺牲。

况且，朱棣二十一岁就被打发到了遥远的北平，远离了权力中心，他对朝中大臣的影响力，远不及当年做尚书令的李世民。

至于说朱棣在朝中有很多太监内线的传言，就更加是捕风捉影了。朱元璋建立了严密的监控体系，各种特务密布京城甚至是全国，他老人家在北平设立暗探可能还更符合逻辑。朱元璋明令太监不得干涉朝政，朱棣要是敢搞一些小动作，试图威胁大哥朱标（及后来的朱允炆）的接班，那老爸肯定是不会对他客气的。

在交通通信极为落后的十四世纪末，想要坐在北平，遥控指挥千里之外的南京情报网，难度大得真不是一点半点，除非他真的有千里眼和顺风耳。

如果真有内线，恐怕朱允炆同学还没来得及当上皇太孙，就被干掉了。

如果真有内线，估计没等朱元璋归天，朱棣就秘密混入京城准备闹事了，还待在北平磨叽什么？

如果真有内线，朱元璋的遗诏恐怕早就被篡改了，直接宣布让燕王继位，何必费那么大劲，血拼那么多场恶仗，甚至经历那么多次死里逃生？

朱元璋死后，朱棣是不是一定会造反呢？真的不见得。

如果朱棣真的想造反，朱允炆当上皇太孙之后，他就应该积极作好准备，随时等候父皇驾崩的那一天，并在诸王和军队中暗暗培植自己的势力。可惜，就算在一些明显反对靖难的著作，如《明史纪事本末》中，我们依然看不到此类记载。

如果朱棣真的想造反，他不可能在连洪武遗诏写什么都不清楚时，就傻乎乎地带上五百亲兵紧急奔丧，造成在淮河边被赶回去的屈辱一幕了。

如果朱棣真的想造反，他肯定要把自己最重要的帮手——三个儿子留在身边，而不是送到南京去祭奠老皇帝，并让他们成为事实上的人质。这样的举动，既表达了他对亡父的无尽思念，又体现了对新皇帝的绝对忠诚。

如果朱棣真的想造反，当朝廷抽调燕山七卫士兵，意图将他变成光杆司令时，他就不应该很顺从地配合对方的安排。要知道朱棣最多时可以领兵十万，结果朝廷把北平的兵马几乎都抽光了。此时的朱棣，就算公开宣布自己要造反，很多人也会认为他在吹牛。

当然，朱棣也绝不是不打自己的小算盘，他的潜意识里肯定是有登基愿望的，否则，他就不会和道衍这样的危险分子走到一起，而是把他轰走了。但有想法和一定要实施，并不是一回事。

朱棣内心造反的火苗，事实上是被朱允炆及其手下点燃的。说"官逼民反"未必准确，但可以毫不夸张地说，如果朱允炆及其团队智商再高那么一点点，靖难的惨剧并不是完全不可避免的。

笔者认为，正是朱允炆上台之后一再对亲叔叔痛下狠手，一再刺激朱棣原本就紧张的神经，才严重激化并彻底点燃了他内心深处潜藏的造反欲望。如果这位新皇帝措施得当，也不一定会沦落到最终那样。

汉景帝的削藩，仅仅是削夺诸王一两个郡的封地，那些王爷就忍无可忍，纷纷造反了。现在的朱允炆，却直接把一个又一个亲叔叔送进大牢里反省，这得有多大仇、多大怨？

所谓刑不上大夫，这些掌握着庞大军队、享受着极高俸禄，并拥有广泛人脉的王爷，抓上一个，就等于断了无数人的生计。不是说他们绝对不能抓，只是说不能这么雷厉风行、树敌太多。

湘王朱柏惨死之后，朱允炆居然还没有停止削藩活动。这让朱棣彻底丢掉了幻想。那些并非"塞王"，根本没有多少军队的亲王，都能被逼上绝路，他这个曾经让蒙古人闻风丧胆的将军，岂能活着逃脱他们的清算？

一旦下定决心造反，朱棣的心中也是非常紧张的。这注定是一条不归路，有多少人愿意陪自己走下去，完全是个未知数。即便并不像朱允炆那样精通历史，朱棣依然知道，以藩王身份造反，自刘濞以来没有一个成功的！

朱棣根本没有十足的把握，甚至可以说是以卵击石。但是，你主动交权，人家就一定能放过你，就能让你舒舒服服地当个王爷、了此残生吗？

偌大的北平城，到处都有朝廷派来的官员，更有兵部安插的密探。他们积极作着准备，就等着朱棣露出马脚，留下谋反证据。他们表面上谦卑，内心里狂妄，似乎能控制住一切。朱棣看在眼中，苦在心里。这就是对待四皇叔的态度？这就是尊重国家良将的方式？

道衍是唯一敢在朱棣面前说"反话"的人，他一再苦劝主子不要坐以待毙；那些跟随朱棣多年的将军，也被形势搞得相当苦闷，从下属的眼睛里，朱棣已经看出了造反的心思。他们的情绪就如一堆干柴，等着有人来点燃。

而他们的老大，什么时候才能亮出自己的底牌？

二、麻痹对手，就是让对方轻视你

莫逐燕，

逐燕日高飞，

高飞上帝畿。

建文元年（1399）的盛夏，都城南京应天府的街头巷尾，突然流传起了这样一首民谣。最初不知道是谁创作的，后来有小孩子学唱，再后来，有些大人也跟着唱了，到最后，甚至连齐泰和黄子澄都听说了。朝廷立即命令调查事情的起因，禁止继续唱歌，并捉拿唱歌的人。

看来，朱允炆搞冤狱的水平，真的是太差了。孩子都听得出来，这"燕"说的就是燕王朱棣，"莫逐燕"就是不要打燕王的主意，不然的话，燕王就飞到京畿来造反了！

在那个科技水平不发达的时代，人们把很多事情归结于天意，这首民谣似乎让朱棣后来的反叛，有了一定正当性，然而，这不也正暴露出了始作俑者的做贼心虚吗？

这首民谣的出现与快速传播，似乎与朱棣脱不了干系。但是，一首歌改变不了自己的处境，要想真正摆脱危机，避免周王那样的下场，他必须做得更多。

道衍一再提醒朱棣，要作好最坏的打算，先发制人。但不到万不得已，朱棣也不愿意背负造反的恶名。而且，历史上那些造反者，绝大部分都以失败告终，下场还一个比一个惨。

他也不敢确定，自己会比那些人幸运！

再说造反前辈们的基础条件，其实还要远胜于现在自己所拥有的。他现在有什么？三个儿子被送到南京无法回来，燕山七卫被抽到一边。自己在北平的一举一动，估计都难逃暗哨的眼睛，没准王府里面，都已经有人在玩"无间道"了。

朝廷能掌控的军队超过百万，比北平城里的全部人口都多得多。

朝廷可以发出悬赏，让全国各地的兵马来讨伐自己，自己的帮手又在哪里？

朝廷军队死个三五万，很快就能再招七八万，自己身边最信任的大将死了，有人能代替他们吗？

如果这是一场赌博，朱棣的赔率恐怕是一赔一百，甚至一千。

但不管怎么说，也不能伸着脖子等人家来砍吧。经过与道衍沟通，朱棣决定要做以下几件事：

第一，装病不出。

多少年来一直身体强壮、精力充沛的燕王，突然一病不起，并宣布不再工作、不再理事、不再会客了。朱棣知道，当朝皇帝心地善良，明知四叔得了重病，还要向他下手、削他的藩，那不就是冒天下之大不韪吗？

朱棣装病期间，几乎谢绝了一切探视，他可不想被人看出破绽，然后再写封检举信，汇报到大侄子那里。多病一天，也就等于多拖延一天，为自己争取更多的宝贵时间。

第二，王府练兵。

既然要有所行动了，手下士兵的素质得跟上了吧？已经多年没和蒙古人有大规模冲突了，士兵们的血性都消解了不少，现在，需要把他们体内的潜能激发出来了。

不过，朱棣现在已经没有多少兵可调动了。以前自己最多能指挥十万雄兵，可现在，燕山、北平和永清三卫的精兵，都已经被朝廷征用了。手下亲信张玉和朱能用尽了办法，也不过拼凑了一支近千人的队伍。

一千士兵集结在一起动静不小，但不能太招摇。朱棣的王府是昔日的元朝皇宫改建的，有很大的后花园，林木茂盛，是夏天纳凉避暑的好地方。可这一次，这里却成了进行军事训练的理想场所。张玉和朱能接受任务，带着这些人演练各种阵形套路。二人亲自上阵，手把手地训练士兵，与他们进行贴身搏斗。

第三，打造兵器。

燕王府并不缺少兵器，不过一旦开战，武器消耗量很大，现在能多备一些当然更好。道衍建议，在王府后院建一个两层的地下室，周围筑起高墙，在墙上插上尖锐的陶瓷碎片，防止有人翻墙察看动静。

然后，他将这个地下室，变成了一个庞大的铁匠铺，又召集了数十名铁匠，在这里加班加点地干活，打制各种兵器。别看工作条件简陋，各种设施一应俱全，各类技师应有尽有，打造十八般兵器都不在话下。他们甚至造出了一些简易火炮。

为了应对随时可能出现的危机，工匠们甚至连倒班这种当代工厂普遍采用的工作制度都想出来了。一天十二个时辰连轴转，希望在最短时间内，打造尽可能多的兵器。

就这样，燕王府的后院，又多出了一座兵工厂。

为了防止被人察觉，道衍又自作聪明，让人搞来了几百只鹅和鸭，养在后花园的水池中，用它们的叫声来压住练兵和敲打兵器的声音。把偌大一个燕王府，搞得跟个家禽饲养院一样。

相信各位读者都已经看出来了，这个计策一点儿也不高明，甚至有着浓浓的"欲盖弥彰"的味道，迟早会被人发现。一个王爷大搞家禽养殖业，肯定是与民争利，只会让人讨厌，也更让人怀疑。而且，区区百十号人，就算一天十二个时辰地忙活，又能生产出多少兵器呢？再说了，就算造出再多的兵器，就燕王府那点儿亲兵，也不可能一人手持两三杆枪去参加战斗吧？

但朱棣和道衍要的就是这个效果，就是想暴露自己的造反嫌疑，让北平布政司有事可做；就是要显得自己智商不高，让他们不急着行动，因为在那些人看来，收拾现在的燕王跟玩儿似的。

这么一来，监视燕王的人难免放松了警惕，朱棣反倒是为自己争取到了宝贵的时间。

有读者肯定就好奇了，朱棣就不能表现得踏踏实实，向朝廷证明自己不会造反吗？不能，老虎是无法向猎人证明自己从不咬人的。

转眼到了十月，北平已经是冬天了，燕王府内，朱棣正在为如何冲破削藩困局而忧愁时，道衍来了。

朱棣有了道衍，胜过拥有十万雄兵。军队可以无限扩充，而道衍只有一个；军队被打垮了可以重建，道衍如果不在，还真没人替代得了。

作为心理专家，道衍负责为朱棣稳定情绪，即使在最危险的时刻，他依然沉得住气，还不时为朱棣打气。

朱棣突然来了兴致："我出个上联，看大师能不能对出？"

"好啊，来吧！"

"天寒地冻，水无一点不成冰。"其实冰是水旁边加两点，但当时的人习惯在水字左上角加一点作为冰字。

当时确实是天寒地冻，水倒在地上就能结冰，但比天气更让人心寒的，是朝廷不讲情面的削藩政策。比冰冷的水更可怕的，是随时可能降临的冰冷的圣旨。

道衍是多聪明的人，稍稍想了一下，就平静地对出一句："世乱民贫，王不出头谁做主。"

世乱民贫，并非当时大明的实情，新朝建立三十余年，世道并不乱，当然老百姓也富不到哪里去。王字出个头，就是主字，主也可以引申为主人、主公、皇帝。道衍是又一次在提醒朱棣：老大，你得要出头了，你不出头，谁为天下苍生做主哇？

朱棣和道衍打了十多年交道，对他的性格也了解得很透，知道他有事没事都要煽动自己造反，也就不再多说什么。

道衍自打结识朱棣，不就盼着这一天吗？

朱棣之所以把道衍带到北平，不就是想让他做自己的导师吗？

他的思绪，又回到了十六年前的那个深秋，回到了两人初次见面的地方。

这个道衍，还能玩些别的吗？

三、装神弄鬼，只为给自己信心

道衍不光自己能忽悠，还开始组团行动。

过了几天，朱棣穿上普通士兵的军服，带着几个侍卫去城中某个酒馆喝酒，顺便实地考察一下北平市民的动向。这也是朱棣的一个习惯，据说他从不愿扰民。当时没有卫星电视、没有视频网站、没有针孔相机，更没有云数据平台，除非亲眼见过朱棣的，一般人是不知道大名鼎鼎的燕王的真实模样的。

朱棣一行十人，小二给他们找了张大桌子坐下，点好酒菜就开吃了。此时客人已经相当多了，他们吃着聊的，无非是家长里短的闲事。

忽然，打外面进来了一位算命相士。他身材不高，衣冠整齐，五十来岁的样子，一双小眼睛相当有神。这哥们儿在酒馆里转悠了一会儿，好像是在找人。突然，他像是发现了什么，猛地摆了个造型，直直地朝着朱棣他们坐的那桌走了过来。

朱棣其实早看到他了，觉得这个人有点异常。此刻，他更觉得，对方就是冲着自己来的。

手下的将士，都已经暗暗作好了准备，把手按在刀鞘上，如果他再近前，就要随时发动进攻了。

相士快步走到朱棣前面，猛地一撩衣襟……只见相士"扑通"跪倒："参见王爷！您为何这身打扮，委屈贵体？"

朱棣端详了一下这哥们儿，确认自己并没有见过他，于是笑着回答："先生认错人了吧，我们都不过是燕王卫士卒，谁是王爷？"相士还在那儿磕头："您就是王爷，小人看得见。您头上有金光，王爷，您何苦这么委屈自己啊……"

朱棣和他的卫兵们迅速交换了下眼神。

难道你看到这家酒馆有王气，才特意跑进来的？朱棣觉得这个人有点意思，就问了他姓名，并告诉他："明天一早你还到这儿来，有人等你。"

"多谢王爷！"那人磕了三个头，恭恭敬敬地走了。朱棣手下的卫兵，都好奇地瞅着朱棣，但是，死活也看不到金光在哪里。

第二天一大早，这个相士果然如约来到酒馆，朱棣的侍卫也已经在这里候着了，随后他们直奔燕王府。

相士来到大厅时，朱棣已在那里，然后他屏退左右，只留下他和相士两个人。

相士跪倒磕头："小人斗胆请燕王殿下站起。"

"噢，为什么？"

"小人要看王爷的全身，才能判断您的未来！"

朱棣站在大厅里，相士起身，前前后后、上上下下仔细地观察燕王健壮的身体，边看边不住地点头。突然，"扑通"一声，只见相士又跪下了，连连磕头："参见陛下，吾皇万岁万岁万万岁！"

哎，朱棣苦笑了一声，北平百姓觉悟这么高，都喜欢给人磕头啊。他心里极其得意，表情却相当严肃，嘴上也非常坚定："大胆刁民，休得胡说！你知道你这是死罪吗？"

"小人知道，但请小人把话说完，陛下再杀也不迟！"

朱棣做出一副很为难的样子："好吧，快说。"

这个相士又毕恭毕敬地磕了几个头（不知道头磕破了没有），说出了几句永远载入史册的话：

圣上太平天子也。龙形而凤姿，天广地阔，日丽中天，重瞳龙髯……龙行虎步，声如钟，实乃苍生真主，太平天子也。年交四十，髯须长过于脐，即登宝位时。

朱棣心中当然乐开了花，但他何等聪明，岂能让相士看出来，表面上还是相当镇定的，听完之后，依然要杀，相士苦苦哀求，这才保住一条小命。朱棣命令他离开北平南归，不能留下来招惹是非。

等这哥们儿走到通州，来了一队士兵，又把他给抓回去了，直接送到了燕王府。

当天晚上，这个相士却在燕王府喝上了酒，朱棣和道衍居然陪在他身边。讲起这两天的事，三个人都乐得哈哈大笑。

原来他不是别人，就是当年给道衍看相的袁珙，他的一番表演，也都是道衍和朱棣事先策划好的，他不是表演给朱棣看的，而是表演给在场的军官看的。

在那个科技文化不发达、人们普遍迷信的年代，大多数普通人还是相信这一套东西的，朱棣需要这些装神弄鬼的花活。但是，本来是用来忽悠别人的把戏，他自己听得多了，慢慢也真相信了。

朱棣认为，要让别人相信，首先自己得相信；自己越相信，事情就越有可能变为现实。

从此以后，朱棣的胡子再也没有剪过，而是用个黑纱绣囊，很小心地包起来。

道衍又推荐了一位名叫金忠的半仙。朱棣知道道衍看上的人都有些旁门左道之术，就把金忠叫过来，要他给自己占一卦。此人看了朱棣抽出的签之后，二话不说，倒头就拜。

朱棣乐了，问他这是为何，金忠首先请燕王屏退左右，然后又跪下了，说要请朱棣饶恕自己死罪。

朱棣看他这么郑重其事，当然也就答应了。

眼看四下无人，金忠这才毕恭毕敬地解释说："这个签贵不可言，只有真龙天子才能抽到。"

说什么当然很重要，更重要的是怎么说。

得，不愧是道衍带出来的，留在身边忽悠人吧。

历代农民起义，都把装神弄鬼的把戏玩到了极致。就拿第一次起义说吧。

秦末时，陈胜和吴广准备造反。他们一合计，让吴广给鱼肚子里塞上用朱砂写有"陈胜王"的丝帛，故意交给卖鱼的，然后又让卖鱼的将鱼卖给自己队中的厨师，最后故意找一帮人来吃鱼，又故意对鱼肚子里的"陈胜王"大惊小怪，制造气氛。

大半夜时，吴广又毅然放弃了休息，以饱满的热情，投身到制造封建迷信的活动中。他在大家休息的丛祠外，点上篝火，模仿狐狸的叫声，并高呼"大楚兴，陈胜王"。陈胜的威望就这样一点点地被建立起来了。

而朱元璋曾经的上司刘福通，同样精于此道。元至正十一年（1351），朝廷强征十五万苦力修筑黄河堤坝。作为民工领袖的刘福通和韩山童等人，四处传播"石人一只眼，挑动黄河天下反"的预言。

"巧合"的是，没过两天，一群民工真的在黄河里挖出了个大石人，还真的只有一只眼，更可怕的是，石人背上居然刻有两行字，跟刘福通们事先描绘的一模一样，对于读书少爱上当的穷苦人来说，这不是天意，还能是什么？跟着姓刘的反了吧！

当然，这石人也是刘福通故意埋下的。不是什么高招，有人信就好使。刘福通的起义，吹响了大元王朝灭亡的号角。

现在，雄心勃勃准备造反的朱棣，也从民间的传统中借鉴了一些东西。真正的智慧在民间，朱棣一直这样认为。

时间来到了建文元年（1399）二月初八，据说当时劳累了一天的朱棣，躺在床上却怎么也睡不着。他想起了自己的父亲，不甘沉沦、不怕辛苦、不惧流血，从一个淮右贫农，一路奋斗到大明开国皇帝的传奇经历，不禁对自己的现实处境感到伤心。

迷迷糊糊中，朱棣梦见了朱元璋。父亲告诉他，这江山本来是要留给他的，但他当时不在自己身边，因此非常伤心，非常遗憾，非常内疚。随后，朱元璋赐给了他一个大圭，朱棣睁大眼睛，看到上面清清楚楚地刻着"传之子孙，永世其昌"八个大字。

这大圭在古代，可是权力的象征，朱元璋亲手赐大圭给朱棣，难道他也暗示要朱棣造反吗？

天亮了，朱棣醒来之后，正琢磨这个梦呢，突然有人来报，世子妃张氏生了，是个男孩！

这可是朱棣的第一个孙子，意义非同寻常。

朱棣来到了张世子妃的房间，抱起了小孙子。朱棣看到这小家伙眉宇间似乎有一股英气，不像他那个胖子老爸，倒更像自己，别提有多高兴了。

徐王妃打断了沉浸在快乐中的丈夫："给孙子起什么名字呢？"

根据朱元璋的硬性规定，第四代必须是三字名，中间必须有个瞻字，最后一个字中还得有土——这真够难为人的了。

朱元璋在世时，三个儿子的取名，朱棣都不敢自作主张，如今父皇不在了，总不至于向大侄子请示吧，总算轮到自己做一回主了。

朱棣突然心中涌起一股雄心壮志，他似乎看到奉天殿就在脚下，群臣在向自己下拜。"就叫朱瞻基。"❶他脱口而出。这个基，正是登基坐殿的基。

当然，今天的我们有足够的理由怀疑，朱棣的这个梦是后人编造出来的，既为了给朱瞻基的出生营造神秘色彩，也为了给朱棣起兵制造合法性。但是，我们却有同样的理由相信，这个瞻基的名字不是随便起的，而是有政治寓意的。

朱棣都折腾到这份儿上了，这时候的朱允炆，为什么还不采取行动？

据《明史纪事本末》记载，朱棣在建文元年（1399）二月曾去了趟南京，见到了朱允炆，这被后来许多历史学家当正史多次引用。这事值得研究，先看看原文：

建文元年……二月，燕王入觐，行皇道入，登陛不拜。监察御史曾凤韶劾王不敬，帝曰："至亲勿问。"

这个记载可信吗？

---

❶ 朱瞻基的出生年，有两种说法，一是洪武三十一年（1398），二是建文元年（1399），本人倾向于后者。显然，如果朱元璋还活着，朱棣的第一个孙子，不应擅自命名，更不能起这种造反意味过于明显的名字。

"行皇道入，登陛不拜"，这种春秋笔法，放在歌颂朱棣神勇的小说里，也许会吸引读者，放在今天的自媒体平台可能会骗来流量，但在现实中却是根本不可能的。朱棣别说是四叔，就是四老爷，见了皇帝也得磕头。登陛不拜这么失礼的行为，肯定是够杀头的了，甚至可以就地正法。就算朱允炆素质高能忍，他身边的文武百官能忍得下去吗？你当皇宫卫队是透明的吗？他们可不是吃干饭的。

如果登陛不拜是事实，那只会让矛盾激化。那么这个燕王朱棣，千里迢迢到南京来，到底是来息事的，还是来惹事的？

朱棣本就处于危险之中。他想要来京，首先得得到朱允炆的批准，没有皇帝首肯，私自进京，跟谋反没什么两样。当年朱元璋死时，他都能被潘安挡回去，现在没有圣旨就入京，根本不可能。

就算朱棣真的进了京城，肯定是想要缓解矛盾、拖延时间，为起兵多作些准备的，可"行皇道入，登陛不拜"的行为，不是来化解旧矛盾的，这摆明了是在制造新矛盾。

从朱棣一贯的表现来看，他应该是一个比较低调内敛、不喜欢张扬的人，要不然，朱元璋当政时，先后处分过秦王、晋王和周王，怎么单单对燕王赞赏有加呢？当然，朱棣上台之后，对《太祖实录》进行了大规模的篡改，这肯定是要考虑的因素之一。但是，又怎么解释朱元璋对朱棣充满信任，让他节制整个北方的兵马，连冯胜和傅友德都要听其指挥呢？

撇开磕不磕头不说，这个时间点也有问题，从北平到南京，单趟就得十五天到二十天，来回就得一个多月。

如果朱棣二月进京，肯定是要在朱瞻基出生之后。根据往返四十天估算，他回到北平马上就到四月了，而五月初十，就是太祖小祥（去世一周年），你朱棣在父皇驾崩时不在现场，这马上要头周年了，你明明可以留下来祭奠，为什么不参加？大老远来，就是为了炫耀一下，显示你不给皇帝下跪的张狂吗？

《明史》《明实录》都没有记载燕王来京的事，甚至为朱棣造反歌功颂德、大肆歪曲事实的《奉天靖难记》里也没有，但现在很多历史学家，加上当年明月大师，都认为朱棣来京过。而笔者经过研究分析，以为这个观点并不可靠。

燕王来京的事情，很可能是杜撰的，是为了说明燕王专横跋扈，得位不正。但一码归一码，朱棣如果真是如此弱智的一个莽汉，他又比自己所鄙视的冯胜、蓝玉等强在哪里呢，他又如何能以一隅之地夺取天下呢？

四、天降大礼，消除最后一道障碍

打虎亲兄弟，上阵父子兵。朱元璋老人家在世时，最信任的就是自己的一堆亲生儿子，千方百计想用皇子们代替朝中大将执掌兵权，就差没让他们去当六部尚书了。

朱棣同样如此。对三个儿子的安危，他肯定也是非常在意的。

当初在淮安奔丧遇阻，朱棣当机立断，让这哥仨代替自己去南京尽孝，其实他心里也是七上八下的。朱棣对大侄子是放心的，这人太迂腐，过于在乎别人的看法。

但朱允炆手下的大臣都是熟读《资治通鉴》，知道历史是什么玩意儿的人，难保不在皇帝耳边唠叨，要他"好好招待"这三个小朋友，以此作为和朱棣讨价还价的筹码，甚至是军权的交换条件。如果是那样的话，朱棣就非常被动了。

虎毒不食子，真的要让三个亲生儿子，成为自己夺取政权的祭品吗？

眼看造反工作紧张有序地进行着，三个儿子的安危就成了制约行动的重要因素。朱棣下定决心，无论付出多大代价，都得把三个孩子救回来！

建文元年（1399）四月，朱棣让手下人给南京上书。这封信写得情真意切，相当感人，大致意思是说，自己病情加重，希望朝廷能把犬子们送回北平。如果三个孩子不能赶回来的话，我这把老骨头，估计是要交待在长城脚下了。希望他们能回来照顾老爹，哪怕是见最后一面，老臣我也死而瞑目了。

在为朱元璋举行完小祥祭奠之后，朱允炆与谋士们讨论，要不要把燕王三子送回北平。齐泰坚决反对，并说只要把这几个小子捏在手里，严加看管，朱棣就不敢轻举妄动了——这是显而易见的，还有必要讨论吗？

但是，当时朱允炆作出的一个决定，足以让他后悔终生——他居然把这三位堂弟全放了，让他们返回北平，看望传说中生病的燕王。皇帝的脑子是不是烧坏了？

不是，作为一个恪守孝道、尊重长辈的好孩子，朱允炆被四叔的这封信深深打动了，觉得再扣押三个表弟，有些太不近人情。而且，黄子澄也建议把哥仨放回去，理由是如果不放人，朱棣就会对朝廷更加戒备："不可。疑而备之，殆也，不若遣还。"朱允炆听取了他的意见。

都到这个时候了，就差把刀架到朱棣脖子上了，黄子澄先生还觉得掩耳盗铃是一种很有意思的游戏。

其实这也不能完全怪黄子澄，朱元璋的《皇明祖训》就有明确规定，禁止皇室把亲王之子当作人质，黄子澄只是严格遵守规定而已。朱允炆也不想违抗祖训。他们两个人不管气急败坏的齐泰，决定按制度办事，把三个王子全部送回去。

当时，朱棣果断派三个儿子去吊丧，可能也想到了这一层，朱允炆以孝道博得朱元璋的欢心，加之有祖训在上，谅朝廷也不敢怎样。

好事多磨，眼看哥仨就要潇洒走一回，胜利大逃亡了，事情却被他们的亲舅舅知道了。徐达长子徐辉祖这时正好在南京。他听说小皇帝要放走自己的三个外甥，拍桌子骂娘的心都有了——这对得起你姐姐吗？

徐辉祖连夜求见朱允炆，开门见山地说："皇上，万万不能让燕王三子离开京师。我的三个外甥中，老二朱高煦是个典型的勇悍无赖，非但不忠于朝廷，连他的亲生父亲都敢出卖，我们要是放走了他，他日后必是朝廷的心腹大患！"

常言说"知子莫如父"，这个和外甥接触不多的舅舅徐辉祖，倒成了一个天才的预言家。

朱允炆有些犹豫不决，又征求徐增寿（徐辉祖的弟弟）及驸马王宁的意见，结果这两人的意见高度一致，那就是放人。朱允炆也就照他们的意思做了。

于是朱允炆下令，派出一支卫队，护送三兄弟回北平。朱高煦果真没有让自己的舅舅失望。他一分钟都不想等了，还提醒其他两人："当心皇上变卦！"他还亲自充当小偷，悄悄跑到徐辉祖家的马厩里，挑了三匹看起来能跑远路的好马。哥仨连夜启程，一路向北，跑得那叫全情投入。

徐辉祖发现之后，马上派兵追赶，但三人已经渡过长江，追不上了。

五月，当三个儿子逃回北平，跪在朱棣面前时，这个见过无数大场面的老战士，也没能止住激动的泪水，真是太不容易，太让人开心了："吾父子复得相聚，天赞我也！"

更加感慨的是老大朱高炽。他走的时候，张氏已经有了身孕，自己在南京逗留了近一年，回到北平时孩子已经出生，自己二十一岁就当了父亲。而他所不知道的是，这个孩子，还能在很大程度上改变他的命运。

三个儿子被扣在南京一年，朱棣在北平担惊受怕了三百六十多天，生怕大侄子用他们跟自己做交易，更担心儿子们被撕票。徐王妃更不用说了，一提起儿子就泪流不止。朱棣夫妇没想到，朱允炆会这么痛快地答应他，他们更没想到，朱允炆会把三个儿子一齐放回。大侄子真是仁慈圣君啊，拿什么感谢你呢？

就拿一支军队去问候你吧！

从此，朱棣再也没有了后顾之忧，在通向造反的小路上，他可以撒腿狂奔了。

不过，高兴了没几天，燕王府又出事了：参与了起兵准备的两个军官（由于名气太小，史书上都没有名字，这里姑且称之为军官甲和军官乙），和另外一个没有参与密谋的军官丙是好朋友，这哥俩有一次跟军官丙喝酒，喝大了就心潮难平，把燕王要率领他们靖难的美好愿景都给说了出来。

军官丙为人相当有心机，当时不露声色地应和，等回到家中，立即向上级举报，这哥俩马上就被抓获了，当然他们的口风很紧，打死也不承认燕王是主谋。但是，这件事加急报到朝廷之后，齐泰一伙非常紧张，认为收网的时间应该提前，不能让朱棣再无法无天下去了。

就在这节骨眼儿上，负责抓捕的人又犹豫不决了，为什么呢？据说朱棣出大事了。堂堂的燕王，太祖朱元璋的亲儿子，能出什么事呢？

第六章 装疯无罪求生存

一、人生如戏，全凭演技混社会

在朱允炆上台后的一年时间里，就有五个亲王先后被废，其中一个畏罪自杀，其他四个都被贬到各地过苦日子去了。偏偏年龄最长、兵权最大、造反嫌疑也最重的燕王朱棣，却没有被处理，这确实令人费解。

不是朝廷不想动他，而是听说朱棣疯了，总不能乘人之危，对一个精神病人动手吧？何况这个病人还是朱允炆的亲四叔，皇上最怕的就是背上害死亲叔叔的恶名。

自从得了精神病，朱棣整个人精神多了。

人生如戏，全凭演技。

建文元年的北平，在这个无风不起浪的夏天，一则消息像长了翅膀一样四处传播：这个城市中最有权势的人，过去二十年里一直深受百姓爱戴的四皇子朱棣，突然发疯了。

朱棣发疯是做给北平百姓看的，当然不会关起门来自娱自乐。他要走出深宫、走上大街、走进酒楼，与民同乐，为大家表演。

他会在大家空虚寂寞地吃饭时，热情地出现在你桌边，温柔地伸出一只又大又脏的手，从你碗里抓东西吃，然后还不忘送你一个微笑；他会在你无精打采地推车卖货时，飞快地跑到你身边，一把把车子推倒，然后抓起摔坏的瓶瓶罐罐，试图把这些东西塞到你嘴里；他会在一位忧郁的姑娘急着赶路时,跪在她面前大叫:"母后,儿臣想死你了……"

好在他无论走到哪儿,都有许多卫兵跟着;无论闯什么祸,都有人给打圆场,该赔钱的赔钱,该道歉的道歉,该报官的……最大的官就在眼前。倒也没出什么大乱子。但是,燕王发疯的新闻可就在北平城传开了。

朱棣为什么要装疯,这是明史专家们反复研究论证的问题。

第一个把女孩子比作鲜花的是天才,第二个把女孩子比作鲜花的是庸才,第三个把女孩子比作鲜花的是蠢材。同样,我们也可以说,第一个表演装疯的是天才,第二个表演装疯的是人才,第三个表演装疯的是废才。在历史上已有很多人成功完成过装疯套路之后,朱棣还是要身体力行一把行为艺术,这到底是出于什么样的考虑?

黔驴技穷?以退为进?博取同情?

也许大家都看破了,故意不说而已。

也许他的对手轻视他了,觉得他不过如此。

也许监视他的人开始同情他了,觉得活到他这地步真是跌份。

等到大家都不把他当回事了,他的目的就达到了。

然后他的病突然就好了,迅速地拔出刀,朝着看他笑话的人,捅上致命的一下,最后笑眯眯地瞅着脚下的一堆尸体:跟我玩,你们还嫩点!

这也是扮猪吃虎的至高境界。

朱棣疯了,疯得那样义无反顾,燕王府成了精神病院,朱棣成了精神病院毕业生。北平官员和平民大都念燕王的好,对此深表同情,一些人还自发地在家中焚香念佛,希望朱棣能早日恢复健康。很多人想登门探望,都被王府护卫一口回绝了。

难道就没有人怀疑他吗?

二、因祸得福,将行为艺术进行到底

朱棣在那个年代用还算精湛的演技,让北平众多大官小吏信以为真,但有两个人除外。

他们就是北平布政司的张昺和谢贵。

张谢二人在北平的一个重要任务,就是监视朱棣的动向,听说这个危险分子疯了,他们当然不会轻信。那年头,只要是能当官的,谁没看过《三十六计》,谁不知道善于搞阴谋诡计的孙膑趴在猪圈里大吃猪食的经典段子?

两人一合计,立即动身去燕王府探病。说起来也真是悲哀,真正关心朱棣的人,想看还看不了,见不得朱棣好的人,燕王府却必须开门迎接。

因为,拒绝他们就是拒绝朝廷。

这是一年中最热的时候,北平街头的气温可能有三十五六摄氏度了。王府虽然是大宅深院,树荫蔽日,其实也凉快不到哪儿去。

张昺和谢贵一边擦汗,一边诅咒这鬼天气和燕王一样没好下场。进了王府,他们先拜见了徐王妃,只见这位美人双眼已经哭得通红了,二人立即代表朝廷表示深切慰问,随后就在下人的带领下,直奔朱棣的卧室。

门刚一打开,两人腾地一紧张,一股热气扑面而来,朱棣又在玩什么把戏,进去看清楚!

两人进到室内,眼前的场景令他们震惊不已。只见屋子中间放了一个大铁炉,燃烧着的炭火把整个房间都映红了。

炉前坐着一人,裹着厚厚的棉被,披散着凌乱的长发,露出绝望的神情,痛苦不堪地守着火炉,哆哆嗦嗦、颤颤巍巍,嘴里还哼哼唧唧:"好冷啊,本王真的是好冷啊,爱妃,给炉子加点炭!"

奇怪的是,张昺和谢贵身上的衣服都要湿透了,他脸上居然不出汗!

这就是那个叱咤北疆的燕王?这就是皇上提起来就害怕的四叔?这就是让我们寝食难安的叛乱分子?混得也忒惨了吧,你说吃猪食能装,这个大夏天披棉被烤火不出汗的绝学,古今中外几人能做到啊?

两人走上前来,深深施礼:"参见殿下!"

面前的病人看到他俩,露出了欢喜的神情:"二哥三哥你们来了呀,大冬天的,有失远迎,一起来烤烤吧!"说着站起身,就要把他们往火炉边拉，可把这二位爷惊讶坏了。二哥三哥，不就是朱棣死去的两个哥哥——秦王朱樉和晋王朱㭎吗？

两人当然试图抵抗，结果把朱棣推了个趔趄，一下子摔倒了。朱棣倒在地上哇哇大哭起来，把徐王妃都给惊动了。

朱棣一见徐王妃，就爬了过去，抱住老婆大哭："母后，二哥三哥欺负我，不让我烤火……"

张昺和谢贵向徐王妃露出了尴尬的笑容，谨慎地交换了一下肯定的眼神，就向徐王妃告辞，嘱咐一定要找最好的大夫，赶紧给四皇叔医治。徐王妃眼含热泪，向二人表示感谢，并暗示他们，不要再来烦我们了！

张昺和谢贵的疑虑差不多打消了。他们可以不相信朱棣，但不能不相信事实；他们不相信朱棣发疯，但要是他真的疯了，当然也是天大的好事。

朱棣就这样得逞了。严重的风湿病折磨了他多年，关键时刻反而救了他一命。

他也许可以欺骗全世界，却骗不过一个人。张昺和谢贵正准备离开，这个人就悄悄地跟了出来，并向两人汇报了一个惊天大秘密。

这人为什么会出现在燕王府？人家本来就在这里上班，而且已经工作好几年了。

他为什么要向张谢二人告密？因为他已经被朱允炆争取过来了。

这又是怎么一回事呢？

三、你行我也行，北平有了"特洛伊木马"

朱棣他们在以饱满的热情与时间赛跑，为谋反作认真扎实的准备时，朝廷那边当然也没闲着。除了在北平周边布置兵马严加看守之外，他们还打算在燕王府内部寻找突破口。

你还别说，这个人选很快就物色到了。

建文元年（1399）正月，葛诚区区一名燕王府长史，居然出现在了当朝皇帝的内宅，这实在是一件不寻常的事情。虽说会见是秘密进行的，但这足以证明朱允炆集团的态度——他们非常重视来自北平的客人。

葛诚是奉朱棣之命来京觐见的。朱允炆贵为九五之尊，葛诚只是个六品小官，按理说，后者根本没资格出现在皇上的内宅，要不是给朱棣当差，葛诚根本就不知道万岁爷长什么样。这种破格的接见，显然让他受宠若惊。

葛诚想起在出发前，朱棣不但交给了他一批丰厚的礼物，还交代了一项重要任务——眼睛别停着，给我看；耳朵别歇着，给我听；脑子别闲着，给我记！只要是关于朱允炆的信息，我都有兴趣。只要是来自朝廷的第一手资料，我都很关心。

葛诚暗暗叫苦：拿我当间谍使，我是做这一行的料吗？

朱允炆文质彬彬、谦和随性，显然不像一个国家的最高领导人，倒像是一个好学上进的翰林学士，这和朱棣那种带着蒙古沙子味的粗犷，显然是两种风格。葛诚真是人如其名，痛痛快快地交代了朱棣的种种不法行为，如私藏和尚与相士，故意装成平民在大街上做好事，把后花园变成兵工厂，等等，并希望皇上早点采取对策。

朱允炆对葛诚的行为表示欣赏和钦佩，决定给予重赏。但是他说，现在还没有到动燕王的时候，不能打草惊蛇，还要再观望一段时间，随后，他拉着葛诚的手，郑重地布置了一项任务。

葛诚还没听完，脸上已经没有了血色，他扑通跪倒，拼命磕头，眼看就要磕出血来了：

"皇上，求您给小人一条生路吧，我上有老母、下有妻儿需要养活，我不是怕死，只是担心他们没人照顾啊……"

朱允炆一看，也有点于心不忍，他伸出了双手，亲自把葛诚扶了起来。

原来，朱允炆想安排葛诚回北平，继续暗中搜集朱棣的情报。

葛诚又不是傻子，自己已经把该说的都说了，不该说的也都说了，他知道出卖朱棣的下场不是死，而是生不如死。而且，葛诚对朱棣的智商相当了解，论斗心眼、玩阴谋，自己再学一辈子，也赶不上燕王的零头。想继续潜伏而不暴露，可能性基本为零。只要人家略施小计，就能让自己现出原形。

朱允炆当然不想让自己的计划就此流产，但又不愿威逼对方就范，他放下皇帝的架子，苦口婆心地给葛诚做了一番思想工作，让后者意识到自己的工作是光荣的、艰巨的，也是别人完不成的，能为建文朝立下不世之功。他的名字，将会和历史上那些最有名的忠臣岳飞、文天祥等列在一起，永远为后世子孙所景仰，永远为士大夫所传诵。

都说朱允炆为人厚道，但此时的他，简直变成了一个大忽悠。实诚的葛诚最终脑子一热，接受了皇上的任务。朱允炆还很体贴地提供了一些宫廷内无关紧要的新闻，供他回去向朱棣汇报交差。

葛诚回来之后，很快搞定了一件事。

建文元年（1399）三月，朝廷安排陈瑛出任北平按察使，类似于现在的河北省省长兼北京市市长。此人之前在山东按察使任上，曾以刚直不阿、廉洁奉公著称。朱允炆任命这样一位地方大员，用意非常明确，就是对朱棣的势力进行有效监视与遏制。

然而葛诚却惊奇地发现，像陈瑛这样针插不进、水泼不进的人，居然被朱棣不费什么劲地收买了。他非但起不到监督燕王的作用，还成了朱棣的哨兵和挡箭牌。此后，朱棣就经常能通过陈瑛，了解到朝廷的最新动态和可能有的反应，以便自己采取相应的行动。

看来，这老兄不是拉不下水，而是要看下水的筹码够不够多。

葛诚立即写了密报，快马送报朝廷，很快这事就有了结果，吏部给陈瑛随便安了个罪名，就把他押送到广西劳动改造了。

尝到了甜头之后，葛诚做事越来越有章法，他小心翼翼地继续收集朱棣的罪证，作好详细记录，并安排得力的心腹把情报送出去。

葛诚在燕王府已经待了好几年，早就知道了朱棣的秘密——他是个严重的风湿病患者。

朱棣的风湿病不是一天两天了，这种病只怕冷不怕热，一旦发作，在大夏天抱火炉烤火，实在不算什么大不了的事，这种在别人看来丧心病狂的异常行为，在他那里倒成了抵御疾病困扰的有效手段。再配合自己的装疯卖傻，还真把张谢二人给唬住了。

自打张昺和谢贵一进王府，葛诚就开始留意动静了。等张谢二人告别了徐王妃，正准备回家之时，葛诚悄悄跟出来，把朱棣烤火不出汗的秘密告诉了他们，并郑重地警告说："千万不要上了朱棣的当，他阴着呢，任何松懈疏忽，都可能让他钻空子，造成无法挽回的可怕局面。一定要严密监视燕王府，并尽早向朝廷汇报……"

葛诚并不是北平城里唯一的南京间谍，还有一位来头更大、名声更响、态度更坚决的同行。不过，他和葛诚是各做各的，他们之间没有配合，没有互动。

这个人就是徐王妃的大弟弟徐辉祖。他接替老爸徐达的工作，担任太子太傅、大将军，也需要经常驻防北平。不过，徐辉祖表面上和朱棣相当亲热，背地里却是一个顽固不化的太孙党。据说当初朱元璋征求他立谁为继承人时，他非常爽快、坚定地支持了朱允炆，结果，正是他的举动，帮助老皇帝下了最后的决心。

徐辉祖是朱允炆的支持者，却是朱棣的小舅子，不仅能从后者那里套取情报，还能利用跟姐姐拉家常的机会，不动声色地记录下一些朱允炆感兴趣的话题，并安排亲信汇报给南京。

朱棣凡事都多留了一个心眼，却没想到身边有这么一匹"特洛伊木马"。

历史再一次证明了，在这个国家、在这片土地上，的确有那么一些坚持原则，并且愿意为自己的坚持付出代价的人。文臣中的方孝孺算一个，武将里的徐辉祖也算一个。

朱棣装疯拖延和密谋起兵的情报，被一路换马的密探，日夜兼程传到了南京，一向对亲叔叔百般袒护的朱允炆，就像被人当胸打了一记重拳，猛然间清醒了。他这才意识到问题的严重性，立即与齐泰、黄子澄等人研究对策。最后，几个人难能可贵地达成了共识，决定立即采取行动。

一张无情的大网已经在北平铺开，一双有力的大手即将采取行动。朱棣已经被剥夺了军队指挥权，捉拿他，本来就不是什么难事。

朱允炆集团的这个计划，似乎严丝合缝、完美无缺，朱棣只是燕王，又不是燕子。

就算是真正的燕子，也别想从这天罗地网中飞出去！

那么，朱棣这回真插翅难逃了吗？

四、听老妈的话，才能不犯浑

建文元年（1399）七月初，天色近晚，一顶女式小轿被抬进了燕王府。四下无人时，小轿直接就出现在了朱棣的卧室门口。一位身形粗壮的女士从里面艰难地钻了出来，然后就开始轻解罗裳。

当衣服掉落一地之时，来人也露出了真面目，是个男的！他推开门，猛地闯了进去！

有刺客？那王府护卫呢？

只见那人快步走到朱棣床前，扑通跪倒："冒犯王爷，末将万死难辞其咎！"

朱棣还在床上躺着，扮演着精神病人的角色。不过他这次显得比较平静，没有玩披棉被烤火的行为艺术。

朱棣认识这个客人，这是北平都指挥使张信，一般人能这么容易让他进来吗？

"张将军，本王病得厉害，不便见客，请回吧。"

张信心想，精神病人还知道自己病得厉害啊，说自己喝醉的男人都没醉，别装了！嘴上却恭恭敬敬地回答："殿下，我知道您没病，我冒死前来这里，是有重要的事情要向您禀报！"

"我确实病得厉害，也不抱什么希望了，将军请回，不送……"

张信给噎得够呛，但他也是一个不轻易放弃的人，他费了一天工夫才混进府来，容易吗？

他一大早来到王府，说出自己的身份，要求见燕王，门卫说主人疯了，闭门谢客，谁都不见。就这样扯了一早上的皮，自己还在外面晒太阳。

这时王府的一项女式小轿正好出来了，张信来了劲头，悄悄跟随这顶小轿，原来是府中的大丫鬟出来买东西。幸运的是，他认识这个丫鬟，于是送了些银子，艰难地换上了她的衣服，费力地坐进了这顶小轿，进门的时候，门卫也没仔细看，就让他进来了。

张信不想再耽误时间，以不容置疑的语气说道："殿下既然不信任我，我也不想浪费时间了。我现在手上有朝廷要求抓捕您的密令，如果您真的不想活，那我这就押解您回南京，如果您还有别的打算，就请不要隐瞒在下了！"

原来，朱允炆已经正式下旨，命令张信立即逮捕燕王，张昺和谢贵逮捕燕王官属，长史葛诚、指挥卢振作为内应。

可惜在最关键的时候，张信却叛变了。

听到这样感人肺腑的表白，朱棣感动得从床上一下坐了起来，他忘记了自己精神病人的身份，忘记了自己燕王殿下的尊贵，也忘记了要防止窗外有人偷听，当时就起身、下床、跪倒，动作一气呵成，向张信行了对朱允炆都不愿行的大礼，嘴上念念有词："张将军，您是我们一家的救命恩人啊！"

朱棣随后立即叫来了隐藏在附近的道衍，一起商量对策。

道衍告诉张信，其实朱棣是故意放他进来的，他前前后后的一系列动作，都在朱棣的掌握之中："殿下早知道你是来告密的，要是来行刺的，根本就不会放你进来！"说着，放声大笑。

张信连忙再次跪倒磕头："冒犯王爷，罪该万死……"

朱棣把他扶了起来，看着他额头上渗出的汗水："你是大恩人，还要重重赏你呢。"

话说，朝廷怎么养了张信这种吃里爬外的两面派呢？

张信是安徽临淮人，出身军人家庭，老爸是跟着朱元璋打江山的红巾军老战士，他接替父亲的职务当了指挥佥事，后来又升到了都指挥使，相当于今天的军级干部，可以说是少年得志。

张信对燕王朱棣的名声早有耳闻，到北平后又与之打过多次交道，深知这是一个能成大事的领袖，所以当他接到捉拿朱棣的命令时，心里很不乐意，闷闷不乐地回到家。

结果，还真就出问题了。

张信的老母亲看出孩子有心事，就询问他有什么不开心的。按说这样重要的军国大事，根本不应该告诉家人，但张信这个组织纪律性不强的乖孩子，居然就把情况一五一十地全告诉了老妈。按说老妈不应该插手儿子的业务，但这老太太居然要替自己的孩子拿主意。

老妈以非常坚定的语气，警告自己的宝贝儿子："你千万千万不能逮捕燕王，你父亲在世时常说，帝王之气就在北平，（那是元朝的帝王之气，好吗？）你可不能轻举妄动，不然，我们一家老小的性命都要被你葬送了！"

如此重要的历史进程、如此关键的抓捕行动、如此轻松的立功机会，居然如此轻易地毁在了张信他妈的手中。这老太太难道也和陈瑛一样，是被朱棣的银子收买过，还是被朱棣的徐王妃感动过？真相不得而知，反正，张信信了老妈的话，立即屁颠屁颠地跑去向燕王报信了。

一个老太太愣是让煮熟的鸭子飞了。事情还不算完，又有人带着机密文件到燕王府投诚来了。可见，朱棣平时的人际关系处理得很好，笼络人心的工作做得很到位。

这个官员名叫李友直（名字很有讽刺意味），只是北平布政司的一个小官员，他拿到朝廷的秘密文件，不想着交给上级，居然想迫不及待地交给燕王，好像朱棣是他亲舅舅一样。

朱棣一看文件，简直哭笑不得，拍着大腿替自己的侄子鸣不平：他只让张信来抓自己，结果张信投降了；他又让张昺和谢贵只抓燕王府的官属，而不负责其他人的抓捕事宜，但这两人的战斗力在朱棣的眼里是如此不堪一击……

朱棣非常欣慰，也趁机收买人心，把李友直封为北平布政司参议，相当于今天的省政府秘书长，跟原来的职务比起来，真算得上是一步登天了。尽管有这么多告密者,但这位四皇叔还是高兴不起来。

局势已经到了最危急的时刻,张昺和谢贵随时有可能采取行动。这一次,朱棣不想再以静制动了,他要先发制人。

但是,他能控制的就只有这么大个燕王府,外面的世界,他能摆得平吗?

第七章 起兵靖难没商量

一、非常时期，就要用非常手段

朱棣准备行动了，他把自己最信任的两员大将——王府都指挥佥事张玉、千户朱能叫来，让他们把能够集结的士兵都召集在一起。

一会儿这两个人回来了，兴奋地报告说："殿下您放心，我们的弟兄真不少。"

"到底有多少？"朱棣满怀期待地问。张玉伸手比画了个"八"。

八万？我知道不可能，八千吧？

"不对不对，"张玉回答，"就八百。"

朱棣恨不得把张玉那只破手给砍下来做烧烤。命苦啊，张昺和谢贵有三万人马呢。就算以一当十，也挡不住他们的大军，怎么办呢？

朱棣这个四十岁就当了爷爷的燕王，此时已到了人生中最危急的时刻。

朱棣抚着自个儿的长须，似乎想起了败走麦城时的关公，又想起了袁珙的预言。男人，就要对自己狠一点儿，有时候，就得有一种赌徒的心理。但是，真的能赌赢吗？这八百子弟兵，真的能干掉王府外面的三万正规军吗？

冷静，理智，智取！

大家七嘴八舌，各抒己见，但破局的关键在于拿下张昺和谢贵。杀了他俩，其他人还不树倒猢狲散？根本不足为虑。可这两个家伙也不算很白痴，平时都想算计你，现在他们能伸长了脖子给你割吗？

这时候，老谋深算的道衍站了起来，向大家讲明了自己的想法。在场的人交换了一下眼神：高，实在是高！

朱棣一拍桌子："好，就按大师说的办！"

七月初三，精神病人朱棣突然对外宣布，经过名医的治疗，自己的病情得到了有效的缓解。之前，他闭门谢客是迫不得已，现在，他要在王府东殿举办一场大派对，接受北平各级官员的祝贺，与大家共同见证大明朝医疗事业的进步与繁荣。

这份邀请名单自然不会缺少张昺和谢贵，不过这哥俩相当谨慎，以公务繁忙为由辞谢了。当然，聚会还是照常进行，不能因为少了他俩就取消了。

主客没有过来，朱棣当然有些遗憾。第二天一早，他就派太监带着整理好的嫌疑犯名单，去请张昺和谢贵，并表示燕王已经把这些人抓住了，要二位大人过去当面核实，并搞一个罪犯交接手续。

这一下，两人无法拒绝了。皇上不是已经下指示了吗？推辞就无法完成任务，无法完成任务对上面也不好交代，去吧。

自从朱棣宣布自己病情有所好转之后，张昺和谢贵就知道燕王随时可能动真格的了，当然不敢单独去，特意带了几百随从，全副武装地保护自己。一行人浩浩荡荡前往燕王府，知道的是去王府提罪犯，不知道的还以为要去哪里打劫呢。

在燕王府门口，守卫的士兵对张、谢二人的到来表示了热烈欢迎，并请他俩进府，其他人等都在外面等——这确实是《大明律》的明文规定，不允许官员带随从侍卫进入亲王府，防止他们危害亲王的安全。

这哥俩真是大明的好官员，是遵纪守法的良民，二话不说就答应了，让卫兵在外面等着，没有他们的命令就不要进来。

一进王府，张、谢二人就感觉不对，往日那种亲切友好的气氛，说没就没了。到了正殿，见到朱棣坐在正中的宝座上，对他们爱答不理，两个人心里直犯嘀咕。朱棣手里还提了根拐杖，以前那种虚弱无力的感觉已经没有了，眼睛里透着一种力量。

哥俩无奈地跪倒，向这位昔日的精神病人、今天的嫌疑犯行大礼。朱棣面无表情地看着二人参拜完毕之后，示意下人给他们赐座。

北平的七月，本来就相当闷热，两人坐在那里，由于紧张，很快就出汗了，这时侍女端着切好的西瓜送了上来。他们正准备伸手去拿，突然听到一声怒喝，把两人吓了一大跳。

朱棣突然站了起来，他腿也不瘸了，眼也不花了，说话也变利索了，拐棍也扔一边了。

他双手高举着一块西瓜，双眼满含泪水，嘴里滔滔不绝："……平民百姓之家，兄弟宗族之间，尚且知道互相关心。我身为天子的亲叔父，为国守边二十年，性命却将丧失在旦夕之间。既然朝廷对我如此无情无义，我还有什么事做不出来呢？"

朱棣不但敢说，还敢做，他铆足了劲，把好端端的西瓜拼命地砸在地上。张、谢二人还没有从他的演讲中回过神来，还来不及心疼这么好的瓜，就见到一帮军士提着刀冲了出来——原来朱棣玩的这是"摔瓜为号"啊。两人脑袋"嗡"的一声，差点没当场昏过去。

士兵们轻松地抓住了张昺和谢贵，把他俩捆得跟粽子一样，朱棣这时很善解人意地劝说道："行了，轻点轻点，不然……"张、谢二人感激地看着燕王，只听他说："一会儿杀的时候麻烦。"两人当时就给气傻了，后悔不带卫队就跑进来，真是急着投胎。

其实，自打张昺和谢贵进了燕王府，他们身后的大门"砰"一声合拢之时，两人的生命之门，也就这样被关上了。从这一刻起，他们已经是插翅难飞，在劫难逃了。可惜，这哥俩并不清楚。

话说这二人真是白痴得可以，都什么时候了，恐怕全北平的普通老百姓都知道燕王要造反，举兵的最大障碍就是他们哥俩。这时候再讲规矩，就像怕别人杀你会够不着，特意把脖子往前多伸几厘米一样荒唐。

这时，燕王府兵士把叛徒葛诚和指挥卢振也抓来了。朱棣站在大厅中央，大声向众人宣布："本王根本就没有病，只是迫于奸臣陷害，不得不这样苟且偷生。现在，我不能再忍了！"

其实，葛诚自打从南京回来，言谈举止就发生了微妙的变化，朱棣那是什么人，很快就发现了，并安排心腹盯着他。因此葛诚干的那些破事，都没有逃过燕王的眼睛。朱棣对跟自己叫板的蒙古人都很大度，但最恨吃里爬外的家伙，这个葛诚，他说什么都要杀。

士兵的大刀砍了下来，四位忠臣的脑袋掉了下去。原来朱棣真下得了手，他不但能摔西瓜，还能把朝廷命官的脑袋像切西瓜一样切下来。

这四人完全可以不死，他们完全可以早早干掉朱棣，完全可以不用承受这样的结局。四人之所以死得这么窝囊，正因为他们太拘泥于朱允炆的愚蠢命令。什么叫"只捉拿燕王家臣不捉拿燕王"？朱允炆做事的思路还真是不一般，让四人成了朱棣前进道路上的第一批牺牲品和垫脚石。

燕王府也不是铁板一块，有两个头脑僵化的谋士都因为不愿意谋反，并用刻薄的言语数落朱棣，被王府士兵当场干掉，其他人立即老实多了。

张昺和谢贵被杀，外面的卫兵还根本不知道，他们一直等到天黑，还以为两位将军在里面跟燕王喝得很投机，就自己回去吃饭了。可他们等到晚上，还没见到二人回来，却传来了他们被杀的消息。

群龙无首之时，一个叫彭二的军官站了出来，他发表了一番声泪俱下的报仇宣言，沉痛地悼念了两位好领导，无情地批判了朱棣这个忘恩负义的小人。在彭二的感召之下，不一会儿就集结了千余人，浩浩荡荡地杀向燕王府，要知道，王府护卫满打满算才八百零六人。

彭二还高喊："为国立功的时机已到，想得封赏的跟我来！"

朱棣已经得到了消息，命令张玉和朱能带着王府卫队出来迎战，双方就在燕王府外交上火了。这是朱棣决定造反以来，第一次规模稍大的遭遇战，也是距自家门口最近的一场战斗，因此，也具有一定的特殊意义。

这是一场势均力敌的对抗吗？

不，是一面倒。

张玉好长时间没杀人了，手也很痒。他一开始并没有出手，而是站在远处观察了一会儿，发现领头的是那个彭二。张玉不管其他人，猛地冲上前先把彭二干掉了。

其他士兵失去了主心骨，立刻就变成了一盘散沙，经不起燕军的冲击，很快被全部消灭，陪着他们的老上级一起上路了。

那么接下来，朱棣会有什么更大的动作？

二、兵不厌诈，玩的就是计谋

杀掉张昺和谢贵，仅仅是造反的第一步，后面要做的事情还非常多。况且，朱棣现在所能控制的，只有这巴掌大的燕王府。当务之急，就是占领整个北平，把它作为造反的基地。

七月初六一早，进攻的任务已经传达，进攻的号角已经吹响，这是一场奇异的战斗，别人攻城一般是从外向里攻，朱棣他们却是从里向外攻。他们需要把九座城门的控制权都握在自己手中，把城内的反对势力都清理干净。

张玉、朱能这些虎将，把大刀对准了曾经并肩讨伐过蒙古人的大明将士，自己人杀起自己人来，居然更狠、更没有心理负担。昨天，这些官军兵士还是一个个鲜活的生命；今天，他们就永远站不起来了。昨天，他们还可以和燕王府的护卫开开玩笑、讲讲故事；今天，他们的嘴巴就再也张不开了。

尽管朱棣手下只有八百零六人，还没有北京奥运会中国代表团的人数多，尽管没有任何重武器，威力最大的只是十几只火铳，但是他们蓄谋已久、愿望强烈，一个个就像在笼子里憋久了的猛虎，放出来就是为了吞掉一切。

而他们的对手，却没有作好足够的应战准备，而且对于自相残杀还有心理顾虑，不能放开手脚。指挥官们也根本没有发挥应有的作用，自己净琢磨着如何逃命了，把弟兄们丢在了一边。

战局的结果，从一开始就注定了。

当太阳从东方慢慢升起时，北平九门中的丽正、文明、顺承、齐化、崇仁、平则、德胜和安定八门均已经被燕王府护卫占领，但非常重要的和义门依然在官军的手中。朱棣派出的探子传来消息，官军已经在北平附近集结，并试图与城内的残部建立联系，对朱棣进行合围。因此，必须不惜一切代价拿下和义门。

但朱棣是个有大智慧的领袖，攻城为下、攻心为上的战略，一直是他非常推崇的。没有必要硬攻，他立即叫来燕王府护卫指挥唐云，并授意他如此如此。

唐云一听就傻眼了："殿下，我上有老下有小……"朱棣好言安慰他一番，大概意思是，放心，你不会有事的。你要是回不来，你的父母家人，我都会替你照顾的！

唐云万般无奈地出了燕王府，穿着一身便装，骑马来到和义门下。守门的朝廷军人大都认识他，知道这是个厚道人，也没人好意思放黑箭。唐云勒住马头，向城门楼上的军士高喊："弟兄们，你们还不清楚吧，朝廷允许燕王自治了，以后整个北平都归他管。你们赶紧回家，晚了燕王大军就要过来了，他还带了几十门佛郎机（当时威力最大的火炮）……"

其实天色太黑大家都没注意，他两腿一直哆嗦得厉害。

唐云这个人平时人缘很不错，是个诚实、守信的好军官，北平七卫的军官都知道，想让唐云说谎，可比让猪上树难多了。再说了，朱棣是什么人，那是皇帝的亲叔叔，人家和皇帝不管怎么闹，都是自己的家务事，一个北平自治了也没什么大不了的！我们有必要在这儿死扛着吗？

于是有人开始转头离开，如此一来，马上就形成了连锁反应。和义门的守军纷纷放下了兵器，一哄而散。大部分人走之前，还不忘向唐云表示感谢，好像他是自己的救命恩人一样。

王府卫队随后控制了城门。唐云擦去脸上的冷汗，稳定一下情绪，他对燕王的智慧，更加佩服得无以言表。没什么好说的，跟着燕王，前程辉煌！

不断有好消息传来，朱棣终于可以喘息一下，放松一下心情了。

北平九门，已经全部被控制！燕山左右七卫，已经全部归降！

七月初四一早，朱棣还被困在燕王府中，愿意跟他走的只有八百零六人，随时有被人一锅端的危险；现在，整个北平已经掌握在他手中，可以调动的兵力超过了两万。朱棣不是魔术师，却导演了一出最不可思议的"大变活人"。

古往今来，能够靠这么点儿家底赢得天下的，也只有能耗死诸葛亮的司马懿了。不过，这位晋宣帝发动高平陵政变夺取洛阳城时，身边好歹还有三千死士，人数是朱棣一伙的四倍。

那么，朱棣又是如何做到这一点的？

首先，面对强大的对手，朱棣的装疯战术收到了奇效，既博得了北平市民的广泛同情，又在很大程度上麻痹了各路官员。既让老百姓痛恨削藩政策，又让对手觉得燕王不过如此，从而大意了，结果为自己的轻率付出了惨重代价。

其次，朱棣起兵选择的时机非常到位。他没有早早造反，透支多年来积攒的人品和口碑，也没有坐以待毙，在朝廷的攻势面前无所作为，而是在朱允炆即将收网的前一刻，当机立断，提前发难，打了对手一个措手不及，并进一步巩固了自己的受害者形象，营造出了奉天靖难、为国除奸的氛围，让北平各营军兵，甘愿投到自己旗下。

再次，朱棣身为洪武大帝的四皇子，苦心经营北平二十年，在这里的威望与人气，岂是空降干部张昺和谢贵能相提并论的？对很多中下级军官来讲，谁当皇帝没有关系，他们就愿意听四皇子指挥。因此，只要他振臂一呼，很多人就很自然地投奔了过来。在这个时间点上，外界的舆论都是有利于朱棣的。朱允炆对五位叔叔的所作所为，"莫逐燕"儿歌的广泛传播，都让朱棣成为受益者。

最后，朱棣的运气也不是一般的好，他的竞争对手能力实在堪忧。张信根本不把官员责任放在心上，听了老妈一席话，就主动跑到燕王府报信去了。张谢二人过于迂腐，在与南京相隔千里，必须自主决策时，却要步步依据朝廷指示行动，这样不出问题是不可能的。

成事者需要运气，但像朱棣那样，能抓住稍纵即逝的好运，并将其发挥到极致，当然也是能力的体现。而他的大侄子朱允炆，总是慷慨地浪费运气，最终落败，又能怪谁呢？（对不起剧透了，下不为例。）

真的要谋反了，朱棣的心情也是相当复杂的，从王莽篡汉起，中国历史上成功的篡位者有十几个，失败的只会更多。成功了当然要毁灭证据，把自己吹捧成替天行道的明君，但失败了会很惨，死的不仅是自己，还有身边的亲人以及宗族。

篡位分两种，一种是改朝换代的篡位，另一种是皇室内部的夺权。

第一种情况，著名的有王莽篡西汉、曹丕篡东汉、杨坚灭周、朱温灭唐、刘裕灭东晋、赵匡胤代后周等。这些都是建立在实力基础上的和平演变，根本没有大规模战争。

第二种情况，主要有隋炀帝和唐太宗等人，他们的情况与朱棣类似，不过都远没有燕王殿下这么辛苦。隋炀帝杨广是通过诽谤和下三烂的手段，扳倒了大哥太子杨勇，继承了皇位；唐太宗李世民则是发动玄武门兵变，杀害了亲哥哥李建成和亲弟弟李元吉，逼迫父亲李渊把皇位让给自己，只用两天时间就搞定了。

可朱棣呢，两天？两年都难以搞定，他知道，自己要作好长期战斗的准备。

从北平到南京有多远？需要用多大的代价，才能让他从忽必烈留下的丽正门，走到朱元璋住过的奉天殿？

三、掌握话语权，所有兆头都是吉兆

拉弓没有回头箭。夺取了九门之后，朱棣要正式举兵了。

这一年，是建文元年（1399），距太祖朱元璋去世，只过去了十四个月。所谓守孝三年的古训，当然已经被朱棣扔到了一边。

这一月，是七月。上个月，朱棣还是一个躺在大街上装疯的北平病人，现在，他的战争机器已经启动。无数的战士，将成为他的炮灰；无数

的生命，将成为他的祭品。

这一天，是七月初七，是中国传统的七夕。可在朱棣眼中，每一天都是一样的，都只是他迈向最高权力宝座中的一天。

太阳已经出来了，灼热的光照在每个叛乱者的脸上，刺得人睁不开眼。所有能参加战斗的士兵，都已经集结在王府前的广场上待命。他们队列井然有序、披挂整齐完备、神情专注严肃，只要朱棣一声令下，他们就随时赴汤蹈火。

这两万名精锐之师，将成为朱棣夺取天下的有生力量。他们大都跟随燕王多年，对朱棣的忠诚度甚至胜过了对朝廷的；他们之中，还有父子、兄弟齐上阵的，从这一刻起，他们的命运，就和燕王紧密联系在一起了。成则加官晋爵、扬名立万，败则战死沙场，甚至满门抄斩。

张玉、朱能、陈珪、郑亨、孟善、火真、张信、郭亮，这些朱棣的主要将领，齐刷刷地站在了队伍的最前列。

朱棣还特意找了道衍推荐的术士金忠占卜，这家伙装模作样算了一会儿，结论有了：今天是个好日子——七夕，黄道吉日，就这一天吧。

朱棣站在广场正中的帅旗下，穿上了父皇御赐的铠甲，这真是很有喜感的一幕：十年前，父亲赐甲给他，是希望他为大明守住边关，为大哥朱标把好帝国北大门；十年后，他却要披着这身铠甲，去攻打父亲指定的接班人，从大哥的亲儿子那里抢夺江山。

这一次，他又将如何激励将士呢？

朱棣从回忆中醒来，捋了捋胸前的长须，又想起袁珙的话："年交四十，髯须长过于脐，即登宝位时。"他今年的确整整四十岁了，胡子也确实长过了肚脐，虽说并没有登上宝位，但起兵造反，去夺取皇位，一样能说得通，不管你信不信，反正朱棣自己是信了。

起兵檄文早已经写好，朱棣甚至把它背下来了。他清了清嗓子，用他那磁性的嗓音，一字一句地宣读给众人：

我，太祖高皇帝、孝慈高皇后嫡子，国家至亲。受祚以来，惟务循法守分,尔曹所共见者。今少主信任奸回,残害骨肉。我皇考皇妣创业艰难,封建诸子,藩屏天下,传续无穷。今已削夺五王,又及于我。皇天后土,实所共鉴。此有何辜。吾义与奸邪不共戴天!宗庙神明,昭鉴予心言已。

战士们群情振奋,"千岁"之声不绝于耳。这正是朱棣和道衍需要的效果。他们多少年的隐忍、多少天的等待、多少次的酸楚,不就是为了这一刻吗?

檄文写得当然很有气势,即便开头就在说谎。"我,太祖高皇帝、孝慈高皇后嫡子,国家至亲"是蒙人的,但朱棣显然抓住了实质问题,封藩是太祖朱元璋最得意的安排,朱允炆口口声声要当太祖的好孙子,却公然违反祖训削藩,甚至闹出了人命——今少主信任奸回,残害骨肉。

但是,朱棣当然不能把矛头直接指向皇帝,而是拿力主削藩的大臣出气,把齐泰、黄子澄当成了靶子——吾义与奸邪不共戴天。

当然,就像当年造反的吴王刘濞,在汉景帝答应了他的停战条件,杀了"奸臣"晁错之后,依然继续叛乱一样,朱棣当然也不会因为这两人的死活,而改变自己的既定方针。

朱元璋《皇明祖训》中,相关规定其实是:

凡朝廷新天子正位,诸王遣使奉表称贺,谨守边藩,三年不朝。许令王府官、掌兵官各一员入朝。如朝廷循守祖宗成规,委任正臣,内无奸恶,三年之后,亲王仍依次来朝。如朝无正臣,内有奸恶,则亲王训兵待命,天子密诏诸王,统领镇兵讨平之。既平之后,收兵于营,王朝天子而还。如王不至,而遣将讨平,其将亦收兵于营。将带数人入朝天子,在京不过五日而还,其功赏续后颁降。

这么一对照,问题就出来了。朱元璋其实是说,如果皇帝在朝中控制不了局势,有奸臣想要谋权篡位之时,亲王可以奉天子诏领兵入朝勤王。灭了奸臣之后,还得从哪儿来回哪儿去。朱棣却没这么迂腐,他深深懂得

"最终解释权在自己"的精髓。

誓师大会可谓人心所向、万众一心，大块头朱高炽当然明白，只要造反成功，自己就是太子，早晚也要坐到龙椅上去；朱高煦也相当期待，老爸的今天，就是自己的明天；张玉、朱能等一干将军也知道，如果靖难成功，他们就和当年的徐达、常遇春一样，成为"开国元勋"，获得世袭爵位，子子孙孙都能享受荣华富贵。

其实，所有人对于未来也不是没有担忧的，但已经无路可走了。一边是自己的项上人头，另一边是封公封侯的巨大诱惑，到了这个时候，难道不值得赌一下吗？

场面是热烈的，群情是激昂的，气氛是感人的，朱棣是开心的……

但就在这时，突然出事了！

天公不作美，刚才还是艳阳高照，晴空万里，转眼之间就乌云密布，大风骤起。不消片刻，一场大暴雨就降临到了这座城市。

在夏天，气候变化无常，那是很正常的事情，朱棣他们又不能用飞机驱赶乌云、阻止下雨，下就下呗……但是，这么庄严肃穆的活动，下雨总不是什么好事情吧？何况这雨下得太不可思议了，也过于大了。

没有人惊慌，没有人逃跑，没有人害怕，所有人都站在广场上，站在大雨中，任由盔甲被雨打湿，任由黄豆大的雨点砸在脸颊上。他们知道，仪式没有结束，这时候离开，就和军队溃败一样，是非常非常不吉利的。

仪式的主持人朱棣表面上镇定自若，内心其实是相当着急的，他也不是不相信封建迷信，碰到这样的突发事件也相当不爽，感觉金忠真是不中用，老天爷真是不配合。

朱棣正想着说点什么缓和一下尴尬气氛，就听身后"哗啦啦"一阵巨响。这是什么现象呢？当时又没有空军，不用担心敌人的定点轰炸，那会是什么呢？

众人朝着发出声响的地方看去，顿时一片哗然。

原来，王府宫殿上面的琉璃瓦，在大风大雨的折腾下，终于按捺不住，来了个大面积崩裂，瓦片纷纷落在了地上，也重重地敲打在了所有人心上。大家都不免犯嘀咕：早不碎晚不碎，偏在这时候碎，这不是天意不让我们造反吗？

越是在危急的时候，越需要有人站出来表演。你别说，还真有一个人果断地站了出来，他穿着一件旧袈裟，拎着一串破念珠，满头皱纹，满眼欣喜，朝着朱棣行礼："恭喜燕王，贺喜燕王，大吉大利啊！"

道衍大师一席话把大家都说愣了，不知道这和尚吃错了什么药。只见道衍不慌不忙，不紧不慢，不卑不亢，清楚而有力地说："飞龙在天，一定会有风雨相随；殿瓦落地，预示着王爷您要更换黄瓦，难道这还不吉利吗？"

道衍把朱棣比作飞龙，龙既然要飞起来，那就一定得有风雨伴随，而且这风雨越大，说明对龙的重视程度越高；黄瓦是皇宫专用的，王府宫殿只能用绿瓦，绿瓦掉落就预示着要当皇帝：这是老天以自己的实际行动，对朱棣的造反行为作出的最大肯定！

话都是由人说的，理都是由人编的，道衍的反应确实够快，也确实见过大世面。经过他这么一解释，不明真相的群众，情绪都逐渐稳定了下来。

又过了一会儿，暴雨停止了，天放晴了，湛蓝的天空被一场大雨清洗得分外干净，雨后的阳光也不再灼热，而是让人觉得相当舒服。参加仪式的将士，情绪进一步高涨，欢呼声此起彼伏、直冲云霄。

朱棣笑了，道衍笑了，尽管他们心里还是很紧张。他们知道，人助者，天助之。世界上没有什么必然的事情，话语权掌握在谁的手中，谁就是对的。

朱棣在起兵的同时，还装模作样地向朝廷上书，指责齐泰、黄子澄为奸臣，说自己依据祖训、起兵靖难，保护皇帝的安危。他的目的，当然是混淆视听，把自己装扮成受害者，分化朝廷中的主战派与主和派。

当然，朱允炆收到这封"檄文"之后，非常恼火，立即废掉了燕王的封号，宣布他为燕庶人，同时与群臣商量对策，准备北伐。

明朝统一不过三十年，朱元璋归天不过一年多，一场大战就要开始了，哪一方会赢得先机呢？

第八章　肃清外围护北平

一、打好第一仗，对士气至关重要

自打洪武十三年（1380）来到北平之后，朱棣一直是这座古都里最有权势的人，但他并不是城市的直接统治者，是北平布政司在管理民政。现在，布政司官员被他杀害了，机构被他解散了，衙门被他占领了。从这时起，朱棣才算实实在在地拥有了这座城市。

朱棣任命张玉、朱能和丘福为都指挥佥事，李友直为布政司参议，金忠为燕王府记善，并且收降了一大批北平府的官员，如布政司参议郭资、按察司副使墨麟和都指挥同知陈恭等人，让他们在熟悉的岗位上，继续干自己的本行。同时，正式将自己的人马命名为"靖难军"。

喝完了誓师动员的酒，朱棣整装出发，开始了他的第一战，兵锋直指通州。

今天的通州已成为北京的副中心，连市政府都搬过来了。在明朝初年，通州位置同样非常重要。

通州在北平府以东六十里处，是纵贯中国南北的京杭大运河之真正起点，当然也是兵家必争之地。三十二年前，徐达大军北伐时，正是因为先打下了通州，才吓得元顺帝放弃大都向北逃亡了。今天，朱棣则是要走和岳父相反的道路，他要从通州开始，铺就一条通向最高权力的新干线。

古人很讲究迷信，如果第一战受挫，其对于军心和士气都将是一次严重的打击。朱棣对此相当重视，宁可让世子朱高炽守北平，也要亲自带兵去进攻通州。

六十里路并不远，半天就能骑马打个来回。燕军们以为自己将要有一场恶战，一个个心里都很紧张，朱棣也不轻松。要不然，他怎么会亲自挂帅出征？

大军顺利行进到通州城下，一路之上并没有埋伏，大家也轻松摆好了阵式。朱棣让人向城上喊话，宣传了一番归顺从宽、抗拒从严的宽大政策，却根本不急着攻城。不过，城上很快就有了回应。

燕军将士有些不相信自己的眼睛：这样也行？

只见城上的士兵变戏法似的竖起了几面白旗，把所有长短兵器都扔了下来。不一会儿，城门大开，里面的人排队出来投降了！

在热烈友好的气氛中，通州守将房胜率领部下整装出城，向朱棣行大礼，表示坚决服从燕王的英明指挥，坚决响应和支持靖难大业，坚决与齐泰、黄子澄邪恶势力斗争到底。朱棣也在自己有些目瞪口呆的部下面前，宣布坚决对房胜进行重赏，并坚决让他留任。

燕王打响靖难的第一场战斗，就这样兵不血刃地结束了。他的威信又一次得到了增强，手下的弟兄们更加相信，老天都在帮助这位四殿下啊。

朱棣真这么神吗？当然不是，这一切都是他和房胜商量好的。

朱棣来北平都二十年了，十年前北征时，房胜就是朱棣的部下，听说老领导造反，马上就积极响应，意愿强烈，似乎是谁不让他造反，他就跟谁拼命。

不过，朱棣并不打算收下他，这让房胜脆弱的心灵很是受伤。等四殿下说出原因之后，这位朴实的汉子，才终于放下心来。

事情进展得太顺利，当时就有人建议，趁着士气正旺，来个直捣南京，完成靖难大业。

但是朱棣自己却有着清醒的认识，他告诉那些有点飘飘然的手下，给我打起精神来，我们马上还有三场硬仗要打！

二、巩固后方，才可稳定前线

朱棣起兵固然顺利，但现在他能够控制的，也只有北平和通州两座孤城，等于处在官军的四面包围之中。如果贸然南下，对方完全有可能打下北平，并从后面追击堵截，与在南面抵抗的军队形成合围燕军之势，朱棣和他的弟兄们就让人给包饺子了。

对于这一点，朱棣有着足够清醒的认识。经过与军师道衍商量，朱棣确定了三个攻打目标。

一是东面的蓟州。

这是春秋战国时燕国的都城，是通往大宁卫的必经要道，地理位置十分重要。如果不占领，宁王朱权麾下精锐的朵颜三卫骑兵，就可以通过这里直捣北平。

朱权也面临着下课风险，但似乎他与朝廷的关系还不是很糟，况且现在削藩的重点已经转移到了燕王身上，朝廷完全有可能与朱权达成某种交易，甚至不排除用部分燕地为筹码，交换宁王出兵。拿下了蓟州，就为防备大宁卫增添了一道有力的屏障。

二是北面的居庸关。

这是长城上最重要的关口，防备蒙古的咽喉要地，号称北门锁钥，"百人守之，万夫莫窥"。值得一提的是，居庸关城的建造者，正是朱棣的岳父，明朝开国第一功臣徐达。

三是西北的怀来。

怀来紧靠居庸关，是关外最大的一座城池。一旦开战，这里就将成为朝廷反攻北平的重要基地之一。

攻打蓟州朱棣没有出场，他太累了，需要好好休息一下补充体力。这个任务交给了朱能。七月初八，朱能带兵杀到了蓟州，守城的是指挥使马宣。

朱能听说了朱棣劝人投降的先进事迹，很想学习一下，但他没有朱棣那样的口才,说得嗓子生疼,也不见城上竖起白旗,倒是扔下了不少石头。

朱能火了,就要攻城,这马宣估计也是不知道朱能的厉害,居然愚蠢到开城迎敌的地步。他们一出城,就被生猛的燕军打了个落花流水,马宣很无奈地做了俘虏。

朱能还在回味朱棣说降的事,一心也想劝马宣投降,但这伙计不但不就范,还直接翻脸,并用粗鲁的语言问候了朱能全家。朱能大怒,马上就把马宣的头砍下来挑在旗杆上,准备强攻蓟州。

城里的副将毛遂一看不对劲,明智地开城投降。然后他又毛遂自荐,劝说遵化、密云的守军都放下武器。朱能指示他们继续驻守,待遇不变(这是朱棣安排的),同时回师向燕王表功。

镇守居庸关的是原北平都指挥使余瑱。朱棣攻占九门时,他是被打跑的。这伙计对当初的事情还耿耿于怀,在这里集结了近万人马,叫嚣着要反攻北平。

朱棣知道,要是不早点打下居庸关,一旦朝廷增兵防守,再想占领就太难了,于是火速派徐安、钟祥等率兵前往。

七月十一日,当燕军出现在居庸关下时,余瑱大吃一惊,没想到这些人动作这么快,好在他一向注意学习别人的先进经验。这一次,他学习蒙古人,全副武装地打开城门,坚决地逃跑,一直跑到怀来才停了下来。

在燕王举兵前后,朝廷以三万大军镇守开平。一直监视北平动向的都督宋忠,准备带兵从居庸关突袭北平,捉拿燕王。不巧的是,走到半路上,居庸关就丢失了;更巧的是,再走一段居然碰上了余瑱的残部。

大敌当前,宋忠已经顾不得追究余瑱的过失了,两支队伍合兵一处,都集中在了怀来,兵员超过了三万。这样一来,他们进可攻,随时有能力进军居庸关;退可守,对北平的燕军形成了严重的威胁。

为了消除南征的隐患,必须占领怀来,必须给宋忠送终。但让朱棣没有想到的是,多数将领都认为"贼众我寡,难与争锋",说拿下怀来把握不大，不如固守北平，以逸待劳，等待朝廷军队的进攻。

朱棣要听他们的吗？

三、用敌人的矛，攻击敌人的盾

一个出色的将领，对局势有自己清晰的洞察，而不会为大多数人的意见所左右。真理往往掌握在少数人手中，普通人都能看得出来的战略，很可能是陷阱。

尽管多数将领都反对进攻怀来，他们的解释也似乎很有道理，但如果朱棣的立场能轻易为众人所摆布，那他就不是朱棣，得改名叫朱允炆了。

等大家都说得差不多了，朱棣清了清嗓子，众人马上安静了下来。朱棣开始总结了："事情不是你们想的那样。如果不拿下怀来，我们的处境就非常被动。怀来一定得打，当然，我们应该智取，不能强攻。强攻我们兵力不足，但智取是绰绰有余的。贼兵刚刚集结在一起，将士无法上下一心，而且宋忠此人性情急躁，缺少谋略。"他冷峻的目光从每个人脸上扫过，再次用不容置疑的语气总结道："乘他们现在立足未稳，我们立即发兵，就一定能把怀来拿下！"

朱棣为什么会这么有信心呢？一方面，他对宋忠并不陌生，对其领军作战的能力有大致的了解——相当平庸。另一方面，从怀来叛逃过来的士兵，给他提供了一个重要情报，朱棣一听相当高兴，并据此作出了有针对性的布置。

他相信自己的对策，足以让宋忠这个自作聪明的家伙自作自受。

鉴于攻打怀来对于整个战局的重要性，朱棣决定亲征。

七月十五日，朱棣带领马云、徐祥等大将，统领精兵八千出城，经过清河、沙河古道，直驱怀来，开始了开战以来最长距离的一次行军。

三十一年前，同样是一个炎热的夏季，同样有一支全副武装的军队开出城外，同样奔向西北。不过，当年那支队伍，保护着以元顺帝妥懽帖睦尔为首的蒙古皇室逃向上都，标志着大元王朝在中原统治的终结；而这一次朱棣的远征,象征着一个新时代的开始。

为了加快速度,燕军一路卷起铠甲,急速前进(卷甲倍道)。郊外天气已经比较凉爽了,没有了盛夏的燥热,多了几丝初秋的清凉。这条路朱棣曾经走过多次,但以前出征,对抗的是蒙古人;而这一次却是靖难,攻打的是自己的同胞,甚至可能是曾一起打过恶仗的战友。朱棣的心情是复杂的。

他想当皇帝,但并不想造反。他认为自己比大侄子更适合接班,更有资格领导这个世界上最强大的帝国,但父皇不看好自己,只希望自己成为徐达、常遇春一类的人物;朝中大臣,甚至包括小舅子都不待见自己,只知道拿汉族政权的死板传统来压人;天下百姓不了解自己,对于他们来说,只要能吃饱饭,谁当皇帝又有多大关系呢?

不,不能服从他们的安排,规则是用来打破的,规矩是由胜利者书写的!

第二天中午,燕军已经看到了怀来城。朱棣亲自带领一哨人马冲在最前面。只听号炮一响,一队人马高喊着"杀燕王,报血仇"等口号,拦住了他们的去路。朱棣在这边远远一瞅,乐了,回头对自己的弟兄们喊道:"你们认识他们吗?"

"当然认识啊。"这帮人拼命向城里杀出来的官军挥手:"是我啊,是我们啊!"那边的官军也看到了,一个个都非常吃惊:"怎么你们还活着,燕王没有杀你们?"

于是,人类战争史上最温馨的一幕出现了:五分钟前还做好一级战备,想拼个你死我活的双方士兵,纷纷跳下了战马,丢掉了兵器,摘下了头盔,各找各的目标,拉手的拉手,拥抱的拥抱,还有相互磕头的、问长问短的、抱头痛哭的,场面十分感人。

这是怎么了?

突然,人群中不知道谁喊了一句:"宋忠这个骗子!"

原来,建文元年(1399)三月,宋忠驻防开平时,以备边为借口,把燕王府的上万精锐都抽调走,只给朱棣剩下了八百家兵。宋忠的部队主力,正是跟随朱棣多年的燕山卫精锐。朱棣当然清楚这些人的底细,甚至知道他们的妻儿老小都住在哪里。

齐泰这个书呆子,想当然地以为抽走了燕山卫的兵马,朱棣就扑腾不起来了,却不深想一下,这些士兵跟随燕王多年,朱棣又特别重视笼络将士,他们的忠心,可不是说变就能变的。

宋忠对朝廷真是忠心耿耿,也知道手下这些人对朱棣还有旧情,况且他们的家属都在北平,都害怕朱棣对亲人下手。宋忠关心群众疾苦,对于士兵中流露出的担忧情绪,他看在眼里,喜上眉梢。

宋忠把燕山卫的士兵集结在一起。他表情凝重,目光悲切,艰难地、一字一句地告诉这些焦急的汉子:"刚才得到了北平府那边的探报,朱棣已经宣布靖难造反了,而且,我没有想到,他竟然……"

他声音哽咽,说不下去了,可把这些军人急坏了:"宋将军,您快说,到底怎么了?"

宋忠费力地装出了他认为还比较真实的痛苦表情,泣不成声地说:"朱棣……朱棣……燕山卫戍边是朝廷旨意,你为什么要把军人家属全都杀了……你太狠毒了……"

轻易不说谎的人,一旦说起谎言,会更容易让人相信他的谎言。宋忠也不想骗人,他很少说谎,就真像他的名字一样,为人还是相当忠厚的。但在非常时期,为了提升士气,他也是不得已而为之。

燕山卫将士果然群情激愤,一个个痛哭流涕,表示一定要让朱棣得到应有的惩罚。宋忠一边陪着抹眼泪,一边鼓励大家"勉力复仇,以报国恩"。于是,他就让燕山卫的将士充当先锋,与朱棣火并兑子,他自己的亲兵留在后边,坐收渔翁之利随时收网。

这时,朱棣跳下了战马,向他曾经的部下抱拳道:"各位兄弟,本王让你们受苦了!"众人急忙参拜,朱棣示意大家起来,继续说:"圣上年幼,被奸臣蒙蔽,违背祖训,大行削藩之策。本王遵太祖遗训,奉天靖难,各位愿意与本王一起战斗的,都将立下不世之功,愿意回家的,本王绝不怪罪！"

燕山卫本来都已跟随朱棣多年，现在又被宋忠戏弄，都憋了一股子劲，纷纷表示："誓死效忠燕王，奉天靖难！"就这样，两队合成一队，渡过妫河，浩浩荡荡地向怀来城行进。

局势的发展，完全超出了宋忠的预料，在这生命攸关的时刻，他的大脑由于紧张再次短路，居然想到了开城迎敌这样没有技术含量的招数。

两军显然不是一个级别的，刚一交手，宋忠一方就顶不住了，想逃回城里，却忘了城门可分不清敌我，燕王也是能跟进城里来的。

结果，一场本来预期相当艰苦的战斗，变成了没有悬念的军事演练。

宋忠想用朱棣杀害战士家属的谎言来鼓舞士气，其实不失为一种手段，但结果却是弄巧成拙，搬起石头砸了自己的脚。

怀来官军全军覆没，宋忠和余瑱被抓获，但朱棣为了自己的特殊需要，留下了他们的性命，而孙泰、彭聚等多名军官就没有这么好命了，他们因为不愿投降，全部被杀。大批士兵不战而降，都被编入了燕军，掉转头来对付朝廷。

怀来之战，朱棣以八千人全歼宋忠近四万正规军，自身伤亡很小，并缴获了八千余匹战马和大量的军用物资，朱棣的指挥能力和名气，也被传得神乎其神。

有人就传言，朱棣会法术，刀砍不伤，箭射不动。还有人说，朱棣头上有金光，那是真龙天子的象征，而当朝皇帝没有，诸如此类。

这个结果，对北平周边的许多重镇都产生了巨大的震慑作用，不到半个月时间，开平、龙门、上谷和云中等地的一些守将，纷纷前来投靠朱棣。另一重镇永平的守将陈旭、赵彝和郭亮献城投降。这样，北平北面和西面的安全就有了切实保障，燕军挥师南下的计划，就有实施的可能性了。

而这时的朱棣，却保持着非常冷静的头脑，他不认为事态进展得很顺利。成功？我们才刚刚上路！他对诸将说：

"宋忠就是个笨蛋，没带多少兵就骄横放纵，不知道自己的深浅，这样的小人，在老夫眼中不过就是老鼠一只。今天不过是打败了他，有什么好高兴的？如果战胜了南京派来的强敌，又该怎么高兴呢？常言说，自满容易骄傲，骄傲就容易松懈，松懈就会引发溃败。孔夫子告诉我们，应当临事而惧，好谋而成。"

不愧是见过大世面的人！一个冷静的朱棣，比一个忘乎所以的朱棣，更能让对手害怕，也更能令部下信服。七月十九日，朱棣向主要将领发表了重要讲话，继续对建文帝进行抹黑，对自己的行为进行粉饰美化，并强调自己有父皇在天之灵保佑，必定会取得最后的胜利[1]：

"我已故的父皇，英明的太祖高皇帝，安定四方，统一天下，培养皇子，藩屏国家，积累深固，万寿无疆。但是，我至今不知道父皇得的是什么病，建文小儿还不让我们这些当叔叔的知道，到了去世之时，又不准我们这些当皇子的奔丧。

"我父皇是闰五月初十的亥时驾崩的，寅时就匆匆入殓，七天之后就下葬，过了一个月才正式下诏通知各藩王。建文又拆毁宫殿，掘地五尺，完全变更祖制，作恶多端，想把我们这些当叔叔的全部杀害（抽泣，鼓掌），以此来破坏大明社稷。我们诸王其实根本就无罪，却遭到飞来的横祸，不满一年，五个藩王都被废掉。我派人去南京上奏，建文却无情地将他关入大牢，用尽酷刑，最后将其杀害。他任人唯亲，杀害忠于先帝的军官。我不希望自己被冤杀，想救祸图存，万不得已起兵靖难，誓灭奸雄，以报我父皇的血海深仇！

"建文小儿，年幼无知，贪得无厌，淫虐无度，怠慢鬼神，矫诬傲狠，越礼不经，肆行罔极，没有底线。上天震怒，决定对其降罪，天谴已经有了好多次，可他却无知无畏，根本不当回事。各位与我团结一心，忠诚地遵守我的命令，平定大难，挽救朝廷，保我大明江山永固。我父皇在天之灵，看到大家所做的一切，一定会非常感动，也一定会保佑我们

---

[1] 为了增强代入感，笔者翻译了一下。

成功。

"如果我们不能齐心，骄傲自满，那就是自寻死路，自取灭亡！我曾经听说，仁慈的人不会因个人安危而改变信仰，正义的人不会因外在环境而改变节操，勇敢的人不会因生命受到威胁而改变志向。各位听我一席话，日后一定不会有难。若谁有二心，因恐惧而闯祸，不但我有危险，各位也脱不了干系！各位一定要体谅我的苦心，一定要血战到底！我们的靖难必定会成功！（长时间的热烈鼓掌欢呼）"

朱棣一方面指斥朝廷无道，变更祖法，屠戮骨肉；另一方面申明自己起兵仅为救国靖难；最后又威胁广大将士，如果心不齐，志不坚，则肯定没有好下场，相反，如果靖难大业取得最后胜利，大家都有光明的前途。

批判的武器代替不了武器的批判，靠嘴是赢不了战争的，朱棣的下一个对战目标，又会在哪里呢？

四、玩转反间计，方能事半功倍

燕军占领了蓟州、密云和遵化，就等于在北平东北筑起了防备大宁卫（今属内蒙古自治区宁城县）的一道有力屏障。早就手握朝廷密令的总兵官刘真，这时候着急了，他带上都督佥事陈亨和都指挥使卜万两员大将，统领近十万大军进驻松亭关（今河北省宽城县西南），准备随时攻打遵化。

遵化卫指挥蒋玉手下仅有几千兵马，算上妇女儿童，全城人口也不到三万，根本没有抵抗力。

七月二十二日，求救的信使赶到了北平。经过与重要将领反复协商，朱棣决定亲自领兵援助。二十四日，他率精锐部队赶往遵化。可能是顾忌朱棣在前几次战役中展示的威慑力，陈亨命令部队退回松亭关待命，伺机反扑。

二十七日，朱棣的先锋李浚赶到松亭关口，试图引诱官军出城迎战。但无论燕军使用什么手段，把对方的祖宗八代都问候遍了，甚至高举画着乌龟的大牌子来挑事，大宁卫的军队就是坚决不出来，坚决不对抗，坚决当乌龟。

现在，感到麻烦的倒是朱棣，他要是强攻，对方兵员充足，以逸待劳，一时半会儿肯定拿不下来；如果回师北平，这群人又要趁机攻打遵化甚至通州，跟自己玩躲猫猫的游戏。人家的目的很明确：即使打不过你，也要让你不舒服；就算整不死你，也要恶心死你！

打与不打，都存在风险，是撤是留，都让人犹豫。朱棣陷入了沉思。正在这时，燕军抓住了两个大宁卫的士兵，朱棣突然来了灵感，想出了一个奇招。

朱棣故意写了一封热情洋溢的感谢信给自己并不认识的卜万，回忆了他们两人为数不多的几次会面，说自己对卜万非常欣赏，如果能得到他，简直堪比刘秀得到马援、曹操得到张辽、朱元璋得到常遇春，如果卜万愿意弃暗投明，参加靖难，就拜他为大将军。同时，朱棣又狠狠地数落了陈亨一番，说别看此人从濠州就跟随太祖打天下，但极为平庸，不堪大任等。

朱棣让人找来这两名俘虏，然后叫出来其中一个（不妨称其为士兵甲），将他带到自己大帐中，安排了相当丰盛的酒宴招待，把这个小兵看呆了。然后朱棣拿出一封密封好的信，嘱咐他一定要亲手交给卜万将军，切忌丢失或者落入陈亨手中，不然后果将不堪设想，最后送给了他不少银两作为酬谢。

朱棣把这伙计灌得大醉，然后把他和另外一个俘虏——士兵乙，一起重新安置。喝多了酒的士兵甲按捺不住激动的心情，把白天的所见所闻都告诉了他的伙伴。士兵乙越听越生气，越听越失望，越听越无奈，但作为一个有城府的人，他不动声色，只是悄悄记住了这些。

第二天，朱棣突然宣布，为降低大宁军队的敌意，决定把这两个士兵放回去。

两个小兵一回到松亭关，就被陈亨当作燕军奸细给抓了起来，并分头审讯。士兵乙本来就对朱棣相当不满，现在又急于洗清嫌疑，就把士兵甲那一夜讲给自己的事情，原原本本地向陈亨汇报了，希望自己能得到宽大处理，并且能拿到点赏钱。

陈亨马上亲自审问士兵甲，并要其交出朱棣的信件，士兵甲打死都不承认。陈亨于是让人搜身，果真把那封信找了出来。

有了这封信，陈亨可高兴坏了，他最烦卜万，此人仗着自己是朝廷派来的，全然不把老干部放在眼里，还经常对自己的作战思想指手画脚，说东道西。其实这些都是表面的纷争，还有深层次原因——卜万盯他盯得太紧，他投降都不方便！

陈亨也算是开国元老级的人物，他在濠州投奔朱元璋，又跟随徐达北征，征战多年，因功升至燕山左卫指挥佥事，数次跟随燕王出塞，和朱棣是老交情了。建文帝登基后，提升他为都督佥事，但从心底里，他根本看不起朱标父子，而更欣赏朱棣的领导能力和作战指挥水平。

大宁卫兵发松亭关，陈亨其实是特别想见朱棣的，他隐隐约约觉得，建文帝不是朱棣的对手，与其交战被杀，或者失败被俘，还不如干脆利落地投降，也许能混个高级干部当当。他悄悄派人和燕军联络，表达了归顺的意愿，但朱棣告诉他，我给你的任务，是光荣的、艰巨的，也是别人做不到的，你要继续卧底——现在留在大宁卫，对靖难大业更有帮助。

但从南京过来的卜万，实在是非常碍眼而且碍手，自己的想法早晚会被他发现，那么一来，自己不就死定了？

陈亨立即把事情的经过，添油加醋地汇报给了刘真。后者也是个糊涂虫，根本没仔细研究这封信的真假，就下令逮捕卜万，并抄了他的家。不久，这个倒霉鬼就死在了狱中，死因不明——倒很可能是陈亨下的黑手，斩草除根。

除掉了卜万，陈亨就跟燕王达成了默契，在松亭关按兵不动。朱棣也不用担心东北方向的安全了。一封书信，就挡住了十万大军，没有交手、没有人员伤亡，就巧妙地达到了自己的政治目的。

同时，朱棣又上书朝廷，这次的口气更加强硬了，居然公开自比周公，掩盖造反夺位的阴谋，同时继续批判朝廷陷害宗亲，自毁根基，为继续扩大战火制造声势：

盖闻书曰"不见是图"，又曰"视远惟明"。夫智者恒虑患于未萌，明者能烛情于至隐。自古圣哲之君，功业着于当时，声名传于后世者，未有不由于斯也。今事机之明，非若不见，而乃不加察，请得以献其愚焉。

我皇考太祖高皇帝，当元末乱离，群雄角逐，披冒霜露，栉沐风雨，攻城野战，亲赴矢石，身被创痍，勤劳艰难，危苦甚矣。然后平定天下，立纲陈纪，建万世之基。封建诸子，巩固天下，为盘石之安，夙夜图治，兢兢业业，不敢怠遑。不幸我皇考宾天，奸臣用事，跳梁左右，欲秉操纵之权，潜有动摇之志，包蓄祸心，其机实深。乃构陷诸王，以撤藩屏，然后大行无忌，而予夺生杀，尽归其手，异日吞噬，有如反掌。且以诸王观之，事无毫发之由，先造无根之衅，扫灭之者，如薙草菅，曾何有尽然感动于心者！诸王甘受困辱，甚若舆隶，妻子流离，暴露道路，驱逐穷窘，衣食不及，行道顾之，犹恻然伤心，仁人焉肯如此？夫昔我皇考广求嗣续，惟恐不盛，今奸臣欲绝灭宗室，惟恐不速。我皇考子孙，须几何时，已皆荡尽。

我奉藩守分，自信无虞。不意奸臣日夜不忘于怀，彀满以待，遂造显祸，起兵见围，骚动天下，直欲屠戮然后已。谓以大义灭亲，不论骨肉，非惟杀我一身，实欲绝我宗祀。当此之时，计无所出，惟欲守义自尽，惧死之臣，以兵相卫，欲假息须央，然后敷露情悃，以祈哀愍，冀有回旋之恩，傍沛之泽。书达阙下，左右不察，必求以快其欲。古语云"困兽思斗"，盖死迫身，诚有所不得已也。都督宋忠，集兵怀来，克日见功，乃率锐兵八千御之，兵刃才交，忠即败北，遂生擒之，全其首领，待之如故。当冀左右易心悔祸，念及亲亲，哀其穷迫，重加宽宥，使叔有更生之望，下无畏死之心，如此则非特叔之幸，实社稷之幸。

昔者成周隆盛，封建诸侯，绵八百余年之基，及其后世衰微，齐桓、晋文成一匡之功。虽以秦、楚之强，不敢加兵于周者，有列国为之屏蔽也。秦废封建，二世而亡，可为明鉴。今不思此，则宁有万乘之主孤然独立于上，而能久长者乎？诗曰："价人维藩，大师维垣，大邦维屏，大宗维翰，怀德维宁，宗子维城，无俾城坏，无独斯畏。"谨以是为终篇献。万一必欲见屠，兵连蜗结，无时而已。一旦有如吴广、陈胜之徒窃发，则皇考艰难之业，不可复保矣。敷露衷情，不胜恳悃之至。苟固执不回，堕群邪之计，安危之机，实系于兹！

　　大宁卫危机的解决，标志着燕军靖难取得了阶段性的胜利。在二十天时间里，朱棣以八百人起兵，从燕王府的弹丸之地开始，不仅占领了北平全城，而且连续夺取了通州、蓟州、密云、遵化和怀来等军事重镇，在东、北、西三面筑起了屏障，人马也迅速扩充到了五万以上——谁让北平周边各城的多数军官和士兵，都曾经是朱棣的老部下呢；谁让这些人信任朱棣，胜于信任当朝皇帝呢；谁让朱棣的招抚条件太优越，他们无法不动心呢？

　　这个速度不能说不惊人，这个趋势不能说不可怕，这个结果不能说不出乎所有人的预料。

　　朱棣为什么会取得这样的战绩呢？

　　首先，是多年经营北平打下的基础。

　　从洪武十三年（1380）就藩，到建文元年（1399）起兵靖难，朱棣在这个昔日的元大都经营了近二十年，士兵换了一茬又一茬，军官换了一拨又一拨，但朱棣的威信却是在不断增强，特别是在洪武二十三年（1390）之后，他成为北疆防卫的领袖，直接控制的军队超过十万，战将也达数百人。

　　齐泰和黄子澄书生论战，以为把燕山七卫的兵马调走，只给朱棣留八百人，他就只剩下伸着脖子等收拾的份。但实际上朱棣誓师起兵后，原先的旧部要么纷纷归降，要么像陈亨一样，充当卧底，为朱棣保驾护航。

　　其次，朱棣身先士卒，亲力亲为，大大鼓舞了燕军的士气。

首战通州，朱棣就亲自带兵出征，并且令对手不战而降；再攻怀来，他率领兵马不辞辛苦，长途奔袭。在战场上，朱棣以皇子之尊，全副武装，冲在最前面，毫不畏惧可能受到的意外伤害；在军营中，他不摆王爷和统帅的架子，和士兵一起吃简单的饭菜，和大家分享振奋人心的好消息。你可以说他装，但为什么别人就装不出来，或者装得不那么自然呢？

今天的企业员工其实一点都不难激励，只要领导能和他们互动几回，员工往往就会有"士为知己者死"的冲动，自愿为公司贡献力量。当年的士兵，也一样好拉拢。

再次，朱棣针对不同的对手，运用了巧妙的战略，并且兵贵神速，绝不拖泥带水。

朱棣高度重视情报的搜集工作，会根据对手的特点和弱点，采取针对性极强的战术。当他知道宋忠散布燕王杀害军人亲属的谣言后，就用军官亲属来充当先锋，让宋忠的谎话不攻自破，搬起石头砸自己的脚。他利用陈亨和卜万的矛盾，巧使反间计，借刀杀人，让大宁卫的十万大军，无法对北平构成实质性的威胁。

朱棣知道自己的地盘小、兵员少，因此作战总是干净利落，集中优势兵力攻敌薄弱环节，以歼灭敌人有生力量为目标，不给对手喘息之机。多说一句，两百多年后的努尔哈赤，最擅长的也是这种战术。

最后，朱棣拉大旗做虎皮，把自己装扮成正义的化身。

从一定程度上说，朱棣造反算得上"蓄谋已久"，和周王等人性质完全不同，但他却抓住朱允炆削藩的漏洞，曲解朱元璋的祖训，把造反夺权的反叛行为，宣传成"起兵靖难、为国除奸"的正义行动。他虽然欺骗不了所有人，但还是能忽悠不少不明真相的群众，为自己赢得同情分的。

反观朱允炆，一是用人不当，派出去盯防朱棣的官员，表现都不算合格。张昺、谢贵不堪大用，张信出卖朝廷，宋忠的情商实在有限。二是反应太慢，朱棣七月初六起兵，二十多天过去了，才决定派大军征讨，坐看众多军事要地被朱棣占据。当然，这也和南京距离北平太远，情报传达不便有关。

不管怎么说，朱棣已经对朝廷安危构成了严重威胁，再不动真格的就真的不行了。然而，看看朱元璋留下的班底，当年定鼎中原的名将们，几乎不是躺在床上，就是供在坟中，实在找不出像样的。

那么，朝廷还能派谁统领北伐的军队，去北平捉拿朱棣呢？

第九章　轻松戏弄耿炳文

一、你过你的中秋，我送我的贺礼

为了挑选北伐的将领，朱允炆与众臣商议了多次，也难有结果。朱元璋可真是体贴自己的好孙子，把那些能征善战的，几乎都给收拾光了！

挑来挑去，大家终于艰难地达成共识，推出了一个人：长兴侯耿炳文。所谓"蜀中无大将，廖化作先锋"，也只能将就着用了。

耿炳文已经六十五岁了，他能活这么久，恰恰说明才华有限、能力平庸，不入朱元璋法眼，进不了老朱"七十岁之前必须杀掉的七十个人"一类的黑名单。如果一个将军能让朱元璋觉得出色、是个威胁，他恐怕早就活不到现在了。

耿炳文的特长在于防守，早在大明建国之前，他就曾死守长兴（今属浙江省湖州市）三年，打败了张士诚部的多次进攻，对大明王朝的建立，也算作出了一定程度（有限）的贡献，因此，他也被封为长兴侯。

善于防守的人往往不擅长进攻，但是大明王朝又能怎么办呢？

让一个守门员去当前锋，这就是朱允炆给出的答案。

朱允炆任命耿炳文为征虏大将军，驸马都尉李坚、都督宁忠为左、右副将军，统领十三万精兵，号称三十万，出师北伐。同时下诏，祭告天地宗庙社稷，公告天下。祭文是这么写的：

邦家不造，骨肉周亲屡谋僭逆。去年，周庶人橚僭为不轨，辞连燕、齐、湘三王。朕以亲亲故，止正橚罪。今年，齐王榑谋逆，又与棣、柏同谋，柏伏罪自焚死，榑已废为庶人。朕以棣于最亲近，未忍穷治其事。今乃称兵构乱，图危宗社，获罪天地祖宗，义不容赦。是用简发大兵，往致厥罚。咨尔中外臣民军士，各怀忠守义，与国同心，扫兹逆氛，永安至治。

朱允炆的仁柔，又一次让人无所适从。在为众将壮行时，他不无伤感地说："昔日梁元帝萧绎进京平叛时，曾说，'一门之内，自极兵威，不祥之甚'。现在诸位将军就要与燕庶人对垒，请务必体察朕的心意，切不可使朕背上杀害亲叔父的骂名！"众将看着朱允炆一本正经的样子，都恨不得找块豆腐撞上去：如此迂腐，这仗还怎么打？我们不能伤害朱棣，朱棣却随时能让我们从世界上消失！

还未开战，朱棣就穿上了防弹衣、背上了免死符。

耿炳文向全国发出了征兵令，希望能多调集一些兵马，但征兵进展得很不顺利，距朱棣举兵造反已经过去一个月，再不出兵真就太晚了。

七月底，耿炳文率领的平燕大军从南京出发，经过十多天的行军，于八月初八来到了真定（今河北省正定县）。在朱棣举兵后，北平布政司改在这里办公，改名为平燕布政司，由尚书暴昭负责。耿炳文也把平燕指挥部放在这里。

都指挥使潘忠、杨松作为平燕的先锋官，从真定出发，一路向北。他们把指挥部设在鄚州（今属河北省任丘市），其中出发最早的先锋九千余人，驻扎在了雄县（今属河北省保定市）。这里距离北平仅有两百余里，也就是两三天的行程。

得到情报之后，朱棣也不敢大意，当即指示第一猛将张玉安排人再去侦察。

张玉心高气傲，不把南京过来的正规军放在眼里，但对朱棣交代的差事也不敢大意，立即派出最擅长浑水摸鱼的得力干将潜入雄县，进行了一番实地考察。张玉根据他们的汇报，认真提醒朱棣："南军军纪不整，统帅耿炳文年龄大了，进取心不足，自己就带着一股败气，前锋潘忠、杨松不过是两个武夫。南军现在扼守着我们南下靖难的交通要道，一定要先消灭他们。"

张玉是三天不打仗就手痒的主儿，哪知朱棣一番话，让他心凉了半截。

朱棣一看日程表，马上就过中秋了，因此不顾张玉急切的眼神，告诉诸将："这么重要的节日，一定要让士兵们好好休息休息，进攻的事儿，先搁一搁吧。"随后，朱棣传令下去，各部门各单位，都要把中秋节庆祝当作目前的头等任务，暂时停止一切军事活动。

很快就到了八月十五，天气晴好，一轮明月当空，天色很蓝，夜空很美。

这是传统的中秋节，是一家人团聚的日子，每逢佳节倍思亲。这天晚上，雄县县城相当热闹。远道而来的官军士兵，像打了胜仗一般开怀畅饮。

主将杨松已经被潘忠叫到了鄚州喝酒，这边没人管他们，当然很自由很轻松。杨松走前还一再交代，一定要让大家吃好喝好，不醉不休，反正叛军也要过节。多体贴啊。

美酒能让人忘记战争，也能让人更加思念家乡。

在恍恍惚惚之中，也许他们看到了新婚不久的妻子、日渐衰老的父母、活泼可爱的孩子。他们都是军人，但不喜欢战争，他们讨厌这个名叫朱棣的叛乱分子，害得他们离开亲人，来到千里之外，连个中秋都过不好。

碰杯声、欢笑声、划拳声响成了一片，偶尔还有喝高了的哭泣声。哭吧，上了战场，谁也不知道什么时候就会面对死亡。

这时，士兵们突然隐隐约约听到远处有兵器相撞的声音，甚至还有惨叫的声音。一开始，他们还不以为意，可能是有人喝高了闹着玩吧，管他呢！但很快，喊杀声和哭叫声越来越大，仿佛离自己越来越近了！

"不好！"有人本能地大叫起来，但是，喊破喉咙也没有用，敌人已经打过来了。就在他们喝酒吃月饼的时候，燕军不仅杀进了城，还杀到他们眼皮底下来了。这怎么办，兵器都锁在营房里，总不能像当年的方国珍一样，举着板凳招架吧。

这个没有信用的朱棣又使诈，他不是放出风来说，让士兵们好好过节吗？

朱棣表面上做出让士兵欢度中秋的假象，暗地里却一直在调动兵马。在中秋前一天，燕军悄悄动身，在白沟河西岸的娄桑镇休息了一晚。第二天下午，他们悄无声息地渡了河，在县城附近潜伏起来，这一等就是好几个时辰。

到了晚上十点来钟的样子，朱棣估计城里面的伙计们都喝得差不多，是时候给他们送份中秋大礼了，就令旗一挥，下达了攻城命令。

由于是中秋佳节，雄县城门楼上的大部分守卫都去喝酒了，只留下了少量值班的，当他们看到城下有人架着梯子向上爬的时候，一时半会儿还没明白过来，还以为是当地人在过中秋节，等发现是带着家伙的燕军时，一切都晚了。

燕军很轻易地登上城楼，把上面的值班人员全部杀死，然后打开城门，大队人马直扑官军驻地。

在中秋节发动进攻，趁别人喝酒聚餐的时候搞突然袭击，肯定不是多么高尚的行为。问题是，打仗本来就是你死我活的斗争，比拼的少不了计谋。再说了，朝廷大老远把这些人派来，是来打仗的，不是来度假的，更不是来吃月饼的！月饼什么时候都能吃，命却不是什么时候都能保得住的。

燕军将士如神兵天降，手中的大刀在月光下银光闪闪，寒气逼人。他们冲进了官军驻地，冲进了觥筹交错的酒桌前，冲着那些还在感受思乡之苦的士兵，送出了销魂的一击——销的就是你的魂。很多人就糊里糊涂地丢掉了性命。被吓清醒的那些人，胆子大点儿的试图反抗，但根本力不从心；胆子小的赶紧逃跑，但更加无能为力；知道自己难逃一劫的，就破口大骂，诅咒中秋节偷袭的人不得好死，早晚得下地狱；等等。这种一时的嘴瘾只会带来更大的麻烦，敌人的刀挥得更欢，自己的脑袋掉得更快了。

月亮渐渐隐去它的身影，东方露出鱼肚白，一切喧嚣终于消散开来。战斗结束了，院子里堆满了官军的尸体，燕军大获全胜。众壮士沉浸在胜利的喜悦中，有点忘乎所以。他们聚在一起，等着老大的出现，以及随之而来的奖赏。

叛乱分子的领袖终于出场了，他看到眼前的一幕，忽然收起了和善的目光，露出了震怒的表情。他恶狠狠地瞪着眼睛，好像随时要大开杀戒一样，可敌人不是都死了吗？

朱棣非常生气，认为有必要给士兵们做做思想工作了。他板着脸说道：

"我们起兵行的是义举，是为了安社稷、保生民，岂能以多杀人为目标？平时我一再告诫你们，不要嗜杀，适可而止，你们听不进去，这不是求生，是求速死！你们杀得越多，他们反抗的决心就越坚定，肯定要拼死和你们战斗的。一个人拼命，一百人都未必挡得住。所以，这绝对不是什么制胜之道！当年宋朝大将曹彬占领江南时，从来不滥杀无辜，因此后代子孙昌盛。好杀的人，往往自己家破人亡。今天我们是占领了雄县，但得到的很少，失去的很多，希望各位，一定要引以为戒！"

朱棣头脑很清醒，知道后面的仗会更加艰苦，危险会接踵而来。燕军把雄县九千官军全部斩杀，显然有些败坏德行了，这样的作战方式必须遏止，他也必须给手下提个醒。

朱能等诸将听了，都非常惭愧，纷纷表示下不为例，一定要兴仁义之师，诛朝廷佞臣。朱棣对自己的一番说服教育还比较满意，他提醒大家："休息一下马上集合，马上有人要杀过来了！"

是吗，这四殿下还能未卜先知？

二、牵着对手鼻子走，才能立于不败之地

一位优秀的统帅，当然要比普通将军看得更远。当手下还在想着庆祝时，朱棣就开始筹划下一场战役了。

潘忠、杨松的主力在鄚州，距雄县大约四十里，打个来回也就三四个时辰，他们收到燕军偷袭雄县的消息之后，立即停止了中秋节的庆祝活动，挑选骑兵中的精锐，以最快的速度赶往战场。

说潘忠和杨松是草包，那他们恐怕是当之无愧的。他们给雄县安排了九千人马，却没有留一个大将统领，以至于燕军偷袭时，既不能及时发现，又无法组织起有效的防御，导致近万士兵白白给燕军当了活靶子；去救援也不应该两人一起上，而忽略了对鄚州营地的防守。如果人家要围魏救赵，端你们的老窝呢？

朱棣不但算出潘杨二人要来，还进一步预言："我一定能活捉这两个家伙。"这就更让众将将信将疑了。老大打仗虽说厉害，但也没有这么神吧？

朱棣并不在乎大家吃惊的样子，他把谭渊叫到跟前，附耳吩咐了一番。看着这哥们儿无比痛苦的表情，朱棣乐了："事成之后，重重有赏，去吧。"谭渊带着一脸悲愤和无奈，从大营里默默地走出去了。

朱棣提醒留下的人："打起精神，官军马上要杀过来了！各位抓紧时间布置，准备迎敌。"（好像潘杨二人跟他通过电话，向他汇报过行程一样。）接着就带着亲卫上城楼察看。

这时候，太阳已经出来了，气温渐渐升高，本来已经入秋多日，但众人心里着急，手心里都捏出汗来了。潘忠和杨松到底会不会来呢？

正在这时，只见远处尘土飞扬、车马嘈杂。敌人来了，朱棣乐了，众人服了。四皇叔一声令下，开城门亲自出城迎敌——这是他的一贯作风。

从鄚州到雄县县城，必须要经过白沟的一条支流。河上有一座石桥，当地人取名为月样桥，意思是其形状类似于半弯月。过了桥就可以到达县

城了。潘忠和杨松心急火燎地赶路，根本不会注意，桥下的河中，一夜之间，突然长出了很多水草。

官军很快过了桥，正准备摆好阵形，向县城发动冲锋，只听"轰"的一声炮响，突然之间，河下的水草中，稀里哗啦地冒出了许多脑袋——有埋伏！

只见千余人从水中跳了出来，他们纷纷扯掉头上的杂草、吐掉嘴里的苇秆，露出满脸杀气。

领头的正是谭渊，他已经潜伏多时了。朱棣交代他的，就是带一千弟兄当潜水员，埋伏在月样桥下的河水中，等官军过桥之后，听到炮响，就立即占领大桥，截断官军的后路，并与朱棣这边的人马一起，对官兵形成合围之势。

没办法，谭渊只好让这些弟兄头上都顶着水草作掩护，嘴里都含着苇秆来换气，就这样埋伏下来。这帮哥们儿算是给折腾苦了，在水下一潜就是两个多时辰。好在还没到深秋，温度不算太低，但长时间埋伏在水里，又不是专业潜水运动员，身体健康还是要受到一定程度的影响的。一千多人都憋足了气，准备一出来就大开杀戒。

此时的朝廷官兵，境况相当被动。谭渊带领的潜水突击队占领了月样桥，挡住了他们的退路。而在前面，旌旗招展，人喊马嘶，一队精锐骑兵又杀了过来，领头的军官，级别有点高。

谁啊？他正是官军最害怕的叛乱头子朱棣。

潘忠和杨松赶紧组织抵抗，但对于急行几十里，又遭遇这样突发情况的官军来说，指望他们和燕军较量一番，实在只是个美好的愿望，而根本没有实现的可能。燕军的铁骑掠过之处，官军的尸首就如同韭菜被割一般倒下。而在他们身后，谭渊带领的步兵也及时杀了过来，前后夹攻，把官军搞得非常狼狈，真是叫天天不应，叫地地不灵。

官军的阵形完全乱了，为了活命，很多人天真地往河里跑，想凭借自己过硬的游泳技术赢得宝贵的生命——你们燕军打仗生猛，水性应该不如我们吧。燕军拼了老命地沿河追赶，官军也拼命往河里逃。不过工夫不大,他们突然不逃了,反而转过身来,纷纷扔下兵器跪倒在地。

这唱的又是哪一出啊?

原来,朱棣派出了几十个传令官,让他们四面大声传话:"燕王有令,投降者一律免死!"

这句话,无疑是平地一声惊雷,又像是压倒骆驼的最后一根稻草,官军的心理防线瞬间完全崩溃了。生命高于一切,能活下来,比什么都强!

潘杨二人根本无力阻止官兵们投降,眼看大势已去,还抵抗什么啊?就算拼死杀出重围,也得落个军法处置,他们一合计,很快达成了共识——投降。

敌方主将都放弃了抵抗,士兵们当然纷纷效仿,战斗就这样停止了。相比雄县的大屠杀,燕军这次的胜利显然文明了不少。

潘忠和杨松很快被押到了朱棣面前。朱棣亲切地询问他们,能为靖难大业作什么贡献。二人连忙表态,说可以劝说鄚州守军投降,并愿意为先锋。潘忠说:"鄚州城里还有军兵一万余人、战马九千余匹,我们俩战败的消息,肯定已经有人跑回去报告了,城里的人肯定想逃往真定投奔耿炳文,殿下您要赶紧动手!"

朱棣一听,觉得这哥们儿分析得挺好。燕军当晚在雄县休整。第二天一早,朱棣让潘杨二人继续领着降兵作为先锋,自己则带领大队人马跟随。

鄚州城里早已是人心惶惶,又没有一个主持大局的,士兵们的思想严重不统一,有主张立即弃城,投奔真定主力军的;有主张坚守,并立即向真定求援的;有主张收拾东西,就此散伙的;还有主张向燕军投降,争取宽大处理的。就在争吵不休的时候,外面一声炮响,燕军已经杀到家门口了。

潘忠和杨松冲到了队伍的最前面,面对这些昨天还是自己部下、今天却成为对手的同胞,他俩用自己的亲身经历,向弟兄们宣传了燕军是如何百战百胜,和燕王对抗是多么不自量力,奉天靖难是多么神圣和伟大,开城投降是多么明智和有建设性。这是受谁感染了吗?

城里的士兵本来就有不少态度动摇的，经过主将这么一劝说，也就别无他想了，当即打开城门，热烈欢迎朱棣进城来收编队伍。城中的战马和重武器，都作为见面礼上交了。

朱棣的下一个目标是谁，地球人都知道。

三、先虚后实，玩的还是计谋

第二天，朱棣大军带着战利品回到了白沟河营地。短短两天之内，燕军对官军三战三捷，自信心有了大幅度的提升。当将士们还沉浸在连战连捷的喜悦中时，作为统帅，朱棣却已经开始筹划攻打耿炳文的大事了。

朱棣清楚地知道，潘忠和杨松战败投降的消息迟早要传到真定，这个耿炳文是出了名的小心谨慎，如果他畏战而避战，跟自己无限期地耗下去，那对燕军刚刚建立起的巨大士气和饱满信心，将是一个很大的挫折。必须在老家伙没有作好准备之前，给他致命一击，不能让他的防守优势发挥出来！

思考间，军兵报告有一个叫张保的军官前来投降。朱棣会心一笑，命令把他带进来。

张保一进到大营里，就"扑通"一声跪倒在地，满脸悲愤，说自己和耿炳文有血海深仇，老婆被他强奸了，一家老小被他杀了个精光，希望自己能充当向导，带着燕军消灭这个老东西。他越说越激动，越说越愤怒，最后简直是泣不成声。

朱棣一听乐了，心想这八成是耿炳文的诈降计，我把兵马交给你小子带，还不得把我们带到白沟里去？是不是假投降，其实只要动用大刑，基本上就可以验出来。托老爹朱元璋的福，朱棣也学会了各种考验人类承受极限的招数，但他并不想使出来，甚至根本就不想验明张保的身份。

朱棣询问耿炳文军队的情况。张保说："耿老贼统领的军队一共有三十万，现在到达真定的有十三万，一半驻扎在滹沱河南，另一半在滹沱河北扎营。"朱棣看出张保并没有撒谎，其实这个也不算什么军事机密，他要打听，是完全能打听出来的。

朱棣于是笑着问:"我交给你一个任务,你敢不敢做啊?"张保连忙机械式地回应:"为殿下做事,万死不辞!您尽管吩咐。"朱棣说:"你是从耿炳文那里逃出来的,耿老将军不知道吧?""是,那当然。"张保心说,"当然,不知道……才怪。"

"那你就再回去。就说自己被燕军误抓,然后趁看守的人不备逃了出来,见到耿炳文,告诉他雄县和鄚州都被攻占,潘忠和杨松这两个没骨气的全都投降了,朱棣马上就要打到真定了,让耿老头作好准备,还能领笔赏金。"

张保万般无奈,只好接受命令,装了一肚子委屈,走了。

打发走了张保,众将都不解道:"我们现在由小路攻打真定,不让耿炳文知道,打他个措手不及多好啊!殿下为什么还要让张保通知耿炳文作好战斗准备呢?"

朱棣笑了:"道理不是你们这么想的。开始我并不知道他们的虚实,当然想趁其不备而攻打他们,现在知道了他们一半扎营在滹沱河南,一半扎营在滹沱河北,是故意让他们知道咱们要来打。耿炳文底气不足,一定会让滹沱河南的士兵移到滹沱河北,一起来防御我们,弟兄们正好可以一块儿把这帮人全部消灭掉。我故意让官军知道雄县、鄚州的惨败,就是想挫一挫他们的士气。兵法上讲的先虚后实,说的就是这个。"

众将越听越糊涂,朱棣不得不接着往下讲:"我们如果不让耿炳文知道,就直接杀到真定城下,固然能战胜北岸的贼军,但南岸兵马养精蓄锐,趁我们疲惫之时突然杀过来,胜负还真不好说。一定要让贼军合兵一处,然后一鼓作气把他们全部干掉!而且张保诚心归降,我也应该诚心用他,怎么能怀疑他?"众将恍然大悟,也不敢再有什么意见了。

八月二十四日,燕军到达了无极县。朱棣知道敌众我寡,想试探一下众将的勇气。于是召集大伙儿,问军队应该向哪儿行进。有人就马上说了,可以先去新乐,观察一下敌方的动静再作决定。朱棣笑而不语。大将张玉则以不容置疑的口气说:"应该马上开往真定!"

此言一出，帐内一片哗然，众人都把目光集中在了这位老将身上，只见他很自信地说："各位兄弟，兵在精不在众，官军固然人多，但他们是刚聚集在一起的，彼此之间很不熟悉，互相猜疑那是一定的。我们都跟随燕王多年，将士一心，已经连续打了三场胜仗，为什么不趁这个气势，一鼓作气消灭他们，而要自己放弃，让已经高涨的士气再低落下去呢？"

朱棣对张玉的果敢非常欣赏，他告诉众将："新乐偏于一隅，我们要是在那里停留，只会消磨自己的锐气，那时人数占优势的贼兵来战，我们有把握打赢他们吗？现在我们直抵真定，趁着贼军新集，纪律未定，人心不一，弟兄们士气正盛，胜利必然属于我们，这事就不用再讨论了！"

八月二十五日，燕军秘密行军到距离真定城二十里的地方，朱棣的亲兵抓住了一个砍柴的农民，诈了几句，农民说，耿炳文确实把东南的兵马调动到了西北，合为一处。

要说朱棣真是大胆，他只带了三个随从，就悄悄绕到东门蹲点守候。等了几个时辰，才看到官军的运粮队准备返城，这哥几个居然就挥着刀冲了过去。不明真相的官军士兵以为有埋伏，纷纷丢下粮车逃跑。朱棣抓了几个跑得慢的一问，得知耿炳文果然把军队调往北岸，并从真定西门开始扎营，一直延续到了西山。

朱棣知道，从南岸过来的这帮人，还没有回过神呢，现在应该动手了。

朱棣亲自担任先锋，带领数千骑兵，从城西直冲敌营。可怜这些渡河而来的官军，刚刚放下行李，还没来得及吃饭呢，外面就有人提着弯刀来问候了。仓促之间，他们根本抵挡不住燕军骑兵，被朱棣攻占了两处营地。幸免于难的人害怕耿炳文处罚，都不敢逃回城里，自顾自地逃向远方了。

耿炳文这时候在忙什么呢？今天，他要送朝廷来的几位贵客回南京，这会儿正在城外话别呢。这些官员对耿炳文的北伐工作表示相当满意，对他提供的招待更是非常感激，表示一定要在皇上面前，多说耿老将军的好话。

大家正忙着话别，冷不丁前面人喊马嘶，燕军如同神兵天降一般杀过来了。

这可把这些文官吓坏了，耿炳文久经战场，倒是相当沉着，马上吩咐卫队组织抵抗。但燕军来势凶猛，卫兵们根本招架不住，只好保护着钦差向城里逃去。

耿炳文一行来到城下，急令放下吊桥，放大伙儿进城躲避。但他们前脚进城，燕军后脚就杀了进来，当城上的人想收起吊桥时，不禁吓得手直哆嗦。

桥索已经被这帮生猛的家伙砍断了。这如何是好？

眼看一部分燕军已经顺着吊桥冲了进来，耿炳文不愧是见过世面的老将，他点齐了大军，提着兵器，就从里面重新杀了出来，把这小股燕军给赶了出去。

真定城暂时是保住了，里面的人总算松了口气。

此时，一个戏剧性的场面出现了。耿炳文手下有个军官，为了给弟兄们壮胆，勇敢地站在城楼之上，大骂："朱棣逆贼，必定灭亡……"

燕军这时候已经到了城下，不过与这位仁兄还有将近两百步的距离。所以，当朱棣搭弓引箭，瞄准这个军官的时候，旁边的人都以为老大不过是想活动一下筋骨，根本就不在射程之内嘛。

但意想不到的事情还是发生了，这支箭带着呼啸声射出后，一眨眼的工夫，刚才还无比嚣张的军官就一声惨叫，从城楼上直直摔下来——死了！

城楼上的官军被吓得人人自危，立即老实了许多。在朱棣这边，燕军将士也为主上的天生神力拍手称快，发出由衷的喝彩。自打一千两百年前吕布辕门射戟之后，第二个能射这么远这么准的，也就这位叛军头子了吧。

关键时刻，这一箭确实射出了威风，大大提升了燕军的士气，也给官军来了个当头棒喝。

在城外，燕军主力已经摆好了阵势，一场大战，就这么提前开始了。

应该说，早有准备的是朱棣，准备不足的是耿炳文。

张玉、谭渊、朱能、马云等大将，分头带着自己的部下，与官军战到了一起。燕军长年与蒙古人在塞外真刀真枪地拼杀，无论是军事装备还是作战思维都已经蒙古化了，而朝廷派来的这些官军，在相当长的时间里并没有打过恶仗，最多收拾过一些土匪，作战能力方面相比燕军是有很大差距的。

随着时间的流逝，耿炳文很快发现自己的手下已经难以招架，但他又想到了一个问题：

燕庶人去哪儿了？

朱棣在战场上，从来都不是一个按常理出牌的人，总喜欢往人的软肋上捅刀子。这次也不例外，大家打得正投入，也没人顾得上招呼他。他就带了几百人，跑到了官军的后边，从城墙根下向他们发起了突袭。

耿炳文也算是见过大世面的人，关键时刻一点也不含糊，在两面夹攻之下，他作出了最明智的选择——逃跑，成功地粉碎了对手围歼自己的阴谋。官军一口气逃到滹沱河东，眼看与追兵已经有一段距离了，耿炳文下令队伍暂停逃跑，稳定一下情绪。

这时候，老头子突然欣喜地发现，东面有一小队燕军，似乎是和组织失去了联系，而他们打的旗子，居然是"朱"，领头的是一个长相凶猛的年轻人。耿炳文不由得非常高兴，心想这小家伙没准是朱棣的亲戚，说不定就是那个传说中的高阳王。活捉了他，就可以和燕庶人讨价还价了。

耿炳文一声令下，数千官军骑着快马，朝着这股敌人冲过去了。而他们的对手，却做出了让自己无法理解的动作。

他们既没有逃跑，也没有装腔作势地玩空城计，而是提着兵器迎了上来！

其实，领头的年轻人并不是朱高煦，而是朱能，他今天杀得兴起，带着一小队人马，一路狂追耿炳文到了这里，而燕军其他人，离这里至少还有十里路，自己身边只有三十来人。

这时候，是应该逃跑，还是继续战斗？是应该学张飞，把树枝绑在马尾巴上忽悠人，还是以一敌百，冲上去跟他们干？

朱能没有朱棣那么多的点子，但燕王也没有这哥们儿的年轻和朝气。年轻，没有什么不可以！他根本不玩花样，领着这三十多号人，就无所畏惧地杀了上去。

结果大家都知道了，一万多官军被三十来个叛乱分子赶得满世界乱跑，拼命逃窜，当场投降的就有三千多。之前是不知道对手的深浅，才会中埋伏；这次却是已经了解了对手的底细，依然无可奈何，那真是实力的差距。耿炳文也不顾六十五岁的高龄，不顾大将军的颜面，带着剩下的弟兄们拼命逃跑。

真是给大明王朝丢脸啊！朱能从此一战成名。据说此后明朝的父母吓唬孩子，都不说"狼来了"，而是说："再不听话，就关门，放朱能！"

在燕军处于优势的前提下，耿炳文的兵力虽多，但已经没有和朱能一拼到底的心气了。朱能背后是源源不断的燕军，而且士气高涨；而耿炳文带的这帮人，已经乱了阵脚，害怕被朱能拖在这里耽误时间。因此他们根本无心恋战，也就成全了朱能的神话。

官军残兵跑到城下时，大家都往城门里挤，把大门活活给卡住了，后面有些人等得不耐烦了，就拔出刀来开路，跟前面的来了个火并，秩序那叫一个乱。耿炳文好不容易才维持住了秩序，把闹事的人给处理了，然后赶紧关闭城门。

丘福没有朱能那样的好运气，他本来已经杀进城门，却发现门里面还有子城，只好退了出来。就在这时，城里一支官军杀了出来。

领头的是左副将军驸马都尉李坚，朱元璋七女儿大名公主的夫婿。丘福认得驸马，但他手下的弟兄却不认得。李坚也是立功心切，不知道危险，被丘福的部将薛禄一枪刺于马下。薛禄挥刀就要杀他，在危急关头，李坚大声叫喊："我是李驸马，别杀我！"薛禄叫人把他绑了。右副军都督宁忠、左军都督顾成和都指挥刘燧，这几个级别不低的军官，竟然通通做了燕军的俘虏。

真定城下的战役，燕军以明显的优势获胜，但《奉天靖难记》上说的"斩首三万余级，尸填满城壕，溺死滹沱河者无算，获马二万余匹，俘降者数万，尽散遣之。有二千人愿留不欲归，上从之"，明显是夸大了事实。要是这样的话，城里早没兵把守了。

《明史·耿炳文传》则说："燕兵遂围城。炳文众尚十万，坚守不出。"如果这个相对可信的话，耿炳文这一战损失的兵马应该在三万人左右，这个伤亡确实也不算小了。

同时可以看出，燕军在与官军交战时，不再大规模地屠杀俘虏，能遣散的就遣散，愿意加入的就收编，在这一点上倒还算是比较文明的。

对于抓获的李坚和顾成，朱棣也采取了不同的攻心术。他毫不留情地批评妹夫："你本是皇亲，跟我有什么冤仇，却也要跟随这些凶悖之人攻打我，今天的罪过，你推得掉吗？"李坚一副没骨气的样子，磕头请求饶恕。朱棣决定把他押往北平看管，遗憾的是，李坚身子骨不结实——可能也是不扛揍，死在半路上了。

对于顾成，朱棣则换了一个态度，温和地说："你是我父皇的旧人，为什么要跟着耿炳文打我啊？"顾成哭诉道："老臣今天被奸臣逼迫，冒犯大逆，罪无所逃，有幸见到殿下，如同见到太祖。如能不杀老臣，定当尽犬马之诚以为报。"朱棣大喜："老将军能这么想，真是忠义之士。"于是亲手解开顾成身上的绳索，赐予衣物。随后让他前往北平，协助世子守城。

看着顾成远去的背影，有几个军官赶紧提醒朱棣："殿下，这老东西的话能信吗？"朱棣笑了笑，一副成竹在胸的样子："放心好了，顾老将军靠得住。"

在战场上，朱棣总是冲在最前面，他更知道攻城为下、攻心为上的道理，特别重视收买人心、为我所用。这次攻打真定，燕军收降了近两千官军。朱棣去军中突击调查，发现一些燕军士兵聚在一起说暗语打手势，就问身边的部将："他们是要做什么？"部将告诉他，说是这些人对投降的官军不放心，害怕他们造反。朱棣一听，决定亲自审问一下降兵。

朱棣来到了降兵兵营,这些人看到燕王慌忙行大礼。朱棣示意他们起来,对众人说:"凡是投降的人,想留下还是离开,都随你们。大家都难免想念父母妻儿,这是人之常情,各位要想走,一定要通知自己的长官,他们会发放盘缠路费,送大家伙儿回南方。如果你们不打招呼偷偷跑掉,让巡逻的士兵抓住,很可能就被当场处死了。我本来是想让诸位都活着,这样一来诸位反而是求死了。"

降兵们都跪倒磕头,感激地说:"我等都是犯了死罪之人,燕王殿下却能这样宽宏大量,我们哪儿都不想去,愿意以死报答燕王。"有少数回了家的,还都能牢记朱棣的恩德,说燕王仁义,不滥杀无辜(杀人的时候你不在场)。

不战而屈人之兵,才是最高明的战术。在靖难之役的进程中,相比视死如归的燕军,官军的士气总体来说不是很强,总有士兵不断地临阵变节,总有军队不停地一战即溃,这些与朱棣的攻心战术,有相当大的关系。

八月二十八日,在围攻真定仅三天之后,朱棣突然对众将说:"攻城是下策,白白耗费时日,消磨我军锐气,不如先行班师。"于是,燕军不和耿炳文纠缠,回北平庆功去了。

朱棣的撤军是相当明智的,他知道耿炳文驻守长兴十年,把老奸巨猾的张士诚都磨得望城兴叹,没办法打下城池。朱棣运动战在行,攻打城池并不是强项,如果这样无休止地耗下去,自开战以来一直高涨的士气,以及军兵对自己坚定的信心,可能会受到很大影响。因此,朱棣果断地下令班师,返回北平。

在撤军途中,这位四殿下依然不忘慰问跟随自己出征的将士。他一再强调,真定城外的大捷,是诸位吃大苦、拼死力的结果。针对朝廷把北伐说成大义灭亲、比作周公东征消灭管叔蔡叔的说法,朱棣进行了有力的反驳,指出这完全是颠倒黑白、骨肉相残。

其实,从朱允炆自己的角度来看,他还真是希望皇叔中年龄最长、战功最多、势力也最大的燕王朱棣能充当周公的角色、辅佐自己处理朝政,但朱棣却不如此想。而朝廷现在的说辞,也确实有些牵强。

朱棣当然也不客气，他倒是真把自己比作为国家鞠躬尽瘁、一饭三吐哺的周公姬旦了，并把起兵叛乱的行为，包装成为主分忧、为国除奸的靖难大业，并鼓励燕军将士们肃清朝廷逆臣贼子之后，再图休息。

有耿炳文这块绊脚石在，朱棣想南下确实也不容易。然而，令他没有想到的是，很快就有人帮他除掉了这个障碍。

在谁都可能背叛你、谁都不能相信的时期，这个人又会是谁呢？

第十章　借兵羞辱李景隆

一、撤掉差的，换上更差的

耿炳文在真定城外无法击败朱棣，后者也无法攻下前者把守的真定城。严格来说，双方其实并没有分出胜负，耿炳文只是遭受了一次羞辱、经历了一些挫折，远远未到伤筋动骨的程度。如果就这样耗下去，别说朱棣的胡子仅仅过脐，就算一直长到脚指头上，只要耿老先生身体健康、不得老年痴呆症，就这么一天天地守着，就这样一步步地耗着，朱棣还真拿他没脾气。

可是，朱棣的帮手不只在北平、不只在自己阵营一边，南京城里还有好几个。

冠军当然是他的好侄子朱允炆，朱棣已经公然造反了，朱允炆还要"毋使朕有杀叔父名"，这是何等的"仗义"。

亚军就是皇上的好参谋黄子澄，他总是在最关键的时刻跳出来，在最关键的抉择上，作出最关键的误判，让局势一次次地朝着有利于朱棣的方向发展。这让人不得不怀疑，他是朱棣派到朝廷、安插到朱允炆身边的卧底。

朱允炆对耿炳文之败忧心忡忡，这反映出其执政经验相当欠缺。奇怪的是，满朝文武也不站出来力挺耿老将军，反倒指责他有负圣恩，要求将他撤换掉。黄子澄趁机安慰皇上说："胜败乃兵家常事，陛下不用太过担心。臣保举一个人代替耿炳文，定能马到成功，平定燕地。"

朱允炆就像沙漠中口渴难忍的迷路者看到清泉一样兴奋："快说，是谁，是谁？"

"岐阳王李文忠长子，曹国公李景隆。"

朱允炆想起来了，当初抓捕周王时，李景隆表现沉稳，非常轻松地就把这个燕王的同母弟弟从开封抓到了南京。朱允炆召见过李景隆几次，知道此人相貌俊秀、气质儒雅、进退有度，对他的印象还真不错。

更重要的是，他还是战神李文忠的儿子。

但朱允炆哪里知道，这位表哥其实是一个典型的纨绔子弟。他草草地读了几本兵书，只不过用来装饰门面，就像今天的"富二代"也会翻几页《1Q84》和《百年孤独》一样，是用来蒙人的。

齐泰听说要让李景隆统兵，脑袋"嗡"的一下就大了，赶紧去找朱允炆。但老齐苦口婆心地劝说了半天，还拿自己的官位作为赌注，都没能做得动思想工作。皇上太相信黄子澄了，答应的事几乎就没反悔过。

于是，刚满三十岁的李景隆，取代了六十五岁的耿炳文，成为大明新一任征虏大将军。

八月三十日早晨，南京郊外的空气格外新鲜，阳光也不再灼热，一阵清风吹过行人的脸庞，带来了深秋的阵阵凉意。阳光明媚，万里长江上千帆竞发，码头上彩旗招展、人头攒动，朝廷为李景隆举行了隆重的出征仪式。

朱允炆对这次北伐可是寄予了厚望，亲自为李景隆饯行。为了表明立场，他不惜以九五之尊，亲手给表哥系上了通天犀带，以显示对他的绝对信任。这可把这个花花公子感动坏了，当即跪下谢恩，语无伦次地说了一大通要肝脑涂地以报圣恩之类的套话。

九月十一日，李景隆的兵马开到了德州，在这里，他向耿炳文宣读了朝廷圣旨，收编耿部并陆续集中各地勤王兵马。据史书记载，李景隆召集了差不多五十万人，这个数目实在过于庞大，要知道魏国公徐达当年北伐，统领的兵马也不过二十五万。官军主力部队开往河间（今属河北省沧州市）待命。

在北平燕军大营中，朱棣与众将商讨军情。当听说大侄子派好外甥李景隆带五十万大军来讨伐自己时，这位四皇叔不禁放声大笑起来，可把一干人吃惊坏了——虽说您装老装疯装得专业，但在这个节骨眼上，没必要再装了吧？

不过朱棣却很严肃地说："李景隆就一公子哥，既没有智慧，又缺少谋略，外表看似威严，内心缺乏勇气，骄傲自负却少有成就，妒忌心重又太自以为是。他既不熟悉兵法，也没打过大仗，建文把五十万人交给他，是让他自己挖坑埋这帮人吗？"

众将面面相觑，插不上话。朱棣话锋一转："汉高祖宽宏大度，知人善任，手下的大将，不过领十万兵，只有韩信才多多益善。李景隆有什么才华，能带五十万兵，太可笑了！过去的赵括，兵书倒是读得不错，战术讲得头头是道，但不知道随机应变，赵王用他当主帅和秦国作战，导致四十万精兵被活埋。李景隆那两下子，还远远不如赵括，怎么可能不失败呢！"

接着，也许是怕众将不明白，朱棣依据兵法，指出李景隆的五大败因：

李景隆当统帅，不修政令，不整纪律，上下不齐心，各怀异志，这是败因一；

李景隆不慎重考量作战的困难，贸然深入，这是败因二；

李景隆贪心不止，信用不足，气量狭小，刚愎自用，仁勇俱无，没有威信，军心很容易动摇，这是败因三；

李景隆治军没有章法，进退没有讲究，好谀喜佞，宠信小人，这是败因四；

北方就要入冬，南方士兵没带棉衣，接触霜雪，手足皲裂，指头都得冻僵，而且战马没有足够的草料，士兵没有足够的军粮，这是败因五。

最后，朱棣总结说："李景隆有五败之道，而无一胜之策，不就是来送死的吗？"

众将听完都开怀大笑，深以为然，纷纷表示要狠狠教训一下这个花花公子。

但是，有比李景隆来得更早的。南边的官军在行动，北边的帮手也没有闲着。早在九月初一，朱棣就收到了永平（今属河北省秦皇岛市）守将郭亮的急报，江阴侯吴高、都督耿瓛等率领辽东兵马，正在围攻此城。

朱棣随口说出了自己的想法，可把手下人吃惊坏了。

二、一封书信，能抵十万雄兵

吴高、耿瓛率军攻打永平，为的是让朱棣腹背受敌，疲于应付。朱棣放着李景隆的五十万大军不当回事，却要亲自北上救援永平，这让部将们实在无法理解，甚至怀疑主将神经真的出问题了。

要知道，北平的兵马全部加一起，都远远不能抗衡李景隆，现在又要分兵出征永平，那么李大将军的大军开到之后，北平怎么办？就算解了永平之围，却丢了自己的大本营和根据地，这交易合算吗？

这个燕王，不，这个燕庶人，是一点儿也不把李景隆放在眼里啊。

但是，朱棣从来都不是按常理出牌的人。别人的想法，他一下就能猜到，他的真实意图，却很少有人能领会，即便是道衍，有时也琢磨不透他。而且朱棣就是这样的统帅，相当有主见和霸气。我让你们出主意，只是给你们一个说话的机会，最后怎么拍板，还得我来定。理解得了要执行，理解不了也要执行！

这事就这么定了。随后，朱棣把大胖子朱高炽叫到跟前，笑眯眯地说："好儿子，我要亲自带兵去解永平之围。"

"父王保重！那——北平的守卫极为重要，您安排好可靠的人了吗？"

"放心，好儿子，有了有了！"

"那是谁呢？"朱高炽急切地想知道答案。

朱棣郑重其事地拍拍大胖子的肩膀，搞得后者一脸疑惑。

"就是你啊，燕王世子朱高炽，哈哈哈哈……"

朱高炽差点儿没一屁股坐地上。

朱棣根本不在乎儿子怎么想，当即宣布："燕王世子朱高炽领一万精兵守卫北平，道衍大师留下辅佐，燕军主力收拾停当，随我出发，直奔永平！"

其实这个决策，很多大将都不理解。论战斗力，如果老二算武状元，那他哥肯定是白痴级，差距太大了。四皇叔这葫芦里，卖的究竟是什么药呢？

朱棣接着吩咐：

"马上传令，把卢沟桥的守桥士兵全部撤回城里，所有城门都要增派人手，我们的兵力太少了。"

此话一出，朱高炽的脑袋又"嗡"的一下蒙了。有一点儿历史常识的人都知道，距离北平三十里的卢沟桥，是南方进京的必经之路，是守卫南城的唯一屏障。一旦占领了此桥，官军就可以一路畅通无阻，直接开到北平城下了。

得，撤就撤吧，谁叫咱们兵少呢。

永平距离北平大约四百五十里，行军需要四五天。朱棣的军队不慌不忙地前进，刚刚到永平扎营，没两天，就传来了一个让人吃惊的消息。

吴高居然撤军了。这是怎么一回事呢？

原来，朱棣拿出一封准备好的密信，交给一个机灵的士兵，让他一定要送交到吴高手下的大将杨文手中。

这士兵还真是不辱使命，想办法拉关系走后门，经过一番周折，终于把信送给了杨文。

杨文打开一看，不禁吃了一惊。

原来这是朱棣写给吴高的亲笔信。这吴将军可是有故事的人，他的妹妹，嫁给了朱元璋的儿子湘王朱柏，就是那个在江陵举家自焚的十二皇子。

朱柏犯了事，吴高不可能一点不受牵连和怀疑。齐泰也担心他有不满情绪，甚至会投靠朱棣，为妹妹报仇。

在这封亲笔信中，朱棣痛斥了朝廷中当道的奸臣，他们蒙蔽皇上，以致自己为遵守先皇遗训，被迫奉天靖难，为朝廷清君侧，自己的十二弟和弟妹，也就是吴高的妹妹和妹夫，都被奸臣所害，死得很惨，一定要让建文给个说法，一定要恢复他们的名誉，一定要让凶手伏法！希望吴将军能加入自己的靖难大军，一起南下为皇上分忧……

杨文一边看着这封感情真挚的劝降信，一边抹着额头上的汗水。他能不紧张吗？既然自己收到的是写给吴高的劝降信，那吴将军的案头上，会不会有一封写给自己的呢？会不会把自己当初贪污军款的事写进去，而这封信又错装给了吴高？这个姓吴的，到底有没有和朱棣串通好呢？不管怎么样，都得防一手……

杨文立即把这封信重新抄录了一遍，安排亲兵将原件火速秘密送往南京。

过了几天，朱棣大军已经到达了永平。为了稳住吴高，防止他向朱棣投降，杨文向吴高建议，避开朱棣的锋芒，将主力移到山海关驻扎，等待时机。

吴高知道，朱棣是个不好对付的敌人，但他不知道，自己已经被朱棣黑了一道，根本不清楚杨文劝说他撤军的真正原因，也就答应了。

大老远跑一趟，没有仗可打，朱棣手下的官兵们都有些不甘心。朱棣告诉他们：不过瘾是不是？带你们去一个好地方，那里更新鲜更刺激！

三、空头支票，也能搞定兄弟

朱棣说的地方，就是十七弟朱权把守的大宁。

自打老二老三死后，朱棣在诸王中年龄最大、威信最高，独一无二，但有一个现实令他不爽：他掌握的军队，居然算不上是最厉害的。

那么问题来了，藩王战力哪家强？中国辽东找宁王。

在当时，要论最能打的，放眼全大明，得数朵颜、泰宁和福余三卫骑兵，统称朵颜三卫，一水儿的蒙古人。在冷兵器时代，骑兵就相当于今天的机械化装甲兵，是战斗力最强的。朵颜三卫归谁管呢？宁王朱权，朱元璋的第十七子。

朱权出生于洪武十一年（1378），比朱允炆还小一岁，跟大胖子朱高炽同年。朱权于洪武二十四年（1391）封王，第二年就藩大宁。

朱权的母亲杨妃，在历史上默默无闻，也没有生卒年月记载，地位可想而知。儿子却如此显赫，"带甲八万，革车六千，所属朵颜三卫骑兵皆骁勇善战"。奇怪啊，朱元璋为何这么喜欢老十七，正史上并没有给出解释。

少年得志，人生过于顺利，是好事也是坏事。朱权被父皇不可思议的重视搞得飘飘然，真以为自己成了孙权而不是朱权，住在江宁而不是大宁。

由朱允炆领导的、声势浩大且民怨沸腾的削藩运动，也迅速波及遥远的辽东。辽王朱植和宁王朱权这兄弟俩，都被要求返回南京、交出兵权。朱植表现得很积极，没有任何抵触情绪，乖乖去了京城，被朱允炆剥夺了兵权，改封荆州。朱权虽说年少，性格却很倔强，拒不服从朝廷的安排，待在大宁装病不肯挪窝。朱允炆于是下旨，削夺了他对朵颜三卫的领导权。这当然是名义上的，三卫一向是半自治状态，而且是那种"有奶便是娘"的风格。

朱权听说这个四哥、头号反贼大老远从北平过来看望自己，心情十分激动。这要抓住他，可是盖世奇功啊。把他绑到南京，自己跟朝廷之间的矛盾还不一笔勾销，还不得领一大笔赏银？

不过，朱权和手下亲信讨论了几天，也下不了决心，到底是应该坚守城门，和朱棣干上一仗呢（一旦两败俱伤，那就让大侄子坐收渔翁之利了）；还是把他接进大宁城，好吃好喝地稳住，然后找个机会，趁其不备，摔杯为号；还是暧昧一些，不主动（收拾朱棣），不拒绝（朱棣的示好），不负责（朱棣的安全）？就这么着吧。

从内地去辽东，一般都得经过松亭关。但这次燕军没有从这里走，而是绕到了刘家口。经过并不激烈的战斗，朱棣在十月初二占领了这个要塞，同时派人快马向朱权报信，说："你四哥要来看你了！"十月初六，朱棣大军就来到了大宁。

朱棣命令部下在城外十里处扎营，自己带着两个随从策马赶到城下，向城楼上的士兵打招呼，说要见自己的十七弟——这也太嚣张了吧！

这城楼上的士兵也真老实，就没有一个敢放冷箭的。当然，全大明都知道，朱允炆给四叔颁发了"免死牌"。

朱权听说朱棣就这么单枪匹马来见自己，不免相当吃惊。他明白这个四哥是属蜂窝煤的，浑身都是心眼，自己得格外小心。为了维护兄弟情谊，朱权左思右想，还是冒着被绑架的危险，亲自出城迎接。他想，我今天倒要看看你这个老四，到底能玩出什么花样！

然而，从见到朱棣的那一刻起，朱权的警惕性就荡然无存了，只因为朱棣一个华丽的动作。

朱棣居然快步上前，一个猛子扑到十七弟的怀里，像个孩子一样大哭起来。

朱棣泣不成声："我二十岁就来到北平镇守，那时候，你还是个吃奶的孩子，对吧？现在，你自己都有孩子了。二十年过去了，藩国是太祖封的，王位是太祖授的，护卫是太祖赐的，太祖和太子在南京安享太平，我在北平风里来，雨里去，带着一身的尘埃。现在倒好，皇上居然说我要谋反，要派几十万军队来攻打北平，十七弟……"

朱权虽然对四哥的表演并不感兴趣，也相当不满，但也不好意思当面点破。自己虽然没有被削藩，但也不受朝廷待见："那您到我这儿来……"

"就是想来看看你。"

从某些方面来说，两个人也算同病相怜。四哥既然上门来了，那就让他住着吧。

在宁王府的日子，朱棣过得也相当轻松，每天睡到很晚才起床（没徐王妃管着），然后就是宁王过来陪着（怕他搞颠覆活动，得盯紧了），下下棋、听听曲、散散步、喝喝酒，称得上逍遥快活，还不用交房租。

朱棣说自己吃了不好好读书的亏，想让才华横溢的弟弟写封求和信给皇上，缓解一下自身压力。朱权心里合计，这不会是圈套吧，因此一直敷衍着。

转眼到了十月十七日，朱棣突然告辞，说有些要紧事，得赶回北平处理了。朱权乐得差点儿给四哥跪下磕头。请神容易送神难，得赶紧让这个"瘟神"离开。作为弟弟，他当然明白中国人的潜规则，肯定得虚情假意地挽留一番，朱棣也当然非常得体地予以回绝。

心情愉快的朱权决定，要亲自送出城外十里，以显示自己对四哥的依依不舍，其实是怕他再回来。

已经过了农历十月中旬，北国的冬天来得早，郊外的北风吹在脸上，已经让人感到阵阵寒意，但朱权的心是热乎乎的——总算把扫把星打发走了，他在我这儿多留一天，我就得少睡一天安稳觉。

在略带伤感的气氛中，朱权把酒为哥哥饯行，两人做依依不舍状。这时，朱棣的亲兵热情地牵来了两匹战马，恭敬地上前行礼："请二位王爷上马启程。"

朱权怀疑自己是不是听错了，他指指微笑不语的四哥："不对，是他去，不是我去。"

朱棣的微笑变成了大笑，笑得朱权心里一惊。大笑又变成了狂笑，笑得朱权后背阵阵发冷。朱棣突然不笑了，他一张嘴，朱权终于忍无可忍了。

只听朱棣说："十七弟不是说好了，跟我一起靖难吗？"

混蛋！朱权心说真是蹬鼻子上脸，给你块豆腐你就敢开火锅店！朱权摆出一副威武不屈的架势："我们虽然是亲兄弟，但国有国法，你就不怕我把你押送到南京请功吗？"

"好的，你试试。"

朱权大叫："来人！"

老十七这么一叫，还真叫来了不少人——朱棣的大队人马蜂拥而出，把朱权和他的几十名随从团团围住，全部缴了械。这时，朱权才知道什么叫一物降一物，原来所谓的"燕王善战，宁王善谋"，只是段子。跟四哥比，自己不善战也不善谋，只善于上当。

朱棣向自己手下示意："宁王是我们尊贵的客人，休得无礼！"然后转头看着一脸茫然的十七弟，关切地问："贤弟受惊了。你一定想知道，我这些天都做了些什么吧？"

"对啊对啊……"朱权一双小眼睛闪着好奇的光芒。

朱棣在进入大宁城的同时，也安排了几十名特工人员，化装成当地居民，混在欢迎队伍中进了城。

他们拿着燕王的亲笔信，许以高官厚禄，收买了朱棣的旧部房宽，处决了当初被反间计陷害的卜万，秘密地把大宁城的控制权拿到了手中。

他们凭着燕王手谕，以将朵颜三卫的土地赐给蒙古人为代价，说服了三卫兵马跟随燕军靖难。

他们和外面的燕军沟通好，安排精兵在城外埋伏，做好了一个大口袋，就等着朱权往里钻。而朱权还真厚道，相当地配合，还真就这么钻进来了。

刀已经架在脖子上了，朱权觉得就这么投降很跌份，还要装模作样地摆出为国捐躯的样子。朱棣自己就是表演高手，当然不会这么煞风景。

他终于开出了一个让十七弟无法拒绝的筹码。

待事成之后，中分天下。裂土而置，均称天子！

这样的条件，换作是你，你能不答应吗？当然，这个诺言能不能实现，那就是以后的事了。

朱权其实也知道，这只是一张永远不会兑现的空头支票。

天下能不能真的中分，不是现在必须考虑的，但身体会不会中分，却是马上要应对的问题。

朱权说："四哥，我不能走！"

"为什么？"

"我要回去说服大宁的兵马，都跟着你干！"

朱棣乐了，四哥我没看错人嘛。

很快，大宁的精兵、朵颜三卫骑兵与朱棣大军合为一处，开往北平。朱权不但自己参加了靖难队伍，还应四哥"邀请"，把老婆孩子都带来了。朱棣说要给这些人特别的保护——也就是把他们当作人质给看起来，这也是当时的一种惯例罢了。

朱棣十月初六来到大宁，十月十八日和朱权一起离开。十月二十一日他们来到了松亭关，陈亨已经整顿好兵马，正式加入了燕军。

这么一来，朱棣集中的兵力超过了十万人，即便还是不能与李景隆的五十万大军相比，但从作战能力来说，燕军已经不落下风了。

镜头切换到北平，朱高炽满面尘灰烟火色，领着残兵在城里苦苦支撑着。北平一旦失守，朱棣的家眷、诸将的亲人，即使能保住性命，也成了官军的人质，这仗，还能打下去吗？朱棣即使看不到，也应该想到嘛。

朱棣一行加速前进了吗？不，他们一点儿也不着急，事情就这么怪。难道燕王又有什么新的想法？

四、胖子守城，大块头有大智慧

回过头来说说李景隆。他手下有五十万大军，比整个北平的居民都多，当然也没必要用全部兵力去围困一座孤城。李景隆抽出了十万精兵，任务只有一个——占领北平。另外十万人马，负责攻打东边的要塞通州。其余近三十万主力，则守在北平东边的郑村坝——这是从永平回来的必经之地，准备以逸待劳，给南归的燕军以迎头痛击。

要说李景隆的兵书确实也读过不少，这个战略布局也比较合理，但现实并不如兵书上描写的那样简单，战术是死的，人是活的。

李景隆亲自率领十万大军，由德州直插北平。十万人的队伍，前后延伸出去了十几里，队列齐整，旌旗飘扬。转眼到了良乡镇，很快有探马来报，卢沟桥没有军队把守。

李景隆开始还有些不相信：我家的表叔数不清，就数你老四是人精。可你今天这是怎么了？真是缺乏军事常识，竟敢放弃这么重要的地方！后来再一想，肯定是城里兵少，根本派不出来。就你这么点儿人手，还好意思说自己是造反的？

一行人浩浩荡荡地开过了卢沟桥。

十月十五日，当朱棣还在宁王府听戏喝茶之时，李景隆的十万兵马就开到了北平城下。三十一年前，明朝北伐大军在徐达率领下，兵不血刃地占领了大都，当时李文忠没有参与北伐，李大公子也还未出生。李景隆心想，如果这次打下北平，消灭了朱棣叛军，我的功劳将会超过父亲的，谁又敢再说我是纨绔子弟呢？

李景隆也知道，朱棣都跑出去搬救兵了，城内的防守力量肯定相当有限。他的表弟，一个不中看也不中用的胖子，那是靠不住的。

北平，我不信十万大军攻不下你！表叔，郑村坝有三十万人等着迎接你呢。我知道你去找救兵了，不过等你回来，北平的九门，都归贤侄我管了。而你朱棣，只能是走投无路，死路一条了……

李景隆的兵员充足，他把十万人同时围绕九门排列分布，准备届时一齐进攻，让燕军顾此失彼，疲于奔命。

他自己，则亲率三万精兵，驻扎在最重要的一门——南墙正中的丽正门外。这是当年元朝皇帝进出的专用通道，也是朱棣的岳父徐达当年开进大都时走过的地方。李景隆希望自己能和徐达一样，于千万人的欢呼声中从这里走进去，成为北平的新主人。

从这一天开始，官军以十万之众狂攻各城门。留守北平的燕军，在朱高炽的统一指挥下，殊死抵抗。

如果要给这场攻守之战加标签的话，那"惨烈"二字也许最为合适。

对大胖子朱高炽来说，这是他人生的第一次重大考验。他刚刚二十一岁,比朱允炆还小一岁,从来就没有上过战场,十八般兵器还认不全。更要命的是,他从小就不喜欢打打杀杀,而喜欢习文写字。

但这一次,他躲不掉了,自己的母亲妻儿在此,燕军将士的亲人家眷在此,几十万人的生命与未来,都交到了他手里。他要是丢了北平,只能去死。

为了彰显死守到底的决心,朱高炽和道衍商量,下令将九道城门全部封死,杜绝个别守将开城投降的可能。要是有一道城门被打开,把官军骑兵放进来,在对方人数占尽优势的情况下,那就真的无力回天了。

你们要进城,从城楼往上爬吧。北平不欢迎你们!

朱高炽知道,自己的老爸在北平人缘还不错,关键时刻,必须放手发动群众,相信和依靠群众。所有能动员的人力都动员起来了,为了保卫北平,很多市民把房子都拆了,把房梁和砖头贡献出来,充当防御的武器。为了弥补兵员的不足,很多人自愿加入了守城的队伍。

朱棣就藩北平已经二十年了,在北平市民眼中,只有燕王,没有皇帝。或者说,燕王的事,就是他们的事;燕王有难,就是他们有难;燕王要倒霉,他们也得跟着倒霉。

朱高炽不但有个大块头,还有一颗大心脏。面对城楼上倒下的一排排尸体和出现的一次次险情,他表现出了与平时截然不同的冷静沉着,以及和二十一岁年龄完全不相符合的成熟稳健。

朱高炽下定了必死的决心,打算把生命中的每一天,都当作最后一天来拼。在他的潜意识里,他要负起这个领袖的责任:多扛一天,父亲带兵解围的希望就增加一分;多挺一天,自己就多赚一天。

白天,他带着亲兵,出现在战场最前线,观察敌情,鼓舞士气,甚至亲手点燃火炮。晚上,他走进战士家中,慰问和安抚他们的亲人;走进营地,看望受伤的士兵,询问他们的病情;还和道衍及徐王妃商量下一步的行动方案。每一天,他的工作时间都要超过八个时辰(不是八小时!);每一晚,他的睡眠时间都少之又少。为了守城,他是真的拼了。

官军在城外四周都立起了塔楼,站在上面能观察城内的动向,还能用弓箭火铳对城门上的士兵进行袭击。当年刘伯温攻打张士诚的平江城时，也用了这些招数。李景隆这是学以致用嘛。

他们填平了护城河，架起了云梯，组织了冲锋队，在火炮和弓箭掩护下，对北平发起一次次的冲击。而城楼之上的燕军，则用石头、滚木甚至石灰来招待他们。每一次冲锋，都是生与死的较量；每一个回合，都要付出血与肉的代价。

每天晚上，战斗暂时停止时，两边的阵亡名单上，都会增加长长的一串名字，双方的伤员队伍也都在扩大。但是，有十万人的官军，依然兵强马壮。他们就像春天的韭菜，割了一茬，又迅速长出另一茬。人手不够的燕军，却是死一个少一个，伤两个缺一双。

北平的城防实在是给力，城墙实在是结实。李景隆不由得想起二十年前，老爸李文忠自作聪明修整北平的事情。如果不是这位爷，北平还只有土城墙，官军成天对着城墙开炮，没准早就能轰开一个大缺口杀进去了。

李文忠不仅给城墙全部包砖，还增加了垛口和箭孔。当年他只知道，自己对北平的整修有多认真，在燕王面前就有多得意；却根本不知道，这会对官军的攻城造成多大阻力，也给自己的儿子平添多少烦恼。

别人最多坑爹，你却要坑自己的亲生儿子啊！

五、关键时刻，女性创造奇迹

李景隆在北平城下遇到了麻烦。不过，他有着自己压倒性的优势：人多。就算是一对一的伤亡，受益的还是自己。

时间一天天地流逝，双方的死伤量一天天地增加，燕军的破绽，也在一天天地显露。

丽正门是北平的正门，也是李景隆亲自督战的主战场。这里的战斗最激烈。在官军一次又一次自杀式的冲击之下，终于有一天，燕军的防守出现了重大漏洞，明显顶不住对方的火力。越来越多的官军士兵，顺着云梯登上了城楼，潮水般地涌了上来，举着大刀长枪，疯狂地追杀城楼上的燕军。

而他们的对手，却只能连连后退。

这真是北平保卫战中，生死攸关的一天。朱高炽眼睁睁地看着这一切，想要举剑上前抵抗，就被自己的护卫拦下了——挡不住，还不是白白送死！当时又没有电话、手机之类的通信工具，想召唤援军，也无计可施。

难道，北平就这样失守了吗？当然，我们今天当然知道答案：并没有。那又是谁，改变了历史进程？

正杀得起劲的官军，突然听到了前面清脆的叫喊声，这让他们相当好奇，这种声音，他们已经久违多日了，即使是吼叫，在他们听来，也是那么的悦耳。

但是，发出动听叫喊声的这帮人，不是来欢迎官军的，而是来收拾他们的！

只见一队妇女提着武器冲了上来，把正高兴的官军搞得直愣神。那个领头的，身形俏丽，身手不凡，气势逼人。她挥动宝剑，三下五除二，就砍倒了好几个官军，其他人也被逼得连连后退！

官军并不认识她，否则拼掉大半条命，也得活捉她去请功，赏金高啊！

她就是燕王朱棣的王妃，朱高炽的母亲徐氏。要知道，人家可是明初第一大将徐达之女。北平那可是昔日元大都，民风强悍，女性之中多有豪杰，和江南小鸟依人型的弱女子，是相当不一样的！

女人们抄家伙就砍，把好不容易爬上城楼的官军吓住了，几个回合下来就直往后退。留在城上的燕军，这时候也提起了精神，在徐王妃的感召之下、在朱高炽的亲自指挥之下，向着官军发起了绝地反击。双方在城楼上展开了一场混战。

太阳渐渐落山了，城楼上留下了近百具官军的尸体，他们终于放弃了。燕军士兵发出了热烈的欢呼声，所有人都明白，这场胜利对自己意味着什么。

"母亲，让您受累了！"劫后余生的朱高炽看到徐王妃，赶紧跪下行礼。

"孩子,你的父亲会为你骄傲的。"徐王妃的声音都有些颤抖了。

朱高炽看到徐王妃不顾安危,亲自上战场,感动之余,也陷入了深深的自责中。他不希望母亲再以身犯险,希望今天的危局不再重现。但是,自己又有什么招呢?想着想着,他突然心生一计,于是立刻让人去请道衍。

当天晚上,乌云密布,没有月亮。官军大营里一片寂静,大部分人都休息了,只有两个巡逻的转来转去。将近半个月的拼杀,这些人已经相当劳累了,大都进入了沉沉的梦乡。

突然,营中传出武器碰撞的声音,接着就有人大喊:"不好了,有人劫营!着火了!"局面越来越混乱,很多士兵来不及穿好衣服,提着兵器就冲了出去。

官军做梦也没想到,白天苦苦支撑,还刚差点儿丢掉丽正门的燕军,大晚上的居然有心情也有胆量来劫营!

他们完全没有心理准备,慌乱总是难免的。燕军却个个杀红了眼,见人就砍,见东西就砸,还四处放火,把李景隆的大营搞得乱七八糟。

官军不清楚对方有多少人,被打了个措手不及。等他们回过神想要反攻时,燕军已带着抢夺来的武器撤退:不跟你们玩了。

天很快就亮了,面对一片狼藉的大营,李景隆不免有些后怕,这时候,他突然想到了一个稳妥之策。

离城太近了危险,得后退十里扎营。这样敌人再来偷袭,就能作好准备了。

负责攻打和义门的老将瞿能听说了李景隆的安排,差点儿没气昏过去。根据多年的战争经验,他知道这是燕军崩溃的前兆。说真心话,只有在快支撑不下去的时候,才会玩这样的"大冒险"。官军如果后退扎营,就是给对方难得的喘息之机;如果朱棣的援军赶到,这些天的努力就会前功尽弃。

就在这一天，瞿能没有听从李景隆的命令，自己带领几千精兵，先饱餐了一顿，然后向西边的和义门展开了疯狂进攻。

瞿能不顾年老体弱，在亲兵盾牌阵的护卫下，从云梯果断地登上城楼。他挥舞大刀，一路向前。官军士气高涨，把这么多天的怨气全撒在了对手身上，燕军终于招架不住了，纷纷溃逃。

这个时候，就能看出当初堵死城门的决策是多么正确、多么有前瞻性了。如果瞿能这时候打开城门，把大队骑兵放进来，那么，官军拿下北平就是时间问题了。

但是，老谋深算的道衍，早就让朱高炽把九座城门全部牢牢封死，瞿能又没有重炮能轰开城门。他正琢磨着怎么能把和义门搞开，把大部队都放进来呢。

就在这时，朱高炽派出的救援队伍及时赶到，跟官军交上了火。瞿能一边抵抗，一边向李景隆报信。

但是，主帅的命令，差点儿把瞿能气得当场吐血。

冒着生命危险跑来的卫兵，带来了李景隆的手信，要求瞿能立即撤军。

老将军真是欲哭无泪。碰上这么个坏事的主，有什么招呢？他心里明白，李景隆是不想让自己抢了占领北平的头功。

瞿能只能依依不舍地告别他已经占领的和义门，且战且退，又有不少来不及跑掉的人做了冤鬼。

李景隆因劫营的事心有余悸，几天都没有攻打北平。而他的对手，却加紧完成了一项大工程。

眼看到了十一月，北方已经入冬，天气越来越冷，滴水成冰。来自江南水乡的士兵，越发感到不适应。很多人的手脚都冻伤了，非战斗减员不断增加。李景隆再蠢，也知道再等下去，就是腊月，再不结束战斗，很多人根本就无法打仗了。

于是李景隆下令，加紧围攻北平。

好不容易有一个晴天,太阳懒洋洋地挂在半空,却根本带不来一丝温暖。官军还没开到城下,就觉得前面一大片东西非常刺眼——天上有个太阳,地上难道也有个太阳?李景隆立即派人前去调查,不一会儿探兵来报,说是北平城墙全部给冻住了。

什么意思?

就是整个城墙四周全浇上了水,结上了冰。偌大的北平城,在阳光的照耀之下显得分外刺眼,就像一个大冰雕。

李景隆并不死心,他立即安排敢死队扛着云梯前去试探,结果无论怎么整,云梯在冰墙上都架不住,而城上的弓箭手射箭下来,敢死队就成"赶死队"了。在丢下上百具尸体之后,李景隆承认,已经错过了攻城的最好时机。

李景隆又吩咐,抬出二十门火炮,对着城墙一通轰炸。遗憾的是,十四世纪末的火炮太不给力,只在厚厚的冰墙上留下了一些痕迹,根本无法将冰完全轰开。

李景隆认栽了,他挥起马鞭,做了一个非常潇洒的手势——撤退。

官军撤了,十万人的大军,就这样被冰城搞得无可奈何。

在城墙上远眺的朱高炽,一颗提到嗓子眼儿的心,算是暂时放下了。他已经可以向父王证明,自己虽没上过战场,但绝对不是一个书呆子。

他明知自己兵力不足,照样敢派人坠绳下城,对官军发动突然袭击,逼迫他们后退十里。

他在和义门失守后,没有自乱阵脚,立即组织兵力反攻,有惊无险地保住了这道城门。

他利用李景隆部休整之机,连夜加班加点,在各处城墙上浇水,把北平变成了一座巨大的冰城。

各位看到这里,就知道朱棣留下老大而不是老二守城,是多么的知人善任了。

朱高煦打仗厉害,却相对心浮气躁,根本不像老大这么沉得住气,遇事不慌。老二不可能想到偷袭的点子，更不会把北平城变成冰城。

再联想到刘备非要用战力超强但有性格缺陷的关羽守荆州，导致哥仨前仆后继地被东吴害死，就知道主帅的选人眼光有多重要了。

话说回来，天气虽然站在了朱高炽这一边，但李景隆自己握了一手好牌却打成这样，怪谁呢？

接下来，他的日子会好过吗？

六、郑村坝大战，结局出人意料

惨烈的北平保卫战，以李景隆的撤离告一段落。

在收到朱棣进入松亭关的战报后，这位官军主帅决定把攻打北平的事情放一放，先堵截朱棣！他命令部将胡观率领五万人继续围城，自己则赶到郑村坝，与朱棣决一死战。

郑村坝在通州西北二十里处，其距离北平正好也是二十里，这里是从松亭关回师北平的必经之地。

朱棣现在手下的人马将近十万，与李景隆的三十万相比，人数还处于下风，但这十万士兵都能征善战，并且由一位卓越的指挥官和天才的煽动家朱棣亲自指挥。更重要的是，他们还拥有当时世界上最凶悍的雇佣兵——朵颜三卫骑兵。

趁冬天白沟河结冰，燕军顺利渡河，前锋直指郑村坝。

李景隆认为，朱棣远道而来，肯定会非常辛苦，如果派出一支骑兵慰问一下，那场面将是相当感人的。想到这里，他不厚道地笑了，把这个任务交给了亲信陈晖。

陈晖是一个做事很有条理、很重视细节的将领，知道天寒地冻，一万人马漫无目的地乱转，没让敌人杀死，自己就先冻个半死。因此，他分兵几路打探。当有人发现了大量的马蹄印和丢弃的军用物品向他汇报时，陈晖非常开心，知道燕军的踪迹已经被自己找到了。

当陈晖在路上追赶时，朱棣他们正在渡河。当时白沟河结了厚厚的冰，但十万人马一起赶路，还是得小心翼翼，生怕踏破冰面，带来非战斗减员。也许冥冥之中自有天意，如果陈晖的行军速度再快一些，趁朱棣渡河的时候偷袭，后果将不堪设想。

幸运的是，陈晖赶到时，燕军主力已经顺利地渡过了白沟河。

陈晖的小算盘打得很精明，他想悄悄地跟在朱棣大军的后面，一直跟着他们去郑村坝。这样等李景隆和朱棣打起来之后，他就从北面进攻，与官军主力形成合围之势。

理想很丰满，现实很骨感。遗憾的是，他们的动向，还是很快被朱棣发现了。

朱棣派出蒙古兄弟，招呼这些聪明的追击者。双方在白沟河附近交上了手。显然在骑兵兵种上，朵颜三卫占有明显优势，不少官军被砍于马下，更多的人被赶着往北跑，一直追到了白沟河里，秩序大乱。

就在这时又出事了。河上的冰层发生了断裂，很多官军被挤下了水，而蒙古骑兵则在后面放箭。这些可怜的士兵，死亡方式也是多种多样的：有被当场射死的，有掉下马被踩死的，有掉进水里被活活淹死的。只有很少一部分逃了出去，包括他们的将领陈晖。

有时候，聪明也是要付出代价的，自作聪明，则要承受输光老本的风险。如果陈晖的对手是一般人，他也许会立下盖世奇功，但撞上阴谋家朱棣，他就没有好戏唱了。

可惜，历史没有如果。

打跑了陈晖，燕军继续按原计划前进，与等候多时的李景隆主力在郑村坝相会了。

建文元年（1399）十一月初五，起兵四个月之后，朱棣迎来了最大规模的一场战斗，双方投入的兵力之多，超过了明朝建国以来的任何一场战斗。

历史选择了郑村坝，郑村坝注定要载入史册。

这场战斗从早上开始。冲在燕军最前面的，还是朵颜三卫的蒙古骑兵，他们得到了朱棣丰厚的回报承诺，但这些承诺的生效，必须是在燕王夺取天下之后。所以，他们不得不格外卖力。而且，这些蒙古人觉得，打败了南京朝廷，也等于变相给大元报了仇，替自己的同胞出了一口恶气。

上万匹战马扬起的尘土遮住了天色，上万把锃亮的弯刀，在太阳下寒光闪闪。双方混战在了一起。面对如狼似虎的三卫骑兵，官军即使有了足够的心理准备，还是因为能力上的差距，在交战中很快处于下风。兵器相撞之间，吃亏的总是官军；寒光闪到之处，更是传来官军的阵阵惨叫。很快，李景隆中军的七座大营都被拿下，战场上到处是官军的尸体和丢弃的武器。当然，燕军的损失也并不小。

在顶住了蒙古人的三板斧之后，官军还是凭借自己几倍于对方的人手，很快组织起了有效的反击，瓦解了燕军起初势不可当的锐气，双方进入了胶着状态，杀得难解难分。

李景隆把三十万大军分成了左中右三军，自己亲自统领中军，而朱棣则是骑着他那匹著名的战马——龙驹，带头向朝廷中军发起了攻势。

作为统帅，朱棣从来没有龟缩在后方的习惯，而是骑在战马上亲自迎敌。这当然是个人风格问题，无所谓好坏。不过作为主帅，还是应该尽量让自己安全一些，万一被偷袭了，既直接干扰本方的作战指挥，也影响整场战事的进程，但朱棣却不太在乎这个。

而且说来也怪，在如此激烈对抗的战场上，一支冷箭就可能要了任何人的老命，而朱棣左劈右砍，亲手杀死了数十个官军，自己却没有受什么大伤，也没有中箭。可怜的龙驹倒是被射中了一次，当时就把朱棣给掀了下来。但这匹宝马在伤口经过简单的处理后，又带伤战斗了。

时间在一分一秒地流逝，太阳在一点一点地西移，交战的双方很难分出胜负。如果就这么缠斗下去，人数偏少的燕军，将处于不利地位。

关键时刻，朱棣阵中有一个人，勇敢地站了出来。

他是个太监，他即便不是中国历史上最有名的，也很可能是获得最多正面评价的。不信，说出他的大名来，你肯定知道——马和。什么？不认识，那说他后来的名字吧，郑和。

洪武四年（1371），马和出生于云南昆明。洪武十四年（1381），朱元璋派傅友德平定云南。四年之后，这位战神回到北平，还带来了几十个在当地净身的太监，其中就有一个聪明伶俐的孩子，让朱棣相当欣赏。

朱棣从此将他留在身边，并让他拜道衍为师，又令他跟随燕山护卫一起练武。

这孩子正是马和。成年之后的他，可谓文武双全。

在郑村坝之战中，马和的本职工作是带着一千骑兵监视朵颜三卫，防止他们阵前倒戈——别以为这帮雇佣兵干不出两面吃回扣的事。但在胶着的战事中，他敏锐地观察到，李景隆的左军人马，正在向中军方向移动，想对朱棣进行合围。

马和没有犹豫，立即命令手下行动，向官军左翼发动猛攻。他也像朱棣一样，挥着弯刀冲在了最前面。

战场上的节奏与均势局面一下子被打破了，马和是知道自己只有一千人的，但官军并不清楚，只感觉这帮人动静挺大，还以为被反包围了，被打了个阵脚大乱。朱棣这边也趁机加强了攻势，官军抵抗得越发吃力，渐渐处在了下风。

天色慢慢黑下来。双方还真是心照不宣，都各自鸣金收兵。李景隆率部返回营地。朱棣一伙可没有那么好的待遇，他们走得急，没有扎营装备，只能找个宽阔的地方就地休息。

十一月的夜晚已经相当寒冷，北风吹来，让人感到一股渗到骨头里的凉意。士兵们穿着铠甲，白天累出一身汗，这时候当然还没有干，一个个冻得浑身发抖，哪里睡得着。朱棣看在眼里，急在心里，随即叫来了都指挥火真，吩咐他如此如此。

火真真的会生火。他不知道从哪里弄来了一堆破马鞍，找了个相对开阔的地方把火生旺，就请四殿下过来烤火。朱棣到了之后，先批评了火真，说要当心敌人看到火光偷袭，然后就在火堆旁边坐下了。

当时没有温度计，但保守估计当晚也得有零下十摄氏度吧，风还在继续刮，士兵们冷得睡不着，懵懵懂懂中发现了火光，就纷纷围了上来，想分享一点温暖。火真不乐意了：这火是我孝敬燕王的，你们跑过来算什么事啊？他抡起鞭子，就想抽这帮没眼色的。

朱棣见了，立即愤怒地批评火真："这些都是我们北平真正的勇士，我们穿着裘皮还觉得冷，他们身披铁甲，冷到什么程度你不清楚吗？我恨不得让所有将士都来烤火，你怎么忍心呵斥他们？"

火真心里直乐，脸上却装出毕恭毕敬的表情连连认错："属下无知……"又谦卑地招呼士兵们近前。士兵们都围了上来，他们一边烤火，一边感激地说："燕王殿下真仁义啊""真是真命天子""为燕王打仗，死也甘心"，诸如此类。

朱棣悄悄地给火真使了个眼色，意思是"配合得很好，我很满意"。

按今天的标准，朱棣这个烤火秀表演得很虚伪，几万人马才生这么一堆火，够几个人烤的？而且明明第二天还要打仗，大晚上不好好睡觉，生一堆火烧马鞍子玩，有意思吗？不过在那个时代，面对一群头脑简单的大兵，这样的招还挺好使。

第二天一早，朱棣的探马来报，朱棣听后，脸色沉了下来。

李景隆这小子居然出息了，玩了出空城计。

就在昨天晚上，李景隆命令部队悄悄分批撤离。为了防备燕军追杀，他们让营帐的灯继续亮着，还扎了一些草人，给它们穿上盔甲"站岗"，大旗还是照原样立着，马匹和许多军用物资也照原样扔着。

要说这李景隆白天并没有被打垮，为什么要逃跑呢？这样一撤兵，不但占领北平彻底没戏，还白白损失了几万士兵，以及大量的武器、粮草和马匹，同时，也严重影响了自身士气。这是何苦呢？

但是，李景隆自己也认识到了，天气越来越冷，南方来的士兵根本无法适应，被冻伤的越来越多，无谓的非战斗减员将会给自己带来很大麻烦。而且，冬衣和军粮的补给都是个问题，士兵们的情绪普遍低落。朱棣却是主场作战，占有天时地利，甚至还有人和，越来越顺手，越来越强悍。这样下去，自己这边只会越来越吃力，越来越被动，甚至可能会全军覆没。

还是三十六计走为上计，回去重整旗鼓，等来年春暖花开时，再来收拾这个狡猾的表叔！

没能在郑村坝消灭李景隆的主力，朱棣当然是比较遗憾的，但他脑子转得多快啊，当即对将士们宣布："这个李景隆真是个蠢材、懦夫，刚打了一天，吃了点亏，就给吓跑了！"众将一听，心下会意，齐声附和道："都是燕王圣明，用兵有方，将士一心，李景隆小儿才会望风而逃。"

消息传了出去，燕王的英武之名，在燕军之中更加深入人心了。

史书上没有记载，李景隆到底有没有通知围困北平的五万兵马撤退。难道他忘记了，还是通知的人被干掉了？这是个永远的谜。李景隆自己也已经不在了，无法告诉后人答案。

反正实际情况就是，李景隆自己一路逃到德州，而胡观带领的五万军队，还在北平城下原地驻扎待命，等候大部队来支援。

十一月初七，真的过来了一支大部队。不过，这些人不是来援助胡观的，而是来收拾他的。

朱棣带着朵颜三卫骑兵杀回来了。猛烈的攻势让官军无法招架，他们放弃了营寨、粮草和辎重，企图杀出一条血路逃走。朱高炽则带人从城楼上下来，配合朱棣两面夹击。官军损失惨重，仅有几千人突围出去，其余的不是战死，就是投降。

北平之围解了，李景隆的五十万大军撤了，这场战斗暂时告一段落，朱棣取得了不小的成绩。

丽正门下，朱高炽与老爹胜利会师。朱棣拍着大胖儿子的肩膀，对他这次的表现相当满意，而朱棣身后不远，站着一身铠甲的老二朱高煦。对老大取得的成绩，他不是由衷地高兴，而是相当地眼红，连祝贺都是假模假式的。这种情绪没有完全隐藏住，当然也逃不过朱棣的眼睛。

也许，他们二人的竞争，要与父王和朝廷的竞争同步进行了。

马和的英勇表现给朱棣留下了特别深刻的印象，朱棣当下决定重赏他，并赐姓郑，从此他就叫郑和。马和当然要跪下谢恩。

不过这个行动很诡异，这个改姓也够随意：朱棣名义上的母亲、大明开国的第一位皇后，不也姓马吗？姓马怎么就不行了？不过这个郑，正是郑村坝的郑。估计朱棣是想表彰这位太监在郑村坝大战中的突出表现，并以此纪念这场战役吧。

不过，千万不要有这种错觉：郑姓在明朝是国姓。后来有个大家都知道的郑成功，人家本来就姓郑，只是皇帝赐姓朱，这才当上了"国姓爷"，正确叫法其实是"朱成功"。

敌人退兵了，北平解围了。士兵们可以休息了，大将们可以庆功了，但是作为主帅，朱棣却安静不下来。他还想折腾什么呢？

第十一章　神风助战白沟河

一、朱棣再上书，大打心理战

打跑了李景隆，朱棣对朝廷的军事能力有了更清楚的认识，也对自己的未来有了更多信心。他从来都不会忽略宣传鼓动的威力，很清楚一支笔胜过一万雄兵。在欢庆胜利、犒赏三军之余，他不忘上书朝廷，明着是为自己申冤，实际是向建文挑衅。

而写书信的重担，朱棣并没有一人独挑，而是拉上了十七弟。

自从在大宁裹挟了朱权及其家眷之后，朱棣但凡出征，必定都把朱权带在身边。一来，可以制造兄弟同心、一起造反的和谐场景，安抚朵颜三卫骑兵给自己好好卖命；二来，要是将朱权留在北平，自己还真是不太放心。老十七毕竟不是省油的灯，万一带着老婆孩子跑路了，对三卫雇佣兵的影响，肯定也是相当微妙的。

更糟糕的结果，那就是朱权在北平起事，先收拾朱高炽，再断自己的后路，并以此向朱允炆邀功。这种可能性虽说非常小，但也并非完全没可能。毕竟朱棣玩阴谋在先，朱权心怀不满也是可以理解的。

因此，朱棣对这个兄弟特别上心，当然也舍不得让他上战场。相比四哥，朱权接受的文化教育更加系统，文字功底更加扎实，吹起牛、说起谎来更有想象力。更重要的是，相比普通的枪手，朱权的见识更广、眼界更高，更能深刻领会四哥的真实意图（毕竟起点完全不同）。如此一来，朱权虽不用披挂上阵，却也承担起了一项重任——首席枪手，这也算是人尽其才、充分发挥作用了。

这次向朝廷呈上的奏折，正是朱棣与朱权兄弟俩反复商量，最终由朱权执笔，以朱棣名义发出的。

首先，奏折对朱元璋的死因表示怀疑，暗示其是朱允炆谋害的，进而对朱元璋的葬礼进行歪曲，意欲在朝中制造混乱，浑水摸鱼：

礼曰："君父之仇，不共戴天，兄弟之仇不反兵。"今我太祖高皇子也，君亲之仇，可不报乎？恒念父皇存日，因春秋高，故每岁召诸王或一度或两度入朝，父皇谓众王曰："吾之所以每岁唤尔诸子或一度或两度来见者何也？我年老，虑病有不测，弗能见尔辈也，岂不知尔辈往来匍匐之劳勤？"父皇康健之日尚如此，矧既病久，焉得不来召我诸子见也！不知父皇果何病也，亦不知服何药而不瘳，以至于大故也。礼曰："君有疾饮药，臣先尝之，亲有疾饮药，子先尝之。"今悉为父皇亲子，分封于燕，去京三千里之远，每岁朝觐，马行不过七日，父皇既病久，如何不令人来报？俾得一见父皇，知何病，用何药，尽人子之礼也。焉有父病而不令子知者？焉有为子而不知父病者？天下岂有无父子之国也邪？无父子之礼者，则非人之类也！况父皇闰五月初十日未时崩，寅时即殓，不知何为如此之速也。礼曰："三日而殓，俟其复生。"今不一日而殓，礼乎？古今天下，自天子至于庶人，焉有父死而不报子知者？焉有父死而子不得奔丧者也？及踰一月，方诏亲王及天下知之，如此则我亲子与庶民同也。又不知父皇梓宫何以七日而葬，不知何为如此之速也？礼曰："天子七月而葬。"今七日即葬，礼乎？今见诏内言"燕庶人父子"岂葬父皇以庶人之礼耶？可为哀痛！

同时，朱棣哥俩歪曲和夸大事实，诋毁建文帝不遵守祖制，并煽动诸王起来造侄子的反：

未几，即拆毁宫殿，掘地五尺，明有诏云："太祖高皇帝开基创业，平定天下，用心三十年，纲纪法度，布画大定，犹如起造巨室，与人居处，苟为官者不修政事，不守法度，如拆毁室庐，欲求安处，焉有是理？"旨哉言乎？今奸臣首将宫殿拆毁，与所言大相违背，使天下之人遵法，亦难矣哉！孔子曰："父在观其志，父殁观其行，三年无改于父之道，可谓孝矣。"我父皇存日，尝与诸王曰："我为天子，盖造宫殿，不过欲壮观天下，万邦来朝，使其观瞻，知中国天子之尊严也。然此劳军民之力，费用钱粮，岂易尔耶？盖此宫殿，极为坚致，使后世子孙不须更造，以劳军民。"今拆毁祖业，礼乎？非礼乎？父皇宾天，不得奔丧，欲自诣京，复恐外人不知者谓有他志，故吞声忍气，不敢出言，痛裂肝肺，泪从中堕，不意奸邪小人，交构为恶，巧言欺惑，变乱祖法，岂不知《皇明祖训》御制序云："凡我子孙，钦承朕命，毋作聪明，乱我已成之法，一字不可改易，非但不负朕垂训之意，而天地祖宗亦将孚佑于无穷矣。呜呼，其敬戒之哉！"

最重要也是最关键的，朱棣继续栽赃齐泰和黄子澄两个倒霉蛋，以保证靖难的合法性，并扬言要不惜一切代价，将造反进行到底：

伏自父皇宾天，闻齐泰等奏定礼仪，凡朝几筵，揖而不拜，及小祥节届，祭不亲与。差百户林玉、邓庸等奏事，辄被囚系，棰楚锻炼，令诬王造反，云"擅自操练军士，造作军器，必有他图"。齐泰等明知《皇明祖训》兵卫内二条："凡王教练军士，一月十次，或七八次、五六次，若临事有警，或王有闲暇，则遍数不拘。"又云："凡王入朝，其随侍文武官员，马步旗军，不拘数目。若王恐供给繁重，斟酌从行者，听。其军士仪卫、旗帜甲仗，务要鲜明整肃，以壮臣民之观。"想惟太祖高皇帝以诸子出守藩屏，使其常岁操练军马，造作军器，惟欲防边御寇，以保社稷，隆基业于万世，岂有他哉！其奸臣齐泰等不遵祖法，恣行奸究，操威福予夺之权，天下之人，但知有彼，不复知有朝廷也。七月以来，诈令恶少宋忠、谢贵等来见屠戮，为保性命，不得已而动兵。宋忠、谢贵俱已就擒，已具本奏闻，拱候裁决，到今不蒙示谕。齐泰等又矫诏令长兴侯耿炳文等领军驻雄县、真定，来攻北平。重为保性命之故，不得已而又动兵，败炳文所领军马，生擒驸马李坚、都督潘忠、宁忠、顾成、都指挥刘燧、指挥杨松等。奸臣齐泰揭榜毁骂，并指斥太祖高皇帝。如此大逆不道，其罪当何如哉！十月十六日，又矫诏令曹国公李景隆等总兵领天下军马来攻北平。躬率精锐，尽杀败之。李景隆夜遁而去。若此所为，奸臣齐泰等必欲杀我父皇子孙，坏我父皇基业，意在荡灭无余，将以图天下也。此等逆贼，义不与之共戴天，不报此仇，纵死不已。今昧死上奏，伏望愍念父皇太祖高皇帝起布衣，奋万死，不顾一生，艰难创业，分封诸子，未及期年，诛灭殆尽。俯赐仁慈，留我父皇一二亲子，以奉祖宗香火，至幸至幸。不然，必欲见杀，则我数十万之众，皆必死之人。谚云："一人拼命，千夫莫当。"纵有数百万之众，亦无如之何矣。愿体上帝好生之心，勿驱无罪之人死于白刃之下，恩莫大也。倘听愚言，速去左右奸邪之人，下宽容之诏，以全宗亲，则社稷永安，生民永赖。若必不去，是不与共戴天之仇，终必报也。不报此仇，是不为孝子，是忘大本大恩也。伏请裁决。

这朱棣的口气也太大了，这哪里是什么臣子给皇帝上的奏折，完全是叔叔在教训不懂事的侄子，不仅充满了歪曲事实的指责，还有颠倒黑白的诬蔑，更有强词夺理的讽刺。没办法，谁让李景隆在战场上打不赢人家呢？

战场失利的消息，已经让朱允炆相当揪心；朱棣的上书指责，无疑更像一把匕首，刺到了他的痛处。对于削藩，建文帝本身是不大赞成的，更不希望搞到今天这样大动干戈的地步，在这一点上，他对"齐、黄"组合已经相当不满。

按理说，对于朱棣如此嚣张的指责，朝廷应该安排善于写策论的文字高手，进行针锋相对的有力反驳，以恢复和提振士气，揭露对方的阴谋，维护自己的威信。但我们今天看不到相关的文章留存，也许是历史原因没有保留下来，被人销毁了；但也有一种可能，是朱允炆自己都感到底气不足，不想进行这场无谓的笔墨战争。

这从他不久之后的另一项决定可以看出。

朝廷宣布罢免齐泰和黄子澄，将其削职为民。这可以说是朱允炆的缓兵之计。你不是说这哥俩有罪吗？你要清君侧，我现在清了，再继续打，就是你不对了嘛！同时，朱允炆在暗地里对"齐、黄"进行了安抚，保证他们生活待遇不变，还能继续留在自己身边出谋划策。

但朝廷大臣可不这么想，他们一看会觉得：真可悲，最坚决、最彻底给你卖命的两个干将，就这样被你干掉了，我们这些边缘人物，还不是说灭就灭？再说你们是亲叔侄，有什么纠纷都是皇族内部矛盾，说不定哪天就和好了。我们这些人要是乱出主意、乱表忠心，没准就表出问题来，成了替罪羊、牺牲品，那可就不值得了。

不信任的种子已经埋下，并逐步生根、发芽、长大……

而在北平，当收到朝廷罢免"齐、黄"的情报之后，朱棣非但不表示感激，从此罢兵休战，相反，他进一步看清了朝廷的虚弱，也更看到了自己光明的未来。

也就是说，朱棣胆子更大，信心更足，行事更加得寸进尺了。

二、不认可你，但认可你的批评

战场上占不到便宜，打嘴仗也占不到上风，朱允炆这个皇帝当得有些憋屈。好在有道是"家贫出孝子，国难有忠臣"，一个年轻人挺身而出，表示愿意冒生命危险，前去北平说服燕王罢兵。

这个年轻人名叫高巍。对，就是那个主张推恩令的高巍，他又站出来了。

没有什么好办法的朱允炆，怎能拒绝这样忠心的行动呢？不过他似乎没有考虑过，这个高巍的行程可是极其危险的，搞不好就是竖着离开、横着回来了。

高巍一路风尘来到北平，为了显示诚意，朱棣开丽正门亲自迎接，而高巍见到这位让朝廷上下谈之色变的燕庶人，仅仅是长施一礼。

朱棣身边的将军们正想发作，被朱棣拦住了。朱棣知道，高巍这次是代表朝廷来的，当然用不着下跪。

朱棣很热情地陪着高巍，把他领入了燕王府，并安排了丰盛的酒宴。言谈之中，高巍的回答有理有节，不卑不亢，居然让朱棣也有了几分欣赏。而燕王的霸气外露与强词夺理，也给高巍留下了深刻印象，知道这是一个不把规矩放在眼里的人，或者说，他做的事，就是规矩。

酒足饭饱之后，高巍恭敬地呈上了自己的书信。朱棣打开看过之后，不禁暗暗叫好，信中说：

太祖上宾，天子嗣位，布维新之政，天下爱戴，皆曰："内有圣明，外有藩翰，成、康之治，再现于今矣。"不谓大王显与朝廷绝，张三军，抗六师，臣不知大王何意也。今在朝诸臣，文者智辏，武者勇奋，执言仗义，以顺讨逆。胜败之机明于指掌。皆云大王"借口诛左班文臣，实则吴王濞故智，其心路人所共知"。巍窃恐奸雄无赖，乘隙奋击，万一有失，大王得罪先帝矣。今大王据北平、取密云、下永平、袭雄县、掩真定。虽易若建瓴，然自兵兴以来，业经数月，尚不能出蕞尔一隅地。且大王所统将士，计不过三十万。以一国有限之众应天下之师，亦易罢矣。大王与天子义则君臣，亲则骨肉，尚生离间。况三十万异姓之士能保其同心协力，效死于殿下乎？巍每念至此，未始不为大王澘澘流涕也。

愿大王信巍言，上表谢罪，再修亲好。朝廷鉴大王无他，必蒙宽宥。太祖在天之灵亦安矣。倘执迷不悟，舍千乘之尊，捐一国之富，恃小胜，忘大义，以寡抗众，为侥幸不可成之悖事，巍不知大王所税驾也。况大丧未终，毒兴师旅，其与泰伯、夷、齐求仁让国之义，不大迳庭乎？虽大王有肃清朝廷之心，天下不无篡夺嫡统之议。即幸而不败，谓大王何如人？

巍白发书生，蜉蝣微命，性不畏死。洪武十七年，蒙太祖高皇帝旌臣孝行。巍窃自负：既为孝子，当为忠臣。死忠死孝，巍至愿也。如蒙赐死，获见太祖在天之灵，巍亦可无愧矣。

高巍的信，戳到了朱棣的痛处，他自己何尝没有赌徒心理？以北平一隅对抗天下兵马，确实是实情，如果蓝玉、傅友德这样的战神还在人间，郑村坝一战，自己很可能已经从世上消失了。

自从派三个王子去南京吊丧以来，幸运之神屡次站在了自己这一边，但人品败得这么多，不能每次都是好运气，也根本改变不了以寡敌众的现实。

但是，朱棣能回头吗？既然总是心存侥幸，那他对自身运气的估量，也到了自负的程度。你可以说他不自量力，但人家就是有这种泰山压顶而面不改色的气概。"夷、齐求仁让国之义"这种牺牲自己成全别人的行为，他怎么可能做得出来？

朱棣虽然自己造反，但他显然更喜欢忠臣，希望能把高巍留在自己身边，作为收降建文朝大臣战略的一部分，但后者很有礼貌地拒绝了。显然，他们不是一路人。

高巍走了，不过没有回南京，而是直接前往李景隆大营。那封书信朱棣却一直留着，并不时拿出来阅读，里面讲到的事情，他深深引以为鉴。为了维护燕王的尊严，他当然不能在众人面前，做到所谓的从善如流；但他很注意听取别人的意见，改进和完善自己的思路。

这也是他比别人走得更远的原因之一。

李景隆打了败仗，保举他的黄子澄，也和齐泰一起被罢官，那朝廷对李景隆的惩罚是什么呢？说出来也许你真不信：

李景隆又升官了。

建文元年（1399）十二月，李景隆被授予太子太师，注意是太师不是太傅，当年的第一猛将蓝玉打垮了北元，朱元璋只让他做了太子太傅，离太师差半级，把粗人蓝玉气得够呛："我为什么不配当太师？"

同时，朱允炆还赐给这位表哥黄金、美酒和貂裘。第二年正月，又御赐李景隆天子斧钺，允许表哥随机应变地处理突发事件，不必事事禀告朝廷。李景隆收到礼物之后，当然又是感激涕零了好一阵。

李景隆在德州一边加紧操练兵马，一边向表叔朱棣写亲笔信，希望他罢兵，以此作为缓兵之计。朱棣当然不会搭理这一套，但到了建文二年（1400）二月二十八日，他还是回了封信，并让主要将领过目。这封信与其说是给李景隆看的，不如说是给自己的弟兄们看的；与其说是为自己辩护，不如说是帮他们坚定造反的信心。朱棣真是个做思想工作的高手：

近总旗魏再兴来，得汝二月十三日书，披观至再，辞意苟且率略，不见诚实之情，度此非出汝之心口也。何则？汝之祖为孝，父为孝，汝出于孝子之家，岂肯妄诞若此？必奸臣假汝之言以诒我。我与汝以家而论，分居长，以朝廷而论，爵为亲王，俱不当相待如此……

又云："尚书齐泰、太卿黄子澄已屏窜遐荒，天理昭明，于斯见矣。"若以我太祖公法论之，必使其身首异处，夷其九族。今屏去遐荒，想不出千里，必召而回，为幕中之宾矣。此外示除灭小人，内实不然，诚为可笑……汝云："近年以来，钦蒙太祖高皇帝圣训谆谆，今犹在耳。"吁，《皇明祖训》乃不钦遵，若谆谆在耳，必不如此……又云："骨肉有伤，大乱之道，欲舍（一作'含'）小怒，以全大义。"……昔我周王弟被奸臣诬害，言"大义灭亲"，与今所说大相违背……父皇宾天，骨肉未冷，即将周、齐、湘、代、岷五王破家灭国，国公至亲，岂不痛哉！非痛五王，乃痛太祖高皇帝也。今又来灭我，其可乎？

……闲尝与布政张昺、长史葛诚言祖法，昺、诚云："齐泰等言《皇明祖训》不会说话，只是用新法便。"

……如此变乱祖法，恐一旦社稷落奸臣之手，贻笑于万世。朝廷如此失政，国公以太祖高皇帝"圣训谆谆，今犹在耳"，其可不忧惧者哉！奸臣齐泰等假以诬亲王造反为由，实图天下社稷之计耳……

谢贵、张昺等吐露情实，谓齐泰等愤恨当太祖高皇帝时位居下僚，不得柄用，且慄慄度日，朝不保夕。今少主不亲政事，正其得志之秋，祗虑诸王藩屏，未得大纵，遂同心协谋，以灭诸王，方得永享富贵……汝为大孝，国家至亲，慨念人生世间，不满百岁，死生俄顷，倘汝一旦荡终天年，有何面目见我父皇太祖高皇帝也！姑以汝之心自度之，为父皇之仇如此，为孝子者可不报乎？因尔书来，不得不答，再不宜调弄笔舌。但恐兵衅不解，寇盗窃发，朝廷安危未可保也。所欲言者甚多，难以枚举，忽遽简略此，汝宜详之。

燕军将士看了这封信，当然会更加坚定地支持朱棣，厌恶李景隆。当然，双方在来往信件上打嘴仗，都并不能达到目的，无非是希望在心理上占一点优势，并且争取时间，为即将到来的大战作好准备。

而一场更大规模的战争，已经不可避免了。

三、佯攻大同，让你过不好冬天

自从收到天子斧钺之后，李景隆就加紧整顿和训练军兵，并继续向各地发出勤王命令。但朱棣一眼看出，表侄麾下以江南士兵为主的军队，是不敢也不可能在隆冬季节向北平再次发动进攻的，他们只会等到来年春天，在气候变得对官军有利的情形下，才有所行动。

而他自己，也没理由在北平一直窝着，应该继续扩大地盘，肃清外围。同时，也不能让李景隆这小子在德州过得太舒服，一定要搞得他坐立不安，心神不定。

腊月二十四日，朱棣亲自带领队伍开到了广昌（今河北省涞源县），当地守将汤胜听说燕军来了，非常高兴——没错，这是朱棣的老部下，他借着这个契机，开城投降，欢天喜地地加入了叛军。

转眼就是新的一年了，建文二年（1400）正月初一，当全国人民正沉浸在迎接新年的喜悦之中，盼望新年有新希望之时，朱棣和他的弟兄们在为造反大业拼命奋斗。他们离开广昌之后，又来到了蔚州（今河北省蔚县），真是够辛苦的。

熟悉明史的同学，对蔚州一定不会陌生。朱棣的重孙朱祁镇（明英宗）最宠信的太监王振，正是蔚州人。正统十四年（1449），王振和朱祁镇在北征瓦剌返回北京时，为了不破坏蔚州麦田而一再更改行军线路，最终酿成了"土木堡之变"的大悲剧，几乎彻底败光了朱棣积攒的家底。

朱棣特别喜欢在别人过节的时候添乱，攻打通州是七月初七，偷袭雄县是八月十五，这次又在大年初一带着家伙上门拜访。对于越来越熟悉朱棣做事风格的官军将领来说，宁可一年到头没有节日，否则过节都跟过关似的，烧香拜佛地求朱棣不要来问候他们。

攻打蔚州没有费什么工夫，因为朱棣让士兵搬出了火炮，对着城池做出瞄准状。蔚州的土城墙不结实，根本经不起轰击，城内守将一看势头不对，赶紧开城投降。朱棣把守城的蔚州卫指挥同知王忠、张远和李远都封为北平都指挥佥事，把他们吸纳到靖难的大军中来。

同时，朱棣还非常"关心"三人的家属，命令亲兵把这些人全部护送到北平，好好照顾，严加保护。哥仨算是明白了，自己在战场上如果不玩命，老婆孩子在后方就没什么好果子吃。没办法，那就拼命打仗吧。

攻打这两座小城，当然不是朱棣的真实目的，他是想侵扰一座大城市。同年二月，朱棣大军决定兵发大同，他故意将动静搞得很大，让在德州"猫冬"的李景隆没法不知道，没法装聋作哑，没法不作出反应。

大同本来是朱元璋第十三子代王朱桂就藩的地方，但朱桂因为"贪虐残暴"的罪名，被废为代庶人。不过，他还继续待在大同，只是住所从王宫换到了监狱。朱棣也有救出朱桂，组建"三朱集团"共同造反的宏伟蓝图。

朱桂早听说了朱棣与朱权要中分天下的传闻，也一度琢磨着能不能越狱，跟着两个兄弟去慰问大侄子。但驻守大同的都督陈质看管得很严，让他一时半会儿脱不了身。

大同自古就是军事重镇和战略要地，古人说其"东连上谷，南达并恒，西界黄河，北控沙漠，居边隅之要害，为京师之藩屏"。这里曾经是北魏的国都、辽金两大王朝的陪都西京、明朝的九边重镇之一，可以说是兵家必争之地，战略位置非常重要。

朱棣攻打广昌和蔚州这样的三四线城市，李景隆可以不管不问，但如果大同这样的大城市失守，在表弟那里可真是无法交差了。他立即传令，调遣精兵出紫荆关（在今河北省易县），援助大同，并由自己亲自带队。

从德州到大同，距离差不多一千三百里，行军需要十几天，二月的北方，还处于非常寒冷的冬季，这对于李景隆的部队来说，绝对是一次艰苦的旅程。一路上，他们顶着寒风、迎着冰雪，还带着一肚子的怨气。冻伤的挺多，恶劣天气造成的患其他病症的人也不少，把官军上下搞得相当闹心。

李景隆在路上奔波，其实并不是最惨的，更惨的是，过了很长时间，他才发现自己被忽悠了。

实际上，朱棣的大队人马根本就没有出居庸关，攻打大同其实是装腔作势，但李景隆完全是被一只老鼠玩得团团转的笨猫，居然就信了，还被忽悠到了千里之外。一帮人在外面转悠了一个多月之后，才得到了准确情报：朱棣早就回北平过冬去了！得知真相的李景隆气得想吐血。

李景隆恨不得马上攻打北平报仇，但被部下苦苦劝住了。他们提醒说，这段日子显然不是动手的好时机，应该返回德州休整，等到三月春暖花开之时，再寻机报仇也不迟。当然，李景隆的愤怒也有表演的成分，他是想告诉部下，本少爷不是不想打朱棣，而是让你们这帮人硬给拦下来了！

朱棣撤军之后，广昌和蔚州又重新被官军占领，但朱棣收编了不少兵马，并且收降了汤胜、张远等大将，其中有一人，将在以后的靖难战事中扮演非常重要的角色。

更重要的是，朱棣又一次成功地戏耍了表侄子李景隆，搞得官军好好休整的目的没有达到，并在注定要到来的下一次恶战中，为燕军夺得了心理优势。

四、一视同仁，敌军亡魂也要祭奠

当李景隆还带着军队在华北平原喝风吃沙子之时，朱棣已经悄悄回到北平，一边休整，一边继续研究自己的作战方案，决定下一次出兵的时机。

朱棣很重视舆论宣传的作用，他绝不认为自己一方是叛乱者，而要刻意打造一个为国靖难的仁义之师形象。

郑村坝一战，双方损失都相当大，当然具体数目无法统计，保守估计，在十一月初七当天，就有两三万人丧生。二月三十日，朱棣派两个王子朱高煦和朱高燧祭奠阵亡的燕军将军，抚恤他们的家属，并命令指挥耿孝到郑村坝，找寻和安葬战死官兵的尸体。

必须强调的是，朱棣要求安葬的是所有战死官兵的尸体，并不仅仅限于燕军。为朱棣歌功颂德的《奉天靖难记》这样记载道：

乙丑，上遣汉王、赵王祭阵亡将士，厚恤其家。上曰："天下将士从皇考南征北伐，宣力效劳，以定天下。迩者奸臣驱其战斗，败死于锋镝之下，不可胜计，深可哀悯。令收其骨葬之，毋致暴露。"乃命指挥耿孝等往郑村坝各战场收骸骨十余万，瘗于北山之原，封树其墓，禁人樵牧，有发掘者治死罪，仍遣官致祭。

这纯粹是吹牛不打草稿。郑村坝战役只打了一个白天，就以李景隆第二天的放鸽子而告一段落，双方各自投入的兵力最多是十万和三十万，怎么可能在一天之内死亡十多万人？根据常识，死伤比例至少得三比一，如此一来，官军岂不是全军覆没？"封树其墓，禁人樵牧，有发掘者治死罪"则是彻头彻尾的作秀，忽悠大明老百姓而已。

而且，根据朱棣的文字功力来看，他亲自写祭文的可能性几乎没有，有那么多枪手，何必自己操刀？他只会操能杀人的真刀。请看祭文全文：

呜呼，昔我太祖高皇帝起布衣，提三尺剑扫除祸乱，平定天下，尔诸将士俱从南征北伐，略地攻城，栉风沐雨，宣力效劳，共成我国家大业，眷念功勋，无由褒答。兹者奸臣浊乱朝纲，同谋不轨，图倾基业，覆灭诸王。调弄将士，披坚执锐，列阵成行，以兵向我。故不得已，亲率精兵，与尔等交阵。我之将士，思念太祖高皇帝恩养厚德，忘生取死，心无怖惧，忠诚感通，神明昭鉴，虽众寡不侔，行见摧败。尚念诸将士毙于矢石锋刃水火之中，其畴之儴，何罪而至此哉？缘其不慧，为奸所惑，驱之于死地，可哀也夫！已命僧修荐，因此资冥福，拔昏垫之途，趋往生之路。复念尔等骸骨暴露，弃于山野，雨淋日炙，顾视弗忍，乃命收拾瘗于北山之原，封以厚土，树以佳木，俾永久而不坏也。故用勒诸玄石，立于墓侧，并系之以铭：

生物芸芸，必资于后。天下亭毒，曷克厥止。惟圣则之，遇物无私。一视同仁，子育春滋。哀彼之伤，若己之疾。无罪驱死，巨蠹之贼。缅惟古礼，埋胔以时。不俾暴露，仁政之施。呜呼尔众，国之忠良，奸臣肆毒，甚于虎狼。死于战阵，曾不尔戚。我心孔伤，怛焉尔惕。念尔骸骨，弃于山野。日炙雨淋，我岂忍也。拾而聚之，窀穸于斯。魄其安矣，魄其妥矣。维石鉴鉴，勒铭山阿。维卜万世，其永不磨。

这么漂亮的文字，是文学功底基本为零的朱棣能写出来的吗？

但是，有道是谎言传播一千遍就成了真理，作秀作多了就成了本色，朱棣当然不能一直蒙骗住所有的人，但他既可以在特定的时刻蒙骗住所有人，也可以一直蒙骗住一部分人，只要跟着他的那些士兵相信，就行了。

祭奠完双方将士后，朱棣又启动了下一步方案：三月初一，在北平举行规模宏大的军事演习，为即将到来的大战作最后的热身。

五、越是危险，越能彰显智慧

今天的白沟是购物休闲的好去处，甚至有"北方小香港"的美誉，但就在六百多年前，这里却进行了一场中国历史上著名的经典战役，并在一定程度上改变了靖难之役的进程及中国历史的走向。

李景隆无法忘记郑村坝的失利,无法忘记朱棣对自己的轻视,也无法忘记连夜逃跑的屈辱。他发誓要报仇,要把这个表叔捉回去,让自己加官晋爵。

建文二年(1400)四月,李景隆在德州召开了一次声势浩大的誓师大会,向军兵们宣传了"打到北平去,捉拿燕庶人"的美好愿景和伟大意义,并告诉他们,能不能立下不世之功,能不能挣到一辈子花不完的绩效奖,就全看这次了。

李景隆主力与武定侯郭英、安陆侯吴杰等部在真定会合后,共计有兵马三十多万,号称六十万,开往白沟河。

这次战争的规模,显然将超过郑村坝。在有明三百年中,都是数得着的大战。

交战双方的一举一动、一个将军的意外伤亡、一支冷箭的意外偏出、一条谣言的意外传播,都会对战争格局产生微妙影响,都有可能改变中国以至世界历史的走向。

而官军的行动,已经被燕军的探子打探得一清二楚。四月十六日,朱棣接到情报后,下令主力继续南下,在固安(今属河北省廊坊市)扎营。

是福不是祸,是祸躲不过。该来的迟早要来,该打的迟早要打,该面对的迟早要面对。已是四月中旬,初夏的阳光已经比较刺眼了,在闷热的天气下,行军将士的心情都有些沉重。

四月二十日,燕军渡过了拒马河,在苏家桥安营。二十四日,燕军开始渡过白沟河。但就在这里,他们遇到了第一个小小的麻烦。

平安已经在这里恭候他的老领导多时了。

平安是滁州人,小字保儿。父亲平定是跟随太祖朱元璋起兵的老战士,一直当到济宁卫指挥佥事。平安也光荣地被朱元璋收为养子,单凭这一点,就够他吹一辈子了。史书记载,他"骁勇善战,力举数百斤",袭父职,官居密云指挥使、右军都督佥事等职,并跟随耿炳文讨燕。

李景隆取代耿炳文后，指派平安担任先锋。

朱棣听说平安当了官军先锋，很是轻蔑，他说："平安，竖子罢了，当年曾经跟随我出塞外征讨蒙古，熟悉我用兵的策略。但也没什么好怕的，我们先把这小子收拾了！"

说平安，平安就到。平安也像朱棣一样，亲自挥刀驾马，冲在了队伍最前面。瞿能和儿子瞿良材见主将都这么拼命，自己再不动真格的哪好意思，再说他们还想报北平城下的受辱之仇呢，因此也是瞪圆了眼睛，铆足了力气。

自从开战以来，燕军几乎是每战必克，官军在他们眼中全是废物。猛然出来一批这么能打的，叛乱分子们还真不适应，纷纷溃逃。

燕军中有一个蒙古将领狗儿，在关键时刻表现得相当勇猛，指挥蒙古骑兵冲击官军，双方混战在了一起。但这时，狗儿突然发现了一个重大问题：

朱棣不见了！

是不是被官军小兵暗箭给干掉了？堂堂燕王没这么背运吧？原来，朱棣又发扬起了抄别人后路的优良传统，带着几百号骑兵，拐了一个大弯，跑到平安队伍后面去了！

按理说，这种有一定风险的工作，应该交给手下弟兄们去完成，但朱棣总是喜欢自己撸袖子上，喜欢得手后的快感，喜欢看别人被自己在背后捅一刀子之后，那副手足无措的悲愤样子。

朱棣和狗儿对平安形成了前后夹击之势，但生猛的平安还是杀开了一条血路，平安地撤退了，一战下来，燕军的损失居然更大，这让朱棣心里有些怏怏不乐。

不过，让他烦心的事情还在后面。

燕军正行进间，前面突然火光四起，并传来阵阵惨叫声，显然是中了埋伏。

他们碰上了当时世界上装备最先进的部队——火枪队。领头的正是武定侯郭英。

没错,是来了一群火枪手,他们一窝蜂地冲了过来,手里提着类似鸟铳般的长铁筒,里面装的是铅弹。点燃火药后,铅弹就从铳内喷射而出,在百尺之内,连人带马都能给你打倒!这种火器的名字也很有意思,就叫"一窝蜂"。

燕军骑兵猝不及防,很多人就这样被先进的武器击中,一头栽倒在地上,永远站不起来了,有些甚至是连人带马给击倒的。更多受了伤的,发出愤怒的叫喊声,挥着弯刀,直直地向火枪手们冲过去。

对付火枪手,最好的办法就是躲开他的射击,然后快速打马奔到他的面前,给他的脖子一刀……但是,不是每个骑兵都能这么幸运,也不是每个火枪手都任人砍头。

不过,一旦在一定距离之外消灭不了这些骑兵,让他们冲击过来,你别说提着"一窝蜂",就是提着反坦克导弹炮都不顶事儿。战争,就是这么残酷。生死,只在一刹那之间。

所以,郭英把撒手锏这么仓促地放出来,也实在是愚不可及。如果是在决战的时候,大家正打得火热,让火枪队突然跳出来搞一家伙,那么,这场战斗的天平就立即倾斜了,可惜,可惜啊!

一场混战,两边的死伤都很惨重,无数人的尸体倒在了大地上,武器丢弃得到处都是,场面十分混乱。

夜幕降临了,天上没有月亮,双方一直这么耗着,谁都不愿意首先停止行动。伸手不见五指的时候,战斗总算结束了,两边各自寻找营地休息。

但不幸的事发生了,朱棣居然与他的大队人马走散了。他的身旁,只剩下了三个亲兵。

这还不是最糟糕的,最惨的是他们还迷路了。也就是说,哥几个不知道自己的大营扎在哪里了!

时间在一分一秒地流逝,在漆黑的夜空下、陌生的环境里,走着四个孤独的人,他们就像沙漠中绝望的骆驼,找不着水源。

不过，水真的出现了，有水流的声音。这不就是他们白天渡过的白沟河吗？朱棣猛地提起了精神。

他下了马，来到河边，像一位地质学家似的趴在地上。朱棣听了一会儿，然后告诉那三个弟兄："我知道营地在哪儿了……"

当四人灰头土脸地出现在燕军大营时，差点让门卫当奸细给抓了起来。不过总算到家了，明天，太阳还会照常升起。但是，今天晚上，我就得想明白，这个仗要怎么打。

朱棣立即传令，把主要将领全部召集起来，连夜进行军事部署。第二天一早，又将是一场生死攸关的大战。

据史书记载，白沟河大战的双方人数是，朱棣十万，李景隆六十万。这当然很不靠谱，七十万人要是列个队形，天安门广场都要装不下了，更何况还要放开手脚拼杀？当然，这无非是想显示双方对战役的重视，以及朱棣的神勇，但他真的能以一挡六吗？

事实上，朱棣是人不是神，他不是不会失败的。

他一夜没能睡着，官军也没有来偷袭。看来，大家都等着白天决战。好吧！集结队伍，重新出发！

官军得到了充分的休整，已经摆好了阵势，誓要把对方一举消灭。毕竟他们号称六十万人，是对手的将近六倍。李景隆将军队分成三部分：自己亲自指挥中军，左翼由武定侯郭英统领，右翼由参将盛庸指挥。实际上，他集结的人数，可能有二十万左右，这在以冷兵器为主的时代，绝对是一个非常可怕的数字了。

作为主帅的李景隆，全身披挂整齐，头戴金盔、身披铠甲，手里提着朱允炆御赐的天子斧钺，一副踌躇满志的样子。他的身后，是一面异常醒目的帅旗，缎面足有一丈长、六尺宽，上书"征虏大将军李景隆"。这旗的旗杆也是特制的，足有碗口那么粗。在官军的数千旗帜之中，这面大旗显得分外醒目。

李景隆的身边，有两个传令官。他们通过手中的令旗，传达主帅的作战指令，调度数十万大军的行动。

冲在官军前面的，还是瞿能、瞿良材父子。当初没能拿下北平，这爷俩一直耿耿于怀，总想找机会出这口恶气。

他们父子打马挥枪——是长枪不是火枪，率军直冲房宽领队的右军，见人就刺。一向强悍的燕军居然顶不住对方的攻势，一队队士兵不大工夫就被戳翻，如同被割倒的一茬茬麦子，惨叫声不绝于耳。

瞿能爷俩极其痛恨投降叛变的房宽，一边拼杀还一边大叫："房宽何在，有胆出来！"看着自己手下损失如此惨重，房宽当然也沉不住气了，被迫迎战。

遗憾的是，刚战了两三个回合，他就知道自己不是对手，为了保命，虚晃一下赶紧逃跑，向主帅求援。

朱棣看着满头大汗、满脸恐惧的房宽，安抚道："胜败乃兵家常事，他们官军虽然人多，到不了日中，我们就能消灭他们！"

朱棣已经得到探报，李景隆统领的是中军。如果将中军彻底打垮，官军的整个战术系统就支撑不起来了，必须打垮他们！

朱棣派出大将丘福，让他带领一万骑兵冲击中军，这个任务是光荣的、艰巨的，是足以扬名立万的，但是，也是丘福完不成的！

李景隆把精锐兵马留在中军，丘福被搞得毫无脾气。他根本攻不进去，眼看着自己这边阵亡的人数越来越多，官军那边却好像跟没事一样。

一直在观察敌情的朱棣，知道自己不出手不行了。他从来不喜欢和对手正面交锋，更愿意从背后偷袭，让对手在无知无觉中死去。这一次，他看出来了，李景隆中军的左边比较空虚，上吧！

朱棣让张玉和朱高煦在正面佯攻，自己亲自带着一千骑兵冲向左翼。在他们的凶猛冲击下，左翼官军渐渐招架不住，一个空当就露了出来。

哈哈哈哈，李九江（李景隆字九江）不过如此！燕军正兴奋之时，只听一声炮响，身后尘土飞扬。朱棣一惊，原来李景隆的主力从后面掩杀过来了！这一千人根本寡不敌众，很快就被冲散了。

这时候的朱棣才知道世界上还有四个字,叫"大事不好"。他没有想到,爱给别人下套的自己,这次也着了别人的道!他回头仔细一看,更是暗暗叫苦,这下问题真是忒严重了。

他的身边,只剩下了七人七骑!在号称有七十万人参战的地方,别说这点人马了,七百铁骑都可以忽略不计。如果把战场比作海洋,他们连一朵浪花都算不上,只能算几粒米撒进了太平洋。一个小浪扑过来,就能让他们从地球上消失!

不过,据说这一天的朱棣如有神助。

他带着七兄弟,杀入官军数万人阵中,左冲右突,前砍后杀,如入无人之境,在连续砍倒数十人之后,居然安全地杀出一条血路,逃出来了。

这还不算奇迹。闯进去一次不算本事,难得的是,这个燕庶人连续进出了三次,居然都进得去,也出得来。虽说不如赵子龙长坂坡七进七出,但运气也够可以了。

这一仗打得真是过瘾,朱棣就像一个喝醉酒的青年,瞪着血红的眼睛、握着血红的长刀,所到之处,又是一片血红。身上带的箭都射光了,长刀由于挥动次数过多,都卷了刃,用不成了,于是抢了敌人的弯刀再战。胯下战马连连受伤倒下,被迫换了三匹。但不可思议的是,朱棣自己却安然无恙,只受了些不严重的伤,胳膊和腿一条都没掉。

然而,朱棣再生猛,毕竟只是一个人,而不是一台杀人机器,眼看着涌上来的敌人越来越多,身边的弟兄越来越少,身体越来越疲惫,手中的家伙越来越沉重……

朱棣且战且退,来到了白沟河岸边,身后只有两个骑兵,而他面对的,则是黑压压的一片人……

难道,我朱棣就要死在这里了吗?朱棣不愿意被俘,他甚至作好了自杀的准备——不能让你李景隆羞辱!

不断迫近的官军也很小心,他们对这位传说中的战神非常敬畏,知道他曾让蒙古人不敢入侵,也知道朱允炆下的命令,轻易不能拿皇叔开刀。官军于是排好队形,准备向这位要犯发起最后的攻势。

朱棣是怎么逃脱的？难不成，平行宇宙的另一个燕王救了他？

朱棣已经是快煮熟的鸭子了，也就嘴还硬。只要跳出来个小兵，都能把他给收拾了。

可惜，就在这个时候，领队的突然看见了李景隆中军的令旗，要求他们马上撤退！这李大帅抽风了吗？还是说，他真是朱棣在朝中的卧底？

都不是，是他看到了朱棣的举动。

朱棣骑了匹伤马，浑身是血，站在河堤高处，形象十分突出。这时候谁要是带了三眼火铳，就可以一铳把他轰下马去，可惜没人这么做。

只见燕庶人一只手扶着缰绳，另一只手不停地挥动马鞭，头偏向河的另一侧，给人的感觉，就像是在招呼自己的弟兄："快来快来，这边有一票大买卖！"

显然，朱棣这一招并不高明，就算有伏兵，也还在对岸，要想冲过来总得费点工夫吧，有这么个时间差，捉拿他已经足够了。

可是，没人敢上前一步，没人相信这个不可一世的燕王，这会儿还能变成个演员，把张飞大闹长坂坡时玩过的一套又搬了出来。

幸运的是朱棣的对手是那个自以为是、自不量力又自作聪明的李景隆，他总是在正确的时间和地点，作出让人吐血的错误选择。

围攻的士兵掉转马头逐渐撤去，朱棣继续挥动他的马鞭，坚持把戏演完。等敌人渐行渐远之后，他才放下胳膊。

朱棣的手心里全是汗，他也紧张坏了。活了四十多年，这四分钟也许是他最难熬的时刻。逃过了这一劫，很快他就眼前一亮，自己的援军过来了。

当他看清领队的将军时，就更兴奋得不得了。

打虎亲兄弟，上阵父子兵。朱高煦眼看老爸这边战事吃紧，带着千余骑兵过来支援，让朱棣大喜："父王累了，看你的了！"朱高煦打仗还真不含糊，上来就砍翻了几个试图围攻朱棣的官军，奋力杀开了一条血路，保护父亲艰难地杀出了重围。

虽说暂时脱离了险情,但朱棣的噩运并没有结束,很快,他又遇到了新的麻烦。

狭路相逢勇者胜,勇者相遇智者胜。在双方激战多时、精力体力都严重透支,更多的是凭本能作战的时候,有人还能有超出常人的清醒意识,知道敌人的薄弱环节在哪里,并立即实施有效的攻击,那实在是可怕的,对敌人造成的后果也将是灾难性的。

朱棣就经常扮演这样的角色,但这一次,有人比他走得更远,他叫瞿能。

这时候,别人都累了,瞿能反而越战越勇。他已经看出,燕军的战斗力出现了问题,此时不发起总攻,更待何时!

瞿能把近万名官军骑兵重新组织起来,对他们作了一番决战动员:"朱棣逆贼已经挺不住了,朝廷培养我们多年,是为国尽忠的时候了,攻灭燕贼,活捉朱棣,我等都将名垂青史!"

当数千铁骑高喊"灭燕,灭燕!"的口号,举着弯刀和长矛冲过来的时候,极为疲劳的燕军,显然已经支撑不住了。瞿能手到之处,燕军的惨叫声不绝于耳。

另一名官军大将平安,这时候也来了精神。他冲进阵中,先把大叛徒陈亨砍于马下,然后又打伤了徐忠。这徐忠实在是个猛人,他两根手指骨折了,干脆自己把两根断指彻底砍断扔掉,接着战斗。

但即使这样,燕军还是无法挡住瞿能与平安的两面夹攻。马上的战士越来越少,地上的尸体越来越多。而他们的对手,却依然像打了鸡血一样,如潮水般向叛乱分子奔涌过来,要把他们完全吞噬。

朱棣身上的铠甲早已完全被汗水打湿,他感到手中的兵器越发沉重,甚至视力都开始模糊起来。只有在这个时候,他才终于体会到,自己根本不是什么人见人怕的战神,而是和普通人一样,一枪就能被戳透、一刀就能被劈开、一箭就能被射死的普通人。

不久前,他刚刚用空城计骗过了李景隆,逃过了一劫。这一次,他还有什么招数，能让两个昔日的手下败将停止进攻？

朱高煦还在不知疲倦地战斗，不少官军死在了他的长刀之下。但他武功再高，也有拼不动的时候。在官军疯狂的反扑下，他身边的护卫一个个地倒下了。

他，又能撑多久呢？

六、战局瞬息万变，你要抓住时机

朱棣刚刚脱险，又跟老二一起陷入重重包围之中。

如果这场仗就这么打下去，如果这些人就这么杀下去，如果这个局面就这么耗下去，朱棣这伙人就得永远地被钉在耻辱柱上，瞿能也能成为比徐达和戚继光更伟大的将军，中国历史上也不会再有《永乐大典》了。

但瞿能成功了吗？显然没有。历史上有《永乐大典》吗？显然是有的。

那是谁改变了战局，拯救了朱棣，收拾了瞿能？

帮助朱棣的，不是别人，其实也不是人，而是冷热气压分布不均匀而产生的空气剧烈流动。

听不懂吗？用通俗的语言来讲，就是一阵狂风。

按理说，初夏很少有狂风，但这一天偏偏来了；早不来晚不来，偏偏在官军正处于上风、正准备围歼朱棣的时候来了。来就来呗，但只对着官军狂吹，是不是很不地道，有违公平？

就是一转眼的工夫，天色猛然间变暗，猛烈的旋风卷起了地面的尘土和沙石，吹得双方士兵睁不开眼睛，甚至吹得他们站立不住，只能凭借本能和感觉继续战斗。

突然，只听一声巨响，很多人都吓了一大跳，官军不经意地回头，一个个都惊呆了，不相信这是真的。而燕军这边，禁不住发出了欢呼声，好像他们打了大胜仗一样。

原来，李景隆中军的帅旗，居然被狂风硬生生地吹断了！这确实让人感到不可思议。风再大，也应该是把旗子吹倒才对，把碗口粗的旗杆从中间吹折，无论从物理学、化学还是风水学，都不好解释。

这么诡异的事情在李景隆的眼皮底下发生了，这让他顿时感到手脚冰凉，差点没昏过去。要知道，在那个科技还很不发达的十五世纪初，每个人多多少少都有点迷信，都想讨个好彩头。帅旗旗杆被折断，当然是非常非常不吉利的。

对于如此诡异的大事件，《明史·本纪第五》上却只有轻描淡写的一句话："会旋风起，折景隆旗。"但真的是风给吹断的吗？风又没有被朱棣收买，不可能为他服务，也不可能这么配合他吧？

有没有一种可能，是被人砍断的呢？相比被风吹断，这个可能性更高。

那么，谁会砍断这个旗杆呢？有两种可能。一是朱棣这边的敢死队员趁着狂风造成的混乱局面，冲进李景隆军中，举刀猛砍，把旗子砍倒。

二是李景隆那边的叛徒早已被朱棣收买，在关键时刻跳了出来，宁可暴露自己，也要搞这个致命一击。当然，搞完之后，命肯定是保不住的。

当然，即使有这样的幕后英雄、铁血卧底，史书也不会记载他们，否则，怎么彰显我们男一号朱棣的伟大呢？

危急关头，方显英雄本色，事都是由人做的，话都是由人说的，麻烦都是由人制造，或由人摆平的。面对惊恐不已的部下，作为主帅的李景隆，本来应该迅速作出反应，安抚弟兄们那颗脆弱的心。不就倒个旗子吗？

他大可以随便编个理由，比如可以说旗子倒了，说明我们要打胜仗要受封赏，要换大旗了；比如说旗子倒向了北方，说明老天要成全我们横扫北平；等等。这种随机应变、急中生智的能力都没有的话，当领导是不合格的——当然李景隆确实不合格，他的昏招多着呢。

不要怪运气只站在朱棣一边。这世界上有不少人，无论给多少次机会，他们也能白白挥霍掉，还要抱怨老天对自己不公。而朱棣就不一样了，这哥们儿哪怕抓住一点稍纵即逝的机会，也会把局势扭转过来。

他并不是运气很好，而是很好地抓住了每一次机遇；不是老天过于青睐他，而是他从来不相信什么天命，只相信自己拼命的努力。

朱棣可没有兴趣帮李景隆向手下解释为什么旗杆会断。他心想，这么好的风，要是不接着做点事，那就太对不起老天爷了！

于是，朱棣让朱高煦继续在正面硬扛瞿能，自己则带领百十人，趁着李景隆一伙还没有从混乱中清醒过来，悄悄地摸了过去，给官军阵中放了一把火！

大风助长火势，火势则借着风力蔓延，把李景隆那边好端端的局势搞得乱七八糟。而朱棣这边则是趁火打劫，见活人就砍，见东西就烧。

信心可以传染，恐惧照样可以。一个小时之前还稳坐中军的李景隆，这时候已经完全失去了对军队的控制力，眼睁睁地看着阵形被朱棣父子的前后夹攻冲得七零八落，自己手下的弟兄满世界逃窜。他想招呼平安前来支援，可传令官早就没了人影；他想组织手下弟兄进行反击，可身边的将领都逃跑了，自己成了光杆司令。

李景隆长叹一声，带上几十个亲兵，混入溃逃的队伍中，一路向南，直奔德州大营。

平安正在与朱能激战，得知中军溃败的消息后，他凭借多年的实战经验，知道再不跑就平安不了了，于是根本不管一直并肩作战的瞿能父子，立马打马逃了出去，个人的平安要紧！武定侯郭英则带着自己的队伍，向西逃跑。官军的方阵，算是完全瓦解了。

瞿能父子运气欠佳，被潮水般涌上来的燕军团团包围，只要再给半个时辰，他们就能彻底击败朱棣父子了。可惜，一场大风毁掉了他们成为英雄的可能。两人还沉浸在不能活捉朱棣的沮丧中，却发现形势不对，自己反而被包围了。

父子俩可以说彻底绝望了。本来可以占领北平的，却让李景隆的小心眼给搅黄了；本来可以全歼燕王的，又让李景隆的破帅旗给搅黄了。

两人对这样的风云突变实在难以容忍，悲愤到了崩溃的地步。他们怀着必死之心，把最后的愤怒都化成了杀敌的力量，一次又一次地挥动着手中的兵器，冲向了同样杀得兴起的燕军，直到生命的最后一刻，直到双手再也举不起来，他们依然瞪着愤怒的眼睛。

瞿能父子的死，为这场充满戏剧性的大决战，画上了一个最悲壮的句号。

白沟之战，就以这样离奇的方式结束了。后来的军事史家，对这场战役大加称赞，说朱棣以十万军队击溃李景隆六十万大军，可以和淝水之战相媲美。

淝水之战中，前秦军队有二十多万，占有绝对优势，皇帝兼统帅苻坚错误地估计了形势，仅仅让队伍后退了两百多米，就导致了灾难性的失控，被东晋军队来了个毁灭式打击，甚至导致了帝国的崩溃。

而白沟河战役呢，李景隆指挥的军队号称有六十万，实际数目可能也超过了二十万，原本还占据着很大优势，仅仅因为一场计划外的大风意外吹断帅旗，本来处于优势的战局就被完全改变了，甚至引发了连锁反应式的崩溃。李景隆的智商，确实停留在了公子哥的水平。

但是，如果把这场战役的意义过度放大，说其是决定靖难之役走势的关键一战，把它抬到汉初的垓下之战、三国的赤壁之战、东晋的淝水之战和明初的鄱阳湖之战等这样的一个高度，也不符合事实。

这场战役，并不能决定双方的命运，并不能彻底改变战争的走向，只不过让朱棣加快了向南进军的步伐而已。

如果这次朱棣失败了，他就真的完蛋了，他的全部家当就是这十万人。但李景隆失败了，不等于朝廷就没戏唱了。六十万人被打垮，完全还可以再组织六十万，甚至六百万军队。

五月初九，燕军乘胜占领了李景隆的指挥中心德州，把后者赶到济南，并缴获了大量的火炮、火铳和弓弩等军用物资。

随后，本着得势不饶人的原则，朱棣留下都指挥陈旭守城，大军直发济南。

五月十五日，燕军就开到了济南城下。李景隆显然受的刺激太多，在被朱棣修理了多次之后，竟不想着关门坚守，等待援军，而是愚蠢到要开门迎战。

号称六十万人的主力部队被击溃，现在还有十多万人，这可不是一个纸面上的数字，而是十多万有血有肉的生命。他们上有父母、下有儿女，跟着李景隆北伐，是想立功的，不是来送死的。可现在，他们终于明白了，自己的统帅，非但不是能成大事的主，反而更像一个只会夸夸其谈的花花公子，连赵括都不如。

号炮一响，官军再也没有白沟河一战时的勇猛，而燕军却比当时更加凶悍。李景隆根本控制不了军队，所有人都忘了自己到北方来是干什么的，只知道赶紧逃回去才是正经事。

当然，大多数人注定是逃不出去的，他们成了燕军军事演习的活道具。

在燕军铁骑的冲击下，李景隆与部卒失去了联系，只能在亲兵保护下仓皇逃跑。为了生命安全，他觉得进济南城已经不现实了。反正要跑，不如跑远点。干脆一不做二不休，直接逃回南京算了！

李景隆仓皇逃跑的消息，让镇守济南的铁铉等人非常恼火。他们一方面立即上书向朝廷告状，要求严惩这个飞毛腿将军，另一方面着手加固城防。

朝廷上下一致要求查办李景隆，保举他的黄子澄更是觉得面目无光，恨不得自杀了事。但是朱允炆也太厚道了，即使人人皆曰可杀，他依然不愿轻易处死自己的表哥，只是免去了李景隆的职务，不再让他带兵了，福利待遇居然都没有降低。

李景隆都跑了，朱棣大军压境，济南还能支撑多久呢？

第十二章　败走山东不失志

一、围攻济南，四皇叔险些中招

提起济南，我们马上会想到大明湖、趵突泉这些天然名胜，泉城大包、黄河鲤鱼这样的经典小吃，以及泰山之畔孔孟之乡的荣耀。但我们也不应忘记，大明湖畔不光有夏雨荷，还有一个铁公祠。里面供奉的这个人，虽不出名，却与张巡、岳飞和于谦等英雄同样伟大。

他凭什么享有如此高的待遇呢？

就因为人家跟燕王朱棣干过一架，还把四皇叔给打跑了。

济南是孔孟之乡齐鲁大地的中心，从来都充满着温情；济南造就了李清照、辛弃疾这样的大词人，从来不缺少浪漫。但这只是一方面。从明朝开始，济南取代青州成为山东的中心城市，并充当连接华北与江南的交通枢纽，战略地位非常重要。

朱棣知道，只要拿下济南，他就可以一路杀到淮安，进入南京的外围了。

李景隆已经逃跑了，高巍并没有走。离开北平之后，他单骑南下赶往德州。但刚赶到河北，就听到了李景隆部溃败的消息。一路上，高巍还能看到从白沟河逃跑的官军士兵。他看在眼里，急在心头，心说自己怎么跟了这么个没有胆的主帅，朱允炆怎么就选了这么个白痴？

在去德州的路上，他遇到了一个人，那人是一位才子、一名壮士、一个能创造奇迹的伟人。而他，也愿意和这个人一起，去做一个忠臣必须做的事。

此人不是别人，正是大明湖畔供奉的英雄——铁铉。

他们下定决心，要用自己的血肉之躯，挡住朱棣的十万铁骑，要用自己的生命，捍卫读书人最后的尊严与底线，燕军即使要过黄河，也只能从他们的尸体上踏过去！

铁铉是邓州（今河南省邓州市）人，与安史之乱中守卫睢阳（今属河南省商丘市）的名将张巡是同乡，六百多年后，他也走上了与张巡相同的道路。

两人都是文官出身。在国家危难的关头，却都勇敢地扔下了毛笔，果断地披上了铠甲，用自己全部的智慧、热情与血性，抵抗来自北方的叛乱者，并创造了一次又一次的军事奇迹。

他们的敌人，似乎同样不可战胜。巧合的是，两支叛军也来自同一地方。那里在唐朝叫范阳，明朝前期叫北平，后期叫京师，今天则叫北京。

而铁铉和张巡，同样都以书生的身份，创造了守城的奇迹。

对于济南这座名城，朱棣是志在必得的。他并不急着动手，而是特意让手下文官写了一封情深义重的劝降信，类似于《告济南人民书》。在信中，朱棣对济南人民的勤劳勇敢表示了深深的敬意，对造就了李清照和辛弃疾的城市文化表示了高度的欣赏，对以齐泰、黄子澄为首的奸臣们给予了强烈的谴责，对自己的亲侄子建文帝流露出了深切的关爱。四殿下一再强调，他不与济南百姓为敌，不与朝廷为敌，只是想借道济南去南京靖难，为国家除奸臣，替皇侄清君侧。

朱棣的劝降书发出之后，给了济南城三天的宽限期，正好也让士兵们休息一下。出乎他意料的是，城内也射出了一封《周公辅成王论》！

这封信满怀深情地回顾了周公姬旦在哥哥姬发不幸去世后，全心全意辅佐小侄子成王姬诵的感人故事。信中指出，周公不当国君，却比绝大多数国君更受后人尊重；他放弃了最高权力，却得到了永久的崇高历史地位；他立下了不世之功，流芳百世，名垂千古。而朱棣这个"四叔"，品德修养和周公相比有着天差地别，打着靖难的旗号犯上作乱、贼喊捉贼，无非是模仿汉景帝时吴王刘濞的行径，也注定要和老叛徒刘濞一个下场，永远被写进逆臣传里！

朱棣看了之后当然很不爽，心想我好心放你们一条生路，你们却哭着闹着找死。那好，我成全你们！于是他吩咐各营，作好攻城的一切准备。

朱棣是一位运动战的高手，最擅长的是在敌人后心窝捅刀子。但对于攻占城池，他却没有多少高招，无非是那些常规的招数：填平护城河、架云梯强攻、在城外修建塔楼、向里面放火箭等。铁铉对付这一套很有心得，燕军显然占不到多少便宜。

经过十多天的战斗，燕军在济南百姓面前显得无能为力，死伤人数增加了不少，战事却进展得相当不顺利。朱棣就很有些着急了，打一个城市都这么费劲，这要打到南京，中间得有多少周折，经历多少伤亡，自己这十万来人耗不起啊。

济南城外，就是中华民族的母亲河黄河。由于地质的关系，黄河到了山东，河岸总是高于周围的平地，成为悬河。到了济南一带，更是如此。

朱棣的谋士出主意说，可以把河口决开几道，直通城墙，让河水从高向低奔流，把整个济南城淹了！

这个主意倒是不错，当年秦国就这么攻克了魏都大梁，曹操也这么收拾了吕布。但朱棣是个顾及面子的人，毕竟有十多万的生命，他也不想留下水淹平民的恶名。怎么办呢？有了！

朱棣立即组织了几千人的施工队，日夜加班加点地干活，在济南城四周开出了七条明渠，与黄河大坝之间留下了一段不长的距离，做出随时要开坝引水、水淹泉城的架势。在兵力上处于完全劣势的铁铉，显然也不能派出兵马，破坏燕军的工程建设。

七条明渠没几天就全部竣工了。朱棣亲自主持了隆重的竣工典礼，锣鼓喧天地庆祝了一番。由于当时没有扩音器，四殿下还特意挑选了几十个嗓门大、说话冲的士兵，让他们站在岗楼之上，向济南城里的军民喊话。大概意思是"你们已经无路可走了，燕王随时可以掘开黄河淹没全城，不过我们殿下是仁慈之主，只要三天之内开城投降，就能保证城内男女老少的安全。铁铉不投降，就是害死全城百姓的凶手。济南父老应该积极行动起来，把这龟孙子绑了投奔过来，赏金相当丰厚"！

济南城内算是乱翻天了，大人小孩都惶惶不安，女人的哭声更是昼夜不断。而负责保卫这座城市的铁铉和盛庸，更是要面对人生的一个重大抉择。

铁铉头上的白发越来越多，脸上的皱纹越来越深，眼中的血丝越来越明显：他已经几天没合眼了。谁都知道济南城的致命弱点，知道朱棣绝不是信口雌黄。只要这位四殿下挥一挥衣袖，不用带走一片云彩，整个济南城就得变成济南湖了。

为了城内平民的安全，真就这样投降了，也对不起朝廷，对不起自己！

但是，十几万条人命，比忠臣的名分重要得多！

显然，铁铉可以学张巡守城，但绝对不会学张巡，让士兵吃老百姓来坚持到底。

铁铉写好了一封信，交给了自己信任的部将，此人没留下姓名，就叫他军官甲吧。铁铉对他又仔细叮嘱了一番。

当晚，军官甲带着两个随从，拿着铁铉的令牌叫开城门，说是有紧急军务，守城士兵也没拦他们。一行人直接就奔向了朱棣大营。到了营门口，军官甲说自己是奉铁铉大人之命，有要事求见燕王的，但卫兵不放心，把他们三个绑了，并搜出了一封给朱棣的密信。

铁铉在信中说到，他相信燕王仁慈，是不会水淹济南的，起兵靖难上顺天意，下安民心，他本来也想归降，但一直被盛庸监视，行动很不方便。

他现在冒着生命危险，派出心腹来送信，就是希望能向燕王表明心迹：自己瞅准时机，就会捉拿盛庸，开城归顺。就定在五月十八日，您带人到城下,如果拿住了盛庸,就可以献城投降了。

对于此信,朱棣也是将信将疑,对手这么容易就投降,显然不太合常理。但是,自打他起兵以来,确实已经有很多城池的将领不战而降了。他们都是久经沙场的武将,铁铉只是一个文官,在灭顶之灾面前,害怕也是有理由的。

而且,白沟河之战那样的困难局面都能挺过来,朱棣对自己的运气不仅仅是自信,更是很有些迷信了。况且,他也实在不想使用下策,水淹泉城。

因此,考虑片刻之后,朱棣就对军官甲说:"好,本王一定去,到时候你来引路!"

五月十八日早上,朱棣按照信上约定的时间,领着张玉和几十个亲兵来到济南城下。军官甲指着城上说:"殿下您看,铁铉大人已经在城上恭候了。"

只见城门之上,士兵当中,站着一个穿文官官袍的中年男人。他四十来岁,个子不高,皮肤略黑,眼睛不大,但显得很有神。在他的身旁,士兵们捆绑着一个身材魁梧的武官,这哥们儿嘴里喋喋不休,显然在咒骂什么。朱棣认出来了,还真是盛庸啊。

军官甲告诉朱棣:"这就是铁铉大人,绑着的那位就是盛庸。"然后向城上喊话:"燕王殿下已经到了!"铁铉在城上慌忙行礼。

朱棣用马鞭指了指铁铉:"你为何不出城迎接本王?"

铁铉脸上带着谄媚的微笑,连忙解释说:"盛庸这小子狡猾得很,我怕他耍什么花招跑了,所以得看着他,现在我打开城门,请殿下您进城,把他交给您处理。"

城门开了,吊桥放了下来。城上的士兵还喊起了口号:"燕王千岁千岁千千岁!"对朱棣一行的到来,表示出了热烈的欢迎。

朱棣一想,这样也行。于是他让军官甲在前面带路,自己带着几十个亲兵跟在后面,对方就算有什么花招,自己也能将计就计,先杀进去再说！

军官甲已经打马越过了城门洞，朱棣眼看就要进城，突然，城上有人大喊一声："燕王！"

朱棣猛然一惊，但更让他吃惊的事还在后面。一块巨大的铁板，从城楼上抛下，直直地向他砸了下来……

这块铁板足有千斤重。如果被它砸到，就不用麻烦大夫了——必死无疑。

可惜，铁板并没有击中目标。否则，中国历史上就不会出现永乐盛世了。

也许是出于本能，也许是多年军旅生涯练就的素质，朱棣迅速地躲闪。这块铁板砸到了马头上，马一下子被砸倒了，把朱棣给掀翻在地。

朱棣猛地从地上站起来，撒腿猛跑。他已经明白，自己上当了，他们不是来投降的，而是来下套的，他们要的不是优待，而是自己的命！而这时候，城内一伙骑兵高喊着"活捉燕王，为国建功"的口号，朝着朱棣冲了过来。

在生死攸关的危急时刻，老将张玉把自己的战马让给了朱棣，让他骑上先逃，自己带着这几十个人就地抵抗，掩护朱棣撤退。在丢下几十具尸体之后，张玉他们终于杀出一条血路，逃回了自己的地盘。

因为轻信了铁铉的诈降，朱棣差点被铁板拍死。玩了几十年阴谋的人，平生第一次被人玩了。他的愤怒可想而知。朱棣本来确实没想过真的水淹济南，只是想吓唬一下铁铉，让他早点儿投降。现在受了这样的算计，他恨得那是牙痒痒的，真想马上把黄河挖开，把铁铉这老东西淹死。但是，理智又告诉他，不能这么莽撞。

作为一个有底线的叛乱分子，朱棣再怎么吃亏，再怎么想找补回来，也不会拿平民的鲜血，来染红自己的战袍。

那么，他又将采取什么招数呢？

二、活学活用，有人比朱棣更狠

在济南城下，朱棣被铁铉忽悠了，还差点搭上老命。他想要报仇，还想要赢得漂亮，让对方心服口服。

占领德州时，朱棣收缴了不少战略物资，其中有近百门火炮。在那个以冷兵器为主导的时代，这玩意儿已经是武器中的巨无霸了。朱棣作为善于偷袭、善用骑兵的运动战统帅，对火炮的威力并不怎么认可，对炮兵的作用并不非常重视。

但这一次，他觉得有必要用一用了。

第二天，朱棣带着炮兵营重新包围了济南，铁铉还和昨天一样在城楼上站着。见到朱棣，他还一个劲地表示歉意，好像是说，昨天想一下砸死你，但是没砸准，很不好意思，下回一定砸准点，让燕王殿下早一点升级为阎王陛下。朱棣冷笑着回答，你没这机会了。

随后他向身后一招手，示意炮手点火。

但是，有人叫住了朱棣："殿下，万万使不得……"

朱棣回头一看，是军师道衍，他问老和尚："为什么不行？"

"殿下请看城上。"

朱棣顺着道衍手指的方向看去。他不看还不知道，看了以后气得差点儿从马上摔下来："铁铉这个老匹夫，真的是太可恶了！"

他马上通知炮兵："不许开炮！都给我撤回去！"

看着那些颇不甘心的炮兵，他火了："赶紧撤，不然，军法处置！"

看到城下燕军的炮兵营撤走了，济南城楼上防守的官军，忍不住爆发出了得意的欢呼声。这一幕也太有喜剧色彩了吧！眼看济南城就要被轰开了，朱棣却自己放弃了。

是谁，能让朱棣不敢开炮呢？

当然只能是铁铉，但他又是怎么做到这一点的呢？

铁铉的做法其实很简单，就是找几十个木牌刷上漆，恭恭敬敬地写上"开天行道肇纪立极大圣至神仁文义武俊德成功高皇帝"，顺着济南城墙挂了一圈。这一下，就等于给济南城穿上了防弹衣，装上了保护伞，申请了免死金牌。

这几十个木牌真的能管用吗？

其实铁铉自己比谁都清楚，这根本不是什么神牌，就是几十块破木板，根本没有魔咒，不具备丝毫法力。它们能不能起作用，取决于朱棣做事有没有底线。

朱棣既然敢公开否定朱元璋的人事安排，公开与先皇指定的接班人为敌，可见他对老爹的尊重，更多的是嘴上说说而已。他一口一个先帝，无非是否定现任皇帝的施政方针，为他自己造反提供道义支持。

但是，真要他对着自己老子的牌位开炮，这等大逆不道的事情，朱棣做起来还是有顾虑的。如果他真这样做，这个恶名就传出去了，他过往多年苦苦维系的孝子形象，就会瞬间崩塌、荡然无存。

谁都知道那只是几十块破板子，可能昨天还堆在某个角落里，上面满是灰尘；可是今天，老黄瓜刷上绿漆可以装嫩，旧木板刷上黑漆也可以装牌位。

世界上最狠的招，就是用你的矛，攻你的盾。

世界上最狠的人，攻击的不是你的军队，而是你的内心。

世界上最无奈的事，就是用自己的逻辑，把自己限制住。

而今天的朱棣，显然就遇到了这样的事。他不能为了一时的痛快，破坏了自己靖难的正义性；他不能为了收拾一个铁铉，搞得无数人对自己产生怀疑。

怎么办？当然是停止炮轰，改为常规方法攻城。

整整三个月的时间，朱棣围着济南，发动了一波又一波的冲击，换来了一次又一次的失败，增加了一堆又一堆的尸体。当然，对方也没少死人。

更让人头疼的是，铁铉不是那种关了门死守的主。他安排一部分人上夜班，白天燕军攻城的时候，他们待家里睡觉，晚上双方都累了，按理说应该和平相处了吧，他却很不讲职业道德，让这拨人悄悄溜出来，带着杀人的工具和放火的材料，潜到朱棣大营中，冷不丁地问候你一下。对于这种自杀式袭击，一贯重视士兵福利的朱棣是坚决反对的，也采取了足够多的防御措施，但还是防不胜防。

朱棣的老朋友平安也不给燕军面子，他率军进驻单家桥（在今河北省献县南），准备从后方对燕军发动袭击。他又挑选了五千名水性好的士兵，游过黄河，准备攻打德州。

朱棣被困在了济南城下。他非常非常不甘心，不承认自己会栽在一个书生手上。这口恶气不出，他真的会死不瞑目。

但军师道衍却有自己的想法，他说："主公啊，请暂还北平，以图后举。"那实在是客气话，潜台词就是，再打下去也是白搭，您不如主动退出换个手气。

朱棣思考再三，终于点了头。无疑，四殿下的决定还是相当明智的。在金秋九月的一天早上，围困济南的燕军撤退了。

朱棣不打招呼就走，显得不够义气。但铁铉和盛庸都是很有礼貌的人，他们舍不得老朋友燕庶人离开，为他举行了隆重的欢送仪式，一直送出了三百多里——跟在后面猛揍一通，但没有占到什么便宜。

朱棣也知道铁铉会有这一手，于是主动放弃了德州，把兵马全部撤回北平。济南守军经过三个多月的艰苦守城，本身也相当疲惫。不然，凭着这股锐气，可以一直把朱棣送到千里之外，一口气追杀到北平了。

济南暂时安全了，全城军民紧绷了一百多天的神经，终于可以稍微放松一下了。捷报传到南京，朝廷上下一片欢腾，朱允炆下令，提升铁铉为山东布政使，特进兵部尚书。

五个月的坚持，一百五十多天的努力，终于有了回报，铁铉不用像他的老乡张巡那样，搭上全城人的性命当烈士，而且还得到了朝廷的嘉奖，心情自然十分激动。

为了答谢泉城父老的支持，并慰问那些死难者和受伤者的家属，这年九月，铁铉特意在大明湖的天心水面亭设宴，慰问全城将士及各界名流，并表达了坚守济南、消灭朱棣的决心与信心。

朱棣没能拿下济南，但他以仁慈为本，不引水淹城、不用炮轰城的善举，也在济南一些区域传播开来。这对于铁铉来说，显然不是什么好事。

他也无法把传话的人都抓起来治罪，因为这确实是事实。

他只有继续加强自己的宣传，说朱棣是大逆不道的叛乱分子。

铁铉坚守济南时，有位姓宋的参军出力不少。燕军撤退后，大家都很高兴，但宋参军表现出了难得的清醒与冷静，他不失时机地提醒自己的上级：

"济南是天下之中。北兵南侵，留守者都是老弱之人，而且永平、保定虽叛，诸郡坚守的更多。铁公如果能出奇兵，从陆路直抵真定，把被朱棣击败的我军诸将稍稍收合，不出数日，就可开到北平。一路的豪杰，肯定有闻义而起者，您就便宜部署，广为招徕，定能攻破北平。而朱棣的军队都会顾家，必将不打自散。徐州、沛县一带民风素来骁勇，您向各路守将发信，集结兵力，等北军过来时，与朝廷军队两路夹击。朱棣腹背受敌，他们的末日就到了。"

利用敌人的低迷士气乘胜追击，给他们以毁灭性的打击，这个思路当然有一定的道理。如果铁铉真能拿出这样的魄力，历史也许会被改写，但他却认为：

"守卫济南城五个多月，士卒都非常辛苦，况且南方将领才能有限，不堪大用。不如固守济南，朱棣率北兵来作战时，使江淮一带早作准备。北兵过不了淮河，回来时一定会路过济南，我引诱他们来攻打，以逸待劳，这必定是个全胜之计。"

铁铉的分析，也不是没有道理。历史是不能假设的，不能说他的做法就一定不正确。只能说，冥冥之中，似乎真有定数。

这年九月，朱允炆命令大将军盛庸集合三十万兵马，再次北伐。同时派吴杰进兵定州，徐凯驻屯沧州，形成掎角之势，准备对北平发起合围。

这一次，朱棣算不算大难临头？

三、声东击西，不过是家常便饭

十月初四，已经接近初冬，朱棣返回了离开半年之久的北平。这半年间，燕军既有白沟河畔大胜的荣耀，也有济南城下受挫的尴尬。但总体来说，朱棣并没有失败，回师北平也是自己的主动选择。

据《奉天靖难记》记载，朱棣不失时机地对下属进行了封赏，以提振士气，都指挥同知张信、房宽升为北平都司都指挥佥事，都指挥佥事张玉、丘福、朱能、徐忠、李彬、陈文、谭渊、何寿、郑亨、朱荣、李浚、陈旭、孟善、景福、端亮、李远、张安、刘才、徐理、沈旺、张远、徐祥、赵彝、徐谅都升为北平都司都指挥同知。济南卫指挥陆荣，济阳卫指挥使纪清，燕山中护卫指挥使火真，指挥佥事王友、王聪俱升为北平都指挥佥事，其余将校都官升一级。

战事暂时停止了，朱棣依然不忘用死人做文章。他命令北平府知府唐靖，祭雄县山川及白沟河之神，并且派出官员，祭奠战争中阵亡的将士。注意，是敌我双方的将士，这已经成为朱棣的保留节目。

就在这时，一个不幸的消息传来。十月初八，前大宁守将，跟随朱棣靖难两年多的陈亨，在铧山之战中被平安击败，并且受了重伤，不治而亡。朱棣一听，表面上极其痛苦，内心里却非常高兴。

这不是天赐良机，正好能宣传一下本王对下属的关心吗？

朱棣立即召集部将，沉痛地回忆了陈亨在大宁弃暗投明、坚定地投入靖难大业的光荣一生，并要求全军努力作战，为烈士报仇。众将见燕王对一个投降过来的将军都如此重视，内心自然相当感动，也坚定了继续跟随朱棣造反的决心。

陈亨是第一个阵亡的重要将领，但不会是最后一个。这个没有什么战功的"废柴"，总算有了一点价值。

朱棣的战略思想，不仅让自己的敌人困惑，也让跟随自己多年的心腹大将犯迷糊。在给陈亨开完追悼会之后，他下令出兵，攻打辽东。这一下，众人更莫名其妙了，辽东兵马都不来打北平，我们跑那么老远干什么？而且，老大是不是地理学得不好？到了十月中旬，辽东早已经是冰封大地一片白了。

但是，朱棣的话就是最高指示，朱棣的决定就是圣旨，军人以服从命令为天职，理解要执行，不理解也要执行。就这样，十月十六日，朱棣带着张玉和朱能两员干将，点齐精兵上路了。

燕军出师，道衍并没有随军，只是送老大出了德胜门，他已经折腾不起了。朱棣向道衍请教这次出师的吉凶。这位大师掰着手指头，认真地算了一会儿，然后告诉大家："师行必克，但费两日耳！"什么意思呢？难道是说，你们战无不胜，只要两天就能打垮敌人？当然，所谓天机不可泄露，众人也不会去追问细节，总之都非常高兴就是了。

十月二十一日，天刚刚亮，有"武术之乡"美誉的沧州古城，呈现出了一派繁忙之象：一群年轻力壮的军人，正在紧张地搬运沙石和砖头，加固年久失修的城墙。尽管已是初冬，由于工作辛苦，他们仅穿着很薄的衣裳，盔甲之类的当然就更不需要了。

工程的指挥官，就是都督徐凯。他拖着老迈的身体，顶着初冬凛冽的寒风，出现在了施工第一线。徐凯清楚地知道，朱棣要来打沧州，这座老城根本没得守，因此必须整修，必须在燕军到来之前加固好。

他一直派人打探北平的动向，得到的消息是，朱棣出发攻打辽东了。徐凯不敢肯定，他知道朱棣诡计多端，虚晃一枪也不一定。

北平与沧州毕竟有近三百里的路程，正常行军得两天半，为了确保万无一失，徐凯在盐仓派驻了一千骑兵作为前哨，如果有风吹草动，就可以向沧州城里报信。他自己则日夜忙碌，指挥手下加固城墙，作好应战准备。

突然，城东北方向出现了阵阵骚动，好像有兵器激烈撞击的声音，还伴随着士兵的惨叫声。声音由远及近，动静越来越大。凭借几十年的经验，徐凯立刻意识到，有人入侵了。

他马上组织士兵应战，但大家都是来干活的，兵器都放在了军营里，只能举着铁锹、镐头勉强应战。

像神兵天降一样出现在沧州城下的，居然是张玉带领的燕军。来得太突然了！要知道，他们前两天还在天津，还在开往辽东的路上，这时候突然出现，真有点神出鬼没的味道。即便是老谋深算的徐凯，都不敢相信眼前这一幕是真的。

燕军提着长矛大刀,四处追杀提着铁锹镐头的守城士兵,欺负他们过于劳累,欺负他们没有作战兵器,欺负他们没有打仗的心理准备。这帮"建筑工人"被追杀得没了脾气,想要抗议不公平竞争也没机会,于是纷纷选择了最明智的做法——投降。在乱军之中,徐凯也成了俘虏。

仅仅一个时辰,沧州就被完全占领了,朱棣也乐呵呵地现身,接受燕军众将士的欢呼,以及官军数千人的归顺。四殿下的军事才能,又一次得到了完美的验证。

那么,东征的燕军,怎么能突然出现在沧州城下呢?

其实,朱棣根本就不想打辽东,他放出的假消息,是声东击西之计。

朱棣行军到通州后,他的心腹大将张玉和朱能都沉不住气了,悄悄问老大:"官军离我们只有几百里,我们却要兴师动众地去打辽东。况且辽东现在已经是冬天了,天气寒冷,士兵们又没带冬衣,这仗恐怕不好打。"

朱棣一看这两人严肃的表情,知道他们看不出自己的真实想法,也就不想隐瞒了:"现在吴杰和平安守在定州,盛庸的主力驻扎在德州,徐凯的兵马布置在沧州,形成了掎角之势,想对我军进行合围。德州城墙坚固,又是敌军主力的所在,我们不能轻举妄动。定州城墙也已修好,防守没有大问题。唯独沧州还是以前的土城墙,损坏许久,现在又经常遇到风雪天,整修起来并不容易,我们趁敌人不备,走小路偷袭,他们一定会土崩瓦解。我们做出攻打辽东的样子,就是要让守军放松警惕,然后我们偃旗卷甲,由小路直插城下,一定能攻破沧州。"

这一席话把张玉、朱能说得非常佩服,齐声感叹殿下圣明。

十月十九日,燕军在夏店(今河北省三河市西南)驻营,朱棣派陈旭前往直沽(今天津市东南)建造浮桥,自己则率兵返回通州,下令沿运河南下,不去辽东了!

打仗不是旅游,但行程这样变来变去,也不是什么让人开心的事。为了稳定军心，朱棣又发扬了自己善于利用封建迷信的优良传统，一本正经地告诉大家，昨天夜里，他梦到天上出现了两道白气，从东北指向西南，然后他翻了一下天书，书上说"执本者胜"，只能南伐，而不能再东征了。靖难大军是替天行道，当然不能逆天而行。

朱棣用天象忽悠军兵不是一次两次了，这些人并非一点怀疑也没有。但在那个科学技术不发达的年代，迷信还是很有市场的，再说了，你不信能怎么样，你能跟燕王叫板吗？

燕军回师直沽，从搭建好的浮桥上过河。五年之后，朱棣故地重游，并为这个地方赐名，从此，中国就多了一个特大城市。

它的名字叫天津。

渡河之后，燕军创造了古代行军史上一项惊人的纪录：一昼夜行军三百里，在十月二十一日凌晨赶到了盐仓，在这里消灭了徐凯布置的骑兵。随后，燕军神不知鬼不觉地出现在了沧州城下，而根本不知情的徐凯，还带着人在整修城墙呢。这种速度，唯有一百六十年之后的戚家军，方能与之相提并论。

不过，依然出现了一些不和谐因素。朱棣交代谭渊遣散战俘，这哥们儿居然把三千官军给活埋了，简直是常遇春附体，太败人品了。但正当用人之际，朱棣也不好将谭渊就地正法，只是严厉警告了一番，从此再也不把遣散工作交给他了。

轻松占领沧州后，燕军因为济南失利而受损的自信心，很大程度上就得到了恢复。朱棣希望能一鼓作气，打败盛庸的主力，然后，找最痛恨之人报仇！

四、东昌鏖战，从最惨一仗中逃脱

十二月二十五日，燕军主力进军东昌（今属山东省聊城市），盛庸的主力部队，在这里恭候他们多时了。

东昌有"漕挽之咽喉，天都之肘腋"的美誉，战略位置得天独厚。徐常大军北伐时，常遇春在这里就与元军有过激烈交手。

盛庸是一个从打仗中学习打仗、从失败中反省失败的将军，他有不屈不挠的意志，有好学上进的心态，也有为国捐躯的觉悟。前两个主帅耿炳文和李景隆都被朱棣打败了，而接任的盛庸不过是他们的参将，连个主力都不是，连个先锋官的荣誉都没捞着。他就像一个足球队里，打不了首发，连主要替补都不是的那个失意者。但现在，他却代替两位老领导，坐到了大将军的位置上，要和朱棣正面较量了。这样的人，肯定有其过人之处。

让人不解的是，盛庸"引兵屯东昌以邀之，背城而阵"。打运动战，一向是朱棣的强项。他可以在郑村坝扬威，在白沟河称霸，但在攻城方面却没有多少灵感：真定围了三天就主动撤军；围困济南三个多月，也不幸以失败告终。盛庸没有坚守德州城，却在东昌摆下阵形，要跟朱棣对决。是不是他受什么刺激了，精神错乱，还是活得不耐烦了，想搞场赌博？

如果这么想，也太小瞧盛庸了。每一张冷峻面孔的背后，都有一个咬紧牙关的灵魂。别看盛庸的名字中有个"庸"字，但他绝不是庸才，相反，他渴望成功，追求完美。

他命令后勤杀牛宰羊，精心安排了一场隆重的出师宴，让大家放开了喝。很多人心中都会想，这很可能是我人生中最后一顿酒了，当然要好好喝。因为明天，他们就要和朱棣进行决战了，能不能从战场上活着回来，谁都没有把握。喝完了这顿酒，也许明天就要到阎王那里报道了。

乘着酒兴，盛庸即席发表了激情四射的演讲，这一刻，他有如朱棣附体，许多人当场感动得流下了热泪。

盛庸慷慨陈词道："我们都是七尺男儿，都是朝廷最信赖的英雄。我们不怕死，但不能轻易言死。如果死守东昌，不敢开城迎战，我们也许能保住城池，但一定捉拿不了朱棣。与其一次次地等待燕贼的攻击，永远生活在被动等待当中，永远掌握不了自己的命运，不如一鼓作气，主动出击，一举将他们歼灭，将朱棣活捉，为国家建立千秋伟业，也不辜负皇上的厚恩。也许我要先于你们战死沙场，也许我看不到这个光荣时刻，但希望你们在捉住朱棣这个逆贼的时候，在我坟上添一抔土，上一炷香！"

在场的几千条汉子,齐齐端起了酒碗:"为国捐躯,誓擒燕贼!"这声音震撼原野,直上云霄,迸发出巨大的能量!

当然,盛庸不是那种盲目乐观的人,他清醒地知道朱棣的长处和优势。燕庶人有天底下最强大的骑兵团,自己不是对手,没有必要以弱对强,以短击长。但他也为朱棣精心准备了丰厚的礼物,那就是自行研制的最新式火铳和毒箭。盛庸相信,科技能让生活更美好,让军队更强大,让自己的职位更稳固,也让反贼的日子更难熬。他要用自己的智慧,终结朱棣运动战不败的神话;他要用这些高科技武器,把东昌变成燕军的烈士陵园。

历史会记住这一天,建文二年(1400)十二月二十五日。虽说不是阳历的圣诞节,但第二年的这一天,却成了许多人的忌日,包括一个对朱棣非常重要的人。

朱棣从不放弃自己亲力亲为的作风,这一次,他又担任了骑兵的统领,打马直冲盛庸的左军。燕军的进攻是相当凶猛的,对手的抵抗也十分顽强。经过多次实战对抗,官军不再像起初那样一打就垮、一击就溃了,已经可以和凶狠的蒙古雄兵进行拉锯战了。

朱棣的铁骑在左军中冲杀了半天,没有占到任何便宜,感觉相当不爽。他果断地调整了战术,准备从盛庸的中军入手。

盛庸不是李景隆那样的绣花枕头,也反复向手下强调了活捉朱棣的重大意义。当活着的四殿下出现在他面前时,他立即冲了上去。

让我们用镜头扫描一下整个战场,只见大家都在忙着抢刀抢枪。再找找朱棣和盛庸,人呢?都不见了,这才多大工夫啊!噢,找到了!

盛庸和朱棣一起打马狂奔,方向一致,目标相同。更准确地说,盛庸在前面跑,朱棣在后面追,这可不是草原上的小伙追姑娘。盛庸,就这么逃跑了!

这真是戏剧性的一幕,昨天还在酒桌上信誓旦旦要为国捐躯的盛庸,却根本不是朱棣的对手,被打得奋力逃窜。显然,这不光是能力的不足,意志和品质也有很大的差距。

难道盛庸，真的是人如其名吗？

朱棣越追越远，越追越起劲，但盛庸虽然打仗不行，逃跑的功夫还真没得说。朱棣非但没能追到他，反而把他跟丢了。

盛庸是不见了，官军的残兵倒是越追越多，渐渐地变被动为主动，向燕军聚拢过来。他们的长矛和大刀威力不小，他们的火铳和毒箭，更是让装备原始的燕军防不胜防。

朱棣猛地打了个激灵，多年的一线拼杀让他有了强烈的直觉，"不好，"他马上招呼手下，"当心有埋伏！"

当你发现有埋伏时，周围已经是天罗地网，想跑掉几乎是不可能的了。

就算是朱棣，就算身经百战，就算身边还有数百个弟兄，但是，看着对方黑压压的一排又一排，手里还端着世界上最先进的武器——火铳，而他们又不认识你的时候，你是不是很绝望？

就是要投降，也得让他们知道你是谁，对吧？

眼看着自己和身边的人就要被集体屠杀，朱棣突然勒住马头，大声喊了一句话，就把这群火枪手惊住了。

这无疑是彻底改变中国历史走向的一句话。有一句就够了，一句顶一万句。

朱棣到底说了什么呢？

只见这个当时全球身价最高的叛乱分子，面对黑洞洞的枪口，缓缓勒住缰绳，一字一句地、清晰地大声喊了一句话。然后，那些对准他的枪口，齐刷刷地全放下了。

他说的是："我就是燕王朱棣！"

我就是朱棣，对啊，要抓的不就是这个人吗？那等什么呢，动手啊！但是，没人敢开枪。

火枪手们都愣住了，马上想起了朱允炆的命令，这道该死的命令就像一个魔咒，苦苦地折磨着每一个参与北伐的将士。

第十二章　败走山东不失志

是啊，朱棣不能杀。杀了他，就是杀了皇帝的四叔，不但立不了功，而且还有麻烦，说不定要军法处置，吃不了兜着走。因此，一定不能开枪，一定要捉活的。

问题是，朱棣是活的，不会站着不动，不会把胳膊伸到你的绳子里："来吧，把我捉去请赏吧。"

他只会抡着胳膊来砍你。

就在这一愣神的工夫，朱棣和他的手下已经冲到了火枪手们跟前，不给他们喘息的时间。弯刀在空中划出了一道道优美的弧线，火枪手们再也没有机会射击了。

有时候，暴露身份并不意味着更加危险，反而是在给自己创造反击的机会。

朱棣的亲兵齐声向老大表示："殿下，我等就是战死，也要保全您的性命。"

"好，那各位弟兄，随我冲杀出去！"

为了安全，朱棣恨不得找支笔，在自己脸上写四个大字"我是朱棣"；或者，在背后插一面旗，上面当然还是写"我是朱棣"。

因为朱棣喊得最响，叫得最凶，包围他的官军士兵，都知道他的身份，都憋足了劲想活捉他，立不世之功。于是，一个又一个燕军被射杀了，而他却安然无恙。

但是，不杀朱棣，并不等于要放他跑。当包围圈越缩越小，替死鬼越死越少之时，朱棣真的感觉到了，灭顶之灾随时可能到来。

他还记得自己大战李景隆时，在白沟河岸边挥舞马鞭、表演空城计的潇洒。可这回，没有舞台让他演出了。

如果有手机，他还能马上呼叫张玉和朱能前来搭救。可惜，他生活在十四世纪末十五世纪初，享受不了高科技的便利。难道，明年的今天，真是我的周年吗？

当然不是，大家都知道结果的。

朱棣是不能给朱能打手机的。不过，像有心灵感应一样，说朱能，朱能就到，他真的来了！他不是一个人在战斗，他带了几百骑兵！

朱能是出了名的不要命，大战耿炳文时，曾经创造了以三十骑兵冲击一万人的嚣张纪录。这一次，当他发现朱棣中了埋伏之后，二话不说，立即带着手下亲兵冲入包围圈。

朱能像一头发了狂的野牛，在阵中来回折腾，见人就砍，终于把朱棣找到了。受伤又受惊的朱棣，见到朱能，也非常兴奋。他带着浑身的伤痕，带领剩下的残兵，顶着官军的重重攻击，奋力杀出一条血路，终于冲了出来，向自己的大营逃去。

朱棣冲出来了，他自己当然知道，问题是张玉并不知道。当他听说朱棣被包围的消息后，立即不顾个人安危，带着几百名护卫就往包围圈里冲。但是，他死活都没找到朱棣。

张玉以为老大已经完蛋了，心情无比悲伤。他已经五十八岁了，在他那个时代，都到了给孙子娶媳妇的年龄，可为了朱棣的靖难大业，为了自己能封个开国元勋，张玉还像年轻人一样在战场上拼杀，顽强地战斗在造反的第一线。

但是，岁月不饶人，张玉哪有朱能的身体素质？长时间的厮杀，对体力和精力消耗太大，当一拨拨的官军像潮水般涌上来，像韭菜一样割了一茬又冒出一茬时，他终于顶不住了。他真的太累了，多年透支的身体，在这时候完全崩溃了。

恍恍惚惚中，他看到了很多人：

带领自己与陈友谅大战鄱阳湖的太祖朱元璋；

带领自己追击蒙古人到捕鱼儿海的大将军蓝玉；

带领自己平定云南、追杀梁王的大将军傅友德……

他们似乎在对张玉说，你太累了，到我们这儿来吧。

于是，张玉真的就去了……当无数根长矛狠狠地插进他的身体时，张玉的表情相当平静。也许，他早就在等待这一天了。

张玉死得很有尊严，但活着的人，噩运却依然没有结束。

朱棣逃回自己的大营之后，并没有甘心就此收场。他知道，成功与失败，有时就在一线之间，就差那一口气。

第二天，朱棣与盛庸的战斗继续进行。都说哀兵必胜，但事实并非一定如此。火铳和毒箭不光让很多燕军变成了尸体，还让更多活着的人患上了恐惧症，以往那种必胜的气势消失了。朱棣不仅无法报仇，反而很快被打乱了部署，不得不向北逃跑。更可怕的是，这一次朱能也不在身边，缺少了得力的帮手。

为了保护有生力量，朱棣让燕军在前面跑，自己一个人拖在了最后面。他使出自己惊人的箭术，射杀了好几个试图扑过来的官军，但无法阻挡更多追赶的敌人。

一场战争，暂时变成了一场赛马。谁赢得时间，谁就能赢得未来。朱棣的马好在是从蒙古人那里搞来的，耐跑。后面的人追得很吃力，也很无助。他们想使坏了，准备用火铳把朱棣打下马来。

朱棣被打下来了吗？你肯定知道的是，没有！

你未必知道的是，有人出场了。

来人就是朱棣的二儿子朱高煦。每每在老爹最危急的关头，他总是能及时赶到，展现出极强的战斗力。

这个年仅二十岁的王子，不仅有着与年龄不相符的成熟与干练，更有着堪比朱能和谭渊的霸气。他请父王先走，然后挥着弯刀，二话不说，直直地冲向官军。寒光闪过之处，皆是人头滚落于地的声音。那些刀下之鬼，有的甚至来不及发出生命中最后一次哭喊。而他的手下，一个个也是非常生猛。

在朱高煦一伙的凶狠攻击下，追击的军队渐渐抵挡不住，他们看到朱棣已经渐行渐远，跟朱高煦这样的猛人拼命不值得，于是停止了追击，目送这个小霸王从战场上逃掉了。

燕军全线后撤，而得胜的盛庸则全力追击，一路向北。

转眼就是建文三年（1401）的除夕。在全国上下沉浸于节日气氛中，忙碌地为元旦❶作准备之时,有一支残兵,却狼狈地奔跑在华北平原的小路上,向着自己的老家拼命逃窜。他们的统帅叫朱棣,他们的目的地是北平。追赶他们的,是大将军盛庸及副将平安、吴杰的军队。

这个新年,一定会让朱棣和他的燕军子弟兵惶惶不安,终生难忘。

这个元旦,一定会在朱棣的人生耻辱一栏中增加浓墨重彩的一笔。

在别人过节的时候搞突然袭击,让别人过节过得胆战心惊,把别人的喜事搅成丧事,是朱棣的一贯作风。没想到,风水轮流转,现在转到自己头上了。

逃跑的过程尽管充满不确定因素,但朱棣并没被俘,更没有精神崩溃。在战场上杀敌的时候,他充满必胜的激情,十分亢奋;在小路上逃跑的时候,他同样展现出扎实的职业素质,不让敌人轻易逮着。

正月初五,经过一场苦战,朱棣成功地击退了平安和吴杰的追兵,暂时解决了安全问题,并于正月十六日活着回到了北平。

重新见到徐王妃和朱高炽,朱棣这位老战士可谓百感交集。他曾经多次担心,自己很可能永远回不来了。回到家中的感觉,就像凤凰涅槃一样,获得了重生。

这一次,朱高煦又立了大功。朱棣觉得老二很像当年的自己,跟他那个大胖子哥哥真是有很大的不同,因此免不了狠狠夸奖他一番,并用财富和前程刺激他,鼓励他继续为靖难大业勇敢地去战斗。

东昌一战,朱棣承受了作战生涯中最惨痛的一次失利。是就此沉沦、一蹶不振,还是摇身一变、凤凰涅槃,成为打不死的小强呢?

---

❶ 明朝的元旦为正月初一,相当于现在的春节。

第十三章　有仇必报终雪耻

一、每一次祭奠，都是战前动员

东昌一战，以朱棣的狼狈逃跑为标志，燕军完全溃败，只能被一路追杀，无法组织起有力的反击。自建文元年（1399）七月开战以来，这种情况还是第一次出现。

但是，不幸之中的大幸，有一个人还活着，只要他活着，燕军就能继续存在。

只要他不放弃，所有将士就有了主心骨。

他，当然就是我们的男一号朱棣。

当无数黑洞洞的枪口直指朱棣心窝之时，他确实一度产生了绝望情绪。当时，他离死神是那样近，只要有一个人开枪，就会有无数人响应，就能把他打成马蜂窝，他就会永远从这个星球上消失。

但朱棣偏偏活了下来。这得益于他的特殊身份，得益于好侄子的亲切关爱，再加上不时光临的好运气，他的命还是比别人大一点的。

只要人还活着，一切就都有希望。只要旗帜还在，一切就皆有可能。可口可乐总裁道格拉斯·达夫特曾经放下豪言：即使公司在全球所有的生产厂一夜之间化为灰烬，他也可以靠这个品牌，重新建立起新的可口可乐王朝。

对于朱棣来说，即使他身边的战士全部被消灭，即使他成了现代人所说的光杆司令,只要北平还在他的控制下,他也可以凭借自己的人脉和影响力、煽动力、整合力,重新组织起一支更强大的军队,继续和朝廷唱对台戏。

朱棣回到北平后,稳定了一下情绪,重新清点队伍。他惊喜地发现,原来损失根本没有想象中的那么大,只不过阵亡和失踪了三万多人。

但是,千军易得,一将难求,名将就更难求了。对朱棣来说,最为可惜的是老将军张玉,此人堪称靖难第一猛将,对朱棣更是忠心不二。朱棣忘情地说:"兵败不足虑,独丧我良辅,实可痛恨。"北平的将领,很多都受过张玉的关照,当然也都十分难过。

朱棣是一个相当理智的人,他并不喜欢蛮干。在经历了东昌之败以后,他一度想到了在北平休养生息、自力更生,积蓄更多能量再去报仇,而不是盲目地再次出师。

但是,有人的一席话,却让他改变了主意。

道衍告诉他:"上回殿下出师之前,老衲说过的话,殿下还记得吧?"

朱棣当然知道,这老僧一贯喜欢装神弄鬼。不过,我都不计较你胡说了,你怎么还好意思再提?

"殿下大喜,您的好日子就要来了!"

朱棣越发糊涂了,这惨败也成了大喜?他问:"喜从何来呢?"

"老衲说,'师行必克,但费两日',对吧?"看到朱棣点点头,道衍猛地站起身,把声调提高了很多,简直就是在喊叫了,"两日就是'昌'字,东昌的昌。现在东昌遭败,已经成为过去。从今以后,我军必然连战连捷,大获全胜!"

道衍接着说道:"殿下,朱允炆拖得起,我们拖不起,如果我们停止用兵,不打出去,让战场远离北平,也不挑些事向朝廷示威,全国各地的勤王兵马,就会认为我们没有作战能力,就会从四面八方开到北平。到那时,你我即使想当个平民百姓,恐怕都没有机会了!"

冷汗从朱棣额头上一滴滴地流了下来。这可不是开玩笑,现实就这么残酷,普通士兵可以投降,一个造反的王爷却是没有后路可走的!

上贼船容易，下贼船难。历史上那些造反的皇亲，一个比一个死得惨。剑已经拔出来，就永远收不回去了！

朱棣输不起，跟随造反的将士们更加输不起。朱允炆一向宽厚，如果朱棣被抓，很可能会保住性命，落个终身监禁、看守孝陵之类的处罚；但他们这些帮凶，有没有这样的好事还真不好说。因此，这些人也是鼓起了全部勇气，希望将造反大业进行到底。

当官军取得东昌大捷，并沿着运河追杀朱棣之时，作为大明最高统治者的朱允炆，这时候又在忙什么呢？

让人遗憾的是，在大敌当前，政权面临重大危机的生死关头，朱允炆依然有闲工夫，在建文三年（1401）正月初一，为取名"凝命神宝"的青玉大印的制作完成，举行隆重的庆贺大典。

朱棣和道衍是假迷信，朱允炆是真迷信；朱棣和道衍是用迷信来忽悠别人，朱允炆是用迷信来麻醉自己。据说建文还在当皇太孙时，曾经做过一个梦，梦见有神仙传达天帝的命令，并赐给他一块重宝。

非常巧的是，朱允炆刚一当上皇帝，就有异国使者求见，并献上据说是从雪山上得到的一块青玉。这块玉大概有两尺长，纹路整齐，非常别致。联想到昔日天神送宝的梦，朱允炆非常重视，于是命令挑选手艺精湛的工匠，将这块玉加工成玉玺，并刻上"天命明德，表正四方，精一执中，宇宙永昌"，这十六个字是朱允炆亲自选定的。仅仅就这一块玉，居然加工了整整一年，从建文二年（1400）的新年一直加工到第二年（1401）元旦，可见工匠的小心和朱允炆的重视程度。

但历史总有其吊诡之处。普通玉玺通常只刻四个字，在玉玺上刻十六个字，并不是朱允炆的发明创造。两百多年前，宋徽宗赵佶就这么干过。政和八年（1118），他监制的"定命宝"，上面刻的就是"范围天地，幽赞神明，保合太和，万寿无疆"，正好十六个字。不过，定命宝根本没有给他和大宋帝国带来什么好命，恰恰相反，仅仅八年之后，金军就占领了开封，赵佶很不光彩地当上了亡国之君，被抓到五国城（今黑龙江省依兰县城西北）拘押，受尽了折磨，出尽了洋相，最后还难逃惨死的下场。

庆典的当天，典礼相当隆重，场面相当壮观，奉天殿上旌旗林立，鼓乐喧天，号炮威严。朱允炆沐浴更衣，向列祖列宗行礼，祈求他们保佑自己江山永固，国泰民安；群臣再向他行礼，恭祝陛下洪福齐天，万寿无疆。

几天之后，朝廷收到了东昌大捷的喜报，众臣纷纷上表祝贺，并把这两件毫不相干的事情联系起来，把前线士兵的流血牺牲轻描淡写一带而过，反而强调得胜是因为"凝命神宝"的神威和皇上的圣明。

朱允炆对这样的胜利也非常开心，决定去太庙祭拜，感谢太祖在天之灵的眷顾。同时，他恢复了齐泰、黄子澄的官职，让他们回到身边出谋划策。可惜，小皇帝的舒坦日子没过多久，叛乱分子就又出来活动了。

经过半个多月整顿兵马、储备粮草之后，朱棣又准备南下挑事了。这足以说明，东昌之战虽然对他的打击很大，但根本谈不上是致命的或毁灭性的。而他的对手，以盛庸为首的这帮人，实在高兴得太早、太轻视对手。这是要犯严重错误、要受严重惩罚的。

建文三年（1401）二月初七，朱棣请来了几位高僧，祭奠东昌一战的阵亡官兵，特别是为救他而死的张玉。他眼含热泪，一字一句地念道：

奸恶集兵，横加戕害，图危宗社。予不得已，起兵救祸，尔等皆摅忠秉义，誓同死生，以报我皇考之恩。今尔等奋力战斗，为我而死，吾恨不与偕。然岂爱此生？所以犹存视息者，以奸恶未除，大仇未报故也。不忍使宗社陵夷。令尔等愤悒于地下，兴言痛悼，迫切予心。

朱棣悲愤的情绪无以复加，越说越气，越气越说，说着说着，就当场脱下战袍，把身边的护卫吓了一跳。朱棣要把战袍往火堆里扔，众人一看都替他心疼，赶紧上前阻拦。

朱棣制止了众人的劝阻，坚持要烧掉自己的战袍。他哽咽着说：

"将士们对我情义深厚,我怎么能够忘记他们?张玉将军,是我害了你。我为了国家,为了靖难,不能跟你们共死,今天烧掉这件衣服,代表我和你在一起。诸位九泉之下如有知,希望能明白我的心意,希望你们原谅我……"

说着,在众人吃惊的眼神中,朱棣毫不犹豫地将袍子扔进了火堆,看着它慢慢烧了起来,慢慢变成一堆灰烬,直到这堆灰烬在风中肆意飞舞。

念完了悼词,烧完了袍子,燕王殿下是不是应该休息了?不!朱棣扯开嗓子,放声大哭。这哭声在寒冷的冬天显得格外酸楚,在空旷的原野中显得特别刺耳。阵阵哭声像一根根钢针,狠狠地扎在了参加悼念的众将士心上。他们都被深深感动了,很多人也跟着哭了起来。

有一个大将站了出来,为大家作了总结发言,他说:"人生百年,终必有死,而得人主哭祭如此,夫复何憾!我等当努力,上报国家社稷,下为死者雪冤!"

要的就是这个效果!懂事的下属,应该以上司的悲喜为自己的悲喜;合格的下属,应该随时随地揣摩上司的心事,明白其真实意思;优秀的下属,应该勇于替上司扛事,及时把上司不想说、不好说、不便说的话,借由自己之口痛痛快快地说出来。

这一天,每个人的表情都非常凝重,每个人都心潮难平,每个人都产生了一个愿望,那就是尽快打到南京去,让这场战争结束,让死者能够安息!

这场祭奠活动,已经成功地转化为一次战前动员会;这场活动的效果,胜过了一个又一个的封官许诺;这场活动真正的赢家,其实只有一个人。

他就是朱棣。

朱棣不愧是天才的鼓动家,从军事天分上来讲,他跟蓝玉、傅友德这些将军比显然有一定差距,但说起激励和收买人心,他却能给这俩战神当老师。而且这种能力,是后两位前辈永远也掌握不了的。这也是优秀统帅与天才将军之间的重大区别。

二月十六日，休整完毕的朱棣，再一次率师南下。在经历了东昌惨败之后，他知道自己的机会已经不多，如果再一次败给盛庸的话，军心将不可避免地产生根本性的动摇。

朱棣把主要将领召集到帐下，发表了一番让人热血澎湃的讲话：

"各位忠诚奋勇，同心协力，临阵杀敌，百战百胜。但是，东昌刚战即退（能客观点吗？），放弃之前的累胜之功，非常可惜。俗话说，惧死者必死，捐生者必生。白沟河之战，官军先怯懦，见战就走，我们因此乘胜追击，此所谓惧死者必死。刀锯在前而不惧，鼎镬在后而不慌，临阵舍死，奋不顾身，所以才能出百死，全一生，正所谓捐生者必生。我举这样的近事为喻，用不着从远古找例子，这些事实大家都知道。有惧死后退的，是自己找死。各位切勿因为有累胜之功，就漫不经心，缺乏警惕。有违纪律者，一定杀无赦。如果恪守我的命令，始终不知懈怠，那么大事可以成，大功可以建，我们必将完成靖难大业！"

众将士自然情绪激昂。四天以后，燕军来到河北重镇保定扎营。

保定历史悠久，是传说中五帝之一尧帝的故乡，春秋战国时期中山国的国都，在元朝时被命名为保定，取的是"保卫大都、安定天下"的意思。但是，朱棣一到，就能攻下这座城市吗？

二、神风再临，帮的还是老朋友

三月十二日，朱棣听说盛庸主力进驻单家桥，立即准备由陈家渡过河迎战。但官军主力并没有出现在那里，情报显然出了问题。燕军没有遇到盛庸，却发现了一只猛虎。

打虎英雄武松的故事家喻户晓，但人家是孤身一人，用拳头打死的老虎。今天朱棣带着大队人马，碰上了一只饿虎，他像是突然想到了什么，立即命令将其射杀。

当士兵们把血淋淋的老虎尸体拖到燕王面前时，他立即拿出了道衍的腔调，客串了一把星相专家，向手下讲述了一番天降祥瑞的道理。他告诉大家："各位兄弟，敌人再可怕，也不如猛虎可怕，我们一定会像消灭老虎一样消灭他们。"

三月二十日，朱棣收到了准确情报，盛庸主力驻扎在了夹河（今河北省武邑县南），于是立即命令部队赶赴那里。两军的营地相距仅有四十里，一场大战一触即发。

对于朱棣来说，这是要报他上次差点儿被捉的一箭之仇，是要还张玉为自己惨死的债，更是要清除阻止自己南下的最大障碍。

这一次，朱棣的军队里没有了他最信赖的老将军张玉，却多了一个年轻人张辅，张玉的长子。张辅知道的是，老爸就是被这个盛庸害死的，仇是一定要报的；不知道的是，老爸是为救朱棣才冲进埋伏的，而朱棣那时其实早已经逃出来了。

作战双方合力推进，频繁互动，才能激发彼此的热情。如果双方的实力过于悬殊，一方只是忙着攻城拔寨，另一方又消极防守，被动挨打，战争进程也会让人感觉索然无味。所以，盛庸这样的对手，总比李景隆来得有意思得多。

而对盛庸来讲，上次让朱棣跑掉非常可惜，他希望能毕其功于一役，永久性地解决问题。但实话实说，东昌之战中他的获胜又何尝不是侥幸呢，他真以为自己的临战指挥能力已经完全高出朱棣的了？

朱棣非常清楚这场战役的重要意义，他一次次耐心地向军官们面授机宜。

他说："贼兵每次列阵，都会把精锐部队放在前面，较为羸弱的部分放在后面。明天我们跟他们交手，必须把最好的士兵放在前面，先消灭了贼兵的精锐，剩下的就会不攻自破。中军在距离敌人五六里处布阵，我带着小股精兵，先靠近贼兵的主力，绕到他们的后面，就像关门一样，推着他们走五六里。贼兵一定会相当疲乏，我们的主力等贼兵过去一半之后，就动手修理他们。然后我也跟上去，与你们形成合围之势，敌人主力必败。一定不要把贼兵逼得无路可走，让他们可以置之死地而后生。"

理论虽好，但直接把弟兄们听傻了，没办法，要是这帮粗人一听就明白，还能举一反三，那就不是朱棣的帮手，而是威胁了。

当时没有高科技设备，没有卫星云图，没有三维成像，朱棣因陋就简，随手抽出一支箭，在地上画出了地形图，给军官们现场指导。为了让这帮老粗彻底明白，他还把军官们组织起来，让他们模拟场景，现场演练一番，直到自己比较满意了，才安排大家休息。

三月二十二日，燕军来到了夹河。朱棣知道盛庸不善用骑兵，其强项在于火器，喜欢用上千名火铳手来招呼客人。为了做到心中有数，朱棣决定派出三人三骑，对盛庸的战备情况进行现场侦察。

不过这个侦察小分队的组成人员，级别有一点高，其中有一个侦察兵，就是朱棣本人。这可不是燕王活得不耐烦了。朱棣知道，只有他出面才最安全，只有他乱转悠官军才不敢开火。

为了怕对手搞不清他的身份，朱棣特意穿上了朱元璋赐给自己的金盔铠甲。两个亲兵不干别的，就跟他后面，打出北平燕王的旗帜，让官军一眼就知道，这个留着长胡子的就是皇帝的四叔，可不能打哟。朱棣对于表明自己身份的态度如此认真，就差拿根毛笔，在脸上直接写上四个大字"朱棣来了"。

朱棣用这种方式对官军进行火力侦察，完全是一种赤裸裸的挑衅。多亏盛庸是参加战斗工作多年的老将军，有着很好的定力，不然非得当场吐血，昏过去不可。

既然还没有接到朝廷的新通知，那么就一定不能杀朱棣，否则就是抗旨了。于是，人类历史上最荒诞的一幕，就在夹河上演了。

成百上千端着火铳的官军，从祖国各地千里迢迢来到河北，就是为了追杀一个人。而当这个人就在他们面前，他们一枪就能把他轰下马时，却只能对自己说："不能冲动，打不得！"

于是，朱棣就带着两个手下，在盛庸的大阵中潇洒地走了一圈，对敌人的布防进行了认真的观察。朱棣对于对方的人员布置、火力安排和营盘分布等，都有了相当程度的了解。对于如何发动进攻，他心里已经有了一定的规划。

朱棣三人没有久留，觉得看得差不多了就撤。

盛庸实在是忍无可忍了，他传令：派一队骑兵，把那三个反贼给我抓回来！

对方是几百号人，而朱棣他们只有三个人，并且没有火器。眼看敌人就要冲上来了，朱棣不慌不忙，在马上拉出了长弓。朱棣天生神力，在真定城下，他就有两百步外射杀敌兵的惊人纪录。这一次，他更要让追赶的人付出代价。一箭射过去，追在最前面的人应声而倒。

后面的人一愣神，朱棣他们就跑开了。这帮人接着追，跑开了一段距离，朱棣又是一箭，又有一人惨叫着从马上摔下来。这样一来一回搞了三次，没人敢追了，眼睁睁地看着朱棣完成了侦察任务。

戏弄完了盛庸，重新回到本方阵地，朱棣并没有太过得意。他提醒自己的手下，必须打起十二分的精神，决战的时刻就要来了！

朱棣决定从左翼发动攻击，他派出的是一万骑兵和五千步兵。步兵这次携带了一种新式武器，后来的历史学家给起了个名字叫木檛，用木头制成，长有七八尺，末端带有铁制的倒钉。不过这玩意儿打不死人，战场上又没有现成的庄稼可收，有什么用呢？

两军一交手，木檛的作用可就发挥出来了。盛庸的步兵喜欢用盾，燕军步兵就把木檛纷纷丢过去，大多都能命中对方手中的盾牌。

盾牌是铁制的，但外面都要包皮革，木檛上面的倒钉，正好能扎进皮革表面。有些心急的士兵想取下木檛，但这些东西一旦钉上，真不好取下来，还直接妨碍了旁边的战友，导致整个队形都受到了影响——厉害吧，朱棣要的就是这个效果。

官军只有扔掉盾牌投入战斗。由于局面混乱，火器发射也很不方便，不但难以命中目标，反而容易误伤自己人。在这种情况下，燕军骑兵的威力就发挥出来了。

这一次，朱棣又任命自己担任突击队队长，带着几百骑兵转了个大圈，绕到盛庸中军的背后，开始了疯狂进攻。搞不清对方实力的官军，居然被这几百人逼得直向后退。而在他们前面,朱能和张辅已经列好了阵势。一切似乎都在按照昨天朱棣的计划进行,一切都在燕王的掌握之中。

谭渊看到左路的官军出现了溃败,兴致勃勃地带着几百个弟兄去清理,把朱棣昨天交代的任务完全忘了。他的骑兵追击那些扔了盾牌的步兵,当然是占了不少便宜。杀得正高兴时,冷不丁碰上一将前来阻挡。谭渊根本没有在意,习惯了拿刀砍人的他,完全没有意识到危险。

两个人上来打了一个照面,只交手了一个回合,就分出了胜负,而且分出了生死。

燕军中仅次于张玉和朱能的大将谭渊,就这么被人干掉了,这对于朱棣当然是个重大的损失。但是他现在还顾不上悲伤,两军正处于最激烈的战斗时刻。

一刀杀掉谭渊的,是官军中的猛将庄得,他是盛庸派来支援左军的。现在左军已经平安,但中军却在朱棣与朱能的合围之下,显得有些慌乱。杀得兴起的庄得看到这种情况,立即又带人冲向了朱能的燕军主力。

庄得的加入,改变了战斗的走向,让双方基本上处于一个平等的态势。打到这个份上,差不多算贴身肉搏了,朱棣的花样玩不出来,盛庸的火器也没有优势,双方完全是凭借意志力在拼命。谁要是先服软,等待他们的就会是无底的深渊。两边的死伤都非常严重,战地救护又很不给力:很多人不是当场被杀的,而是因伤流血过多而死的。

刚刚杀掉了谭渊的庄得,也很不幸运地收到了死神的通知。他被燕军的一支冷箭射死,也许这就是宿命。

天慢慢黑了下来,双方还在凭感觉搏杀,谁也不愿在气势上输给对手。无奈天太黑,已经很难看清敌方盔甲上的标志了。现场没有照明条件,天上也没有月亮,最终战斗慢慢地停歇下来,双方各自回营,准备明日再战。

朱棣清点自己的队伍,发现跟在身边的只有几十个弟兄了。眼看与其他人联络不上,他们就找了个平坦的地方露宿,留两人担任哨兵,其他人席地就睡。好在三月底的天气已经比较暖和，半夜的春风吹在脸上并不扎人，辛苦了一天的士兵们，睡得都很踏实。

朱棣和这些手下不同，他睡得很不踏实，在一个陌生的环境中，他保持着本能的警惕。东方出现了鱼肚白，一轮红日从云层中慢慢地钻了出来。远处传来了几声鸡叫，新的一天到了，一股热血在朱棣胸中涌起。这一天，将是自己开启复仇之旅的一天；这一天，将是改变战局、改写历史的一天！

朱棣抑制不住激动的心情，猛地站起身来，想观察一下战场。但就在这时，他突然发现，周围居然到处都是士兵，那些人的盔甲、武器和军旗，都和燕军的不大一样！

朱棣知道，昨天晚上天太黑，自己和卫兵们不小心与官军休息在了一起，但现在天亮了，双方势必不能和平相处。他马上悄悄叫醒了自己的手下，并告诉他们误入官军军营的事实。

朱棣的这些亲兵，当然没有老大的定力，一个个都紧张得不行。朱棣笑了："你们觉得自己逃得掉吗？"大家摇头。"你们敢不敢就这样杀出去？"大家又摇头："恐怕凶多吉少，损失太大。"

朱棣这时候也不逗大家了。他又找了根木棍，在地上画了几下，告诉众人，应该怎么办。大家一听，都非常佩服。

于是，朱棣带着众军兵整装上马，吹响进军的号角，摆好行军的队列，从军营中大大方方地奔驰而出。官军还没有搞清楚怎么回事，就看到一队人马突然出发，而且其装束行头，不像自己这边的。带头的那位，胡子比关公还长，气度不凡，不对！这人怎么有些像叛军的头目燕庶人呢？

正愣神间，朱棣他们已经打马跑出去老远，官军再想追击，已经是鞭长莫及了。朱棣处乱不惊的领袖风范，又一次得到了验证。手下人当然是佩服得不得了。

朱棣回到了自己的大营，与众将讨论下一步的战术。谭渊已经为叛乱捐躯，老大却依然要拿他当反面教材。

朱棣严肃地说："昨天谭渊看见贼兵败走，出击的时机不对，太早动手,非但没立功,反而丢了一条命。兵法上有重要的一条'穷寇无遏'。我之前告诉过谭渊,让他耐心等待时机,等贼兵确实撤退时,再乘势攻击他们,就一定会取胜。可惜啊,他不听我的话……"

众将都陷入了深思当中。朱棣猛地站了起来,声音也提高了:"昨天贼兵虽说受了点小小的挫折,但主力依然完整,今天必然要和我们拼命。大敌当前,诸位必须做到随机应变,知道进攻与后退的时机,不能一味拼蛮力。"大家想起谭渊的教训,都连连称是。

朱棣最后布置了任务:"今天与贼兵交手,先要顶住他们的攻势。我带着精锐骑兵,发现敌人哪里有可乘之处,就立即杀进去,给他们迎头痛击。两军相当,将勇者胜,这就是光武帝刘秀在昆阳大战中,用八千人击溃王寻一百万人的关键!今天,我们消灭了盛庸,其重要性,不在昆阳大捷之下!"

在热烈的欢呼声中,朱棣结束了自己的总结发言。但说归说,能不能做到呢,其实他自己也没有充分的把握。

这是一个普通的早晨,和煦的阳光照在大地上,郊外的空气十分新鲜,一阵轻风吹在脸上,让人感到很清爽、很舒服。这样的天气,更适合情侣踏青,而非仇人火并。在这么和谐的背景下,几十万人却要为着他们主将的理想,进行一场最后的大决战。

两军摆开阵势,燕军在东北,官军在西南,双方的将领,也不会想到这个朝向会有什么深远的影响,更不会觉得能给自己带来什么灾难性的后果。

朱能和张辅各领精兵,从两边同时对盛庸的阵营发起了猛攻。而朱棣自己,则继续发扬"从不正面出击,专门背后破坏"的光荣传统,带着轻骑在战场上游弋,准备随时趁火打劫。

朱棣这种凡事亲力亲为的态度,在现代战争中当然没有任何必要,甚至会给军事指挥带来很大麻烦。但是在冷兵器时代,却对提升军队士气,有着不可替代的作用。燕军士兵看着老大都这么玩命,自己也不好意思不拼死杀敌了。

当然还有一点，朱棣有朱允炆的免死牌，可以有很大的活动空间，换成别人，就不能这么方便了。

这真是一场势均力敌的较量，据史书记载，从辰时（七点到九点）到未时（十三点到十五点），双方你来我往，互不相让，兵器碰撞发出的声音，把田里的老鼠、池塘里的青蛙都吓了出来，四散奔逃，还以为是要地震了呢。阵前已经堆满了尸首，伤兵简单处理过伤口后，继续投入战斗。

双方都已经疲惫不堪，于是相当默契地各自休息片刻，然后起来再打。打着打着距离拉远了，又拉弓搭箭互相射击。一种无形的力量，支撑着双方的平衡，但大家都知道，这种均势局面不可能永远持续下去，都咬着牙坚持，等着对方露出破绽。也许这时候，无意中飞过来的一只鸟，误啄了某一方的指挥官，都可能改变战局。

平衡就是用来打破的，双方都渴望着这一时刻的到来，但它真的到来时，还是搞得人手足无措。双方都忙着战斗，根本没有注意，本来艳阳高照的天空，已经慢慢变得乌云密布。

转眼之间，猛烈的狂风卷起漫天的尘土，遮住了远处的风景，遮住了天上的云彩，也遮住了战士们的视线。但双方是完全不同的两种感觉。

因为交战中的一方，正好站在下风口，猛烈的狂风卷起无数沙尘，直扑他们的脸颊，让他们根本睁不开眼睛、拿不住兵器，甚至无法正常呼吸。而他们的对手，却站在上风口，借着风势，发起了更猛烈的进攻！

如果这是一场足球赛，还能有裁判站出来，果断地中止比赛，以保证竞争的公平。但在人命关天的生死决斗时，老天却很不公正地刮起了大风，让双方原来的均势之局，在一转眼间的工夫里被彻底破坏。

在白沟河大战时，就是因为大风吹倒了李景隆的帅旗，严重影响了官军的士气，造成了可怕的后果，但老天却从来没有搞平衡的意思。这场风的风向，不偏不倚，就是东北风！简直就像是和朱棣商量好的。

盛庸也许猜到了一切，却没有猜到会刮大风；即使猜到会刮大风，也未必相信，风居然精准地朝着自己的阵营猛刮，让敌人顺着风势猛攻。这场风实在是太诡异了，难怪有人相信，是朱棣阵中的猛人在施法，或者是道衍教会了朱棣，让他可以随心所欲地、像变魔术一样地变出风来。那真的是太可怕了！

在大风的帮助下，朱棣下令发起总攻。燕军士气大振，高喊着"活捉盛庸"的口号，奋力冲杀，一路向前。官军抵挡不住，纷纷扔掉手中的兵器逃跑。最大的恐惧，就是恐惧本身。盛庸想证明自己比李景隆强，但面对大风的时候，他一样无能为力；当身边的部将不听使唤的时候，他一样干着急没办法。

最后，自以为可以收拾朱棣的盛庸，终于和前上司李景隆走上了同一条路——放弃大部队，带了几十个残兵，打马逃跑。一直跑到德州，他们才停住脚步。

有了风神帮忙，燕军很快就占领了盛庸的大营，不仅缴获了大量的武器装备，还在营中发现了大批金银器皿和服装道具，原来这些都是盛庸特意准备的。经过东昌的胜利后，这位爷有些飘飘然，以为攻下北平，活捉朱棣已经为期不远了，因此要带上这些东西，希望在彻底打败朱棣之后，在军中搞一个庆功会。结果庆功会没开成，反而给朱棣留下了笑柄。

朱棣带着亲随卫兵，在风中忙活了大半天，当他们拖着疲惫的身子返回自己的大营时，居然被把门的拦住，不许进入。

朱棣没有洗脸，战袍上又全是尘土和血迹，年轻的卫兵当然认不出来。但他有自己标志性的大胡子，也有自己标志性的磁性声音，他一开口说话，站在附近的军官一下子全听了出来。大家看到燕王这副模样，相互交换了一下眼神，都大笑起来。

朱棣用一场完胜，雪了东昌惨败的耻辱；而盛庸则为自己的傲慢和轻敌，付出了惨重的代价。当然，朱棣幸运地有了大风相助，但盛庸作为统帅，没有把天气状况考虑进去，恐怕也不能说没有一点责任。而且，盛庸急于和朱棣决战，没有和平安、吴杰的军队联手，也是失败的一个重要原因。他本来是应该等到援军到来之后，两面夹击朱棣的。

平安和吴杰手下有十万兵马,驻扎在真定。他们本来已经在赶往夹河的路上了,听说盛庸已经失败,担心真定有失,中途就又折返了。这是两人犯下的又一个错误。燕军经过一场恶战,已经相当疲惫了。如果他们不是撤军,而是迅速投入战斗,很可能会给朱棣来个迎头痛击,甚至会改变夹河一战的结局。

当然,平、吴二人放过了朱棣,朱棣却一直惦记着他们。

下一步棋,朱棣又将如何走呢?

三、藁城对决,朱棣晋级"朱三风"

在打败盛庸、取得夹河大捷之后,朱棣立即派人向北平报捷,希望徐王妃和道衍能第一时间知道自己的好消息,分享自己由衷的欢欣。不过,使者两个时辰后就回来了。

他既没有直升机,又不会神行太保戴宗的法术,怎么可能这么快完成任务呢?

原来,信使去北平要途经滹沱河南岸单家桥,那里驻扎着近万名官军,根本过不去,只好返回来通报。朱棣一听大怒。第二天,他亲自带兵北上,把这伙人给收拾了。

同时,朱棣命令军队进驻楼子营,准备问候另外两个老朋友——平安和吴杰,感谢他们在夹河一战中没有帮助盛庸,从而让自己引火烧身。

朱棣认为,平吴二人之所以不愿意和盛庸一起攻打自己,是因为吴杰忌妒盛庸的军功,不想为他做锦上添花的抬轿者。但是让自己来对付朱棣,他又没这个本事。盛庸吃了败仗,吴杰表面上不开心,假惺惺地表达慰问,心里没准多高兴呢!

朱棣分析了对手的上中下三策:"吴杰要是固守真定不出,我们也一时消灭不了他,是为上策;他要是出来打探动静马上回去,不和我们交战,是为中策;他要是主动跑过来约战,那就是下策。现在官军既然出来了,我们就一定能打败他们。"众将纷纷表示疑惑,说吴杰知道盛庸刚刚吃败仗,怎么还敢出来呢?

朱棣胸有成竹地说："不会的。吴杰、平安有十万兵马，朝廷派他们来，不是看盛庸打仗的，如果只是守而不出，上头就会责问他们旷期失律、劳师费财的责任了。"

如何把十万大军引出城，是摆在燕军面前的一个迫切任务。

朱棣让军中放出传言，说燕军的粮草供应出现了问题，让士兵先行解散，到各地筹借军粮。朱棣知道，吴杰如果确信了这边确实无粮的话，肯定会出来进攻的。问题是，如何让对方真的相信。

朱棣又出了一招，他派都指挥郑亨和李远带头，领着一些校尉军官，化装成逃避战乱的百姓。他们挑着担子，带着"老婆孩子"逃难到真定，然后逢人就讲燕军四处抢粮，搞得自己不得安生的故事。按说这种策略非常低级，稍稍一思考便知，朱棣如果真的缺粮，直接打道回北平就好了，何必坚守在楼子营？

起初，吴杰和平安还表示怀疑，但逃难的人越来越多，他们也真开始相信了，于是决定出兵攻打燕军。

闰三月初七，郑亨和李远悄悄溜回了楼子营，报告说吴杰和平安驻军现在滹沱河北，离燕军营地大约有七十里。朱棣知道，自己要动手了。为了让众将树立此战必胜的信心，他又在例会上，把吴杰狠狠地损了一通，说他是不自量力，妄欲求战，就好比"乳犬之犯虎，伏雌之搏狸"，并欺骗这些粗人，说自己已经算过了，天意说官军必有两败，第一败是盛庸，第二败当然就是吴杰了。

朱棣一贯用封建迷信麻痹自己的手下，但也有人想用这一套来约束他。当他下令渡河时，诸将都借口天色已晚，想睡个安稳觉，明天早上再渡。有个叫陆荣的都指挥显然是看过皇历的，他很不配合地说："今日十恶大败，兵家所忌，不可济师。"

对于这类破坏分子，朱棣完全可以将其就地正法，以维护自己的军威。但朱棣并没有这么做，而是给大家讲了一番道理：

"我们千里求战，担心贼兵不出，千方百计想引诱他们出来。今天他们出来了，就是来送死的。时机不易再得，机会很容易丧失。现在形势已经是这样了，怎么能缓兵！如果我们缓兵，让贼军退到真定，那里城坚粮足，我们攻，攻不下来；想让贼军出城迎战，他们不搭理；我们想退兵又不甘心，真可以说是坐受其毙。如果拘于小节，定会耽误大局。"

说完，朱棣自己打马就过河了。这意思很明显：你们来不来？不来就军法处置！看到这种情况，部将们能有别的选择吗？

对于封建迷信，朱棣从来都是实用主义的态度。当皇历的记载对自己有利时，就大力宣扬行动的合法性；当记载对自己不利时，又马上变成无神论者，呼吁"若拘小忌，终误大谋"，反正真理总掌握在他手中。相比之下，太拘泥于古训和皇历的朱允炆一伙，则处处吃亏。

在朱棣生活的那个年代，当然还没有系统的物理学，但朱棣却本能地知道水的阻力是怎么回事。部将们发现河水挺深，骑兵通过没问题。但是，辎重要是也这么拉过去的话，就有被水泡坏的风险。如果在河上架设浮桥，又得耽误很长时间。

关键时刻，朱棣当机立断，命令步兵和辎重转移到下游，他带着数万骑兵，先从上游过河。果然，河水被数万人的穿行所阻，水势明显变小，下游的水流也相应变浅，随军的粮草辎重安全地通过了。

有了大侄子的保护伞，朱棣胆子越来越大。他只带了三千骑兵，就沿着河岸西进了二十里，果然遇到了一队官军。因为天色较晚，双方只是试探性地交了下手，就各自收兵了。但朱棣担心官军退回城里，而攻城是自己一方所不擅长的。于是，他又亲率几十骑逼近敌营，就地过夜，以便监视敌人的动向。朱棣这个举动相当冒险，运气不可能总站在他这一边。但这时候的他，显得非常有信心，可以说是无所畏惧。

闰三月初十，天气晴好、阳光充足，又没有风、能见度好，真是个打仗的好日子。双方主力在藁城（今属河北省石家庄市）遭遇。吴杰将军队排成方阵，列于城外西南。这个方阵的好处是，四面都没有明显的薄弱环节，力量均衡。但朱棣不这么想。他对众将说："这个方阵四面受敌，怎么可能取胜？我集中优势兵力，冲击他的一角，只要一角出现问题，他的全局就要崩溃。"

朱棣安排了三股兵力，在东、西、南三方面进行牵制，而让最精锐的部队，集中攻打方阵的东北角。

朱棣挑选了五百多名敢死队员，沿着滹沱河绕了一个圈子，找了个空当插进去，试图对官军的步兵进行毁灭性的突袭。在燕军的冲击之下，那些扛着盾牌的官军步兵根本无法招架，只能扔了家伙逃跑。看着官军逃跑的场面，朱棣擦擦脸上的汗水，露出了得意的笑容。

但是，朱棣未免高兴得太早了，燕军的动作，显然已经被对手发觉。很快，漫天的箭雨就射向了他们。

原来官军步兵逃跑，只是为了给弓箭手让出射击范围，让他们瞄得更清楚，射得更精准。

那些不幸冲在前面，刚才还血气方刚的勇士，转眼间就被射成了刺猬。朱棣的亲兵迅速将老大包围起来，支起盾牌，并奋力拨打箭雨，寻找着逃跑的线路。朱棣的王旗已经是破破烂烂的了，但再破的旗也是旗，朱棣让卫兵跟在身后扛着它，希望它能保护自己的安全。

这时候，细心的读者一定会发现一个问题，对方的主将哪儿去了？朱棣每战都要亲自冲锋，他们不会也扛着兵器满世界折腾吧？

当然不会，这哥俩怎么能有朱棣那种"哪里最危险就往哪里扑"的气概？当然，也没有人给他俩颁发燕王那样的免死牌。原来，官军阵中用木头搭起了一个四五丈高的望楼，吴杰和平安就站在上面。

吴杰本人对作战并不在行，他把指挥权都交给了平安。那个年月还没有望远镜，但平安凭借自己的好视力，把地面上的情况看得一清二楚，加上他又熟悉朱棣那种作战风格，因此作了有极强针对性的布置。他发现哪个区域有问题，就命令部队向哪里补充；哪个方向的敌人有漏洞，就下令重点冲击哪个方向。

朱棣这次自以为高明的偷袭，全被望楼上的平安望见了，这伙计不觉心花怒放，立即安排精心准备的弓箭手问候燕王。

这一次，他可不想遵守朱允炆的免死令了，就算真的杀了朱棣，难道不是立功，而是犯罪？你总不能因为我杀了燕王，就将我推出斩首吧？再说了，我还可以找替罪羊嘛。

如果平安一直站在望楼上嚣张下去，如果箭就这么射下去，朱棣即使不变成刺猬，也会因为逃跑造成的被动局面，导致灾难性的后果。

就在短短几分钟内，就在这个可以改变历史的关键时刻，战局突然被改变了。吴杰和平安从望楼上狼狈地跑了下来，官军骑兵撒着欢地逃命了，弓箭手们也不再追着朱棣猛射了。刚才还狼狈挣扎的燕军，转眼间又跟吃了兴奋剂一般，掉过头来满世界追杀对手了！

最关键的时刻，朱棣的好朋友又来了。

这个好朋友，曾经搞坏了李景隆的帅旗，毁掉了盛庸的庆功宴，这一次，它又挽救了扛着破旗吃力抵抗的朱棣。对，它就是风，不是空穴来风，而是狂风！

狂风又来了。它带着刺耳的呼啸声，带着厚厚的沙尘，倾泻在两军阵前。狂风吹断了碗口粗的大树，吹毁了成片的麦田，甚至把茅屋的屋顶整个地掀了起来。

望楼本来就是个木制的简易装置，吴杰和平安站得高看得远，吃的沙子也多。更要命的是，这个木楼已经开始猛烈地左右摇晃了，他俩和拿令旗的信号兵，随时都可能被甩出去。几个人不愿就这样成为烈士，赶紧拼了老命地爬下来。

可就在这时，局势已经乱了。燕军在他们那个打不死的老大的带领下，抓住官军指挥系统瘫痪的空当，发起了疯狂的反击。

面对突如其来的变故，官军阵形完全被冲垮了，各部之间的联系完全被切断了。士兵都成了没头的苍蝇，在燕军的攻击下拼命逃窜。都指挥邓戬和陈鹏不仅稳定不了自己的手下，还在风中稀里糊涂地做了俘虏。燕军一路追杀到了滹沱河，官军掉进水里淹死的、互相踩踏而死的，比死在燕军刀下的更多。

吴杰、平安一路逃回真定城中，身边只剩下了几百人。这一仗把他们的十万精兵消灭了六万多，各类器械装备更是损失无数。从此，两人变得更加谨慎，死守城池，再也不想和朱棣玩兵团对抗了。

据说，朱棣特意保存了那面被射得满是窟窿的王旗。在获胜的第二天，他又派人把此旗送回北平，并交给朱高炽一封信，告诉他要好好收藏这面王旗，并留给子孙后代，让他们知道，祖爷爷的江山来之不易。

军旗送到北平之后，协助朱高炽守城的老将军顾成，就是建文元年（1399）在真定城外被俘的官军都督。他久经沙场，经历过无数战役，看到这面战旗也不禁感动得潸然泪下（老人家和朱棣一样热爱表演艺术，活到老演到老）。

他对朱高炽说："老臣自幼从军，参加过多场战斗，活到今天这把年纪，也从没见过这么激动人心的一战哇！"朱高炽看了之后，也对父王这种要江山不要性命的拼搏精神，生出一种发自内心的恐惧。

不过，这个故事听起来有点假。朱棣真的有那么大的把握，确定自己一定能取得最后的胜利吗？

从白沟河到夹河再到藁城，朱棣打赢的这三大战役，居然有一个共同特点，就是战斗过程中遭遇了强风，而且无一例外，大风都改变了战局。

更奇怪的是，朱棣在三次战役中，全部都是受益者。虽然没有人把朱棣誉为"朱三风"，但这么好的运气，一定会让对手精神崩溃，产生深深的绝望之感。

如果有一次不起大风，如果刮风的时机有一次不对，如果风向有一次不利于燕军，朱棣恐怕已经坐车去南京了——坐的是囚车。

显然，朱棣不是郭守敬那样出色的天文学家，不可能根据观测到的风向挑选站位方向（老郭也未必测得准）；也不是大卫·科波菲尔那样伟大的魔术师，会设法让大风对着李景隆和盛庸们狂刮（魔术都是假的）；他同样也不是爱迪生那样天才的发明家，能研制出庞大的鼓风机随军出战（那还不如研究导弹）。

那么，究竟是什么原因，让他能从盛庸和平安身上找到报仇雪恨的快感，让他能升级为"朱三风"，让他成为总是占便宜的一方呢？

难道仅仅是好运气？在封建迷信流行的明朝初期，人们把无法解释的奇怪现象归结为天意。就像传说的燕王走到哪里，头顶都有祥云一样，朱棣也被说成是有风神庇佑。他的叛乱行为，也就被涂上了一层神秘色彩。

经过夹河与藁城两大战役的胜利，朱棣成功扭转了济南和东昌失利给自己造成的不利局面和不良口碑，并且继续南下，经顺德、广平，一路杀到大名府（今河北省大名县）。

这里是北宋的"北京"，《水浒传》中"吴用智取大名府"的故事就发生于此。见风使舵的河北各地官员，又纷纷投降朱棣。曾经一度相当糟糕的局势，似乎已经好转起来了。

事实真的是这样吗？

第十四章　相持之中破僵局

一、以我为主，牢牢把握主动权

在夹河打败盛庸、藁城战胜吴杰和平安之后，燕军士气大振。这两战的胜利有相当大的运气成分，但朱棣从此对饮马长江、直捣南京的信心大大增强了，对官军的战斗力更加不放在心上。

现在，压力再一次转移到了朝廷这边。其实这两次失利，甚至还远不如白沟河之战的惨败那么严重。盛庸和平安这一对"平庸组合"，表现出的指挥能力和领袖气质，还是远远超过李景隆的。只要给他们充足的时间，未来的战局谁胜谁负，真的还不能太早下定论。

想想三国时期吧，诸葛亮五次北伐，次次压制得魏军"过不了半场"，但老奸巨猾的司马懿凭借魏国的强大国力，一次次地跟对手耗着，让孔明先生打不着干着急，反而导致了自己的英年早逝，让司马家族笑到了最后。盛庸和平安即便打不过朱棣，坚守个十年八年，当然也问题不大。

但是，不知道出于什么原因，南京方面却把这两次失利的后果看得过于严重。藁城兵败的消息传到京城后，朝廷再次罢免了齐泰和黄子澄，并将他们逐出京城，以回应朱棣的靖难借口。当然，两人是带着任务离开的。朱允炆实际上是派他们到外地招募兵马，为发起下次反攻作准备。

朱允炆自以为得计。但此举造成的后果，只能使朱棣更加得寸进尺，更加不把朝廷放在眼里，更加坚定了打到南京去的决心。

朱棣在战场上逞威风，打嘴仗也不愿意落在下风。他再一次上书朝廷，为自己的造反造势。他首先搬出"二帝三王"（二帝：唐尧和虞舜；三王：夏禹、商汤和周文王）来做道德标杆，指责建文皇帝做不到二帝三王的标准：

窃惟二帝三王之治天下，无他术也，建用皇极而已。皇极者，大中至正之道也，以大中至正之道治天下，天下岂有不治者乎？大中至正之道，非人为之，盖天理之所固有，为人君者持守而行之，则佞臣必远，贤人不近而自近，九族不睦而自睦，百姓不均而自均，无所往而不当矣。《洪范》曰"无偏无党，王道平平"，岂非大中至正之道也欤？若其为君者，蔽其聪明，不亲政事，近佞臣，远贤人，离九族，扰百姓，彰过失于天下；为臣者，逞奸邪，图不轨，以危社稷。孰能举二帝三王治天下之大经大法以陈于前哉！尝观汉唐以来，大有为之君，亦不出于二帝三王之道，故能长久者也。

今昧帝王大中至正之道，日以诛灭亲王为心，父皇太祖高皇帝宾天未及一月，听流言而罪周王，破其家，灭其国，不旋踵而罪代王。湘王无罪，令其阖宫焚死。齐王无罪，降为庶人，拘囚京师。岷王削爵，流于漳州。至于二十五弟病不与药，死即焚之，弃骸于江。呜呼，彼奸臣者，其毒甚于狼虎。我父皇子孙几何，能消几日而尽害之至此，痛切于心。

岂意祸机日兴月盛，我守国奉藩，遵礼畏义，本无一毫之犯，又结构恶少，复来屠我，动天下之兵，骚四方之众，直欲必灭而后已。

靖难之变，虽说是朝廷削藩所致，但却是朱棣自己抢先发动的。一旦开打，什么时候结束就由不得朱允炆了。此时，朱棣为了进一步把握主动权，他把自己打扮成受害者，包装成热爱和平、被迫还击自保的正义者：

夫兵，不祥之器，圣人不得已用之。本为保生民，诛讨奸恶，以报大仇。上荷天地祖宗神明冥加佑护，凡战必胜，实非善用兵也。独念兵甲不息，天下生灵涂炭，何日而已，为民父母，能不惕然而恤之哉！我之将士，日望宽恩，以遂其生，已尝具奏，冀回其好生之心，以免无罪而死于白刃之下者，上不能允。岂期奸臣进兵不已，屡战屡败。生灵何辜？遭此荼毒，肝脑涂地！我虽战胜，哀感之心，宁有已乎？迩者侧闻诸奸恶已见窜逐，虽未伏鈇钺之诛，然亦可以少谢天人之怒。于此可见审之明而断之果，可以复太祖之仇，可以全骨肉之恩，可以保天下于几危，可以措社稷于悠久，故闻之不胜踊跃。诚如是，则非特我之幸，实社稷之幸，天下之幸也。惟日夜冀休兵之旨而竟无所闻。且四方之兵，调弄不止，是盖不能无疑焉。且以奸臣之窜逐，其罪恶盖已了然明白，曲直之情，虽三尺之童，不待言而知之。是兵可解，冤可刷，而恩可推也。何故执持不改，外示窜逐奸恶之名，而中实主屠害宗藩之志。

往者自念无罪，而茅土见削，子孙不保，受屈万世，宁俯首蒙耻，甘受芟夷，不顾宗庙子孙乎？见兵四集，心震胆掉，不知所为，左右彷徨，求贳死于旦夕，遂以兵自救。诚知以区区一隅之人，当天下之众，鲜有不摧灭者，徒以须臾喘息，延缓岁月，冀或有回旋之日也。身亲行阵，于今三年，赖天地眷佑，父皇母后圣灵保佑予躬，战胜攻克。每见锋镝之下，死亡者众，痛伤于心，故恒戒将士曰："天下军民，皆父皇赤子，驱迫战斗，彼何罪焉？甚毋杀之。吾畏死所以救死，彼之畏死，其情盖同。"由是降者悉释之，全活者不知几千万人矣。

朱棣有过白沟河畔的风光，也有过济南城下的受辱、东昌河边的惨败，夹河和藁城的胜利也纯属运气，他并不是百战百胜的战神。但他自己可不顾这些事实，而是贬低对手，拔高自己，威胁朝廷：

往者耿炳文以兵三十万欲加戕灭，败之于真定。既而李景隆两动天下之兵，号百万之众，直来见杀。李景隆盖赵括之流也，手握重兵，骄肆无谋，视我如囊中物，可采而有，曾无毫发警惧之意。夫战，孔子所慎，而李景隆易之。白面小儿，岂足以当大事！惟解饮酒挟妓，酣呼歌舞而已。

故首败之于郑村坝,继败之于白沟河,追奔至于济南,百万之众,两战沦没,可谓极矣……

于此之时,冀或有开悟之萌,下责己之诏,引领南望,重增歔欷。未几,盛庸以三十万之众复来见逼,庸本鄙夫,何足算也。夹河才战,一败冰释。吴杰、平安以十万继进,略战藁城,遂尔奔北。前后大小之战,莫知其几,然无一不败之者,何也?盖臣众有必死之心,而无求生之望故也。

臣每战胜,愈加忧畏,恐鹬蚌相持,渔人收利。

接着,朱棣摆出皇叔的架子,以亲情为由,胁迫朝廷向自己检讨,并撤回北伐之军,否则就要承担相应后果。他当然知道朝廷不会撤军,只是想借机把水搅得更浑一些:

窃惟奸臣已逐,左右必皆忠良之臣,识胜负之机,或虑及此,必开心见诚,惩难悔祸,以解兵衅,休军息民,保全骨肉。因循至今,而德州之兵日集,是必欲加屠害而后已。臣忝居叔父,肺腑至亲,何苦见困如此?今天下之兵,数战已尽,复闻召募民间子弟为兵,驱此白徒,以冒死地。又况馈运供需,百费劳弊。倘此一战不胜,则势危矣。诚不忍至此,伏望回心易虑,启春育之仁,隆亲亲之义,复诸王之爵,休息兵马,销锋镝为农器,以安天下之军民,使各遂其生,其恩莫大也。我父皇在天之灵,亦安宁慰悦矣。如不允所言,一旦社稷落奸臣之手,则贻笑万世矣。

最后,朱棣慷慨陈词,继续扰乱朝廷的士气:

夫大厦之倾,岂一木所能独支,鹍鹏扶摇,非一翼所能独运。自古帝王建万世之基者,莫不以惇睦九族,崇重藩屏之所致也。且弃履道傍,尚或收之,而至亲哀穷,宁无怜恻之者乎?故犹不敢自绝,披露腹心,献书阙下,恭望下哀痛之诏,布旷荡之恩,使得老守藩屏,效报朝廷,则基业有万年之安,子孙亦享万年之福矣。二帝三王大中至正之道,岂有加于此哉！冒渎威严，幸垂矜察。

朱棣的上书送到南京之时，齐泰和黄子澄已经被贬到外地。收到这封信，朱允炆感觉到的压力，并不会比收到前方战败的情报时的少多少。

皇帝的身边，可以依赖的只有一个方孝孺了。这一次，他们又将如何应对呢？

二、见招拆招，使节战也是心理战

相比朱允炆的间歇性慌乱，方孝孺毕竟年长一些，经历过的事情更多，情绪也更稳定。他看过朱棣的上书之后当然明白，这是燕庶人继续在朝中制造矛盾与分裂的阴谋。方孝孺建议，在军事打击遭受严重挫折的情况下，一方面用书信往来拖住朱棣南下的步伐，另一方面加紧备战，重新集结四五十万优势兵力，选用良将北伐。

方孝孺还提出了具体措施，那就是趁朱棣主力南下之机，派遣辽东守将杨文攻打永平，同时让德州的盛庸继续北上，骚扰北平，这属于围魏救赵之法。朱棣肯定不愿意丢失大本营，只能撤军救援。那时候，官军主力就可以在后面追击，将他们一举消灭。

方孝孺虽说是纸上谈兵，但这一招确实看起来非常管用。他语重心长地敦促皇帝说："大事就要成了，机不可失。"

朱允炆对方孝孺的建议非常认可，于是决定派遣大理少卿薛岩等持诏到北平，宣布休兵。

休兵的诏书依然由方孝孺执笔。这份文件已经被朱棣销毁了，其大概意思是，赦免燕王父子及北平将士的罪过，让他们回归家乡，但朱棣不能继续领兵，可以恢复王爵，永远作为朝廷的藩辅。当然，这样的条件根本无法让朱棣满意。他折腾了这么长时间，即使回到起点，也觉得是浪费生命。

四月十六日，薛岩携带诏书从南京出发，踏上了前往北平之路。到了目的地之后，他还悄悄命令手下，在北平街巷和燕军营中散发了数千张用小黄纸印刷的宣谕，从而让更多人了解朝廷的宽大政策，不再追随朱棣造反。

薛岩呈上朱允炆的诏书之后，朱棣打开仔细地看了一遍，嘴角露出一丝冷笑，这个轻蔑的表情可把薛岩吓坏了。只见四皇叔毫不客气地说："帝王之道，自有弘度，发号施令，昭大信于天下，怎么能如此使诈，把祖宗基业当儿戏！"他自己是搞阴谋诡计的高手，却喜欢指责老实人朱允炆欺诈。

薛岩跪在阶下，心惊胆战。朱棣突然又问道："圣旨我看了，皇上还说了些什么？"薛岩忙说："只要殿下放弃兵权，来谢孝陵，北伐的军队就马上撤回。"

朱棣一听，立即装出大义凛然的样子："宗藩危难，祸难不止，社稷深忧，我一定要把祸乱朝廷的败类抓住，在孝陵前告慰太祖。我现在统领的军队，都是当初父皇交给我，作为护卫，以备不时之需的。太祖制定的制度，岂能轻易改变？今天我要是交了兵权，就是张着两只手，等着你们抓。这是奸臣的诡计，想来欺骗我吗？就是三岁小孩，都不会上当的！"

朱棣越说越气，对着殿下披挂整齐的侍卫喊："有大丈夫吗？！"意思很明显：哪个是真爷们，替我给薛岩这小子收尸。

主上演戏，下属们当然要配合，卫士们纷纷做拔剑状，叫嚷着要斩了薛岩。朱棣看着大家情绪宣泄得差不多了，于是见好就收。他拦住愤怒的将士，作了一番总结性讲话："奸臣也就是'齐、黄'等少数人，薛岩是天子使者，不要再说了！"

朱棣不杀薛岩，这位朝廷特使却早已被众人的怒目环视吓得不知道如何是好了。他既没有诸葛亮舌战群儒的口才，又没有蔺相如与秦王火并的气概，只觉得自己这次出使北平，不仅个人受辱，也有负朝廷的重托。薛岩倒不一定是怕死，但一定是才华和胆略有限。他感到憋屈的是，在这个场合应当慷慨陈词、舌战群儒，却不知为什么说不出话来。这样岂不有辱使命？

朱棣看薛岩凭这个素质就敢来北平冒险，心想到底是朱允炆不会识人，还是朝中真的就没有人了呢？于是还想逗一逗这伙计，就传令集合队伍，请特使检阅。薛岩当然明白，这哪里是请他检阅，分明是向他炫耀武力，向他示威摆谱，进一步吓唬他。但是，人家的地盘人家说了算，他又有什么办法呢？

薛岩官居大理少卿，对于行军打仗相当陌生，不过，燕王几次大败官军的事迹，他多少也听说过一些。因此，对太祖的这位四皇子，薛岩本能地也有好奇心。他甚至希望，如果能从燕军营中看出一些细节，回去汇报给朱允炆，也算不虚此行了。

薛岩跟随朱棣登上了城楼，看到下面是集结完毕的精兵。他们的铠甲鲜明、队伍整齐，随着指挥官的口令，前进后退都很有章法。北平城外，燕军的营寨绵延数十里，气势宏伟壮观，旌旗高高飘扬。这个阵仗，把在南京听惯江南丝竹的薛岩，看得暗暗心惊。他心说，怪不得燕王总是打胜仗，还真是有理由的。

朱棣非但没有杀薛岩，还以很高的规格招待了他。薛岩在北平待的时间越长，就越怀疑朝廷能不能打赢这场战争。这种情绪，无疑影响了他后来的决定。

过了几天，朱棣看薛岩这小子在北平过得太舒服了，成天好酒好肉，简直乐不思蜀，就不想再白养着他了，让他抓紧时间南返，向朱允炆汇报工作。

临走的时候，朱棣拉着薛岩的手，貌似很诚恳地说："你回去之后，替老臣我谢谢天子。他是我的至亲。我的父亲，就是天子的祖父。天子的父亲，是我最敬重的大哥。我当上了藩王，富贵已极，没有更多的想法了，天子一向对我很不错，我这是受了权奸谗言陷害，以至于命悬一线。我起兵也是迫不得已，只为了保住老命。如果皇上肯下诏罢兵，我们一家将不胜感戴。但是奸臣尚在朝廷，北伐大军还没撤军，北平将士心存疑虑，不肯解散啊。"一席话把薛岩说得连连点头："殿下受委屈了！"

朱棣最后说："希望皇上诛杀齐泰、黄子澄这样的权奸，解散北伐军队，我和三个儿子一定单骑前往南京朝见，听凭陛下差遣。"薛岩把朱棣的话牢记在心，上马回南京去了。

朱棣这是把皮球踢给了朝廷。薛岩返回南京后，立即向朱允炆汇报了北平之行的详细经过。当然，他没讲自己被恐吓的经历，更没讲在北平住的那些天，有些超过规格的食宿标准。

不过有一点，薛岩反复强调，那就是北平的军事力量可能比朝廷想象的还要强大，而且人心很齐，城里的老百姓对燕庶人都十分拥护，他的口碑很好。如果继续用兵，朱棣恐怕不是一年两年就能够消灭的。朱允炆听了之后，表情相当复杂，心情则更加复杂。

薛岩刚回到南京四天，朝廷就做了一件相当不靠谱的事，对燕军运粮兵发动了突然袭击。这使其劝降行为显得诚意不足，又让朱棣为继续用兵找到了新的借口。

朱棣看到朝廷想打使节战，就把这个游戏继续玩了下去。他与道衍又商量出了一封给朱允炆的上书，指责朝廷没有诚意、两面三刀，让天下人心寒。书中说：

闰三月二十四日，为息兵事，遣人上书阙下。蒙遣大理少卿薛岩等至军见报，不敢稽留，即送其回，谨听指麾。未能十日，而彰德、卫辉各处并德州军马邀我运粮官军，杀死数百人，执指挥张彬等，此皆小人逞凶，不欲息兵，固欲结衅，以失信于天下。已尝调兵追捕，后得总兵官四月二十日驿书一纸，促吴杰、平安领兵会合德州见逼。计使臣四月十六日离京，至二十日才五日，又有会合军马之旨，遣使息兵，诚耶伪耶，岂行人之失辞耶，如此岂可凭信？张设机阱，以相掩陷，令人岂能相安，且欲令释兵可乎，不可乎？德州、真定之兵朝散，我夕即敛师归国。今兵势四集，网罗方张，不能无畏，是兵决不可离，离则为人所祸，此不待明者而后知也。况钦奉父皇明训，命节制北平、辽东、大宁、宣府军马，夫有所受，岂可委捐？若果以社稷为重，宗藩为心，宣大信于天下，何暇计此芥然之兵哉？以此观之，诚知以计见縻，决无息兵之理，必欲屠灭而后已。

思惟父皇创业艰难，子孙不保，于此之际，宁不寒心。今兵连祸结，天下频年旱蝗，民不聊生。强凌弱，众暴寡，饿民蠢聚，号啸山林，相扇为盗，官府不能禁制，其势滋蔓，势有可畏。祖宗基业，将见危殆，所谓寒心者此也。抑未知虑至此否乎？夫天下，神器也，得之甚难，而失之甚易。伏望戒谨于所易失，而持守于所难得，体上帝好生之德，全骨肉亲亲之义。我弟周王，久羁绝徼瘴疠之地，恐一旦忧郁成疾，脱有不讳，则上拂父皇母后钟爱之心，下负残杀叔父之名，贻笑于万万载矣。昔汉文帝称为贤君，尺布斗粟之谣，有损盛德，至今人得而议焉。诚愿采择所言，矜其恳切，早得息兵安民，以保宗祧，恩莫大焉。

朱棣的上书强词夺理，单刀直入的话语确实对朱允炆刺激挺大。彰德、卫辉兵马偷袭燕军运粮兵的行为，又让一向以仁爱诚信自诩的他很失面子，甚至有了罢兵之意。

朱允炆动情地对方孝孺说："燕王可是朕的亲叔叔，我们以后在宗庙里怎么相见呢？"摊上这么个迂腐的老大，没有谁不头疼的。好在方孝孺和他性格相近，也还能耐着性子劝说："陛下真的要罢兵吗？军队一旦解散，再想召集起来就太难了。如果他们长驱直入，杀到京城，怎么抵抗呢？现在我们刚打了胜仗（偷袭），全歼燕军的日期就不远了。陛下千万不能听信朱棣的狡辩。"

朱允炆终于被说服了，他将送信的北平使者武胜关了起来，也等于表明了自己的态度。实际上，这也就是宣战的信号。

三、粮食战争，你狠我比你更狠

朱棣与朝廷之间的使节战结束了，双方都没有占到什么便宜。他知道重新开战不可避免。不过这一次，朱棣选择了新的突破口。

四月二十日，薛岩还在去往北平的路上时，盛庸就耐不住寂寞，悄悄令吴杰和平安领兵在德州会合，以图北进。不巧的是，传递命令的驿兵，在中途被燕军抓获，信函也很快被送到了北平，交给了朱棣。

当薛岩离开北平，还没有回到南京之时，局势又有了新进展。朱棣派出的运粮兵，在路上遭到彰德、卫辉各处及德州的兵马袭击，双方经过一场混战，燕军终究人少，几百人被杀死，指挥张彬也被活捉，这就是方孝孺所指的"胜仗"。五月十五日，尝到甜头的官军，再次袭击了燕军饷道。

朱棣对盛庸调兵无法容忍，又加上丢失粮草，更加坚定了自己报复的决心。他和手下将官商量，也要拿官军的粮草供应做文章！

古代战争，兵员的调动非常麻烦。没有火车，没有汽车，骑兵只占一小部分，大多数军兵要靠最原始的交通工具——自己的两条腿来完成行军，速度之慢可想而知。

光慢不是问题。士兵们走得慢，但肚子饿得不慢，身体消耗大了，对食物的要求就大了。在古代，几万甚至几十万人的粮草供应，实在是个异常严重的问题。

《孙子兵法》上说："凡兴师十万，出征千里，百姓之费，公家之奉，日费千金。内外骚动，怠于道路，不得操事者，七十万家。"意思就是，军队的给养消耗非常之大，十万人的军队每天就要消耗数千贯钱的军费，让七十万户无法正常生产。当然，孙武老师不是严肃的经济学家，他所说的，也只是证明军队开销之大。考虑到通货膨胀等因素，近两千年后的明朝，军队消耗只会更大。

为什么要强调兵贵神速呢？你走得太慢，军粮都不够吃的。为什么军队纪律总好不了呢？没有吃的了，沿路抢点粮食、抢些牲口改善生活，对于古代行军来说，没什么大不了的，再正常不过了。

在古代，没有铁路和高速公路，帆船就是运输方便、成本低廉的最佳运输工具。贯穿南北的京杭大运河，一个重要功能就是向北方运送粮食和其他物资。但漕运最大的缺点，就是速度慢。从杭州运送粮食到北平，差不多得走四十天。

朱棣和部下摊开军事地图，分析官军的粮食供应情况。既然盛庸是主将，官军的主力必然集中在德州一带，如果从江南运粮的话，一定会经过徐州、沛县。

朱棣立即决定，派出轻骑数千，烧毁官军粮船。如此一来，德州的粮食军饷就供应不上，军队必然瓦解。燕军严师以待，以逸击劳，以饱击饥，胜利必然属于我们！

这一次，朱棣没有亲自出征，也许他觉得应该给年轻人更多的机会，让他们接受更艰巨的挑战。这项光荣任务，落在了一个我们并不熟悉的将军——都指挥李远身上，他带着六千骑兵，开向了济宁。

李远并不是燕山卫的老人，建文元年（1399）十二月，他和王忠、张远一同驻守蔚州，被朱棣包围，三人一起投降。但是，李远显然比那两人走得更远。他不是朱棣的嫡系，为什么能得到重用，各位往下看就明白了。

六千人在古代也不是个小数目，搞不好就会被敌人发现。但李远有自己的招，他让这些弟兄全部换上官军装束。为了不跟敌兵混淆，李远交代，所有人在后腰上都悄悄别一把柳枝。不是一支，是一把，一支掉了怎么办？

这六千人也不能一起行动，那样动静太大，引人怀疑；而是分批前进！

过了大名，就出了北平布政司，进入山东，来到官军控制区了。由于他们是官军打扮，并没有引起多少怀疑。李远带着手下一路疾驰，顺利来到济宁的谷亭镇。这里是漕运南北往来的要地，北距济宁、南距沛县各大约九十里。

李远一伙人到了谷亭，提着家伙直奔官军的屯粮仓库。他们马上露出可怕的真面目，见人就杀，没有一点手软。守卫仓库的只有几十人，根本挡不住对方的攻势，也根本预想不到，会冒出这么多打劫的——不光打劫粮食，还要打劫生命。他们没有电话可以马上报警，想跑也无路可逃。结果，守卫们全部被干掉，仓库也被烧了个精光。

李远一伙的破坏行动远没有结束。他们渡过沙河，到达直隶沛县。这里是汉高祖刘邦的故乡，距徐州仅一百六十里。在京杭大运河上，还有一个更大的粮食基地，停泊着运粮船数万艘，装载军粮上百万石。这里，才是他们的终极目标。

如此重要的地方，官军却没有给予足够的重视，可能是觉得离燕王的势力范围还很远，就疏于防备。更荒唐的是，谷亭出事之后，这边居然还没得到消息。被人偷袭一次是偶然，被人连搞几次，当然就是自己无能了。

参观完汉高祖的故乡后，李远把队伍集结起来，向弟兄们下达了作战任务。李远告诉他们：我们费这么大劲过来，就是来杀人搞破坏的，不能有一点点心软。谁要下不了手，我现在就下手解决了他！

每一天，太阳都会升起，只是这一天的阳光格外刺眼。中午时分，沛县军粮仓库里人声喧哗，刚吃完饭，天气太热，士兵们没心思睡午觉，都躲在房子里吹牛聊天，同时诅咒那个搞得天下不宁的燕王朱棣。

这时候，突然响起了敲门声，一伙人都不愿意去开。好不容易找了一个，他很不耐烦地起身："谁啊？"

"德州盛（庸）大将军派来的！"

门"咣当"一下打开了，来人向他做了个鬼脸。随后，这个倒霉鬼的脑袋，也"咣当"一下掉到了地上。不过，这仅仅是个开始。通向地狱的大门，也为这些兄弟打开了。

第一个冲进来的就是李远，他一脚踢开了尸体，大叫一声"杀！"就举刀冲了进来，后面的人呼啦啦全部跟上。他们手中的钢刀寒光闪闪，眼神中更是充满了杀气。他们可不管什么缴枪不杀，而是见人就杀，不留活口。

少数勇敢的官军，还知道抄家伙招架。更多的人自作聪明，想跳窗逃跑，却没有想到，外面早有人举着兵器迎接他们，让他们死得更不安宁。

这场战斗很快就结束了。官军除个别人逃跑了之外，大部分都被杀死。李远的军队把这个基地完全控制住了。

李远很清楚，不可能没有漏网之鱼，盛庸早晚会知道今天的事。一不做二不休，要玩就玩个大的，要搞就搞个狠的！

李远让人把仓库里的菜油都集中起来，一人一桶，浇在停靠在滩头的粮船上。有人没明白老大的动机，觉得太浪费了，分发给贫苦百姓不好吗？但老大接下来的命令，更让他们抓狂。

他要把这些粮船全烧了！当年在鄱阳湖大战中，朱元璋曾经烧毁了陈友谅的上千艘战船，而今天，不好意思，李远要打破他的破坏纪录了。

粮船接二连三地起火，数百万石粮食此起彼伏地燃烧，这是多么壮观的阵势，这是何等宏大的场面。如果那时有卫星云图，就完全有可能发现，北纬34.7度、东经116.9度附近出现了一片明显的红色。

大火借着风势不断燃烧，大风吹着火苗不断翻腾，多少农民兄弟辛勤劳动的成果，就这样被李远破坏殆尽。他不但烧光了粮食，还破坏了生态平衡，甚至把运河里的生物都害死了！

运河的水温不断上升，最后到了足以沸腾的地步，扔个鸡蛋下去都能煮熟。无数鱼虾的尸体浮了上来，场面惨不忍睹。熊熊大火甚至影响了上游正在行驶的漕运船只，高温迫使船家弃船而逃。大火一直燃烧了两天，官军的消防队才艰难地将大火扑灭。

李远的这次偷袭得手，对盛庸及其德州驻军的打击即使说不上毁灭性的，也是极其可怕的。再想筹集这些粮食，至少得花半年时间。

李远一行放完大火，就立即趁乱返回北平，准备向朱棣请功。但走到半路上，却得知盛庸派袁宇带领步军三万，来捉拿他们。李远很兴奋，准备再干一票更大的。

袁宇是人多，但打仗讲的是智慧，拼的是脑子，人多并不一定好使。

李远跟随朱棣时间不短，也学会了很多给敌人设伏下套的技巧。他在通往济宁的小路上把伏兵安置好，自己带着少数骑兵欢迎袁宇。

两人一打照面，李远非常有礼貌，上来就把袁宇的家属都问候了一个遍。袁宇却不爱听，举着兵器就上来了。两人战了几个回合，李远招架不住了，赶紧打马逃跑，边跑还边好心提醒对方："千万别追啊，后面有埋伏！"

袁宇一听便火了，你让我不追我就不追了？人都有逆反心理，越不让做的事就越喜欢做。急于立功的袁宇果然上当了，很配合地按照李远规划的路线追赶，结果追进了包围圈，被在这里守候多时的精锐骑兵来了个迎头痛击。

奋力抵抗之后的袁宇，在咒骂声中悲愤地逃离了现场。一万多官军很不幸地做了牺牲品，李远不仅打了个大胜仗，还收获了三千多匹战马。

当李远赶着战马安全返回北平时，朱棣非常开心，给了这位小将大大的赏赐。平心而论，李远立下的奇功，与盛庸的防范不力有很大关系。看来他老爸给他起这个名字还是有道理的。庸就是庸，他要想报夹河一战之仇，可以说是越来越困难了。

沛县粮船被烧的事，把南京都惊动了。朱允炆非常愤怒，差点儿想将盛庸革职查办，只因能战之将实在太少，也只能作罢。

此后，双方的战事进入胶着状态，在相当长一段时间里，再没有大规模的会战。平安打算从真定突袭北平，房昭企图从易州进攻朱棣老巢，辽东守将杨文尝试从北边侵扰前元故都，均失败了。但是，朱棣出兵夺取彰德同样未果。他南下的步子，也受到了很大牵制。

但朱棣知道，这种胶着状态不会长久，这种平衡不是常态，早晚会被打破。

四、识破离间计，父子从此更一心

朱棣是一个天生的战士，也喜欢自己的儿子勇敢善战，有军事才能。他北征大宁时，世子朱高炽在极其艰苦的条件下守住了北平，立下了大功。朱棣之后出征，也都让世子留守后方，可见对他也是高度信任的。

但从朱棣内心来讲，老大喜欢读书，喜欢结交文士，对行军打仗没有多少兴趣，这让他相当不满意。而老二朱高煦，虽然心机略有不足，但作战勇猛，多次在战场上保护过自己，让当爹的更为欣赏。

这年五月，朱棣突然收到了来自北平的一封密信，是快马加急送过来的，朱棣打开一看，不禁心里一惊。

难道最担心的事，就要发生了吗？

朱棣立即把朱高煦叫到帐中，屏退左右，把信交给他。

朱高煦捧着信，越看表情越凝重、眼神越愤怒。不等看完，他突然"扑通"一声跪在地下，声泪俱下地说："儿臣请求立即把此人抓起来审问，治他的通敌之罪！"

朱棣显然不同意："高燧年幼，中了贼人的奸计也不好说。"

朱高煦急了，一张黑脸涨得通红："父王，您别忘了，这家伙自幼就和那个建文帝关系非同一般。父王，宁可信其有，不可信其无啊。"

"这家伙"到底是谁，能让朱高煦如此愤慨呢？

天底下最让朱高煦讨厌的，恐怕不是朱允炆，更不是盛庸，而是自己的亲哥、大胖子朱高炽。具体原因就无须解释了吧。

原来，这封信正是老三朱高燧亲笔写的，大意是说，大哥朱高炽秘密接待了来自南京的使臣，并准备把北平出卖给建文帝，切断南征将士的后路。请父王立即下令逮捕大哥。

朱棣心里也在犯嘀咕，朱高燧做事稳当，并不是逮谁咬谁的主。苍蝇不叮无缝的鸡蛋，既然能出现这种事，朱高炽自己是不可能没有问题的。要不然，怎么没人说朱高煦要归顺朝廷呢？不管怎么样，先采取一些措施吧。

朱棣决定，先派人把朱高炽抓起来，以防万一。

朱棣正准备传令下去，外面却有人喊："报——世子派人到！"

朱棣立即下令："带进来！"

朱高炽的亲兵押来了一个人，他就是南京派到北平的特使，名叫张安。朱棣冷笑一声，这个胖子，为了避嫌，就想拿朝廷官员当替罪羊啊。

亲兵向朱棣呈上一封信，看着看着，朱棣的表情立即严肃起来了。

这封信是朝廷写给朱高炽的，但大胖子根本就没拆，信还是密封着的。亲兵报告朱棣，世子在北平很友好地接待了张安。但当张安拿出这封信时，世子突然大怒，当场命人把他抓了起来，连人带信，火速送往朱棣军营。

真有水平！朱棣心中不得不感慨，老大这件事做得真是太聪明了。他要是拆了信，无论再交不交给朱棣，自己已经说不清楚了。就这一点而言，说大胖子甩他二弟十来条街，还真不是吹牛。

这封信写得相当煽情，朝廷把责任全推给了朱棣，认为朱高炽忠厚仁孝，有王者之风，不应受到株连。而且，只要世子献城投降，把军队指挥权交出，不仅将会成为新的燕王（朱棣早已经是庶人了），还能扩大自己的领地，子子孙孙世袭罔替。

朱棣问跪在下面的张安："这是谁写的？"

"方孝孺。"

朱棣看着看着，后背阵阵发冷，不觉长叹一声："嗟乎！几杀吾子！"

又是这个姓方的！朱棣想到，朝廷的讨燕檄文，也出自他的手笔，此人真不愧是宋濂的弟子，文章大有陈琳、骆宾王之风。如果能为我所用，当然非常好，如果不断地给我捣乱，就必须除之而后快！

方孝孺是个出色的学问家，博览群书，博闻强识，肯定看过《孙子兵法》的《用间第十三》，肯定也想拿出来用用。但他老人家太拘泥于书本，变通不得力，很难不让人怀疑并识破。

书本是死的，是变不了的，现实是活的，是千变万化的。朱棣自己，就是一个善使反间计，更擅长写信挑拨离间的高手。在大宁，他的一封书信，挡住了陈亨的十万大军，最后又迫使陈亨投降，成为自己身边的得力干将；在永平，他同样用一封书信，迫使吴高撤军，为顺利击败耿炳文奠定了基础。

今天，有人居然班门弄斧，用他最擅长的招数来黑他了！

当然，反间计不是朱棣的专利，他能用，朝廷也能用。但问题是，朝廷要依样画葫芦，必须有更高的技术含量才行，不然就很难达到效果。

朱棣对老大并不是没有疑心，但他不会像曹操一样，轻易就把大将拉出去砍头，而是让自己先冷静下来。

再说，朝廷挑选实行反间计的时机，实在是有问题。此时南北之间已呈胶着势态，没有多大规模的战事，朱棣可以有比较充裕的时间进行决策。如果是在白沟河那样的激烈战斗之时，朱棣还能不能这么冷静，就真不好说了。

更何况，朝廷准备下手的目标——朱高炽，有着非常清醒的头脑。他见到南京使臣后，毫不客气地连人带信直送朱棣，让对手的反间计无从施展。

这个计策的操盘手方孝孺，还是书生意气太多，锦囊妙计太少，整个过程并不高明，想识破，其实也并不难。

有些事情发生了，其实比不发生更好；有些误会消除了，产生误会的人会更加团结。这次识破朝廷的反间计，使朱棣与老大之间的关系得到了有力修复。燕王把对世子的怀疑暂时放在了一边，集中力量对付朝廷；而朱高煦针对大哥的小动作，也不得不暂时告一段落。

这对朱棣来说，又是一件好事。他可以集中力量，做自己最需要做的了。

五、众将劝进，朱棣不为所动

一个知道自己什么时候应该蹲下的人，通常也明白什么时候才能站起来。

一个不把小目标放在心上的人，往往有实现大目标的野心。

朱棣起兵近三年，虽说胜多负少，但打来打去，地盘并没有增加多少。他真正能有效控制的，除了北平之外，竟然只有永平、大宁和保定三府，相当于现在的三个地级市。地不过千里，民不过百万。辛苦可以说不小，成绩只能说不大。

现在，跟随朱棣起兵的造反派们，最担心的倒不是被官军消灭，他们更害怕的是朱棣对朝廷妥协，还当他的燕王。

其中一个人特别着急,如果不是他告密,朱棣都被关押在南京好几年了。

他就是北平都指挥使张信。他最担心朱棣跟朱允炆和解,然后把自己卖了。于是,这哥们儿就串通了北平右布政使郭资、按察司副使墨麟等人,联合向朱棣上书,劝说老大早日称帝。

如果造反成功,朱棣荣登大宝,张信他们当然少不了加官晋爵,享受开国元勋的待遇。但是,如果朱棣自己不想打了,跟朝廷达成某种交易,那他们中的任何一个,都可能会成为交易的筹码、祭坛上的供品、被牺牲的对象。

劝进表肯定是花大价钱请枪手写的,写得情真意切、让人感动。大家欣赏一下吧:

臣闻天生非常之君,必赋以非常之德,必受以非常之任,所以能平祸乱,定天下于一,而安生民,纳之于仁寿之域也。昔者夏商之季,桀滔淫而成汤放之,纣沉湎而武王伐之。故《易》曰:"汤武革命,顺乎天而应乎人。"夫征伐岂汤武所得已哉!所遇之时然耳。然汤武俱不失为圣人者,以其拨乱兴治,措天下于衽席之安也。比者,幼主昏弱,狎昵小人,荒迷酒色。即位未几,悉更太祖高皇帝成宪,拆坏后宫,烧毁太祖高皇帝、孝慈高皇后圣容,丧服未逾一月,即遣阉宦四出选择美女。其所为不道,遂致奸恶擅权,扇殃逞祸,戕害宗亲,图危社稷,泪乱天下。殿下谨守藩封,小心寅畏,而幼主听谗,兴难构兵,四起围逼。殿下不得已起兵,以救须臾之祸,祗奉祖训,诛讨奸宄,清君侧之恶,保全亲亲,奠安宗社,冀其改悔,惇骨肉之义。岂期幼冲心志蛊惑,牢不可回,必欲加害于殿下然后已。殿下应之以仁义之师,不嗜杀人,堂堂之阵,正正之旗,节制明而号令肃,故百战百胜,此虽殿下神谋睿算之所致,实以天命人心之所归也。况殿下为太祖高皇帝、孝慈高皇后嫡子,太祖高皇帝常欲建立为储贰,以承宗社之重。又况生而神明,灵应图谶,文武仁孝,德冠百王,天之所生以为社稷生灵主,正在于今日。臣闻之,圣人动惟厥时,不违天命，使汤武有其时而不为，则桀纣之暴益甚，而苍生之祸曷已？是终违乎天命也。汤武岂忍斯民之涂炭而不解其倒悬哉？臣等伏望殿下遵太祖之心，循汤武之义，履登宸极之尊，慰悦万方之望，则社稷幸甚，天下幸甚。臣等不胜惓惓之至。

看到这份曲意逢迎的劝进奏章，他们的老大又是什么反应呢？

朱棣并没有发火，更没有借机清理门户，只是置之一笑。

在北平做个小皇帝，画疆自守，也不是不可以。朱棣却毫不犹豫地拒绝了这一具有诱惑力的建议。他对群臣说：

"我之所以举兵，是为了诛奸恶、保社稷、救患难、全骨肉，没有别的意思！皇帝之位，怎可以说得就必得？饭可以乱吃，话不能乱讲！等到铲除了奸恶之臣，我就会像周公一样，辅佐皇帝孺子。这是我的志向，从今天起你们不准再提！"

朱棣当然想当皇帝，但是，他不会做区区四府的小皇帝。他不可能在所有的时间欺骗所有人，但可以在特定的时间欺骗所有人。这世界上，真心相信四皇子靖难的人不是没有，冲这个来投军的官兵也已不少，朱棣岂能过早暴露，冷了这些人的心，把他们推到朱允炆那里去？

而且，朱棣并没有必胜的把握。他打着靖难的旗号，就存在与朝廷讨价还价的可能，而一旦公开称帝，那就是赤裸裸的谋反，没有回旋的余地了。现在的旗号，至少能蒙蔽一部分人——别管多少，要是悍然称帝，那些人估计就要和朱允炆站得更近了。

这个底线，朱棣是永远不会触碰的。

朱棣是个很奇怪的人。他打仗总是冲在最前面，并不害怕可能被流弹击中的危险，但这不等于在日常生活中，他只会一味逞强，不知道变通。

朱元璋当年"高筑墙，广积粮，缓称王"的策略，作为儿子的他是非常欣赏。朱棣能在北平扎根二十年，低调隐忍，也是受这种思路影响。

当然，隐忍的目的，是以后可以不隐忍；低调的目的，是不过早暴露真实意图。

不当小皇帝，要当只当大皇帝！朱棣的态度非常坚决，目标非常明确。

六、破釜沉舟，才能勇往直前

建文四年（1402）的元旦就要到了，南北战争已经打了小三年。双方互有胜负，伤亡都相当惨重。

朱棣贵为燕王，自宣布造反以来，没有一天躲在北平王府里享清福，从来都是披盔戴甲，身先士卒，冲在造反队伍的最前面。他逃脱过白沟河边的重重包围，躲避过济南城下的铁板暗算，领教过东昌平原上的千把火铳，见识过滹沱河南岸边的万箭齐发。

多少次，他差一点就被抓住了；多少次，他几乎就要魂断沙场。但他凭着惊人的毅力，以及更加惊人的好运气，一次次地渡过了难关，一遍遍地创造了奇迹。

但不得不承认的是，理想很丰满，现实却很骨感。近三年的努力，数万将士的鲜血，换来的只是永平、大宁和保定三府。离半壁江山都差得太远，更谈何扫平天下。

这是叔侄相争，这是骨肉相残，无论谁取得最后的胜利，都已经有数万人为之付出了生命的代价。而且，这个代价还要继续扩大，死亡人数还在不断增加。

张玉、谭渊、陈亨……这些曾经的心腹爱将，此时已经变成了冰冷的符号。张玉甚至连尸体都无法找到了。

还有更多的普通士兵，连死亡的时间、地点都无法确定，甚至连名字都没有留下。

血，已经流得不少了；人，还会死得更多。北平城内外，还有近十万燕军。今天，他们还是一个个鲜活的生命，还有对生活的憧憬；明天，随着朱棣一声令下，就可能会成为一具具冰冷的尸体，带着对世界的眷恋，带着对生命的无奈，甚至带着对主帅的诅咒，永远离开这个世界。亲人的痛哭、爱人的绝望、朋友的悲伤，都与他们无关了。

无数战士的鲜血，染红的是将军的战袍。朱棣这个战争的始作俑者，内心不管如何强大，总觉得有一些不安。那些人的死，都是因为自己发动的这场战争。他们选择了效忠他，他却不能保证他们的安全。

自己本来就是死过好几次的人，现在每活一天都是赚的，又有什么好怕的？可是，那死去的数万将士，他们的灵魂不得安生；那些活着的部下，一个个担惊受怕，不知道这样的日子什么时候是个头，不知道如何才能解脱。

不，不能这样，我要终结这场战争，不要不停地流血。我要一击致命，要作最后的清算。

就在这时候，探子送来了一份绝密情报。朱棣看了之后放声大笑，随后立即把道衍和主要将领叫来，商量对策。

原来，朝廷军队的主力已经被抽调到了山东、河北，而京城南京，正兵力空虚！

道衍就是那样，平时话不多，一说一个准儿。他用一种斩钉截铁的口吻告诉朱棣："别再一个城市一个城市地打了，直接发兵挺进京师。南京防守力量薄弱，一定能拿下。"

当然，这个看法有一定道理，但不是无懈可击的。拿下首都真的那么重要吗？

京师可以是南京，但也可以是别的地方，皇帝在哪里，哪里就是行在。即便你占领了京师，但皇帝跑了，你所占领的地方，也只是一座普通城市而已。

北宋靖康元年（1127）❶，女真人建立的金朝占领了宋都开封，俘虏了两个皇帝宋徽宗和宋钦宗。金贞祐二年（1214），金朝甚至把京城也迁到了开封。但宋朝并没有马上灭亡，只是将政府迁到了临安（临时安放的首都），并在一百零九年之后，联合蒙古，又消灭了金朝。

---

❶ 时为靖康元年（1126）闰十一月丙辰日（1127年1月9日）。

洪武元年（1368），明军占领了元朝京城大都，但元朝同样没有马上灭亡，只是把京师迁到了上都（开平），后来又迁到和林。从此之后，汉人将其称为北元。朱棣靖难那会儿，北元政权依旧存在。

占领京师，有时反而是作茧自缚，加速自己的灭亡。

作为唐末起义军首领，黄巢在占领长安之前，势力倒是非常强大。他南征北战，东抢西劫，把大唐帝国搞得无法安宁。中和元年（881）年初攻克长安，反而成了黄巢衰落的开始。在唐军和雇佣兵的联合反扑之下，黄巢三年就输光了老本，落了个死于狼虎谷的下场。

明末的李自成，走了一条何其相似的道路。当然，朱棣并不知道李闯王的故事。

你就是打下了京师，朱允炆真的会束手就擒吗？

如果他退守凤阳、西安或其他城市，向全国下诏勤王，那你又当如何？

一个济南你三个月都没打下来，是因为有铁铉。那么，面对城防远远强过济南的南京，你有把握多长时间拿下？

如果你被阻在南京城下，各地勤王兵马陆续赶到，与城内武装里外合围、前后包夹，你又如何抵挡？你逃脱得了吗？你的后路又在哪里呢？

孤军深入南京，北平必定防守薄弱，当年李景隆做不到的事情，别人未必做不到。如果北平失守，南京又拿不下来，进无可攻，退无可守，岂不是竹篮打水一场空，赔了夫人又折兵？

想当年，徐达大军北伐时，常遇春建议直取大都，就被朱元璋立即否决了。最后明军采取的，是一个相当复杂的"四步走战术"，先破除大都的藩篱，稳扎稳打，徐徐图之。（当然，现在只有四府的朱棣，远不能和当年占据整个江南的老爹相比。）

这些问题如何应对？

但是，如果能拿下京师，确实就能改变目前的尴尬处境，大大提升燕军的士气。

说得直白一点，如果占领了南京，他就真的有了称帝的本钱。

"频年用兵，何时已平？要当临江一决，不复返顾矣。"

朱棣已经没有别的选择了,即使是赌博,他也必须赌一次,而且要押上自己全部的赌注。

有一件事让朱棣记忆犹新。在攻打彰德时,他派人去招降守将赵清,后者让人给燕王带话说:"殿下如果到了京城,用两根指头招呼一下微臣,微臣不敢不从。但现在不行。"意思是说,不管谁在南京掌权,我只听朝廷的。

使者回报朱棣,他非常高兴。其实从那时候起,他就有直攻南京之意。只要占领京城,向天下传旨,谁敢不从?

朱棣下定了决心,再回北平时,要么坐着龙辇,要么就永远不回来。

男人,就要对自己狠一点!

他有这个气魄,也愿意为此付出所有的代价,作出任何的牺牲。

这也是道衍期待的。

建文三年(1401)十二月十二日,朱棣誓师南征。在这个关键时刻,他依然不忘把自己打扮成光明的使者、正义的化身、正直的象征,好像大明百姓一个个都被朱允炆折磨得奄奄一息,哭着闹着求他解救一样。

朱棣出师之前,下令枪手赶制了一篇祭文,并按照他的一贯作风,宣布是燕王殿下亲自写出来的。必须指出的是,朱棣强调要祭奠的阵亡将士,不仅包括燕军中的阵亡者,同样涵盖了官军之中的战死者。也就是说,既包括在战争中为他而死的战士,也包括在战争中被他杀死的敌人。

在这一点上,朱棣倒是颇有一点林肯总统1863年发表葛底斯堡演说时的风度,而且,朱棣可是中国人,比林肯还要早出生四百多年。

朱棣自己也很清楚,正是自己的野心,才导致了几十万人的非正常死亡,如果能一举拿下南京,那这样的死亡很可能就会大大减少,大明的民众,才有可能过上正常生活。

朱棣一再强调要维护军纪,保护民众:

靖祸难者,必在于安生民。诛乱贼者,必先于行仁义。生民有弗安,仁义有弗举，恶在其能靖祸难哉！今予众之出，为诛奸恶，扶社稷，安生民而已。予每观贼军初至，辄肆杀掠，噍类无遗，心甚悯之。思天下之人皆我皇考赤子，奸恶驱迫，使夫不得耕，妇不得织，日夜不息，而又恣其凶暴，韭惟致毒于予，且复招怨于天下。今我有众，明听予言，当念百姓无罪，甚无扰之。苟有弗遵，一毫侵害良民者，杀无赦，其慎之。

这个讲话有很大的表演成分。但如果你不重视，真的侵犯了百姓的一丝一毫，朱棣绝对要继续表演，拿你开刀，哪怕你的名字叫朱高炽也不行。这就是领袖的魄力。

在欢送仪式上，朱棣与自己的军师道衍惜别。洪武十五年（1382），他进京为母奔丧时结识了道衍，到如今也将近二十年了。

为了共同的目标，两人走到了一起。如今，朱棣已经从二十出头的小伙子，成长为让官军吃足了苦头的叛军统帅。他们的理想，也许就要实现了；如果失败，这哥俩的下场也会差不多。

想起那个白帽子的典故，两人都想大笑一场。他们的眼神中，充满了对成功的期望、对未来的憧憬，以及对再次见面的坚定信心。

朱棣向道衍拱手："大师多多保重，我此去定会马到成功，完成靖难大业。"（潜台词就是，我一定能当皇帝，你也是开国元勋了。）说着就要认镫上马，道衍却及时拦住了他："殿下此去定会攻占京城，成就千古伟业。但贫僧还是有一事相求，希望殿下一定要答应。"

朱棣与道衍二十年交情，名为君臣，实有师徒情分，道衍如此客气、如此郑重其事，显然有些见外了。朱棣当然知道事情重大，立即郑重地说："大师请讲，别说一件，就是十件二十件，本王答应就是。"

道衍神色凝重，语气坚定地说："当今皇上身边有一位文臣方孝孺，建文对他非常器重，此人不仅文章冠绝天下，人品也无可挑剔。如果您占领南京，方孝孺一定不会投降。但殿下一定不能杀他，否则，您会得罪天下读书人，天下读书种子绝矣！"

朱棣没想到，道衍相求的居然是这么一件小事。和父亲朱元璋一样，他平生并不重视读书人，认为他们夸夸其谈，难成大事；但他又离不开读书人，还要榨取他们的剩余价值，比如出征前写篇蛊惑人心的檄文，打赢了向朝廷写封夹枪带棒的讽刺信。

不杀就不杀吧，不就是一个方孝孺嘛，谅他能把本王怎么样！

朱棣点了头，道衍也就放心了，他双手合十，为燕军将士祷告。

洪武十三年（1380）三月十一日，二十一岁的朱棣拜别了父皇、母后，带着徐王妃和五千余名亲兵，离开南京，第一次奔赴北平。

建文三年（1401）十二月十二日，已经四十二岁的他从北平出发，带领十万兵马，准备开赴南京，夺取他父皇坐过了三十一年的、原本跟自己无关的大明皇帝宝座。

次年正月，燕军由馆陶渡卫河，向着东阿进发。

这条路，他整整用了二十二年才走出来，但是，他还有没有下一个二十二年？❶

他能如愿以偿吗？他会顺利渡过长江，还是根本到不了淮河，就被消灭在南征的路上？

他的敌人，铁铉、盛庸、平安、徐辉祖、梅殷……一个个都作好了准备，一个个都摩拳擦掌，一个个都想把他抓到南京请功，或者干脆原地消灭，他们也实在等不起了。

所有有能力改写历史的人，这时候都行动起来了。

所有掌握兵权的人，这时候都无法平静。

他们都是这个时代的风云人物，他们决定着一个帝国的走向，他们支配着一个民族的命运。

他们，挡得住朱棣吗？丧钟，究竟会为谁而鸣？

---

❶ 朱棣在位正好也是二十二年。

第十五章　将靖难进行到底

一、伏击平安，燕王再失悍将

转眼到了新年。建文四年（1402）正月初一，朱棣的先锋官李远略施小计，以八百骑兵大败德州都指挥葛进的一万多兵马。这是南下的第一场战斗，等于是给燕王送了一份特殊的元旦礼物，朱棣自然非常高兴，下令重重封赏。

朱棣有本事把每个节日，都变成对手的忌日。建文四年的元旦，注定要让他的老朋友们过得很不放心，也很不开心。

朱棣要打，那是必然的。但他要从哪里下手，却是没人能搞清楚的。出乎无数人意料的是，朱棣居然能避开重兵把守的真定和德州，从两座城池之间穿了过去。

朱棣不走寻常路，不当普通人。这让在两个地方苦苦操练队伍，等着跟朱棣干架的盛庸和平安相当不爽。

朱棣来了，他们就有架可打；朱棣不来，他们也不能无事可做。这哥俩可不是普通的地方长官，他们是朝廷大将。两人的任务可不仅仅是守住一座城池，而是必须把朱棣的部队打垮，把燕王"请"到南京问罪。

朱棣要是不跟他们玩了，换个路线跑到南京，这个后果谁能担得起？

你们又不是李景隆，有个爸爸叫李文忠。还想什么呢，追吧！

朱棣主力一路攻东阿、下东平、克汶上、占兖州、平邹县，进程都相当顺利。正月二十二日，燕军又攻克了沛县，从此，就进入了直隶布政司的地盘。

沛县一失，徐州的守军当然相当紧张。

徐州古称彭城，是彭祖的故乡，西楚霸王项羽建都于此。这里人称北门锁钥，是历来兵家必争之地，战略地位可想而知。

朱棣已经接到密报，老朋友平安带着四万兵马，一路悄悄地跟着自己，准备在徐州城下给燕军送个惊喜、来个突袭。真是打不死的小强啊，那就打死吧！

当初在济南城下，朱棣不打下城池就不罢休。现在的他，已经不是这样的愣头青了，而是有了更清醒的头脑，以及更准确的大局观。朱棣在徐州虚张声势地进攻了十来天，把守军吓唬得不敢出城应战。之后他突然改变路线，转向宿州。

这个宿州，正是朱棣外公徐王的家乡。徐王可不姓徐，跟徐达一家没任何关系，他是马皇后的亲生父亲。朱元璋当上皇帝时，马皇后的父母都已不在人世了。不过好女婿还是追封老岳父为徐王、岳母郑氏为王后，并在太庙为他们设立了祠堂。

朱棣一直对外宣称自己是马皇后的亲生子。到了外公的家乡，热爱表演艺术的他，怎能放过这个大好机会？他立即安排都指挥李让前往徐王坟前祭拜，并拿出了巨款，赏赐徐王后人。

三月初九，燕军主力离开宿州，进驻蒙城附近。根据探报送来的消息，平安一伙儿还在拼命追赶，还想在燕军身后搞事情。朱棣当然也不会忘记这位老朋友。他让老二留守大营，亲自率领两万精兵，准备解决平安。

朱棣仔细察看了作战地图，发现平安过来只能经过两条路：涡河一线地势险要、森林茂盛，是设伏袭击的好地方；而泗河一线地形平坦，树木稀少。朱棣是搞偷袭的行家了，知道平安心里在想什么。他果断下令，就在溵河一带挖掘战壕，准备打仗！

朱棣还特意嘱咐，所有人都要准备好火把，互相之间可以有所照应。只要同时举起火把，大营那边就会察觉，也会伺机行动。

两万人就在溵河边上守着，一天、两天……整天这样窝在战壕里，难免腰背酸痛，更要命的是，士兵们随身携带的干粮吃得差不多了，附近也没有什么野味可打。再过两天，不用平安来收拾，他们自己都能给饿趴下。

士兵们纷纷向军官进言，希望能返回大营休整。但朱棣是什么人，他有着超强的自信和超准的直觉，对于下属的请求，他冷冷地回答道："官军马上就要来了！我们就这样饿着肚子撤军，平安老贼在后面乘势追杀，那后果谁来承担？"这帮哥们儿面面相觑，没有一个敢吱声。

朱棣告诉他们："如果把一把剑的尖头给折断，它就什么都不是了。我们消灭了平安的先锋部队，就等于折断了他的剑头。"为了说服这帮智商不够的军官，朱棣连比喻句都整出来了，真是用心良苦。

这天晚上，朱棣派出侦察的款台（一听就是蒙古人）返回，带回来了一个好消息——平安已经在离溵河四十里处扎营。朱棣分析，明天一早，他们肯定就会到达这里。他把白义、王真和刘江叫到了跟前，仔细吩咐了一番，众将连说"燕王英明"，各自领命而去。

第二天中午，官军的先头部队发现了一小股燕军，他们的马上都驮着满满的包裹行囊，似乎里面装着什么宝贝。官军就毫不客气地打了过去。这股燕军的首领就是王真和白义，他俩一看官军人多，吩咐军兵打马逃跑。为了能跑得快点，燕军还沿路把行囊从马上扔了下去。官军在后面穷追不舍。

就这样一直追出去了二十多里，官军才发现，燕军怎么还越追越多了？更可怕的是，有士兵打开抢到的行囊，发现里面装的居然是草！官军首领突然一激灵，大叫："快退！"

他这一叫喊不要紧，前后左右，满世界的燕军都杀了出来。王真和白义也不逃了，转身又朝着官军杀了过去，双方就在溵河岸边战在了一起。

官军仓皇招架，被杀得手忙脚乱。

王真杀得兴起，越来越自信，越来越胆大，哪里人多往哪里扑。等到回过神来，才突然发现，自己已经被里三层外三层地包围了！

原来平安得到消息，亲率主力前来支援。平安上朱棣的当不是一回两回了，但总是记吃不记打，下一次还是按朱棣设计好的线路追赶，并且按朱棣规划好的节奏出场。

不过遗憾的是，朱棣大军没能马上赶到，让平安的兵力优势展现了出来。燕军渐渐招架不住，边打边撤。王真再生猛，毕竟寡不敌众，自己越来越力不从心，身边的护卫也一个个倒下。王真死也不想当俘虏，就卖个破绽，在阵前果断地自杀了。

平安远远地观察到了这一幕，敬重这条汉子。就在这时，只见前面尘土飞扬，一骑人马冲了过来，所到之处，官军士兵纷纷倒地！

朱棣的主力部队终于赶到了，但来的时间有点晚。他们等了四五天，一直饿着肚子，就是憋足了劲要大战一场。听到王真自杀的消息，朱棣的火更大了。

王真以能打硬仗著称，攻九门、战真定、破沧州，都少不了他的参与。朱棣曾经对军官们说过："如果你们像王真一样奋勇，还有什么事办不成？"但这下，王真自己倒是什么事都办不成了，这能不让朱棣伤心吗？

藁城一战过去了一年，朱棣和平安这对宿敌再次战在了一起。想起当年自己差点儿被射死的旧仇、今天王真被逼上绝路的新恨，朱棣非常愤怒，举起长刀冲在了最前面，手起刀落之处，官军士兵纷纷倒下。在主将的激励之下，燕军也是人人奋勇，个个争先，而气势上已经输掉一截的官军，只能勉强招架。

朱棣骑马挥刀，直奔平安，大有不把平安劈成两半不罢休的气势。平安知道自己不是对手，连忙使个眼神，手下胡骑指挥火耳灰者，提着长矛就冲了上来，不过还没到跟前，只听"嗖"的一声，这哥们儿就被冷箭射中，一头从马上栽下去，被燕军士兵绑了。火耳灰者的副将哈三帖木儿想过来救驾，但他自己的马也被射倒，人也同样被捉了。

平安眼见势头不对，命令手下向宿州撤退。燕军则紧跟在后面追杀，一直把老朋友送出了三十里地。

天色暗了下来，战斗也渐渐平息了。昔日平静的淝河岸边，堆满了两军战士的尸体，而官军的占绝大多数。这一次朱棣来不及组织掩埋双方士兵了，他必须抓紧时间行动了。

这一仗虽说没有捉住平安，但也斩杀了近万官军士兵，并且俘获了上百匹战马。更重要的是，平安经受了这次打击，躲进宿州，不敢再出来了。

朱棣打了胜仗，用事实教育了那些意志薄弱、不想坚持的军官，他们纷纷前来叩头谢罪。这时候的朱棣，并没有忘乎所以，他告诉军官们："不是大家不善谋略，只是我这一次看对了，你们不用自责。以后有什么话想说，还是畅所欲言，不要因为偶尔说不准就不说了，有什么安危，我与各位共同承担！"众将听到主上这番话，当然都是非常感动的，对于造反事业，态度更加坚定了。

朱棣还把两位降将火耳灰者和哈三帖木儿留在身边，充当带刀侍卫。这可把朱能、张辅这些人吓坏了，这蒙古人要是半夜捅你一刀，你死了没关系，我们跟着谁造反去呢？他们纷纷前来劝说老大。

朱棣一听，笑得更开心了："这些人都是义士，今天我救了他们，他们当然懂得报恩，切不可怀疑他们！"为了进一步表明自己的信任，朱棣还封火耳灰者为指挥使、哈三帖木儿为百户长，搞得沸沸扬扬。消息都传到了宿州，在官军军官里也引起了不小的骚动。

可不明真相的官军哪里知道，这个火耳灰者并不是朱棣的陌生人，他曾在北平燕山护卫营待了好几年，也曾被朱棣亲切接见过，其实早就想投奔燕王了。这次不过是找到了一个合适的机会。

二、多管闲事，半路杀出个小舅子

四月十四日，朱棣率军来到了睢水（今江苏省睢宁县一带）。

一千六百多年前，这里曾发生了一场规模宏大而极度惨烈的大战。西楚霸王项羽亲率三万精兵，大败汉中王刘邦拼凑起来的、号称五十六万的大军。刘邦最后只带着十几个随从逃了出去。这位后来的皇帝在跑路过程中，留下了连续三次把一对亲生儿女推下车去的光荣事迹。其态度之决绝、立场之坚定、为人之鸡贼，也成了"千古美谈"。

睢水虽被人称为小河，其实水量一点都不小，想要自杀的人大可放心，绝对不用担心淹不死。朱棣特意叫来了大将陈文和蒙古将领狗儿（一听就是外号，真名不详），交代了一番，两人领命出去了。

陈文四处搜集船只，连夜在睢水上架起了浮桥。朱棣命令步兵和辎重先过桥，骑兵在后面跟随，准备继续南下。

陈文他们没有白忙活，第二天，平安率领的官军主力就赶了过来。这也太巧了，如果在这帮人正埋头干活时杀过来，那局面可就有得收拾了。双方就在睢水边混战在了一起。朱棣的骑兵虽然勇猛，但平安那边人数占优，双方杀得是难分高下。

陈文那边也没闲着。官军总兵何福带着万余士兵杀了过来，想要占领浮桥，陈文当然不能答应。桥在我在，桥亡我亡。

陈文上马冲向敌人，三下五除二就砍倒了几个，感觉很好。忽然，他看见前面不远处，一面大旗迎风招展，上面一个大大的"何"字。陈文乐了，提着弯刀就扑了过去。不过一眨眼的工夫，他就再也乐不起来了。

陈文变成了一具尸体。而何福却面无表情地望着刀上的鲜血，那意思似乎是：做与自己能力不相符的事情，真是何苦呢。

何福灭掉陈文之后，想与平安一起对朱棣进行合围。但就在危急时刻，燕军大将张武带领蒙古骑兵及时赶到，给了官军很大的冲击。朱棣这边也士气大振，很快就扭转了战局，而平安一伙却显然招架不住了。

如果再给朱棣一个时辰，他就可以在这里彻底打败平安了。但就在这个关键时刻，平安的帮手来了。

朱棣没想到，这次又让平安跑掉了。但他更没想到的是，带头的还是自己的熟人。

平安的救兵，正是徐王妃的弟弟，魏国公徐辉祖。

其实，徐辉祖这一次也有些不务正业。朱允炆根本没让徐大公子去打自己的姐夫，只是派他从海路押运七万石粮食到德州。但是，这个小舅子对于跟姐夫打仗的事非常在意，有条件要上，没条件创造条件也要上。登陆之后，徐辉祖把粮食交接给了当地官员，自己带着一万兵马，向宿州方向追了过来。

来得可真是时候，本来强弱分明的比拼，现在倒变得势均力敌了，谁都占不了多少便宜。打到最后，双方将士的尸体堆积在小河里，据说堵得河水都流不动了。天色暗了下来，双方各自收兵。

小舅子一般都是心向姐夫的，朝廷宁可用"废柴"李景隆，让其前后把一百一十万军队带上不归路，也不肯用徐辉祖，恐怕也有这一层考虑。

可徐辉祖偏偏是个例外。从始至终，他对朱棣都相当仇恨，甚至让人怀疑，是不是因为朱棣把自己的漂亮姐姐从家里忽悠走，所以他对这个姐夫恨得不行？

四月二十二日，双方把战场又转移到了凤阳府灵璧县，在齐眉山下进行了一场大会战。

朱棣多次死里逃生，但依然不改之前的习惯，还是纵马挥刀出现在了最前线。平安他们暗暗达成了共识，不能再顾及坑人的免死令了，再碰上那个留长胡子的叛乱头目，只管往死里打就好了——大不了找个替罪羊。

双方已经多次交手，彼此非常熟悉，也相当有默契，谁也不会轻易上对方的当。从巳时开打，一直打到申时❶，还是难以分出胜负。午饭的时间都过了，大家越来越饿，可谁也不能先退出。离开就是认怂，不是吗？

可这时候，官军左翼突然出现了异动，戴着同样标志的军兵，相互之间打了起来！

---

❶ 巳时是一天中的九点到十一点，申时是十五点到十七点。

原来，一部分士兵想要逃出战场，被监督的军校当场干掉了几个，剩下的人居然胆大包天，提着武器跟监军打了起来。

就在大家打得不亦乐乎的时候，一支燕军已经杀到了他们近前。领头的身材魁梧，面相凶狠，最引人注目的是其堪比关公的长胡子。这人长刀随手一挥，劈柴般劈倒了两个，还大叫："朱棣在此！"

这可把这帮官军吓坏了。他们早听说朱棣不仅神勇无敌，杀人如草芥，而且神通广大，连刮风下雨都能控制，因此根本不敢抵抗，纷纷溃逃。在朱棣的冲击之下，官军左翼大乱。

这帮官军一路狂跑，燕军一路狂追。没追出去多远，眼看前面路越来越窄，地势越来越陡，朱棣猛地停了下来，对着身边卫兵大喊："不能追了！"

他这不叫还好，一叫，四周突然冒出许多官兵，提着长枪短刀就杀了出来。又是一场混战，朱棣身边的燕军纷纷倒下，死得很惨。朱棣恨得双眼通红，憋足了劲要多杀几个官兵，不留意"嗖嗖嗖"三支响箭飞来，他凭本能偏了下脑袋，人是没被射着，但马却"扑通"一声倒了，把他也摔在了地上。

几个官兵冲了过来，很快用长矛架住了他。

射倒朱棣坐骑的，正是他的小舅子徐辉祖，这个圈套，也是小徐精心设计的。

徐辉祖知道，姐夫最善于从背后偷袭，最擅长在别人的薄弱环节捅刀子。那么，何不将计就计呢？

徐辉祖在自己从京城带来的精锐部队中挑选了三千精兵作为机动，由自己亲自率领。他又故意让左翼士兵表演了上述一幕，吸引朱棣过来偷袭。

这个善于给别人挖坑的燕王，这一次却自己掉坑里了。

朱棣就这样被捉了吗？那靖难之役还怎么打？永乐盛世还靠谁建设？

朱棣当然不能被抓，更不能死。但是，谁来解救他呢？

徐辉祖兴冲冲地冲到跟前，却很快又呆住了。

那人并不是朱棣，小徐马上得意不起来，知道又被姐夫忽悠了。

朱棣就算烧成灰，徐辉祖也能认出来，他的愤怒可想而知。不过想想也对。在这个世界上，并不只有自己的姐夫能留长胡子，能提长刀砍人。

徐辉祖非常失望，愤怒地喊："朱棣在哪里，说出来，饶你不死！"

那人哈哈大笑："燕王根本就没有来！"说着跳起来还想反抗。官军士兵挥动兵器，徐辉祖来不及阻挡，大胡子就被刺倒，再也站不起来了。

徐辉祖相当失望，但也没有办法，他只好下令："继续追击，捉拿燕庶人！"

朱棣在哪儿呢？当然还在战场上，还在和官军拼杀。他这回倒是多了个心眼儿，没有亲自去抄官军左翼，而是派出自己的部将，长着大胡子的李斌，扛着燕王大旗去搞破坏。不过经过这一折腾，官军的士气大振，战争的天平向着他们倾斜了。

朱棣人送外号"朱三风"，此时你倒是赶紧作法，吹大风啊。不过这回，风还真的没有来。

这时只是酉时（十七点到十九点），离天黑还有一段时间。不过就在燕军吃力抵抗、眼看凶多吉少之际，他们却不小心地发现，自己什么都看不见了。

不知道是什么原因，战场上突然大雾弥漫，前面的人是敌是友，已经根本分不清楚，这仗也没法打下去了。双方试探性地对交锋了几个回合后，开始各自收兵。

朱棣又幸运地逃过了一劫。天黑了，雾散了。朱棣回到营地，清点了自己的军马，发现损失还是不小的。在得知了李斌的下场后，他更是恨死了徐辉祖——这个圈套，本来是要害他的，他差一点儿就钻了进去。

真是冤家路窄啊。怎样才能除掉小舅子呢？

三、灵璧崩盘，是意外巧合还是精心设计

在齐眉山，朱棣遭受了进入直隶以来的最大挫折，让妻弟徐辉祖搞得

相当被动。如果这个局面再持续下去，别说是直捣南京，能不能安全地返回北平，也得打一个大大的问号了。

不过，就在这时候，朱棣的福星又跳了出来，把小徐给忽悠走了，也给朱棣帮了大忙。

谁这么有眼色，这么能体贴四皇叔的辛苦？这次倒不是朱高煦，而是他在南京的那个堂哥。

朱允炆的圣旨到了，要徐辉祖即刻返回南京。这可把平安和何福两人郁闷坏了：你走了，朱棣来了怎么办？

不过，小徐也没办法，他本来就是擅自参战的，皇上不处分他，已经是格外开恩了，总不能继续抗旨吧。说到底，朝廷并不信任徐辉祖，谁让朱棣是他姐夫呢？

"灾星"是走了，但朱棣的麻烦并没有结束。

转眼已经是四月底，江淮一带进入了夏季。一个接一个的桑拿天，让习惯了北方干燥气候的燕军很不适应，甚至染上了这样或那样的疾病，非战斗减员的事情总在发生。

天气不给力，士兵们的身体状况堪忧，情绪更是不稳定。很多将领纷纷建议，干脆回北平休养，来年再战好了。是啊，见好就收，差不多就行了嘛。

来年，说得轻巧，费了这么大力气，死了这么多人，跑了这么多路，一回去还能再来吗？朱棣火了："兵事有进无退！"

话都说到这份儿上了，还是有人不知趣。朱棣杀人的心都有了。

就在这时候，朱能站起来，情绪激动地表白："各位，从古到今，有哪个将军能百战百胜呢？我们不能因为一点小挫折，就失去信心！你们都知道项羽吧，那是战神，一生只打过一次败仗，可就是那一次战败死了；汉高帝屡战屡败、屡败屡战，最后夺得了天下。话说，我们燕王的胜率，比汉高祖的高多了。自从三年前起兵以来，一直胜多负少，这点小挫折算得了什么！"

朱能越说越来劲，嗓门也猛地提高了八度："希望各位能以靖难大业为重，整顿兵马继续南下！"

众将一听，都有些被镇住了，只默不作声。朱棣想试探一下众将，就合上双眼，一副要休息的样子，随后宣布："想渡河的站左边，不想走的站右边。"众人一听如蒙大赦，很快就作出了选择。

朱棣睁开眼，一看，除了朱能和王忠，其他人都站到右边去了。这就是燕王说要开诚布公带来的恶果啊。朱能刚才的一番话，根本就没人真正听进去。朱棣这次可真的生气了。他告诉朱能："我们走，马上准备渡江，其他人，爱去哪儿去哪儿！"

关键时候，朱棣的意志力发挥了作用。不过朱棣以后也长了个心眼儿，再不搞这种集体讨论了。任务交给下属，就必须完成，执行得好就重赏，执行得不好就严惩。

朱棣决定，要对灵璧的平安一伙进行最后的清算。

四月二十七日，时间已经是初夏，天气日渐炎热，没有急事的人，都愿意待在家中，不想在外面晒太阳。但在灵璧县南边的官路上，却出现了一支庞大的运输队伍，队列延伸出去了十几里。

队伍的最前面，一位中年将军骑在马上，正是我们熟悉的平安。他押解的是朝廷从凤阳运送过来的五万石粮草，这也是灵璧近十万官军的救命粮，可万万大意不得。因此，平安可谓极其重视，亲自率领六万精兵来押送。

下午时分，探子来报，有万余名燕军过来抢粮。平安不由得冷笑一声，心想朱棣也就这两下子。他立即吩咐骑兵前去迎敌，并让步兵把粮草重重保护起来。

双方混战一场，难分胜负。燕军占不到什么便宜。就在这时，官军后方突然大乱，原来是朱棣派出的步兵赶上来了，两面夹击，把平安的队伍截成了两段！

现场秩序非常混乱。一群无所畏惧的勇士，不惜一切代价保护着粮草，燕军一时也攻不下来。此后不久，得到信报的何福派出人马前来支援，燕军的攻势被压了下去，他们开始陆续逃跑。平安当然知道粮草要紧，肯定也不会追赶。

经过了一番苦战，押粮官兵都非常疲劳。平安没有办法，就吩咐士兵原地休息。这些人把兵器插在地上，解开湿透了的盔甲，顿感舒服惬意。平安这个老江湖，却有一种不祥的预感。

突然一声炮响，从后方的山丘中杀出了一队铁骑，直直地向运粮队伍冲来。为首的一员将领，年纪不大，皮肤黝黑，面相凶狠，身后的大旗上绣着"朱"字。官军中传来了一阵惊呼："朱高煦！"

这三个字引发的恐惧，远远胜过"狼来啦"！

平安立即下令上马抵抗。可惜士兵们已经是心力交瘁、极度疲惫，怎么打得过精力正好、势头正旺的燕王次子！

燕军铁骑杀向粮车，赶车的官军急着逃命，听任驾车的马匹被杀死。而朱高煦这哥们儿，从来都是一个要么不做、要么做绝的主。他命令手下点起数千只火把，扔向粮车。

平安眼前一黑，差点儿从马上栽下来。他知道，现在想保护这些军粮根本不可能了，赶紧突围出去，保住性命，才是更重要的事情。当官军想奋力杀出一条血路之时，朱高煦并没有尽全力追赶。

他的任务，只是焚毁这些粮草而已。随后，燕军就三面包围了灵璧，但留下了南门，那意思就是，放你们一条生路，跑吧。

五万石粮食全部被毁，灵璧城中的士兵们还不知道消息。但何福与平安两人明白，再待下去，就真是死路一条了。他们与担任监军的文官陈性善等商量，趁现在还有几顿饱饭能吃，尽快突围出去。于是，何福下令各营收拾东西，准备在二十九日晚上突围，向淮南方向进发。同时约定，三声号炮响，就是突围的命令，到时打开南门，放士兵出城。

四月二十九日晚，收拾停当的官军，焦急地在自己的营内等候。在那段没有手表可以掌握时间、没有电话可以随时调度的岁月，等待是一件极其痛苦的事情。更让人抓狂的是，何福与平安居然没有规定明确的突围时间。这可把士兵们坑苦了，坐是坐不安稳的，睡更是不敢睡的，就这样无奈、无聊、无望地等候着。

突然，远处传来了"嗵、嗵、嗵"三声炮响，可把大家兴奋坏了，如同在沙漠中迷路的游客发现了淡水，输光了本钱的赌徒捡到了元宝。还想什么想啊，背上背包赶紧往外跑吧。

灵璧南门是唯一可以通行的城门，也是平安向士兵们通知的出逃地点。

天又黑，人又多，心情又紧张，十万人要从这样一个不大的门通过，肯定不是一件轻松的事情。当腿脚麻利的士兵们赶到南门时，又一溜烟地往回跑。

他们这是怎么了，有东西落家里了吗？并没有。披挂整齐的燕军，已经提着家伙，在城门内等候他们多时了。

官军一个个全吓傻了，不知道对方是怎么跑进城里来的。他们背着重重的包裹，无法抵抗，也无心抵抗，就赶紧扭头逃跑。而就在同一条道上，更多的战友还在向这边狂奔，两股人流就这样毫无悬念地碰撞在了一起。很多士兵被挤倒在地上，被活活踩死、踩伤。而燕军则在后面紧紧追杀，并向溃逃的人群发射火箭。喊杀声、惨叫声和兵器相撞声汇聚在了一起，在宁静的夜晚里显得分外瘆人。

平安、陈晖等高级将领也赶过来了。但面对疯狂溃败的人流，他们无法阻止，面对燕军的攻势，他们也组织不起反攻。而且，他们自己也被燕军团团包围，随时要面对灭顶之灾。

灵璧城中的十万官军，称得上是大明王朝最精锐的力量了。他们中有不少人，一路参加过郑村坝、白沟河、藁城、滹河、小河及齐眉山这些恶战，也手刃过不少燕军，但从来没有一次，遇到如此尴尬的结局，落得如此悲惨的下场。

燕军是如何进城的？

原来，据说朱棣约定的攻城信号，同样也是三声号炮。当燕军悄悄开到南门下，准备攻城的时候，就放了三声炮。结果守城的官军却将此当成了开城突围的信号，就马上把城门打开了，让他们的敌人轻松地进了城！

这种巧合真是让人哭笑不得，很有黑色幽默的味道。但世界上真的有这样的巧合、这么准的心灵感应吗？我更宁愿相信，这是平安军中出了奸细，把情报传给了朱棣，甚至防守南门的官军，也有可能是故意打开城门的。

不管是什么原因，总之结果已经无法逆转了，官军十万精锐兵马全军覆没，除了一万余人被杀死之外，其余九万左右几乎全都做了俘虏，只有数百人趁乱逃了出去，其中就有总兵官何福。而包括平安、陈晖两位大佬，马溥、徐真、孙成等三十七位高级将领，以及超过一百五十名指挥以下级别的军官，通通被抓获。燕军还得到了两万匹战马和大量的战略物资。

灵璧城的悲剧，对于建文王朝是无法估量的损失，这让人不由得想起了十四年前的捕鱼儿海，想起了蓝玉对北元的毁灭性打击。

朝廷损失了最精锐的部队，而朱棣的叛军却得到了进一步的扩充。被俘的官军军官和士卒，大部分都在朱棣的感召之下，加入靖难的队伍中来。对于给自己制造了多次麻烦的平安和陈晖，尽管手下诸将一致要求将他们处死，这两人也不想投降，朱棣却还是不想杀他们，只让人将他们押送到北平拘禁。也许是为了自己的平安，反正平安不久之后就投降了。

至于陈性善等文官，朱棣则下令将他们一律放回。但陈性善哪里好意思回南京？他与两个好友黄墀、陈子方一道来到河边，向南方跪拜之后，平静地跳入河水中，用生命维护了读书人最后的颜面。

官军灵璧惨败的消息传到南京，犹如在朝廷上扔下了一颗炸弹。朱允炆自然是坐卧不安，多位大臣更是心神不宁，他们的信心，已经不可能不产生动摇了。

当时，齐泰和黄子澄已经回到了南京，也感受到了一种大难临头的滋味。

黄子澄一下子扑到了齐泰怀里，泣不成声地唠叨："大势去矣，我们万死也不能赎误国之罪！"齐泰则什么也没说。

现在，还有什么能阻挡朱棣南下的脚步呢？

四、决战浦子口，天降一份大礼

取得灵璧大捷之后，五月初七，燕军开到了凤阳府的泗州。故地重游，朱棣难免触景生情，回忆起在凤阳参加军事训练的日子。

你受过的苦，总有一天能照亮你未来的路。这句话用在朱棣身上，真是再合适不过了。没有凤阳的严格训练，就不会有在北平的大显身手，更不会有如今的一路向南。

朱元璋祖父朱公的墓就在泗州，洪武十九年（1386），太子朱标受父亲委派，主持修建了祖陵庙。朱棣既然到了这里，岂有不参拜之礼？别人是看热闹不怕事大，他是怕别人不来看热闹，动静搞不大。

幸好，在祭拜的当天，慕名而来的当地群众络绎不绝。他们站在不远处，目睹了朱棣的风采。只见这位昔日的四皇子、如今的造反派，毕恭毕敬地在曾祖灵前下跪、磕头、上香，态度相当虔诚，礼数相当周到，并不像个不懂规矩的粗人嘛。

他们甚至看到，传说中能呼风唤雨的燕王，此时就像受伤的孩子一样，在曾祖坟前痛哭流涕，有些人不免也被感动了。看完热闹，这些人还能从燕军士兵那里领到酒肉干粮，一个个脸上浮现出愉悦的表情：管他谁当皇帝，我们老百姓总得吃饭啊，朱棣不错！

祭拜完了朱公，朱棣与部将商议行军路线，决定兵发淮安。这座城市曾给过朱棣不美好的回忆，一想到被潘安挡在淮河边上的往事，他就心中冒火。这一次，我要让整个城市在我面前俯首。

驻守淮安的并不是潘安，而是驸马都尉梅殷。朱元璋生前，曾对他非常器重。但奇怪的是，朱允炆似乎把这位姑父彻底遗忘了。靖难都打了三年，梅驸马却一直都没有得到重用。

朱棣甚至想收降梅殷，就派人带了一封亲笔信，说希望能借道淮安去祭拜祖坟。结果，使者被割了鼻子耳朵赶了回来，这让朱棣非常生气和失望，他对于这种不尊重对手人格的行为，深表痛恨和鄙视。

朱棣知道淮安不好攻打，转而从泗州强渡淮河，兵锋直指扬州。在朱棣的悬赏之下，当地守将开城投降。

扬州的战略位置极为重要，占领了这座城市，朱棣就可以横渡长江，兵临南京城下了。

五月十九日，朱棣驻军天长，高邮、通州和泰州各地相继归降。整个长江北岸，几乎都被燕军控制了，朱棣命令加紧征用渡江所用船只。

这时候的朱允炆也知道了事态的严重性。在方孝孺的劝说下，这位皇帝一边下罪己诏，一边号召各地兵马进京勤王，并且派出特使到燕军营中，许以割地，希望能延缓时间，以作抵抗准备。

这个特使不是别人，正是朱棣的堂姐庆阳公主。她是朱元璋从兄蒙城王朱重四的四女儿，和朱棣已经二十多年未见了。

公主转达了朱允炆希望割地罢兵的愿望，但朱棣岂会罢手？他想得到的，早就不是更多的领地了，而是朱允炆的位置。当然，这话他不能明说。

庆阳公主回来复命，朱允炆和满朝文武无不大惊失色，唯有方孝孺还没有乱了方寸。他说："我们有长江天险，先把江北的船只都焚毁，绝不留给燕逆。急令盛庸将军在北岸浦子口一带屯兵，陈瑄将军的长江水师守住南岸。我看燕庶人能插上双翅，飞过长江？现在已经到了夏天，南方天气湿热，北平士兵很快会染上各种病症。想在短期内过江，只能是送死！"

方孝孺说的还真在理，朱允炆听后，紧张的情绪才略有放松。

建文四年（1402）六月初一，又到了一年中最热的时候。朱棣大军顺利开到了浦子口，这是通往都城南京的要塞。站在这里，石头城的雄姿清晰可见。浦子口一旦失守，让朱棣的十万大军过了长江，南京城就等于门户大开了。

朱棣的骑兵固然勇猛，但他显然也知道，纵马过白沟河可以，过长江根本不可能。要过江还得消灭长江水师，夺取他们的战船……这工程量太大，想着就头疼。

在这里，燕军毫无悬念地遇到了大麻烦。想想当年灭吴的西晋、灭陈的大隋、灭南唐的大宋作了多么扎实的准备、训练了多少年的水军、收买了多少叛徒，才实现了一举渡江、统一全国的大业？

可他朱四皇叔倒好，根本没有水军，就琢磨着占领南京。玩笑不是这么开的！

盛庸带着他最后的兵马，已经在这里布好了阵势，恭迎老朋友的到来。

这一天，万里长江波平如镜，湛蓝的天空万里无云。但朱棣和他的士兵们知道，自己不是拿着单反相机来旅游，而是提着脑袋来造反的。如果长江天险被克服，以后的事情就好办多了。盛庸也很清楚，自己守卫的不只是一个渡口，更是大明帝国的生死线。为了不成为历史罪人，为了保住自己仅剩的一点尊严，他把一切都豁出去了。

两个老对手，在长江边上展开了最后的较量。他们已经多次交锋，彼此已经太熟悉了。这一次，双方都不想玩更多的花招，耍更多的心眼儿，就想作个最后的了断。

这一仗，朱棣打得非常辛苦，近半年的连续奔波、无数次的睡眠不足，让他的精力出现了严重透支。渐渐地，他真有些招架不住了，而他的老朋友盛庸，既是以逸待劳，又深知责任重大，拼得非常凶猛，渐渐地占了上风。

就在朱棣准备退兵之际，突然远处喊杀声传来，尘土飞扬，一队蒙古人装束的骑兵杀了过来。冲在最前面的不是别人，正是能打硬仗的高阳王朱高煦。他大叫一声"父王"，打马来到了朱棣身边。

这可真是瞌睡来了个枕头，朱棣非常开心。他抚着朱高煦的肩膀，亲切地说："好好干啊，你大哥他身体不好（勉之，世子多疾）。"

话都说到这份上了，老二还能有什么意见呢？他二话不说，带着手下就冲向了盛庸阵中。雪亮的弯刀在阳光下闪闪发光，兵器的碰撞声和双方士兵的惨叫声不绝于耳。到底是年轻人火力旺盛啊，盛庸的部队终于抵挡不住了，主动撤离了战场。

打跑了盛庸，朱棣并没有马上兴奋起来，这么多人，如何通过长江天险，是个很大的问题。就在这时，有人来报，官军水师都督陈瑄求见。

陈瑄来干什么？燕军众将感觉有些奇怪。但朱棣马上就想到了，只有一个可能。他告诉身边的部将。这些老粗将信将疑："殿下，不会吧？"

陈瑄一进大帐，见到朱棣，赶紧跪倒磕头，嘴里还唠叨着："罪该万死！投军来迟。"

这一下，部将们可真是心服口服了，老大就是厉害！陈瑄不但无条件投降，还送上了一份大礼，就是其麾下的千艘战船。这对急于渡江的燕军来说，真是雪中送炭。

可是，陈瑄这么做明智吗？

陈瑄本来是协助盛庸守护长江的，但盛庸与朱棣大战之时，他却躲在一边看热闹，完全没有帮忙的意思。更糟糕的是，看着看着，他还看出门道来了：朱棣是个猛人，惹不起也躲不起，那怎么着啊——投降。

陈瑄的归顺，比朱棣自己在永定河训练十年水军都好使。毫无疑问，朱允炆这时的局势已相当严峻了，虽不能说败局已定，但想要打败他四叔，已经是非常非常困难的事了。

六月初三，朱棣集合部众，在长江边举行了盛大的誓师典礼。四殿下又穿上了父皇亲赐的铠甲，神情庄重。码头之上，旌旗招展，锣鼓喧天；长江之上，千帆待发，队列整齐。无论是朱能、张辅这些造反干将，还是千千万万的普通士兵，他们的神情都是喜悦的，对于渡江之后的战斗，他们已经充满了必胜的信心。

誓词又是枪手代笔的，说得头头是道：

群奸构乱，祸我家邦，扇毒逞凶，肆兵无已。予用兵御难，以安宗社，尔有众克协一心，奋忠鼓勇，摧坚陷阵，斩将搴旗，身当矢石，万死一生，于今数年，茂功垂集，在勤力渡江，剪除奸恶，惟虑尔众，周畏厥终，偾厥成功。夫天下者，我皇考之天下，民者，皇考之赤子，顺承天休，惟在安辑，渡江入京，秋毫毋犯，违予言者，军法从事。于乎！惟命无常，克敬其常，尔惟懋敬，乃永无咎。

誓师大会结束之后，朱棣一声令下，陈瑄的长江水师护送燕军横渡长江。南岸的官军一触即溃，已经组织不了有效的反抗了。

朱棣渡江之后，首先攻取镇江，然后直扑京城。现在，谁能拯救朱允炆的命运？还能有谁？

五、龙潭宴，作用胜过鸿门宴

六月初八，燕军进驻龙潭，这里离南京已经相当近了。朱棣站在帐外，看着远处的钟山，不由得悲从心起，放声痛哭。

过去这三年，他确实太辛苦了。多少次死里逃生，多少次面临崩溃，多少次失去爱将，多少次想要放弃，终于一路坚持到了现在，终于等到了兵临南京城下这一天。那些为铲除自己不惜一切代价的人，现在终于要接受惩罚了。

朱棣的对手当然也收到了情报。朝中一片混乱，所有人都有如世界末日来临一般的恐慌。大臣们也是各抒己见，但都没有什么建设性的意见，无非是逃跑方向与路线的区别——有建议逃往浙江的，有建议逃往福建的——你们当是去旅游啊。

在这个时候，只有方孝孺还沉得住气，也只有方孝孺对未来还有信心。他告诉朱允炆，事情还远远没到最坏的地步，也并不是没有办法。南京城城防坚固，城内粮草也不缺，守城之兵还有近二十万。只要坚壁清野，不把物资留给朱棣，然后坚守内城，支撑到各地勤王兵马到来，就能里应外合，打败朱棣。

为了进一步拖延时间，方孝孺建议立即派遣重臣前往朱棣大营，许以丰厚的条件，借机拖延时间，给援军到来创造条件。同时也可以打探燕军虚实,为守城将官搜集情报。

六月初八下午,曹国公李景隆、兵部尚书茹瑺和左军都督府都督王佐三人,带着深重的使命前往龙潭——这名字可真应景,分明就是龙潭虎穴,去的时候是竖着的,回来说不定就是横着的了。

朱棣早就被朝廷废为燕庶人,这哥仨都是朝廷大员,最差的也是个从二品,但他们一进军营,腿就不由得打哆嗦了。李景隆更不用说,战场上多次被戏弄,现在来和谈,那更是严重的羞辱。

燕王的亲兵把三人引入大帐。只见叛乱头子端坐在中间的帅椅之上,三人急忙跪倒,连连叩头。朱棣不无讽刺地说:"三位辛苦了,你们的心意我也明白。"

李景隆作为曹国公,是代表团团长。他见其他两人已经完全吓呆了,只好再恭恭敬敬地说:"皇上派我等来,就是希望燕王殿下看在太祖皇帝的份上,不要攻打他老人家一手修建的南京城。皇上愿意与殿下划江而治,平分天下。请您看在骨肉亲情的份上,不要让南京百姓遭受刀兵之苦。"

朱棣笑了,看着这个手下败将,自然又想到自己过去是怎样折腾他的:"曹国公当说客的水平不差嘛!不过我本来就没有什么过错,却被加以大罪、废为庶人——谁让你还乱叫我燕王的!这帮奸臣用兵害我,却说什么'大义灭亲'。父皇出生入死,三十年辛苦,才有今天的大明江山,你们说分就分,对得起先帝吗?这明明是奸臣的缓兵之计。我不想多占大明一寸土地,只想为国除奸。你回去禀明皇上,将奸臣正法之后,我立即解甲免胄,谢罪阙下,退谒孝陵,归奉北藩,永远做臣属……"

朱棣越说越激动,猛地从座椅上站了起来,把这哥仨吓了一大跳,以为燕王要阎王附体,来收拾他们了。结果朱棣只是一脸严肃地说:"天地神明在上,我的一片忠心,皎如明月,绝不食言。"这哥仨连连点头:"殿下英明。"

是非之地不能久留,三人连朱棣准备的饭局都推辞了,说要赶紧回去,向皇上传达四殿下的态度。

当朱允炆坐在龙椅上听完三人的汇报之后,紧张得汗都流出来了:"这燕庶人不愿意割地,我们如何是好?"李景隆回答:"他说只要把那几个奸臣杀了,自然会退兵。"朱允炆哪儿舍得杀"齐、黄",他对李景隆说:"还得辛苦你一次,再去燕军营中,告诉燕庶人,说这两人已经因罪被逐出京城了,现在我们马上派人捉拿,捉住之后就马上送过去。"

李景隆不敢去,说要让周王和自己一起,这样朱棣才能放心,自己才好脱身。朱允炆知道周王已经被长期关押,折磨得没个正形了,让朱棣看了不是找麻烦吗?于是就叫来了谷王朱橞和安王朱楹,让他们跟随李景隆一起前往龙潭。

三人一道同行,前往燕军大营。朱棣见到了这两个比朱高煦还小的弟弟,倒是十分亲切,激动得流下了热泪。三个人哭着抱在了一起,场面相当煽情,把被晾在一边的李景隆都感动了。

朱橞和朱楹劝说四哥接受裂土退兵的条件,朱棣就不乐意了,心想削藩还没削到你俩头上啊,还站在建文那边。他答复说:"你们说的是事实吗?是皇上的主意,还是那几个奸臣的点子啊?如果是奸臣的缓兵之计,那我万万不敢答应!"

两个小弟苦笑着说:"四哥你说得没错,但我们如何向皇上交代啊?"朱棣哈哈大笑:"皇弟放心,想建文也不会因为这样就把你们关押起来吧。我靖难只为杀奸臣报仇,绝非觊觎大明江山。来,来,喝酒去。"

朱棣一定要留两个王弟吃饭,把李景隆也叫上了。这三人哪有心思吃饭,但又不敢拒绝。满桌子好酒好菜,他们却无心品尝。饭局结束之后,三人就马上回南京城复命了。

三人与朱棣在饭桌上谈了些什么,我们不得而知,但不久以后,其中两个参与者却干出了一件足以改变中国历史进程的大事。鸿门宴是有名,实际上什么都没改变,龙潭宴没名,但实际作用要大得多。

三人回到京城后,朱允炆也无可奈何,没有给予他们任何惩处——

现在还需要他们帮忙守城呢。到了最后关头,这个年轻的皇帝也在做着自己力所能及的事情。一方面,他安排在京的诸王守卫各城门,让他们对抗朱棣;另一方面,又派人携带封在蜡丸中的文书,秘密前往各地,催促援兵。朱允炆与方孝孺还商定,万不得已之时,如果南京真的守不住,就迁都四川,集结军队以图东山再起。

但遗憾的是,燕军已经控制了京城通往各地的交通要道,带着蜡丸密令的人,很难跑得出去,大都做了俘虏。建文与方孝孺被困在南京,除了每天焚香求高祖保佑,希望援军赶紧到来之外,也没有任何更好的办法了。

齐泰和黄子澄已经秘密离开了南京,想在外招募军队。齐泰去了广德,黄子澄前往苏州。这两人,能给朱允炆带来好运吗?

第十六章　占领南京继大统

一、再坚固的城池，也挡不住奸细

自从元至正十六年（1356）朱元璋占领集庆以来，南京城的百姓，已经近半个世纪没有经历战火洗礼了。即便是当年不可一世的陈友谅，也只是打到城外的龙湾。

元至正二十六年（1366），当时还仅仅是吴王的朱老爷子，就命令调集江南的几十万工匠，开始了大规模的都城修建工作。

为了给自己营造一个安乐窝，朱元璋可说是不惜血本。南京城居然有四重，从外到里依次是外城、内城、皇城和宫城。

外城长度超过了一百二十里，大到可以把钟山、玄武湖和幕府山等都圈了进来。如果遇到外敌入侵，这可算是第一道屏障。当然，这个外城实在大得离谱，朱允炆能够派出的军队已经不多了，驻扎外城已经没有意义。

通常所指的南京城，就是内城，也叫京城，全长大约七十一里，在当时的世界上，它是规模最大、建筑水平最高的都城。今天，很多专家甚至说，这是可以与明长城及北京城相媲美的建筑杰作。其设计者，正是大明第一谋士刘伯温。

北平（元大都）原本只有十一座城门，还让徐达减少了两座。南京内城却有十三座城门：正阳门、通济门、聚宝门、三山门、石城门、清凉门、定淮门、仪凤门、钟阜门、金川门、神策门、太平门和朝阳门。南京城里，还驻扎有二十万军队，而朱棣的全部兵马，也不过十来万。

朱棣的半蒙古化军团，善于打运动战，不善于攻城，在小小的济南城下，他打了三个月，却愣是让一个书生铁铉给打退了。

堂堂的大明京师——南京应天府，总不至于还不如一个济南吧。朝廷的将军再差，铁铉一个书生能做到的，他们不至于也做不到吧？况且，只要能坚持半年或者几个月，各地的勤王援军一来，就能和城内里应外合，对朱棣实行反包围了。当然，就算打到了南京城下，并不等于就能夺取这座城池。

想一想曾国藩的湘军，厉害吧？包围天京（南京在太平天国时期的名称）的五万人，都在十年战争中成了精锐的战争机器，但也是经过了四年血战，付出了极其惨重的代价，才靠挖地道侥幸成功的。

朱允炆当时面临的形势，可比四百多年后的洪秀全好得多。他是大明帝国的合法继承人，他的圣旨可以号令天下；洪秀全只是造反者的领袖，口碑已经完全坏了。明朝的江山，大部分还在朝廷的控制之下；而洪秀全所能控制的，只剩一座空城。各地勤王的兵马，还在陆续向南京集合；而洪秀全显然做不到这一点，来到南京的军队，都是想收拾他立功的。

不过，正像李景隆之前说的，南京城可是朱元璋耗费毕生精力、辛苦建起来的，他和马皇后就埋藏在内城边上的钟山上。你朱棣在南京城大动干戈、荼毒生灵，对得起父皇和母后的在天之灵吗？你真的不担心百年之后，怎么去面对他们吗？你真的不害怕洪武大帝掀棺材板吗？

而对南京守将来说，铁铉在济南已经给你们做了示范动作。创意你们没有没关系，照着抄总会吧，让全城工匠加班加点赶工，给十三道城门上挂满先帝灵牌，让老四踩着进来不好吗？

但是，谁也不会想到，固若金汤的南京城、庄严神圣的大明京师、地球上最大最繁荣的都市，会以一种黑色幽默的方式被人占领。这到底是南京城近百万市民的幸运，还是朱允炆透支人品的恶果？

历史一定会记住这一天，建文四年（1402）六月十三日。靖难叛军开到了南京城下。按朱棣的攻城水平和双方的实力对比，怎么着也得攻个百八十天吧。但是……

大约三个时辰之后，大队的燕军就杀进了明皇宫，奉天殿四处浓烟滚滚。

人类历史上最快的攻城纪录，就这样被朱棣刷新了。他打一个小小的济南，三个月都打不下来，打世界上最坚固的南京，居然用了不到三个时辰！

南京城里还有二十万军队，套用曹操先生的名言，就算摆上二十万个馒头让四殿下啃，他都得啃上半个月。但是，城破了，说什么也没有用了。

朱棣大军是从哪里进的呢？金川门。

不过，他不是强攻进去的，是被人放进去的。要来真格的，朱棣显然也没有这样大的本事。而防守金川门的主将，我们也不陌生。

他们就是两天前刚从燕军大营回来的李景隆和谷王朱橞。在那里，他们还被朱棣叫上，秘密地吃了一顿饭。

那么，是不是在这个饭桌上，他们就已经达成了某种交易？

是不是当这三人走出龙潭大营时，身份就已经变了，成了燕军的内应？

朱棣给他们开出的筹码是什么，能让他们下这样的决心？

世事难料，人心叵测。不过，坏事中也有好事，塞翁失马，焉知非福。

相比此后的近十次劫难，此时的南京市民，无疑幸运得多了。当然，他们的幸运是以一个人的不幸为代价的。

这哥们儿不是别人，正是当朝皇帝朱允炆。他亲自安排的金川门守将，却打开大门迎接朱棣，让这位不擅长攻城的四殿下，指挥自己的几万骑兵，几乎毫不费力地就杀到了皇城下。

真是应了那句老话，"攻城为下，攻心为上"。朱棣不善于攻城，却善于攻心，善于笼络一些是非观念不强、立场不坚定的将领，更可怕的是，这些人往往还掌握着关键权力。

不过，朱棣并没有马上进城，更没有亲自去抓自己的大侄子——他号称是来帮助皇上的，怎么能做那种缺德的事儿？朱棣首先派兵解救出了还被关在牢里的周王和齐王二人。

亲弟弟朱橚见到四哥，扑通跪倒，禁不住眼泪直流："奸恶小人陷害我等弟兄，多亏大哥您相救，今日相见，就是我再生啊！"

朱棣也是百感交集，但眼下不是交流感情的时候。他平静地说："这可不是我的本事，全靠父皇母后在天之灵保佑！"

随后，朱棣带着朱橚登上金川门，在这里遥控燕军的"救援"行动。

就在这时，紫禁城方向突然浓烟四起，火光冲天，城上的朱棣非常紧张和激动，立即下令不惜一切代价，火速救火：我们千辛万苦进京，就是来解救皇上的，他要有个三长两短，我们做臣子的，不知道得多么难过！

那么，朱允炆去哪儿了？

二、天遂人愿，朱允炆离奇失踪

六月十三日，注定要写入历史。这一天发生了太多的事情。

朱棣开始攻打南京城是这一天。

李景隆开金川门是这一天。

燕军占领南京是这一天。

皇宫大火，朱允炆下落不明，还是这一天。

明皇宫的大火，到底是谁放的？以往的历史，大都将原因归于建文帝，并且很少有人质疑。生命只有一次，但自杀的方式可以是五花八门。即便那个年代没有安眠药，无法安乐死，但肯定还有很多痛苦不大、风险不高、速度不慢、对环境没有多少危害的死法。为什么一定要自焚呢？

而且，朱允炆是出了名的孝子贤孙，他一把火烧了朱元璋辛辛苦苦修建起来的皇宫，用这种方法来自杀，到了九泉之下，是不想再见到皇爷爷了吗？

考虑到当时人对科学知识一无所知、封建迷信思想根深蒂固，做焚烧皇宫这样的事，肯定有很多顾忌。

皇宫大火，谁是最大的受益者，谁可以浑水摸鱼、偷梁换柱，谁可以随便抓一具尸体，就郑重宣布这是朱允炆的？

当然，就是我们的男一号朱棣了。

朱允炆在这一天里，都做了些什么？

据说，他首先亲手杀掉了向朱棣输送情报的内奸徐增寿（徐辉祖之弟），然后在宫中放了一把大火，把自己烧死了。

但更多人相信，他化装后逃跑了。放火只是为了掩盖自己的行踪。但是，逃跑一定得放火吗？烧了自己怎么办？

为什么不能是燕军进了皇宫后，没有抓着人，就放一把火制造事故现场呢？

《明史·本纪第四恭闵帝》记载：

宫中火起，帝不知所终。燕王遣中使出帝后尸于火中，越八日壬申葬之。或云帝由地道出亡。

可见，最权威的版本，都不能确定朱允炆的生死，更说不清火是谁放的。

吹捧朱棣的《奉天靖难记》则完全是小说笔法，不足为信：

允炆欲出迎，左右悉散，惟内使数人而已，乃叹曰："何面目复相见耶？"遂阖宫自焚。上见宫中烟起，急遣中使往救，至已死矣。出其尸于火中，上叹曰："小子无知，乃至此乎？"

托名刘伯温的《烧饼歌》中，则有这样的记录：

太祖则曰："朕有六百年之国祚，足矣，尚望有半乎？天机难言，何不留锦囊一封，藏之于库，急时有难，则开视之，可乎？"

基曰："臣亦有此意。"

民间传言，明太祖死后第四年（1402），在南京城破之时，这个锦囊还是被建文帝打开了。

当时朱允炆一边哭，一边从锦囊里面拽出一把剃刀，将自己的头发剃光了；拉出一套袈裟，把自己打扮成和尚；抽出一串佛珠，挂了自己的脖子上；又掏出一张寺院的度牒，藏在自己怀中。

接着，他在宫殿内放了一把火，随后就借着熊熊火光，转身迅速逃跑了。

这当然是无稽之谈。刘基去世时，朱标还活得好好的，朱允炆还没出生，朱棣也看不出要反叛。刘基怎么可能想到给朱家子孙留这一堆东西呢？他怎么不安排在京城埋伏几万精兵？

当天，救火的燕军，确实在宫中发现了一具被烧得五官模糊的尸体（多得是，随便挑），送到金川门让朱棣鉴别。

百忙之中的四皇叔，这时候又成了尸检专家。他跪下身来，用颤巍巍的双手在尸体上抚摸，大颗的泪珠不停地落下来，引发了现场一片哭泣声。

随后，朱棣以不容置疑的口吻宣布，此人就是他千辛万苦前来保护的好侄子❶。他泣不成声地说："万岁啊你真是好无知，我明明是来解救你的，你为什么要自杀呢？"（朱棣居然能一眼看出尸体是不是自杀，这功力也不是一般人能有的。）

随后朱棣宣布，要厚葬皇上。这一招真是很妙，等于从法理上宣布了朱允炆的死亡，也为自己顺理成章地继承皇位，奠定了扎实的基础。

从这时候起，朱允炆是死是活，已经没关系了。

---

❶ 《明通鉴》则明确写道："王既入，遣中使出马后尸于火，诡言帝尸，持之泣。"

如果他真的死了，那他确实就是死了。

如果他真的没死，那也被朱棣宣布死亡了。

如果再跳出一个人自称朱允炆，朱棣就可以把他当作假冒的抓起来了——哪怕你确实就是朱允炆本尊。

朱允炆能不能活，已经不是自己说了算了；也就是说，他已经"被自杀、被死亡"了。至于他是否逃出宫，是当和尚还是当道士，其实已经根本不重要了。

况且，以这位仁兄的能力，在当皇帝的三年多时间里，都拿自己的四叔没脾气，跑出去打游击，就能打出成就，就能重新打回天下了？

先宣布你的死亡，再用一切手段把你真的搞死。就算你跑到西洋，也有办法把你抓回来。

朱棣宣布了大侄子的死讯之后，并没有立即进宫，而是在内城外的龙江扎营，作为指挥中心，同时颁出令旨，安抚民心：

洪武三十五年六月十三日，大明燕王令旨，谕在京军民人等知道。余昔者固守藩封，以左班奸臣窃弄威福，骨肉被其残害，起兵诛之，盖以维持祖宗社稷，保安亲藩也。于六月十三日抚定京城，奸臣之有罪者余不敢赦，无罪者余不敢杀，惟顺乎天而已。或有无知小人，乘机图报私仇，擅自挪缚，劫掠财物，祸及无辜，非余本意。今后凡首恶有名者，听人擒拿，余无者不许擅自挪缚，惟恐有伤治道，谕尔众咸使闻之。

请注意开头：建文的皇帝当不成，连年号都让朱棣给废了。这真是一位悉心呵护大侄子的好叔叔。

燕王进了南京，打着靖难的旗号，当然不会像后来的太平天国和曾国荃湘军一样奸淫掳掠。燕军军纪严明，行为得体。据说有一个士兵因为拿了小贩一双鞋没有给钱，就受到了"小小惩罚"——被拉出去砍了头。以后，这种事情谁还敢做呢？

朱棣还张榜公布了"左班奸臣"二十九名。黄子澄和齐泰这哥俩当仁不让，高居这份名单的前两位。靖难，就是对他俩发难；清君侧，清理的当然也就是这哥俩。其他还有礼部尚书陈迪、文学博士方孝孺、御史大夫练子宁、右侍中黄观等。不过，并非这个名单上的人都要清洗，朱棣最恨的，其实无非是"齐、黄"二人和方孝孺。但他既然答应了道衍，方孝孺就不能杀。

眼看朱允炆败局已定，很多官员也都改变了立场，准备在新政权领导下再就业了。兵部尚书茹瑺、吏部右侍郎蹇义、户部右侍郎夏原吉和翰林学士董伦等多位大臣主动请降，甚至被列入奸臣榜的郑赐、王钝、黄福和尹昌隆也前来归附，朱棣通通宽恕了他们，同时将顽固到底的徐辉祖、葛成、周是修和铁铉等人，列入第二批奸臣名单，并派兵在城内继续搜捕。

三、群臣"冒死"劝进，朱棣"被迫"登基

运气来了，挡都挡不住。朱棣三个月都攻不下一个小小的济南，三个时辰却可以占领大明的首都、"燕子都难飞进来"的南京。

六月十四日，周王朱橚和曹国公李景隆带领一干文武大臣到了龙江大营。他们的表情是庄重的，他们的眼神是严肃的，他们的神态是虔诚的，他们的步伐是稳健的，他们的目标也是非常清楚的。

据说，他们已经作好了牺牲自己的准备。

他们要做什么呢，这么不惜一切代价？

其实也没什么，不过是劝一个人做他早想做而且一定能做成的事情——劝他们的主子朱棣当皇帝。

但按照惯例，一定得三辞三让才行。朱棣很痛快地——把他们请了出去。

这不是害我吗，我靖难是为了清君侧，又不是为了当皇帝！

历史之中充斥着黑色幽默。每一次改朝换代的尾声，都要上演一出轰轰烈烈的劝进与反劝进的大戏。劝者一定是奋不顾身，将生死置之度外，不达目的不罢休；让者一定是坚定不移、软硬不吃，好像对方是挖好了火

坑，等着自己跳进去一样。

表演的人尽兴，观看的人高兴。你好我好大家好。

一次不行，再来第二次，一拨不成，再换下一拨。锲而不舍，忙而不乱，乐而不疲，一定要让朱棣当皇帝。

第二天，朱能和丘福带领一帮武将，又来劝进。这帮老粗还带来了一份文字优美的劝进表，一看就是找枪手写的，估计他们自己都看不懂。而朱棣呢，则表现得非常痛苦、非常绝望，好像送给他的不是皇位，而是一杯毒酒，喝了马上就会七窍流血，去见朱元璋一样。武将们的劝说当然又失败了。

六月十六日，在京的所有亲王，也就是朱棣的所有弟弟和侄子，组成了一个豪华劝进团，在周王和齐王的带领下，再一次来到龙江。但朱棣面对亲戚们的苦苦哀求，态度依然很明确：不干！

最后，满朝文武百官不得不放出大招。他们不约而同、倾巢出动，在朱棣大帐外跪了个里三层外三层。大家商量好，这次主上要是还不答应，他们就跪着不起来；他再犹豫，他们就当场表演自杀，死给他看！

朱棣当然知道，这帮家伙肯定舍不得自己的命。但做戏的美妙，就在于双方都不点破。戏演到这份上该差不多了，朱棣终于勉为其难，"被迫"接受了百官的劝进，决定明日登基。群臣无不感激涕零，纷纷表示要为新帝肝脑涂地，付出一切，万死不辞。

朱棣也很清楚，自己占领的只是南京一座孤城，不早点登基号令天下，各地兵马打着建文的旗号联合反抗，一定够自己受的。

六月十七日这一天，天气晴好。朱棣换上了厚厚的龙袍——好在他有风湿病，怕冷不怕热。他率领亲随，准备打马进宫，去坐那个自己向往了几十年的位子。

人生真是变化无常。三年前的这时候，他还被困在北平，还睡在大街上，还倒在水沟边，还在认真扮演一个疯子的角色，以逃脱朝廷随时可能的迫害。今天，他就要登上大殿，坐在全世界最威严的地方，接受满朝文武的跪拜，成为这个国家的最高领袖。

从现在开始，本王，不，朕说的每一句话，都是神圣不可侵犯的；朕做的每一件事，都足以给这个国家打个烙印。

朱棣越想越得意，越想越兴奋，越想越不淡定，就差从马上摔下来了。这时候，人群中突然站出一个人，挡在了他的马前！

朱棣身边的武士，马上抽出了长刀。

只见来人三十来岁，书生打扮，见到朱棣不卑不亢，不慌不忙，跪倒磕头："翰林院编修杨荣参见燕王殿下，千岁千岁千千岁。"

朱棣心里马上不乐意了。这个没眼色的，我马上就是一国之主了，你还这么叫。

杨荣问道："敢问殿下，是准备入城，还是准备参拜孝陵？"

朱棣猛地打了个激灵，背后开始冒冷汗。糟糕，自己怎么把这层给忘了！

要说杨荣可真会演戏，其演技恐怕跟对面的大胡子有一拼。朱棣明明是奔着皇宫去的，孝陵也不是这方向。要说装，这恐怕是装的最高境界，是揣着明白装糊涂，不是提醒皇上应该做什么，而是把这个选择权留给他。

高，实在是高！

朱棣多聪明的一个人，立即接过话头说："本王正准备前往孝陵。"这撒谎不带脸红的素质，也不是谁都能做到的——明明方向都错了。朱棣掉转马头，向郊外奔去。

太祖朱元璋已经归天四年，但对儿子朱棣来说，这居然是他第一次来参拜父亲的陵墓。四年之前，他被挡在了淮河边上，不让进京；这一次，他已经占领了这座城市，即将坐上父亲坐了三十一年的龙椅，心情真是百味杂陈。

他恭恭敬敬地磕头、行礼、参拜，不愿忽略任何一个细节，也不想留下任何一点遗憾。接下来，他马上有重要得多的事情要做。

终于参拜完毕了，朱棣准备吩咐卫兵牵马。但就在这时，一大票人围了上来。

这些伙计不是别人，正是朱棣的旧部和归顺的文武百官。他们把皇帝专用的法驾搬到了孝陵外，呼啦啦跪倒了一大片，哭着闹着请求他登辇。朱棣急忙表示，自己骑马就好了。他们不甘心，又祭出了撒手锏，纷纷表示如果燕王不答应，他们就跪着永远不起来，甚至要当场自杀，死给他看。

为了防止孝陵外平添几十具尸体，污染园区环境，破坏生态平衡，打扰父皇母后。这位四殿下迫不得已，终于听取了民众的心声，坐上了龙辇。

在山呼万岁声中，朱棣离开了孝陵，走上了通向权力顶峰的道路。他看到了燕军将士万分期待的目光，看到了南京百姓无比顺从的眼神，似乎也看到了大侄子极其悲愤的表情。

朱棣被抬进了久违的皇宫，来到了有些许陌生的大殿，在朝中大臣热烈的欢呼声中，走上了台阶，坐在了龙椅之上。

文武百官自然是本能地跪倒，认真地磕头，虔诚地欢呼。

一个新的皇帝，就这样诞生了；一个新的时代，也就这样开始了。三年前那个睡在大街上的精神病人，如今成了这个国家的主人；并且是华夏文明史上，第一个兼最后一个以藩王身份成功造反、当上皇帝的人。

但是，朱棣的辉煌征途并没有就此打住。成功？他才刚刚上路。

新帝登基，改元是非常重要的大事。翰林学士胡靖建议年号用"永清"，取"海晏河清，永享太平"之意，但朱棣觉得不妥，他想了想，以一种不容置疑的口气告诉众人："就定为'永乐'。"

我会向这个国家证明，我是比朱允炆更合适的国君。将来的你们，一定会感谢自己今天的选择。我要用自己的努力、自己的勤政、自己的亲民，为大明的百姓带来永久的康乐！

这时候，朱棣已经度过了四十三岁生日。二十一岁那年，他从南京来到北平，并从此爱上了这座胡风深重的边境城市。经过二十二年的努力，他成功地把自己由皇子变成了天子，把老婆由王妃变成了皇后，把身边的一众下属变成了元勋，也把大哥朱标一家由显贵变成了钦犯。

世界上任何一位伟大的魔术师，都变不出朱棣这样的戏法。如果朱元璋九泉之下有知，真不知道会做何感想？

这三年的大起大落、大喜大悲、大风大浪，远远胜过了绝大多数人的三十年。

过去的一切都已成为历史，如果上天再给朱棣二十二年，他还能做些什么呢？接下来，他还会面临哪些严峻的挑战，遭遇哪些可怕的对手，创造哪些不可思议的奇迹呢？

请看下部——《大明奠基人朱棣：永乐》。

大明奠基人 朱棣

永乐

燕山刀客 ◎ 著

当代世界出版社
THE CONTEMPORARY WORLD PRESS

图书在版编目（CIP）数据

大明奠基人朱棣．永乐 / 燕山刀客著．— 北京：当代世界出版社，2022.5
ISBN 978-7-5090-1614-5

Ⅰ．①大… Ⅱ．①燕… Ⅲ．①明成祖（1360-1424）－传记 Ⅳ．① K827=48

中国版本图书馆 CIP 数据核字（2021）第 102402 号

大明奠基人朱棣：永乐

作　　者：	燕山刀客
出版发行：	当代世界出版社
地　　址：	北京市东城区地安门东大街 70-9 号（100009）
邮　　箱：	ddsjchubanshe@163.com
编务电话：	（010）83907528
发行电话：	（010）83908410（传真）
	13601274970
	18611107149
	13521909533
经　　销：	全国新华书店
印　　刷：	北京楠萍印刷有限公司
开　　本：	710 毫米 ×1000 毫米　　1/16
印　　张：	42.25
字　　数：	600 千字
版　　次：	2022 年 5 月第 1 版
印　　次：	2022 年 5 月第 1 次
书　　号：	ISBN 978-7-5090-1614-5
定　　价：	98.00 元（全 2 册）

如发现印装质量问题，请与承印厂联系调换。
版权所有，翻版必究，未经许可，不得转载！

自序：大明王朝的真正奠基人

每一个去过北京的人，都会被其悠久的历史文化及宏伟的古代建筑所吸引。

每一个生活在北京的人，都会对这座城市有一种莫名的热爱与依恋。

生活在北京，你不仅能见证历史，还能创造历史。过去八百六十多年来的大部分时间内，这里都是中国的政治、军事与文化中心。

从这里发出的一道道命令，深深地影响了国家发展进程；在这里成就的一个个伟人，在历史上烙下了深厚的印记；而岁月给这座城市留下的一幢幢建筑、一个个街区、一道道城墙，永远为后人所保护、纪念和膜拜。

今天的北京，是中华人民共和国的首都，是拥有两千多万人口的特大城市，也是全世界屈指可数的超级大都会之一。可在六百多年前，大明王朝刚刚建立之时，它只不过是一座胡风浓厚、人口不足三十万的前元故都，边陲要塞。

在北京建都的四个朝代中，金、元、清都是少数民族政权，只有明朝是汉人王朝。而最初，大明京师并不在北京，而是在两千里之外的南京。北京，这座深深地打上了北方游牧民族传统烙印的城市，能够在过去八百多年的时间中，几乎连续不断地成为中国历史的焦点与中心，最需要感谢的，是一个汉族皇帝。

他是中国历史上唯一一个以武力成功夺取江山的藩王；他让北京这座

胡风深厚的城市成为中华民族的首都；他的政治思想，让大明王朝维持了近三百年的统治而不倒。

他就是本书的主人公，明成祖朱棣。

自秦始皇以来，就对中国历史进程的影响而言，几乎没有一个皇帝能达到朱棣那样的程度。永乐大帝的执政措施，甚至对整个人类世界的发展进程，产生了极其微妙和深远的影响。

是朱棣，而不是他的父亲大明开国皇帝朱元璋，决定了大明近三百年，甚至是明清近六百年的历史走向。

是他，恢复了中国大一统王朝在北方建都的传统，维护了国家的统一与稳定。虽然汉人王朝首次把京师放在远离中原核心区域的地方，但大明的国脉，从此维系了将近三百年。

是他，创设了对日后中国政治制度史影响深远的内阁制，改变了朱元璋时期皇权垄断一切的局面，为明朝中后期的宽松政治环境铺平了道路，甚至为资本主义萌芽的出现提供了可能。

是他，五次亲自率兵北征蒙古，为中国北方赢得了数十年的和平，几乎彻底根除了蒙古重新崛起、再次称霸欧亚大陆的可能性，并为这个民族最终完全融入中华民族大家庭，奠定了坚实基础。

是他，派出郑和，率领当时世界上规模最庞大、装备最先进、战斗力最强劲的船队，多次出使西洋，大大加强了中国与东南亚、西亚、东非国家的贸易往来，并且提高了大明王朝作为汉人朝廷的威望，甚至为日后西欧的地理大发现和环球航行，提供了非常有益的借鉴。

是他，集中了全国最优秀的读书人，以兼收并蓄、海纳百川的气魄编纂了《永乐大典》。相比《四库全书》对书籍的删削篡改，《永乐大典》在最大程度上保留了经典的原貌，保存了中华民族最优秀、最有创造力的文化精髓。

是他，重新修建了宫城、皇城和内城，让北京这个胡风浓厚的城市，拥有了堪称"人类在地球表面上最伟大的工程"，进而成为能够凝聚各民族人气的大都会。他疏通了大运河，让南北交往更加频繁，南北差距有所缩小。正因为建都北京，才促使蒙古、新疆和东北与中原的关系更为密切，今天的中国基本疆域才得以确立。

朱棣在六十五岁的暮年告别人间。以后的历代皇帝，不再有成祖那么长远的眼光，那么宏大的气魄，那么超前的思维，所以他们改变不了定都北京的既成事实，改变不了庞大的军事组织，改变不了繁忙的漕运体系，改变不了越来越完善的内阁制度，甚至改变不了死后埋进昌平天寿山的宿命。

朱棣死后，大明继续存在了二百二十年。这两百多年，很大程度上是运行在朱棣设计而不是朱元璋设计的跑道上。

至于世人所严重诟病的"靖难之役"，朱棣实在大有苦衷。在削藩问题上，朱元璋的继承人建文帝朱允炆态度坚决。因为自身所处的特殊位置，如果不起兵造反，朱棣的命运只会比那些关在牢狱里的藩王更惨。

以建文帝的性格与治国能力，很可能无法阻止鞑靼和瓦剌的强势崛起，也不可能抵挡住他们的攻势，中国北方免不了又是一片生灵涂炭、山河破碎的场景，再现南北朝的局面也未可知。可以说，那是一个需要朱棣也成就了朱棣的时代。朱棣背上了少数人的骂名，却替亿万国人完成了历史赋予的重要使命。

占领南京时的大开杀戒，"瓜蔓抄"，"灭十族"，以及后来的屠戮宫女、好大喜功等，当然是朱棣的历史污点，但不乏被夸大甚至被戏说的成分。人无完人，既然处于历史之中，就必然会带有历史局限性。相比唐太宗李世民在玄武门兵变之后的大清洗，朱棣的所作所为恐怕谈不上丧心病狂。别的不说，建文皇帝的两个儿子，只是受到了软禁。首恶名单上的二十九个，实际上只处死了个别几个。

我们听听体现清朝官方立场的《明史》是怎么评价的：

"幅员之广，远迈汉唐；成功骏烈，卓乎盛矣！"

注意，这是对朱棣个人，而非大明王朝的评价。朱棣本人，无疑配得上这种赞誉。朱棣并非开国皇帝而能被尊为成祖，绝对是当之无愧的。他一手开创了永乐盛世，历史地位却一直被低估，这显然是有失公平的。甚至完全可以这么说：

朱棣，而不是朱元璋，才是大明王朝的真正奠基人和总设计师。

目 录

第一章 巩固政权有方法 |001
一、把握舆论,控制最高话语权 |001
二、犒赏功臣,让他们更积极效命 |004
三、立威与立暴,原本一墙之隔 |008
四、论借刀杀人,我只服朱棣 |014
五、继续削藩,朱允炆有了继承人 |017
六、恢复两京制,彰显"龙兴之地"权威 |021
七、知民生多艰,恢复和发展生产 |026

第二章 不拘一格降人才 |031
一、创设内阁,影响后世五百年 |031
二、唯才是举,不让读书人报国无门 |034
三、重视科考,让千家万户看到希望 |041
四、重建锦衣卫,保障皇室权威 |044

第三章 海纳百川修大典 |049
一、永乐大典,朱棣精神的真实写照 |049
二、圣法心学,确立国家纲常规范 |053

第四章　挑选太子费心思　　　061

一、三个皇子，没一个完全称心　　　061

二、父以子贵，解首辅巧妙点拨　　　064

三、矛盾升级，老大岂能轻松接班　　　069

第五章　平定安南没商量　　　075

一、大意失荆州，天朝付出惨重代价　　　075

二、有前瞻能力，才可成就大事　　　079

三、见招拆招，方能笑到最后　　　082

四、顺水推舟，完成忽必烈未竟之业　　　085

第六章　郑和成功下西洋　　　089

一、捉拿建文？别低估了朱棣的智商　　　089

二、能人辈出，为什么偏偏是郑和　　　091

三、船坚炮利，但目标却是和平　　　095

四、将计就计，郑和玩出了朱棣的境界　　　098

第七章　永失无可替代者　　　101

一、遇到对的人，过一夜就能守一生　　　101

二、一个贤内助，胜过无数平庸大臣　　　103

三、母亲的死，令皇位觊觎者更无禁忌　　　105

第八章　亲征鞑靼扬国威　　　109

一、论离间，朱棣一生难遇对手　　　109

二、统帅的愚蠢，带来的是朝廷的灾难　　　113

三、御驾亲征，方能提振国威　　　118

四、胪朐河边，朱棣重返二十岁　　　120

五、要么不做，要么做绝　　　123

六、将计就计，让对手无路可走　　　128

第九章　选定太孙为大明　　|133

一、遏制蒙古，大力经营东北和西域　　|133

二、恃才放旷，解缙走向末路　　|139

三、构建双保险，东宫群臣祭出大杀器　　|144

四、选择朱瞻基，就是选择了大明的未来？　　|148

第十章　远征瓦剌留遗憾　　|151

一、贵州设省，比收服安南更有价值　　|151

二、有些问题，还得靠拳头解决　　|154

三、穷寇偏追，一仗打出十年和平　　|159

四、望海埚大战，刘江尽显永乐真传　　|162

第十一章　储君之争出结果　　|167

一、欲加之罪，不管多远都有理　　|167

二、解缙之死，留给后人太多反思　　|168

三、用人不疑，文臣集团全面崛起　　|170

四、专注削藩，朱棣终成正果　　|173

五、痛下决心，将是非精赶出京城　　|176

六、姚广孝至死，都在为主子还债　　|181

第十二章　迁都北京铸伟业　　|185

一、顺应历史趋势，政治中心不断东移　　|185

二、从南京到北京，朱棣做到了继往开来　　|191

三、元世祖忽必烈，才是真正的超越目标　　|195

四、整修大运河，排除迁都最后一道障碍　　|199

五、营建新京，为人类留下宝贵遗产　　|203

六、京师北移，影响中国历史六百年　　|208

第十三章　迁都之后挑战多　|213

一、万国来朝，东亚世界体系初告完成　|213

二、勤于政务，建立巡抚制度　|216

三、三大殿失火，是天怒还是人怨？　|219

四、修省求言，发现人心的可怕　|222

第十四章　告别人间不甘心　|227

一、袭击三卫，实为败人品之举　|227

二、未遂政变，动机恶毒效果平庸　|231

三、意外收降，让统帅有台阶可下　|235

四、夜会胡濙，终结建文帝行踪之谜　|238

五、魂断榆木川，留下太多遗憾　|242

第十五章　大明步入下行道　|249

一、离奇驾崩，仁宗之死疑点太多　|249

二、宣宗亲征，杜绝"穷人版朱棣"逆袭　|255

三、宣德盛世，朱瞻基的希望与失望　|260

四、郑和之后，再无郑和　|266

五、土木堡之变，明朝历史的拐点　|270

第十六章　永乐大帝的遗产　|275

一、从太宗到成祖，地位提升有玄机　|275

二、父子PK，为何朱棣才是大明奠基人　|280

三、盖棺定论，朱棣不输任何帝王　|288

朱棣年谱简编　|295

后　记　|307

再版后记　|311

参考文献　|315

第一章　巩固政权有方法

一、把握舆论，控制最高话语权

建文四年（1402）六月十四日，紫禁城的大火已然控制，南京城的战火也逐渐熄灭，但明里暗里的各种斗争，却远未停止，也不可能停止。

这原本是中国历史上普通的一天，此刻却因一个人、一件事而彻底改变。

高高耸立的奉天殿依旧庄严，铠甲鲜明的战士依旧英武，群臣的上朝参拜依旧有序。只是端坐在龙椅上的，不再是过去四年那个清秀文弱的朱允炆，而换成了体格壮实（真刀真枪中练出来的）、皮肤黝黑（常年风吹日晒）、胡子老长（坚持封建迷信的恶果）的四皇叔朱棣。

此时，距朱棣从北平起兵靖难还未满三年，他终于登上了朝思暮想、梦寐以求的皇帝宝座。朱棣的胜利具有划时代的意义，这是有史以来唯一一次，地方藩王对中央朝廷的胜利，也可以说是军人政权对文官政府的胜利。

从某种角度上来说，朱棣称得上是缔造了一个新王朝，性质类似唐高祖李渊取代表弟隋世祖杨广❶，武则天替代李唐王朝，只是四皇叔没有改变大明国号罢了。

从这一天起，朱棣就由钦犯变成皇帝，由燕庶人变成万岁爷。称呼的

---

❶ 中国史书一般称其为隋炀帝，这是唐朝给杨广起的污辱性谥号。

改变是容易的，如何真正完成角色的转变，无疑是朱棣面临的重要课题。

当然，朱棣并非只会挥刀杀敌、不懂如何治国的武夫，这些年既有在大城市（北平）的实际管理经验，又有道衍的悉心指导和自身的不断学习。不过治理这样一个庞大的帝国，他要走的路还很长，要交的学费自然不会少。

这时，朱棣已经过了四十三岁生日。明朝皇帝普遍年龄偏小，寿命也短。他老人家登基时的岁数，虽不是最大的，但也名列前茅。

可以马上得天下，绝不能马上治天下，这个道理朱棣岂能不明白？但是，相比李世民和忽必烈庞大的文官幕僚团队，朱棣真正信任的参谋，当时只有道衍和金忠等少数人。更何况，这一年道衍已六十八岁，体力和精力显然都不允许他为新政权做太多工作。

道衍虽老，但见识和阅历很丰富。他提醒朱棣，既然打的是"奉天靖难"的旗号，那一旦坐上皇位，要是不全面恢复洪武时代的旧政策，恐怕就说不过去了。这一点，朱棣本人也相当清楚。

因此，朱棣登基后颁布的第一道命令，就让大臣们怀疑自己的耳朵。

"朕意已决，本年年号，改为洪武三十五年！"

朱允炆是洪武皇帝钦点的接班人，但他四叔不予承认，这四年建文也就白"建"了，就成了明朝历史上被"革除"的时期❶。此外，朱棣还革除了大哥朱标的"孝康皇帝"谥号，仍称懿文太子。此举当然有些不厚道，但为了巩固自己登基的合法性，四皇叔也不得不走这步棋，怪就怪朱允炆自己不争气嘛。

朱棣接着下旨，废除建文期间实行的、与洪武祖制相冲突的各项法规制度。其实，朱允炆根本没对爷爷的制度做出多么重大的调整（还没来得及），这道命令的象征性意义，显然要远远大于实际作用。但它至少向全

---

❶ 万历二十三年（1595），建文年号被朱棣的后代神宗朱翊钧恢复了。崇祯十七年（1644），南明福王朱由崧定建文庙号为"惠宗"，这与元朝最后一个皇帝妥懽帖睦尔的庙号相同。

国百姓清楚地阐明了，我朱棣是先皇思想最忠诚的继承人，我当皇帝是顺应天道的，你们不能反对！

朱允炆在位期间，曾经让方孝孺整理出了《明太祖实录》，当然是体现自身利益的。朱棣上台不到一百天，就下令重新修订实录，以为自己争取话语权。而朱棣安排的编撰总裁官，也是精心挑选的。他并非北平府的老人，而是刚刚归顺的建文朝大臣、早在洪武一朝就已经是闻名遐迩的大才子。此人就是解缙，明朝三百年历史也数得着的知名人物。

朱棣对他的重用，无疑对外放出了一个清楚的信号：新皇帝任人唯贤，不搞门阀政治，建文朝大臣不必有什么顾虑。

解缙的才华当然不是吹出来的，他也不是方孝孺式的迂腐文人。修订后的《明太祖实录》，暗讽朱允炆引火烧身，极力塑造四皇子的光辉形象，为朱棣靖难的合法性、称帝的必要性，争取到了更多的同情分。

但其中最重要的一点是，朱棣被明确为马皇后的五个嫡子之一。所以，朱元璋死后，他就是在世诸皇子中最年长的嫡子，他才是大明皇位的第一继承人。相比之下，朱允炆是朱标侧妃吕氏所生，非嫡非长。仅凭这一点，他就得乖乖排在四叔后面。

既然做戏，就要做全套。实录之中还加入了朱标死后，朱元璋千方百计想立朱棣为太子的段落，甚至还有老皇帝临死前，一再向身边重臣打听老四动态的内容。相关内容如下：

（洪武）三十一年闰五月，太祖不豫，遣中宫召上（朱棣）。已至淮安，太孙与齐泰等谋诈，令人赍敕符令上归国。及太祖大渐，问左右燕王来未，凡三问，无敢对者。

乙酉，太祖崩。是夜即殓，七日而葬，皇太孙遂矫诏嗣位。改明年为建文元年，踰月始讣诸王，且止勿奔丧。上闻讣，哀毁几绝，日南向恸哭。

这么为朱棣粉饰，难道就不怕被别人识破？这个还真不用担心，那时信息闭塞得可怕，绝大部分老百姓很难有判断力。你告诉他，皇帝整天用金砍刀打柴，皇后经常用玉顶针纳鞋底，公主可以天天吃白面窝头，他都能相信。当然也有些能看出问题的人，但出于政治方面的考虑，也闭口不言。

作为出生在大明王朝的第一个皇帝，朱允炆力图逐步改变皇祖父朱元璋重武轻文的做法，使国家统治逐步走上正轨。但他在位仅仅四年多，很多美好的愿望还来不及付诸实践，很多大政方针还未能真正展开，他的时代就匆匆落幕了。

因此，相比洪武时代，朱允炆对前朝政策的改变并不多，硬要给他扣上"建文新政"的帽子，显然不是恭维而是捧杀。

二、犒赏功臣，让他们更积极效命

朱棣夺取了天下，那些跟随他打仗的人，自然取得了类似开国元勋的地位。

这位四皇叔算不上特别厚道的人（慈不将兵），但他对下属那是真仗义，说封赏就真的是升官加饷，改善待遇，一点儿都不玩虚的。

朱棣不是过河拆桥的人，更不会把帮过自己的人当成潜在威胁。他知道最应该感谢的是谁，可惜，此人对高官厚禄实在没有什么兴趣。

难道他只对美色动心？也不是，因为他是个和尚。他白天穿着官服上朝，晚上依然住在寺院里，对朱棣赏赐的婢女，也一概拒绝。

谁这么没眼色啊，诚心让新皇帝不自在。要是在朱元璋时代，不接受赏赐的大臣，有可能脑袋就搬家了。

全天下如果只有一个人敢这么做，那这个人一定是姚广孝，也就是道衍大师，后人称他为"黑衣宰相"。

朱棣对道衍在过去二十年里所做的工作给予了高度评价。永乐二年（1404），道衍被封为太子少师，恢复了本名姚广孝。朱棣骨子里并不喜欢太有个性的人，他自己就太有个性了，但对于姚广孝，他不会有任何厌恶情绪。

他们的友谊，是经得住时间考验的，也是不怕小人离间的。

既然道衍功劳第一，那论贡献第二大的，恐怕是皇上的二儿子了。

朱高煦作战十分勇猛，经常能以一当十，更在东昌、灵璧和浦子口几大战役中，都发挥了扭转战局的关键作用，展现出一个超级战将的干劲、拼劲和狠劲，甚至有过直接挽救老爹生命的功绩。坊间传闻，朱棣迟迟不立太子，似乎是想送给老二一份世界上最重的大礼。但此时，他却被暂时放在了一边。

朱棣接下来想到的，只能是为自己效命几十年的张玉老将军。可惜后者已经不在人间，新皇帝慷慨地将"荣国公"头衔追赐给死者。他的长子张辅战功不多，却也受封信安伯，这是他爹用命拼出来的，旁人自然不好说三道四。而且张辅也很清楚，只要自己不犯什么事，认认真真混日子，老爹的爵位早晚都是自己的！

朱能曾经创造了三十人打跑一万人（不乏自夸因素）的嚣张纪录，绝对是燕军中的猛将。他被封为"成国公"，年俸二千二百石，同时担任左军都督府大都督。要知道，朱能这一年才三十三岁，在一众武将之中十分年轻，未来的发展更是无法估量。

不过，朱能并不是活人中酬劳最丰厚的，还有人领年俸二千五百石。他就是朱高煦的死党丘福，受封为"淇国公"，出任中军都督府大都督。

相比朱能的高调，丘福一向谨小慎微，不乱逞能，正所谓小错不犯（没必要），大错也没有（没机会）。自打朱棣到了北平，丘福二十多来年一直在其麾下效力，到这一年已经是六十岁的老人了。在那个年代，国人最看重的显然不是能力，而是资历。

朱棣想要重用朱能，就不能把朱能列为头号功臣，他要为朱能以后立功留有封赏的余地。

朱能虽说打仗勇猛，可并不是张飞、李逵和蓝玉一类的粗人，当然也能明白皇上的意图，并没有因此闹情绪。

能够活着封公的，也只有他们两人。

已经阵亡的陈亨被封为"泾国公"，另外两名牺牲的将军谭渊和王真，则分别被封为"崇安侯"和"金乡侯"。

封赏死人，说明朱棣不忘旧情；封赏活人，说明主子还要继续重用他们。封爵，朱棣是非常认真的，俸禄，他给的相当优厚。张武、郑亨、火真、顾成、王聪、陈珪、孟善、郭亮、王忠、徐忠、张信、李远、房宽和王宁（驸马都尉）等十四人被封为侯，年俸八百到一千五百石；徐祥、徐理、李濬、唐云、孙岩、赵彝、陈旭、张辅（张玉之子）、谭忠（谭渊之子）、房胜、刘才、茹常、王佐、陈瑄等十四人被封为伯，年俸九百到一千石。想当初，诚意伯刘基的年俸只有二百四十石，怪只怪他老人家生不逢时，运气不好。

大明朝廷有着明文规定，功臣的子孙想要继承死去先辈的爵位，一定要经过武科考试，确保本人素质能够达到带兵打仗的标准。这当然并不是什么不合理要求。但朱棣放宽政策，考试成绩差点儿也无所谓了，这也让烈士的后代们相当感动。

不难看出，得到加封的大都是武将，其中既包括了燕山三护卫中的几乎全部重要将领，又涵盖了许多降将，这就有些不同寻常了。朱棣并不刻意偏袒北平老人，而是唯才是举，论功行赏。像在蔚州投降的李远，在偷袭官军济宁粮库时，妙招迭出，嚣张的做派很有朱棣的影子，就深得朱棣信任，"封安平侯，禄千石，予世伯券"。这么一来，当然让这些降将有了归属感，不会认为自己是受歧视的。

如此大规模的封赏，通常是在王朝初建时才做的事情。洪武三年（1370）十一月，在北伐蒙古的明军主力班师返回南京之后，朱元璋也曾经大封功臣，封李善长为韩国公，徐达为魏国公，常茂（常遇春之子）为郑国公，李文忠（朱棣之舅）为曹国公，邓愈为卫国公，冯胜为宋国公。汤和、唐胜宗等二十八人则被封侯。

据细心的历史学家统计，三十四位开国元老之中，被朱元璋直接处死的有十五人，儿子继承爵位之后被处死的有五人，因罪革职充军的有两人，儿子继承爵位之后革职充军的有九人。也就是说，受残害的高达三十一人。

平心而论，朱棣的靖难成功，与建立一个新王朝没有多大区别，大赏功臣肯定是必须要做的。而且，这些人应该感到庆幸，现在的皇帝和朱元璋真的大不相同。

朱棣随时把先帝挂在嘴边，只是为了证明自己即位的合法性。但他并没有事事都照搬洪武大帝的作风。他封赏过的大多数人，还真的都得到了善终——当然死在战场上的除外，那是没办法。自始至终，朱棣也没有像洪武皇帝那样（亲自）残害功臣，既体现出了为人君者的大度量，又展示出了极其强烈的自信心。

其实，我们不妨看看三千年的中华文明史，大致可以得出这样一个结论：凡是由贵族起兵夺权或篡位的，基本上不会大规模屠杀功臣，甚至一个也不清除；而由农民起义领袖转变而来的统治者，往往要大开杀戒，防患于未然。刘邦和朱元璋就是其中两个杰出代表，后者做得更加全面和彻底。看来贫农朱元璋家的老四，此时已经颇有一些贵族意识了。

靖难毕竟是靠武将一场一场拼下来的，文官作用确实相当有限，也仅有茹常和王佐分别被封为平江伯和忠诚伯。其实他俩一点都不忠诚，都背叛了朱允炆，并且在向新主子朱棣劝进时表现积极，在很多有骨气的文人眼中，就是小人的代名词啊！

朱棣封赏的，并不只是那些冲锋在前的军官和士兵。在北平、保定等地，曾经帮助燕军守城的普通市民，都能得到不同程度的奖励。在保定征发的、运送砖石的妇女，每人都得到了赏钱一百、绢一匹和棉三两。朱棣过长江时，为他开船的船夫周小二，从一介草民提升为巡检，得到了彩帛二表里、钞百锭，还免征徭三年。一个时辰所收获的回报，超过了普通人一生的努力。

对于帮过自己的人，朱棣是滴水之恩必涌泉相报，而且不管职位高低，身份贵贱。在那个没有手机和互联网的时代，皇帝的善举会通过口口相传的模式,让千家万户知道和感动。

但对那些能对自己构成威胁的人,朱棣又会怎么处理呢?

三、立威与立暴,原本一墙之隔

朱棣占领了南京,登上了皇位,但等待他处理的问题非常多,甚至更加凶险。

洪武三十五年(1402),随着靖难战事的收官,朱棣对拒不归降的文臣武将进行了屠杀。这一年是壬午年,于是这个惨痛的事件,被后世称为"壬午之难"。

"壬午之难"被史学家视为朱棣一生中的最大败笔,也是后世将他归结于一代暴君的典型案例。但事实真的这么简单吗?

朱棣靖难的理由,就是铲除齐泰、黄子澄等所谓的奸臣,要是他放过了这些人,一个都不杀,岂不是让靖难之役失去了他口中的合法性,让天下人无法认同?在诛杀反对派这一点上,朱棣与朱元璋确实有相同的一面,而且,朱棣似乎还有轻微的多重人格障碍。

所以,齐泰、黄子澄一定要杀,还要让他们死得很惨。在这时候,朱棣确实不能表现得过于大度,但是,这也只限于他最痛恨的几个人而已。

杀掉少数几个,是为了保住更多的人,是敲山震虎,让建文朝旧臣尽快认清形势,不做无谓的挣扎和牺牲。

在建文核心团队中,齐泰,因为计谋有效,手段强硬,思想顽固,理所当然地被朱棣列入了必杀名单,且高居榜首。

齐泰当时正在广德(今属安徽省宣城市)筹集军马,还想打回南京去救建文帝。但一夜之间,大街小巷都贴满了缉拿他的公文。为了躲避追捕,齐泰把自己的坐骑——一匹白马用墨汁染成黑色,趁乱拼命逃跑。

但人算不如天算,马饿了要吃草,累了也要出汗。由于汗流得太多,差不多相当于洗了个澡,把身上的墨汁全给洗掉了!

今天的一些人为自己名气太小而苦恼,但名气大就一定是好事吗?

齐泰的名气使他当街就被人认了出来,那人高喊:"这不是齐尚书的马吗?"就这样,可怜的齐泰被抓获。

不久之后,齐泰就被作为战利品押到南京,送到了朱棣面前。

江湖传言,朱棣对齐泰非常痛恨,知道这家伙心眼儿多,麻烦更多,便没有走公开审判的形式,直接让手下拉出去凌迟,把他身上的肉一片片地削下来。齐泰被削了三千多刀,血流尽了才死,场面十分恐怖。让人佩服的是,在整个行刑的过程中,齐泰始终表现得特别坚定,始终骂不绝口,而齐泰的亲属,当然都被满门抄斩了。

从一贯表现来看,黄子澄根本不能算是朱棣的敌人,反而可以说是四皇叔的"盟友",甚至是最可靠的"战略伙伴"。齐泰要把朱棣三子扣为人质,他说通通放走以免燕王起疑心;齐泰要先削燕藩,他要先枝后干;齐泰坚决反对以李景隆为统帅,这却是他提出的……可以说,黄子澄为朱棣的靖难成功立下了很大功劳,他的突出贡献无人可替。

朱棣怎么对待他的"恩公"呢?当黄子澄在嘉兴被捕,扭送到朱棣面前时,还算挺有骨气,一口一个"殿下",可把朱棣气坏了。黄子澄还预言:"殿下向来悖谬,不可为训,恐子孙有效尤而起无足怪者。"(你的后代也要自相残杀啊。)

朱棣将他的一家老小六十五人和宗族姻亲三百八十人全带过来,要他交代罪行,他于是就写下了:"本为先帝文臣,不职谏削藩权不早,以成此凶残,后嗣慎不足法!"

朱棣勃然大怒,命人先砍去黄子澄的双手,再砍了他的双脚,随后又一刀刀地将其磔杀。这还不算完,又将其直系亲属满门抄斩,姻亲发配到边疆服苦役。

当然,对于方孝孺这样的文坛领袖,朱棣是不想杀的。让方孝孺活着,比让他死对未来的统治更有利,而且,道衍已经跪下求过皇帝。但结果呢,我们大家都知道了。

当时的情况，很可能是这个样子的：

当朱棣决定要正式继位时，需要找人写登基诏书。他希望由方孝孺这样的文坛领袖来执笔，以显示新君的皇恩浩荡，人尽其才。

但是，当亲兵把方孝孺请到龙江大帐时，方孝孺却一点儿都不配合。

他一进来就号啕大哭，见了朱棣，既不打招呼，更不行臣子之礼，就当这个准皇帝是透明人。

朱棣居然从座位上很有风度地站起来，还试图安慰极度悲痛的方孝孺："先生不要太难过了，本王不过是效法周公，辅佐成王治理国家。"

方孝孺可不给他面子："成王在哪里？"

"成王已死，过两天我就要以皇帝之礼厚葬。"

"何不立成王之子？"（朱允炆长子文奎在城破后失踪，二子文圭被燕军俘获。）

"这个国家需要长君。"（朱允炆之子年幼。）

"何不立成王之弟？"（朱允炆的三弟允熥，四弟允熞，五弟允熙均在世。）

"这是我们的家事。"

朱棣传令，把纸笔准备好放在方孝孺跟前，诏书写了，他就能活下来；不写，就让他从人世间消失！

方孝孺倒是听话，还真提起笔写开了，写得很慢很认真，直到他扔掉了手中的笔，长出一口气，看来是大功告成了。士兵把纸张拿给准皇帝。朱棣微笑地接在手中看了起来，不过看着看着，他的脸色就如石蕊试纸一般变了颜色。

突然，朱棣猛地站了起来，飞起一脚，把桌子踢翻了，笔墨纸砚撒了一地。

原来，这哪儿是继位诏书啊，直接把新皇帝朱棣不加掩饰地狠狠咒骂了一通，说他大逆不道，是乱臣贼子，天人共愤，注定要遗臭万年。

这不太欺负人了吗？

"方孝孺，你不怕灭九族吗？"

羞辱朱棣的目标已经达到，方孝孺知道自己可以心安理得地去死了。不过这时，据说他情绪失控，说出了一句给子孙后代带来惨重代价的话：

"诛我十族，能奈我何！"

结果，朱棣除了处决方孝孺传统意义的九族之外，还将他的弟子友人杀了个精光，共有八百七十三人被处死。

至于方孝孺本人，最终难逃凌迟于闹市的结局，时为六月二十五日。方先生慷慨赴死，并写下绝笔词："天将乱离兮孰知其由？奸臣得计兮谋国用犹，忠臣发愤兮血泪交流。以此殉君兮抑又何求！呜呼哀哉兮，庶不我尤！"

此时，曾经不惜下跪行礼、请求朱棣放过他的道衍，自身的处境也十分尴尬。

以现代人眼光看，朱棣与朱允炆都是朱元璋的直系亲属，谁来做皇帝，可以说是他们的家务事。真的有必要以死相拼，甚至连累八百多个亲人吗？

方孝孺坚持的所谓大义，却让八百多条无辜的生命做了陪葬。

方孝孺的品格让人尊敬，但做法却并不值得欣赏。他的忠心能够感动天地，但似乎又显得相当死板。他的死对历史进步有多大价值呢？为什么要连累那么多人一起受刑呢？从一定意义上说，这样的成本太高了。但这就是当时文人所坚持的大义。

方孝孺死了，曾与他相约自杀的景清并没有死，反而担任了永乐朝的御史大夫。

朱允炆当政时，景清以左都御史改北平参议，负责侦察燕王动态。为了迷惑朱棣，景清和他做了朋友，两人一块喝了几次酒，谈得也很投机，但不知道什么原因，景清很快被调回南京，未能阻止朱棣靖难。

不过，就在建文四年（1402）八月的一天，散朝之后，朱棣步出大殿，景清却莫名其妙地跟在后面。

转瞬间，他恶狠狠地朝皇上冲了过来。好在侍卫不是吃素的，轻松地制伏了这个书呆子，并当场缴获了一把雪亮的匕首。

朱棣走下台阶，来到未能得逞的景清面前，微微一笑："我平日对爱卿不薄，何必如此呢？"

"我要为先帝报仇！朱棣你大逆不道，一定会遭到报应的！"景清咬牙切齿，狠狠地盯着昔日的老朋友，今天的皇帝。

朱棣火了，下令打掉景清的牙齿，想让他老实一下，但景清在龇牙咧嘴之余，居然还积蓄能量，完成了一个高难度动作。虽说危害不大，但性质相当恶劣。朱棣大怒："来人，把这个逆臣拖出去，剥皮实草！"

原来，景清用尽浑身的力气，将口中被敲掉的牙和鲜血一起，猛地吐向朱棣，好好的龙袍被搞了个乱七八糟，在场的文武官员都惊呆了。

晚上，朱棣突然从梦中惊醒，发出了一声惨叫，把守在不远处的卫士可吓坏了。原来，皇上梦到景清提着宝剑追杀自己，砍得龙袍上到处是血。朱棣醒来，大受刺激，下令将景清灭三族。这还不算完，他又让人下去调查，凡是景清的朋友，一律顺藤摸瓜给揪出来。把与景清相关的乡亲与邻居全部处死，致使整个村子变为废墟。

这就是历史上有名的"瓜蔓抄"。

在济南城下羞辱了朱棣的铁铉，于淮南被燕军俘虏，十月被押送到了南京。朱棣亲自审问这个给自己带来了诸多麻烦的人。铁铉居然背对朱棣坐在地下，很不配合，并且谩骂不止。

坊间传说，朱棣当时就从铁铉身上割下一块肉，让下人认真烹饪做熟，并亲自送到铁铉嘴里，问："味道如何啊？"铁铉大口吞下，回应道："忠臣孝子的肉，鲜美无比！"

朱棣讨了个没趣，遂命人先割掉其耳鼻，随后碎其身体，磔杀于闹市，让其他人体会一下跟皇帝作对的下场。为进一步警示后人，朱棣把铁铉八十岁的双亲发配海南，儿子福安发配到河池编伍，并把其妻杨氏和两个女儿送到教坊司，充为官妓。

那个建议将朱棣改封南昌的户部侍郎卓敬，可以说心思缜密，比齐黄二将靠谱多了。当他被押到皇帝面前时，朱棣指责道："你之前劝建文裁抑诸王，现在还想不想给我当臣子了？"卓敬毫不尊敬新皇，冷冷地说："先帝要是真听了我的建议，你就坐不到这个位子了。"

朱棣被戳到痛处，虽然动了杀心，但珍惜此人的才华，就把他关进大牢，并派人用管仲、魏徵"弃暗投明"的事情相劝。卓敬流着泪说："身为人臣，只有以死相报。先皇曾无过失，却一天之间被横行篡夺。我恨不得马上死去，见到先皇。你还想让我当臣子？"

朱棣爱才心切，就是不舍得杀。姚广孝不希望皇上养虎为患，就大声提醒道："建文要真听了卓敬的建议，你就坐不到这个位子了！"

一语惊醒梦中人，朱棣马上决定杀死卓敬，并灭其三族。卓敬临刑时毫不慌乱，平静地说："变起宗亲，我没能做什么筹划，死有余辜。"朱棣令抄其家，只抄出了书数卷，不免既后悔又惋惜，说道："国家养士三十余年，能不辜负其君主的，我只碰到了卓敬这么一个！"

礼部尚书陈迪在奸臣榜上高居第三，并且排在方孝孺前面，当然是一定要杀的。朱棣把他和凤山、丹山等六个儿子同时处以凌迟之刑。

用非常规手段终结一个旧体制、建立一个新政权之后，对前朝的"不法分子"进行清洗，是中国历史的一个惯例。"二十一史"（朱棣时代就这么多）和《资治通鉴》中，记录了大量惨案。相比前人，朱棣也不能免俗，而且也有情绪宣泄的味道，就这一点来说，史官再怎么洗也洗不白。

朱棣并不是一个杀人如麻的暴君，在战场上，他从来不杀俘虏，甚至将不愿意投降的俘虏放回，让他们重新加入官军，重新投入北伐，重新举着兵器和自己作对。对于逆臣榜上的大多数人，朱棣事实上都宽恕了，很多人不但能继续当官，还能不断升官。

但方孝孺的"诛十族"和"瓜蔓抄"事件，却让朱棣的形象大大受损，并受到后世文人猛烈的攻击。但这两件事的历史真实性，其实是要打一个大大的问号的。

平心而论，朱棣并不算特别残暴。比起父亲朱元璋，以及中国历史上很多皇帝，他已经显得相当温和了。朱元璋上台之后大杀功臣，连持有"免死金牌"的李善长都被满门抄斩；而朱棣身边的文官武将，没有一个在他登基后遭到清算。

但是，这不等于说，所有人以后都平安无事了。朱棣明白，身为一国之君，很多想做的事情，并不需要他亲自出马。

四、论借刀杀人，我只服朱棣

中华文明源远流长，中国文化博大精深，时常让外国人摸不着头脑。《三十六计》中的许多招数，恐怕是欧洲君主们被几辈子也想不出来的。其中"借刀杀人"无疑是经典中的经典，这一招被用了上千年，还一直有效。

秦始皇要灭赵国，借赵王迁之手除掉了克星李牧；周瑜想打赢赤壁之战，靠曹操之力处决了熟悉水战的蔡瑁和张允；完颜宗弼（金兀术）想灭南宋，凭高宗和秦桧的助攻干掉了最忌惮的岳飞；皇太极想收拾绊脚石袁崇焕，也抓住崇祯的多疑心理，制造袁大都督通敌的假象。

不过，说起借刀杀人，我只服朱棣。

永乐元年（1403）十月的一个早上，天寒地冻，南京城中的文武高官从各地赶赴东边的紫禁城，和朱棣一起商讨军国大事。可就在这一天，出大事情了。

一个侍卫慌慌张张地闯入殿来，"扑通"跪倒："万岁，大事不好！"

原来宁国公主的丈夫梅殷，被人发现在笪桥下投水自杀。朱棣听说之后，脸上似乎有不悦之色。

是啊，朱棣刚刚上位、改了年号，还有太多事情要办、太多任务要扛。梅殷身为驸马，不想着为朝廷分忧、为万岁出力、为公主争气，却自杀了，这是对谁有意见呢？

朱棣摆出一副震惊的表情，郑重宣布："人死不能复生，一定要厚葬。"

朱棣退朝之后，正打算休息，宁国公主已经闻讯奔来，在四哥面前一通哭闹，说丈夫的死没有这么简单，一定有小人暗算，请皇上主持公道，等等。朱棣于是下令调查此事。

很快有目击证人举报，梅殷不是自己从桥上跳下的，而是被前军都督佥事谭深、锦衣卫指挥赵曦硬生生给挤下去的！二人当然被抓进了大理寺监狱，吃了不少苦头，但他们的供词，却把审理的官员给吓住了。

二人被打得皮开肉绽，一边求饶一边哭喊："此上命也，奈何杀臣！"（这都是皇上的主意，我们都是奉命行事啊！）

真的是朱棣的主意？还是谭赵二人恶意诽谤？在那个专制的年代，你就算只说一句皇上的脸没洗干净，万岁爷都可以名正言顺地杀了你，何况这样大逆不道的说辞呢？

"大胆狂徒，居然敢污蔑圣上，来人啊！"

几个壮汉走上前来，抡起铁锤，照着二人的嘴上就是一顿乱锤之后，就被拖出去处决了。

显然，审案官已经得到了最高指示或者最终暗示，怎么处理都不用承担风险。但这两人到底真是接受了朱棣的任务，还是因为看出皇上不喜欢梅殷，为邀功请赏而自作主张，无人可知。但不管怎样，朱棣从此又少了一个眼中钉。

原来在靖难期间，梅殷以总兵官身份镇守淮安。朱棣率领靖难大军南下，以为祖先进香之名，想要通过妹夫的防地。按理讲，一家人不说两家话，但梅殷却不肯给燕军让道。朱棣写信给妹夫，恳切地说："现在我起兵铲除皇帝身边的恶人，天命所归，谁也无法阻挡。"但梅殷居然把使者的耳鼻通通割掉，放其回还，还说留下这人的口舌，就是为了给朱棣讲讲君臣大义。

不过，朱棣还是绕道占领了京城，并强迫宁国公主写下血书，召梅殷还京。永乐元年（1403），擅长搬弄是非的都御史陈瑛，上书说梅殷"蓄养亡命"，"诅咒"天子。朱棣当时并没有采取行动。

值得一提的是，朱棣下属的做法，与当年朱元璋部将廖永忠处理小明王韩林儿的招数如出一辙。难怪有人会感慨：真是有其父必有其子，都善于让属下背锅。

还有一个历史疑案似乎也和朱棣有关，那就是震惊天下的蓝玉案。洪武二十六年（1393）二月，大明帝国战功卓著的名将、朱标舅父蓝玉以谋反罪被满门抄斩。

蓝玉死了，谁最高兴？肯定不是他的甥孙朱允炆。明朝大学者王世贞曾经认为，蓝玉被控谋反和被处决，燕王要负主要责任。这个观点也许夸大了事实，但并不是空穴来风。

坐上了金殿，当上了国君，很多事情当然不好自己抛头露面，很多目标，当然不必自己亲自铲除。总会有人为了表现忠心，什么事都做得出来。

陈瑛就是这些人中的代表。建文元年（1399），他被聘为北平佥事，原本是应该监视燕王的，结果却被朱棣收买，替他传递情报。事情败露之后，陈瑛被调到广西。朱棣在南京继位之后，立即想到了陈瑛，提拔他做都察院左副都御使。

陈瑛原本就生性残忍，现在得到了朱棣重用，更是将其嗜血的一面展现得淋漓尽致。在追查建文余党的行动中，陈瑛表现得可比朱棣要积极多了。而且，他知道有些事朱棣不方便做，当下属的就得给皇上分忧！

永乐元年（1403）八月，陈瑛弹劾历城侯盛庸，称后者诽谤皇上，这位在东昌大败朱棣的将军被迫自杀；第二年，他弹劾曹国公李景隆图谋不轨、妄想起兵；他还攻击李景隆的弟弟李增枝，说此人明知大哥有不臣行为却隐瞒不报，不仅如此，还多置田产、偷养家奴，实在居心叵测。于是，这哥俩就在监狱里团聚了。

随后，陈瑛弹劾长兴侯耿炳文，说他家的衣服、器皿上有龙凤图饰，有谋反的倾向。为了不牵连儿孙，七十岁的老将军主动"畏罪自杀"，却还是没能保住三个孩子的性命。

这些人都是朱棣相当忌惮、却一时半会儿没有正当理由收拾的。但陈瑛却能将他们置于死地，一定程度上是替主子出了恶气，做了朱棣潜意识里想做但不方便做的事情。

随着陈瑛的胆子越来越大，步子也越来越大，不光陷害曾经和朱棣有过节的，甚至开始"治理"和朱棣有交情的。他弹劾驸马胡观强占民女、纳娼为妾，并参与李景隆谋反。但朱棣却指示，不必追究胡观的责任。后来，陈瑛竟然还弹劾在靖难前向朱棣告密的张信，说此人擅自侵占练湖及江阴官田，结果当然是不了了之。

纵观历朝典故，这种酷吏只不过是最高统治者的一把刀，用到一定程度就自然要处理了。那么，陈瑛的下场又会是怎样呢？先别急，朱棣还有别的大事要做。

五、继续削藩，朱允炆有了继承人

战争，暂时要告一段落了；京城，已经被自己控制了；皇位，已经掌握在自己手中了；年号，已经被自己更改了。

那么，朱棣还担心什么呢？

答案是：担心自己变成第二个朱允炆。

西方人懂得，Every coin has two sides。中国人知道，凡事有利也有弊。正是朱元璋的分封藩王政策，让朱棣能在军队系统中积攒超高威信，能够支配他和宁王的十万大军，夺取原本不属于自己的皇位。可现在，难保不出现新的觊觎者，想拷贝他的成功模式。

朱允炆削藩肯定是没错的，错的是削的方式，充分暴露了一个政治小白的目光短浅、急功近利和欺软怕硬。

正是这一举措，令二十多个藩王人人自危；正是这一举措，让很多人一夜之间从王爷变成囚犯；正是这一举措，使新任皇帝树敌太多，失分不少；正是这一举措，逼得四皇叔朱棣不得不起兵靖难，反而一步登天。

如今，朱棣占领了南京城，坐上了皇帝宝座，放出了关在牢里的周王朱橚和齐王朱榑等人。消息传来，朱元璋的后代们无不欢欣鼓舞。

藩王们的好日子来了，是真的吗？

建文四年（1402）九月，朱棣致书给辽王朱植，言辞真切：

> 贤弟以辽地荒远，经涉海洋，馈运为难，固请改国荆州，且以广宁重镇，就留三护卫于彼，以益边防。欲于荆州别给一卫，备使令，……勉从所请。

原来，有眼色的朱植以退为进，主动要求迁徙封荆州，还把三护卫缩减为一卫。朱棣"勉为其难"地答应了。

与此同时，原本镇守宣府的谷王朱橞、镇守大宁的宁王朱权，也分别改封长沙和南昌。原本封在开原的韩王朱松和沈阳的沈王朱模，还没来得及之国，就被朱棣分别改封平凉和潞州。

朱棣把这几位亲王从东北边疆调走，是不想管理这片土地、放弃这片大好河山吗？恰恰相反，他想把控制权牢牢抓在自己手中，此外还有更加长远的打算。

其中最为尴尬的，非老十七朱权莫属。他手里还有朱棣亲笔开出的空头支票，上面的条件是天底下最有诱惑力的："事成之后，中分天下，裂土而置，均称天子！"

朱权当然也不是那种没有眼色的笨蛋，"中分天下"之类的客气话，他从来不愿也不敢当真。但是，怎么也得重重赏赐，让全天下人知道宁王的贡献有多突出、作用有多明显吧！

想不到的是，朱棣喜欢严格要求。这一点上，他还真像老爹朱元璋。

在朱棣的威逼之下，朱权不得不交出了兵权。他非常诚恳地提出，自己不想回生态环境糟糕的北方吃沙子喝西北风了，想在江南繁华地带挑个好地方，了此残生（其实这一年他只有二十五岁，正是一个男人精力最充沛之时，风花雪月的生活还能享受很长时间）。这要求不过分吧，但是……

朱权提出去苏州，朱棣很痛快地拒绝了："好兄弟，这是京畿之内啊！"

朱权没办法，又提出去杭州。上有天堂，下有苏杭，都是最有文艺气质的浪漫城市，老十七还真会挑地方。

朱棣很真诚地回答道："咱们父皇本来想封五弟在那儿也未成。建文无道，把他二弟封到杭州。结果，皇位没了！你接着挑吧，千万别客气！"

朱权非常失望，都不敢叫皇兄了："万岁，您说我能去哪儿？"

"贤弟啊，除了这两个地方，全国各地任你挑！"

说一个否一个，朱权还挑个什么劲儿啊："全凭万岁做主！"

"南昌很不错嘛……"

朱权心灰意冷，不得不接受安排，举家迁到了南昌。

南昌原名龙兴、洪都，与朱家有着深厚的历史渊源。

元至正二十三年（1363），朱棣和朱权共同的父亲，大明开国皇帝朱元璋，在洪都郊外的鄱阳湖打败了最大的竞争对手陈友谅，从此奠定了统一天下的基础，得以登上皇帝宝座。为了纪念这座城市，朱元璋将洪都改名为南昌，这是他亲自改过的、以方位命名的三大都会中的第一个。❶

南昌是一座有着光荣传统的城市，见证了朱家王朝那一段激情燃烧的岁月；南昌地处江南，气候环境是大宁那种半荒漠地区无法相提并论的；南昌还是江西布政司所在地，再不济也算个二线城市。

当然和苏杭两城相比，南昌就差得太远了。为了倡导勤俭节约，朱棣就让十七弟把江西布政司府衙改成王府，凑合着住吧！

这一年，朱权还处于花样年华，但政治生命已经被判了死刑。他的后半辈子，几乎就只能在南昌，混吃等死了。即便终日锦衣玉食、花天酒地，也不过是个高级囚徒而已。心高气傲的朱权，对皇上的安排很不服气，但他可没有朱棣的胆量与能力，不敢把四哥做的事情再重演一遍，只有把仇恨深深地埋藏在心底。

---

❶ 另外两个是北平和西安。

对于朝廷的不满，朱权当然也不敢讲给孩子们听。但他那忧郁的眼神和无奈的举止，已经说明了一切问题。

一百多年之后，朱权的后代果然向朱棣的后代叫板了，四代宁王朱宸濠想要夺取武宗朱厚照的江山。当然，此人没有成功，同时还付出了极为惨重的代价。一个叫王阳明的读书人，模仿刘伯温在鄱阳湖里火烧战船，把朱宸濠连人带船一锅端，并一举奠定了自己在大明文官中的军神地位。

朱棣"大义灭亲"，拿靖难时的合伙人朱权开刀，不仅一举处置了那张空头支票，也给诸王敲响了警钟：谁要是有非分之想，下场只会比宁王更加糟糕。

永乐元年（1403），朱棣还颁布命令，要求各王府"非得朝命，不许擅役一军一民及敛一钱一物，不听从者有罚"。藩王们随心所欲花钱、大手大脚浪费的日子，从此一去不复返了。

就在这一年，还出了一个小花絮。

朱棣的亲侄子、秦王朱尚炳奉诏从西安去南京，路过潼关时恰好是晚上，关城紧闭。秦王马上让手下去叫门。

第二天一早，太阳从地平线上悄然升起，朱尚炳的脑袋也从马车里黯然露出。一行人居然在城外露宿了一宿，关城愣是没有叫开。

城上的小兵非但不开门，还一本正经地提醒："指挥使大人说了，按朝廷规矩，关城重地，夜间不得开门！"当时，镇守潼关的是指挥使姚镇。朱尚炳岂能咽下这口气？到了南京，自然是添油加醋地向皇帝兼四叔告状，但朱棣只是轻描淡写地安慰了一番。

如果朱尚炳知道后来发生的事情，估计自杀的心都有了。

过了不久，姚镇也去了南京，也见到了朱棣。当皇上问起潼关那些事时，姚镇镇定自若的回答让朱棣非常开心，直夸"将军真是我大明的'锁钥之臣'！"还重赏了不少财物。

姚镇是这么说的："潼关，国家重地也，臣止知陛下，非知秦王。"平心而论，这话难免有拍马屁之嫌，但却是朱棣希望的态度。

事情传开之后，那些曾经不可一世的藩王，做事也不能不权衡一下利弊得失，再不能随心所欲了，要不然还得继续出丑。

当然，朱棣的眼睛不能总盯在那几十个弟弟或侄儿身上，国家大事还得一件件地来。

六、恢复两京制，彰显"龙兴之地"权威

到了旧历新年，就是永乐元年（1403），这个庞大的帝国，从此才真正进入了永乐时代。

大年初一，是万家团圆、欢度佳节的日子。可很多人，还得坚守在自己的岗位上，只为领一份微薄的薪水。但有一个人，一枚铜钱也领不到，却一大早就开始工作了。

他就是我们的男主角朱棣。按照惯例，每年春节都要举行大朝仪。朱棣登基后的第一个新年，当然只能在奉天殿度过了。而被他折腾来的六部尚书和其他高官，也完全没有怨言：能在这一天上朝是自己的荣幸，岂是普通人可比？

朱棣头戴乌纱善翼冠，身着赭黄圆领龙袍，走进父皇使用了三十年的奉天殿，在龙椅上坐定。随着太监马云熟练的指挥，文武百官和各国使臣整齐跪倒，山呼万岁。这场面何其壮观，这仪式何等庄严，这气氛何等热烈！遗憾的是，当时没有摄像机，拍不下如此盛景。

这一年，他不过四十四岁，正是体力精力最为旺盛的时期，未来还有无限可能。"永乐"这个年号，绝对不能白叫！

就在这一天，就在这里，礼部尚书李至刚的一番陈词，更让朱棣非常开心，很快准奏。

李尚书是这么说的："自古帝国或者以布衣平定天下，或者由外藩入承大统，而于肇迹之地皆有开崇。切见北平布政司实皇上承运兴王之地，宜遵太祖高皇帝中都之制，立为京都。"

显然，这不就是朱棣自己的想法吗？但是，作为一国之君，如果只考虑自己的利益，岂不是让人不服？由臣子主动提出，效果会好很多。

于是，朱棣正式下旨，改北平为北京。到了二月，又改北平府为顺天府，设北京留守行后军都督府、北京行部和国子监。这么一来，就恢复了朱元璋废除的两京制，给大明王朝重新建立了副中心。

北京"顺天府"与京师"应天府"相呼应，隐然有平起平坐的架势。但从城市规模来说，顺天府还差得太远，洪武二十六年（1393），京师人口高达一百一十九万，北平只有三十余万，完全不是一个级别的。

提高"龙兴之地"的地位，是历朝皇帝的常规操作。东汉建立之后，刘秀将家乡南阳定为南都，地位仅次于东西二京。武周时期，武则天将故园并州（太原）升为北都。洪武二年，朱元璋将凤阳定为中都。

传统社会对"京"与"都"的区别极为严格，在隋唐两代，长安独享"京师"荣耀，洛阳在大多数时间里，只能被称为"东都"。但此次朱棣赐给北京的荣耀，似乎有点太多，大有"两京并重"的架势。

不久，朱棣就将北平布政司改为北直隶，同时迁直隶、浙江等地的上万富户到北京。如此一来，南方上层社会的生活习惯及休闲方式，就不可避免地影响到这个一度"胡风深重"的城市。北京也逐步发展成了南方富裕阶层最为青睐的北方大都会，直到今天依旧如此。

过往很多朝代，为什么要采取两京甚至多京制呢？

中国土地辽阔，历史悠久，人口众多。对历代当权者来说，在经济发展相对落后、交通及通信条件相当有限的前提下，如何捍卫和巩固一个庞大的国家，管理如此众多的臣民百姓，是关系到政权长治久安甚至生死存亡的重大问题。

鉴于单一都城的管控弊端，两京制和多京制便应运而生。一来，可以给国家设置一个或几个副中心，分担京师的部分管控职能，就近处理突发事件。二来，如果京师陷落，也能有个"备胎"，能东山再起。三来，陪都可以带动周边发展，避免国家资源过于集中于京师，激化区域之间的矛盾。

严格来说，两京只是通俗叫法。天无二日，国无二主，在特别强调上下尊卑的年代，官方不会设定两个平起平坐的都城，肯定是一大一小，一主一辅。

在相当长的时期内，长安和洛阳是建都的首选。通常来说，以关中为根据地的政权，总是要选择定都长安。他们要么明确将洛阳定为东都（隋、唐），要么将后者定位为控制东方的重要都会（秦、西汉）；而从关东崛起的势力，则喜欢定都洛阳，而以长安为西京（东汉、曹魏），或是控制关陇的区域中心（西晋、北魏）。两座名城互为表里，堪称古都双子星。两者的地位出现过几次互换，总体上来说，长安的地位当然更加重要一些。

西周定都镐京，灭商之后不久，武王姬发就去世了，成王姬诵继位，周公姬旦监国。此时，周政权已经从关中的一个部落发展为天下共主，为了控制东方，由召公姬奭和周公主持，在伊洛河畔营建洛邑，作为王国的副中心。❶周平王继位后，正式迁都洛邑。

自周公营建洛邑之后，在差不多两千年的时间里，长安和洛阳这两座城市都是大一统政权的政治、经济和文化中心。这种做法，充分体现古人在选择都城上的"路径依赖"。直到唐末朱温经营汴京，才打破了这一依赖。

秦孝公十二年（前350），秦国都城由西边的雍城（今属陕西省宝鸡市）迁到咸阳（今陕西省西咸新区）。之后不久，咸阳就发展成"渭水贯都，以象天汉；横桥南渡，以法牵牛"的超级大都会。灭六国之后，秦国升级为秦朝，咸阳自然就成了大一统中国的首个京师。

秦朝的统治只维持了十五年就戛然而止。楚人刘邦在赢得楚汉战争之后，一度也考虑过定都洛阳，后在张良和娄敬等大臣的建议下定都关中，将咸阳改名为长安。西汉不设陪都，但作为东部的核心城市，洛阳事实上扮演着"副中心"的角色。

---

❶ 洛邑是否西周陪都，史学上仍存在争议。

刘秀建立东汉之后，以洛阳为京师。因刘秀自称汉室后裔，故而注意维护长安的地位，继续以其为西京，并保持"京兆尹"名称不变。后起的曹魏政权，在两京的基础上，又增加了许昌、谯和邺，合为五京。

兴起于关中的隋王朝统一华夏之后，隋文帝在长安东南修建大兴城，作为新都，但隋世祖继位后不久即修建东京洛阳，作为国家陪都。唐朝建立之后定都大兴并改名京师，民间则习惯称之为长安城。到了唐高宗时期，又以洛阳为东都。武则天篡唐建周之后，改洛阳为神都，太原为北都，长安的京师地位不变，但后世学者多认为，洛阳才是武周真正的京师。肃宗时期，唐朝也短暂实行过五京制，以凤翔府为西京，成都府为南京。

长安与洛阳之间相距约七百里，接近京师到凤阳的两倍。隋唐时期，它们之间的区域，被后人称为"两京走廊"。出于巩固关东和出兵高句丽的需要，隋世祖、唐高宗和唐玄宗等皇帝，多次穿梭于两京之间。沿途设置了多处行宫，以便皇室休息；还设置了若干驿站，提供给行人驻足。

北宋定都汴京，打破了大一统王朝定都必选长安和洛阳的"潜规则"。北宋疆域还不如秦，起初也是两京制：东京开封府（今河南省开封市），西京河南府（今河南省洛阳市），以汴京（东京）为京师。后来因为战略需要，又增加了南京应天府（今河南省商丘市）和北京大名府（今河北省大名县）。四京的距离很近，它们所在的区域，类似于一个城市群，自然是宋朝的核心区。

至于朱元璋推翻的元朝，则是中国历史上第一个由少数民族建立的大一统政权。中统元年（1260），忽必烈在上都登基。为了兼顾汉地与漠北，连通农耕区与游牧区，至元四年（1267），忽必烈决定在金中都基础上修建大都，作为全国的政治、军事和交通中心。五年之后，元廷正式迁到大都。南宋投降之后，蒙元成为第一个统一中华的少数民族政权，而大都也首次承担了大一统王朝的京师职责。但事实上，历任元朝皇帝只有一半时间住在这里。

大都与上都相隔约七百里。每年阳春三月，皇帝都要率领着浩浩荡荡的车队离开大都,前往上都"避暑",会晤蒙古王公,商讨草原事宜,确保政权稳固。深秋九月,再从另一条路返回京师。这么短的路途,有时就能走一个多月,只因为沿途也有公务要处理。

两都之间,分布着各种宫殿城市、工艺城市、仓库城市和军事城市,还有风景秀丽的湖泊,形成了一个规模不小的"首都圈",也为皇帝的旅程创造了一个相对理想的环境。不过,元至正十八年(1358),刘福通起义军占领上都,一把火将上都城变成了废墟。两都巡幸也就搞不下去了。

明朝设立两京,开先河者正是朱元璋。洪武元年(1368)八月,他就下诏以应天为南京,开封为北京:

> 朕惟建邦基以成大业,兴王之根本为先;居中夏而治四方,立国之规模最重。……朕观中原土壤,四方朝贡,道里适均,父老之言乃合朕志。然立国之规模固重,而兴王之根本不轻,其以金陵为南京,大梁为北京。朕于春秋往来巡狩。

开封与应天之间相距一千余里,远较元两都之距为远。事实上,朱元璋也只在建国的当年"巡狩"了一次,考察开封到底能不能作为大明的新京师,结果让他相当失望。

开封本就处于"四战之地",无险可守,北宋因此亡国。而曾经无比发达的运河体系,也因黄河淤塞改道和战乱破坏,变得难以为继。

洪武十一年(1378),朱元璋废掉了开封的"北京"地位,正式改南京为京师。因此,朱棣改北平为北京,也算是一种"遵循祖制"。

但是,明朝南北二京距离大约两千多里,刷新了历代两京之间的最远距离。朱棣如果也学大元皇帝的两都巡幸,这时间成本的消耗,他真的能折腾得起吗?

这位新皇很清楚,想要政权稳固,还必须做些别的。

七、知民生多艰，恢复和发展生产

兴，百姓苦；亡，百姓苦。传统社会生产力低下，无数老百姓都是靠天吃饭，家无余钱，经不起社会动荡，最害怕战乱折腾。

中国历史上周期性的改朝换代，都会对国计民生造成极大破坏，无数家庭妻离子散，无数城池变成瓦砾，无数财富化为灰烬。而从元至正十一年（1351）刘福通举义到洪武四年（1371）明军平定四川，元末明初的大规模战乱持续了二十年，涉及全国大部分区域，给社会经济和人民生活带来的伤害，当然是肉眼可见的。

朱棣的靖难，与李渊起兵代隋相似，不过后者只是隋世祖杨广的亲表兄，两人有同一个外公，但不同姓；而朱棣则是朱允炆的亲叔叔。朱棣占领南京之后，当然没有更改国号的必要，只是革除了建文的帝位，将自己视为明朝第二任皇帝。

无论是持续时间、波及区域还是破坏程度等等，靖难相比于明朝开国战争都要温和得多。朱棣之所以要冒险直取南京，也是不希望冲突范围持续扩大，给国家和百姓带来更多不幸。

大明王朝的缔造者本人，正是贫民出身。朱元璋当了皇帝之后，也非常重视农民利益，他曾告诫中书省官员：

> 天下一家，民犹一体，有不得其所者，当思所以安养之。昔吾在民间，目击其苦。鳏寡孤独饥寒困踣之徒，常自厌生，恨不即死。吾乱离遇此，心常恻然。故躬提师旅，誓清四海，以同吾一家之安。今代天理物已十余年，若天下之民有流离失所者，非惟昧朕之初志，于代天之工，亦不能尽。其令天下郡县，访穷民无告者，月给以衣食，无依者，给以屋舍。

在这一点上，朱棣与朱元璋的看法基本上没多大差别。既然传统中国社会是农业社会，主要产业是农业，主要社会成员是农民，就必须减轻民众负担,让他们生命有安全,生存有保证,生活有奔头,甚至可以让一些农家孩子有机会读书,通过科举获得社会地位。"朝为田舍郎,暮登天子堂"。

朱棣一上台,就陆续向各地派出军事将领,承担起"整肃兵备,安抚人民"的职责。都指挥使何清被派往浙江都司苏州卫,都督金事赵清被派往凤阳中都留守司,前军左都督李增枝被派往湖广荆州,江阴侯吴高被派往河南、陕西。

同时,朱棣还派出前工部尚书严震直、致仕户部尚书王纯、应天府尹薛正言等人,分别前往北平、山东、山西和陕西等布政司巡视民情,责令他们调查"何弊当革,何利当兴,速具奏来"。能得到这样的表现机会,这些大臣岂敢怠慢?

直隶和浙江两布政司的人口,超过了全国三分之一。永乐元年(1403),朱棣又派一批监察御史和给事中到这两地抚军安民,强调与民生息。"一夫不许擅差,一毫不许擅科。""有故违者具实奏报,以法治之。"这些辞令显然不乏夸张和作秀成分,但对抚慰老百姓来说,却是相当有效的,对于稳定京畿核心区域,保证国家税收的正常收缴,也起到了正面的作用。

这一年,直隶苏州府的钱塘江、吴淞江和娄江都发生了不同程度的沙土壅塞,不仅影响农田灌溉,连百姓的饮水也成了大问题。朱棣得知奏报,派出正二品的户部尚书夏原吉,第一时间赶往直隶各郡治水,果然高官一到,很多事情都能畅行无阻。

《明太宗实录》中,有多处朱棣与民生息、缓民之困的记录。

(三月)乙巳,上谓兵部尚书刘俊曰:"朕即位之初,首诏内外诸不急之务,一切停止,毋妄劳人敛财,庶少息兵民。今闻诸司尚有不体朕意,横虐吾军民者,其申谕中外,自今军执常役,民安常业,官守常职,虽事之警急不可已者,亦须奏准,然后行之,违者加罪。"

(四月)丁巳……山东兖州府通判江澄言:"今率沂州等州县民丁

三千余人修治鲁府，东作方殷，乞暂停工，令归耕种，俟农隙就役。"从之。

（四月）乙丑，赐书楚王桢曰："别来，恒用思念，世子至，知安好，良以为慰。所奏府中欲修造，兄于贤弟，岂有吝惜意？但天下初定，众心未安，劳困未苏，兼旱蝗相仍，民苦寒馁，安养休息，方在此时，故即位之初，首诏天下不急之务悉停罢。今后宫为建文所焚，东宫亦皆折毁，而未敢兴造，贤弟幸体斯意，府中宫室损坏者，姑用护卫之人随时修葺，俟民安岁丰，然后量拨军民为之，如此公私两利矣。贤弟又云欲令左护卫军屯种，以赡岁用，正合成法，且见虑远之意，宜早图之。"

（十月）辛酉，户部尚书郁新等奏："湖广今年夏税过期数月不足，其布政司、府、州、县官皆当罪之。"上曰："赋入有经制，人耕获或先后不齐，地里亦有远近之异，未可概论，任人长民，当使之察其难易而顺其情，虽取之亦必思有以利之，不当急责，必至乎病民，其勿问。第更与约限，令民输之。"

从中不难看出，朱棣真的是下了大功夫。他采用多种手段来减轻农民负担，约束地方官员的行为，就是想让社会底层不要动荡。

他鼓励南方百姓去北方垦荒屯田，缺乏耕牛的，按官价给之；缺农具者，宝源局❶铸造给之。为了保证北京的生产，朱棣命令户部停天下中盐，专用于北京的开中。❷

朱棣在位期间，重大的军事、外交和工程项目不断，这一点与杨广执政年间非常相似。在很多件事上，两者隔着大约八百年实现了神同步。比如说建设陪都，兴修运河，两京巡视，大规模北征，等等。

但永乐时代，始终没有像大业年间激起那么大的民怨，更没有大规模的农民起义。这在一定程度上要得益于朱棣将爱惜民力、与民生息落到了

---

❶ 明清铸造钱币的机构。
❷ 明代为鼓励商人运输粮食到边塞，实行以粮食换取"盐引"，给予商人贩卖食盐资格的制度。

实处，而杨广更多的只是玩嘴上功夫。

根据《明太宗实录》统计，在这二十二年里，尽管由水旱蝗灾和瘟疫等引起的饥荒高达二百七十六起，平均每年超过了十二起，每月超过一起，但由于政府措施足够得力，赈济方式有效，并没有产生灾难性后果。

虽然不排除一些官员隐瞒或淡化事实，但若让朱棣发现了，后果也是相当严重的。例如，永乐十年（1412）六月，就地方瞒报、谎报，朱棣专门敕谕户部众臣：

朕为天下主，所务安民而已。民者，国之本。一民不得其所，朕之责也。故每岁遣人巡行群邑，凡岁之丰歉，民之休戚，欲周知也。近者，河南民饥，有司不以闻，而往往有言谷丰者。若此欺罔，获罪于天。此亦朕任非其人之过，其速令河南发粟赈民，凡郡县及朝廷所遣官目击民难不言者，悉追下狱。

这里的用词已经很不客气了。永乐十六年（1418）七月，朱棣更是直斥陕西布政、按察二司：

比闻陕西所属郡县岁屡不登，民食弗给，致其流莩。尔等受任方牧，坐视不恤，又不以闻，罪将何逃！速发所在仓储赈之，稽违者必诛不宥！

一股杀气腾腾的味道跃然纸上。为防止地方官员懒政，朱棣派遣御史前往各地巡视。但这些人同样也有可能渎职。永乐九年（1411）闰十二月，明太宗就批评他们"其耳目之官所当纠举，率为身计，缄默坐视"。

在体恤民生上，朱棣拿出了真抓实干、不走过场的劲头。他显然明白"水能载舟，亦能覆舟"的道理，不敢放松对各地官员的要求，也不会轻信他们的一面之词。当然，和朱元璋不一样的是，朱棣不随便杀人，更不会"剥皮实草"。在朱棣执政二十二年里被处决的中央和地方官员，肯定不及洪武时代的零头。

平心而论，朱棣恢复和发展经济的策略比较常规，或者说平庸，缺少张居正"一条鞭法"或雍正"摊丁入亩"这样创造性的大手笔。

朱棣与民生息，同时对官员也比较宽容。他并没有给自己制订铁律，不杀文官和上书言事之人。但永乐朝的官员，处境比北宋年间的同行也差不到哪里去。

朱棣并没有恢复宰相，却在政治制度上实现了创新，那是什么呢？

第二章　不拘一格降人才

一、创设内阁，影响后世五百年

无论是推翻一个旧朝廷，还是建设一个新政权，光靠领袖是不行的，还需要无数精英的鼎力支持。都说二十一世纪最珍贵的是人才，十五世纪又何尝不是呢？

别的不说，对待建文降臣和追随自己的北平老臣，朱棣并没有采取双重标准，这一点太难能可贵了。

对于选拔人才，朱棣很有自己的心得：

人君进一人退一人，皆不可苟，必须服众心。若进一人而天下知其善，则谁不为善？退一人而天下知其恶，则谁敢为恶？无善而进，是出私爱；无恶而退，是出私恶。徇私而行，将何以服天下？

朱棣是这么说的，也是这么做的。有一项了不起的政治创新，深深地打上了永乐皇帝的烙印。

这就是内阁制。

朱棣二十一岁那年，朱元璋一手策划和导演了胡惟庸案，一气儿屠杀了两万多人，还把丞相职位废除了。老皇帝告诫子孙："不许立丞相。臣下敢有奏请设立者，文武群臣即时劾奏，将犯人凌迟，全家处死。"真的是杀气腾腾,用心良苦啊!

其实,就在朱元璋废丞相的当年,他先是设置春夏秋冬四辅官,随后很快又设立了"殿阁大学士"的职位,帮助自己收读奏章,处理政务。办公的地点是三殿和两阁,即文华殿、武英殿、华盖殿,文渊阁及东阁。

朱元璋是何等精明的君主,本身工作热情又高,对别人的戒备心理又重,还特别看不起读书人,如此一来,这些大学士最多是相当于政务秘书,做点儿抄抄写写的工作,大事小事还得由朱元璋一手包办。

朱元璋死后,皇孙朱允炆继承了皇位。他没有朱元璋的治国能力,既需要人帮忙,又不能违反朱元璋的规定,只能采取一些变通之法。后朱允炆颁布圣旨,把各部尚书由正二品提到从一品,这样他们就有了更多的决定权。

朱允炆没有立丞相,但齐泰和黄子澄所做的工作,事实上就是以前丞相的工作,朱允炆把朝政放给齐黄二人之后,自己则和方孝孺一起研究更重大的决策,比如要不要恢复井田制、如何恢复,等等。

朱棣在南京称帝时,朝廷可用之人不多,很多建文朝老臣虽归顺,但依旧心系前朝。而朱棣也很清楚稳定压倒一切,对于归顺的建文朝官员,他并没有做出重大调整,原来的尚书还是尚书,原来的侍郎还是侍郎。但这并不等于说,他就要维持现状了。

朱棣知道,想要把朝政牢牢地掌握在自己手中,必须破格提拔年轻人。

建文四年(1402)七月,朱棣刚占领南京城,在清洗建文余党、维护京城秩序的同时,还不忘颁布一道重要圣旨。这道圣旨,在中国政治制度史上占有极为重要的地位,对以后三百年的历史发展产生了重要影响。

朱棣指示说,因为翰林院人员缺乏,要挑选一批有真才实学并且年富力强的学者,充任翰林。当时被选者有数十人,朱棣在其中挑选了七人,为他们在文渊阁安排了办公地点。

六部九卿高官的工作地点都在皇宫以外。除非上朝,这些人轻易见不到皇帝,也没有同万岁爷直接联系的通道。但文渊阁就在皇宫里面,位于午门的东南角，归内务府管理，因此设在这里的办公场所就又多了一个名称——内阁，被有幸选中的七人就成了内阁大学士。

当然，朱棣的这个举措，无疑是有延续性的。朱元璋设置了殿阁大学士，朱允炆事实上恢复了宰相制，而朱棣则在前两人的基础上根据自己的切实需要，实施了这样一个重大的战略举措。

相比朱元璋时的那些"抄写员"，如今的这些大学士不仅要处理政务，还要参与到重大问题的讨论决策。

此后两百余年的时间里，在整个明代，内阁都是朝廷最重要的中枢机关，从中走出了许多让我们耳熟能详的重要人物。

历史不会忘记这七个人的名字，他们是解缙、黄淮、胡俨、胡广、杨子荣、杨士奇和金幼孜。其中，年龄最大的胡俨不过四十三岁，与皇上同龄；最小的杨子荣只有三十二岁。

特别值得强调的是，朱棣在位二十二年里，只选用了这么七个大学士。除胡俨在永乐二年（1404）调任国子监祭酒，其他人都在内阁任职了多年。

杨子荣、杨士奇与后来进入内阁的杨溥，组成了中国历史上有名的"三杨内阁"。在朱棣死后的洪熙、宣德以至正统早期，他们一直得到皇帝的极大尊重，一定程度上掌控了国家核心权力，为明朝中后期出现的政治大变革奠定了坚实基础。可以说，没有"三杨"打下的基础，就不可能出现张居正这样一言九鼎的权臣。

必须指出的是，这七人之中，没有一个是朱棣从北平带过来的亲信。事实上，他们都在朱允炆那里领过俸禄，也就是说，这些人都有对主子不忠的变节行为。常言说，有第一次就有第二次，今天能背叛建文，难道明天就不会出卖永乐吗？

可朱棣似乎并不担心。对于这些年轻人，朱棣是"疑人不用，用人不疑"。

七位阁员全部来自南方。其中，杨子荣是福建建安人，黄淮是浙江永嘉人，其他五人全部来自江西。杨士奇是泰和人，金幼孜是新干人，剩下的三人，则又是真正的同乡，都来自吉安府吉水县。吉水是南宋诗人杨万里、民族英雄文天祥的故乡，是人才辈出、人文荟萃的一方热土。"朝中半江西，翰林多吉水"，一点儿也不夸张。

这七人之中，自然也需要一个领袖人物，这个人必须有过硬的才学、超高的人气。因此，黄淮只当了三个月，就被撤职了，才不配位嘛。

幸运的是，大明历史上的第二任首辅，绝对称得上才华横溢、才思敏捷、才情超群。

此人是谁啊？

二、唯才是举，不让读书人报国无门

在明朝初年，刘基与宋濂当然是无可争议的文坛领袖。他们之后，方孝孺也有过短暂的辉煌。可当他因自己的倔强走上不归路时，另一个人及时填补了这个空白。

他就是解缙。

毛泽东主席曾引用过一个对子："墙上芦苇，头重脚轻根底浅；山间竹笋，嘴尖皮厚腹中空。"作者正是解缙。这个对子展现出了他不俗的学识与思辨水准，也正是这个对子，为他带来了杀身之祸。平心而论，这位解大才子、大明首辅虽说才气过人，思维跳跃，身上倒有几分三国名士杨修的影子。

解缙出生于洪武二年（1369），字大绅。缙绅就是官员的雅称，可见父母给他起名时，就抱着很大的期望。万般皆下品，唯有读书高。下定决心，排除万难，去当上大官，这就是他们为孩子设计的人生路线。

而解缙也没有让父母失望，坚定不移地把备战科举作为年轻时代的不懈追求。洪武二十年（1387），年仅二十岁的解缙在南昌参加乡试，结果一鸣惊人，取得全省第一，从此得到了"解解元"的美名。

第二年二月，解缙又赶赴京师，以三甲第十名的成绩高中进士。更让人钦佩的是，他还是同榜进士中年龄最小的一个。解缙顺利地被点为庶吉士,进入万千读书人梦寐以求的翰林院任职。解缙的面前,似乎铺好了一条金光大道,只等着他吹着口哨走过去,拥抱梦寐以求的荣华富贵。

不过,当时的大明官场,可以说处于一片血雨腥风之中。朱元璋自从马皇后去世之后,既失去了精神寄托,又没有了倾诉对象,于是就似乎喜欢上了杀人游戏——可不是用扑克牌玩,而是真的杀人。

即使贵为开国元勋、国之栋梁,朱元璋早上还对你说爱卿辛苦,下午就能叫你人头落地。洪武朝的大臣,个个顺从得令人发指,生怕因为一份奏章、一句实话,甚至一个眼神,就永远看不到第二天的日出。他们有事就敷衍,没事就祷告,盼着朱元璋早点儿住到孝陵里去,太子朱标早日上台,让自己也能过上几天舒坦日子。

但刚刚进入官场的解缙,一本正经地向朱元璋上了一篇《太平十策》,将自己书呆子的个性和纸上谈兵的命门暴露得一清二楚。这事让同行们知道了,大家伙儿都打心眼儿里高兴——自己仕途上少了个有力的竞争对手。

可惜,这帮人高兴得太早,朱元璋收到上书之后,不但没有杀解缙,还将他好好地夸奖了一通,鼓励朝中大臣向这个年轻人学习。

朱元璋甚至还破格接见了这个不怕死的小吏,并亲切地对他说:"朕与尔义则君臣,恩犹父子,你应当知无不言,言无不尽。"从此,小小年纪的解缙声名鹊起。有了皇帝撑腰,做起事情来更是没有禁忌,甚至在朱元璋诛杀开国第一重臣李善长之时,他还自作聪明地为这位老丞相辩护。

洪武二十四年(1391),解缙的好日子结束了。朱元璋罢了他的官,据说还丢给了他一句话:"十年之后再起用你。"

解缙虽说有几分迂腐,但也不是真傻,不会真等十年的。洪武三十一年(1398),老皇帝一死,他立即返回京城,四处活动。建文四年(1402),解缙担任了翰林待诏。

当朱棣的铁骑踏平南京之后,解缙与许多在京的文官做出了同样明智的选择——归顺。建文四年十一月,解缙取代黄淮,成为事实上的内阁首

辅。❶

解缙的才学修为，当世无人能及。他思维敏捷，反应灵活，与当年的曹植、杨修相比，也一点儿不逊色。

传颂最广的一个段子，是一次朱棣宴请众文臣，席间大家喝得正在兴头上，皇上存心找茬儿，莫名其妙地就突然发难，说自己后宫突然有喜，让群臣赋诗。在座诸位完全没有心理准备，一个个大眼瞪小眼，谦让一番之后，这活儿自然就推给了解缙。

解缙张嘴就来：

"君王昨夜降金龙。"

皇帝的孩子，当然是龙的传人了，但朱棣诚心要刁难这位才子："我生的可是个公主。"

解缙眉头一皱，马上就想出下句了：

"化作嫦娥下九重。"

过渡得很自然嘛，一个"化"字，简直有画龙点睛之妙。

朱棣可不甘心让解缙占了上风，继续瞎编，反正不是真的："哎，可惜啊，刚刚出生，小公主就夭折了。"

在大家的一片叹息声中，朱棣作痛苦状看着解缙，实际上是想让他吟得痛苦，说得不好冒犯了公主，我还能安个罪名。

哪里想到，解缙继续口吐莲花：

"料是人间留不住。"

朱棣继续乱编："我已经下令，将尸体扔到后花园的池塘里去了。"哪有这么对待亲生女儿的！为了难住解缙，也不能这么损自己吧，毕竟是一国皇帝。

满朝的高官面面相觑，唯有朱棣乐呵呵地坐在桌前，捧着一杯酒慢慢欣赏，等着看解大学士出洋相。

谁知道，不一会儿朱棣的脸色就不那么洒脱了，曹植还需要七步成

---

❶ 永乐时期，并没有明文规定的首辅，而是根据排序判定的。

诗，解缙根本就不用思考，脱口而出：

"翻身跳入水晶宫。"

人家避讳工作做得很到位，丝毫没有犯戒，朱棣也抓不住什么把柄。

解缙的提升如同坐直升飞机一般迅速，永乐二年（1404），他被任命为翰林学士兼右春坊大学士，成为皇帝身边说话最方便的人。朱棣对解缙的满腹经纶非常欣赏，对他忠于职守的认真劲头更是无比佩服。这位皇帝曾当着满朝文武的面说："天下不可一日无我，我则不可一日少解缙。"不过，所谓他人即地狱，皇上的如此表态，如果传到别的大臣耳朵里，得到的恐怕多半不会是什么心悦诚服，而是心怀不满。

进入内阁的其他几个人，也都有相当辉煌的履历。特别是杨子荣和杨士奇。

杨子荣虽说年轻，却有着不俗的表现。建文四年（1402）六月十七日，朱棣在南京准备登基的那一天，他冒着生命危险拦住了这位四皇子的坐骑，提醒朱棣应该先祭拜孝陵，向朱元璋"打个招呼"。在整个过程中，杨子荣表现得非常沉稳，不卑不亢，既没有刻意做戏突显自己，也不会令对方难堪下不来台，令朱棣印象深刻。从此，这个年轻人也踏上了升官的快车道。

洪武四年（1371），杨子荣出身于建安一个小吏家庭。他从小学习刻苦，但在科举路上却多次栽跟头，直到建文二年（1400）才考中进士，这时的他，已经是位三十而立的大龄青年了。没想到勇拦座驾的一幕让朱棣印象深刻，再加上他人引荐，三十二岁的杨子荣被召入首任内阁，并被赐名杨荣。这位新晋大学士惊喜地发现，自己原来还是七人中年龄最小的。

年轻就是优势，年龄就是资本，他有理由开心。而朱棣因为杨荣的特殊才华，越发对他刮目相看。

杨荣入阁不久，一天夜里，朱棣突然收到加急探报，说蒙古军队突然入侵宁夏，他火速赶到内阁，想召集七位大学士商议。可除了值班的杨荣，其他人都无法立刻赶到。朱棣向杨荣出示了公文，想听听他的高见。

谁知道杨荣一张嘴差点儿把皇上惹毛了。

杨荣说:"没事的,皇上您回去睡觉吧。"朱棣看着杨荣轻松的表情,于是立即要求他解释原因。杨荣却不慌不忙,侃侃而谈。

朱棣真的回去睡觉了,不过还没睡到天明,又被加急探报吵醒。朱棣一听汇报,乐了。

宁夏之围已解。朱棣长叹一声:"怎么就猜得这么准呢?"

那一晚,杨荣到底讲了些什么?

杨荣说:"陛下,宁夏那地方我熟悉,城防坚固,士兵都是骁勇善战的好手,根本不害怕蒙古人。这份奏报的日期,离现在已经有十来天,现在宁夏之围已经解除了。"

杨荣的判断力令朱棣印象深刻。此后,这位皇帝的五次北征,都要把杨荣带在身边,随时给自己出谋划策。

比解缙大五岁的杨士奇,其经历更加传奇。他出生在至正二十六年(1366),正是元末天下大乱之时,父母带着襁褓中的他四处逃难。两岁的时候,父亲杨美就去世了。

洪武四年(1371),杨士奇的母亲嫁给了罗性,这是一位很有才华,也很严厉的名士。按当地的规矩,杨士奇从此改为罗姓。

但两年后的一天,罗性突然把杨士奇叫了过去,要求他恢复杨姓,可把小士奇吓坏了。

他回想起这些天自己做过的事情,越想越害怕,继父这是要把自己从家里赶出去吗?

原来,不久之前罗家举行了一次盛大的祭祖典礼,各项礼仪极为严肃庄重。小小的士奇看在眼里,不由得想起了死去的父亲。

可罗家祠堂怎么可能有他爹的灵位,于是,这个八岁的小孩子就用捡来的土块儿做成牌位,找了个没人的地方,毕恭毕敬地下跪磕头,祭拜自己的生父。

小士奇非常专注,根本没注意到就在不远处,有一双眼睛正盯着他。

此人正是罗性。小士奇的举动，不仅大大出乎他的意料，更让他感到非常郁闷——自己的几个儿子，根本没有这样的意识。

罗性相信这个孩子将来一定会有大出息，于是主动提出要他恢复杨姓，当然也不会把他赶出家门，而是用心培养，让他博览群书。

杨士奇的未来一片光明，科举殿堂的大门，正等着他去敲开。然而他却一直没有机会参加乡试，甚至连个秀才也没当成。这又是为什么呢？

就在杨士奇恢复本姓的第二年，罗性不知道卷入了什么政治斗争，被降职贬官，发配到了遥远的地方，从此没有能力照顾这对母子，小士奇也就没机会参加科举了。但他一直没有丢下书本，小小年纪，坚信"知识就是力量"。

成年之后的杨士奇，先后担任过私塾师和县衙训导，但在人际关系复杂的官场，他显得很不得志。难道继父的预测要落空了吗？

不过，正所谓天道酬勤，机会总是垂青有准备的人。建文元年（1399），因《太祖实录》的编纂需要从民间选拔人才，杨士奇以扎实的学养被破格录取，进入了翰林院工作。在编校工作中，他出色的表现得到了总撰官方孝孺的欣赏，被提拔为副总裁。但杨士奇不久之后的选择，却是方孝孺万万没想到的。

朱棣占领南京、当上皇帝之后，杨士奇没有像方孝孺等人那么执着（顽固），很快就归顺了。皇上没有心存芥蒂，还让他去东宫教朱高炽学习。杨士奇以自己的满腹经纶和不凡口才，很快取得了太子的信任，而他自己，从此也成了一名坚定的太子党。

苦难是人生的财富吗？相信很多人可能并不这样认为。杨士奇却从过往的不幸遭遇中受益良多，并成就了自己的心思缜密与人情练达。论智商与才气，他当然远远不如解缙；但论情商与城府，解缙在他面前完全就是个小学生。

内阁成员的官职只是五品，相当于地方上的一个知府，和尚书、侍郎差了很多级别，但这并不重要。这些官场中的年轻人，原本连上朝资格都没有，皇上的模样都很难知道，现在却能天天和万岁爷一道商讨国家大事。

谁和皇帝走得更近，谁就更能得到最高统治者的信任。这也是朱棣的权力平衡之术：级别高的，想见到我不容易；级别低的，可以天天找到我。

徐皇后是朱棣最好的精神依靠，也是他的好帮手。在朱棣确定内阁人选之后，徐皇后向丈夫提出，自己想在宫中设宴，招待这几位大学士的夫人。朝廷官员的妻子有个专有称谓，叫作命妇。以往只有三品以上大员的夫人，才有资格入宫拜见皇后，现在徐皇后破例招待她们，这些人自然非常感激。而她们的情绪又不可能不影响自己的相公，这也激励当丈夫的拿出全部潜力，更加积极热情地为朝廷出力。

朱棣一手建立的内阁制，在以后的五百余年时间里，深深地影响了明清两朝的历史走向。首任内阁的七名成员都是年轻的低级官员，但随着时间的推移，内阁成员的年龄越来越大，级别也越来越高。到了朱棣的孙子宣宗朱瞻基执政时期，能入阁的大学士，至少都是六部侍郎，甚至是尚书，有些还有太师头衔，被尊称为阁老。

朱瞻基让他们代替自己批阅奏疏，并把自己的意见写在小纸条上，称为票拟权。如此一来，内阁确实拥有了部分昔日丞相的权力，首辅被民间称为"宰相"，也就不奇怪了。连《明史·宰辅年表一》中都一本正经地写道："（大学士）俨然汉唐宰辅，特不居丞相名耳！"

唯一不变的，就是内阁成员一定得有翰林院的经历，就像今天的大学教授，必须得有博士学位一样。这就在一定程度上，保证了他们的职业水准和职业素养，类似纪纲、陈瑛这样的投机分子，就算再能蒙骗皇帝，颠倒黑白，也混不到内阁里去。当然，凡事都有两面性，像于谦、王阳明这样才华出众、敢于担当的精英人物，就是因为考取进士之后没有"点翰林"的经历，终生与内阁无缘。

内阁成为权力中枢，对皇帝来说是个很大的解放。朱元璋的子孙们，根本不用像洪武大帝那样事事亲力亲为，也不会出多少纰漏。嘉靖和万历爷孙俩，既是大明在位时间最长的两位，也是不上朝日子最多的两位。很多官员入朝工作十来年，竟然都不知道皇帝长什么样，但由于内阁工作效率高，朝政也处理得有模有样，并没有出太大的乱子。

通过这么一通操作，朱元璋穷尽一生所开创的绝对皇权，在很大程度上得到了削弱。朱元璋死后不到一百年，内阁就发展成为帝国的权力中枢，没有大学士的配合，皇帝的很多措施无法实行；没有内阁的点头，皇帝甚至连紫禁城都出不去。康熙、乾隆随意下江南的风流逸事，朱元璋的子孙后代们是没有办法体会的。

有明三百年，内阁中甚至出现了两个从社会最底层一路打拼上来、位极人臣的首辅，一位是严嵩，另一位则是张居正。放在过去历朝历代，恐怕都是不可想象的。

内阁制度不仅把皇帝从繁重的工作中解放出来，也为明朝中后期营造了思想解放的氛围。受益于掌权文官的宽松管制政策，文学、戏剧和出版事业等都得到了蓬勃发展，大批才子脱颖而出，靠写作、书法或绘画等技能，就能活得很有尊严。清军入关和清朝建立，则在很大程度上改变了这种相对自由的政治环境。内阁依旧存在，但权力受到了极大限制，大学士们又变回了皇帝的抄写员，后来设立的军机处反而拥有更多实权。

内阁学士都是科举中的突围者。大明的科举，为什么能不断创造奇迹呢？

三、重视科考，让千家万户看到希望

耕读传家，是中国农业社会的光荣传统。耕作保证了中国人最基本的物质需要，而读书则为炎黄子孙提供了高尚的精神追求。对个人而言，读书固然可以净化心灵、陶冶情操；对其家人来说，读书则可以光耀门楣，甚至改变一个家族的命运；对一个国家来讲，领导者的知识储备与眼光见识，往往决定了这个政权的走向与命运。

书籍是人类进步的阶梯，书籍是人类文明传承最好的载体，唯有爱书之人方能真切领悟。朱棣对读书人有着敬畏之心。

登基之后，朱棣不光创设了内阁制度，还迅速恢复和发展了科举

制度。

有人说，科举是中国的"第五大发明"，可以改变无数普通人的命运，甚至改变社会阶层组成和流动。从这一意义上来说，它比那器物上的四大发明，可能更加伟大。科举让所有的参加者，不分民族、种族、家庭门第、社会背景，不分相貌差别、身材高低……都要经过同一种程序的选拔，都要接受同一种标准的考验，而且，也必须按照同一种规则来判定胜负、决定高下。

中国的科举制度，始于隋世祖大业元年（605）。杨广鉴于关陇门阀势力的强大，希望能在平民之中选拔优秀人才，充实到国家管理队伍之中。唐朝建立之后，也继承了这种制度。由于当时民间教育不发达，真正能在科举之中脱颖而出的寒门之后非常稀少，很多人也根本就不愿让孩子读书，反正读了也白读。能够中试者，多为世家子弟。

到了文化教育相当发达的北宋，朝政昌明，门第限制也被打破，科举兴盛一时，形成了一套完善的人才选拔机制。科举考试与今天的高考、考研一样，有明确的时间规定，三年才能有一回（唐朝每年都有）。有宋一代，皇帝与士大夫共治天下成为美谈，世家大族对官场的影响力明显减弱。

元朝也曾经一度实行过科举，考试办法基本上照搬宋朝，但蒙古人、色目人、汉人和南人分开录取，类似今天的按户籍参加高考。这对人口数量占绝对优势的汉人和南人来说，当然很不公平，但有总比没有好。刘基就属于极少数幸运的汉人进士。

朱元璋建政之后，立即责令恢复科举，基本上沿用宋制，并在洪武三年（1370）八月进行了首次乡试。永乐朝的多数官员，均是在洪武、建文期间通过科举进入官员序列的。

尽管这个竞争规则本身也有不少问题，但拥有规则，显然要好于无序竞争。而规则本身，也可以不断完善。

科举考试的竞争极为残酷，能从中脱颖而出者，除了需要长年的埋头苦读之外，也需要或多或少的运气。但是，科举至少给上百万读书人，提供了不用参与造反就能改变自身命运的机会。有人甚至大胆设想，如果黄巢和洪秀全能中个秀才，他们就不会把脑袋别在裤腰带上闹事了。

考卷面前人人平等，就算是六部尚书的儿子，也没有优先录取的特权。当然，这些高干子弟可能会通过捐官进入仕途，但只能在外围部门做一些闲职，而且还往往会被人看不起。这和隋、唐时代相比，已经发生了翻天覆地的变化。

明代的科举只有进士科一门，规定子、卯、午、酉年秋季，在各地省城进行乡试，有秀才资历的人方能参加。考试于八月初九开始，每三天一场，共有三场。初场考经义两道及《四书》义一道，二场考论一道，三场考策一道。乡试的优胜者被称为举人，拥有参加次年二月在京城进行会试的资格。

朱棣占领南京的壬午年，本来是举行乡试的年份，但让靖难给耽误了。朱棣被迫在永乐元年，下令各地举行乡试，接着于永乐二年，在南京举行会试和殿试。同时，朝廷下令，继续维持丑、辰、未、戌年会试的传统，也就是说，永乐三年，再进行一轮乡试。大明的考生算是有福了。

永乐二年的会试，注定要在历史上留下重重的一笔。按照传统，一般会试只录取二百来人，但这一次，朱棣一口气录取了四百七十二人，显然，他是充分考虑到靖难之役对人才的破坏作用。朱棣还下令，挑选其中最出色的二十八人，直接进入翰林院读书，重点培养。这些人于是有了个很厉害的称谓——二十八宿。

内阁学士的地位越来越高，非翰林不能入内阁，而要想进入翰林院，自然要在会试和殿试中取得优异成绩，得到主考官员的垂青。

科举最大的优点和诱人之处，就是选拔制度的公正。更让人称道的是，科举固然对考生资格有种种限制，却没有对年龄的要求。范进中举的故事，总是会受到我们的嘲笑，但这毕竟是虚构的故事。在十六世纪初期，有个叫张璁的读书人，却用自己的经历，创造了一个不小的奇迹，也为科举的公正增加了一个注脚。

弘治十二年（1499），二十六岁的张璁首次参加会试，从此屡败屡战，或者叫屡战屡败也行，反正他一直考到了正德十五年（1520）。

此时，张璁已经到了抱孙子的年龄，坐在考场上，周围大都是比他小十几岁二十几岁的年轻人。可这一次，他偏偏还考中了，可以留在京城，在礼部打杂。

没有后台，没有路子，没有人脉，而且年龄一大把，谁会要他？答案是：规则要他。

各位如果知道张璁七年之后的岗位，恐怕就不淡定了。五十四岁时，他居然登上了大明首辅的高位，真正做到了一人之下，万人之上。张璁的事例虽然极端了一点，但足以证明，真正有才华的读书人，在大明被埋没的可能性，恐怕远没有我们想象中的那么大。

万历年间的首辅张居正，嘉靖时期的首辅严嵩，都出身于标准的下层家庭，但他俩位极人臣，而且是大明首辅中名气最大的两个。

没有科举制度，没有这种制度的（相对）公正性，两个送不起礼的寒门子弟，恐怕连个秀才都当不上吧？

至于被后世严重诟病的八股取士，也并非一无是处。一定程度上来说，这种标准化的写作格式，可以避免因主考官的好恶而形成的印象分差异，体现出考试的公正性。一个连八股文都写不好、连乡试都过不了关的人，很难算得上人才。这样的人，如果愣要说自己聪明过人，那不是骗子又能是什么呢？如果偏要让考得差的人升得高，那才是可耻、可笑、可恶的事情。

朱棣并不像父亲一样看低读书人，他需要很多饱读诗书却不拘泥于书本的才子来为他分忧、帮他治国。当然，鉴于朱棣刚刚上台，政权并不稳固，因此还需要很多起起武夫来为他撑腰。

四、重建锦衣卫，保障皇室权威

朱棣对朝廷机构的改动，不仅仅是创设内阁。他还恢复了朱元璋后期取消的锦衣卫，并在制度上予以正式确立。

纵观两千多年的专制制度史，皇帝为了排除异己、监视百官，通常都会建立忠于自己的特务谍报机构。而这些组织中，往往都会有太监的身影。汉武帝设立"绣衣直指"，又称"绣衣御史"，负责搜集情报。三国时，曹魏设立"校事"，监察百官与吏民。北魏则设立有"候官"，来监视文武官员。武则天时期，为铲除异己，特别是打击李氏诸王及其支持者，特设了"内卫"。唐肃宗时的掌权太监李辅国，秘密组织了间谍机构"察事"。两宋时期，则有以太监为负责人的皇城司，直属皇帝领导。

但是，要说名气最大的特务机构，非明朝的锦衣卫莫属，一来，明朝距离今天更近，影视作品也起到了推波助澜的作用。二来，锦衣卫确实组织更为严密，行事更为专业，因而破坏作用往往也会更大一些。

洪武十五年（1382），朱元璋为了更好地监督和管理朝中大臣，撤掉了亲军都尉府与仪鸾司，建立锦衣卫。锦衣卫的全称是"锦衣亲军都指挥使司"，是由拱卫司发展而来。起初不过是皇家的仪仗队和侍卫队，但后来的权力越来越大。

锦衣卫的主要特点有以下两个：

一是接受皇帝的直接领导，绝对听命于君主，刑部尚书也管不了他们。如此一来，朝中大臣只有被锦衣卫修理折磨的份，没有管理或弹劾他们的可能。

二是有司法权。可以进行侦查、逮捕和审判，有点类似纳粹德国的"盖世太保"组织。锦衣卫从不对老百姓下手，只盯着朝廷官员。三法司——刑部、大理寺和都察院都有自己的监狱，但锦衣卫的监狱无疑是最特殊也是最恐怖的，有个很拉风的专属名称——诏狱。里面关的，大都是皇帝亲自下诏捉拿的要犯。一个健康的人，一旦被抓进诏狱，注定是生不如死，只求速死。能活着出来的，肯定就有本钱吹牛了。

不过朱元璋时代，锦衣卫只存在了五年就被解散了。朱棣上台之后，下令恢复锦衣卫，并设立了南北镇抚司。

南镇抚司主要职责不过是仪仗与工匠，北镇抚司管的可就是刑法与诏狱了。让朝廷官员谈之色变的锦衣卫，通常指的就是北镇抚司。

在政权还很不稳定、反对势力相当强大之时，朱棣恢复锦衣卫，显然是希望它能成为帮助自己维护统治的得力助手。

锦衣卫的一把手称为指挥使，是正三品，其下还有指挥同知、指挥佥事和镇抚使等高级职员。而永乐朝的首任指挥使，就是非常受朱棣欣赏，同时和朱高煦又有特殊交情的纪纲。

永乐朝初建，朝廷内外反对的声音此起彼伏。而纪纲也是毫不含糊，屡次在大江南北掀起打击风潮，对很多对朱棣不满的人进行了严厉惩处。在南北二京，许多官员提起纪纲的名字，真有谈虎色变的味道。除了纪纲，锦衣卫还有两个指挥，分别是刘江和袁刚。因为名字的发音比较接近，他们三人就被老百姓敬畏地称为"三纲"。这三位爷，可比三头猛虎吓人多了。如果他们抓住了谁的把柄，不把他整个半死，那"纲"字就得倒着写。

当然，朱棣无意于恐怖统治，在掌权初期重用纪纲，有些"乱世用重典"的意味。随着政权的巩固，他对锦衣卫的行为也进行了一定程度的约束，甚至规定，除非谋反大逆，审覆无异，否则罪犯在刑讯以取口供之前，都有五次覆奏之权❶。到了永乐十四年（1416），朱棣对纪纲一党进行了清洗，曾经威风一时的纪纲被处以凌迟之刑，全家男女老少被发配戍边。

不过，此后终明一朝，锦衣卫都一直存在，甚至成了这个王朝的一个标志。

锦衣卫的高官可以和朝廷大员一样着蟒服，而中下级军官则穿着醒目的飞鱼服，腰挎锋利的绣春刀，神出鬼没，遍地开花，堪称大明二百多年间一道"亮丽"的风景线。

锦衣卫的成员都是正常人，但为什么人们总是把他们和太监联系在一

---

❶ 参见《明太祖实录》卷一一九。

起呢？

　　因为太监往往是他们的领导，而且到了后来，东厂建立之后，锦衣卫往往要受东厂的指挥。

　　从上述内容可以看出，朱棣上台之后，各方面的布局与建设有条不紊，很快就稳定住了局势。那么，一向不按常理出牌的他，还会有什么大动作呢？

第三章　海纳百川修大典

一、永乐大典，朱棣精神的真实写照

一个成功的君主，不能只是上马打天下，还必须能下马而治天下；不能只是勤于政务，还必须在史书中留下自己的浓墨重彩，让时代打上他的烙印。

朱棣靠武力夺取了政权，但他显然很清楚，用暴力来维持统治既不可能，也没必要。让后世史学家们不得不佩服的是，在很短的时间内，朱棣就顺利完成了由反叛者到捍卫者的转变。

永乐元年（1403）三月初一，大明京师南京的孔庙之中，朱棣头戴皇冠，身着龙袍，表情严肃，向着孔子像四鞠躬。随后，他又来到了国子监，向祭酒（掌管教育及考试的官员）胡俨赠送了多部儒家经典，并饶有趣味地聆听了学者的讲经。

朱棣想用这种方式，向天下读书人传递一个明确的信号：朕也是重视文化的。

任何人都摆脱不了走向死亡的宿命，但图书却可以永存于世间。经济基础可以使一个国家壮大，军事设施可以使一个国家强大，但唯有文化底蕴才能使一个国家伟大。当然，曹操和李煜这样的天才诗人，关汉卿和汤显祖这样的剧作家，罗贯中和吴承恩这样的小说家，肯定是多少年也出不了一个的。朱棣并没有什么文学才华，但他同样渴望在历史上留下一些记录，让历史因他而不同。

朱棣想修一部鸿篇巨制，能够让后世子孙反复提及，永远记得。按照常规，皇帝修典应该在统治末年，但朱棣可是不走寻常路的杰出君主，他刚当上皇帝没满一年就决定修典了。当然，朱棣是不会亲自去做这种事的，身边有得力助手嘛。

他觉得，以解缙的聪明睿智，一定可以充分领会自己的深刻意图；以解缙在读书人中的巨大影响力，一定可以组织一支非常出色的编纂团队，圆满完成自己交付的光荣任务。

朱棣还特意叮嘱道："尔等其如朕意，凡书契以来，经史子集，百家之书，至于天文、地志、阴阳、医卜、僧道、技艺之言，备辑为一书，毋厌浩繁。"

说得多诚恳啊！

解缙领到任务之后，自然是不敢怠慢。凭着自己内阁首辅的组织才华，他很快组织了一支多达一百四十七人的编纂队伍。解缙给这些人分派了任务，组织了经、史、子、集几大部门，分头整理资料、抄录成册。自己则担任总裁，统领全局。

解缙告诉大家，你们做的工作，与那些亲身参与靖难的武将们同样伟大：武将们凭借手中的刀枪赢得历史尊重，你们则依靠手中的纸笔拼得历史地位。好好干吧，不能计较个人得失。

要说这些人真是辛苦，一年三百六十五天连轴转，中秋和春节全不休息，全身心扑在工作上，就是希望给皇帝交上一份满意的答卷。

当时早已经有了印刷术，但朱棣和解缙达成了共识：这样一部高规格的经典，怎么能用雕版，必须一行一行地抄出来！

永乐二年（1404）十一月，忙活了近一年半的解缙，终于交出了自己的劳动成果。当他命人把这几百册抄好的书卷呈到奉天殿时，朱棣相当高兴，将丛书命名为《文献大成》，并吩咐在礼部衙门举办庆功宴，好好慰劳这些劳苦功高的学者。

看着解大才子日益增多的白发、日益明显的皱纹和日益不利落的脚步

（这年他不过才三十六岁），朱棣深知他的辛苦，于是令户部拿出专款，对编辑团队进行重赏。

领到赏银的解缙，还没过上几天清闲的生活，就被人叫到皇宫去了。

解缙一看朱棣铁青着脸，就知道自己有大麻烦了。

"朕不是一再说，让你修的是百家之书，可你收录的，怎么全是儒家经典？朕的话，你到底听进去了几何？"

朱棣越说越气，把目录册扔到了地上。解缙跪在地上，大气都不敢出。心想：当朝皇帝和汉武大帝同样雄才大略，但思路却完全不一样啊。

汉武帝重用大儒董仲舒，罢黜百家，独尊儒术。而朱棣却对解缙只收编儒家经典非常不满，清晰地展现了一种海纳百川的大气魄。

朱棣并没有撤掉这位首席大学士的总裁职位，也算给足了他面子。却给他安排了一位顾问。解缙一听这个人的名字就知道大事不好：此人哪里是顾问，明显是监工嘛。

这位先生正是我们的老朋友姚广孝，江湖人称道衍大师。

所谓"一起扛过枪，一起同过窗，一起造过反，一起受过伤"，感情自然就不一样了。

姚广孝参与到编纂工作之中后，心高气傲的解缙也不敢造次了，大事小事都要向这个顾问请示。顾得上的要问，顾不上的也要问。姚广孝也不跟他假客气，把自己感兴趣的五行异术、奇门遁甲一类的书籍，通通录了进去。

朱棣还安排了王景等五人担任总裁，另外二十人担任副总裁，组成了一个无比豪华的编委会。而从事具体工作的人员，进一步增加到二千一百六十九人，这些人不限于翰林院的知识分子，还包括了著名的僧人、道士、画家和乐师，等等，把三教九流的精英都召集在了一起。

永乐五年（1407）十一月，在众多编纂人员的辛苦努力下，中国历史上一部规模空前的百科全书，终于宣告完成。

它有一万一千零九十五册，二万二千八百七十七卷，约三亿七千万字。相比之下，目前市面上大部分图书不超过二十万字，也就是说，《永乐大典》相当于一千八百五十册当下常规图书的规模。一个喜欢读书的人即使什么事都不做，三天看一本，全部看完都得十五年的时间。

可惜，当初解缙对这份工作的重要性认识不足，对朱棣的严格要求估计不准，自己的仕途从此也就产生了不小的变数。

朱棣把全中国这么多精英召集在一起，一干就是好几年，只是为了修一本书。在有些人看来，皇帝此举真是兴师动众，既浪费笔墨与纸张，又糟蹋粮食和蔬菜。但正所谓"燕雀安知鸿鹄之志"，他们理解不了朱棣的深刻用意，是因为自己的境界与"段位"跟永乐皇帝差得太远。

乱世用重典，盛世好修书。朱棣此举无疑向全中国表明：别看我刚刚登基，国家形势好得很，读书人更应该放心！但有明一代知识分子对朱棣修书并不看好，夹枪带棒地讽刺他转移视线，更有孙承泽在《春明梦余录》中，将他与另一位修《太平御览》的宋太宗相提并论：

陆文裕深曰：宋太宗平列国所得裸将之士最多，无地以处之，于是设六馆修三大部书，命宋白等总之。三大部者，《册府元龟》、《太平御览》、《文苑英华》也。《御览》外又修《广记》五百卷。永乐靖难后，修《永乐大典》亦此意。余按，宋太宗诏诸儒编集故事一千卷，曰《太平总类》；文章一千卷，曰《文苑英华》；小说五百卷，曰《太平广记》；医方一千卷，曰《神药普救》。总赐名曰《太平御览》。若《册府元龟》一千卷，乃真宗编集也。文裕所考或未确乎？至靖难之举，不平之气遍于海宇，文皇借文墨以销垒块，此实系当日本意也。

赵光义的庙号同样是太宗，因有谋害哥哥赵匡胤的嫌疑，长期为读书人所不齿，就算修再多的书，也摆脱不了为自己转移视线的质疑。那么，朱棣又是如何做出回应的呢？

二、圣法心学，确立国家纲常规范

有了一部百科全书式的《永乐大典》，朱棣还觉得不够，这毕竟只是把别人写过的作品整理了一下。朱棣最为崇拜的皇帝唐太宗，写出了《帝范》十二篇，作为教导子孙的教科书；太祖朱元璋写了《大诰》和《皇明祖训》，朱棣要向天下人证明自己"修文竞武，灭虏迁都，终其身不敢自逸"，就不能不用"著作"来证明。

于是，永乐七年（1409），就有了这本《圣学心法》。在行文风格上，此书显然参考和借鉴了宋代的《帝学》（范祖禹编）和《大学衍义》（真德秀编）。

朱棣召集胡广等大臣审阅，还假客气了一番：

> 古人治天下，皆有其道。虽生知之圣，亦资学问。由唐汉至宋，其间圣贤明训，具著经传。秦汉以下，教太子者多以申韩刑名术数，皆非正道。朕间因闲暇，采圣贤之言，若执中建极之类，切于修身、齐家、治国平天下者，今已成书。卿等试观之，有未善，更为朕言。

朱棣让大臣们提意见。大家当然都挑好听的说："陛下，帝王道德的要点，都记载在书里了，能和典谟训诰一道流传万世。请刊印以赐福天下。"于是朱棣下令印刷，并正式定名为《圣学心法》。虽说此书是对古人言论的整理汇编，但体现的却是朱棣的治国理念和政治主张。

从《圣学心法》中大致可以看出，朱棣特别强调的有以下几点：

1. 顺从天意，崇拜祖先

朱棣所受的教育，难以让他产生"人定胜天"的思想，他的身上不可避免地存在着时代的局限性。他无法否认"天人感通"之说的存在，强调要尊重天意，而不是逆天而行。"天道不言，四时行而万物生"；"天道至诚无息"；"天道至公无私"。

朱棣强调，统治者只有按照"天道"行事，方能成为享受天命眷佑的圣人，否则就不会受到上天眷佑；普罗大众，应该接受仁君的统治，如果缺少必要的服从，违背了天道，那么自然就得不到上天眷顾了。

不过，朱棣并没有一味强调臣民的服从，而是要求执政者也要顺应天道，并将之作为统治能否长久、天下能否安定的重要因素。从这个意义上来说，相比那些只强调民众服从、不申明君主责任的统治者，朱棣的思想还是有所领先的。当然，他这样做的目的，也是要让知识分子更加没有心理负担地服从，更乐于接受他的绝对领导。

朱元璋将自己视为汉人王朝的中兴之人，认为蒙古人已经失去了天命。而朱棣的认识在其基础上有了进步，他强调：

天运虽有前定之数，然周家后来历数过之，盖周之先德积累甚厚，其后嗣又不至有桀纣之恶，使夏殷之后不遇桀纣，未遽亡。若顺帝不恤军民，不理国政而荒淫无度，安得不亡！故国之废兴，必在德，不专在数也。

朱棣作为一国之君，能够意识到元朝的灭亡并非完全是天数，而是德政出了问题，并以此来警醒自己，这在历代君王中无疑显得难能可贵。他主张，身为天子，就应当主动约束自己的行为以顺应天意："王者知有天而畏之，言行必信，政教必立，喜怒必公，用舍必当，黜陟必明，赏罚必行"。

在中国一直没有占主导地位的宗教，祖先崇拜能让国人得到一定程度上的心灵慰藉。而每一个帝王，都把去太庙祭祀当成最为神圣和重要的事务，并将自己的一切，当成祖先在天之灵的恩典。因此，中国的大多数帝王不赞赏改动与革新，而是执迷于守成和坚持。朱棣也说：

祖宗之法，所以为后世也。当敬之、守之，不可以忽，继世之君，谨守祖法，则世祚延长。衰世之主，败其祖法，则身亡国削。

他将"能不能遵守祖制",上升到了能否保住江山甚至自己性命的重要地位,这在今天的我们看来无疑太过夸张,但对当时的人来说却是相当受用。

至于具体做法,朱棣则有如下认识:

人君之所好与天下而同其好,所恶与天下而同其恶。群情之所好,而己独恶;群情之所恶,而己独好,是拂天理之公,而循夫人欲之私,则所蔽者固而溺者深。虽欲勿殆,其可得乎?

即便掌握了至高权力,也不能肆意妄为,而是要与天下人同好恶,将自己视为天下人中之一员,而不是特殊分子。核心即是"与世同乐"。这和"水能载舟,亦能覆舟"的观点有着异曲同工之妙。

2. 善待百姓,轻徭薄役

皇帝及其统治集团当然无法直接从事生产劳动,创造社会价值,所有的收入来源要依靠百姓的贡赋。而在那个社会生产极其落后的年代,大部分劳动者,从事的是一种"糊口经济",生存权成为他们追求的第一目标。对于这样微不足道的要求,如果统治者也无法满足,那恐怕就触怒被统治者的底线了。

朱棣当然也不赞成过度压榨,他知道这样只会削弱政权的根基。他说:

民者,国之根本也。根本欲其安固,不可使之凋蔽。是故,圣王于百姓也,恒保之如赤子,未食则先思其饥也,未衣则先思其寒也。民心欲生也,我则有以道之,民情恶劳也,我则有以逸之……薄其税敛,而用之必有其节。如此,则教化行而风俗美,天下勤而民众归。

别说皇帝了,一个知府县令,都可以堂而皇之地自命为"父母官",只要略微对百姓公正一点,就能得到"青天大老爷"的称赞。从这个意义上来说,施行仁政其实真的没有多难。建立适度的剥削体系,给民众的生活留有余地和念想，才能保证既得利益者长久地存在下去。而广大黎民百姓对这样的剥削也是完全能够容忍的。

为了让被统治者有饭吃、有衣穿，执政集团提高自身的组织管理水平是非常必要的。如果把皇帝比作一个超大型公司的董事长，对于企业如何长久发展，他必须要有自己的特殊贡献，更要有自己的管理哲学。对此，朱棣也做出了一定的思考，他说：

经国家者，以财用为本，然生财必有其道。财有馀则用不乏。所谓生财有道者，非必取之于民也。爱养生息，使民之力有馀，品节制度，致物之用不竭……民者邦之本，财用者民之心。其心伤则其本伤，其本伤则枝干凋瘁，而根柢蹶拔矣。

朱棣也明白生财要有道，光犁地不吃草，牛都能被累死，何况黎民百姓呢！因此，他执政期间，确实也实行了一系列开垦荒田、修建水利、减免租税的政策，并为其后代儿孙所继承。

3. 礼义教化，恩威并施

自西周开始，历朝君主都十分重视发挥礼乐在社会生活中的作用，朱棣认为：

夫礼者，治国之纪也；乐者，人情之统也。是故，先王制礼所以序上下也，作乐所以和民俗也。非礼则无以立也，非乐则无以节也。教民以敬，莫善于礼，教民以和莫善于乐。

恩威并施是治国的要诀。统治阶级如果过于迷信自己的国家机器，往往会引发严重的后果。但如果能用礼义廉耻来约束芸芸众生，巧妙地将统治者的利益转化成被统治者的需要，润物细无声地完成洗脑，无疑会对巩固统治大有好处。

不过，礼乐的解释权只能在统治者，通俗点讲，只能由帝王牵着百姓鼻子走，而不能颠倒过来，广大读书人概大也愿意站在皇帝一边。朱棣指出：

> 圣王之于天下也，不使卑逾尊，贱陵贵，小加大，庶先嫡，君君臣臣父父子子各得其所而礼义立。孔子论为政，必先于正名，春秋纪王法，必严于谨分。治天下者必明乎此，则君臣正，父子亲，夫妇别，长幼顺。上以统下，大以维小，卑以承尊，贱以事贵，则朝廷之义明而祸乱之源塞矣。

而且，国家既然是阶级统治的工具，肯定得两手抓，两手都要硬，既要树立正面典型，也要严惩不识好歹、公然违背道德规范之人：

> 刑者圣人制之以防奸恶也，使民见刑而违罪，迁善而改过。是故，刑虽主杀，而实有生生之道焉。何也？盖禁奸革暴，存乎至爱，本乎至仁。制之以礼，而施之以义，始也明刑以弼教，终也刑期于无刑。

但是，朱棣自己就在建文帝治下吃过大亏，显然明白"压迫有多深重，反抗就有多强烈"的道理，对于秦、隋的短命而亡，也是深以为鉴：

> 至若秦隋之君，用法惨酷，倚苛暴之吏，执深刻之文，法外加法，刑外施刑，曾何有忠爱恻怛之意？杀人越多而奸愈作，狱愈烦而天下愈乱。失四海之心，招百姓之怨，曾未旋踵而身亡国灭，子孙无遗类。是皆可为明戒。

就算是只出于自身考虑，行仁政都是必要的。一个礼乐之邦，人民懂得仁义廉耻就能过上舒适体面的生活，何必提着脑袋跟国家机器硬杠呢？

4. 广纳贤才，鼓励谏言

在专制社会，皇帝是最高统治者，但如果没有一个可靠的领导班子，往往也会孤掌难鸣。皇帝需要很多得力助手来帮助他实现执政意图。

特别值得一提的是，源自隋朝的科举制度，经过唐朝的发展，在宋朝进入了全盛时期。相比西欧中世纪贵族垄断国家权力，中国各社会阶层之间的壁垒并不森严。普通人家的孩子最终成为六部尚书甚至丞相，根本算不上稀奇事情。

而朱棣当政后，通过恢复和扩大科举等手段，进一步发展了这一趋势，他认为：

致治之要，以育才为先……苟不养士而欲得贤，是犹不耕耨而欲望秋获，不雕凿而欲望成器。故养士得才，以建学立师为急务也。

任人之道当择贤才，择之审则用之精……取之至公，用之至当，不以私昵而妨贤，不以非贤而旷官。故善用才者，如百工之用器，各造其宜而已。

佐治理者，必出众之才。知其果贤矣，听之勿疑，则可以养其忠亮。授之以事，则可以责其成功。夫贤才在位，则不贤者远，官皆称职，而庶事咸康。

朱棣不愿意实行愚民政策，反而多方培育人才，用人唯贤，听之不疑，对广大知识阶层无疑有极大的诱惑力。

历代的国君和高官流传下来了不少"礼贤下士"的佳话。即便这是一种表演，做都比不做要好得多。朱棣深知其中的奥妙，他说：

人君之于臣下，必遇之以礼，待之以诚，不如是则不足以得贤者之心。夫君不独治，必资于臣。敬大臣非屈己之谓也，以道在是而民之所观望者也。是故，待下有礼，则天下之士鼓奋而相从。待下无礼，则天下之士纳履而远去。

相比父亲朱元璋对知识分子人格尊严的反复践踏，儿子朱棣待之以诚的做法让不少读书人真心拥护赞赏。他意识到，君主与大臣同属于一个利益集团，唯有尊重后者的聪明才智，让他们有成就感，方能更好地为君主制度出力（卖命）：

> 人君日理万机，事难独断，必纳言以广其聪明，从善以增其不及。虚心而听，不恶切直之言。宽大有容，以尽謇谔之谏。苟不谦己和颜，以接群言，则臣下虽有直言，不敢进矣。故听言者国之大福也。众言日闻则下无蔽匿之情，中无隐伏之祸，而朝廷清明，天下平治矣。

"二十一史"中的反面教材够多了，朱棣深以为戒：

> 若夫庸主则不然，好谀而喜佞，拒谏而饰非，恣其志之所为，极其心之所欲。享重禄者，固荣而保位，居下僚者，惧罪而畏诛。缄默不言，耳目壅塞，俱蹈败亡，可胜惜也！
> 惟昏主则不然，以聚敛者为足以称其欲，巧佞者为足以悦其心。胶固而不移，纠结而不释。如是则忠正者不得入，小人进而君子退，欲国不危，岂可得也？

朱棣的这些言论，并不完全是写给别人看、用来收买人心的，在一定程度上，他也真是这样做的。如此一来，他的政治理念，就更多地靠近了自己推翻的建文帝，而远离了口口声声要维护的太祖朱元璋，这无疑是个历史的悖论。但不管怎么说，朱棣能有这样的思想意识，确实相当难得。

朱棣巩固政权、推进文化建设取得了上述的进展，对于一个行武出身的人来讲，也是相当不容易了。不过，细心的读者一定会留意，从坐上龙椅的第一天到永乐二年四月，朱棣犒赏功臣，清洗逆敌，创设内阁，扩大科举，恢复两京，重设锦衣卫，编纂永乐大典，等等，忙得不亦乐乎，但似乎把一件大事抛在脑后了。

第四章 挑选太子费心思

一、三个皇子，没一个完全称心

朱棣迟迟不立皇太子，搞得朝中一片猜疑，不过，他还不至于像雍正一样秘密建储，让所有人都猜不着。

按照汉族封建专制传统，皇位继承人必须首选皇后所生之子，称为嫡子。其中的最长者——嫡长子，是含着金汤匙出生的天之骄子，是天然的皇位继承人。只要此人没有特别明显的智力缺陷，没有严重影响身体健康的重大疾病，没有对现有体制进行特别不同寻常的冒犯，不管他才能高低、品格怎样、情趣如何，都几乎注定会继承皇位。

说来也怪，这种按年龄而不是按才能确定接班人的制度，看似极其荒唐背离公正，却保证了一个个王朝的平稳延续。而那些试图搞择优录取的皇帝，却往往因自己的标新立异和突发奇想，付出了极为惨重的代价。中国人极其重视历史，特别善于从既往中总结成败得失，因此，历代王朝几乎都形成了一条不成文的规定——皇位必须由嫡长子继承！

洪武元年（1368）正月初四，朱元璋在应天府称帝，正式建立大明王朝。坐上龙椅的当天，他就册立正妻马氏为皇后，长子朱标为太子。

可朱棣呢，他是建文四年（1402）六月十七日登基的，但过了四个多月，直到十一月十三日，才册封发妻徐氏为皇后。至于皇太子，朱棣更是迟迟不立，这让朝中大臣没有理由不相信：

皇上对老大朱高炽很不满意啊！

朱棣在南京登基之后，朱高炽还继续留在北京，父皇不叫他来南京，他当然也不敢来。

长子继承制是历史传统，但朱棣自己本身就是通过武力夺位的，他也是一个喜欢不按牌理出牌的英雄。

朱棣出生于烽火连天的战争年代，二十岁就藩北平，在与蒙古军队的斗争中成长为一名出色的统帅，并通过靖难夺取了本不属于自己的大明江山。他天生是一个战士，骨子里流的是军人的血，战场上的拼杀，对很多人来说也许是一种负担，而对朱棣则是一种享受。诗人的才华在笔尖上展示，战士的激情在刀光中挥洒。就算进了南京，当了皇帝，他内心那种作战的冲动，也依然无法完全消去。

马上可以得天下，但不能在马上治天下。这个道理朱棣也明白，进入南京之后，他特别重视对读书人的拉拢，亲祭夫子庙，编修《永乐大典》。但作为一个篡位之君，朱棣内心的阴影是难以抹去的，和有类似经历的唐太宗、元世祖一样，他需要用自己的文治武功转移大众视线，让后人忘记那些不光彩的往事；他需要用一次次大手笔的行动提升威望，给周边国家以震慑；他需要用一个空前强大的永乐盛世彰显自己，要向质疑者证明，由他代替朱允炆后，大明江山长久稳固，黎民百姓安居乐业。

当然，他也希望告别人间之后，自己一手开创的基本国策能够很好地执行下去，让大明帝国延续到千秋万代，让后世历代帝王的功业，都沿着自己构筑的轨道推进。

可是，自己的长子朱高炽，似乎并不是这样的理想人选。

从形象上来说，朱高炽过于肥胖，没有一国之君应有的威武；从学养上来说，朱高炽饱读诗书，虽说不上才华横溢，但比起父亲来，已经完全不是一个类型了；从性格上来说，过去那些年里，朱高炽身上所展示出来的书生气质，与朱棣显得反差过大，倒是有几分接近朱标与朱允炆父子，这让当爹的很不满意。

更重要的是，朱高炽为人比较保守，不善变通，缺乏进取精神。这是朱棣最不放心也最不欣赏的地方。

不过，朱高炽的燕世子身份，是在洪武二十八年（1395）由朱元璋亲自封的。当时，朱元璋将秦、晋、燕和周四王的世子都召到南京，并责令他们检阅卫士。

当天，小胖子朱高炽姗姗来迟，最后一个到场。按理说，不挨一顿狠批是过不了关的。但事实却是，朱元璋龙颜大悦，表彰了这个孙子。这又是怎么一回事呢？

原来，朱高炽不紧不慢地告诉皇爷爷："白天天气太冷，我想等士兵们先吃完饭再检阅，因此就来迟了。"

朱元璋又命诸皇子分阅奏章。朱高炽专门挑出与军民生计密切相关的那些文件，并上告皇爷爷，但是对文中的错别字却根本不在意。于是朱元璋就好奇地问："孩子，你看不出来吗？"

朱高炽的回答又令老皇帝相当满意。他说："我不敢忽视，但这种小过失不足以渎天听。"于是朱元璋又问："尧汤之时发生水旱灾害，老百姓是靠什么活过来的？"朱高炽略作思考答道："靠的是圣人有恤民的政策。"朱元璋大喜，认为这孩子有当皇帝的潜质。

说来也怪，朱高炽身上这些文弱特质，朱棣非常反感，但朱元璋却相当欣赏。而比朱高炽更加迂腐的朱允炆，更是成了朱元璋的接班人。

但事实上，朱高炽更像朱棣，而不是他的堂哥。

朱高炽看似文弱，却没有朱允炆的清秀身材与僵化思维，但一个君主应有的素质，他可是样样不缺。

论心眼，他在方孝孺玩反间计时，毫不犹豫地将明使绑了，火速送到父王大营，在第一时间澄清误会；论血性，他在北京保卫战时，带领一万来残兵死扛李景隆的十万大军，还留下了亲自披挂杀敌的高光时刻；论人脉，他能把永乐一朝的大多数文臣，甚至金忠、袁琪这样的北平老人都拉拢到自己旗下，并让他们死心塌地地给自己卖命。这种御人之术，也可圈可点。

做个守成之君，朱高炽一点问题都没有，成为朱允炆第二的概率，其实是微乎其微的。但想让他拥有父亲一样的宏大视野和进取精神，却是不现实的，人各有志。

二子朱高煦，倒是有很多朱棣年轻时的影子。这孩子英勇善战，在靖难之役的多场战事中表现勇猛，和诸多武将成为至交，更多次在父王危难之时挺身而出，表现出了可以与秦王李世民相媲美的战斗力。

而且，朱高煦为人果断，不甘于平庸，有魄力也有野心，这一点也是朱棣相当看重的。

但朱高煦毕竟不是朱棣。作为武将，他的勇猛与强悍自然是没有话说，但作为皇位继承人，他那争勇斗狠、不懂得收敛的个性，头脑简单、容易发热的弱点实在是致命伤。对于治理国家，平衡各方面关系，他明显不够成熟。就算有名臣贤士辅佐，也无法让朱棣放心。更何况，朝中的文臣大都不看好他。

两个孩子，都不能令自己满意，但发自内心地说，如果朱高煦是老大，朱棣就根本不用犹豫和费神，尊重传统就好了。可惜他不是。

各位读者也许会问了，不是还有老三朱高燧吗？为什么一点儿机会都没有？朱棣登基时，老三只有十七岁，自然在靖难中很难有所表现，而且他生得比普通人还要瘦小，朱棣又怎么会想到将他纳入皇储候选之列呢？

朱棣在两个儿子之间游移不定，朝中大臣也很自然地分成了两派。支持朱高煦的，以靖难时的武将为主。他们不希望自己流血牺牲打下的江山，被朱高炽这样的无能之辈坐享其成。而支持朱高炽的，以文官为主，组成了"世子党"。他们希望国家能尽快走入正常轨道，以仁孝礼义治天下，绝不能让朱高煦这样的粗人领导。

胜利的天平，会倒向谁呢？

二、父以子贵，解首辅巧妙点拨

靖难功臣中，也并非完全都是朱高煦的支持者，至少金忠和袁珙站在了老大一边。他们知道朱棣最看重道衍的意见，非常希望老师能出来表个态。可惜，道衍根本不想蹚这个浑水，人家还想安享晚年呢。

金忠无奈之下，想起了求助朱棣身边的一大红人。正是此人，让朱棣做出了自己的选择。而这位仁兄也因为卷入太深，不仅丢掉了官职，丢掉了自由，甚至丢掉了性命。

金忠找的这个人，就是我们的老朋友解缙。熟读"二十一史"的解缙并不傻，他知道一旦卷入了夺位争储的纠纷，押上的不仅是一辈子的前程，甚至可能包括自己以及家人的性命。可是金忠不仅善于算命和表演算命，还善于开支票。

金忠告诉解缙："世子登基，必将大力倡导文治。而先生作为内阁之首，必将得到重用。"

解缙看着金忠认真的表情，怎么看都不觉得对方是在开玩笑。他知道金忠与朱高炽的关系，心想这八成就是朱高炽的原话。自己如果不答应，岂不是得罪了他，只能被推到朱高煦那边，而问题是，二皇子未必能接纳你！

站队是一门大学问，很多时候，站不站得对是一回事，站不站又是一种说法。二选一的成功概率是一半，已经很高了。想置身事外，你会把两边都得罪了！

思考之间，解缙已经作出了自己的选择。从此，世子党的庞大文官队伍中，又多了一员得力干将。而且，他起的作用，是别人无法替代的。

不久，朱棣单独召见了解缙，而正是后者的一番劝说，让这位父亲下定了决心。就这样，老大才被召回到南京。

永乐二年（1404）四月初四，朱棣亲自在奉天殿主持了隆重的仪式，正式册封皇长子朱高炽为皇太子。这位皇帝同时封二皇子朱高煦为汉王，封地云南；三皇子朱高燧为赵王，封地河北。

此时，永乐朝的事业已经步入了正轨，因而册封太子的仪式，甚至比朱棣自己登基时，搞得还热烈隆重。

那一晚，究竟发生了什么？解缙是如何让朱棣下定决心的？

解缙一点都没猜错，皇上心里更偏爱的还是老大，而绝对不是老二。立长不立贤，是汉族王朝的传统习惯，废长立幼，不仅不符合礼法，由此而带来的祸患比比皆是，甚至有了秦与隋的二世而亡。但真选了老大，他又觉得对不起老二，对不起他在靖难中的卓著功勋。

如果朱棣本人是一个严格尊重传统、循规蹈矩的好皇子，就根本不可能当上皇帝，也没有勇气开拓永乐盛世。废长立幼的事情，别人轻易做不出来，对于他来说，其实还真没有特别大的心理障碍。但朱高煦在治国能力上的欠缺与不成熟，朱棣怎么可能看不出来？

朱棣向解缙诉说心中的苦恼，解缙立刻跪下说：

"皇上，您只能选择皇长子！"

"这是为何呢？"朱棣见他如此坚定，不免觉得有些意外。

"陛下，两位皇子各有所长，难说孰优孰劣。不过陛下您要选的是大明未来的天子，而不是出征漠北的统帅。治理天下，当然要让天下人信服。大皇子性格平和，领军打仗也许会成为其弱点，但治理天下，爱民如子，天下人自然会拥戴他。况且，大皇子也非一味软弱，当年镇守北平，他表现得也是相当果敢。"

"说下去……"朱棣若有所思。

"二皇子作战勇猛，在军中威信颇高，但于治国安邦却一无所长，况且脾气暴躁……"解缙一边说，一边警惕地观察朱棣的眼神，见他并没有发火，底气也就更足了，"王府之内责打妃妾，朝堂之上羞辱大臣，这样的事情他可没少干。而且二皇子为人过于自负，远不及大皇子从善如流，如果真立二皇子，臣以为……"

"怎么样？"

解缙突然跪了下来："请恕臣死罪！"

"爱卿说吧，朕不怪罪就是。"这时候的解缙，那是朱棣跟前的红人啊，所谓死罪，完全是作秀。

"臣以为，如果真立二皇子，那在皇上归天之后，将会引起天下大乱，重蹈秦二世、隋炀帝的覆辙，不能不防啊！"

这话也就当时的解缙敢说，换成别人，敢把当朝皇帝的亲儿子比作杨广，暗讽皇帝识人不清，这岂不是要掉脑袋的事情。

但朱棣也不得不承认，解缙说的还是有一些道理的。

不过，解缙应该清楚，朱棣和朱高煦是亲生父子，他们俩一起聊天的时间，当然是朱棣与解缙说话时间的数倍。如果他指责朱高煦的一席话，不小心传到了这位脾气火暴的二皇子耳中，会有什么样的后果？

"爱卿，高炽自幼体弱多病，我担心他的身体，能不能担此大任？"当皇帝才一年多，朱棣对于这份工作的辛苦已经深有体会，坐在龙椅之上，接受群臣跪拜当然威风，杀伐决断当然痛快，但你要承担的精神压力，还真不是一般人能受得了的。何况一个病夫？

"皇上多虑了，您忘了一个人吗？"

"谁？"

解缙一说出口，朱棣那紧绷的脸上，居然露出了笑容。

到底什么话有这么大魅力呢？其实，解缙只说了三个字。

"好圣孙！"这可以说是大明历史上最有分量的三个字。

朱棣的长孙朱瞻基这时候还不满六岁，却已经表现得格外聪慧，异于常人。与父亲小时候一样，他读书很努力；与书生气过重的朱高炽不同的是，他小小年纪就喜欢打拳习武，舞刀练剑，让朱棣依稀看到了当年自己的影子。

朱瞻基生于靖难前夕的北京，朱棣给孙子起的名字中，本身就带有很强的预言色彩。都说隔代亲，朱棣对长孙的疼爱，根本不需要什么掩饰，也从来不用顾忌高煦和高燧哥俩可能产生的不满。

朱棣相信，只要好好栽培，这个孙子的未来，必定不可限量，很可能会成为一代名君！

即便朱高炽只是个守成之主，即便他身体虚弱难以理政，只要能平稳地把皇位传到瞻基那里，自己开拓的盛世必然会得到延续，自己制定的国策必然会发扬光大!

解缙看到了朱棣眼神中的欣喜,不失时机地继续说:"皇长孙天资聪慧又勤奋好学,酷似当年的陛下。未来不可限量,必成一代圣君。皇长子虽说体弱,但陛下龙体安康,定会连续执掌天下数十载。到那时,皇长孙早已长大成人,我大明国运,定当一片光明!"

解缙没有明说,朱棣也听出来了,朱高炽体弱多病算什么,就算他真的死了,朱瞻基可不是第二个朱允炆,一定会顺利接班,大明江山也不会出什么乱子!

这个小孩子不过六岁,身上却被赋予了如此重大的使命。而且,正是因为他的存在,才使得自己的父亲能够顺利当上皇太子。朱棣没有学过现代生物学,不知道有隔代遗传这回事,但他对长孙很有信心,相信小瞻基能够传承自己的衣钵,成为大明王朝出色的接班人。

解缙一席话说得朱棣相当动心,但作为一国之君,岂能轻易表态?朱棣平静地把解缙打发走,不想当场给他肯定的承诺。但解缙是何等聪明的人,早就猜出个七八分,孙子要接班,必须让他的父亲先接班。

过了一段时间,有位画师向朱棣献上了精心创作的《虎彪图》,画的是一只威猛无比的大虎,它并没有瞪大眼睛扑向猎物,而是慈爱地守护着三只小虎,场面相当温馨,气氛相当感人。在汉语中,"彪"就是虎仔的意思,显然,画师是在用自己的艺术表现力,来恭维皇帝一家人的和睦。

朱棣看后龙颜大悦,于是命令在场的文臣们为画题诗。

大臣们纷纷礼让,谁也不愿意先行动。毕竟出头和出丑只差一个字。况且,天下第一才子就在自己身边站着呢,岂能班门弄斧?于是大家都一致推荐解缙,而后者也爽快地答应了,提起朱笔,洋洋洒洒写完了一首诗,呈到朱棣面前。

朱棣一看,捋着长须若有所思,但表情显然是肯定的。

诗是这么写的:

虎为百兽尊，罔敢触其怒。

惟有父子情，一步一回顾。

到了这个时候，朱棣的决心，恐怕已经相当坚定了。随后不久，就有了朱高炽从北京被召回京师的一幕。后人有理由怀疑，这是东宫集团精心策划的一场秀，是解缙和画师、大臣们串通起来，一块儿来给皇帝做的心理暗示。当然真相已经不得而知，怎么解释都有道理。

永乐二年（1404）四月四日，原本普通的一天，却成了朱高炽生命中最难忘的日子。

至此，空缺达二十二个月的太子之位就有了主人，但这绝不等于说，围绕大明继承权的斗争，就从此烟消云散了。恰恰相反，未来的斗争更加残酷，更加充满了变数。

即便当上了太子，朱高炽脸上的表情依然十分平静，丝毫没有得意忘形的样子，其城府之深、定力之强，可见一斑。

在皇宫中，从来都是母以子贵。到了大胖子朱高炽这里，却成了父以子贵，丢人吗？那倒不至于，他配得上这个位置。

而他的二弟，虽然不至于当场发飙，但失望之情却写在脸上，也是根本藏不住的。

这一切，朱棣当然不会没有注意到。当皇帝的感觉真好，但君主也有自己的苦恼。朱棣当然不会忘记，在靖难的大小战役中，朱高煦是怎样一次次出生入死，冲锋在前，甚至还在自己被包围的时候，不顾一切前来救援。可今天他的选择，对朱高煦的伤害到底有多大，谁也无法估量。

那么，朱棣苦恼的事情，到底会不会发生呢？

三、矛盾升级，老大岂能轻松接班

虽说朱棣正式立了太子，但绝对不等于说，围绕着皇位继承人的争端可以告一段落，事实上，斗争才刚刚开始。

只要熟悉历史的人都会知道，有多少皇帝是喜怒无常，有多少太子是立了又废，有多少宫廷政变说来就来，有多少站错队的是说死就死。何况朱高煦这个二殿下，在皇帝那里还是很有发言权的。

在这个世界上，有些人梦想成真之时，就是另一些人的梦醒时分，梦碎时刻。一门心思想逆袭的朱高煦不仅没当上太子，还即将被安排到千里之外的云南去当汉王。他哪里愿意啊！

今天的云南山清水秀，风景优美，是旅游胜地。但在当时，那里放眼望去不是城市，而是荒山，遍地不是鲜花，而是小虫子。在大明贵族和官员的心目中，那儿只是流放犯人的热门地域！

一向低调的朱高燧都比他强，朱棣让他驻守北京，并吩咐北直隶官员，大小事务要禀告赵王而后行。朱高煦感觉非常憋屈，向身边的人发牢骚说："我到底犯了什么罪，（父皇）要把我赶到万里之外？"朱棣很快知道了汉王的真实情绪，对这小子的胸无城府，必然是相当不满。但当爹的又真心觉得亏欠了老二，因此也不予追究，更不会赶他走。

下属们纷纷给朱高煦出主意，拖延时间，赖着不走。一天，两天，一个月，两个月……看到朱棣并没有催自己，老二紧张的心终于平静下来了，父皇心里还是有我的！

朱高煦毕竟在靖难中立了不少战功，云南那地方实在也不怎么样，可能也有大臣向皇上求情，反正朱棣心软了，不但允许朱高煦住在南京，还让他搬进了汉王府。

对嘛，汉王当然要住汉王府，不过，这座王府的来头不是一般的大。

汉王府是当年朱元璋为陈友谅之子陈理修建的，不过陈理没住多久，就被朱元璋送到高丽去了，王府也就一直处于闲置状态。

这个王府有多豪华气派，只要说说它之后的用途，大家就明白了。

在清朝，它是两江总督府；太平天国时期，洪秀全将之改造为天王府；"中华民国"成立之后，这里又成了总统府。

朱高煦留在京城，就直接违反了朱元璋当年定下的制度：成年亲王必须就藩，不得住在京城。洪武十三年（1380）三月，朱棣也是得带着怀孕的妻子千里奔波，从南京赶到北平任职。而徐王妃当时怀的，正是朱高煦。

《明史纪事本末》上甚至说，"太子力解，得暂留京师。"（朱高炽的大力求情，才是他弟弟能留下的根本原因。）但这似乎有美化朱高炽的嫌疑。而且，太子是个循规蹈矩之人，怎么敢挑战先帝定下的制度呢？

才华撑不起野心是件很可悲的事情。朱高煦住进汉王府，眼前美景如画，身边妻妾成群，有享用不完的荣华富贵，如果他安下心来，丢掉幻想，这一生岂不过得无比逍遥快活？可惜，他偏偏要努力追求自己永远得不到的东西。

朱棣当然不是心太软，他在下一步很大的棋。

欲戴王冠，必承其重。即使承认老大比老二更适合储位，朱棣也不容许朱高炽的皇冠来得过于容易，而是希望他的能力得到进一步的锻炼与提升，这对他自己、对大明江山无疑都大有好处。

当年，曹操早就确定了次子曹丕做接班人，却依然默许三子曹植和二哥对着干，让他俩斗来斗去。而在大才子杨修的悉心辅佐下，老三居然一度占了上风。曹操的做法，可以称为"养狼行动"，就是要曹丕在残酷的夺嫡斗争中，变得更加强大。如果连曹植这关都过不了，他有什么资格接管天下？

潜意识中，朱棣对朱高炽的态度，也和曹操当年差不了多少。

而且平心而论，在靖难战争中，朱高煦的贡献明显是超过大哥的，朱棣那句"勉之，世子多疾"，给了老二希望，但是，却成了令他胡作非为的催化剂。

朱高煦当然没有曹植以诗会友的本事，他一天到晚都忙些什么？他四处纠结党羽，拉拢大臣，在朝廷中形成了一股与东宫唱对台戏的势力。这还不算完，朱高煦居然毫无底线也毫无心机地自比秦王李世民，不把已经当上太子的大哥放在眼里，摆明了要继续争当皇位继承人的意图。

李世民在当皇帝之前，亲手杀害了自己的大哥李建成和四弟李元吉，不过他之前一直很低调，一直在隐忍，而绝没有像朱高炽这样明目张胆，就差在自己脑门上刻四个大字——"我要夺权"了。借用一个不太恰当的比喻：会叫的狗不咬人，朱高煦这么能叫，注定成不了什么大气候，无非是为历史增添了一些笑料而已。

朱高煦借口增加王府的保安，跟皇帝要人，而且偏偏要京城最精锐的天策卫。朱棣知道当年唐太宗李世民就曾被封为"天策上将"，但他还是很爽快地答应了。如此一来，朱高煦一党自然都有了一种扬眉吐气的感觉。

朱棣是武将出身，当了皇帝之后，也会经常带着几个儿子和群臣狩猎。这本来是大家拉近距离、联络感情的好机会，可朱高煦的表现，简直就如同文官里的解缙一样不知收敛。他的射术高，每次打的猎物最多，甚至还能一箭射下两只鸟，引来大臣们阵阵欢呼。可这就证明你有资格继承皇位吗？

相比之下，太子固然经常连个兔子都打不着，但却从来不发怒。面对朱高煦的挑衅式表演，最多不过是微微一笑。

朱高煦的胡闹，让朱棣进一步坚定了自己的选择。老二有的确实是匹夫之勇啊，让他治理国家闹大笑话倒是其次，捅出大娄子无法收拾，后果可是灾难性的。

不过作为国君，朱棣很懂得平衡大法，他对老大格外严格，对老二却相当宽容，似乎也想安慰那颗受伤的心。事实上，他只是不希望比赛结束得这么快。朱高煦有恃无恐，在手下人煽动之下，决心"先枝后干"，先尽量铲除太子身边的一些心腹大臣。

不知什么原因，解缙当晚和朱棣对话的大致内容，居然被泄露了出来，并且添油加醋地传到了朱高煦那里。这让二皇子极其震怒，恨不得当时就提剑去找解缙算账。

为了推倒朱高炽，先要收拾姓解的。不过，朱高煦还没下手呢，解缙倒搞起小动作来了。

立太子之后不久，朱棣单独召见了解缙。这位首辅汇报完正事之后，不失时机地将朱高煦最近的表现描述了一番，并请求皇上约束一下二殿下的行为，最好早点儿把他送到云南任职。

朱棣听完，并不置可否，只是面无表情地说了"知道了"三个字，就把他打发走了。

朱棣了解解缙，后者对其主子却并不真正了解。别看皇上平日里对内阁首辅尊重有加，还曾经亲口对他说："若使进言者无所惧，听言者无所忤，天下何患不治？朕与尔等共勉之。"但很显然，其中的表演成分无疑大大超过真实意图，做臣子的听完就可以了，千万不要过于当真。

在这一点上，朱高炽表现得就极其聪明，无论老二怎么诋毁他，当哥的在任何人面前，从来不说老二半个不字，让好事者想抓把柄也抓不着。

更何况，解缙平日里的作为，很有一点三国才子杨修的特质——恃才放旷。不把同僚放在眼里就算了，往往还喜欢表现得比朱棣还聪明，以点破皇帝的小算盘为乐事。就算心胸再宽大的人，也不会觉得特别舒服吧。

不过，朱棣暂时没工夫收拾解缙，他还有更重要的事情要办。而这件事情，是过去的忽必烈想做都没有做到的。

到底是什么事情呢？

第五章　平定安南没商量

一、大意失荆州，天朝付出惨重代价

在历史上相当长的时间内，安南一直都是中国的领土。始皇二十九年（前218），在秦皇嬴政的安排之下，大将屠睢和赵佗统领号称五十万的庞大军队，向楚国南部的百越部落发动攻势，并在这片广阔领域设立了桂林（今广西大部）、南海（今广东大部）和象郡（今越南北部和中部）三郡，实行直接统治。正是从那时候起，广东、广西和越南北部，都成了中国领土的一部分。

我们今天再看历史，不得不佩服秦始皇的豪迈气魄。可惜，大秦帝国如同流星一般，在中国历史上划出一道无比耀眼的光芒之后，就急速地消失了。

秦朝灭亡前后，南海郡尉赵佗趁机兼并了桂林和象郡，建立了一个地盘不小的南越国。汉朝建立之后，赵佗迫于其强大，被迫称臣纳贡，成为"外藩"，但事实上一直保持着独立。到了元鼎五年（前112），汉武帝发动了对南越国的战争，次年将这一区域重新纳入汉朝版图，并设立了交趾、九真和日南三郡，交趾就是原来的象郡。

从汉武帝时代开始，中原王朝分久必合，合久必分，就算经历了五胡十六国混战的大破坏、两晋南北朝争斗的大分裂、唐末藩镇割据的大动荡，但在一千多年的时间里，越南中北部从来就没有独立过，一直为汉族

王朝牢牢控制。

唐高宗调露元年（679），朝廷以交州都督府改置安南都护府，为岭南五管之一，治所在宋平县（今越南河内）。这正是"安南"一名的由来。

可惜唐朝灭亡之后，中华大地进入了五代十国的混乱时期。越南地区也出现了吴权、十二使君、丁部领和黎桓等分裂势力。北宋大中祥符三年（1010），李公蕴统一了今天的越南中北部，建立李朝，定都河内。其实，他是个如假包换的汉人。皇祐六年（1054），李朝正式定国号为大越。自身麻烦不断的北宋王朝，已经无力甚至无心收复这片固有领土。

南宋淳熙元年（1174），孝宗朝正式承认了大越的宗藩国地位，并封其国主为安南国王。不久之后，陈氏取代了李朝。忽必烈的蒙古铁骑轻松踏平大理，却在安南的激烈反抗面前碰了钉子，三次用兵都未能得手。可以想象，大越的子弟兵有多么凶猛了。

明朝建立以后，安南效仿朝鲜，定期向天朝纳贡，随后被朱元璋列入了永不征讨的大名单。当地官员和百姓，似乎也可以安享独立了。但历史的剧本，从来不会按照少数人的意愿书写。

就在朱棣起兵靖难之际，千里之外的安南国也发生了一场政变。建文元年（1399），陈朝权臣黎季犛杀害国王陈日焜，控制了整个国家。随后这个篡位者更名胡一元，自称是舜帝后人胡公的后代，改安南国号为大虞，年号元圣。过了不久，黎季犛传位于次子胡汉苍，并自称为太上皇。

朱棣登基之后，胡汉苍派使臣到南京上书请封，自称是陈氏之甥，为众所推，暂理国事，并发誓永远效忠大明，"有死无二"。朱棣不知内情，正式册封这孩子为安南国王。

朱棣的施政重点一直在北方，安南从来不是他重点关注的区域。但一起意外事件，却让这一切完全改变了。

永乐二年（1404）正月，安南国大臣裴伯耆克服了重重困难，终于到达南京，见到了朱棣，这位陈朝的老臣跪在殿下，一把鼻涕一把泪地陈述

了胡氏父子过往的种种恶行,最后,他慷慨陈词:

"臣不自量,敢效申包胥之忠,哀鸣阙下。伏愿意陛下能兴吊伐之师,隆继绝之义,荡除奸凶,复立陈氏。臣死且不朽!"

他的一番表白固然感人,但朱棣也见过太多风浪,怎么可能这样就轻信。

八月,又有一位年轻人来到南京,跪在了奉天殿下。他一张口,满朝文武就炸开了锅。

"在下陈天平,故安南国王之孙。"

随后,陈天平声泪俱下地向皇帝陈述了陈朝被颠覆的内情。朱棣震惊了,他不太相信,胡氏家族敢于如此冒犯天威,欺骗宗主国皇帝。这事情如果属实,无论如何,也要给他们一些颜色看看!

但朱棣对于这个自称国王亲属的年轻人,也没有马上承认,而是在等一个契机。

转眼就是第二年元旦,安南朝贡的使臣自然要来到南京,向天朝祝贺新年。不过,朱棣给他们安排的任务,却让这些人非常意外。

朱棣指着坐在一边的陈天平问道:"这个人,你们可曾认识?"

几个人一看,互相交换了眼神,随后,步调一致地做出了反应。

这些岁数一大把的使臣,当他们认出比自己小很多、早就失去高贵身份的陈天平时,立即跪倒在地,磕头行礼,口称殿下,甚至还当场流下了激动的泪水。

什么都不用再问了。朱棣确信,陈天平没有欺骗自己,他真的是安南的王位继承人。

作为这个南部国家的宗主,朱棣当然有义务维护其繁荣稳定。既然胡氏政权是篡位而来的,那必须得让合法的继承人重新上台。

朱棣立即向胡氏传旨,责令他们给自己一个合理解释。很快,对方的上书就送到了南京。

胡汉苍在上书中,做了一番深刻的检讨,说自己也在一直寻访陈天平的下落,现在能找到真是太好了,恳请天朝送陈王回国,主持朝政,自己愿意当一名小官，效忠陈王。

朱棣一看相当满意，吩咐大理寺少卿薛品为特使，护送陈天平回国继位，还准备把胡汉苍封为国公，从安南划出一些州府，让他世代统治。不过，朱棣对于胡汉苍的表态，不是完全放心，他下诏给广西将军黄中、副将吕毅，任命两人为副使，责令他们率领五千精兵，一路保护陈天平和天朝特使的安全。

有些读者就不明白了，送一个陈天平，至于这么兴师动众吗？后来发生的事情说明，这五千人还真不是太多，而是太少。

时光如梭，永乐三年（1405）三月，黄中和吕毅带着一身的疲惫回到了南京，见到了日理万机的永乐皇帝。当二人跪在阶下，一把鼻涕一把泪地讲述自己的遭遇时，朱棣听着听着，却罕见地发怒了：

"来人，把这两人推出去，斩了！"

大臣们赶忙跪倒一片，为这俩将军说情。朱棣总算没有当场杀人，但还是控制不住情绪，指着黄中和吕毅一顿痛骂。

究竟是什么事情，能让朱棣如此暴怒呢？

那绝对是一段不堪回首的往事，是无人愿意提及的耻辱。堂堂的大明五千兵马，在即将进入升龙城（河内）时，在郊外中了埋伏。

这一场战斗杀得天昏地暗，从朝阳初上一直杀到日落西山。黄中和吕毅没想到，胡氏父子居然敢在此设伏，更没有想到，安南人打起架来也不含糊，让明军损失不少。当喊杀声渐渐停息之时，两位主将长出一口气，却发现了一件更可怕的事情：陈王不见了！

两人立即组织寻找。到了夜幕完全降临之时，功夫不负有心人，士兵们终于把陈天平和薛品找到了，不过却是两具血淋淋的尸体！

陈天平被杀，薛品被杀，千余名大明士兵被杀，而作为主将，他们两个倒有脸活着回来！朱棣能不生气吗？

朱棣怒不可遏地说："这么一个小国，居然敢欺负天朝。这要是不打，养兵何用？"当时，成国公朱能正好站在皇帝面前。朱能一听，马上跪下磕头："这些逆贼真是罪大恶极，天地不容。臣等请仗陛下天威，一举消灭他们！"

安南人不知道吃了什么熊心豹子胆，居然连天朝特使都杀，这无疑是对大明的宣战行为。别说武将个个请战，憋足劲想在安南大杀一场，连一贯喜欢对外息事宁人的文官们，也对这样的挑衅看不下去了。

不过，朱棣的备战并没有得到朝中大臣的一致拥护，也有一些反对声音。更令朱棣痛心的是，太子朱高炽也认为劳师动众，去征讨一个高祖定下的"不征之国"，有些得不偿失。解缙也反对南征。

对此朱棣坚决出兵。如果这样的奇耻大辱都不报复，那周边的小国，一个个是不是都要有样学样啊？他还让解缙起草檄文。

胡氏父子也不是傻瓜，当然清楚和大明作对的后果。从杀掉陈天平之日起，这个国家就进入了紧急状态，全民皆兵，准备对付来自北方的复仇者。

一天，两天，一个月，两个月……时光就这样从指间悄悄地溜走，可传说中的大明大军，还是没有跨过边界，这是怎么一回事呢？

难道对安南这片贫瘠、荒凉的土地，朱棣没有兴趣？

难道朝中反对声音太大，让他不得不推迟自己的行动？

难道安南人的好战传统、三败蒙古人的传奇经历，让永乐帝害怕了？

难道北边的蒙古人又闹事了，朱棣腾不出精力南征？

多少人猜中了开头，猜不中结局。他们知道朱棣一定非常愤怒，一定想血债血偿，但没有想到，朱棣的决心是如此之大。远在升龙城的胡氏父子收到探报时，差点儿没当场昏了过去。

出什么大事了？

二、有前瞻能力，才可成就大事

胡氏父子提心吊胆地过了两个月，终于得到了准信儿：大明军队八十万，东路由成国公朱能和新城侯张辅统领，从广西进入安南；西路由西平侯沐晟统领，由云南进军。丰城侯李彬、云阳伯陈旭为左右参将；连兵部尚书刘俊也随军出征，参赞军务；户部尚书黄福和大理寺卿陈洽负责后勤工作。

朱棣这摆出的完全是一副血战到底、不抓住胡氏父子不罢休的架势。怪不得这么长时间没有什么动静，原来是在调动兵马，筹集粮草物资啊。

八十万，实在是一个过于庞大的数字，要知道，徐达、常遇春北伐，官方公布的兵力不过是二十五万，所以八十万不过是壮大声势而已。

对付小小一个安南，朱棣征调的兵马显然用不着太多。况且，大明的主力肯定要驻扎北方，防范鞑靼和瓦剌可能的南下，因而只能从南方各省调兵。即便这样，也还是能集结起一支大约二十万人的庞大军队。统帅则是朱棣手下的第一猛将、成国公朱能。

朱棣对这次出兵也高度重视。七月十六日，他在龙江码头亲自主持了出征誓师大会，并让解缙即席宣读了《讨安南黎酋檄》，将胡氏父子的恶行狠狠批判了一番。装束严整的天朝将士，无不精神振奋，士气高昂。

当着两位最信任将军的面，朱棣再次强调了作战纪律。

朱能和张辅拜别了皇上，率领数百艘战船，经长江前往广西。

如果安南之战的戏码就这样简单地演下去，观众恐怕就不会大呼过瘾了。十月初二，当右路南征大军行至广西凭祥之时，他们的统帅却永远地倒下了。

朱能的死并没有让张辅等副将太过吃惊。他的身体一直非常糟糕，明明只有三十六岁，看起来却比四十六岁的朱棣还要老得多。连日的行军，肯定又大大加重了他的身体负担，最终导致了谁也不想看到的结果。

朱能的死讯传到南京，朱棣自然十分伤心，但他已经没有工夫流泪了。南征大军的主将位置空出来了，必须马上确定人选，只能派快马连夜送信。

凭祥大营中并没有出现群龙无首的混乱场面，张辅暂时把队伍管起来了。当时大多数人都认为，按级别来讲，西平侯沐晟肯定是最合适的人选，他将会接替总兵官的帅印。

不过，当有好几员大将建议暂缓进兵、等待朝廷旨意之时，张辅却果断下令："机不可失。全军继续南进。如果朝廷降罪，一切后果，由我一人承担！"

大军按计划继续前进。没过几天，朝廷的圣旨就到了，当宣读完诏令之后，在场的所有将官，无不为张辅的果断决策与前瞻能力暗自叫好。

从这一天起，张辅被正式任命为征夷大将军，充总兵官，总领南征军事。

从这一天起，这位年仅三十三岁的青年将领，就正式担任了二十万南征大军的最高统帅。而他的父亲，靖难第一功臣张玉，一生也没有统领过如此庞大的队伍。

张辅一直坚信，自己得到总兵官的任命书，不过是个时间问题。他的预判，主要基于以下几点：

第一，自己和朱能交情深厚，与右路军诸多将领关系密切。而右路军才是南征的主力。

第二，沐晟在靖难中曾站在建文皇帝一边，是难以得到朱棣真正信任的。

第三，朱棣不希望沐晟借南征之机继续坐大，让云南成为下一个安南。

第四，有父亲张玉这层关系，朱棣必然把重点栽培的机会留给自己，而不是沐晟。

第五，亲妹妹刚刚被朱棣选入后宫。

战士的舞台就是战场，战士的职责就是拼杀，战士的宿命就是牺牲。但作为统帅，你不能让下属白白流血，要让他们的每一次付出，都能得到应有的理想回报。你更不能让自己辜负圣恩，要让战事的每一步决策，都能形成致命的打击。

在将士们的欢呼声中，张辅抽出宝剑，直指长空："不辱使命，荡平安南！"

三、见招拆招，方能笑到最后

事实证明，张辅不愧是名将之后，统兵打仗确实有自己的独到之处。自从离开大明国土、进入红河三角洲以来，明军可以说势如破竹，连战连捷。他不仅指挥作战很有一套，更把攻城为下、攻心为上的思路演绎得淋漓尽致。

很多人都玩过漂流瓶，张辅在六百年前就利用它打仗了。他下令将胡氏父子的恶行总结成二十条大罪，并制作了上万个木牌，让士兵一路顺河随机放出。这样一来，沿线的很多安南军民了解到了事实真相之后，就集体开溜，组团逃跑，不愿意为这样的暴君送死。

平叛大军一路高奏凯歌，张辅与沐晟合兵一处，很快就开到了多邦城下。身处一片乐观情绪包围之中，作为主帅的张辅却有着与其年龄并不相符的冷静。他很清楚，眼前的胜利都是暂时的，安南的地形复杂，加之气候终年炎热，很容易滋生传染病，不适合持久作战。要是不能迅速拿下东西两京，而与对手形成拉锯之势的话，恐怕到时死于病患的士兵数量，要远远超过葬身战场的。

在这里，明军遭遇到了最猛烈的抵抗。黎氏父子也很清楚，如果多邦失守，东都升龙和西都清化的防守将不堪一击。因此他们把宝全押在此处了。

对于多邦，张辅当然是志在必得。安南的建筑水平落后，很多号称城市的地方，不过是用篱笆扎起来的大寨子，和天朝的城市相比，简直是东施与西施之间的差距。而多邦，是少数能够夯土为城的安南大城市。

张辅的十多万大军开到了城外，摆出了数十门火炮，对着城墙就是一顿猛轰。随后，他下令发起总攻，让步兵扛着云梯硬冲上去。

忽然间城门大开，飞扬的尘土遮蔽了天空。在弓箭手的掩护之下，几十头体格极其壮硕的亚洲象从城里涌了出来。

这些庞然大物都经过了长期的严格训练，好勇斗狠，对气味非常敏感，知道应该向谁进攻。每头大象的身高几乎都超过了一丈，身长达到三丈，鼻子就足有一人多长，皮糙肉厚，普通的弓箭和火铳根本就伤不着它们。大象背上都有座位，上面坐着驯象师，以及保护他的战士。

插句题外话，当年元世祖忽必烈两都巡游时，乘坐的就不是马车，正是大象。

这帮大家伙冲到明军面前，伸出鼻子就能卷住一个人，轻松地把他摔向地面。而不幸被摔出去的士兵，基本上都不可能生还。战象上面的士兵，还趁机向明军放箭。片刻之间，明军阵形大乱，遍地都是被摔死、踩死和射死的尸体，侥幸活着的人拼命逃窜。而城里的安南军队，也乘胜追击。

张辅被迫后退三十里扎营，这是南征大军几个月来的第一次失利。没想到竟是多邦的大象让明朝军队吃到了苦头。

这位年轻的统帅很清楚，失败对自己意味着什么。要想攻克多邦，关键是制服那些大象。

第二天一早，明军又开到了多邦城下。守城的安南军官非常好奇。

军官一声令下，城门大开，战象方阵从城里开了出来，眼看就要冲到明军阵前，昨天的悲剧似乎又要上演。突然只听一声炮响，一切就完全不同了。

转眼之间，那些不可一世的战象，如同看到山洪暴发一样，居然费力地转过笨重的身子，想要逃跑！坐在上面的驯象师，怎么拦也拦不住，定神一看，也吓了一跳：

明军怎么还有个狮子军团呢？这些野兽好大的个儿！

眼看这群狮子越跑越近，骑在上面的明军士兵，端着火铳对着大象就是一顿乱轰。不过，随着交战的深入，没被打死的驯象师总算看明白了，哪是什么狮子，不过是套着狮子头的战马。问题是，人知道真相，大象可不知道啊，该跑还会跑，主人已经控制不住了。再加上火铳发出的刺耳声音,更让它们惊慌失措。其实,大象的皮这么厚,是很难被火铳打死的。

战象既然已经无法威胁明军,张辅一声令下,几十门火炮一起轰鸣,终于在北门城墙上炸开了个大缺口。随后,大批肩扛沙包的敢死队员,在都督黄中的带领下冲了过去,护城河片刻就被填平。

都指挥蔡福冲在了队伍的最前面,并指挥士兵架设云梯,冒着敌人的箭矢,奋力爬上了城头,为主力部队打开了城门。

"杀进去!"张辅抽出长刀,率领早已休整多时的主力骑兵,伴随着呼啸声,向着城内冲去。

眼看多邦城就这样失陷,胡氏父子自然是很不甘心。爷俩许下重赏,组织起了最后的抵抗。他们把每一座房屋都布置成了防守的工事,把每一条街道都变成了厮杀的战场,把每一个市民都煽动成了不怕死的战士,让这些人用原始武器对付明军的铁骑。

这场战斗持续了一整天,最终以安南守军全军覆没而告终。一直冲杀在第一线的张辅,终于露出了多日以来久违的笑容。

不过略有遗憾的是,胡氏父子在亲卫的保护下,已经冲出了包围,向老巢清化逃去。

拿下多邦之后,明军的推进更加迅速。十二月的南京,早已是天寒地冻,万物凋零了,而安南的冬天却比江南的春天还要温暖,这非常有利于明军的行动。

张辅亲率大军包围东都升龙,认清形势的守将献城投降,避免了一场血光之灾。随后,部将李彬攻下了西都清化,无家可归的胡氏父子被迫再次出逃,他们苦心经营的所谓大虞国,从此也就土崩瓦解了。

这时候的张辅,又收获了一份特别的大礼。

四、顺水推舟,完成忽必烈未竟之业

永乐五年(1407)元旦,对年轻的张辅来说,意义格外重大。

这是他第一次在异国他乡过新年,而且,他还指挥着二十多万大军,

取得了征讨胡氏的决定性胜利。

安南全境还有待继续肃清，胡氏父子还需要缉拿，境内民众还需要花力气安抚，战后秩序还需要加以恢复。但可以确信的是，永乐皇帝安排的任务，张辅已经出色完成了一大半，如同一场足球赛，他已经取得了四比零的绝对优势。在剩下的时间里，取悦观众比锦上添花再进一球，变得更加重要。

安南已经独立了五百年，但中原王朝的影响依然深厚。元旦同样是当地百姓最重要的节日，吃团圆饭依然是他们最有仪式感的活动。张辅下令大摆宴席，犒赏三军将士，同时拿出军粮物资，抚恤在战争中受害的当地百姓。小恩小惠有时也会有大效果，劫后余生的升龙百姓们，不仅把过去一直都相当担心和抵触的张辅当成了大恩人，而且就此打消了对天朝的顾虑。

当地的乡绅们更是联合起来，给这个少年将军送上了一份极不寻常的大礼。张辅立即上报朝廷。

这个元旦，朱棣的心情很不错。过去一年里，姚广孝和解缙监督修典，工作进展顺利；郑和继续率领船队访问西洋各国，成果丰厚；乌司藏圣僧哈立麻来到南京，为死去的父皇母后祈福。而最让皇帝高兴的莫过于南征大军的节节胜利，胡氏政权的土崩瓦解。

因此，当收到张辅从升龙城送来的文书时，朱棣立即坐不住了，传令将文书登在邸报，让朝廷重臣好好阅读，发表意见。

张辅献上的，是安南各界人士精心写作的《安南士民诚请内附大明表》。

这份文件的发起人，当然有对形势审时度势的考量，有对陈氏王朝三百年统治的深刻反思，更重要的是，他们有对大明如此兴师动众讨伐胡氏动机的仔细揣摩。永乐皇帝派出（号称）八十万大军，耗费无数银两，损失大量士兵，难道仅仅是为了帮助陈氏政权复国？再说了，陈氏后人已经被胡氏父子屠杀得差不多了，偶尔跳出来的，个个都是冒充的。

而且严格说来,无论是李朝还是陈朝,历代安南国王都是如假包换的汉人,他们和胡氏父子本质一样,都是把安南从中国分裂出去的叛乱分子。过去一千六百年间,安南属于天朝的时间超过了一千一百年,这比临近它的云南要长得多,但云南却是大明的十二布政司之一。云南可以,安南为什么不可以?

与其让朝廷主动来兼并,不如我们抢先来劝说朝廷兼并,这样才能保住自己的势力范围,巩固自己的既得利益——安南士绅们主动上书,当然会打自己的小算盘。

而从来只想做个军人、并不愿意干预地方政治的张辅,并不是简单地做个传声筒。作为参与了靖难后期战役的军人,他多少知道一些永乐皇帝的宏大抱负。张辅隐约地觉着,皇上必定会顺水推舟,满足这些人的"愿望"。

五月二十日,朱棣又去了灵谷寺,为战火刚刚平息的安南祈福。已经到了盛夏,南京这个有名的火炉,把天地间的一切都笼罩在了蒸笼之中。走在灵谷寺的后院,那些参天的古树将骄阳重重遮蔽,让所有人都感到了久违的清凉。

就在这时,一条小虫突然从槐树上跌下,正好掉在皇上的衣袖上。朱棣发现了,轻轻抖抖胳膊,小虫子掉在了地上。

几个太监急忙上前,准备抬脚踩死这个不长眼的。可就在这时,骤然传来一声大喊:"慢!"

这些太监忙乱抬起头来,只见皇上板着面孔,严肃认真地说:"此虽微物,皆有生理,请勿轻伤之!"

当年六月初一,大明第十三个省级机关——交趾布政司在交州(今河内)正式成立,吕毅任都指挥使,黄中为副使,黄福任布政使兼按察使。交趾下辖十五个府,三十六个州,一百八十一个县,管辖人口五百五十万。这一年,距离安南从中国独立,已经过去了整整五百年。

这里值得注意的是,全权管理交趾行政和司法事务的最高文官,居然是一位建文朝的钦犯，还曾入选朱棣亲自制订的"左班奸臣"二十九人大名单。

在朱元璋执政时，黄福就当上了正三品的工部右侍郎。建文帝时期，他继续做这份工作。靖难队伍打到南京时，黄福审时度势，顶着别人的各种冷嘲热讽，主动拥护新政权，很快就做到了工部尚书。

由于得罪了朱棣的红人——都察院左副都御使陈瑛，黄福一再被贬，但对于功名利禄的渴求，让他愈挫愈奋，一有机会就想往上爬。朱棣出兵安南时，黄福自告奋勇，以一个前尚书的辉煌资历，干起了督运粮草的底层工作，由于表现出色，自然再次得到了领导的肯定。

从秦始皇三十三年（前214）设立象郡，到后梁太祖开平元年（907）唐朝灭亡，安南趁机独立，这块土地留在中国的时间超过了一千一百年。而此后的执政者，无论是李朝还是陈朝，事实上都是汉人王朝。安南受中国文化影响之深，绝对不亚于云南、贵州等地。因此对于安南来说，正式回归中国版图，也不失为一个理想的选择。

元世祖忽必烈建立起了一个极其庞大的帝国，但在他的有生之年，三次对安南用兵，却无法将其征服。现在的朱棣，却将安南变成了明朝的一个省。从这点上来说，汉人朱棣显然比蒙古人忽必烈走得更远。

第二年，广西发生暴乱。张辅离开交趾，入桂平叛，在顺利完成使命之后，永乐皇帝召他入京。

三十五岁的张辅根本没有想到，只因安南之战的出色表现，朱棣就慷慨地授予了他英国公爵位。自此以后，年纪轻轻的他，也就成为大明第一武将。

张辅的人生目标，原本是只是循规蹈矩，早日接上父亲的荣国公之位。但经过了安南一役，他凭着个人努力，反而赢得了一个更有价值的爵位。张玉九泉下有知，想必一定也会非常欣慰的。这样得来的荣耀，才算是问心无愧。

当然，如果他不是张玉之子，机会也不会轮到他头上。这样的"将二代"，才是朱棣最为看重，也是大明王朝最不可或缺的。

而张辅在得到爵位之后，为大明服务整整四十年。"土木堡之变"中，已经七十五岁的六朝元老张辅，战斗到了生命最后一刻，悲壮程度不亚于张玉当年。

朱棣为兼并安南可以说不惜代价，可惜在他死后三年，安南最终还是独立了。促成它脱离中国的，倒不是曾经明确反对发兵的朱高炽，而是朱棣非常欣赏、一直当接班人重点培养的朱瞻基。

与明军攻打安南差不多同时期，一支庞大的天朝海军也出现在了南洋。这又是怎么一回事呢？

第六章　郑和成功下西洋

一、捉拿建文？别低估了朱棣的智商

永乐三年（1405）六月十五日，苏州城外的刘家河上，密密麻麻地停泊着二百多艘海船。十里长堤上彩旗招展，锣鼓喧天。当地百姓自打张士诚被消灭之后，就没有见过这么大的阵势。

这种盛况，很多人一生中都没经历过。当今天子，是又要对哪里用兵吗？

当然不是，这是明朝历史上著名的首次"下西洋"航行。

朱棣在上台不到三年，内政并没有完全巩固的情况下，为什么要启动如此"劳民伤财"的宏大工程？

相当长的一个时期内，很多人都相信，朱棣派遣郑和下西洋，就是用航海遮人耳目，是打着对外交流的幌子，行搜捕捉拿之实，目标就是当年从南京逃跑的朱允炆。不过，今天我们理智地分析一下，真的有这个必要吗？

朱棣占领南京之后，建文帝是活不见人，死不见尸。朱棣从大火中拎出了一具烧得不成人样的尸体，郑重宣布这就是自己千辛万苦要保护的好侄子，并哭得和泪人一般，为其举办了隆重的葬礼。

从那一刻起，朱允炆的政治生命就宣告终结了。朱棣继承了大统，就算侄子真的领兵造反，他也可以严肃认真地宣布，这反贼是个山寨货。

更何况这个大侄子，当皇帝的时候都搞不定四叔，想靠造反重新上台，可能性基本上为零。

但要说朱棣一丁点儿也不担心，恐怕也并不是事实。

首次"下西洋"的第二年，一个叫胡濙的礼部主事，就接到了一项光荣而神秘的任务——找人。他对外公开宣称的是寻找神奇道士张三丰，实际是捉拿流亡在外的朱允炆。

朱棣要搜寻朱允炆的下落，当然不能大张旗鼓，因为他早就对外宣布，建文皇帝已经遇难了，如果发出个通缉令来搜捕，不成此地无银三百两了吗？这种行为不能明说，要是让老百姓知道朱允炆没死，难保不闹点儿情绪什么的。

朱允炆是否逃到了海外，究竟逃到了哪里，大明强大的锦衣卫都搞不明白，其可能性显然不大。而且，就算他真的在异域流亡，也实在犯不着用这么大规模的船队去缉拿。

但是，要说下西洋的使命，真的和建文一点儿关系也没有，恐怕也不是事实。正所谓"搂草打兔子"，如果正好撞见了，秘密抓捕回来当然也好。下西洋的船队里，据说也有一些执行特殊使命的锦衣卫官员。

当然，这段史料已经被史家小心翼翼地抹去了。但无论如何，下西洋的主要目的，肯定不是捉拿一个朱允炆，更不会为他花费如此高的代价。

那么，朱棣做出这一重大举措，是出于经济利益考量，通过与海外各国的商业往来，扩大对外贸易，以增加大明国库收入吗？

天朝大国对外交往的传统，向来是厚赠薄取。客观地讲，大明经济发展水平远远领先于西洋各国，其实也真没有什么好交换的。

而且，为追求经济利益，根本用不着采取这样大规模远洋航行的方式。事实上，永乐皇帝本人对于朝贡贸易带来的好处，也是不大计较的。

明朝建立之后，为了打击走私与倭寇，朱元璋就实行了严格的海禁政策，政府完全垄断了对外贸易。朱棣上台之后，并没有开放海禁的意图。

那么，朱棣启动下西洋的真正目的，又有哪些呢？

朱棣并非开国皇帝朱元璋选定的接班人，而是通过武力夺权的。明朝建立之后，朱元璋已经向周边朝贡国派遣使臣，宣告大明代替大元，要求交还前朝颁布的印绶册诰，并与元朝解除臣属关系，成为大明的藩国。但朱元璋的对外政策相当封闭保守，甚至还将周边朝鲜、日本和安南等十五个国家划为不征之国。

朱棣自知得位不正，为了让天下臣民真正服气，他必须做出超越朱元璋的文治武功，在南北两面建立以大明为核心的天下，就像当年忽必烈曾经做到的那样。

但是，忽必烈晚年发动的对安南、占城和爪哇等地的海上进攻，无不以失利告终。作为汉人皇帝，朱棣自然更希望"怀柔远人"，主要用恩德而不是武力，来使得外邦归附。

朱棣派船队首次下西洋，当然有向各国宣示的意味：大明皇帝换了，政局稳定，你们应该做什么还做什么。但以后，当他的权力稳定之时，还会有更高的追求目标。

中华文明源远流长，中华的皇帝，多以天下共主自居。他们不以吞并异邦土地为目标，而是希望用自己的文化征服对方，让后者感受中华文明的博大精深，主动前来纳贡称臣。

普天之下，莫非王土；率土之滨，莫非王臣。朱棣不仅仅想用文化让西洋各国尊敬，更希望用文化让他们最终臣服，让大明真正成为"中央之邦"。

既然决定了要向南部沿海派遣船队，那选择谁做总兵正使呢？

朱棣征求了一些大臣的意见，其实在他心目中，早就有了理想人选。

二、能人辈出，为什么偏偏是郑和

太监是中国历史中一个很有作为的群体，或者说是一道独特的风景线。这个类别的人士，享受不了异性的温存体贴，也无法得到同性的真正尊重，但谁也不能小视他们。

他们不仅有残疾的身体，往往还有扭曲变态的性格；不仅能在皇帝面前煽风点火，陷害忠良，还能在皇帝身后拉帮结派，狐假虎威；甚至还能架空皇帝操纵朝政，祸害国家。在史书中，太监多是作为祸国殃民的反面典型出现的。

但有一个太监却是例外，他的名字让我们肃然起敬，他的事迹让中学生也耳熟能详，他的传奇经历和相关传说，也一再地被编入教材，写进小说，拍成电视剧，让国人永久怀念。

这是一个最不像太监的太监，他比绝大多数正常人更像正常人。可以说，整个太监界的糟糕声望，几乎就靠他一个人，以一己之力挽救了。甚至可以毫不夸张地说，这个人的知名度，绝对不比中国任何一个皇帝小多少。不信？

他的名字叫郑和，就是那个郑村坝战役中立下奇功，有突出表现的马和。永乐二年（1404）正月初一，朱棣赐马和姓郑，升其为正四品的"内官监太监"。不过其实马姓也挺好，大明的开国皇后就姓马。赐姓为郑，估计朱棣是想表彰和纪念他在郑村坝大战中的突出贡献吧，也是想纪念那次决定靖难走向的重要战役。

洪武三年（1370），马和出身于云南昆阳（今属昆明）一个色目人家庭。这个家族祖祖辈辈都是虔诚的穆斯林，和无数穆罕默德的忠实信徒一样，去麦加朝圣是他们一生中最大的愿望。当时，元朝在中原的统治已经告终，蒙古皇室退到了漠北，但云南依然在梁王把匝剌瓦尔密的统治下。

马和十一岁的时候，一场战争改变了云南的归属，也改变了他一生的命运。洪武十三年（1380），大将傅友德和沐英统兵远征云南，第二年初攻克昆明。这片充满神秘色彩的土地，六百年后再一次回到了汉人王朝手中。

从此，云南再也没有机会尝试独立，永远成为中国领土不可分割的一部分。将近三百年后，明朝最后的一批反清志士，正是在昆明战斗到了最后一刻，用生命捍卫了这个王朝最后的尊严。

另外值得一提的是，一位从元至正十三年（1353）就跟随朱元璋的老战士，在云南战事中牺牲，他的死居然引起了皇帝的特别关注。朱元璋下令：封其长子为明威将军，世袭登州卫指挥佥事。

一百多年之后，从这个家族中走出了一位家喻户晓的民族英雄，他的名字让日本人谈虎色变，令中国人无比自豪，更让肆虐华夏大地的女真人无比庆幸，感慨多亏没跟他生活在一个时代。

他就是大明军神戚继光。

因为战乱，小马和也不幸地做了明军的俘虏。不久之后，更大的不幸又落在了他的头上——还没来得及过第二个本命年，他就永远失去了一个男人的命根子。

洪武十八年（1385），傅友德离开昆明北上，接任刚刚去世的徐达担任驻守北平的统帅。傅将军带来了十几个在云南净了身的小太监，供朱棣挑选。但四皇子只留下了一个人，并且让他拜道衍为师，学习阴阳道术。

此人当然就是日后享誉中外的航海英雄郑和。不过，当时还叫马和。

这个十五岁的小太监，眉目清秀，反应机敏，很有眼色，朱棣和徐王妃都相当满意。但是他们当时还是低估了他，根本不知道这个单薄的身躯中，还隐藏着如此巨大的能量。

成年之后的郑和，身材魁梧（人种原因），学识深厚（有道衍指导），做事干练（受朱棣影响），成为朱棣的亲随太监，内侍中的第一红人。

在郑村坝战役中，马和原本只是领命监视朵颜三卫，防止他们与明军勾结。但他却偏偏"多管闲事"，在没有授权的情况下，就悍然向李景隆左翼发动猛攻，展示出了让人刮目相看的胆识与责任心，为朱棣的最终获胜做出了突出贡献。

这种没有命令就行动的做法，在有些皇帝那里是大忌，甚至是可以杀头的，但朱棣自个儿喜欢标新立异，对于此类行为当然也相当欣赏。

从此之后，马和更加得到重用，甚至成了内官的首领。

大明近三百年中，姓郑的名人只有两位。巧合的是，他们均被皇帝赐姓，两人也都与大海结下了不解之缘，并且都是水战高手。郑和见证并参与缔造了明朝最辉煌的盛世，郑成功则成了挽救大明江山最后的希望所在；郑和七次出使西洋，郑成功则收复了台湾。不过，相比后者，郑和可能更有资格叫成功。

朱元璋登上皇位之后，就立下了太监不得干政、内官不能统兵的规矩。整天把父皇挂在嘴上的老四，为什么要公然违反这一祖制？

难道大明朝真的没人了吗？并不是。

郑和虽生于内陆，但由于其百科全书式的知识储备，对远洋航海一点儿也不陌生。朱棣登基后，郑和作为大明特使，先后出使暹罗、日本两国，不仅圆满完成了外交使命，还积累了相当丰富的航海指挥经验。

特别是在与日本幕府大将军源道义的交涉中，郑和展示出了高超的谈判技巧，迫使后者奉送二十多个海盗随明使入朝谢罪。

郑和遇到了朱棣，才使得自己能够完成七下西洋的壮举，青史留名。

朱棣有了郑和，才能令自己安抚西洋各国的宏伟构想，得到最好的实现。如果郑和不是中官，按其才华以及朱棣对他的欣赏，很可能也会位极人臣。

有一次，郑和正跟朱棣聊家常，气氛相当和谐，不过皇上说着说着，突然表情严肃了起来："三保，什么是周礼的'五服'？"

这是要考查郑和的国学水平啊，而且是突然袭击。

郑和师从姚广孝，这"五服"他能不知道吗？当即恭恭敬敬地回复："陛下，《国语·周语》有云：夫先王之制，邦内甸服，邦外侯服，侯卫宾服，蛮夷要服，戎狄荒服，此所谓五服也。"

朱棣一听，不由得暗暗称赞。

郑和的色目人出身，也是他被选为特使的重要原因。他的六世祖赛典赤·瞻思丁，曾经担任元朝的云南行省平章知事，被追封为咸阳王。可见，郑和不是普通的太监，而有着不俗的家庭背景。

郑和从小就是个虔诚的穆斯林，一直把亲身前往麦加朝拜作为远大理想；后来跟着道衍学艺时，他又接受了佛教。另外，他还尊奉妈祖。

西洋许多国家里，国民普遍信奉伊斯兰教和佛教。而在东南亚华人中，妈祖的信徒数以百万计。如此一来，郑和担任特使就非常合适了。相比那些对宗教一知半解甚至一窍不通的将军们，郑和在与这些国家的君臣交涉时，显然会有很多共同话题，也知道如何避开对方的禁忌。

郑和之所以被选为总兵官，还有一条不便摆到桌面上明讲的原因。

朱棣派往西洋的，是当时世界上最庞大的一支船队。出海一次，短则数月，长则两三年，根据汉人的迷信习惯，航海时不能带上姑娘。对于生理正常的明军大将来说，这简直比要他们的命还难受；但对郑和来说，这根本构不成障碍。

因此可以说，郑和是统领下西洋船队的不二人选。

三、船坚炮利，但目标却是和平

永乐三年（1405）六月十五日，郑和统领的庞大船队，从苏州刘家河正式启航。历史将永远牢记这次伟大的远航，记住为这次行动做出贡献、付出牺牲的人。

这一天，也成为我国的国家航海日。

郑和的身边，站着他的得力助手王景隆和侯显，这两人也是太监。我们切不可对宦官有偏见，认为他们天生就是邪佞之徒。

这一次，郑和船队的总人数有两万七千八百多，与1588年远征英格兰的那支西班牙无敌舰队人数相近。不过，西班牙那可是举国之力，倾巢出动，而郑和船队，不过是庞大的明朝水军之一部分。船队中包括了专门的马船、淡水供给船、战船等，分工相当明确，称得上是一支特混编队。

船队的主力舰长四十四丈（约146米），宽十八丈（约60米），仅此一艘就可以乘坐数百人。因为是总兵官郑和（小名三宝）本人乘坐的旗舰，因此被命名为"宝船"。根据当代科学家的评估分析，宝船排水量可能达到了八千吨左右，这在当时绝对是个天文数字。要知道九十年后到达美洲的哥伦布船队，其最大战船的排水量，只是可怜的两百吨。

郑和显然不会像世纪末的殖民者那样，只带上枪炮和望远镜就出发。大船满载着中国的丝绸、瓷器、茶叶等物品，这是准备送给沿线各国的珍贵礼物，郑和对其进行了编组，各组之间以鲜明的记号加以区别。

郑和的船队一路向南，沿着大陆海岸线前行。出了大明国境之后，船队首先来到占城，接着南下到达了爪哇（属于印度尼西亚）。当时的爪哇并没有统一，分成东西两国。

这一天，郑和船队航行到东国附近，就派了一支两百多人的队伍，上岸观察动静。

真是来得早不如来得巧，当天正好有一场激战，西王的人杀了过来，双方杀得尸横遍野。

西王打赢了战争，即将统一全境，但他的脸上却布满了愁云，为什么呢？

他打赢了战争不假，但手下的士兵杀得高兴，误把郑和派去上岸开路的人，也杀死了一百七十多个。

当侥幸逃脱的明军官员向郑和汇报时，这位实在人也相当愤怒。他马上停下手头的事情，为这些不幸的亡魂祷告。随后，他就准备行动了。

按郑和船队的兵员实力，灭掉西国，甚至把整个爪哇并入大明，都是举手之劳。一百年后的麦哲伦，带着凶器一路打劫，无论开到哪个岛屿，都要插上国旗，宣称这里是西班牙国王的领地。郑和要是学他，大明的布政司就远远不止十三个了。

可郑和并没有这么做。他出航的目的，是向西洋各国传达大明皇帝的恩典，而不是用武力征服。

这个思路，也清楚地贯彻到了他每一次的远洋航行之中。

当西王知道自己杀死了天朝士兵之后，吓得坐立不安，自杀的心都有了。他马上派出特使，向郑和船队郑重赔罪。

这使者抱着必死的信念上路，也不奢望能活着回来了。没想到的是，对方根本不打算杀他。

郑和和蔼地接待了使者，当然要指出对方的错误，并责令他们立即派人前往南京，向天朝谢罪。随后，郑和船队继续航行。

西王的使者用最短时间（好几个月）赶到南京，跪在天朝皇帝面前，一把鼻涕一把泪地赔礼道歉，承认错误。

朱棣看使者的态度如此真诚，举止这样卑微，也就发不起火来了。他答应不再深究，但要求六万两黄金的赔偿。

这个数目对大明富商来讲不算什么，但当时的爪哇可实在是太穷困了。忙活了两年之后，西王才派人把四处拼凑来的一万两黄金送到南京，诚惶诚恐地向大明哭穷。朱棣知道他们是真拿不出，也就收下了这一万两黄金，并从此原谅了西王的过失。

从此，爪哇年年向大明朝贡。

郑和的船队继续前进，先后到达了满剌加、苏门答腊、锡兰山、小葛兰和柯枝等地。一路之上，郑和代表大明皇帝与当地最高首脑进行交流，代表朝廷给予他们封赏，并让手下人与当地客商进行商品交易。中国的丝绸、瓷器和茶叶等，都很受沿线民众的喜爱。对方则以香料、象牙等物品作交换。

船队在古里（今印度卡利卡特）停留之后，郑和决定返航，向朱棣汇报。值得说明的是，九十二年后，另一个伟大的航海家达·伽马也到达了这里。更让人惊叹的是，郑和与达·伽马都病逝在了古里。

在回程的途中，船队到达了印度尼西亚的三佛齐。就在这里，郑和接见了当地海盗首领陈祖义（华裔）的使者。陈祖义想向大明投降，并邀请郑和前去作客。

郑和热情招待了使者，并说自己身体不适，需要好好休息，就不去打扰了。这里的港口很适合泊船，郑和想多停靠几天，甚至把计划哪天动身都说了。

使者高兴地回去复命了。郑和传下命令，让士兵解下盔甲，换上便装，进入休假状态。

郑和确实累了，他需要好好调养。士兵们也紧张了太长时间，应该好好放松一下了。郑和还把几个军官叫了进来，给他们分别安排了工作。

四、将计就计，郑和玩出了朱棣的境界

这天晚上，天色昏暗，郑和的宝船上一片寂静，偶尔只有几个提着灯笼的巡夜人走过。突然，二十多艘战船急速向着郑和船队方向前进。

这些战船要干什么？打劫吗？这是他们蓄谋已久的行动。

鉴于此次行动的重要性，海盗头子陈祖义决定亲自出马，拼凑了五千多人，带上自认为还算好使的快刀、弓箭，准备趁郑和不备，打他们个措手不及，狠狠地抢一笔就跑。

眼看开到了明军船队停泊处，依稀看到了几条战船横在前边，陈祖义立即派人上去。搜了半天，却发现船是空的，里面没有人，也没有值钱的东西。

士兵回来一报告，陈祖义有点紧张了，莫非有诈？他正准备下命令撤退，只听"咚咚咚"几声炮响，不远处火光通明，喊杀声四起，郑和主力舰队杀出来了。

这些战船当然也不会客气，上来就是一顿猛轰，几条海盗船很快就着火下沉。陈祖义急忙下令转舵撤退，可哪里想到，退路已经被切断了。

如梦方醒的陈祖义，才知道什么叫一物降一物，什么又叫班门弄斧。在人家郑和的战舰面前，自己的小船如玩具一般袖珍，武器更是差了几个档次。相比郑和手下的沉着稳重，敢打硬仗，自己的兄弟简直就是一只只无头的苍蝇。

不大工夫，海盗船队就被分割包围，明军战船上火铳火炮齐齐发射。眼看一条又一条战船被明军击沉，一个又一个手下弟兄被干掉，陈祖义十分害怕。他想乘小船逃走，不幸被截获并被认了出来，随后被押到了郑和的宝船上。

在远处观战的郑和，满意地笑了。身边的助手们，无不为主帅的智慧而折服。

陈祖义以为自己的突袭可以神出鬼没，却没有想到，郑和略施小计，挖了个大坑，就等他来跳。要说这个将计就计，还真有几分老大朱棣当年

的风采。

其实陈祖义的名号和黑历史,郑和在出航前就已经听说。就算姓陈的不送上门来,他都想自己主动去找,将这个危害南洋各国的海盗捉拿归案。

永乐五年(1407)九月,郑和舰队圆满完成了首次航行任务,回到南京,向大明皇帝复命。朱棣当然要以最高规格亲切接见,并且特意将各国使者邀请到法场参观,令这些不明真相的人都格外吃惊。

在一片欢快的气氛中,纵横南洋十多年的大海盗陈祖义被拉了出来,就地正法,把各国使节全都惊呆了。很多人当然听说过姓陈的,不少人更是吃过不少苦头也无可奈何,但天朝军队这么一出手,陈祖义就把脑袋交出来了。

差距,这就是差距!这些连海盗都奈何不了的国家,要是想挑战大明天威,岂不是鸡蛋碰石头?

朱棣此举,也是向各国使节传达了这样的信息:只要你们向大明称臣纳贡,天朝一定会维持海上秩序,打击海盗不手软,保证大家的合法利益。

而一辈子作恶的陈祖义,临死之时,终于为中国和南洋各国的交流做出了重要贡献。

不过,郑和的首次下西洋圆满成功,并没让朱棣高兴起来。他的脸色相当难看,文武官员们都非常害怕和担心,害怕的是自己说错了话受处罚,担心的是朱棣承受不了这个打击。

到底是什么厄运,能让有钢铁意志的朱棣都承受不了呢?

第七章　永失无可替代者

一、遇到对的人，过一夜就能守一生

朱棣是个意志无比坚定的人，但他也有自己的命门。一个人的死，让他一下子老了不止十岁。

永乐五年（1407）七月初四，大明徐皇后在南京去世，享年四十六岁。

朱棣与徐皇后一起生活了三十一年，她早就成了他生命中的一部分。过去这些年里，两人的命运紧紧绑在了一起。他做燕王，她是王妃；他当燕庶人，她是庶人妻；他挥师靖难，她协助守卫北平；他登基坐殿，她母仪天下；他教化世间万民，她劝诫天下女性。他们俩相濡以沫的真实感情，让世人无比羡慕；他们俩在生活与治国中的高度默契，也堪称完美。

她是他的精神寄托，而他是她的整个世界。即使他被废为燕庶人，以北平一隅对抗整个帝国，她对他的忠诚也从来没有动摇过。这么多年来，纵然岁月流逝，即便她美貌不再，容颜渐老，身材变形，他也从未做出让她伤感的事情。

对朱棣来说，少了谁都可以，只有她无可代替。

洪武九年（1376）正月二十七日，原本一个普通的日子，却成了朱棣终生难忘的纪念日。

这一天，朱元璋亲自主持，为十七岁的四子朱棣（按今天的算法是十五周岁，完全是个毛孩子）和十五岁的魏国公徐达嫡长女徐小姐❶举办了隆重的婚礼。

结婚总少不了喜宴。现代人的婚礼，是夫妻一起向客人敬酒的，而在明朝，只有新郎一个人死扛。这一天，朱棣喝了有生以来最多的一次酒，行了有生以来最多的一次礼，见了有生以来最多的一次人，说了有生以来最多的一次话。

他觉得时间过得好慢好慢，他的心早已不在宴会上。

酒席散了，客人走了，朱棣带着一身的疲倦，还有一脑子的疑惑，来到了洞房，来到了徐小姐的身边。

当揭开盖头的那一刹那，朱棣仿佛感觉到了时间的停止，感受到了呼吸就此停顿，感悟到了生为男人的福分。眼前这个女孩子，蛾眉细目，五官清秀，皮肤白皙，一切都是那么完美！

"徐小姐……不，娘子，今天太辛苦你了！"

遇到喜欢的人，舌头也打结了。

这一夜，朱棣感受了从未有过的开心、满足与感动。

这一夜，徐小姐展现了从未有过的温柔、妩媚和大胆。

这一夜，让两个人从此有了默契，有了责任，有了期盼。

遇到对的人，过一夜就能守一生。

从此，徐小姐就升级为燕王妃。

燕王妃读书识礼，才华出众，又性情随和，做事很有分寸，展示出了与实际年龄根本不相符的成熟与稳重，让朱棣非常省心。从此，他就有了终身的伴侣，永远的知己。

再美丽的花朵也会有凋谢枯萎的时刻，再娇艳的容颜也会有衰败老去的那天。但是在朱棣的心中，妻子永远是那个十五岁的小姑娘，在他的眼

---

❶ 《凤阳县志》载其名为仪华。

中，她永远美得是那样脱俗。

她来到他的身旁，就等于是把春天带给了他。

在北平生活的二十年中，朱棣只有王妃一个夫人，并且两人好得让人费解——怎么就没有厌倦的那一天呢？他们一起生下了三个儿子和四个女儿，一起看着孩子慢慢长大，看着他们娶妻生子，她们嫁为人妇。

但是，来到了南京，登上了皇位，就不可能再过二人世界了。徐皇后也希望，能多几个人照顾自己的丈夫。因为她的身体，已经越来越差了。

二、一个贤内助，胜过无数平庸大臣

长年的操劳，完全透支了徐皇后的身体。

到了南京，当上了皇后，应该享享清福了，但她的生活却更加辛苦。

当上皇帝之后，伴随朱棣的是一浪高过一浪的篡位骂名。这位新科皇帝大棒与胡萝卜并举，一边使用暴力打压挑事者，另一边把有用之材拉进自己阵营，并让他们写文章为自己"正名"。看到丈夫这么辛苦，一度也相当狼狈，徐皇后怎么能置身事外？

但是，太祖朱元璋早已经定下了规矩，后宫不能干政。她的父亲可是中山王徐达，开国第一名将，家族势力相当庞大。她若不小心，则可能给朱棣帮倒忙，成为民间口诛笔伐的对象。

在朱棣面前，徐皇后是妻子；在全国民众面前，她是母仪天下的皇后。她希望用自己的努力，自己的方式，自己的真诚，帮助丈夫切实改变处境。

永乐元年（1403）正月，徐皇后亲自编纂了一部《大功德经》颁行天下。在这部书中，她动情地描述了自己与大慈大悲的观世音菩萨之间的精神沟通。

洪武三十一年（1398）元旦，她正在房间祈福时，观世音菩萨突然来到了她的面前，亲切地对她表示慰问。

而且，观世音当场宣布，她的丈夫将要成为下一个皇帝，而她要成为皇后，因此要早点做准备，以为万民造福。观世音教导她，怎样诵读佛经,怎样母仪天下,怎样增强内心的修为,以符合一位皇后的要求。

最后,徐皇后甚至还信誓旦旦地宣布,观世音菩萨答应了,过十年会与她再相见。

今天的我们切不能简单认为,徐皇后是在忽悠百姓。鉴于古人大都有比较强烈的迷信思维,上述事情很可能是在她的梦境中发生的,或者是生病时的幻觉。

以后,她还陆续编写了《内训》二十篇,《劝善书》一部,颁行天下。这些文字旨在推行针对女性的教育,并倡导修德劝善,为自己更为丈夫赢取民心。

除此之外,徐皇后还曾经向朱棣提出,她想宴请大学士们的妻子,丈夫答应了。

皇后告诉她们:"女人侍奉丈夫,并不仅仅是关心他们的衣食起居而已,还应该对丈夫的前途事业也有所助益。朋友的劝告,不易被男人采纳,同样的话由妻子来说,就容易入耳得多了。我与皇上朝夕相处,从不以私欲开口,所说的一切都以生民为念。希望你们也能以此自勉。"

可惜,徐皇后的辛劳,换不来事事如意。这些年来,她见证了亲生兄弟的反目成仇,徐增寿的不幸惨死,徐辉祖的身陷囹圄。还有野史说,她很疼爱的小妹徐妙锦,因为痛恨朱棣的所作所为,也对最尊敬的大姐有了偏见,愤然出家为尼。这让徐皇后很不开心。

但这还不是最让她难受的。自从大儿子朱高炽当上皇太子,老二朱高煦就一直虎视眈眈,处心积虑地想把大哥拉下水,老三朱高燧则坐山观虎斗,两头煽风点火,希望能浑水摸鱼,成为终极赢家。一母所生,手心手背都是肉,想起三兄弟小时候无忧无虑在一起玩耍时的亲密,徐皇后的心都碎了。穷人家的兄弟都可以感情融洽,皇室的孩子,注定只能拼个你死我活?

大明律令严格限制后宫干涉朝政,徐皇后当然也不能直接插手三兄弟的斗争。在自己面前,高炽与高煦都信誓旦旦,说绝不会做骨肉相残的蠢事,但转身一走,该做什么还做什么。

三、母亲的死，令皇位觊觎者更无禁忌

俗话说一语成谶，这样的事情还真落到了徐皇后身上，在自己描述的与观世音见面后的第十个年头，她一病不起。在那段日子里，身体最痛苦的是徐皇后，心情最糟糕的是朱棣，处境最难受的是太医院的御医。他们个个如临大敌，如履薄冰，生怕因为自己的一点儿不谨慎，就被朱棣拉出去正法泄愤。

已经病入膏肓的徐皇后，最舍不得的是自己的夫君，最纠心的是自己的两个儿子，最想拉一把的是自己的大弟弟。

永乐五年（1407）七月，怀着对这个世界的深深依恋，四十六岁的徐皇后在南京去世。临终前，她最后一次劝谏朱棣，让他爱惜百姓，广求贤才，恩礼宗室，不要娇惯自己的娘家人。她还叮嘱朱高炽："我一直惦记着当年在靖难之初，为保卫北平应命作战的军人妻子，感激她们的功劳和付出。我本想趁皇上日后北巡之机，当面向她们以及她们的家人表示感谢，并给予嘉奖抚恤。可惜我再也无法完成这个心愿，这是我此生一大憾事。"

徐皇后在南京出生和长大，在南京出嫁并生下长子。十九岁时，她和丈夫一道前往北平，一住就是二十二年。但自打返回京师之后，她却一直未能回北京看看。

在生命的最后时刻，徐皇后依然会挂念那些卑微的普通人，想必让今天的国人无法理解。但笔者认为，徐皇后并不是在演戏，她也没有任何必要这么做。跪在母后的床前，听着她的遗言，北平保卫战的往事历历在目，朱高炽无法抑制自己的情绪，当场放声大哭起来。

皇后的胸怀让人感动，皇后的情操让人钦佩，皇后的牵挂让人敬重，可就是这样一位好妻子、好母亲，却过早地被死神召唤了过去。中年丧妻，是人生最大的不幸之一，朱棣贵为一国之君，依然对抗不了命运的安排。

徐皇后的死给朱棣的打击难以形容，他的悲痛之情无以言表。他为皇后上谥号仁孝，并下定决心，从此不再立新的皇后。

在这一点上，朱棣和他的父亲倒是难得地保持了一致。

洪武十五年（1382），朱元璋的发妻马皇后病逝于南京，安葬于早就修好的孝陵。从此以后，朱元璋再也没有立皇后，他去世之后，自然与皇后葬在了一起。

不过，徐皇后死时，朱棣的皇陵还没有动工，倒不是这位皇帝忌讳死亡，而是他心中早有了打算。他们的陵墓，要放在北京，放在自己战斗和生活了多年的地方。而在北京建陵，还是迁都北京计划的一个组成部分。

永乐十一年（1413）二月，徐皇后终于被安葬在了昌平天寿山下的长陵。皇后先于皇帝安葬于皇陵，并不是惯例。历史上无数的皇后，如果先于皇帝去世，都是要葬于别处，等皇帝死后方能合葬。但朱元璋与朱棣这对父子皇帝，一生都只立了一位皇后，并且让他们的妻子先于自己进入皇陵。这是两位皇后的无上光荣，也可以说是两个皇帝的胸怀与气魄成就的。

徐皇后生前对几个儿子尽量做到不偏袒，她严守"后宫不得干政"的规矩，对于立太子、修大典，甚至谣传中的迁都和修陵之事，都不曾向朱棣提出过反对意见。

但她绝对不希望，两个儿子因为皇位继承权而争得你死我活。

手心手背都是肉，无论哪个胜出，受到伤害的都是她的亲生儿子。母亲在世之时，还能充当调节兄弟关系的缓冲阀，还能把他们两个人拉在一起，还能让他们回忆起在北平一同生活的快乐时光。母亲这一走，两兄弟之间的紧张对立关系，只能是越发严重，势如水火了。

虽说是一母所生，但朱高炽与朱高煦两人的性格却完全不同。如果老二认清事实，不做超出自己能力范围的事情，他下半辈子当然也可以过得潇洒快乐。可惜，朱高煦偏偏自不量力，自找烦恼。如果后来发生的那些事，徐皇后九泉之下有知，不知道又会多么伤心。

另外，让人无法不产生联想的是，徐皇后去世两个月之后，她的大弟弟徐辉祖就突然死去了。在过去相当长的时间内,徐辉祖一直是朱棣的死对头,齐眉山一战,更是让大舅哥吃足了苦头,靖难大业险些功亏一篑。

可以毫不夸张地说,如果他姐姐不是燕王妃,如果王妃和朱棣的感情不是那么深,朱棣坐上龙椅之日,也就是他掉脑袋之时。徐辉祖侥幸保住了性命,但被剥夺了魏国公爵位,并且失去了人身自由,一直被囚禁在家中。

徐辉祖的父亲是开国第一元勋徐达,姐姐是大明皇后,只要他服个软认个错,恢复爵位并非艰难的事情。可这位少年将军,骨头就是这么硬。为了自己的节操,完全不给朱棣面子。

徐辉祖死得不明不白,当然未必是朱棣亲自下的命令,更大的可能是,锦衣卫揣摩皇上的心思,替他做了恶人。即使得到小舅子的死讯,朱棣并没有完全原谅他:"辉祖与齐、黄辈谋危社稷。朕念中山王有大功,曲赦之。今辉祖死,中山王不可无后。"然后让徐辉祖的长子继承爵位。

但还有一种说法是,徐辉祖因姐姐的死而伤心厌世,主动选择自杀,并试图嫁祸朱棣,最后一次给姐夫添堵,这可能也是一种选择。

徐皇后一死,南京更加让朱棣无可留恋,两人一起生活了二十二年的北京,才更让他心驰神往。但是,身为皇帝,登基时间不长,也不能说走就走,这边还有无数政务要处理呢。

直到永乐七年(1409),朱棣终于才有了首次北巡北京的机会。他此行的主要目的,一是为自己和皇后挑选墓地,二是准备动武。

那么,到底是何方势力,连朱棣这样的皇帝都敢得罪呢?

第八章 亲征鞑靼扬国威

一、论离间，朱棣一生难遇对手

有些人的生命，注定属于战场。

别看朱棣长年受风湿病困扰，可一旦披上铠甲，跨上战马，他就像变了一个人似的，精气神完全回来了。登上皇位之后，朱棣鲜有亲自带兵打仗的机会，可如果条件成熟了，他对上阵杀敌的欲望，可能比纳个绝色妃子更加强烈。

朱元璋打完鄱阳湖之战就退居战争二线了，朱棣则不同，他在靖难中可以说是出生入死，几次差点儿到阎王那里报到。可他对打仗的热情，丝毫不减。

早在建文四年（1402），四十三岁的朱棣占领南京，登上了大明皇帝的宝座时，还收到了一份意外惊喜。鞑靼可汗鬼力赤居然送降表来，愿意称臣纳贡（这种待遇朱元璋都没有享受过）。

因为也就在这一年，鬼力赤在阿鲁台等人的帮助下发动兵变，杀害了北元皇帝坤帖木儿（属于黄金家族），自封大汗。为了向大明政权示好，他特意废掉了元朝国号，改称鞑靼。而蒙古西部的卫特拉部也趁机独立，并与鞑靼发生连年战争。另外，在鞑靼东边，还有早就自立门户的朵颜三卫。如此看来鞑靼的日子也不好过。

中国史书通常把卫特拉部称为瓦剌，看过梁羽生《萍踪侠影录》的读者，就会知道这个部落的厉害。不过任何事情都是相辅相成的，没有他们的凶猛，也衬托不出朱棣的伟大。

进入十五世纪以来，蒙古的地盘不断被蚕食，实力不断被削弱，又分裂成了鞑靼和瓦剌。但这并不等于说，蒙古人从此彻底放弃了入侵中原的想法了。

俗话说，由俭入奢易，由奢入俭难。自从金宣宗贞祐三年（1215）占领中都之后，蒙古人统治华北长达一个半世纪，已经习惯了定居生活。在他们的眼中，中原的建筑是那样的壮观宏伟，自己的蒙古包简直太寒酸；中原的饮食是那样的丰富可口，自己的烤肉马奶则相形见绌；中原的用品器具是那样的考究精致，自己的家居摆设简直就是一堆废铜烂铁；中原的姑娘们是那样的水灵娇艳，小鸟依人，草原上的女同胞却长相威猛，皮肤粗糙。在他们的心目中，早已把自己当作锦绣中原的主人，而汉人和南人，不过是被他们征服的奴仆。

战场上要用武器说话，蒙古人仗着自个儿横扫欧亚大陆的铁骑，很不把汉人放在眼里。他们低估了汉民族血性的一面，没想到会遇上常遇春和蓝玉这样的狠角色，居然敢用骑兵和他们正面对抗，居然还能把他们打得满世界乱跑。

面对鞑靼和瓦剌两大势力的潜在威胁，朱棣一直很注意在两者之间煽风点火，防止他们联合起来向明朝叫板。朱棣以大元帝国的继承人自居，永乐四年（1406），他派人赍书给这个鞑靼可汗：

朕嗣天位抚天下，体天心以为治，惟欲万方有生之众咸得其所。今海内海外万国之人悉已臣顺，安享太平。尝遣使致书可汗，谓宜通好往来，安为一家，而可汗不晤，拘我使臣掠我边境，自阻声教之外。夫天之所兴，孰能违之？天之所废，孰能举之？昔者，天命宋主天下，历十余世，天厌其德，命元世祖皇帝代之。元数世之后，天又厌之，命我太祖皇帝君主天下。此皆天命，岂人力之所能也？不然，元之后世，自爱猷识里达腊北徙以来至今，可汗更七主矣，土地人民曾有增益毫末者否？古称顺天者昌，逆天者亡，况而之众甲胄不离身，弓刀不释手，东迁西徙，老者不得终其年，少者不得安其居，今数十年矣。是皆何罪也哉！可汗聪明特达，宜敬天命，恤民穷，还前所遣使者及掠去边境之人，相与和好，且用宁息尔众，同享大平之福，顾不伟哉！若果负倔犟之性，天命之穷有所不顾，必欲以兵一较胜负，朕亦不得独已。中国士马精强，长驱迅扫之势，恐非可汗能支也。可汗其审度而行之。文绮二表里往致朕意。

鬼力赤不是黄金家族后代，在草原上的威望终究差着火候。当朝，蒙古系建立的最强政权，无疑是定都中亚的撒马尔罕、由跛子帖木儿建立的帖木儿帝国。在其巅峰时期，领土东起北印度，西达幼发拉底河，南濒阿拉伯海和波斯湾，北抵里海和咸海。

十四世纪末，朱元璋和朱标父子曾试图迁都西安，笔者猜测，遏制帖木儿帝国向东扩张，也许正是原因之一。朱棣发动靖难那几年，跛子帖木儿碰巧向西扩张，跟奥斯曼帝国争夺小亚细亚半岛。如果当时他趁大明内战来个突然袭击，后果可能不堪设想。

到了永乐二年（1404）十一月，跛子帖木儿这才想到入侵中国，并拼凑了二十万大军。可次年二月，当帖木儿刚打到别失八里，离朱棣亲家宋晟把守的肃州卫还有一千多里时，却突然病死了。

跛子帖木儿死后，帖木儿帝国再没有野心入侵大明，继续向天朝纳贡。当然，他们还和蒙古草原各部有很多联系。大元直系后裔本雅失里就流亡到了撒马尔罕，并一心想恢复祖上的荣光。

即便远隔数千里，朱棣对此人的动向依然了如指掌。永乐六年（1408），他向那里派出了探报。这个间谍的级别有点儿高——甘肃总兵何福，他化装成一个马贩子，出没于撒马尔罕街头。同时，朱棣还以太监王安为使节，派其公开前往当地考察。到了三月，朱棣的使者刘帖木儿不花又带着皇帝的书信，呈给了本雅失里：

鸿胪寺丞刘帖木儿不花等回,知尔自撒马尔罕脱身居别失八里,今鬼力赤等迎尔北行。以朕计之,鬼力赤与也孙台久结肺腑之亲,相依为固,今未必能弃亲就疏矣,况乎握重兵!虽或其下有附尔者,亦安敢与之异志?今尔与鬼力赤势不两立矣!夫元运既讫,自顺帝之后传爱猷识里达剌至坤帖木儿,六辈相代瞬息之间,且未闻一人遂善终者。此亦可以验天道。然则,尔之保身诚不易也。去就之道正宜详察善处。古之有天下者,皆于前代帝王子孙封以爵土,俾承宗祀,如周封舜之后胡公满于陈,封夏之后东楼公于杞,封商之后箕子于朝鲜,微子于宋。汉唐宋亦皆封前代之后。我皇考太祖高皇帝于元氏子孙存恤保全尤所加厚,有来归者皆令北还,如遣妥古思帖木儿还,后为可汗统率其众,承其宗祀,此南北之人所共知也。今朕之心即皇考与前古帝王之心,尔元氏宗嫡,当奉世祀,吉凶二途,宜审思之。如能幡然来归,加以封爵,厚以赐赉。俾于近塞择善地以居,惟尔所欲。若为下人所惑,图拥立之虚名,虽祸机在前有不暇顾,亦惟尔所欲。朕爱人之诚同于皦日,今再遣刘帖木儿不花等谕意,并赐织金文绮衣二袭,彩币四端,尔其审之。

朱棣苦口婆心讲了这么一番大道理,劝说本雅失里不要跟鬼力赤合作,可后者能听进去吗?朱棣当然不会特别乐观。而他担心的事情,最终还是发生了。

当年十二月,在阿鲁台等权臣的辅助之下,本雅失里通过兵变杀掉了鬼力赤,顺利地登上了鞑靼汗位。阿鲁台当上了太师,类似中原王朝的丞相。

一直关注漠北时局的朱棣,不得不承认既成事实,并在第一时间派郭骥作为自己的全权代表,前往草原恭贺新领袖,表达了发展双边关系、维护漠北和平与稳定的意愿。当然,顺便刺探点儿军情什么的,也不算什么大事。

在亲笔信中,朱棣如是说:

边将得尔部下完者帖木儿等二十二人来，其言众已推立尔为可汗，尔欲遣使南来通好，朕心甚喜。今遣都指挥金塔卜歹、给事中郭骥等赍书谕意。可汗诚能上顺天心，下察人事，使命往来，相与和好，朕主中国，可汗主沙漠，彼此永远相安于无事，岂不美哉！彩币大表里用致朕意，完者帖木儿等朕念其有父母妻子，均给赏赐令使臣送归，可体朕至意。

这封信态度相当诚恳，说"我管中国（中原），你管沙漠，大家永远相安无事"，但这只是权宜之计。朱棣要是满足于守住长城，小富即安，他就不是永乐大帝了。

可是，本雅失里怎么对待天朝特使呢？他做出来的事情，朱棣做梦都没想到。

二、统帅的愚蠢，带来的是朝廷的灾难

永乐七年（1409）三月，在登上皇位将近七年之后，朱棣才首次从京城回到了北京。

这一年，无论是对他，还是对于这个城市，以及大明的历史，都非常重要。

这一年，朱棣整整五十岁。距他人生中第一次北京之行，已经过去了将近三十年。

当年何等意气风发的少年皇子，如今已步入老年，身体大不如前。更让他痛心的是，一生中至爱的人，已经不在身边了。

朱棣此行，不仅带走了六部的主要负责人，还把汉王朱高煦、皇长孙朱瞻基也带在了身边。从这一年起，这位皇帝的大部分时光，都会在北京度过，而遥远的南京，则由太子朱高炽镇守，是为监国。

说起来，这父子俩真有意思。靖难的时候，朱棣在前线打仗，让朱高炽留在北平驻守；立太子之前，朱棣住在南京，朱高炽继续留在北京；从这一年开始，朱棣又开始长驻北京，而朱高炽却长留南京了。别以为太子从此就海阔凭鱼跃了，其实他只是个"形象代言人"，国家的大政方针，

都还得由"行在"的皇帝来决定。

这一年,朱棣在东北设立了著名的奴儿干都司,把大明的势力范围,一口气延伸到了外兴安岭。

这一年,在北京郊外天寿山下的昌平,朱棣和徐皇后的陵墓开始动工修建。这就是十三陵之首的长陵。如此一来,全国的官员都看出来了,皇上这是要迁都啊!

如果不迁都,为什么不在南京修建陵墓呢?

这一年,朱棣还把三个瓦剌部落首领封为王。此举意义非同小可。按理说,朱棣已经承认本雅失里全蒙古可汗的地位,并用白纸黑字写明了,就不应该"干涉蒙古内政"。但是,当瓦剌首领派人向朱棣进贡时,朱棣却颁下圣旨,封马哈木为顺宁王,太平为贤义王,秃孛罗为安乐王。

他给了三人这么高的待遇,当然也暗示他们,可以和鞑靼对着干。而瓦剌使者接受册封时,显然已经将自己置于本雅失里的对立面。

这次北巡,朱棣还真的没有白来,刚到北京不久,就出大事了。

永乐七年(1409)四月,本雅失里不知出于什么原因,想杀掉一个人立威。虽然手下大臣强烈反对,但这个人还是死了。

死个人有什么大不了的,不过,这个人的身份有点儿特殊。

他正是朱棣派到草原的特使郭骥。这不是公然挑衅大明吗?阿鲁台当时正好不在,谁也挡不住可汗。等这个太师闻讯赶来之时,郭骥的人头已经在本雅失里桌子上摆了一段时间。

无法想象一个成吉思汗的直系后代,会有这样鲁莽的举动。

俗话说权力越大,责任也越大。一个不合格的领袖,因为自己的愚蠢,将会给一个民族、一个国家、一个政权,带来多大的灾难!

郭骥遇难的消息传到北京,朱棣立即传令,召集文武群臣商议对策。

大殿之上,朱棣显得非常震惊和愤怒。他给了郭骥极高的荣誉,并下令重重抚恤死者家属。此时,一个想法或许已经在朱棣心中萌芽。

对付分裂成三派的蒙古人,朱棣的一贯政策是:哪个强了揍哪个,哪个弱了扶哪个，让他们在草原上永远血拼死磕，自己在家里坐收渔翁之利。不过，杀害天朝使臣的突发事件一出，暂时打乱了他的战略部署。

自从占领南京之后，朱棣的燕山铁骑已经近七年没有打仗了。当他们得知本雅失里的罪行后，一个个义愤填膺，主动要求上阵杀敌。

甚至连一向避战畏战的文官们，都觉得是可忍孰不可忍。使臣成了高危职业，如果不为郭骥的死讨个说法，只怕不知道有多少人会葬身他乡。如果对这样赤裸裸的挑衅不回击，只怕蒙古人的骑兵就准备南下了！

现场气氛非常悲壮，文官武将们难得地达成了共识，这让朱棣非常开心。他环视四周，很快确定了主帅人选，而这个人没等朱棣发话，就自己站出来了。

"鞑靼冒犯天威，是自作孽不可活，末将愿率兵马，为陛下扫平鞑靼！"

朱棣正要说话，朱高煦突然从人堆中站了出来，只见他上前跪倒，高声说道："禀报父皇，淇国公是我大明栋梁，立下战功无数，此次挺身为国分忧，儿臣非常佩服。丘老将军讨伐鞑靼，必将马到成功，儿臣愿为他担保！"

从内心来讲，朱高煦倒是很想自己带兵，一来他喜欢打仗；二来打了胜仗，可以借机树立自己在朝中的威信。大哥已经当上了太子，但治军能力平庸，又远在南京鞭长莫及；而自己的表现，父皇随时都能看在眼里，重新考虑接班人的问题也不一定。

但朱棣登上皇位之后，担心自己的成功经验被后代复制，坚决不允许藩王独自带兵，连朱高煦都不能例外。因此，这个二皇子不得不退而求其次，推荐自己的嫡系丘福。

丘福这一年已经六十七岁，按说早应该退休享清福了，可他还继续奋斗在第一线。而这位爷之所以坚持，完全是为了朱高煦的夺位大业。

丘福贵为武将之首，其实并没有徐达、常遇春那样的显赫战功，也不具备张玉、朱能那样的战术素养，只是靠时间熬下的资历、攒下的人品，才混到了今天的地位。而且，这把交椅也行将不保。

当年朱棣决定征伐安南时，丘福因病错过，最终让张辅趁机上位，从此扶摇直上。丘福这次主动请战，心里暗暗盘算，一定要打一场漂亮的胜仗，提升自己的声望。

朱棣对这场战争也极为重视。他想拨给丘福二十万军队，但后者听了，拼命摇头："陛下，给我十万人，就足够了！"

朱棣知道丘福求胜心切，一再提醒他要谨慎，切勿轻敌。丘福听得很认真，边听边连连点头。

七月初二，十万明军从德胜门外出发，开往漠北。别看人数不算太多，但这些将士之中，大部分都是朱棣的嫡系部队，是从北京一路杀到南京的铁军。而且，丘福身边还有四大名将辅佐：武城侯王聪、同安侯火真、靖安侯王忠和安平侯李远。他们都是在靖难中立下大功的勇将。

特别值得一提的是，这五人也和朱高煦有非常特殊的关系，是这位二皇子在朝廷中最倚仗的亲信。朱高煦盼着他们旗开得胜，为自己的夺位大业加分。

作为国家的最高领袖，朱棣当然也盼着丘福多打胜仗，就算抓不到本雅失里本人，至少也要削弱鞑靼的势力，让瓦剌也可以乘虚而入，趁火打劫。

朱棣一直非常关心前方的战事，吩咐要及时汇报军情。而他的老部下们，果然没有让他失望。战争开始后，鞑靼军队节节败退，丘福亲率主力一路杀到胪朐河（克鲁伦河），准备找到敌军主力后给予其毁灭性打击。

总是收到捷报的朱棣很高兴。转眼到了八月，因为要过中秋，前方的情报明显减少了，朱棣也并没有太在意。不过就在中秋当天，刚刚吃完过节的月饼，近侍马云就神色慌张地闯了进来：

"万岁，二皇子、三皇子和兵部尚书方宾一起求见。"

三人一进门，齐刷刷地跪了下来，磕头不止，哭个不停："陛下，全完了！"

朱棣心里咯噔一下。他强打精神："休要惊慌，慢慢讲来。"

还是朱高煦沉稳一些。他一抹脸上的泪水，一字一句地说道："开平急报，北征大军误中鞑靼埋伏，损失惨重，丘老将军……为国捐躯！"

"那，李远将军他们呢？"

"都阵亡了。武城侯、同安侯、靖安侯、安平侯，他们与丘帅一起殉国！十万兵马，活着回来的不过千人……"

朱棣眼前一黑，差点儿当场昏了过去。十万精兵，五大统帅，这都是大明的骨干力量，转眼就烟消云散，说没就没了。朱棣从军以来，何曾遭受这样的失败，何曾经历这样的屈辱！

原来，丘福大军杀到胪朐河时，抓获了一名鞑靼的尚书。这名官员供出了本雅失里的逃跑方向，并且自告奋勇充当向导，请求丘将军火线追击。王忠和李远觉得这事不靠谱，建议主帅慎重从事，得到的回应，却是丘福一本正经的指责：

"敢于动摇军心者，杀无赦！"

丘福说走就走，点齐五千铁骑就要上路。王忠等四将不放心，只能跟随他出发。

这位向导确实没有骗人，在夜幕降临之时，他们还真找到了鞑靼主力。不过，对方人有点儿多，至少有三万，而且人家养精蓄锐多时。丘福想打蒙古人一个措手不及，但发现真正手足无措的倒是自己。

在鞑靼铁骑的重重包围之下，五千明军很快被消灭干净，丘福等人也战斗到了最后一刻。他们死了，但明军的噩梦远没有结束。

第二天，在向导的带领下，阿鲁台的大军就开到了明军大营，发起了总攻。

要说丘福真的太冲动了，大营连个代行主帅权力的人都没有，群龙无首，自然是一盘散沙。这场战役的具体进程非常简单，惨烈无比，完全是一场屠杀。士兵的尸体堆满了胪朐河两岸，鲜血把河水都染红了。侥幸逃出包围的，只有千把人。

丘福本想一炮打响，却是一败涂地。自从洪武五年（1372）徐达败给王保保以来，大明哪里有过如此惨败，这简直就是耻辱！

朱棣非常恼火。在沙场上流尽了最后一滴血的老将军丘福，因为治军不力，不但没得到任何抚恤，反而被剥夺了淇国公爵位，甚至被抄了家。王忠和李远因为曾劝说丘福，得以保住爵位。

这么多年来，朱棣都是有仇必报，当年在济南城下羞辱自己的铁铉、在齐眉山让自己难堪的徐辉祖、在奉天殿上挑战自己的方孝孺等，都得到了应有的惩罚。而这一次，他当然不可能以德报怨，这不仅仅是为了自己的面子，更是为了边境的稳定安宁，为了大明的江山。

不过，现在问题来了，谁能领军报仇？既然丘福都死得这么干脆利落，换一个将领，谁能保证一定比他强呢？难道，真的要把张辅从四五千里外的安南召到北京？

朝中不是有不亚于张辅的大将吗？众人的目光，不由得都集中在了这位战神身上。

三、御驾亲征，方能提振国威

此时的朱高煦，表情异常严肃，神色非常凝重。

他知道，在与老大的竞争中，自己又折了一阵。

丘福等五人的死，受打击最大的无疑就是他二殿下，没有了这五人的支持，朱高煦在朝廷中的话语权从此将大打折扣，想和东宫抗衡，几乎成了不可能的事情。

此时这位二皇子想到了带兵复仇，希望借此树立自己百战百胜的战神威名，同时为篡权大业重新网罗一批亲信。不过，朱高煦还没有开口，有人倒抢在前面说话了。

"儿臣举荐一人，定能马到成功！"朱高燧少有地发言了。

朱高煦看着三弟，不知道他葫芦里想卖什么药。朱棣倒是没有拦他："说！"

"靖难之中，二皇兄屡立奇功，让南军闻风丧胆。虽徐达、常遇春在世，也未必如二皇兄。现国家危难，张辅在安南又无法脱身，儿臣以为，放着二皇兄这样的统帅不用，而要换他人去冒险，恐怕我军又要遭受重大打击！儿臣愿以赵王王爵，为二皇兄作保！"

朝中一片哗然。文臣们在一起窃窃私语，武将们则没有太多心机，他们只是觉得，朱高煦确实是个相当理想的人选。

就在这样的气氛中，朱棣突然从龙椅上站了起来。刚才还在议论纷纷的大臣们，马上知趣地闭上了嘴巴，他们知道，皇上已经有了自己的主意，当然得洗耳恭听。

"此番北征，只许胜不许败，事关重大……朕决定亲征！"

经过丘福溃败的打击，他对鞑靼再也不敢小视了。朱棣看不出来老二比丘福高明多少。带万把人去执行个任务，他肯定可以完成得很漂亮，但要让他带领十几万大军独立行动，协调方方面面的关系，朱棣实在是没底气啊。

这个皇帝出生在炮火连天的岁月，血液里注定有更多战斗的细胞；年纪轻轻就被安排到北平戍边，在与蒙古人的较量中成就了高超的统率能力；人到中年，悍然起兵靖难，靠实力和运气，硬是抢下了根本不会落到他头上的皇冠。

他不是开国之君，却是马上天子，战场上的血拼让很多人害怕，却让他更加兴奋。

不过，朱棣在靖难三年中，总是习惯性地冲锋在最前面，饶是有建文帝的免死金牌护身，他也经历了四五次与死神擦肩而过的惊魂时分。造反的时候他是燕庶人，一无所有，押上自己的性命去赌一把未来，并没什么不可以；现在他已经贵为天子了，还有必要亲自上前线吗？白头发都一大把了，为什么还要如此冲动呢？

已经五十岁的朱棣，何以如此热爱战场？

表面上的原因，是朝中真的没有了合适的统帅。朱能死了，张辅远在安南平叛，而朱高煦，如果他安分守己，不再与大哥争夺太子之位，朱棣也许会选择他。可在这种节骨眼儿上，如果让朱高煦率领十几万大军开往漠北，在军队中大肆安插亲信，并通过一场大捷，大大提高自己的威望，那么老二因丘福之死造成的被动局面，很可能就能扭转过来了。

潜意识里，朱棣也不希望这个战场上比自己还生猛的二皇子，走上自己当年的道路。都说朱棣向着老二，但关键时刻，他总是替远在南京的太子着想。

说到底，朱棣的心还是向着老大，甚至是老大的老大——朱瞻基。

其实，就在前一天晚上聊天时，小瞻基居然一脸严肃，请求皇爷爷御驾亲征。这么小的孩子，居然已经能看出政治大势了。

更深层次的原因，是朱棣对于战场的热爱，对于战场的向往。既然是个天生的战士，唯有战场才能带给他真正的满足。这种成就感，是占有多少财富，征服多少女人，都不能够满足的。

四、胪朐河边，朱棣重返二十岁

朱棣一旦做了决定，那就是谁也改变不了的。他传下圣旨，在全国征调兵马，运送粮草，长江以北各布政司的精兵，都迅速向北京集中。明军出动运粮车三万多辆，从北京城到居庸关，每隔十里就建立一座塔楼，用来存储军粮。

永乐八年（1410）二月初十，天气晴好，德胜门外旌旗招展，鼓乐喧天。部分消息灵通的北京市民已经知道，皇上这是要打大仗了。本着看热闹不怕事大的精神，无数人都跑出家门张望。

朱棣让年仅十二的朱瞻基留北京，就不怕出事吗？其实他早有安排，命夏原吉掌管行在六部及都察院事。

马上的朱棣神情严肃，目光如炬。八年前，他曾经从这里出发，南下靖难。那个时候，他身边不过只有十万人，要对付的是朝廷的百万大军，胜负不得而知，前途无法预料。但朱棣无所畏惧，押上了自己所有的底牌。幸运的是，他成功了。

八年之后，他已经是这个国家最有权势的人。

如今，他面对的是实力已经严重削弱的鞑靼，又有了丘福用生命换来的前车之鉴，朱棣确信，作为一名合格的统帅，自己没有理由失败。

朱棣对外宣传的兵员人数是五十万，这个数字当然是不可能的。但可以肯定的是，这次集结的军队质量，明显要高于张辅指挥的那支南征大军。实际数量，怎么也应该在二十万左右，比当年徐达的北伐大军，也少不到哪里去。更重要的是，大军中还包括了三千营、五军营和神机营这样的精锐部队。

朱棣将主力划分为五军，中军由清远侯王友统领，安远伯柳升为副，宁远侯何福、武安侯郑亨指挥左、右哨，宁阳侯陈懋、广恩伯刘才率领左、右掖，都督刘江为前部先锋。这样的阵容，只能用"豪华"两字来形容。而学士胡广、庶子杨荣和谕德金幼孜等文官也随军出征。

北上之路朱棣并不陌生，二十年前，作为镇守北平的燕王，他就曾从这一带穿过，去讨伐北元太尉乃尔不花。这条路上，有岳父徐达亲自指挥修建的卫所，有当地百姓自发修建的杨令公（杨业）祠。不过，当年还能看到炊烟缭绕的村庄，现在满目所及，却是一片荒漠。

出了宣府，跨过了长城，就来到了蒙古人的传统势力范围，周遭越发荒凉。眼前能看到的，只是茫茫无际的荒漠，连个野兔都难得遇到，更别说鞑靼骑兵的踪迹了。朱棣带着手下登上凌霄峰，凭高远望，可以说满目疮痍。这位皇帝不勉又触景生情，他告诉身边的胡广等人：

"元朝强盛时，此处可都是民居啊。"朱棣话中有话，那些文官也听得懂，纷纷祝愿皇帝马到成功，全歼敌人。

由于兵马辎重较多，又有丘福丧师的前车之鉴，明军推进速度越来越慢。但朱棣并不着急，他知道，猎物是不会主动跳出来的，必须引蛇出洞。

鞑靼人没有固定的城邦，出没无常，飘忽不定，想要围歼肯定是有难度的。但他们也有自己的弱点，必须逐草而居。斡难河、胪朐河一带，正是当年成吉思汗赖以崛起的圣地。作为黄金家族后人，本雅失里显然不能容忍明军占领这块地盘，感情上的屈辱还是小事，失去了这片草场，几十万部族就得跑到更远的杭爱山一带放牧。没有足够的食品储备,到冬天就会有更大的麻烦等着他们。

三个月之后,朱棣大军来到了胪朐河,这是当初丘福等人阵亡的地方。河谷两边零乱地堆积着一排又一排的尸体,看起来非常恐怖。

朱棣知道,二百年前,一直在金人管辖和奴役下的蒙古各部,就在这里,在他们的民族英雄成吉思汗的主导下,先是完成了部落统一,接着他们迅速张扩,连续吞并了数十个国家,所到之处,山河破碎,生灵涂炭。

到了世祖忽必烈时期,他们又以汉军为先锋南侵大宋,占领杭州,使华夏大地第一次遭遇彻底沦陷之痛,让汉人和南人沦为低等之民。

四十年前,自己的父亲朱元璋在南京建立大明,自己的岳父徐达率领二十五万大军,驱逐胡虏,恢复中华,把蒙古人赶到了长城以北,让中原大地重新回到了汉人的治理之下。今天,就在这一刻,他,朱元璋的儿子,徐达的女婿,亲自率领五十万大军,向北深入四千余里,来到了蒙古人的发祥地。之前没有一个汉人皇帝,能做到他这一点。即使是史册上那些最耀眼的名字,也没有他今天这样的壮举。

当年的汉武帝曾大破匈奴,唐太宗也曾成为天可汗,但他们从来没有亲自带兵千里行军、深入荒漠、站在胡虏发祥地的经历。

朱棣下令掩埋阵亡战士的遗骨,清扫战场,就在这里安下大营。面对随军的胡广、杨荣和金幼孜三大阁臣,朱棣突然来了兴致:

"胪朐河是我大明十万将士遇难之地,也是成吉思汗发家之所。王师至此,当易此河名,以彰我军威!"

"敢问陛下,您如何命名?"

"既然我大明士兵在此饮马,就叫'饮马河',而安营之所,可叫'平漠镇'!"

"饮马塞外,踏平漠北,皇上的气魄,令臣等望尘莫及!"杨荣带头,三个人纳头下拜,以表达自己由衷的钦佩之情。

朱棣也是热血沸腾，心潮难平。他回到寝帐门外，突然看到一个无比熟悉的身影。

徐皇后笑意盈盈，款款下拜。

朱棣急忙扶起她，轻轻抚摸着她秀丽的脸庞，徐皇后伸出双手，熟练地勾住了他的脖子。朱棣看着爱妻，眼泪都快流出来了，多少个日日夜夜，他捧着她绣的荷包发呆，可现在，心爱的人就在眼前，就在他的怀中。

他一把抱起徐皇后，向帐内走去……

这一觉，朱棣睡得很香。醒来之后，下意识地看着枕边。

她醒来了，笑容是那样的妩媚，举止是那样的优雅，身姿是那样的轻柔，世界上没有一个男人，能够抗拒这种诱惑。

朱棣猛然清醒了，睡在他身边的，根本不是徐皇后。

五、要么不做，要么做绝

朱棣一觉醒来，发现身边躺着一位年轻姑娘。

原来昨天的那一幕，都是自己的幻觉，居然把她看成了皇后。

朱棣此次北征，只带了一个妃子，就是韩国权臣权永均的掌上明珠权氏，永乐七年（1409）入宫，随即被朱棣封为贤妃。

贤妃生于洪武二十四年（1391），比朱高炽还小十三岁。自从有了这样一位绝色佳丽，朱棣觉得自己猛然间也变年轻了，浑身充满了力量，像又回到了三十年前，刚刚和徐皇后结婚，在北平就藩的那段日子。

朱棣偶尔也会感到迷茫：她究竟是自己的女人，还是自己的女儿。她让他迷恋的，不仅仅是洗尽铅华的清新优雅，还有她温柔似水的乖巧可人；他让她执着的，并不是身为皇帝的高高在上，而是他作为男人坚强果敢的性格和雄浑的气魄。

可惜的是，他在她身上留下了无数激情时刻，她却不能为他生下一儿半女。这并不是她的责任，但一定是她的遗憾。

男人的舞台在战场，女人的舞台在后宫。战场上的血雨腥风可以说是一目了然，而后宫中的危机与陷阱，可能会更加残酷。

大明开国皇帝朱元璋抛弃了元朝的宽松政治，却继承了元人不合理的陪葬制度。朱元璋死后，尚在人间的四十位妃子，有三十八人被迫自杀，好继续伺候这位皇帝。

朱棣这一年刚过五十岁，当然还没来得及考虑殉葬问题。但他万万没想到，权贤妃给自己带来的欢乐，不过是短短两年。

除了徐皇后，权妃可能是朱棣爱过的唯一一个女人。其实，朱棣只是将她当作皇后的替身或影子。这对权妃来说很不公平，但相比普通人家的闺女，她实在是太幸运了。

渡过饮马河后，北征大军继续前进。前锋刘江的部下抓住了几个落单的鞑靼士兵，将这些人送到了朱棣大帐。他们给大明皇帝带来了一个天大的好消息。

朱棣手下这些大将听完，随即发表了自己的观点。有人认为，机不可失，应该马上动手；有人觉得，情形可疑，最好按兵不动；还有人建议，应该把这些俘虏拉过来，用最严酷的刑罚再招待一番，应该会榨出更多消息。

不过，朱棣显然有了自己的想法。

到底是什么好消息呢？

本雅失里的兵马，已经离此不过五十里了。而且，本雅失里和阿鲁台已经分道扬镳，各走各的路了。

其实，这些俘虏并没有骗人，事情是真的。

按说，本雅失里是阿鲁台扶上汗位的，但这个成吉思汗的后人很有想法也很不安分，总想着做一个真正的领袖，不想被掣肘。

朱棣带着五十万大军亲征漠北的消息，让总人口不到百万的鞑靼部落上下非常紧张，处处弥漫着悲观情绪。

大敌当前，逃跑是一定的。问题是，往哪里逃才是最合理的选择。

阿鲁台作为事实上的决策者，当然得有主见。他很快提出了自己的观点：向东,往兀良哈三卫那边跑。

但本雅失里说,兀良哈三卫早就是大明的附属了,往那边跑,不是自投罗网吗?他坚决主张,向西逃,跟瓦剌联合。

阿鲁台急了:"我们刚跟瓦剌打过仗,他们只会看我们的笑话!"

本雅失里笑了笑:"那你往东,我往西,这样也不至于都被消灭。"

阿鲁台算是整明白了,本雅失里想趁机自立门户。

朱棣和手下将领讨论作战方案,偏将王友说:"陛下,末将愿率一万兵马,追赶鞑子!"

"不,你留下,朕要亲自领兵去追。"

鞑靼很可能是故伎重演,想把明军引入包围圈。一国之君,有必要冒这个险吗?

可朱棣却有自己的打算,他把自己的道理一讲,杨荣、方宾等人全都不住地点头:"皇上英明!"

第二天一早,朱棣带领两万轻骑兵,前往传说中本雅失里的驻扎地——兀古儿扎河。朱棣知道那几个俘虏是情报人员,就故意放走他们,让这些人把皇帝亲自追赶的情报放出去。

本雅失里得知朱棣带着万把人亲自来抓自己,立即令手下精锐的铁骑,养精蓄锐,摆好阵势,准备给朱棣致命的打击。

几个月前,鞑靼的铁骑把胪朐河变成了明军的坟场;现在,听说大明皇帝就在阵中,他们个个憋足了劲儿。朱棣靖难时的神勇表现,蒙古人也多少了解一些。但本雅失里觉得,再凶狠的汉人还是汉人,他们在马上是赢不了蒙古勇士的!

八年没上战场的朱棣,是否会重蹈丘福的覆辙?

阳光温柔地照耀在兀古儿扎河上,微风拂过脸庞,让人感到非常舒服。可惜,一场即将到来的战争,把这里的宁静完全打破了。

没有一对一的单挑,没有先礼后兵的试探,更没有寒暄与客套,双方骑兵就在这里交手了。

不过，明军冲在最前面的，不是先锋，而是他们的皇帝！

多少年了，朱棣有个习惯从未改变：打仗喜欢冲在最前面。蒙古士兵无法理解，但大明将士却无法不感动。从古到今，有多少军人能和皇帝一起在战场上拼杀呢？有几位君主甘愿冒这样的风险呢？如果自己有任何哪怕是一点懈怠，怎么能对得起皇上的这份信任？如果不能赢得这场较量，这一辈子怎么能抬得起头来？

本雅失里开出了高额的奖赏，但他的士兵却没有福气消受。而大明士兵，却拿出了靖难时期置之死地而后生的那种狠劲儿，胜利的天平，能不向一边倾斜吗？

与蒙古人的轻装不同，朱棣这边的骑兵都是铁甲重装，这样对方的冷箭就无法伤害到他们。他们手中的兵器，也不是传统的弯刀，而是长矛和狼牙棒。这样就算距离较远，也能对敌人构成威胁。蒙古人还没来得及冲到他们跟前，就可能会被长矛戳穿，被狼牙棒拍死。

在阳光下，明军的兵器闪着耀眼的光芒，打得对手不断惨叫，他们的眼中充满了必胜的信念。

本雅失里本来是想看笑话的，却发现自己已经成了笑话。眼看着喊杀声离自己越来越近，他已经管不了别人的死活，在贴身护卫的拼死保卫下，勉强杀出一条血路，一路向西逃跑。

朱棣显然并不想把本雅失里置于死地，这么蠢的大汗，留着对大明是有好处的。本雅失里一口气跑出去老远，眼看明军已经消失在视线之内，这才长出了一口气，鞑靼的精锐只剩下跟随自己的七个人。他们不好意思去投奔瓦剌，害怕人家笑话，就向东察合台汗国的方向逃去。

傍晚时分，战斗平息下来了，兀古儿扎河两岸，横七竖八地堆积着无数的尸体，但这一次，死的大多是鞑靼人。本雅失里的大营内，堆积着不少他积攒和搜刮的金银财宝，现在都落到了朱棣手中，变成日后继续攻打鞑靼的军费。

在兀古儿扎河畔大杀四方的，正是朱棣组建的三大营之中的三千营。

各位不要误会，三千营人数可远远不止三千，保守估计有三万人。他们最早是由三千蒙古雇佣兵组成的，这些人作战勇猛，对朱棣也是忠心不二，在靖难中发挥了重大作用。

以后，三千营的人数得到了扩充，也吸收了汉人，但这个名称却被保留了下来。三千营的作战方式完全是蒙古化的，在冷兵器时代，战斗力绝对堪称无解的存在。即使与成吉思汗的怯薛军相比，也不遑多让。

这次，朱棣把自己的王牌军都带来了，但只派出了三千营，就把鞑靼打得溃不成军，实力差距啊。至于那两营，我们后面会讲到。

本雅失里显然不知道古希腊哲学家赫拉克利特的名言：人不可能两次踏入同一条河流。朱棣和丘福看似做了同一件事，遇到同一批人，上了同一个当，但性质是完全不同的。

丘福带的是五千人，朱棣带了两万，而且主力是更加强悍的三千营骑兵。丘福把队伍累得人困马乏，而朱棣却把士兵煽动得激情昂扬，战斗力就有了质的不同。丘福与主力部队离得太远，鞭长莫及，最后时刻心理崩溃，而朱棣的士兵知道，后续部队可以很快赶到，心里非常踏实，在战场上拼杀也底气十足。

朱棣打败了本雅失里，但并没有忘记真正的对手阿鲁台。阿鲁台跑到兀良哈，结果人家根本不愿收留他。道理很简单，谁愿意得罪天朝大军，据说还是五十万！没办法，阿鲁台踏上了继续逃跑之路。

而朱棣这边，几十万大军在荒漠中行军，粮食物资的消耗是巨大的。杨荣等人一再劝说朱棣早点儿班师，万一粮草接济不上，动摇了军心，后果不堪设想。

二十年前，朱棣第一次独立带兵，就在迤都（今蒙古苏赫巴托）包围了北元太尉乃尔不花，并成功地劝说他归顺朝廷。从此，朱棣在朱元璋那里留下了良好的口碑，为他以后的发展奠定了扎实基础。

二十年过去了，朱棣也由当初渴望胜利的青年将军，变成了身系国家命运的一代君主。对付蒙古人的游击战术，他有着更加得心应手的战术。

不过，眼看这么多人都提议班师，坚持留下的实在不多，这位皇帝微微一笑，下令班师——咱们回北京庆祝去！

六、将计就计，让对手无路可走

明军粮草消耗殆尽、大举撤退的消息，很快就传到了阿鲁台那里。他非常高兴，他带着手下军民来到阔滦海子（今呼伦湖），准备在这里舒舒服服地过冬。

这一天，阿鲁台正带着几十个随从，低调出行，视察牧民的生活状况，突然，一个探报慌慌张张地跑了过来："报，报，大事不好！"

"有事慢慢说，怎么了？"

"明军主力……杀过来了……"

阿鲁台赶紧带人站在沙丘上观察，不看不知道，一看不得了。远处密密麻麻的，都是明军的旗帜。其实人家说撤军，是故意放出消息，让自己上当的！

阿鲁台想到了逃跑。可是一跑，自己的奶牛、肥羊，都得拱手交给朱棣；如果和明军硬拼，下场可能会更惨，能不能看到明天的太阳都不好说；如果投降，永乐能相信自己吗？怎么办？

就在进退两难之时，朱棣的特使上门了。当年，就是本雅失里杀了天朝特使，才惹出了一大堆麻烦。阿鲁台可没他那么蠢，而是立即传令，以最高规格接待。

原来，使者是上门劝降的。阿鲁台不也正想投降吗？他立即派手下懂汉语的，以自己的名义写了一封信，说是给我们几天时间，收拾好了就过去投降。

使者拿着这封信回去交差了。阿鲁台目送使者的背影消失在地平线上，不禁松了一口气。他叫过来两个随从，在他们耳边吩咐着。二人一边听，一边不停点头："太师英明！"

使者回到明军大营，呈上阿鲁台的信。朱棣看了之后，若有所思。

随后几天，阿鲁台一直在监督手下整理东西，该打包的打包，该装车的装车，说这是要送给大明皇帝的礼物。

一天晚上，鞑靼士兵突然接到了命令，今天夜里，立即带上东西逃跑！敢情阿鲁台蓄谋已久，这些打包的东西，根本不是要献给朱棣的。

为了不惊动明军，阿鲁台还特意下令不许点火，要悄无声息地开溜。可当士兵们纷纷去牵马时，却发现了让他们终生难忘的一幕。

无数的火把，将夜空照得通红；无数的明军，变魔术似的钻了出来，他们高喊"活捉阿鲁台，封万户侯"的口号，杀向了鞑靼营帐。

正准备胜利大逃亡的阿鲁台，吃惊地发现明军打上门来了，只能把财物先丢在一边，指挥士兵仓促迎战。可惜，夜战从来不是蒙古人的强项，离开了马背，他们的战斗力就损失了至少一半。士兵们一门心思想逃跑，根本没有拼杀的欲望，更没有击败敌人的底气。没过半个时辰，地上已经堆积起了不少鞑靼勇士的尸体。阿鲁台的卫兵抢了几匹马，使出浑身力气杀出一条血路，这才护卫着他勉强逃了出去。

东方露出了鱼肚白，胜利的明军发出了自豪的欢呼声。鞑靼大营已经换了主人，数以千计的马匹、牛羊，都成了朱棣的战利品。

有道是兵不厌诈。阿鲁台玩的这种把戏，早就被朱棣识破。朱棣知道，阿鲁台必然是收拾东西想跑，于是将计就计，布置了这出大戏。可怜的阿鲁台忙活了半天，只是帮大明天子收拾好了战利品，等着人家来搬。

朱棣本来还想继续追击，把阿鲁台抓到北京审判，但手下军官提醒，马上要进入冬天，沙漠的气候将会明显恶化，不宜再冒风险。而且，阿鲁台已经遭到重大损失，北征的目标基本实现了。

于是，朱棣下令班师。六月，大军向东南行进，朱棣看到了一座外形奇特的小山。他突然来了灵感，决定将其命名为擒狐山❶，并且留下了这样的诗句：

---

❶ 也有史料写为擒胡山。

> 翰海为镡，天山为锷。
>
> 一扫胡尘，永清沙漠。

在一处以清流泉命名的水域，朱棣下令刻碑，留下了这样的文字：

> 于铄六师，用歼丑虏。
>
> 山高水清，永彰我武。

打了胜仗的朱棣，心里是踏实的，情绪是乐观的。可万万没想到，命运会如此捉弄他。

在返回北京的途中，贤妃不幸薨于临城。看来，北疆的恶劣气候和不停奔波，对这样一位娇弱的女性来说也许是难以承受的。皇上真的不应该把她带上。

不知出于什么原因，朱棣并没有将她的遗体运回北京，而是葬在了峄县，并上谥号"恭献"。

看来，贤妃虽好，还是取代不了徐皇后的位置，天寿山也没有她的一席之地。

但坏消息总会伴随好消息。这年十二月，走投无路的阿鲁台，被迫向明朝服软，称臣纳贡。

当鞑靼的使者来到南京，踏上金銮殿之时，他的紧张情绪可想而知。就在一年多以前，本雅失里杀害了天朝特使，引发了双方的武力冲突。现在阿鲁台被打得大败，人家愿意答应你们的求和吗？

不过令使者高兴的是，朱棣非但没有像本雅失里这个粗人一样将他杀掉，也没有对他进行任何羞辱。相反，这位大明皇帝不但亲自接见，甚至还设宴款待，而且满桌菜品特别丰盛。

特使看皇上心情不错，于是转达了阿鲁台的想法，希望能控制女直（真）、吐蕃诸部。

朱棣和手下大臣们商量。多数人认为，不妨开个空头支票给他们，反正都是天朝看不上的地方。但黄淮的一句话，却让皇帝非常开心。

黄淮说的是："分则易制，合则难图！"朱棣对其他人笑笑，说："黄爱卿站在高岗上，什么都看得见。各位站在平地上，能看到的只有眼前。"这批评已经够不委婉了。朱棣当然没答应鞑靼特使的请求。

可就在接见鞑靼特使不久之后，朝中四位重臣黄淮、杨荣、杨士奇和金幼孜却联名上书，他们的建议让朱棣陷入了深思……

第九章　选定太孙为大明

一、遏制蒙古，大力经营东北和西域

在首次北征取得很大成功之后，朱棣于当年十一月返回了南京。但他知道，蒙古人是不可能就此循规蹈矩的。

而且，南北两京之间的距离，实在有些太远。

明朝是汉人在反对元朝统治的过程中建立起来的。蒙古退到了长城以北，但终明一朝，他们的势力都不容小觑。为了遏制这一民族对中原可能的入侵，并最终彻底击败他们，除了亲征、武力打击之外，对于其东、西两翼的控制与拉拢，也显得相当重要。

拥有整个黑龙江、松花江和辽河流域的东北，是契丹和女真两大民族、辽与金两大帝国的"龙兴之地"。特别是女真族建立的金朝，从白山黑水出发，占据了全部的中原领土，将大辽打成了西辽，将大宋打成了南宋，并成为西夏、大理、室韦（蒙古前身）和朝鲜共同的宗主国。

其实早在盛唐时期，东北全境（包括库页岛）就曾一度属河北道管辖。但安史之乱以后，朝廷就完全失去了对这片广阔领地的控制权。

元朝建立之后，东北地区经过几次区划变更，最终于至元二十四年（1287）设置辽阳行省，管理从北冰洋到日本海的广大地区。

朱元璋统治时期，就高度重视对东北的扩张与经营。洪武四年（1371），元辽阳行省平章刘益投降。同年，朝廷在辽阳设立辽东都卫，隶属于山东布政司。洪武八年（1375），又改其为辽东都指挥使司，下辖二十五卫、一百三十八所、二州一盟。

不久，朱元璋将三个儿子封藩东北，辽王朱植驻广宁，宁王朱权驻大宁，韩王朱松驻开原。他们都拥有重兵，严防蒙古势力渗透到关内。洪武二十二年（1389），明朝政府又在东北西部建立了朵颜、泰宁和福余三卫，安顿不久前投降的纳哈出部。但朱元璋的政策，基本上以防御为主：只要蒙古人不越过长城，一般也不会主动攻打。

到了朱棣执政时期，他的想法和父亲已经大不相同了。一劳永逸地彻底征服鞑靼和瓦剌，才是他的终极目标。为此，朱棣更要加强对东北的经营，特别是对女真各部的拉拢与控制。

辽东巡抚李承勋曾向朱棣进言说："国朝建都于燕，亲以九鼎之重，扼胡人之吭，而拊其背。辽在侯甸间，与宣大错峙为三雄镇，以藩屏京师。天下无事则并力以抗胡，有事精兵数十万，指麾可集，而天下固以服其强矣。"朱棣深以为然。

永乐元年（1403），朱棣登基不久后，就派行人邢枢和知县张斌前往奴儿干，对吉列迷诸部落实行招抚。第二年，这位皇帝准备设立建州卫，遂安排千户王可仁前往辽东安抚女真各部。

朱棣的民族政策是相当宽松的："给予印信，自相统属，打围放牧，各安生业，经商买卖，从便往来。"因此，无论是吉列迷诸部落，还是建州、海西和野人女真，都纷纷向大明表示投诚。朝廷则在各地建立起卫所，任命部落酋长为指挥千户、百户等官，并准其定时朝贡，这是一种高度自治的政策。

永乐二年（1404）四月，明朝正式在东北设立建州卫，具体位置在阿木河西，今吉林省和龙市境内。后来，女真斡朵里部迁到图们江流域，永乐九年（1411）又迁至绥芬河流域，依附建州卫住牧。

明政府在斡朵里部地界设立了建州左卫，委派该部首领猛哥帖木儿（爱新觉罗·孟特穆）为都指挥使。也许很多人并不熟悉他的名字，他是努尔哈赤的六世祖。英宗正统七年（1442），朝廷又从建州左卫中析出建州右卫，委任猛哥帖木儿子董山掌左卫，猛哥帖木儿异父弟凡察掌右卫。至此，建州三卫正式形成。

而奴儿干都司的设立，更是明朝历史上的大事，也是朱棣巩固东北边疆、控制蒙古所取得的重大胜利。

永乐二年（1404）二月，忽剌温等处野人女真头目把剌答哈来朝，朱棣随即设置奴儿干卫，任命把剌答哈、阿剌孙等四人为指挥同知，古驴等为千户所镇抚，赐诰印、冠带、袭衣和钞币等。

永乐七年（1409）闰四月，奴儿干卫头目忽剌冬奴等来朝，向朱棣建议道："其地冲要，宜立元帅府。"由此，朝廷决定设置都司。以东宁卫指挥康旺为都指挥同知，千户王肇舟等为指挥佥事，统领部众，每年向朝贡海冬青等特产。

永乐九年（1411），朱棣派亦失哈率兵千余人、大船二十五艘到达奴儿干，并正式设立奴儿干都司。治所在黑龙江下游东岸的奴儿干（今特林），下距黑龙江入海口约二百公里。派驻都司的大明官员和驻防军，都生活在这里。

奴儿干都司所管辖的卫所，西起鄂嫩河的斡难河卫，东到库页岛上的囊哈儿卫，南起浑河一带的建州卫，北接兴安岭的古里河卫。理论上说，整个黑龙江和松花江流域，包括库页岛在内，都归这个机构管理。但事实上，这片超过两百万平方公里的庞大区域，都司并不能真正有效控制。各卫所如果入朝，都是直接与朝廷发生关系，朝廷的宣谕也直达各卫所。各卫所不相统属，亦不受都司统属。

奴儿干都司内除了女真，还有蒙古、吉列迷、苦夷（苦兀）和达斡尔等众多民族，但大都以渔猎为生。他们向朝廷献上海东青、貂皮及马匹等土特产，相当于内地的赋税，换取粮食、布匹和各种生活用品。明政府在元代驿站的基础上，恢复了奴儿干通往内地的驿传，密切了当地同明廷的政治联系、经济往来和各族民众之间的友好关系，促进了当地社会经济的发展。

女真各卫所多属羁縻性质❶，由部落酋长出任世袭的指挥使。朝廷为这些人颁发诰印，他们只要定期朝贡京师即可，在自己的辖区内，无疑相当于土皇帝，想做什么就做什么。但奴儿干都司，却是由朝廷直接任命的流官管理。都司的军队，也是由大明直接控制的正规军。因此也说明了，朱棣对于东北的控制，并不完全是象征意义的。

当然，在这么大的范围之内，朝廷无法做到像两京十三省那样严密控制，但大明对东北全境的管辖权，应该是确定无疑的。也基于这个原因，我们可以说，清朝取代明朝，不过是一次地方势力取代中央政权的变革。

永乐十一年（1413）和宣德八年（1433），奴儿干都司曾两次在特林修建永宁寺，并立有二碑。一块刻有《敕修永宁寺记》，分别由汉文、蒙古文与女真文写成；另一块刻有汉语碑文《重建永宁寺记》，记录了大明政府管理和经营奴儿干都司的若干轶事。这两块碑有力地见证了大明对东北的管理，绝对不是表面文章。

永乐朝自兼并安南后的领土，也只有两京十三省，奴儿干都司的设立，一定程度上是为将来在东北全境设立布政司，将其真正纳入大明王朝体系所做的积极准备。

朱棣主张"捐小费以弭重患，亦不得不然"，对于女真朝贡的回报相当慷慨，这招致了一些学者的口诛笔伐。但厚往薄来从来都是我中华之传统，仅仅批判朱棣，显然很不公平。况且以大明的经济实力，也完全给得起。

为了照顾女真的实际需要，朱棣下令在奴儿干开辟三处马市，"其一在开原城南关，以待海西女真；其一在城东五里，其一在广宁城，皆以待朵颜三卫夷人"。其实，大明根本不缺马，无非是为帮助女真各部换取他们的必需品。

永乐六年（1408）四月，朱棣与大臣聊天时，曾说：

---

❶ 所谓"羁縻"，就是一方面要"羁"，用军事手段和政治压力加以控制；另一方面要"縻"，以经济和物质的利益给予抚慰。

朕即位以来，东北诸胡来朝者多愿留居京师。以南方炎热，特命于开原置快活、自在二城居之。俾部落自相统属，各安生聚。近闻有思乡土，及欲省亲戚者，尔即以朕意榜示之，有欲去者，令明言于镇守官员，勿阻之。

如此宽松的政策，怎能得不到女真各部的感激？对于边地的贫苦家庭，朝廷还要给予赈济。永乐十二年（1414）七月，巫凯上书云："开原三万辽海三卫岁收屯粮，仅给本卫官军及给安乐、自在二州之人。近奉命运给各卫调兵行粮，并接济毛怜、建州诸卫鞑靼，道路既远，供给不敷，宜将所给建州毛怜者，就沈阳各卫与之。"

通过以上各项措施，永乐一朝不仅巩固了东北边疆，还在政治和军事上使北元势力陷入空前孤立，这对明朝的统治是非常有利的。按朱棣的长远设想，当然是要将这一广大区域，完全地纳入大明管辖之下。但奴儿干都司仅仅存在了二十五年；在这个机构撤销之后不到两百年，东北就建立起了女真人的大金政权；又过了约四十年，南明政权的余部就被清朝消灭得干干净净。

汉武帝时，中央政权就控制了包括天山南北路在内的新疆广大地区，并设立了西域都护府。盛唐时期，朝廷也曾一度设立陇右道进行管理。元朝时期，新疆大部分地区并不直属元朝廷，而是由察合台汗国掌控。明朝建立后不久，东西察合台汗国相继解体了，这为大明势力的渗透，无疑提供了很大方便。

西汉有张骞出使西域，被后世传为佳话。明朝立国之后，兵科给事中傅安、郭骥，北平按察使陈德文等，都曾先后前往新疆。永乐十一年（1413），朱棣又派陈诚出使。

陈诚堪称一千五百年后的张骞，陆地上的郑和。他的足迹踏遍了哈烈、撒马尔罕、别失八里、俺都淮、八答黑商、迭里迷、沙鹿海牙、赛蓝、渴石、养夷、火州、柳城、土鲁番、盐泽、哈密、达失干和卜花儿大大小小十七个地域,两年之后才返回大明。

陈诚不光能走,还更能写,他将一路的见闻写成了《使西域记》,详细记载各地的地貌、风土与特产,这成为了解这些区域的宝贵史料。

朱棣本着中原大国对边境民族一贯的怀柔之策,用优厚待遇吸引西域各部前来朝贡,防止他们倒向瓦剌和鞑靼。他曾经说:

人恒言,以不治治夷狄。夫好善恶恶,人情所同,岂间于华夷?抚之有道,未必不来。虎至暴,抚之能使驯帖,况虏亦饥食渴饮具人心者,何不可驯哉!但有来者,惟推诚待之耳。

正是受到这种宽松政策的吸引以及自身经济生活的需要,西域各部族首领,无论之前有没有接受故元的官职,都纷纷前来内地朝贡,请求通商。朱棣也将他们通通封为都指挥、指挥千户、指挥百户和镇抚等官,让这些人得到安抚,难以产生造反之心。西域与内地的经济交流也日益密切,中原的丝绸、瓷器、布匹和茶叶源源不断地输入西域,换来玉璞、硼砂、碙砂、文豹、狮子、骆驼和马匹。

哈密被视为西域诸地要塞,地理位置十分重要,是天方等三十八国入贡的必经之道。永乐二年(1404)六月,朱棣封安克帖木儿为忠顺王,使得哈密正式归入了明朝版图。此人遇害之后,皇上又推其兄子脱脱嗣位。

脱脱曾长期生活在汉地,他的执政使哈密与大明的隶属关系更为确定。忠顺王的地位与朱姓藩王相当接近,王府内甚至有大量汉人官员。

永乐四年(1406)三月,朱棣还在陕西布政司西边设立了哈密卫,安排直属朝廷的军队驻守,进一步加强了对这一地区的控制。那种称"明朝完全没有控制新疆"的说法,显然并不正确。

另外,西番罕东、毕里诸卫,以及别失八里、哈烈、柳城、火州、土鲁番和撒马尔罕诸部,都与大明政权建立和保持了通使通贡关系。

朱棣在与西域各部的交往中,坚持"怀柔远人,厚往薄来",送出去的多,收回来的少,但他并不为之烦心。这位皇帝想让各部族首领能真心服从，而不是像其父朱元璋那样摆出一副高高在上的救世主姿态，不肯吃亏。但是，朱棣并非一味充当冤大头，他是从孤立北元残余势力的大局出发，才有这样的战略考量的。

忽必烈时期，吐蕃首次纳入了中原王朝的统治范围。但事实上，中央对西藏的管辖，远不如各行省那样牢靠。随着元朝的解体，广大的青藏高原地区，自然又重新回到了独立状态。

朱元璋统治年间，先后在青海地区设立了洮、河、岷、西宁四卫，在西藏地区设置朵甘卫和乌思藏卫。洪武七年（1374），又设西安行都指挥使司于河州，并升朵甘卫为朵甘行都指挥使司，升乌思藏卫为乌思藏行都指挥使司。

朱棣自己并非任何教派的教徒，但他充分意识到宗教在维系吐蕃社会稳定中的作用，为此采用了"双重标准"。

朱棣曾经说过："国家之民，服田力穑，养父母，出租赋，以供国用。僧坐食于民，何补国家？"暗讽他们不劳而获，对国家没有好处。对于汉人出家，他并不持鼓励态度。但对待番僧，他却礼遇有加，给以极高的荣誉，赐予甚厚，所费不惜。

《明史》中就有这样的描述："迨成祖益封法王及大国师、西天佛子等，俾转相化导以公尊中国。以故西陲宴然，终明无番寇之患。"

由此看来，朱棣的钱并没有白花，而是安定了东北、西域与西藏，防止当地势力与蒙古残余势力勾结，使得他能够集中精力完成对蒙古的彻底征服，并为大明真正取代大元铺平道路。

东西方属地形势都能稳定，朱棣自然就能腾出精力，对蒙古进行更大强度的打压。与此同时，他也必须先处理好国内矛盾。

二、恃才放旷，解缙走向末路

从某种意义上来讲，朱棣的一生，就是与命运抗争的一生，这也是他个性充分展现的结果。他与侄子朱允炆争夺继承权，可惜父皇朱元璋不想让他继位，后来他还是用武力夺了江山；他年轻时就与蒙古人斗，继位后控制东北和西域，更是想将大漠彻底收服；他不能容忍老大继承皇位过于顺利，也不愿看到老二太受委屈。朱棣的政策看似摇摆不定，但实际上，他早就有了自己的规划。

在欧洲中世纪君主那里，指定继承王位的第一顺位、第二顺位、第三顺位……是很自然的事情，他们不忌讳谈生死，死了是去见上帝，并不算什么悲剧。

十六世纪上半叶的英格兰国王亨利八世，一生结了六次婚（欧洲君主一次只能有一个老婆，要娶第二个必须先离婚），可一直折腾到1537年，四十六岁的他，才总算有了个亲生儿子爱德华。这位小朋友一生下来，就凭借尊贵的身份，取得了英格兰王位继承权的第一顺位，而他的同父异母的大姐玛丽因此屈居第二顺位，二姐伊丽莎白则排在第三顺位。这个顺序是明确而公开、得到朝臣接纳和拥护的。1547年亨利八世死后，这三姐弟按此顺序，先后都当上了国王。

而翻遍中国史，并没有这种安排，只是立一个太子，但围绕着继承权的激烈争夺，一直是各朝历史的重要主题。

自永乐二年（1404）朱棣正式立太子之后，朝中大臣围绕着老大朱高炽和老二朱高煦，形成了太子党和反太子集团两大势力，争得是不亦乐乎。到了永乐八年（1410），东宫一班文臣更是联合起来，为大明历史开了一个先河。

他们要做什么，搞政变吗？那倒不是，这些文化人想把朱高炽的大儿子朱瞻基推为皇太孙。

大明曾经有过一位皇太孙，正是被朱棣赶下台的朱允炆。不过，他是因为自己的父亲、正牌太子朱标英年早逝，才被朱元璋封为太孙的。

现在，朱瞻基的父亲、太子朱高炽还活着，他身边的一群谋士，就琢磨着要让朱棣立皇太孙。这种事细想起来，总会让人感觉有些怪异。

不过，我们今天看来，这个举措绝对不是多此一举。就在朱棣北征鞑靼期间，解缙又摊上大事了。作为太子党中最有计谋、最敢揽责、最好表现的重臣，他的失势对东宫阵营无疑是个沉重打击，令太子的接班大业也蒙上了一层厚厚的阴影。

聪明过人的解缙，为什么会走到这一步呢？

朱棣刚刚上台执政时，解缙作为天下第一才子，得到了皇帝的特别信任。他不仅担任了大学士，还主持修改《明太祖实录》，编纂《永乐大典》《烈女传》等重要文献，做的都是一些别人做不好也没资格做的重要工作。大明内阁中，他年纪不大，却是首辅，最得朱棣的器重。就连朱高炽艰难地登上太子之位，也多亏了解缙的谋略与规划。

开疆拓土是朱棣的一贯方针，陈天平事件的发生，相当于他瞌睡时有人就送上枕头，这样的机会怎能错过？可当朱棣向大臣们征求意见时，解缙偏偏要搬出朱元璋的《皇明祖训》，极力反对南征，还直言不讳地说这是劳民伤财。

不过这位首辅确实有高调的资本，在朱元璋时代，大臣们一个个噤若寒蝉之时，年轻的解缙就敢上《太平十策》来指点朝政；现在朱棣当政，脾气比太祖好多了，解缙就更没有好担心的了！但是，错误地估计形势，显然是要付出惨重代价的。

正式立太子之后，朱棣为了安抚老二，对他的信任与宠爱反而胜过了从前。朱高煦不想去云南，朱棣就打破祖制让他留在京城，还让他住进了规格仅次于皇宫的汉王府；朱高煦想要最精锐的天策卫，朱棣没有犹豫就答应了；朱高煦明里暗里自比李世民，朱棣表面上并没有发作，也没有采取处罚措施。

所谓"欲要使其灭亡，必先使其疯狂"。朱高煦的种种表现，他大哥当然看在眼里，但并没有采取行动反击。但太子党的急先锋解缙却坐不住了，他不失时机地提醒朱棣："陛下，厚汉王而冷落太子，这可能会引发争端啊。"

朱棣没有表态，只是冷冷地打量了一下这位才子。当皇帝的确实有点儿不高兴了，但并没有当场发火，只是面无表情地说了句："知道了。"

转眼到了永乐四年（1406）春天，按照惯例，皇上要赐给内阁学士二品纱罗衣，但这一次，解缙发现内阁其他五个人都收到了❶，唯独没自己的份儿，心里当然比较失望。

永乐五年（1407）二月，有位官员上书弹劾内阁首辅，说他上一年的会试中有阅卷不公正的行为。对于这样莫须有的指控，解缙当然为自己辩护。朱棣认认真真地听完，安慰他说："朕相信你，而且你的官职也该升一升了。"

升官，当然是好事，内阁首辅只是正五品，离侍郎的正三品还差得远。不过当朱棣说出准备为解缙安排的官职时，这位才子脑袋"嗡"的一下，差点儿没当场昏过去。

从正五品的内阁首辅，变成从四品的广西布政司参议，官阶当然是提升了。但傻子都看得出来，这是明升暗降，明褒暗贬，是被赶出了权力中心。

广西地处边境，自古都是流放犯人的地方。虽说桂林山水甲天下，但唐朝大才子柳宗元去了柳州，恶劣的生活条件加上憋屈的心情，让他四十七岁就过早离开了人世。这类轶事，大明第一才子岂会陌生？❷

送走解缙，对朱棣来说当然也是艰难的决定。很显然，解缙的才气，是内阁中其他人所不具备的，朱棣当时也许只是想给解大才子一个教训吧，但后来的事态发展，是谁也不愿意看到的。

所谓祸不单行。就在解缙一路向南奔赴桂林的途中，他又接到了一封调令，要去更远的交趾（安南）。搞笑的是，解缙当年坚决反对皇帝用兵安南，如今却要在朱棣坚持打下的地盘上为官。

如果解缙在交趾安分守己，他也许还能过上几年太平日子。可这位大才子，显然并没有从过去的经历中吸取多少教训。永乐八年（1410），

---

❶ 永乐二年九月，胡俨调任国子监祭酒，离开内阁。
❷ 解缙死时正好也是四十七岁。

正当朱棣亲征鞑靼时，解缙正好回京述职，住黔宁王沐英在南京的府第。皇帝不在，他见了太子就返回了。这事居然让朱高煦在南京的亲信纪纲知道了。

等朱棣从北京返回南京，纪纲立即向主子告状："解缙太大胆了，趁着万岁不在，私自会见太子，见完之后直接回去了，完全没有做人臣的礼数！"

朱棣虽然立了太子，但对朱高炽并不满意，并且定下了大臣不得私见太子的规定。其实他不是担心朱高炽搞什么事，就是想让他知道，这个太子之位并不稳固。

其实解缙也真冤。既然朱棣北上，让太子在南京监国，大臣见不到皇上，转而向监国的太子汇报工作，当然是顺理成章的事情。结果经纪纲之口，就变成了解缙是故意趁皇上不在，跑过来私见太子的。解缙向太子汇报完工作，因为等不到朱棣，就直接返回交趾，也就成了藐视万岁，目中无人的举动。

朱棣这边还没想好如何处置解缙呢，没过几天，内阁居然送上一份署名解缙的奏折。他拆开奏折，想看看这个前首辅能玩什么花样。

不过，朱棣看着看着，表情就沉重起来。不一会儿，他就把奏折狠狠地扔在了地上："来人！"

原来，解缙的故交、翰林院检讨王僻因罪贬谪交趾，两个失意者正好能搭伴前行。他们取道江西入粤，这里是解缙的故乡，自然让他感到亲切。也许是一路颠簸过于辛劳，让人生发太多感悟，也许是想表现自己为国分忧的忠心，解缙突发奇想，建议应该在赣江水系与珠江水系之间开凿运河，让两地交通更加顺畅，皇帝出巡也更加方便。

按理说，这也不是什么大不了的事情。不过，这一次朱棣居然罕见地动怒了。他认为，赣江本来是向北流进鄱阳湖的，解缙却要让它向南流进珠江，试图倒转乾坤，这是在诅咒大明江山！

于是，解缙很快就回到了京城——是被锦衣卫抓来的。随即被扔进诏狱进行审问。审问的内容主要有两个：一是为什么胆敢私见太子，二是为什么要用恶毒的妄语诅咒皇上。

走到这一步的解缙,他的时代彻底结束了。

诏狱别名鬼门关,解缙自然被打得不成人形。在他看来,锦衣卫真的是欲加之罪,何患无辞,而自己曾经用一副对子调侃过他们的最高负责人纪纲,很可能对方是公报私仇。解缙提出要面见圣上,可他现在哪能得到这样的机会。

解缙又气又悔,每次用刑时,少不了说些胡话。于是,大理寺寺丞汤宗、宗人府经历高得抃、中允李贯、赞善王汝玉、翰林院编修朱纮、检讨蒋骥、潘畿、萧引、高能及御史李至刚等人,均因解缙被连坐入狱。其中高得抃、王汝玉、李贯、朱纮、萧引高都相继"病"死于狱中。

解缙入狱的事情,朱高炽当然不是不清楚,更不是不着急,也一度试图向父皇进言。但他手下谋士一致认为,此时情形对东宫相当不利,如果草率从事,太子之位可能会不保,弃车保帅是必须的。朱高炽不会忘记解缙在立储中起到的突出作用,虽然他非常痛心,但在最关键的时刻,他还是选择了按兵不动。

而这些幕僚们,也觉得应该使出绝招了。

三、构建双保险,东宫群臣祭出大杀器

东宫文官联合起来向主子进言,要求立皇长孙为皇太孙。

翻遍中国历代史书,皇太子在世时,立皇太孙的先例只有一个。

唐高宗开耀二年(682)二月,因为太子李显得子李重润,李治在孩子满月之时就大赦天下,改元为永淳元年,并立李重润为皇太孙。

当时,李治已经意识到自己不久于人世,也看出来太子不堪大用,于是把希望寄托在孙子身上,希望能保证政权平稳过渡,让觊觎者断了念想。但他万万没想到的是,武则天当了天后还不满足,还公然冒天下之大不韪,要当女皇,还要埋葬李家王朝!

这个皇太孙当然没接上班,还让自己的亲奶奶给害死了。可见,极致荣耀背后,往往伴随着危机与杀戮。

话说回来，东宫文臣都熟读史书，他们的目的何在？

朱瞻基有什么特别的优势，能让一众幕僚如此用心？

朱瞻基有什么特别的才华，能让朱棣如此厚爱？

朱瞻基有什么特别的魅力，能当这个皇太孙？

其实，只要翻一翻朱瞻基的档案，就会发现这样的举措并非迫不得已，而是很有针对性。

从某种程度上说，正是朱瞻基的出生，才坚定了朱棣提着脑袋起兵靖难的决心。

建文元年（1399）二月初八，当时还在北平的朱棣，被建文削藩的事情搞得很头疼。道衍一直煽动他起兵，可他并没有马上拿定主意。

当天晚上，朱棣躺在床上一直难以入睡。突然，有人推门进来了。

朱棣大吃一惊，以为有刺客。不过看到这个熟悉的身影，他马上翻身起床，倒头就拜。

眼前这个人，正是他父皇朱元璋。

生前杀人如麻的朱元璋，此时却非常和蔼，完全是个慈眉善目的老人。朱元璋告诉朱棣，原本是打算立他为太子的，可惜临终前，他不在身边，现在朱允炆这样胡闹很不好。说着，朱元璋从怀里掏出一块大圭，郑重地交到儿子手上。

朱棣看得清清楚楚，上面刻着"传之子孙，永世其昌"八个大字。

大圭在古代是权力的象征，梦中朱元璋亲手赐大圭给朱棣，难道也鼓励他起兵吗？朱棣猛然惊醒，发现天已经快亮了。他正琢磨着要不要把这个梦告诉夫人，突然有人来报，世子妃张氏生了，还是个男孩！

朱棣一愣，立即把孙子的出生和自己的梦联系在一起，认为这绝对不是简单的巧合。根据朱元璋的规定，燕王的孙子辈必须是三字名，中间必须有个"瞻"字，最后一个字中还得有土。朱棣灵光一现，告诉一家人："就叫朱瞻基！"

这个"基"，正是登基坐殿的"基"。按理说，在削藩风声正紧的时候,还给自己的孙子这么起名,从此拉弓没有回头箭了。

朱棣后来靖难成功,真的"瞻"上了"基",坐上了殿。这个孙子,简直就是他的幸运星、吉祥物,当爷爷的能不另眼相看吗?

两个儿子朱高炽和朱高煦,朱棣都有很多不满意的地方。但对于长孙朱瞻基,当爷爷的那绝对是喜爱的。

朱瞻基一出生,就得到了爷爷的特别关照。永乐二年(1404),朱高炽一家从北京来到南京,从此小瞻基就经常能见到朱棣。永乐五年(1407),九岁的朱瞻基开始接受皇家系统教育,朱棣指派姚广孝亲自为小孙子授课。传授的内容,除了传统的经史子集,还有历代帝王的治国之道,各种明君贤臣的至理名言。

特别值得一提的是,朱棣甚至还安排了大批在音乐、美术和建筑方面极有造诣的艺术家,来提高小孙子的艺术修养。在十五世纪初就有这样的意识,不能不说,朱棣的思维是相当超前的,也充分体现了他对孙子的拳拳爱心。

事实上,从一开始,朱瞻基就被当作未来的储君培养。

和他父亲一样,朱瞻基特别喜欢读书,广泛涉猎各类经典,但当爷爷的,还是能从他身上看到自己小时候的影子。小瞻基同样喜欢习武射箭,喜欢与同龄孩子比试,也喜欢跟随皇爷爷去打猎,这跟他父亲并不相同。

从永乐六年(1408)开始,朱棣又安排朝中多位文武重臣,来兼任朱瞻基的辅导官,要求他们培养小孙子的治国才能,传授他更多的政治经验。这样一来,朱瞻基跟许多重要官员的交情,无疑就大大加深了。而且,鉴于小瞻基是皇太子的长子,朱棣用这样的方式,事实上宣告了他孙子未来皇位继承人的身份。

永乐七年(1409),朱瞻基跟随皇爷爷远赴北京。这里是小瞻基出生和成长的地方,和朱棣一样,他对北京的一草一木都非常有感情。

永乐八年(1410)二月,朱棣从北京出发,远征鞑靼。鉴于朱瞻基年仅十二岁,实在太小,朱棣并没有将他带在身边,而是让他留守北京,并安排夏原吉辅佐他。

别看朱瞻基还没过第二个本命年，事实上已经承担起北京的军政事务了，而他的叔叔朱高燧，暂时被晾在了一边。夏原吉的职务是户部尚书，同时管理着北京吏、户和兵三大部门的事务，绝对称得上朝廷栋梁，也是朱瞻基的首席顾问。

每天早上，朱瞻基就穿着特制的官服，准时来到奉天门，听取各路官员汇报上来的军政事务，而夏原吉就站在他旁边，帮小瞻基杀伐决断，两个人配合得相当默契。小皇孙的聪明果敢，给夏尚书留下了深刻印象，而夏原吉的忠于职守和办事能力，更让小瞻基无比佩服。这对年龄相差三十二岁的君臣之间，从此奠定了长久的亲密关系。

同年十一月，朱棣带着朱高炽和朱瞻基，得胜返回南京。对于小瞻基留守北京时的表现，朱棣相当满意。他认为，无论是见识、气魄，还是学问、心智，朱瞻基的表现都能超出同龄人一大截，甚至不亚于当年的自己。回京途中，朱棣把自己主编的《务本之训》送给小瞻基，还严肃地告诉他："田野农桑之事，国用所需都出于此，为民上者，应善加悯恤。"

小瞻基回家之后，将皇爷爷的原话告诉父亲。朱高炽一听，不知道应该是高兴还是难过。朱棣把朱瞻基当作未来的"为民上者"，也就是说，已经把他看作是未来的接班人了。朱瞻基要想接班，自己必须当皇上才行，这样朱棣无论如何，也不会废掉自己。但是，自己身为太子，却不受父皇欣赏，要靠儿子保住太子之位，这传出去是一件很丢人的事情。

解缙已经无法翻身，东宫阵营少了最得力的干将，如何应对二皇子的攻击？眼看小瞻基这么得宠，朱高炽手下众谋士一合计，就挑了个机会，由杨荣带头，齐刷刷地跪在了太子面前，央求他答应一件事，并说这是打击二殿下最行之有效的大杀器。

一看众人这么忠心，平日相当不自在的朱高炽，此时心情大好，忙不迭地让大家伙儿起来，并问："各位爱卿，到底是什么妙计啊？"

"奏请立朱瞻基为皇太孙！"

这又是什么玄机呢？其实也很简单，既然朱瞻基都是皇太孙了，那朱棣死后，接班的肯定就只能是朱高炽，不然，封这个太孙又有什么意义呢？立了朱瞻基为太孙，就等于给朱高炽上了双保险，就是让朱高煦彻底死心，别有非分之想了。

当然，东宫大臣们的这一决策，其中也暗含了这样的意思：朱高炽身体弱，万一哪一天抢在朱棣前面去见朱元璋了，那作为皇太孙的朱瞻基，也就可以顺利接班，不会节外生枝。

杨荣等人，在朱高炽面前当然是毕恭毕敬，据理陈词，表现得忠心耿耿。但在他们心目中，已经把朱瞻基当成真正能靠得住的靠山了。

虽然这些人说他们是为了朱高炽这个皇太子，但在朱高炽看来，东宫辅臣们是为了太子的大儿子。而实际上，他们为的是自己的饭碗，甚至是自己的命运。

这些大臣都是东宫的核心成员，别看现在级别都挺高，万一手段残忍的朱高煦上台，他们到时想做个平民也不成。满门抄斩就是他们的宿命，齐泰、方子澄就是他们的先例。

四、选择朱瞻基，就是选择了大明的未来？

永乐九年（1411）春，朱棣将民怨极大的陈瑛处死。这对那些忙着揣测圣意、捕风捉影、不择手段弹劾官员的言官御史来讲，无疑是当头棒喝。此时的大明政权已经相当稳固，朱棣当然要为其未来多做谋划。

当年十月初十，深秋的南京风和日丽，奉天殿上举行了盛大的册封仪式。朱棣出席，中官当庭宣读圣旨，晋皇长孙朱瞻基为皇太孙。这一年朱瞻基只有十三岁。

从皇长孙到皇太孙，虽然只是一字之差，含义却是大为不同。

朱棣是个非常有主见的人，直到生命的最后一刻，他也不会真正放弃权力。立朱瞻基为皇太孙，表面上是应众文臣之请，其实是他潜意识中早就酝酿的想法，当大臣们提出来之后，他不过是顺水推舟而已。

否则，这事无论如何也办不成。

朱棣之所以愿意加封朱瞻基，无非是以下几个原因：

首先，他特别喜欢这个皇长孙。瞻基出生时，朱棣正处于人生最灰暗、处境最危险、前途最渺茫的时刻，三个儿子被朱允炆扣为人质，自己被迫装病以求自保。而这个孙子的到来，激发了他夺取江山、取代朱允炆的强烈愿望，瞻基，前瞻登基，这个朱棣亲自选定的名字，包含着重大的政治图谋。这个孙子，确实给朱棣带来了好运，让他一路杀到南京，登基坐殿。

其次，只有十三岁的朱瞻基，表现出了与年龄极不相符的成熟与果断。无论是劝自己御驾亲征讨伐鞑靼，还是在留守北京期间的政务处理，都让朱棣非常满意。相比太子朱高炽的保守，老二朱高煦的毛躁，朱棣有理由相信，朱瞻基一定会将自己开拓的大业推向一个新的高度。

最后，也是朱棣潜意识中的想法，他希望二儿子朱高煦从此打消夺位的念头，心安理得地做一个王爷，享受一生的荣华富贵，而不要有非分之想，甚至给自己带来灭顶之灾。这个想法，朱棣当然是说不出口的。其实，这正好也是东宫群臣的真实意图，是他们运作策立皇太孙的首要目的。

这场册封大典进行得极为隆重和圆满，老皇帝朱棣特别高兴。他只有五十二岁，正领导着这个国家的臣民构建永乐盛世。但他也知道，自己的很多想法，在有生之年难以完成，而眼前这个孙子，无疑可以让他走得安心些。

因此，朱棣居然不顾仪式的安排，亲自拿起皇太孙的皇冠，戴在了孙子的头上。

太子朱高炽的心情，可谓是五味杂陈。但不管怎么说，如果自己当不上皇帝，今天的仪式岂不成了一场闹剧，永远被后人耻笑？从这个意义上说，他显然也是赢家。

这样的场合，按说朱高煦就不应该来受刺激，可是不知道什么原因，也可能是朱棣的命令，他也来到了现场。

朱高煦偷偷瞥了下皇上，发现父皇的笑容是极度真诚的，他也明白了，自己想取代老大，就是在毁掉朱瞻基的前程，父皇是万万不会答应的。只要朱棣还活着，他想通过和平手段取代太子的可能性，几乎已经不存在了。

那怎么办，还有没有翻身的机会？这个参与过靖难无数场血战的战士，真的要就此放弃了吗？

朱棣选择了朱瞻基，也就是为大明未来几十年选择了方向。但他不会想到的是，这个聪明伶俐、身体健康的孩子，居然没有他那个病弱父亲寿命长。更没有想到的是，朱瞻基表面上像他爷爷，骨子里却和他父亲一样。

册封大典带给朱棣的高兴劲儿还没有持续多久，他的新麻烦就来了。

第十章　远征瓦剌留遗憾

一、贵州设省，比收服安南更有价值

朱棣打败了鞑靼，等于是间接帮瓦剌确立了在漠北的优势。永乐十年（1412），马哈木趁机杀掉了本雅失里，并将人头千里迢迢送到了南京。朱棣当然非常高兴，回赐了马哈木很多礼品。

马哈木有了大明的支持，底气更足，越发看不起鞑靼，没事儿就欺负他们一下。而可怜的阿鲁台，变成了一个爱告状的笨学生，希望老师能惩罚欺负他的人。鞑靼和瓦剌都向大明称臣纳贡，朝廷也就有维系漠北局势稳定的义务。

当然，漠北也不能一家独大。当年阿鲁台气焰嚣张之时，朱棣狠狠地修理了他。现在马哈木日益强大，朱棣可不想让他吞并鞑靼。如果蒙古草原重新统一在一个部落的旗帜下，对大明的威胁不言而喻。

漠北纷乱则中原安康，蒙古一统则华夏危殆。

转眼到了永乐十一年（1413），刚过元旦，朱棣就收到了一条让他相当震惊的消息：马哈木等三王，拥立成吉思汗嫡孙阿里不哥[1]的后裔答立巴为蒙古大汗。鉴于黄金家族是大明朝廷的死敌，瓦剌此举，实际上和上次鞑靼杀害天朝使臣的效果差不多，都是朱棣无法容忍的。

---

[1] 忽必烈的弟弟。

马哈木甚至还从鞑靼手中,抢占了成吉思汗的"龙兴之地"哈喇和林,摆出一副为建国做准备的态势。

朱棣与方宾、杨荣、夏原吉等重臣商议之后,让太子朱高炽在南京监国,他本人则准备再次北巡,对瓦剌展开攻势。同时,封阿鲁台为和宁王,避免他和马哈木勾结。

当年四月,朱棣一行抵达北京,随即进行了新的一轮军事动员。为了能够持久作战,他下令筹集十五万石粮食,屯在宣府;同时,北方的各路精兵,大规模地向北京集中,准备随时听从皇上的调遣。

就在当月,朱棣还做了件大事,对于中国西南地区的历史有着重要影响,那就是贵州设省。

贵州一带是中国少数民族成分复杂的地区,主要民族有土家族、苗族、布依族、侗族、彝族、仡佬族和水族等。在元代,贵州名义上分别由云南、湖广和四川三个行省管理,但实际上实行的是地方自治,大小事务都是由当地土司决定的。

朱棣的战略重点在北方,但对于南方,他一点儿也不掉以轻心。收拾安南,都派出一支号称有八十万人的大军,对于贵州,他也相当重视。

永乐八年(1410),思南和思州两地的土司——田琛和田宗鼎,为了争夺矿产所有权,爆发了凶猛的械斗。一个半世纪之后,当戚继光路过义乌时,也赶上了义乌和东阳两地百姓的大械斗。当然,戚继光时代的争斗还比较文明一些。

义乌的火拼,事实上促成了戚家军的建立;而二田的械斗,成了贵州建省的导火索,这都有点"蝴蝶效应"的味道。

消息从贵州传到南京,就得半个月的工夫。为了争个地盘,就置无数人的生命于不顾,酿成大规模的流血冲突,这让朱棣相当恼火。他给镇远侯顾成下了一道命令。

顾成和贵州有着不解之缘。洪武十三年(1380),他跟随傅友德远征云南,后来担任了贵州指挥同知,长期镇守这片土地。靖难战役时,顾成向朱棣投降后，曾协助朱高炽守北平。永乐建政之后，这位老将军不辞辛苦，再次回到他最熟悉的地方。

顾成久经战事，两个姓田的怎么可能是他的对手，很快就被双双擒获。朱棣不想让二人继续为祸作乱，就吩咐将他们押到南京处斩，并请在都城的各国使节围观。

惩治了这俩土司之后，朱棣一不做二不休，决定改土归流，撤销了思州和思南宣慰司，分成八府，并决定建立贵州布政司，由朝廷直接派官员管理。

这是当时中国第十四个省级行政单位。从此，贵州改变了世代由土司自治的状况，与中央的关系得到了大大加强，其作为中国一部分的观念，也日趋深入当地人心。

贵州设省的意义，容易为历史学家所低估，因为其管辖区域，自西汉以来就是中国的领土。但事实上，这可能是比安南设省更有意义的事情。

别看安南已经脱离了中原王朝近五个世纪，但当地居民的生活习惯，完全还是中国式的。而贵州下辖的八府，都是少数民族占据人口多数，按照惯例，是不应该由流官直接管理，更不应该征税的。但这一切，都被朱棣打破了。

贵州设省，以事实证明了"夷狄入中国，则中国之；中国入夷狄，则夷狄之"的观点并不可靠。汉族流官到了贵州，并没有被同化，而当地的各民族，也并没有因此誓死捍卫自治权，大规模的流血冲突并没有发生。那么，如果将这一成功案例，延展到蒙古与东北，又会发生什么情况？

没有什么是不可能的。那些过去人们认为天经地义的信条，其实都可以改变。这就是朱棣带给世人、留给历史的启示。

不过，设省之后的贵州，依然是中国最穷困的地方，也是朝廷流放官员的热门地区。明朝最有成就的哲学家、军事家王阳明，就是被放逐到贵阳附近的龙场驿之后，才完成了著名的"龙场顿悟"。后来，他在鄱阳湖活捉六代宁王朱宸濠，挽救了朱棣后代武宗朱厚照的命运。

要是朱棣不在贵州设省，一百年后，作为兵部主事的王阳明，也不会被安排到朝廷的龙场驿站。

要是王阳明不去贵州,没有在龙场睡棺材的苦难经历,没有参透生死的无畏气概,在宁王叛乱之时,也不会表现得那样积极。

要是王阳明在朱宸濠反叛时作壁上观,那大明江山八成就得易主,朱权的后代就会完成为先人报仇的大业。

因此,我们似乎可以小心翼翼得出这样一个结论:朱棣要不在贵州设省,他的江山在一百年后,就得交给十七弟的后代了,但历史没有如果。

就在朱棣紧张筹备对瓦剌用兵之时,朱高煦不想着为父皇分忧,却提出要回南京。朱棣不想放他走,担心他到了南京和太子不对付。可按照自己定下的规矩,北征又不能带他。怎么办呢?

考虑再三,朱棣批准了朱高煦的请求,但提出了一个条件:让他的长子朱瞻壑留在北京。朱棣现在已经有十几个孙子了,谁能留在皇上身边,当然是一种莫大的荣耀。但是,朱高煦的一句话,却让朱棣无言以对。

朱高煦是这么说的:"我想带儿子回去,让他好好读书。"是啊,在当时,南京的教学条件远远好于北京,朱高煦是粗人一个,吃了没文化的亏,想让儿子多学习,自然不是什么坏事。但朱棣岂能不清楚,朱高煦这是防着自己啊。

回想当年,朱棣让三个儿子去南京奔丧,结果被齐泰力主扣为人质,如果不是朱允炆头脑发热将哥仨放回,朱棣肯定不能那么坚定地发动靖难。而现如今,在朱高煦对谋反表现出越来越大的兴趣之时,如果将他们父子放回南京,自己在北方鞭长莫及,后果不知道会是什么样?

不过,眼下最需要操心的,还不是二子之争。

二、有些问题,还得靠拳头解决

永乐十二年(1414)二月,依然是晴朗的初春,依然是装束整齐、号令严明的二十万大军,依然在永乐皇帝亲自率领下,依然从德胜门出发,踏上北征之路。不过,他们这一次即将攻打的瓦剌,四年前还是大明的得力藩属；而那时候朱棣出兵教训的鞑靼，如今至少名义上已经臣服了大明。

没有永久的朋友，只有永久的利益。

朱棣率军亲征的消息，自然很快为瓦剌人所知。对于这位战神皇帝，马哈木岂能没有忌惮心理？阿鲁台的惨败，更让他知道小心从事的道理。如此一来，朱棣大军进入蒙古草原之后，从未遇到过像样的抵抗，也就很容易理解了。

六月初三，在康哈里海一带，明军先头部队终于发现了一股瓦剌骑兵，这可把这些转悠了几个月的士兵高兴坏了。在先锋官刘江指挥下，明军对他们来了个迎头痛击，并抓获了不少俘虏。

从这些俘虏的招供中，刘江得到了一则重要情报。他不敢怠慢，立即向朱棣禀报。

朱棣听了之后，却不置可否："你觉得他们说的是真话吗？"

刘江愣住了，是啊，为什么会莫名其妙发现一小队骑兵，为什么他们一战即溃，为什么要交代如此重要的信息？

这一切，难道不是马哈木布的圈套？

那些俘虏告诉刘江，马哈木主力就在漠北草原的核心地带忽兰忽失温（今蒙古乌兰巴托东），距康哈里海不过百里之距。

朱棣敏锐地觉察到，马哈木可能在下一盘很大的棋，因此下令全军不可轻动。但思考过后，朱棣突然改变了主意，下令全军立刻快马加鞭，直奔忽兰忽失温！

就算马哈木在那里摆好了阵势，就算他们以逸待劳，二十万明军，还能怕他们不成？

如果不敢主动前去，可能就会丧失全歼对手的唯一机会。让他们从不远处溜掉，那这四个月的辛劳，无数粮草物资的耗费，不就化为了泡影？

置之死地而后生，不入虎穴，焉得虎子？这不是赌气，是争气。

六月初七，明军主力顺利地开到了忽兰忽失温。这里距四年前大败阿鲁台的饮马河已经不远。

四年前，这一带还是鞑靼的势力范围，四年后，这里已经属于瓦剌。这支大明远征军的主帅，依旧是四年前那个将阿鲁台吓得半夜逃跑的人。

此时的朱棣已经五十五岁，但依旧精力充沛，思维敏锐，眼光精准。而且，他的身边还多了一位特别年轻的小将军。

他就是年方十六岁的皇太孙朱瞻基。

按说，如此危险的场面，是不应该带孙子来的，但朱瞻基坚持要和皇爷爷一起出征。朱棣把他带在身边，也是想让这个未来的大明皇帝多开眼界，多长见识，明白蒙古骑兵的强悍，知道捍卫大明江山的辛苦。

这个"老战士"的内心深处，早已经把小孙子当成了最好的接班人，一点儿也不放松对他的要求。

话分两头。当马哈木获悉朱棣主力赶来的消息时，这位顺宁王的脸上，居然露出了许久不见的笑容。

马哈木的身后，是三万名披挂整齐、随时准备接受命令的蒙古骑兵。这是他用多年心血培养出来的无敌男儿，这是对他无比忠诚的草原勇士。今天，他要好好招待一下大明皇帝。

马哈木当然也知道，相比大明，自己的武器装备是远远落后的。但朱棣的火铳再厉害，也得有装填火药的时间，再说火铳的命中率，绝对是比弓箭低不少的。况且，瓦剌骑兵是以逸待劳、守株待兔，而朱棣的大军，已经在草原上瞎转悠四个多月了，体力精力能好吗？

马哈木将骑兵安排在地势高的地方，这样居高临下，他的马匹冲击起来就更有力量，他的战士挥起刀来就更加凶狠，他的战术就能得到更彻底的贯彻，而他的对手朱棣，当然就会死得更加难看。

可是，当这些马背上的英雄冲下来时，他们突然傻眼了。

明军居然把步兵摆在最前面，对着瓦剌骑兵的，是一排排黑洞洞的枪口，一双双冒火的眼睛。高地上的马哈木见多识广，不禁脱口而出："不好！"

担任这些枪手指挥官的，是安远伯柳升。只见他令旗一挥，三千多柄火铳和上百门重炮同时开火。一阵刺耳的轰鸣声响过，浓烟四起，鞑靼勇士的号叫声与战马倒地的嘶鸣声交织在一起，现场局面惨烈无比。

站在高处指挥的马哈木看着手下弟兄一个个地倒下，心里十分着急，但他知道，这个时候不能后退，不然军心就散了。明军的火药总有打完的时候，趁他们装填火药之时，就可以给他们致命的一击！

他下了死命令："后退者斩！"

没有被射倒的骑手们奋力想向前冲，但对方的火力实在是太密集，一时半会儿还真冲不过去。地上的尸体倒是越积越多。

仗都打半天了，明军的火力，完全没有减弱的意思，瓦剌的伤亡，也根本停不下来。马哈木表情麻木，浑身僵硬，南蛮的火铳，真的可以连续发射吗？

明军的火铳当然不能连发，但他们有自己的办法。

此次冲在最前面的，就是著名的神机营。

朱棣以前并不重视火器，靖难时，他在与平安的交手中就吃过大亏。但朱棣是那种从哪里跌倒就从哪里爬起来，特别善于学习敌方长处之人。上台之后，他特意挑选精干士兵，建立了一个神机营。

毫不夸张地说，神机营的设立，绝对称得上是中国军事史上一个里程碑式的事件。它标志着在人类冷兵器时代，火枪兵成为一个独立的兵种。这比西班牙的火枪队还要早一个世纪。

朱棣的历次北征，都把神机营带在身边。

神机营由五千人组成，其中三千六百人为火铳手，人手一支单管火铳，还有二百支多管火铳；四百人为重炮手，人手一支手把口（防身用手铳），配备盏口将军（重炮）一百六十门；此外还有一千骑兵作配合。

六百年前的火器，当然远不如今天这样操作自如。炸膛什么的就不用说了，装填火药和铅弹也是个极大麻烦。但镇守云南的大将沐英，却天才般地设计出了一种可以让士兵连续开火的战术。

通俗地讲，就是"三排轮放"。将火铳兵分为三排，第一排负责射击,第二排手持装好火药与铅弹的火器待命,第三排则负责装填。第一排的士兵放完之后,立即退后,由第二排士兵顶上来继续射击,而装好子弹的第三排士兵,则前行到第二排待命,原来的第一排士兵,则排在后面装弹。如此循环,就保证了攻势一直能维持下去。

十八世纪的普鲁士国王腓特烈二世,被视为可以与拿破仑比肩的军事家,曾经也设计出类似的三行战术,并毫不谦虚地自封为发明人。但早在三百年前,大明军队就已经采用类似战术了。

战场上的枪声逐渐稀疏了下来,神机营的弹药看来用得差不多了。刚才吃足苦头的瓦剌骑兵幸存者,憋足了劲儿想要报仇,疯狂地向前冲,眼看就要冲到扛着火铳的步兵面前。只要他们的弯刀轻轻一挥,这些人就得脑袋搬家。

突然一声炮响,神机营火铳手立刻向两边闪去,中间露出了一片宽阔地带。一时间尘土飞扬,马蹄声碎,明军主力骑兵冲了上来!

朱棣此次北征,把三大营的精兵都带上了。宁阳侯陈懋、成山侯王通从左路攻击,丰城侯李彬、都督谭青、马聚从右路攻击,与瓦剌骑兵混战在一起,难分胜负。

朱棣在远处观察了一段时间,觉得火候差不多了,他大喝一声,挥着长刀冲了出去。在他的后面,是明军最精锐的三千营。他们手里提的是长矛和狼牙棒,比蒙古人的弯刀明显长一截,更何况士气正旺,刚被火铳折腾了半天的瓦剌骑兵,怎么可能抵挡得住?

远处观战的马哈木等三王,看着给他们封王的人,都亲上阵,不由得越发紧张,马哈木的盔甲早让汗给湿透了,他知道,如果让三路兵马合围,那可就真是插翅难飞了!

打不过就跑,逃跑又不丢人,何况是输给朱棣这样的铁血皇帝。

"退兵!立即退兵!"话音未落,他自己就为那些还在拼死抵抗的勇士们做出了表率:狠狠对着马屁股抽了两鞭,使出浑身力气骑马向东奔去。太平和孛罗一见这个阵势,也带着自己的手下各自逃跑。

眼看胜负已分，如果换成别人，这场战斗也就告一段落了。可朱棣是什么人，要么不做，要么做绝，这是他多年不变的风格，他怎么可能让对手这么轻易地跑掉。

朱棣看着身后的三千营战士说："听我指挥，立即卸甲，追击胡虏！"

这可把他身边的朱瞻基吓坏了："皇爷爷，去了铁甲，万一中了埋伏，如何是好？"

"我倒要看看，他马哈木能有什么埋伏！"朱棣冷笑一声，对内侍李谦说，"你带一千人保护太孙，其他的，跟我追！"

"是！"士兵们的声音在空旷的荒漠中回响。

脱去重甲的三千营，果然行动速度大大加快，追出去四十里地，前方就隐约看到了瓦剌逃兵。朱棣本已有些疲倦，猛然来了精神，大喊一声："胡虏就在眼前，各位切勿放过！"

士兵们加速追赶，离敌人越来越近，眼前出现了一座小山丘。只见十多面大旗随风飞舞，旗帜下面，几员将领簇拥着一人。他镇定自若，丝毫不把追兵放在眼里，甚至还露出了微笑。

这不就是马哈木吗？他这是唱哪出戏呢？

三、穷寇偏追，一仗打出十年和平

朱棣率军追到一座小山丘前面，却发现瓦剌兵不跑了。

这位皇上带住了缰绳，远远地观察着眼前的一幕。身边的副将赶紧上前劝说："万岁，我们不能再追了，恐怕有诈！"

"有诈？"朱棣笑了。

"给我冲！"朱棣话音未落，就一抽胯下战马，向前冲去。三千营士兵一见，个个奋勇向前。没想到，瓦剌并没有继续逃跑，反而迎了上来！

双方又是一场混战。朱棣也观察到了，原来马哈木的阵中，居然多出了一些重甲骑兵。蒙古人的制造业相当落后，他们自己是生产不了重甲的，这些人的出现，也让朱棣感到非常奇怪。

可惜，披上重甲的蒙古战士，反而如同缚住手脚的猛虎，浑身力气使不出来，战斗力反而不如轻甲骑兵。经过一个多时辰的拼杀，眼看形势不妙，瓦剌人又使出了他们的看家本领。

他们在马哈木的带领下，奋力逃跑。

都说穷寇勿追，可也得分什么情况。对于马哈木这样的大鱼，朱棣怎么能轻易放过，那不是放虎归山嘛。

如果就这么追上，大明历史可就要重新改写，就不会有土木堡之变，不会有北京保卫战，当然也不会有齐门之变和于谦的不幸。

就在这个时候，一骑急报急急赶来。马上的那个士兵浑身是血，用尽最后一点儿力气，挤出了最后几个字：

"皇太孙……被困九龙口……"

收到消息，朱棣十分紧张。

原来，在朱棣带着大队人马追击败军时，李谦也想让皇太孙长长见识。他们就带着这千把人，加入了驱赶瓦剌的行列中去。一开始，两人只是撞上了小股敌军，很快就解决战斗了。李谦越杀越起劲，带着小瞻基，专找人多的地方钻。就这样，他们一路杀到九龙口，却和大队人马走散了，身边只有百十个亲兵，却遭遇了一支近千人的逃兵队伍。

亲兵们自然是拼命抵抗，奈何对方人数实在太多，眼看着包围圈越来越小，最可怕的局面，似乎已经不可避免了。

当然，我们大家都知道，朱瞻基并没有死，也没有像他儿子一样被抓，否则，仁宣之治就不会出现了。那么，又是谁救了他呢？

瓦剌士兵根本就不知道自己包围的是谁，这才能让李谦安排的突击队员跑了出去，冒死向皇上报信。

朱棣一听消息，当然是不敢有丝毫怠慢。马哈木这次抓不了，还有下次，朱瞻基要是有个三长两短，自己不得后悔一辈子吗？他立即下令，留下少量人马继续追击马哈木，其他人跟他直奔九龙口！

要说朱棣的效率就是高，他带着三千营及时赶到了目的地，把自己的宝贝孙子救了出来。可以想象，皇帝当时的心情，真的是难以言表。

朱瞻基这才清楚地意识到，自己和爷爷之间的差距。以后，他再也不也敢乱逞能了。而可怜的李谦，因为害怕皇帝处罚，居然畏罪自杀了。

朱棣留下的人手不够，让马哈木最终艰难地突围了出去。因为李谦的不理智，一幕放虎归山的大戏，得以在蒙古草原上演。

但经过这样一场惨败，这位瓦剌首领算是长了记性，也认清了形势。他很清楚，只要朱棣活着，自己别想打回大都去。马哈木向朱棣称臣。这真是：

一仗打出十年和平。

所谓强将手下无弱兵。朱棣登基之后，整编了父皇朱元璋的亲军京营，将其分成了三大部分，俗称三大营，包括七十四卫，总人数超过了二十万。

打鞑靼时，重甲骑兵构成的三千营，发挥了改变战局的作用。

攻瓦剌时，火铳手组成的神机营，扮演了极其重要的角色。

但五军营才是三大营中人数最多的。它由中军，左、右掖和左、右哨组成，以步兵为主，骑兵为辅，其兵员从全国各地的卫所中抽调。别看那两营特点鲜明，真正的大战、苦战和持久战，还得靠五军营来完成。

正是靠着这样的精锐部队，朱棣才能对蒙古形成碾压之势；也正是这么一支无敌之师，却让朱瞻基的儿子败了个精光。这真是历史的宿命吗？

明军撤走了，但马哈木的悲剧并没有结束。两年之后，阿鲁台的兵马突然对瓦剌发动进攻。身为太师的马哈木冲在战斗最前线，被鞑靼骑兵杀死。

马哈木死了，瓦剌的实力却在继续壮大。他的儿子和孙子都很争气，似乎注定要在蒙古草原上做一番事业。永乐十六年（1418），脱欢被朱棣封为顺宁王，这也是马哈木生前的爵位。而此后三十年间，瓦剌一直都是大明忠实的臣属，直到土木堡事变发生。

修理了鞑靼和瓦剌，立了皇太孙，朱棣是可以轻松一下了。但他有个手下，却变得比从前更忙。

四、望海埚大战，刘江尽显永乐真传

有明三百年，在相当长的时间内，倭寇都是困扰大明朝廷的一大问题。但是在朱棣时代，倭寇却栽了个大跟头，这是为什么呢？

倭国是早期中国对日本的称呼，魏景初三年（239），魏明帝曹叡曾封邪马台国王卑弥呼为"亲魏倭王"。"倭寇"即日本入侵的意思，后来又变成了名词，特指入侵、劫掠中国和朝鲜沿海的日本海盗。

《明太祖实录》卷四十一中，曾经记载有"戊子……倭寇出没海岛中，数侵掠苏州、崇明，杀伤居民，夺财货，沿海之地皆患之"。但事实上，日本海盗侵扰中国沿海由来已久，在明朝建立前后，更是达到了一个小高潮。

元顺帝至元二年，即日本延元元年（1336），一群不满后醍醐天皇统治的武士揭竿而起，迫使天皇逃到南部的吉野，是为南朝；足利尊氏在京都建立室町幕府，另立光明天皇，是为北朝。从此，日本进入了"一天二帝南北京"的南北朝时期。经过五十多年的分裂，到了明洪武二十五年（1392），即南朝元中九年、北朝明德三年，大将军足利义满迫使南部军阀投降，日本得以重新统一。

在元末战争中，方国珍、张士诚和陈友谅等势力被消灭，余部流窜于海上，并与真正的日本海盗勾结起来，在中国沿海烧杀抢掠。

洪武年间，倭寇四十四次入侵中国，朱元璋实行严格的海禁，一个重要原因就是对付倭寇。此举客观上造成沿海农工商业停摆，产业一片萧条，以现代人的视角看，这种措施未免得不偿失。

至于明朝的对外贸易交流，则主要采取"朝贡"的形式。洪武三年（1370），朝廷在宁波、月港（福建泉州）和广州三大港口设立市舶司，统一管理外番朝贡及贸易事宜。后来，三处机构曾一度关闭。朱棣上台之后，于永乐元年（1403）恢复了相关机构，并设立了招待外国使节的宾馆。

日本的情况比较特殊，其最高统治者不称王而称天皇，也不接受大

明册封。太祖时期，因所谓的"暗通奸臣胡惟庸谋为不轨"，中日两国贸易基本中断。但朱元璋可没有忽必烈跨海征讨的气魄，而是将日本列入了"不征诸夷"的名单。

朱棣登基之初，就派遣郑和出使日本，就倭寇侵扰一事向源道义（足利义满）提出抗议。但日本不像中国，朝廷的权威有限，无法约束海盗的行为。

朱棣摆好了迁都的架势，京城两翼——山东和辽东的安全，当然变得非常重要。朱元璋曾经说过："沧海之东，辽为首疆，中夏既宁，斯必戍守。"

国之重地，需要交给大将把守。在忽兰忽失温大捷之后，永乐十二年（1414），朱棣钦点一人出任辽东总兵。而正是此人，书写了明朝抗倭史上辉煌的一章，堪称是戚继光的前辈。

刘江，（南）直隶宿迁县人，是楚霸王的同乡，比朱棣只大一岁。明初在直隶征兵时，年幼的刘荣冒充父亲刘江的名字参军，跟随徐达、冯胜大军平定西北，书写了一段"男版花木兰"的传奇故事。之后，他当上了密云卫百户，自然是跟随朱棣靖难，从北平一路杀到南京。

由于多次直接在朱棣麾下作战，虽说不是朱能、张辅一类的骨干将领，但耳濡目染之下，刘江也是受益颇多。

刘江两度担任正二品的辽东总兵，任职期间，恰逢倭寇相当猖獗的时期。辽东百姓期盼过上稳定的生活，希望天朝能有所作为。但限于主客观条件，明朝军队也不可能去日本本土追剿，只能加强戒备，严阵以待了。

辽东总兵署原本设在辽阳，但刘江自己却常年驻守在金州，出现在海防的第一线。他亲自勘探地形之后，力主在金州城外七十里地，修建了望海埚城堡。

转眼到了永乐十七年（1419）六月，正值盛夏，连渔民都不想出海了。但越是这个时候，倭寇就越有可能出来活动。

第十章 远征瓦剌留遗憾

到了六月十五日清晨，大约一千五百名倭寇分乘三十一艘战船，在登沙河口登陆。

倭寇并没有装备火器，而是身背弓箭，手持长刀，摆出一字长蛇阵，鱼贯而行，直奔望海埚。

当倭寇杀到城堡时，却发现里面空空荡荡，什么也抢不着，不免心生怀疑。他们正准备撤退时，只听一声炮响，烟雾缭绕之中，一尊神仙悠然冒了出来。

只见他衣着华丽夸张，披头散发，胡子比头发还长，满脸怒容，盯着这些倭寇，似乎准备要作法收拾他们。

"真武大帝！"倭兵中有人不觉当场尖叫起来。难道说抢点东西，就能让天神降罪？

正犹豫间，喊杀之声四起，大队明军从两翼冲了过来。果然是有埋伏啊。

要说单兵作战能力，明军当然比不了日本武士，可此役明军人数占优，还配备了很多火铳，让倭寇防不胜防。一番厮杀之后，远道而来的倭寇渐渐招架不住，被迫向樱桃园空堡逃去。

明军立即尾随追赶，并从三面围困住樱桃园。

有些读者可能看不明白了，为什么要留一面？这正是刘江从朱棣那里学的一招。

在朱棣占领南京之前的灵璧包围战中，燕军困住城池，却故意留下南城让官军逃跑，结果官兵自相践踏，损失惨重，朱棣趁机收编了不少降兵。

这一次，刘江故意留下西北口，放任倭寇逃跑。这些人还以为得计，可逃出去没多远，却发现自己又上当了。

早已在道旁埋伏多时的步兵，不失时机地杀了出来，与后面追赶的骑兵一道，两面夹攻。雪亮的钢刀在阳光下分外刺眼，兵器的碰撞声、明军的喊杀声和倭寇的惨叫声不绝于耳。

少数拼了命杀出重围跑到海边的倭寇，还没来得及喘气，便被眼前的一幕惊呆了。

登沙河口已经变成了一片火海。三十一艘战船被烧得不成样子,大批平日不可一世的倭寇,纷纷扔下武器,跪下请降。

不到半天工夫,战役就顺利结束了。据史书统计,望海埚一战明军杀死倭寇七百四十二人,俘虏八百五十七人,创造了明初对倭寇用兵的最大胜利。

这一天,足以在中国历史上记上浓墨重彩的一笔。

这一战,足以让刘江跻身明朝名将的行列。

这一年,足以使倭寇从此谈刘色变,再也不敢侵扰辽东。

当天晚上,明军在望海埚城堡内大摆宴席,犒赏白天拼死搏杀的勇士们。在一片欢快的气氛中,那个神秘的真武大帝走了进来,慢慢地摘下了头套。

众人急忙行礼:"参见刘将军!"

刘江微笑着拱手致意。

有人当然不懂就问了:"将军,您为何要亲自装扮啊?"

"弟兄们都在浴血奋战,我自然要和各位一起。"

"为什么要把倭子引入樱桃园,却留一条路让他们逃跑?"

"穷寇远来,必劳且饥。我们要一味强攻,他们就会拼死放手一搏,给我军造成伤害。让倭子看到生路,他们反而丧失了战斗力。这就叫'围师必缺'。"

刘江侃侃而谈。

前一天晚上,听到倭寇入侵的探报时,这位将军不慌不忙,让都指挥徐刚伏兵于金顶山下;指挥使钱真率骑兵绕到倭寇后面,切断他们的逃跑路线;百户江隆率壮士去焚倭船,让他们有来无回。

其实,刘江能调动的兵力也就四千来人,但由于布置得当,给倭寇的感觉,至少是上万精兵。回想朱棣靖难时期,总是能以少胜多,其实也不奇怪。

《明史纪事本末》有云:"至是,(倭寇)为江所挫,收敛迹不敢为大寇。"他们纷纷调头南下,将浙直和福建作为自己的目标,如此一来,北京附近的安全,就得到了保证。当然,对于南下的倭寇,朱棣也严令剿灭,不给他们肆虐的机会。

刘江首次担任辽东总兵时,曾因违反军纪,差点被朱棣斩首。可望海埚一战,却让皇上刮目相看。朱棣封刘江为广宁伯,子孙世袭,相当荣耀。将士们也分别封赏。

北京人民也没有忘记刘江。今天的西城区,就有一条广宁伯街道,这是朱棣也享受不到的殊荣。

第二年,朝廷又平息了山东唐赛儿叛乱,京畿地区更加安全。那么,朱棣又为迁都做了什么准备呢?

第十一章　储君之争出结果

一、欲加之罪，不管多远都有理

北京和南京之间相隔了两千多里，骑马也要近二十天的行程。可就在朱棣率北征大军返回北京之后，远在南京的不少官员——都是辅佐太子监国的大臣，却要排着队被押往北京。这又是怎么一回事呢？

永乐十二年（1414）七月，朱棣班师回北京，路过西郊的沙河时，碰到了朱高炽千里迢迢派来上贺表的几位官员，领头的是兵部尚书兼詹事府詹事（东宫首席辅导官）金忠。这是北平的老人，朱棣自然相当高兴，对于老大的这片孝心也相当赏识。

一个月之后，朱棣回到北京，在行宫奉天殿接受了留守官员的朝贺。因为打了胜仗，朱棣特意减免了北直隶两年的租税，一切似乎都相当和谐。可就在闰九月，朱棣却突然下旨，要将侍读黄淮、侍讲杨士奇、正字金问以及洗马杨溥、芮善都抓起来。

这些大臣都远在南京，朱棣人在北京，难道他有千里眼，能看到他们正在危害大明江山？当然不是。朱棣还是对朱高炽有意见，觉得他迎驾迟缓，行动拖沓，贺词也写得敷衍了事。而太子之所以会犯错，是由于辅政诸官的失职。因此，朱棣决定将东宫官员们抓到北京受审。

敢这么搬弄是非的，除了朱高煦，恐怕也难以找出第二个人。朱高炽接到圣旨，也是无可奈何，根本不敢有任何抗拒措施，只能下令将这些人押往北京。这些平日里生活舒坦的大臣们，哪里遭过这样的罪。

正值夏末，他们一路颠簸，吃尽了苦头。不过，刚刚走到山东地界，圣旨又到了，责蹇义返回南京，其他人继续前进，直到住进朱棣在北京为大家安排的免费住所——监狱。

朱棣特地召见了杨士奇，向他询问东宫的事情。这些年来，很多文官都和太子走得很近，但杨士奇却是个例外，他似乎从来不把自己当东宫的人。因此朱棣觉得，只有从他那里才能听到实话。

杨士奇一见朱棣，就跪下使劲儿磕头，朱棣忙叫他平身。于是老杨一本正经地说："陛下，太子殿下一向仁孝恭敬，如果有什么做得不周到的地方，一定都是我们下属的罪过，臣等愿意受您的任何处罚。"

朱棣本身也欣赏杨士奇，又见他态度相当诚恳，就破例把他放了，其他人则继续关押。

这些人恢复自由的时候，已经是永乐二十二年（1424），也就是说，朱棣死后，朱高炽才敢将他们放出来。那个年代，中国人的平均寿命也就四十来岁，这一关就是十年，确实损失太大了。

要说接驾迟缓，最应该处分的不是别人，正是兵部尚书金忠。偏偏人在北京的他，一点儿事都没有，远在南京的一大批东宫官，却成了朱棣安抚朱高煦的牺牲品。当初，朱棣之所以让金忠出任詹事府詹事，很大程度上是希望他监视太子的举动。但金忠却心甘情愿地为太子效命了。

朱棣如此大规模地处罚东宫辅臣，很有些鸡蛋里挑骨头的意味，自然是做给朱高煦看，希望他能就此收敛，但实际情况，会按朱棣设想的方向发展吗？

二、解缙之死，留给后人太多反思

永乐十三年（1415）正月十三，年还没过完，南京市民还沉浸在新年的喜悦之中。

锦衣卫指挥使纪纲正值春风得意之时，他是朱棣身边的红人，同时又是朱高煦的死党。得罪纪纲的人，通常死得都比较难看。不过这一天，纪纲突然置办了一桌丰盛的酒宴，命令送到京城某个牢房，送给在这里关押了三年的一位重要犯人。

这个犯人胡子拉碴，衣衫不整，显然很久没有吃过这样好吃的东西了。他很快喝得大醉，倒在了地上。

当天，雪下得很大。几个锦衣卫打开了牢门，把他扔在了外面的空地上，任由大片的雪花落到他身上，最后一点一点地把他埋了起来。

真人就变成了雪人，最后又成了死人。

这帮狱卒杀过的人不计其数，但他们未必知道，埋在雪堆里的这具尸体，曾经还是朱棣最欣赏的读书人，曾经还是大明内阁的第二任首辅。

他正是解缙。

想当年，解缙仗着皇帝的宠幸，不把纪纲放在眼里，甚至还写出了"墙上芦苇，头重脚轻根底浅；山间竹笋，嘴尖皮厚腹中空"的段子来取笑他。纪纲为人外宽内忌，怎么能受得了这口气。

解缙因为卷入太子之争过深，又有点恃才放旷，喜欢对皇家事务指手画脚，还喜欢在不恰当的时机，做不合适的表态，因此就一步一步地失去了朱棣的信任，后来又被抓进了锦衣卫诏狱。

永乐十三年（1415）正月，纪纲来到宫中给皇上拜年，并呈上最新的罪犯名单。按说朱棣根本不会仔细看这些，但是，偏偏一个熟悉的名字映入他的眼帘，让他的目光停住了。

解缙！

朱棣这几年忙于处理北征、迁都和太子之争，忙得没有时间休息，甚至都忘记关心解缙现在怎么样了。于是他脱口而出："解缙还活着啊？"

于是，就有了纪纲让人给解缙置办了一桌好酒，将其生生灌醉，然后拉到雪地里活活冻死的惨剧。这位当时的大明才子，死时年仅四十七岁。

对于朱棣的态度，历史学家们争论不休。有人说，朱棣是想杀解缙，但自己不便动手，就交给最得力的狗腿子纪纲，潜台词就是："解缙怎么还活着，办了他！"纪纲是领旨行动。

可另一拨人则认为，朱棣看到解缙的名字，想起过去两人的交情，为他的处境感到惋惜，甚至有了重新起用之意："原来解缙还活着啊，挺好！"但纪纲恨死了解缙，害怕他出来后报复自己，干脆害死了他。

这两种说法，哪种是对的，不得而知，但有两个不争的事实：第一，解缙死后，朱棣不但没有表现出过分伤心，甚至下令抄了他的家，并将其妻子、儿女、宗族都流放到辽东。由此看来，朱棣是真恨解缙。第二，纪纲在害死解缙的第二年，就被以"谋大逆"的罪名凌迟处死。要说这两件事之间没有联系，那恐怕也不是实事求是的态度。

不管怎么说，解缙就这么死了。

解缙的不幸，能证明朱棣是忽视文臣的暴君吗？

三、用人不疑，文臣集团全面崛起

解缙的遭遇值得同情，但也并非没有自身原因，更不能说明朱棣轻视读书人。

恰恰相反，正是在朱棣执政期间，文官政治才得以奠定。

很多皇帝喜欢任人唯亲，但朱棣继位后，并没有特别栽培自己北平的亲信，而是唯才是举，重用的文臣大都是建文朝的降臣以及后来通过科举进入集团权力核心的人，甚至留下了史上赫赫有名的"三杨"班底——杨士奇、杨溥和杨荣。即便这些人与太子走得很近，朱棣其实也并不怎么计较。

文学才华到底有多重要？解缙主持修改的《明太祖实录》，朱棣并不十分满意；其主持编纂的《永乐大典》，更让朱棣恼火，所以朱棣让姚广孝出任顾问，直接架空了解缙。

但是，三修《明太祖实录》的官员，却能令朱棣相当欣慰。永乐九年（1411）至十六年（1418），朱棣任命学士胡广、祭酒胡俨、学士黄淮、杨荣等为总裁，对《明太祖实录》再一次进行删改，进一步凸显四皇子的光辉形象，并对朱标父子进行恰到好处的明贬暗讽。如此一来，读者只会认为，朱棣的接班，才是对大明江山最为有利的选择。朱棣至此才说："庶几小副朕心（差不多还能让我稍微满意）。"晚明大才子王世贞曾经说过："读累朝实录，可据者十六七。"既不能离事实太远，又不能让主子太难堪，平衡之术太重要了。

我们很多人天真地以为，读书越多的人，头脑就会越僵化，办事就会越教条，行为就会越刻板——解缙不就是活教材吗？因此，读书不是什么好事。其实不然，书籍为我们打开了一个靠自己琢磨永远也无法触及的奇妙世界。人类智慧最重要的结晶，人类文明最靠谱的传承方式，不是绘画，不是音乐，不是建筑和雕塑，而是书籍。

朱元璋和朱棣父子表面看起来更重视武将，但事实上，他们自己都非常喜欢读书，并且极为重视读书人。相比陈友谅和张士诚，朱元璋能够夺取天下，很大程度上在于对知识分子的争夺。陈友谅不重视读书人，而张士诚则喜欢养一堆人装饰门面，但最信任的却是自己的几个弟弟，导致幕僚离心离德。

唯有朱元璋，不仅每占领一座城市，首先网罗当地读书人，更是对他们委以重任。在夺取天下的过程之中，李善长、刘基和朱升等人，都发挥了极其重要的、无可替代的特殊作用。

但是，等到朱元璋当上了皇帝，坐稳了江山，他对读书人的态度，却在一点一点转变。老朱几乎没上过学，但天资聪明，在刘基等人的影响之下，他开始系统地阅读经史子集，并且尝试写文章。当然，朱元璋的那些水平有限的作品，必然要被大部分文官吹捧到天上，这令他对自己的判断力，也发生了微妙的变化。而且，这位草根皇帝认为，学者虽然博览群书，但做事墨守成规，瞻前顾后，缺乏魄力，相当迂腐。

因此，朱元璋在杀胡惟庸、废丞相之后，把国家的大事小事一肩挑，根本不重视文官队伍的建设，给自己的亲孙子朱允炆留下了一个烂摊子。朱元璋还喜欢搞文字狱，让很多文人莫名其妙地受到惩罚，当官成了比当兵危险百倍的高风险行业，因此，很多人根本就不想考取功名，当了官也不想好好干。

朱棣却与其父亲大为不同。如果说朱元璋身上集中反映了暴发户式的目光短浅与不自信，朱棣的作为，就彰显了贵族式的海纳百川与包容心。从朱棣大力提拔文官、信任读书人的角度来讲，他的谥号文皇帝，并没有夸大事实。

解缙恃才放旷，不懂收敛，表现欲望过于强烈，不仅令自己树敌太多，让朱棣也逐渐不满，失去了这一靠山，他的厄运就不可避免了。

同样是科举出身的文官，杨士奇、杨荣和杨溥这"三杨"的文章写得没有解缙精彩，创意也没有解缙精妙，但却能安稳地成为三朝老臣，越升越高。可见，光有才华是不行的，才华往往是一把双刃剑，把握不好锋芒就会令自己受伤。

自永乐七年，朱棣开始第一次北巡之后，他更多的时间都住在北京。南京虽说还拥有京师名分，但就跟武则天时期的长安一样，变成事实上的陪都了。而朱棣带到行在的官员，当然是国家重臣，能随军出征漠北的，更是皇帝的亲信。

可这些人中，几乎没有北平时代的老臣，全是朱棣当上皇帝之后提拔的。

朱棣每次军事行动，都要带着杨荣在身边，甚至将军队中的印信全交给杨荣保管。

而夏元吉则留守北京，统领行在文臣，成为没有名号的"丞相"。

杨士奇一直留在南京，却是京师文官之中，朱棣最为信任和欣赏之人。

杨溥被关进诏狱十年，但朱棣却注意保护他，让他未来可以为太子、太孙出力。

朱棣提拔重用的官员，不仅在本朝发挥了重要作用，甚至成了此后近半个世纪大明的中流砥柱。杨荣、杨士奇、蹇义、夏原吉和金幼孜固然在永乐一朝得到重用，朱瞻基于宣德十年（1435）去世之时，选择的五位顾命大臣，居然还都是永乐朝老人。除去武将张辅之外，四位文臣正是大名鼎鼎的"三杨"以及礼部尚书胡濙。

直到明英宗统治前期,还在享受着太爷爷留下来的人才储备。当然,永乐一朝老臣,终究都有老去的时候。此后的历代皇帝,都比较重视文官队伍的建设,并进一步扩大了内阁权力,几乎杜绝了武将干政的可能性,这无疑是历史的一个巨大进步。

四、专注削藩,朱棣终成正果

朱棣用武力赶走了建文帝,但过去这些年来,他一直忠诚地执行着朱允炆的削藩大计。当然他没有朱允炆那么草率(一年连废五个藩王),也不会把亲王一夜之间变成囚犯。他只是如温水煮青蛙一般,慢慢清除藩王的羽翼,等他们发现大事不妙的时候,已经毫无还手之力了。

朱元璋的老七齐王朱榑,在朱允炆削藩时被抓到南京,与老五朱橚关在一起,城破之后,被燕军救出。朱棣恢复了朱榑的待遇,让他继续回青州封地。

朱榑回封地后更为骄纵,朱棣多次下诏书规劝,令齐王改过。永乐四年(1406),朱榑收到了命令他进京的诏书。朱榑能想到的是,京城之行可不轻松;没想到的是,四哥要动真格的了。

当年五月,朱榑来到了阔别四年的京城,见到了皇兄。朱棣拿出了厚厚一沓奏本请老七过目。

朱榑一看,脸色当场就变了。原来这些奏本都是弹劾自个儿的,说什么暗蓄刺客,招异人术士为咒,动辄调动王府护卫军来守卫青州,将城墙与苑邸围墙并筑,隔离外界往来,等等。

朱榑愤怒地说:"陛下,这些奸臣喋喋不休,加害皇弟,无非是效仿建文朝旧事。依我看,应当将上书之人通通斩首,以正告天下!"

朱棣不悦,传令请朱榑搬到他最熟悉的地方——监狱居住,深刻反省自己的严重错误。

同年八月,朱棣把朱榑的几个儿子都召到南京,和他们的父亲一道,通通被废为庶人。

永乐六年（1408），老十八岷王朱楩也犯事了，朱棣削减了他的护卫，罢了其官属，但好歹还保留了他的王爵。

辽王朱植的封地原来在辽宁广宁，他"自告奋勇"请改封荆州，以为可以高枕无忧。永乐十年（1412），朱棣声称朱植图谋不轨，削夺了其护卫，只给他留下了三百名军校厨役。

当然有一个人是不在乎这些的，他还和以前一样任性而为，此人就是在靖难中打开金川门、迎接朱棣进城的功臣之一，谷王朱橞，朱元璋的第十九子。

朱橞生于洪武十二年（1379），比朱高炽还小一岁，洪武二十八年就藩宣府，因当地在秦汉时属上谷郡，故封为谷王。朱橞和老十一蜀王朱椿、老十三代王朱桂都是郭惠妃所生，也就是说，这哥仨是郭子兴的外孙。正因如此，朱元璋生前对三个孩子都相当照顾，朱允炆上台之后，对三兄弟相当忌惮。

朱允炆将朱桂囚禁于大同，却命令朱橞与李景隆一道，把守极为重要的金川门。显然，这个决定并不明智。

当靖难大军进驻龙潭之时，朱橞、安王朱楹和李景隆三人，还作为朝廷的使臣，前往朱棣大营求和。朱棣自始至终对几个人没有什么好脸色，冷嘲热讽自然不在话下，不过还是把他们放回去了。

之后不久，就发生了著名的"金川之变"，朱橞和李景隆打开城门，喜迎朱棣大军的到来。后人难免怀疑，朱棣与朱橞哥俩已经达成了某些共识。

朱棣当上了皇帝，朱橞也因为自己的特殊贡献，得到增岁禄两千石的赏赐，并改封长沙。据说从此之后，他开始居功自傲，肆意妄为，侵夺民田，贪污国税，还杀害无罪的老实人。

永乐七年（1409），忠诚伯茹瑺路过长沙时，没有来得及拜见朱橞，这位王爷十分不满，向皇上报告此事。陈瑛趁机弹劾茹瑺违背祖制，后者被抓进了锦衣卫诏狱，不久就死在狱中，据说是自杀，但怎么看，事情都没有这么简单。而王府长史虞廷纲屡次规劝朱橞的行为，谷王居然就杀害了他，还诬陷他诽谤。

后来，朱橞的手笔越来越大，他招兵买马，发给他们兵器弓弩，日夜操练；他还大修佛寺，收留上千名和尚，整日念经作法。

都指挥张成、太监吴智、刘信几人，都成了朱橞的死党，张成被尊称为"师尚父"，那二位则有了"国老令公"的头衔。朱橞找人占卜，得出的结论是，高皇帝的第十八子要夺取天下。虽说他排行十九，但赵王朱杞夭折，他就是长大成人的老十八。反正朱棣常年不在南京，长沙离京师也不过十天的路程，如果真要造反，够那个大胖子喝一壶的吧。

朱棣这种眼里不揉沙子的人，怎么会容忍此类现象的存在？

永乐十四年（1416）十月，朱棣从北京回到京师，不久之后，他就下诏，请多年不见的十九弟来京师"小住"。

皇帝下命令，朱橞当然不能不听。为了赶时间，他不敢乘船，而是乘车赶路，紧赶慢赶，到南京已经是腊月了。一路之上，自然是受了不少罪。

这一天，朱棣端坐在威严的奉天殿上，文武群臣分列两班。朱橞自然要跪下磕头，拜见皇帝。然后按照惯例，自然是平身、落座。不过这次，朱棣好像没有要他起来的意思，而是拿起几张纸，甩到朱橞面前，"看看你干的好事！"

朱橞哆哆嗦嗦地打开一看，就不由得脸色惨白，看着看着，身上的汗就不停地往外冒。突然间，他把奏折丢在一旁，以头抢地，拼命磕头，嘴里还念叨着："微臣罪该万死，请陛下开恩，放过我的妻儿！"

原来，朱棣交给十九弟的，居然是当初朱橞写给蜀王朱椿密谋造反的信函。都说血浓于水，但老十一却干脆利落地出卖了亲兄弟，以洗脱自己的嫌疑。

这时候，文武官员纷纷跪下，请求陛下立即处死谷王。他们说："周公诛杀管、蔡，汉景帝剿灭刘濞，那都是大义灭亲啊，陛下您要再护着朱橞，恐怕天下人就不能服气！"

朱棣并未当场表态。

转眼就是永乐十五年（1417）正月，周王朱橚、楚王朱桢及蜀王朱椿等陆续赶到南京，对于朱橞，这几位藩王的口径相当一致，他们表示："朱橞违反祖训，图谋不轨，动机相当明显，简直是大逆不道，当诛。"

即便如此，朱棣仍顶着"重重压力"，还是将朱橞放了，只是将他及两个儿子废为庶人。但是，谷王官署的不少人员，还是被处死，以惩罚他们没有尽到下属的职责。

其实，朱棣这次返回京城的真正目的，根本不是为朱橞，真正想要教训的是另一个人。各位能猜出来吗？

五、痛下决心，将是非精赶出京城

别看朱橞令皇帝相当头疼，然而老二朱高煦更让当爹的烦恼。早在永乐十二年（1414），就在朱棣忙于准备征讨鞑靼的关键时刻，身为汉王的朱高煦不想着为父皇出力，却莫名其妙地要求返回南京，朱棣想把他的大儿子朱瞻壑留在身边，朱高煦居然还机智地谢绝了。

第二年三月，朱棣在北京发出指示，将朱高煦的封地由云南改为山东青州，同时，将朱高燧封在河南彰德。这两地离北京都不远，显然，朱棣是在为迁都做准备，而在他未来的计划中，两个儿子将会扮演重要角色。按说这样的安排，足以体现出一个父亲的拳拳爱心了。

但是，朱棣很快就收到了朱高煦发自南京的书信，这封信态度十分诚恳谦恭，文辞也一反常态地相当讲究，说父亲年纪大了，希望自己能一直留在京城，随时侍奉膝下，云云。

不过，老子在北京你在南京，说照顾真是胡说，谁知道这小子又想搞什么动静。于是，朱棣回了一封信，态度相当强硬，不是以父亲，而是以皇上的身份命令。大概意思是：既然你受了封藩，岂能常留在京师。以前封你去云南，你嫌远不去；封你到青州，你又找借口推脱。如果你诚心想留下侍候朕，去年在北京时，为什么还要南下？当时我想留下你的长子，你也不答应。你所谓留侍的言论,恐怕不是本意。让你去青州的命令,由不得你推辞!"

朱棣的口气已经相当强硬了,遗憾的是,这道命令下了一年多,朱高煦还赖在南京不走。这要换普通的大臣,如此不把皇命放在眼里,恐怕就得拉出去斩首了。可朱高煦就有这个底气,也有这个脸皮,更有这个能耐。

永乐十四年(1416)九月,朱棣收到了来自京城的密报,他决定放下北京的事宜,立即南下。

原来,朱高煦在南京偷养死士,进行军事训练,制造各种军用器械,等等。而且更严重的是,朱高煦不光训练汉王府护卫,还将南京周边并不属于自己统辖的大批军人纳入麾下,壮大实力。

那么问题来了,朱高炽就在南京监国,为什么对二弟的行为不加约束?这算不算失职呢?太子也有自己的难处,他知道在朱棣面前,谁的发言权更大,捅了篓子,父皇会先收拾谁。这些年来,朱棣似乎根本不愿意,或者说不能容忍老大直接管理老二。当然,朱高煦这么闹下去,威胁的可是朱棣本人的统治,而并不是朱高炽的,所以朱棣不可能不出手。

自打永乐十一年(1413)二月开始北巡,朱棣离开京城已经有三年多,要不是朱高煦的事情,他可能还会继续留在北京。朱棣也有一点点担心,如果朱高煦真的趁自己不在,悍然起兵,很可能会以长江为屏障,将大明江山一分为二。

朱棣火速让行在兵部给右军都督佥事欧阳青传令,要求各卫被抽调随侍汉王的,不得羁留,一律返回原卫所。这样,无疑就让汉王府的势力受到了很大削弱。

不过,朱棣虽说启程南下了,这一路却走得堪称不紧不慢。可见,对于朱高煦,他也不是特别担心。这次南下,他还有另外一项重要的事宜。

十月十九日,朱棣的车驾抵达凤阳,这是他们朱家祖辈安葬的地方。朱棣的祭拜仪式相当隆重,因为他知道,以后很可能不会再来了。六天之后,他又来到了孝陵,祭拜朱元璋。

为什么要如此郑重其事?朱棣要完成这辈子最重要的一件大事了。

朱棣下了决心,一定得把都城迁到北京去。因此,他必须向祖先通报,也希望能得到父皇和祖辈的谅解,毕竟南京城的建设与经营,也花费了老爷子几十年的心血。但为了大明江山的长治久安,迁都北京是有必要的。

当年十月,朱棣回到南京,工部官员的集体上疏,让当皇上的相当受用。

伏惟北京,圣上龙兴之地,北枕居庸,西峙太行,东连山海,南俯中原,沃壤千里,山川形胜,足以控四夷,制天下,诚帝王万世之都也。昔高皇帝削平海宇,以其地分封陛下,诚有待于今日。陛下嗣太祖之位,即位之初,尝升为北京而宫殿未建。文武群臣,合词奏请,已蒙俞允。所司抡材川广,官民乐于趋事,良材大木,不劳而集。比年圣驾巡狩,万国来同,民物阜成,祯祥协应。天意人心,昭然可见。然陛下重于劳民,延缓至今。臣等切惟宗社大计,正陛下当为之时。况今漕运已通,储蓄充溢,材用具备,军民一心,营建之辰,天实启之。伏乞早赐圣断,敕所司择日兴工,以成国家悠久之计,以副臣民之望。

大臣们纷纷附议,朱棣一看民心如此,于是说:"听诸位的!"这事很快就这么定了。

可另外一件事,还需要他费些力气。

到南京之后,朱棣又获悉了朱高煦不少新的不法行为。老二为了多养战马,就纵容麾下,强行侵占了许多卫所、公主府的牧地和农田,充当自己的草场。朱高煦还放纵手下在南京城内外抢劫商旅财物,甚至把无罪之人肢解,丢入长江。这些没头脑的行为,与太子长期纵容不无关系。

汉王府纪善周岐凤为人诚实,对朱高煦的种种拙劣表现实在看不过眼,他直言不讳地正告朱高煦,如此胡闹下去不但得不到民心,恐怕连王爷的位子也保不住了。朱高煦大怒,就找理由诬陷他,并将皮球踢给老大,让监国来处分周岐凤。太子并不想做恶人,只是将他贬到长洲县做教谕了。

五城兵马司指挥徐野驴(人名),有一次在出巡途中,遇到了正在京城打劫商户的汉王府护卫,徐指挥下令将这些人全抓了起来。朱高煦知道了之后,当然不会善罢甘休。

不久,徐野驴就死在了汉王府,据传是被朱高煦用铁锤活活砸死的。事情发生之后,南京城的文武官员敢怒不敢言。连监国的太子都管不了他,谁还敢让他不痛快呢!

锦衣卫搜集到的朱高煦作恶证据,把皇上的案头堆得满满当当。朱棣又召见了太子和一些官员,向他们了解情况。

这一次,朱棣彻底动怒了,恨不得把老二叫过来,当场抡起皮鞭狠狠抽他一顿。但他很快冷静了下来,随即传旨,将汉王府中护卫调往山东,改为青州护卫,由当地提督统领。即便朱高煦就藩,他也无法指挥这支军队了。随后,又下令将老二的左右两支护卫取消,并将这些军人全部派遣到长城沿线。

过去十几年来,这三支护卫都堪称朱高煦的私人武装,也是他用来与太子抗衡的最重要资本。但现在,朱棣的釜底抽薪,等于废掉了他的左膀右臂,他就算有再大的野心,恐怕也折腾不起来了。

至于到底应该如何处置朱高煦,朱棣先后找来了自己最器重的两位大臣商量。蹇义清楚朱棣父子情深,也知道朱高煦的脾气,因此总是不置可否,让朱棣相当失望。于是,他召来了杨士奇。

杨士奇隐隐地感觉到,皇上这一次对二殿下的态度,可能要发生一些改变。

那么,要不要赌一下呢?

朱棣问道:"你在南京,可曾听说过汉王的一些不轨之举吗?"

"回陛下,臣与蹇义二人,一直在东宫辅佐太子监国,即便汉王真有什么举动，外人怎么会告诉我们呢？"

这样的回答显得在打官腔，朱棣显然不满意，他脸色一沉："我远在北京，都知道汉王的一些事情了，你们待在京师，难道真的不知道？"

杨士奇跪在地上，尽量平复自己的情绪。他知道，一旦说不好就可能是牢狱之灾。

"陛下，汉王的行为，做臣子的不能妄议。但皇上两次让汉王就藩，他都不愿意前往，说要留在皇上身边。一次是云南，确实太远，另一次是青州，其实还是不错的地方。但是最近……"

杨士奇习惯性地抬头看了看朱棣，见他并没有动怒的表情，胆子也就大了起来："最近朝廷内外都知道陛下要迁都北京。但在这个节骨眼儿上，汉王殿下却提出要留守南京，盼望皇上早做妥善处理，让他能有定所，这样方能保全皇上与二殿下的关系，为子孙后代留下一个有利局面。"

中国人非常讲究语言艺术，为了不触怒对方，很多语句表达得模棱两可。就像杨士奇这番回答，你可以理解为劝皇上收拾朱高煦，也能理解为希望他们父子重归于好，不管朱棣最后如何决策，杨士奇都能给自己找台阶下。

不过，小半年过去了，朱棣也没有采取什么行动，他难道不想深究，就这么算了？

永乐十五年（1417）三月的一天，朱棣突然传朱高煦到后廷，太子随侍在侧。

二殿下以为风头已经过去，可是，当他跪下参拜之后，朱棣却并没有让他起来。

"大胆孽子，你这是要谋反吗？"朱棣恨得咬牙切齿，将一大堆奏折，狠狠地砸在朱高煦身前的地板上。

"私造兵器，阴养死士，招纳亡命，漆皮为船，教习水战……"朱棣恨恨地说道，"朕还没有死，你就想起兵逼宫？"

"儿臣万万不敢……冤枉啊！"朱高煦不敢抬头，只能拼命辩解。但朱棣根本不听他的："来人啊，将汉王衣冠扒去，囚禁西华门内，等候发落！"

走到这一步，朱高煦的政治生命，基本上就被判死刑了！如果再有人上来煽动一下，他的小命，恐怕就保不住了吧。

据说，一直坐在旁边的朱高炽，此时却果断地站了起来。他要做什么？

六、姚广孝至死，都在为主子还债

据《明史纪事本末·高煦之叛》记载，朱棣正要囚禁朱高煦，太子却抢到他身前，扑通跪下："请父皇开恩，饶恕二弟！"

朱高煦既是朱高炽的亲弟弟，也是他在这个世界上最危险的敌人。当朱棣要严惩老二时，朱高炽以德报怨，实在是有做戏的嫌疑。

据说，当时朱棣还厉声说："我是在为你谋划大事，不能不处分（老二），你还想要养虎为患吗？"

朱棣最后并没有将朱高煦打入大牢，反而让他就藩了！不过，朱高煦并没有去青州，而是被转封到小城市乐安。这里离北京更近。待在乐安的朱高煦，从此彻底失去了跟老大争夺继承权的机会。

处理完朱高煦，朱棣也不想在南京待了。没过几天，他就打理好了行装，再一次踏上了北巡之路。

朱棣十月才回到京师，只停留了五个多月。

这已经是十六年来，朱棣的第三次北巡了。而且这一次，他的迁都计划已经得到了群臣的一致拥护（没人敢反对），他也不打算再回来了。

时间来到了永乐十六年（1418）正月。北京城的百姓，因他们的皇帝回归而感到特别兴奋，家家户户张灯结彩，鞭炮声响个不停。消息灵通的都知道朱棣马上要迁都，北京要升级为京师了。那些在大都时代生活过的老人，自然都特别欣慰，而在永乐时期成长的年轻人，也都产生了无限憧憬。

但不久之后，一则坏消息传到了北京，交趾又出事了！就在当年正月，黎利在蓝山乡起兵反明，自称"平定王"。对于这样的行径，朱棣当然下令杀无赦，派中官马骐和大将李彬领兵征讨，坚决和分裂国家的邪恶势力斗争到底。作为曾在交趾布政司任职的安南土著（祖上当然是汉人），黎利对中国兵法深有造诣，诡计多端，因此，战事打打停停，互有胜败。

不过，远在北京的朱棣，还有很多其他事情要做。

三月十八日，北京庆寿寺举行了极为隆重的超度仪式，为一位坐化的高僧送行。而就在前两天，朱棣还亲临寺院，与这位高僧做最后话别。

到底是哪位高僧，能有这么大的面子？

他就是姚广孝。

再宏伟的建筑，也经不起风霜雨雪的一再侵蚀；再顽强的生命，也扛不住自然规律的反复折磨。一个人如果寿命够长，那他后半生的重要工作之一，必定是一个接一个地送走老朋友、老伙伴，让自己成为真正的孤家寡人。

姚广孝一生中最辉煌的事情，当然是辅佐朱棣靖难成功，但他一生最为人所诟病的，同样也是靖难。

他得到了一个人臣所能享受到的最高尊荣，却失去了一个普通人也能轻易得到的世间真情。

楚霸王曾有名言："富贵不还乡，如衣锦夜行。"这种小家子气被后世学者反复嘲笑，但有此爱好的可远不只项羽一人。刘邦不是也回老家转了一圈，还写了首打油诗《大风歌》，成为千古名句吗？

永乐二年（1404）八月，到苏湖赈灾的姚广孝，回到了阔别多年的苏州老家。父母双亲早已不在人间，他去长洲拜见自己的亲姐姐，姐姐的反应让他大吃一惊：不是杀鸡宰鹅招待弟弟，而是根本不想搭理他！

姚广孝本想拿钱来扩建宅院，姐姐却根本不给这位太子少师面子，不仅不收钱，还责骂他，声明自己没有这样的弟弟。

姚广孝去了小时候的好朋友王宾家。王宾明明在家，就是不想见他，让他碰了一鼻子灰，黯然离去。这还不算完，王宾日后逢人就说："这个和尚不干好事，这个和尚不干好事啊……"

当朱棣去庆寿寺看望姚广孝时，这个老人已经病得相当严重了。他挣扎着想从床上爬起来，给朱棣行君臣大礼，朱棣当然不让，硬是把他拦住了。

三十六年前，他们两人第一次见面，是姚广孝主动上门求见的，他还要送给朱棣一顶白帽子。朱棣已经是王爷了，"王"字上加"白"不就成了"皇"字吗？

三十六年后，他们两人的最后一次道别，是朱棣主动前来的。

当年，姚广孝请求朱棣放过方孝孺，朱棣没同意。这一次，他请皇帝释放建文皇帝的主录僧溥洽，朱棣答应了他。

溥洽是建文四年（1402）六月朱棣攻陷南京时被俘的，从此一关就是十六年。传言建文帝是化装成僧人在溥洽的帮助下逃走的，所以朱棣便关押了他。

三月十八日，姚广孝在庆寿寺去世，终年八十四岁。在民间，有"七十三、八十四，阎王不接自己去"的说法，八十四岁在那个年月，绝对是高寿了。

建文四年，朱棣刚夺取了天下，为了监视百官，清除异己，巩固自己的统治，就重设锦衣卫。但如何防止锦衣卫胡作非为呢？

永乐十八年（1420）十二月，朱棣建立了一个由太监负责的情报机构，因为办公地点在东安门，所以叫东缉事厂，又简称东厂。六百年后的今天，北京依然有一条东厂胡同。

一开始，东厂只有调查和抓捕权，而审理则移交给锦衣卫，后来，东厂自己的监狱也建立起来了。

为了让东厂树立良好的作风，朱棣可谓用心良苦：在大堂前竖立"百世流芳"的牌坊，堂内高挂岳飞的大幅画像，让这位民族英雄无时无刻不监视他们。遗憾的是，后来的东厂头目们，比秦桧更加凶狠，更加没有底线。

东厂的首领称为东厂掌印太监，通常被尊称为厂公或督主，由太监的最高领袖——司礼监掌印太监兼任。后来，司礼监掌印太监因为工作繁忙，往往将这一位置交由秉笔太监担任。鉴于郑和在太监中的良好威信，朱棣想让他能出任首任厂公，但郑和要忙于下西洋的任务，只好另安排亲随太监狗儿担任。

在许多以明朝为故事背景的影视剧中，我们经常可以看到一群样貌周正、身手不凡的锦衣卫高手，却要向说话细声细气的太监们点头哈腰，就因为人家是东厂出来的！

这里，我们有必要搞清两个问题。

第一，虽说东厂老大是太监，可并非所有成员都是阉人，大部分人员还都是正常人。

第二，锦衣卫并非东厂的下属机构，两者都是直接听命于皇帝的。因此，不大会出现东厂太监指挥锦衣卫执行任务的情况，通常都是各忙各的。

但是，锦衣卫多少还是有点惧怕东厂的。一来，后者有调查前者的权力；二来，东厂掌印太监住在宫内，相比锦衣卫指挥使，他见到皇帝的机会更多，说话也更方便。因此，显得东厂地位更高。

东厂设立不到四年，朱棣就去世了。他哪里会想到，日后的东厂居然成了邪恶与恐怖的代名词。

这一年的朱棣已经六十一岁，在那个年月已经是高寿之人。因此，有一件大事，他要在有生之年非办不可，一天也不想耽误了。

第十二章 迁都北京铸伟业

一、顺应历史趋势,政治中心不断东移

对于任何一个政权来讲,首都的选择与经营无疑都是极为重要的。当然,传统社会没有首都的概念,最重要的都城,称为"京师"。

《春秋公羊传》曰:"京师者何?天子之居也。京者何?大也。师者何?众也。天子之居,必以众大之辞言之。"

在传统社会里,京师不仅是政治、文化、军事和交通中心,往往还会成为经济中心。而京师及其周边的区域,无疑就成了一个政权,乃至一个国家的"核心区"。

通常来说,能成为京师的城市,通常需要满足以下几个要素:

1. 自然地理条件

京师作为天子和文武要员的居住地,自然要将安全因素放在第一位。在冷兵器时代,国家政权与反对势力之间军事装备上的差异,远不如今天这样悬殊。陈胜吴广们拿着农具起义,就能威胁大秦江山。

因此,国都必须有险可凭之,易守难攻。如著名的长安(秦咸阳),北有高原,南有秦岭,东有骊山,八水环绕,只要据守函谷关,关东诸强就难以攻克,秦汉隋唐却能出关一统天下。

在劝说刘邦定都咸阳时,张良说:

关中，左崤函，右陇蜀，沃野千里，南有巴蜀之饶，北有胡宛之利，阻三面而守，独以一面东制诸侯；诸侯安定，河渭漕挽天下，西给京师；诸侯有变，顺流而下，足以委输。此所谓金城千里，天府之国也。

洛阳地势不遑多让。北有邙山，南东有熊耳山，西有崤山，另有伊洛河相邻，李清照之父李格非认为：

洛阳处天下之中，挟崤渑之阻，当秦陇之襟喉，而赵魏之走集，盖四方必争之地也。天下当无事则已，有事，则洛阳先受兵。予故尝曰："洛阳之盛衰，天下治乱之候也。"

而作为北宋京师的开封，地处平原，无险可守。朝廷只能在周边屯集重兵，经济负担沉重，最终也难逃靖康之耻的厄运。

朱元璋定都的南京，扼守长江天险，又有钟山为屏障，易守难攻。但南京毕竟处于江南，一直缺乏对北方的辐射能力。而水军从四川或湖广顺流而下，就会令长江的战略作用大大削弱。

朱棣的"龙兴之地"北京，恰好处于农业文明与草原文明、森林文明的交汇点，"左环沧海，右拥太行，北枕居庸，南襟河济"，地势与长安有很大相似之处，更兼华北大平原和渤海的优势，更像是一个升级版的"天下之中"。

2. 社会经济条件

国都自然是一国的政治中心和经济中心，是人口密集、商业繁荣之处，需要有强大的经济基础。而在资源相对短缺的传统社会，粮食供应无疑是最为重要的问题。

战国时期，秦人利用关中得天独厚的耕种基础，不断改进河渠系统，形成了"八百里秦川"。秦灭蜀之后，又把成都平原打造成了"天府之国"。自张骞开通西域道路之后，长安又成为丝绸之路的传统起点，商业贸易繁荣一时。无论是秦汉还是隋唐，关中的经济发展水平都领先于全国，奠定了大一统王朝的基础。

洛阳盆地堪称"小关中"，面积仅有关中的大约二十分之一。关中即使被周边封锁，也有可能自给自足；洛阳没有这样的基础，往往只能成为次优选择。但它距离河北与江南发达区域更近，又有运河与洛河的水运条件，因此刘秀要舍长安而都洛阳。隋世祖开大运河之后，洛阳的区位优势被进一步放大。

但就河渠便利而言，洛阳显然又不如开封。而唐末的连年战争，加上气候与土质的恶化，让水运条件不便的关中更显被动。到了北宋，中国经济中心已经转移到了南方。开封作为真正的运河中心，可以方便调运江南物资，即使"无险可守"，也是国都首选，洛阳只能充当为陪都。

南京成为明朝京城之后，很快取代了杭州成为国内第一大都会。尽管她的城市规模庞大，但位于江南核心区域，又有便利的水运，物资供应不会有任何问题。

北京非常靠近温带荒漠区，本身不适合大规模的农业垦殖，也就很难成为华北的经济中心。因此在北京建都的朝代，物资供应问题都显得特别突出，当时的京师也很难成为人口第一大城。

3. 制度文化条件

武王伐纣建立周朝之后，一改商朝的鬼神崇拜，确立了有鲜明特色的宗法制度、礼乐制度和畿服制度等，影响了后世三千年。在中国历代统治者心目中，周朝前后的两个京师——长安（镐京）与洛阳（洛邑）有着无可比拟的影响力。

战国末期，原本相对落后的秦国，却后来居上一统六国，建立起了第一个皇权专制政体，并创造性地实行了三公九卿制、郡县制，统一了全国货币、文字与度量衡，此后历代王朝均继承和模仿秦制。西汉武帝"罢黜百家，独尊儒术"，使儒家学说上升为国家意志，也令秦汉的京城咸阳（长安）有着更大的影响力。

而洛阳自古也是中华的文化中心，是传说中河图洛书的发源地，春秋百家争鸣的交融地，魏晋玄学的大本营。北宋史学泰斗司马光写道："烟悉雨啸黍华生,宫阙簪裳旧帝京。若问古今兴废事,请君只看洛阳城。"

而这一方面,地处胡汉分界线附近的北京,却没有多少优势。当然,金元两朝也曾在汉地实行科举,并在京城会试,大都也是元曲的发祥地,但相比长安与洛阳的辉煌,北京在这一方面可以说乏善可陈。

自公元前十一世纪周政权成为"天下共主",到十世纪初唐朝灭亡,这两千年的政治中心,一直都在以长安—洛阳为核心的关中河洛地区,大致是两汉的"司隶校尉"管辖之地,也即狭义的"中原"。

"秦中自古帝王都"绝非虚言,西周、秦、西汉、隋和唐五大朝代鼎盛时期,全都以长安为京师。而以洛阳为京师的东汉、西晋两朝,无论国力还是对后世的影响,都和上述五朝有一定差距。

但值得强调的一点是,定都长安的五大政权,除了刘邦建立的汉朝之外,其他都是以关中为"龙兴之地"的朝代。在政权初创时期,他们往往不具备明显优势,甚至看不出有能统一天下的迹象。

在商朝末年,以关中为大本营的周部落后来居上,通过牧野之战攻灭商朝,成为天下诸侯的共主。周王分封王族和功臣到各地开国,自己则直辖从周原到洛邑的广大土地,对诸侯国有着压倒优势。但平王东迁之后,周王只保住了洛邑一带,也就无法控制诸强,天子之威名存实亡。

在战国七雄中,秦国一开始可以说无人看好,但却笑到了最后。秦人面对魏国的紧逼,不是选择逃避,不是割地求和,不是和亲自保,而是毅然将都城由雍迁往咸阳,迁到秦魏对抗的前线,最终一统天下。

楚汉战争原本是两个楚人刘邦与项羽的"内战"。但刘邦"明修栈道,暗度陈仓"占领关中之后,就以此为根据地,不断向东扩张。四年楚汉战争中,项羽的兵马甚至都没打到函谷关,岂有不败之理?

到了西汉末年,刘秀以河北为根据地取天下,其主要支持者为关东贵族,将京师放在长安,显然对巩固统治不利,因此,洛阳也就首次成为统一大帝国的京城。

隋唐两朝的创立者,都是关陇贵族的代表人物,他们自然只能以长安为京师，为了更好地控制天下，又将东都洛阳建成陪都，并在两京之间形成了一个较大规模的城市带。武则天篡唐之后，虽没有宣布迁都，但事实上洛阳才是武周的都城。

安史之乱是唐朝由盛转衰的开始，却成了以北京为核心的河北地区、以开封为核心的汴洛地区崛起的机遇。安禄山正是从范阳（北京）起兵，向南横扫北部中国的，而他也曾在洛阳称帝，国号为燕。虽然叛乱最终被平息，但大唐再也回不到盛世了。

从某种意义上讲，朱棣和安禄山是有一些相似之处的。他俩都从北京出发挑战大一统政权，都堪称"冒天下之大不韪"。不过，朱棣是承受不了建文越来越强烈的削藩压力而靖难，安禄山则是在与杨国忠的斗争中日益看不到希望而悍然行动的。

当然，作为粟特人（属于白人）后裔的安禄山，其政治眼光与战略战术，是无法和身为大明四皇子的朱棣相提并论的。

隋朝大运河的修建，使得通济渠（又称汴河，连通黄河与淮河）上的枢纽城市汴州的地位日益重要。到了唐末，她甚至超越了东都洛阳。而以这两个城市为中心的汴洛地区，逐步取代了关中，成为汉地最核心的区域。军阀朱温经营汴州二十年，最终灭唐，将汴州升为东京开封府，作为京师，洛阳则为西都，长安自此丧失了成为国都的机会。此后，后晋、后汉、后周和北宋相继建都于东京。

而自朱温建立后梁到金兵攻克汴京，开封充当了二百余年的中国政治中心。而随着金朝中都（北京）的发展及元朝运河改道，开封的地位一落千丈。

事实上，从南宋开始，中国的政治中心，就从东西徘徊变成了南北往复。起初，充当南方中心的是杭州，自明朝建立之后不久，南京（及苏州）就取代了杭州的地位。而在北方，真正的中心有且只有一个，那就是北京。

北宋建立之前，契丹就已发展成为一个庞大的帝国，宋辽事实上形成了类似"南北朝"的对峙。宋宣和七年（1125），金、宋联合灭辽，两年后金又灭北宋，不久将整个中国北方包括北宋四京，全部置于自己的统治之下。

金朝控制了河北与汴洛中国两大核心区域，而南宋偏安一隅，《绍兴和约》甚至要求宋向金称臣。因此，尽管史书一直不愿意承认金朝的正统王朝地位，但金与南宋事实上已不是平等的政权。

长久以来，关中—河洛地区都是中国的政治、军事、文化、交通和经济中心。但从中唐（安史之乱以后）开始，出现了经济中心转向东南——长江中下游，政治中心转向东北——汴州与河北的趋势。顺应这种趋势的结果，是国都的选择不断向东。即便朱温不火烧长安城，长安的地位恐怕也是保不住的。

巧合的是，对于汉人政权来说，其主要的威胁也由西北的匈奴、突厥，西南的吐蕃，变成了东北的契丹、女真和蒙古。出于制约外族重新崛起的目的，中原王朝将政治和军事中心放在河北一带，也是非常必要的。

当然，北京城能够发展到今天的规模，最应该感谢的人，不是金朝皇帝海陵王完颜亮，不是元朝缔造者元世祖忽必烈，更不是悍然发动入关战役的多尔衮，而是本书的主人公朱棣。

是他，让一座少数民族色彩相当浓厚的边境重镇，第一次（也是最后一次，唯一一次）升级成了汉人王朝的京师。

大明迁都之前，北京曾经是金元两朝的都城，已经有了近两百年的建都史，还曾经是辽朝的陪都南京。但对汉人来说，这里距离传统农业区的核心地带太过遥远，似乎不是一个理想的建都之所。最理想的建都地，当然是长安和洛阳，特别是长安，那才是让每一个炎黄子孙魂牵梦绕、倍感骄傲的热土。

谁愿意把京城放在离边境线不远，离强悍的蒙古部落很近的地方？

谁愿意把京城放在一个已经被异族统治了四百多年，刚刚收回的城市？

谁愿意把京城放在一个胡风深厚、受汉族传统文化影响一直不深的城市？

能做出这种举动的，除了朱棣，恐怕很难再找出第二个。

值得强调的是，从永乐元年（1403）开始，今天的中国首都，才第一次取得"北京"的称号，并从此叫了六百多年。在此之前的两千多年时间里，它先后被称为蓟、渔阳、涿郡、范阳、幽州、南京、中都、大都和北平，等等。

那么，北京在哪儿呢？

二、从南京到北京，朱棣做到了继往开来

在漫漫历史长河中，出现过很多以"北京"命名的城市。

史上第一个北京，出现在今天的陕北。

东晋义熙三年（407），匈奴铁弗部首领赫连勃勃建立胡夏政权。夏凤翔元年（413），赫连勃勃在榆林修建统万城。五年之后，他占领关中，以长安为南台，即统治南方的机构，并将国都统万城称为北京。胜光四年（431），胡夏为北魏属国吐谷浑所灭。

地处西北的北魏，原本定都平城（今山西省大同市），太和十八年（494），尊崇汉文化的孝文帝拓跋宏，为了彻底融入中华文化圈，将都城从平城南迁洛阳。从此，故都平城被称为北京。

唐朝建立后，武则天和唐玄宗李隆基都曾以太原为北都。天宝元年（742），朝廷将北都改为北京，与西京长安、东京洛阳并列。肃宗执政后期，又将北京改回北都。

五代十国的后唐和后晋，都以自己的"龙兴之地"太原为北京，后汉时废。

北宋仁宗庆历二年（1042），朝廷升大名府（今河北省大名县）为北京，从而正式确立了四京制。

与宋朝并存的辽和金两大异族政权，都模仿唐朝实行五京制。但辽朝并没有北京，只有上京临潢府（今赤峰市林东镇）。金朝则以大定府（今赤峰市大明镇）为北京。

洪武元年（1368）八月，朱元璋抵达开封，将这座宋朝故都升格为北京，将应天府改为南京，并有迁都汴京的设想。十年之后，这位开国皇帝撤销了开封的"北京"待遇，正式以南京为京师。

洪武元年，朱元璋在应天府称帝，建立明朝。中国历史上还从来没有一个统一政权的京师，会建在淮河以南。朱元璋自己又何尝不清楚呢？开封、洛阳和西安，都是他考虑过的迁都之地。但他确实没想过把京城放在元大都，可能觉得过于偏北，又不是汉人王朝的理想选择吧。

北京的历史当然不如长安和洛阳那样辉煌，但同样让人神往。

秦统一六国之前的燕京（燕国都城）、秦之广阳郡、两汉的幽州、隋朝的涿郡（大运河终点）、唐之范阳（安史之乱爆发地），都是在不同时代里，中国境内相当重要的都市。毫不夸张地说，北京的地理位置，就决定了历代统治者都无法忽视。

西周初期，召公姬奭被武王封在蓟（北京最早的称呼），建立燕国。召公本人并没有就藩，封国由长子姬克管理，燕国存在了八百多年。秦始皇二十六年（前221），秦军占领蓟城。此后，历代通常将一位皇族封于此地，是为燕王，驻防河北。十六国时代，前燕、后燕先后在此建都。而安禄山、史思明和刘守光的叛乱政权，也以燕为国号。

后唐应顺三年（936），契丹皇帝耶律德光帮助太原节度使石敬瑭夺取皇位，并封后者为皇帝，建立后晋。石敬瑭"信守承诺"，割让包括幽州和太原在内的十六州给契丹。在接收幽州之后，耶律德光将其易名为南京析津府，作为五京之一。

值得强调的是，自秦灭燕到石敬瑭割地这一千一百余年里，北京及附近地域一直归中原王朝管辖，但却是多个民族杂居之地，汉人及其文化占不了压倒性的优势。地方首长往往也由外族出任。最出名的恐怕得属发动安史之乱的安禄山和史思明，他们都是粟特人。

石敬瑭死后，晋辽两国关系迅速恶化。后汉天福十二年（947）正月，耶律德光占领开封，并在这里加冕称帝，定国号为"辽"，打算充当中原王朝的继承人。（这比后来女真金国占领开封，要早了近两百年。）

但他的美梦，却因汉人的激烈反抗而粉碎。愤怒的耶律德光洗劫了开封，并将上万名官员、宦官、宫女和工匠裹挟北上，其中不少人留在了南京析津府。如此一来，就为这个城市注入了更多汉族血脉。显然，契丹将南京当成了入侵中原的前哨基地。

宋朝建立之后，不断兼并周边小国，收复燕云十六州的愿望变得特别强烈。北宋太平兴国四年（979），在南京西郊的高梁河，辽军大败宋军，宋太宗赵光义乘驴车逃走。从此，宋朝彻底丧失了以武力收复十六州的勇气。真宗景德元年（1004），宋辽两国缔结澶渊之盟，成为兄弟之邦，从此保持了长达一百余年的和平状态。而居于南北交会枢纽地位的辽南京城，则获得了长足发展。

在鼎盛时期，南京城周长达到二十六里，拥有近三十万人口，是全国最大的城市，也是管理汉人与渤海人的南面官衙门所在地，还是辽国与中原进行贸易往来的重要窗口。辽圣宗开泰元年（1012），改南京（析津府）为燕京。

金天会元年（1123），燕京被金军占领，在短暂交付宋廷后，天会三年（1125），金人又重新占据此地，作为统治汉地的行政中心。皇统九年（1149），海陵王完颜亮登上帝位。他野心勃勃，希望攻灭南宋，统一天下，遂下令对燕京进行了大规模扩建。金贞元元年（1153），当工程基本完工之时，完颜亮宣布改燕京为中都，将金国京城从上京迁到这里。

这一年，是北京历史上重要的一年。金与辽同样实行五京制，燕京虽是辽五京之一，但只是南院大王的驻节之处，但从贞元元年开始，中都成了整个金朝的都城。

当时正是金朝统治最为强盛的时期，它占据了整个中原，包括汴洛及河北两大中原核心区的全部领土，以及六大古都中的四个（北京、西安、洛阳、开封），国土面积明显超过偏安一隅的南宋。南宋、西夏、大理和朝鲜等周边政权，都要向金称臣纳贡，接受领导。整个蒙古大草原，也是金的势力范围。毫不夸张地说，它就是当时东亚朝贡体系的核心。相比之下，以杭州为行在的南宋，地方政权属性非常明显。

因此，我们不妨小心翼翼地得出结论：从1153年开始，今天的北京，事实上就开始充当整个中国的统治中心。

从此之后的八百余年间，北京的这个光荣地位就很少中断过。尽管完颜亮因暴政和南征而不得人心，死后连个谥号也没有捞到，但单凭迁都北京之举，就能成为北京历史上不能不提的人物。

十二世纪末期，中都人口超过六十万，发展成为金朝第二大城市（南京开封府排第一），以及政治、文化、贸易与交通中心。汉、女真、渤海、契丹、回鹘、突厥、波斯和大食等多个民族共同在这里生活，佛教、伊斯兰教和景教等教派信徒也能和平相处，城内街巷交错，商铺林立，一派繁荣景象。

全盛时期的金朝，中都人口超过了五千万，其中汉人大约四千万，女真人仅五百余万，并且处于明显的汉化过程之中。正因如此，落后的蒙古各部看金人的羡慕眼神，无疑类似于突厥莽汉看大唐子民。从各种历史记录中可以看出，蒙古直接将金人称为汉人。❶

进入十二世纪以后，长期安逸舒适的定居生活，似乎让金人勇士丧失了进取心。他们没有用铁血手段阻止蒙古崛起，却试图学习汉人的修长城之法来保护自己。

成吉思汗在统一蒙古各部之后，很快向金朝发动了多次进攻。贞祐二年（1214），宣宗完颜珣决定迁都南京。第二年，中都被蒙军占领，成吉思汗的勇士们在这里大肆劫掠，将繁华的京城变成了人间地狱。

在中都遭到灭顶之灾的同一年，一位英雄在蒙古草原出世。至元元年（1264），他宣布将国号由蒙古国改为大元，并开始在燕京东北修建新

---

❶ 蒙古人将生活在金朝统治区域的汉族人，以及女真、契丹、朝鲜等半汉化民族的人，不加区别地通称为汉人。

都,定名大都。九年之后的元旦,他正式入住完工的皇城,从这里向庞大的帝国发号施令。

这位英雄就是忽必烈,三年之后,他成了第一个统一全中国的少数民族皇帝。因为他的选择,北京也成了当时世界第一大帝国的都城。

必须指出的是,终元之世,大都只是帝国第二大都市,无论是人口还是商业规模都依然落后于杭州。这也许跟很多人的想法并不一样。而正是忽必烈采取的与其先辈不同的兼并策略,才使得杭州以至整个江南的繁荣,在统一战争中基本上得到了保留。认为元朝是中国亡国、充当蒙古殖民地的观点,固然不值一驳;认为元朝灭南宋,带来了巨大经济破坏的说法,显然也不符合事实。

新并入的南宋领土,面积只有帝国的八分之一,但人口却占到八成左右。正是因为元朝对江南长期实行的宽容政策,才使得"南人"的离心情绪一直在膨胀,最终为帝国的解体埋下了伏笔。当年秦始皇不统一六国,自己的帝国没准儿能维持许多年;元朝要不是兼并江南,恐怕也不会把华北地盘丢个精光。历史真是充满了吊诡。

徐达北伐占领大都后,朱元璋将其更名为北平。之后,朱棣被封为燕王,成年之后就藩于此。

朱棣的一生,大致可以平分为三个阶段,他出生于南京,二十一岁之前主要生活在这里。洪武十三年,朱棣就藩北平,直到建文四年占领南京,他大部时间都生活在元朝旧都,住在忽必烈住过的宫殿里。北平的生活改变了他的一生,他也彻底改变了中国的历史。四十三岁时,他当上大明皇帝,此后二十二年,他过上了一种史无前例的"双城生活",在南京和北京之间来回奔波,还先后发动了五次北征,将大把时间消耗在路上。

三、元世祖忽必烈,才是真正的超越目标

作为一位有远见卓识的政治家,朱棣知道迁都并非能一蹴而就。他逐步抬升北京的地位,所以一直没有激起官吏和民众太大的抵触情绪。

朱棣想迁都,不是一朝的心血来潮,可以说,从起兵靖难之日起,就

有了清晰的规划。登上皇位之后，他只是一步步地将想法付诸实施。

永乐元年（1403）正月，朱棣皇位还没坐稳，就把北平改为北京顺天府，作为国家的副中心，下辖大兴、宛平两县。他还把北平省改为北直隶，同时迁直隶、浙江等地的富户到北京。但这时，没有几个聪明人能猜出这是迁都的前奏。提高"龙兴之地"的地位，是过往许多皇帝的习惯性做法了。刘秀将南阳郡升为南都，朱元璋将临濠升为中都凤阳府，莫不如此。

永乐五年（1407）七月，徐皇后去世。朱棣不在南京规划陵寝，让梓宫一放就是几年，却琢磨着在北京为自己和皇后挑选风水宝地修陵。这个举动，才让很多聪明人看出了苗头。

皇陵当然要放在帝都附近才正确，但不少人依然不愿意相信。放着好好的南京不待，好好的钟山不埋，生前要回北京吃沙子，死后还得埋在离大漠不远的地方，这蠢事皇帝会做吗？

永乐七年（1409），朱棣带着朱瞻基和朱高煦北巡北京，留下太子朱高炽在南京监国。北巡的目的，对外公开宣称是准备讨伐鞑靼，但朱棣在此完成了一件大事，在昌平天寿山为自己和徐皇后选定了身后之所。

随后，朱棣又在北京增加了十个卫所，将大批富户迁到这个城市，还治理了大运河。这些，都是在为迁都做准备。

到了永乐十四年（1416）十一月十五日，等朱棣宣布迁都计划的时候，个别大臣们想反对，已经是有心无力了。

于是朱棣下令，开始修建新的京城和皇宫。

明朝是中国第一个由南向北实现统一的王朝，也是第一个把统一政权的都城放在江南的帝国。江南早在北宋时期，就已经成为中国经济最繁荣的区域，而南京应天府处于江南核心地带，又有六朝时期的历史底蕴，应该说是个建都的理想地域。

但盘点历史，凡是在南京建都的政权，几乎没有一个好运的，都免不了被北方强敌吞并，甚至落个斩草除根的下场。

更重要的是，南京离北方边境过于遥远，对于控制北部领土相当不利。

北元解体了，但并不等于说，蒙古对中原就没有威胁了。现实是残酷的，永乐七年（1409），明朝的十万远征大军（号称）被鞑靼全歼。这些人大多数是靖难的骨干力量，其中包括了丘福、王聪、王忠和李远这样的悍将，逼得皇帝不得不再一次披上铠甲，御驾亲征。虽然朱棣先后狠狠地修理了鞑靼和瓦剌，但限于当时的条件，并不能彻底将他们征服，隐患还是存在的。

如果把都城放在北京城，北方的防御力量无疑会大大增强，对蒙古的威慑也会提高到一个新的档次，中国北方领土的安全就有了更大保障。

毕竟这个帝国太大了，从北京到南京快马加鞭也需要半个多月。在那个交通和通信极为落后的年代，如果把都城放在南京，对于来自北方的侵略，很难有特别及时的反应。

当然，这只是保守的思路。对于雄才大略的朱棣来说，把京师放在北京，他就能更方便地出兵攻打鞑靼和瓦剌。

建都北京，对于东北的威慑作用也是极其明显的。那里可是成就了辽和金两大政权，是对中原大地形成过严重威胁的区域。

从朱棣个人角度来讲，他也希望迁都北京。

朱棣出生于南京，在南方生活到了二十一岁，但自从就藩北平以后的二十多年里，他就一直居住在这个边塞城市，生活习惯完全改变了。他喜欢北方的面食，而不是南方的米饭；他喜欢北方的水饺，而不是南方的年糕；他喜欢北方的粗犷山歌，而不是南方的丝竹软语。

按理说他有风湿病，怕冷不怕热，应该守在气候温暖的江南才对，但二十多年的生活，让他很不情愿地离开北平。

朱棣身边团结了一批北平武将，他们都不太乐意前往江南，对于南方官员会不会联合起来对抗自己，永乐也并非一点儿也不担心。这种心态，无疑与五百年后的袁世凯有些接近，但这仅仅是一个方面。朱棣的眼光如果仅仅停留在这个高度，他就不可能成为永乐大帝了。永乐时代重用的文官，大部分都出自南方。

朱棣是一个特别有想法，也特别有野心的皇帝。他曾自比唐太宗李世民，但在其潜意识中，疆域空前广大、国力空前强盛、对外交流空前频繁的大元帝国，那才叫大国风范。而其缔造者忽必烈，才是自己真正想要模仿和超越的目标。

朱棣和元世祖忽必烈，都是历史上的大人物。

他们都有一个了不起的父亲，教给了他们很多。

他们俩都排行老四，都不是合法的继承人。他们的江山都是抢来的，也就是说，是通过铁与血的手段得到的。

1260年，忽必烈在其兄蒙哥去世后，不顾蒙古大多数部落首领的反对，悍然在开平称汗，与各部落选出的领袖阿里不哥（他同父同母的弟弟）开战并打败了他。整整一百年后，1360年，朱棣在南京出生。

1267年，忽必烈按照汉族王朝的传统方式开始修建大都，并将其定为京师。将近一百年后，1370年，朱棣被封为燕王，封邑北平，以忽必烈的皇宫为王府。

北京，把两个历史巨人联结在了一起，冥冥之中，似乎有什么天意。

朱棣的眼光，绝不限于两京十四省。安南从前是独立的，现在不也建立布政司了？贵州以前是自治的，现在不也改土归流了？历史上的楚国和吴国，都是周天子不封的未开化之地，现在不也成华夏的重要一分子了？北京现在处在大明的边境线上，但就永远处在边疆吗？难道就不可能有一天，大明的领土比大元还要辽阔？

忽必烈把都城从上京迁到了大都（北京），因为他知道，这里更容易为中原的主体民族汉族所接受。

朱棣也清楚，相比南京，或者长安和开封，契丹人、女真人和蒙古人，甚至回鹘人和吐蕃人等，更希望看到并愿意融入这样一个国家：京城建在他们心目中的"天下之中"北京，而不是那些汉族烙印过于明显的地方。

北京的胡风浓厚，作为单一民族的都城，当然有着天然的劣势，但要做一个多民族伟大帝国的都城，这里却是当仁不让的第一选择。

朱棣在做的事情，可以看作是忽必烈事业的继承与延续。永乐皇帝希望有一天，大明帝国可以完全征服蒙古和女真各部，一如当年大元帝国把所有汉人居住区纳入自己的管辖范围一样。

《草原帝国》的作者，法国著名汉学家勒内·格鲁赛指出："忽必烈曾着手为蒙古人建立一个蒙古帝国，而永乐皇帝，却努力想为汉人赢得忽必烈后人的蒙古遗产。大汗忽必烈由黄河向北部湾推进，得到了整个中原的臣服，成为一位名副其实的天子。而明朝的第三位皇帝则希望征服蒙古，并扮演大可汗的角色。"

日本学者宫崎市定同样认为，永乐以元世祖忽必烈再世自居。

明朝成为定都北京的第三个全国性政权，其后又有清朝成功效仿。但值得注意的是，金元明三朝立国之时，均不是定都北京，而是都有过迁都的历史。这也说明了北京的强大吸引力：要想成为真正的帝国，就不能不迁都到这座城市。而当它们进入末期之时，还均有再次迁都的情形。自然，离开北京，事实上就等于放弃了大国资格。金朝放弃北京之后二十年，就被蒙古灭亡；元朝放弃北京之后不久，就成了北元，并很快分裂为两大势力；而明朝放弃北京之后，第二年就走上了灭亡之路。

四、整修大运河，排除迁都最后一道障碍

一旦把北京定为都城，大明帝国最有权有势的那部分人，自然就会云集在这座城市，人口的快速膨胀是不可避免的。有人的地方就有消耗，粮食物资的供应就成了突出问题，但朱棣似乎并不担心。

因为有纵贯南北、连接北京与杭州的大运河的存在。目前的这条运河，是在元世祖忽必烈时期定型的，而它的开凿，可以一直追溯到春秋战国时期。

都说长城是中国最重要的历史文化符号，其实大运河才是。

长城代表的是封闭和退缩，而大运河展示的是开放与繁荣。

长城的修建，将中国割裂为两个世界；运河的通航，将中国南北紧密联系在一起。

长城修得再高再坚固，依然难以挡住匈奴、突厥和蒙古等民族对中原的轮番入侵，也未能改变明朝被清朝灭亡的结局。

大运河却连接了中国南北，将南方的稻米、丝绸、茶叶和瓷器等源源不断地运到北方，也将北国的大豆、核桃和板栗等各类土特产送往南国大地。

大运河不仅仅可以传送物资，也让人员的迁移变得更加方便。

南北两方的生活理念与休闲方式，也通过运河得到了更多交流。

大运河的修建与疏通功在当下，利在千秋。杨广、忽必烈和朱棣三位在中国历史上占据重要位置的皇帝，都有"好战喜功"的黑历史，都有过用不光彩手段夺嫡的经历，也都与大运河的开拓与完善有着不解之缘。

换一种表达方式，可以说是英雄所见略同。

从隋朝开始，中国历史上许多重大事情，都是沿着大运河展开的。

大运河从北向南延伸三千多里，它的两头，是中国的两个重要都市——北京与杭州。

大运河是隋世祖杨广为这个国家、这个世界留下的伟大工程和重要遗产。它从侧面透露了这样一个事实：早在公元七世纪初，长安和洛阳周边的资源供给，已经无法满足庞大城市人口的消费需求，不得不需要从江南调配物资。

自从东晋建武元年（317）朝廷南迁，到隋开皇九年（589）文帝灭陈，在这将近三百年的时间里，南方战乱的年月远远少于北方，经济得到了长足的恢复和发展。但总体上来说，北强南弱的局面并没有彻底改变。

在运河中段的汴洛一带，隋世祖开通了连接黄河与淮河的汴河。受益于运河贸易的繁荣，作为汴河上的重要枢纽，洛阳东边的小城汴州（开封）在隋唐期间得到了超常规发展。五代时期，它正式取代长安和洛阳，成为中国北方的中心城市以及多个政权的京城。到了北宋，这里更是成为整个国家的政治和经济中心。

运河南部的中心，起初是长江上的江都（扬州），但隋世祖却将终点放在了钱塘江口的余杭（杭州）。而这个当时还并不起眼的城市，在南宋和元朝，都是中国第一大城市，甚至也是世界上最大最繁华的商业都市。

在北方，隋世祖把运河终点放在离两京相当遥远的涿郡（北京），让这个边境要塞又多了一个身份，六百多年之后，它将正式取代长安与洛阳，成为华夏王朝的京师。

估计杨广做梦也不会想到，自己修建了一条运河，就为中国造就了三座超级大都会，并改变了华夏历史的走向。

从某种意义上来讲，正是从开封那里，北京接过了都城继续东移的接力棒。北宋灭亡、宋室南迁之后，开封的核心地位受到了很大影响，城市规模被杭州超越。即便金朝后期迁都开封，也只是为这个昔日超级都会留下了一点悲歌而已。

元朝一统天下之后，为解决大都的物资供应问题，世祖忽必烈下令对大运河进行重大改造——修建了会通河，连接了会通和东平，让运河从山东直接南下，不再绕道河南，也从此远离了开封。新的运河全长由五千四百里，缩减到三千六百里，将中国的政治中心——以大都为中心的华北地区，和经济中心——以杭州为中心的江南地区，紧密地联系在了一起。

大运河告别中原，似乎也宣告了在中国历史上曾经无比辉煌的长安、洛阳与开封三大古都，只能全部沦为二线城市。

接着，郭守敬主持修建了全长一百六十余里的通惠河，从大都西北六十余里的昌平白浮村神山泉引水，经瓮山泊（今昆明湖）至积水潭、中南海，自文明门（今崇文门）外向东，在通州高丽庄（今张家湾镇大高力庄村）入潞河。这样一来，来自南方的物资，就可以经过水路直接运送到皇宫门前不远处的积水潭，大大提高了运输效率。在元朝中后期，每年有二三百万石粮食从南方经通惠河运到大都。但因为海运发达，在终元一朝，漕运仅仅是辅助方式。

自朱元璋在南京建都之后，杭州也逐渐让出了江南第一中心城市的地位。

由于元末的长期战乱和黄河泛滥，大运河在山东一带出现了严重通航困难。汇入运河的汶水是黄河支流，携带着大量泥沙，将这段一百六十里长的河道淤塞，使其无法通航。此后，向北运粮不得不采用驴车运输的方式，成本极高且效率很低。朱棣知道问题的重要性，把这项工作交给了工部尚书宋礼，并派刑部侍郎金纯为助手。

宋礼和朱棣一样，一旦决定了做任何事情，便要尽可能在短时间内完成。

在缺少施工机械的年代进行这样的工程，难度可想而知。宋礼和下属经过反复研究，决定在济宁北边的南旺，将山东省内几条小河的水流汇集起来（南旺与临清之间有着九到十丈的高差），并设置了三十八个水闸，河水通过水闸的调控奔流而下，直抵临清。这一小段工程，即便在宋礼的亲自领导下，还是用了三百天时间方告完工。

运河的南方河段依然需要维修，特别是淮安和扬州之间地势低洼，很容易造成堵塞。而这个任务落入了当年向朱棣投降的陈瑄之手。陈将军负责设计建造了四十七处船闸，以及三千艘专门用于浅水运输的防沙平底船。他因为自己出色的工作能力和领导才华，被朱棣任命为漕运总兵。

整修之后的运河，每年可以从江南向北京运送六百万石粮食。另外数不清的家禽、家畜、海鲜、新鲜水果和蔬菜，以及家具、装饰品、丝绸和文房四宝，都通过运河，运送到了京城及其周边的华北区域。这样一来，迁都的障碍就进一步消除了。

相比海运，大运河无疑更加安全快捷，明清时期，这条人工河就一直发挥着黄金水道的作用。

当然，一代一代的青年才俊，也会选择由运河乘船上京，参加科举，费用由朝廷承担。大量的京官，从考取功名的外地人中录用。越来越多的南方读书人留在北京，也把读书传家之风带给了这座城市。年轻，就是他们的敲门砖；才华，就是他们的通行证。北京日益表现出它的开放、包容与自信。它的文化气息，用不了多久就堪比苏杭。

运河沟通了华北与华东这两处大明最重要的地域，让整个中国更加紧密地联结为一体。这也使北京这座原本胡风浓厚的城市，越来越多地有了江南的文化气息。在通惠河口，两岸郁郁葱葱，景色宜人，更广布亭台楼榭，雕梁画栋，吸引了无数文人墨客前来把酒言欢。其间自然有舞伎歌女作陪助兴，欢笑热闹的程度，似乎可以同秦淮河相提并论。

普通百姓，当然也会从运河的开通中受益。且不说有多少人可以充当船工纤夫，沿线城市的发展，也增加了太多工作岗位，让许多农民的孩子，不再一辈子与土地打交道，也有了可以读书的机会。

说一条运河改变了中国历史的进程，其实并非夸大其词。自元朝开始，这个国家发生的重要事件，大都是沿运河两岸进行的。朱棣开通运河的意义，可能仅次于其重建北京城。

解决了运河问题，迁都的最大自然障碍当然就排除了。

五、营建新京，为人类留下宝贵遗产

2020年是明朝故宫（紫禁城）和北京城建成六百周年。各种各样的庆祝活动非常热闹。但我们同样也不能忘记，这一年，也是朱棣公开宣布迁都（永乐十八年十一月初四）六百周年。

北京城的修建，绝对是中国和世界建筑史上的一大奇观。它的占地面积虽然不及隋大兴城（也就是唐朝的长安）和元大都，但工程质量、建筑水平及对后世的影响等，都是前两者远不能及的。

关于营建北京城，有很多传说，一个相当流行的版本是这样的：

燕王朱棣夺取了天下之后，想迁都北平，就把北平改为北京。工部官员一听就慌了，急忙禀报说："陛下，北平那里本是苦海幽州，有条孽龙非常厉害，根本不能建都啊！"朱棣一心想在北平建都，于是就命令大军师刘伯温和二军师姚广孝去实地考察。

两个军师都想在皇帝那里立功，心里都暗暗较劲，不得已才达成默契：刘伯温住东城，姚广孝住西城，先各自独立调研，十天之后碰面，画出自己心目中的北京轮廓图。

十天之后，他们如约见面。落座之后，下人拿来纸笔，二人背对背，画出了各自的设计图。当他们把图展开之后，相视一笑。原来两人画的几乎一模一样！

两大军师去拜见朱棣。燕王一见他们画的地图，奇形怪状，正要拍桌子发火。刘伯温哈哈一笑："陛下息怒，我给您解释一下就明白了。"

刘伯温指着地图："这正南开个城门，就是哪吒的脑袋，我管它叫正阳门；正阳门内开两眼井，就是哪吒的眼睛；瓮城东西两边开门，这是哪吒的两只耳朵；正阳门东边，有哪吒这半边身子的四臂，我给它们起名为崇文门、东便门、朝阳门、东直门；正阳门西边，同样有四臂，我给它们起名为宣武门、西便门、阜成门，西直门；城墙背面是哪吒的双脚，我管它们叫安定门和德胜门。"

朱棣看着看着，慢慢收起了愤怒的表情，开始欣赏刘伯温的设计了。

"为了镇住孽龙，非把北京修建成八臂哪吒形不可。"两位军师不约而同地说。

"这样啊，"朱棣若有所思，接着看两人的设计图，突然，他发现了问题，"姚广孝，你是怎么画的？"

姚广孝吓得一愣神，回头再看了看刘伯温的图，他摸着闪亮的光头，不好意思地笑了。

原来，刘伯温与姚广孝都分别遇到了长有八支胳膊的小天神哪吒，并照着他的样子画出了北京的设计图。不过，姚广孝却与刘伯温有着不同的经历。

当时，哪吒在前面蹦蹦跳跳，姚广孝在后面边跑边画。突然一阵风起，把哪吒的衣服吹起了一角。

"这一定是天意！就凭这个，我就能超过刘伯温。"姚广孝大喜，迅速画完了图纸。在城墙西面，他特意画出了一个缺口。

刘伯温不同意姚广孝的设计,后者却坚持自己的神来之笔。争执不下,两人只好找朱棣裁决。

朱棣当时金口一张:"东城按刘伯温的,西城按姚广孝的。"

北京城在两大军师的监督之下,很快顺利竣工。新落成的北京城宏伟壮观,气势不凡,成了建筑史上的典范和样板,让朱棣相当满意。而且,因为两大军师的巧妙设计,孽龙果然没敢来闹事,大明江山也延续了近三百年。

这个故事当然是杜撰的。修建北京城的时候,刘伯温早就不在人间了,姚广孝也没有参与北京城的设计。

这个故事有很多漏洞,北京内城只有九门而不是十一门,西便门和东便门是外城七门之二,并不是内城城门,修建于嘉靖时期,而非朱棣治下。

把北京城说成是有十一门的哪吒城,那是把元大都的十一门,附会在了明北京城上。谁让明北京城名气和影响力更大呢?

至于北京城西北的那个缺角,当然也是出于地形因素考虑。

真正主持北京城修建的,是来自安南的阮安。

值得强调的是,阮安也是一位太监。《明史·宦官传·阮安》中如是说:"阮安有巧思,奉成祖命营北京城池宫殿及百司府廨,目量意营,悉中规制,工部奉行而已。"也就是说,他是一位天才的建筑师,不用查阅资料,只凭实地观测和思考,制订的建设方案就能达到各方面的要求,工部官员只需奉行就可以了。从今天的观点来看,这种说法也许有些夸张,但至少说明了,阮安确实是一位奇才。

永乐四年(1406)闰七月,朱棣下旨,决定在次年五月动工修建北京新宫,并派宋礼、陈贵等人采集物料,征召军户、匠户和民户,调集至北京待命。

永乐十一年(1413),朱棣亲自选址的长陵修建完工,徐皇后的遗体得以安葬。永乐十五年,北京宫城和皇城开始了大规模修建,直到永乐十八年十一月才宣告完工。在这十余年的修建过程中，先后征召的专业工匠有数十万，而出力的民夫高达近百万。

完工后的北京城，确实气势恢宏，壮丽雄伟，尽显大国名城风范，成为人类建筑史上的瑰宝。这座都城的建设，代表了中国古代城市规划的最高水准，被美国建筑师E.N.贝肯誉为"地球表面上，人类最伟大的个体工程"。

今天，北京皇城和京城的城墙已经被拆除，甚为可惜，不过在个别地方保留的城门和城墙遗址，依然能让市民和外地游客深深感受到它当年的宏伟壮观。与以往的京城不同的是，北京由内城和外城组合而成，整个城市有点儿像中国的传统文具玉玺。外城❶包着内城南面，内城包着皇城，皇城包着故宫，而故宫周围又有护城河环绕，布局严密合理，沿中轴线对称排列。

内城是在元朝的基础上修建而成的。元大都城墙呈规则的长方形，周长约五十七里，全都用土夯筑而成，外表覆以苇帘。因为城区面积过大，朱棣的岳父徐达将城墙南移近六里，将十一门变成九门，并全部包砖加固。在朱棣就藩之前，舅舅李文忠又将北平城加固了一番。永乐十七年（1419），在施工过程中，南边城墙又向南移了二里。

可见，北京城的修建工作，事实上并没有耗费太多财力。最终建成的内城，周长为四十五里，城门依然为九个。北有德胜门和安定门，东有东直门和朝阳门，西有西直门和阜成门，南有宣武、正阳和崇文三门。城墙看起来一样高，大约都是十二米，但受地面情况的影响，实际上各处还是略有差别的。出于战略需要，北城墙比南城墙要厚三到四米。

北京内城面积仅为元大都的十分之七，不到明南京城的三分之二。皇城和宫城也比南京的小。朱棣此举，既为了节省开支，也能彰显自己不能超越父皇。北平原来的五十多坊，缩减到了三十三个。城东二十坊属大兴，城西十三坊属宛平。京城由两个京县共治，这是自唐长安以来，中国

---

❶ 外城与朱棣无关，在嘉靖时代修建，不过只完成了南城部分。

京城的惯例。

内城之内有皇城,周长大约十八里,是在元大都皇城基础上改造而成的。开有北安、承天、东安、西安四门❶,并在承天门开辟了一个T字形广场,当时叫天街,现在叫天安门广场。

皇城之内有宫城,是全城的核心,也是皇帝居住的地方。南京宫城被命名为紫禁城,北京宫城同样沿用此名。当然,国人现在更喜欢称其为故宫。紫禁城周长为六里十六步,同样开辟四门,南为正阳门,北为玄武门,东是东华门,西是西华门。

北京宫城和南京一样,按照前朝后廷的格局布置。外朝的奉天、华盖、谨身三大殿,内廷的乾清宫、交泰殿和坤宁宫,名称完全模仿南京,雕梁画栋错落有致,但却比南京旧殿更加气派、精致和大气。这也体现出了大国开国五十年来建筑艺术的进步。

北京内城面积有限,太庙和社稷坛只能放在城外了。甚至连施工时剩余的渣土也能废物利用,堆起了一座高二十四丈七尺的土山,这就是著名的万岁山(今景山)。可见,朱棣有多节省。

当年,皇上和嫔妃们站在山顶,就可以俯瞰整个北京城。崇祯十七年(1644),明朝倒数第二个皇帝朱由检,也是在这里为自己、为大明王朝在北京的统治画上休止符。

十五世纪初,蒙古帝国已四分五裂,东罗马帝国正严重衰落,奥斯曼帝国刚刚崭露头角,西班牙帝国还没有成形,大明无疑是地球上人口最多、实力最强的政权,朱棣无疑算是全世界最有权力的君主。

但他并不能飞离地面,清晰地观察这座人类建筑史上的奇观。今天的一个普通人,如果有幸乘坐直升飞机鸟瞰北京,可以看到一条清晰的中轴线,将整个北京城一分为二。从北到南,钟楼、鼓楼、地安门、内廷三大宫、外朝三大殿、正阳门沿中轴线一字排开,非常整齐,极为壮观。

---

❶ 南京的皇城和宫城都开六门。

生活在高科技时代的我们,也不得不赞叹六百年前工程设计的严谨与精妙。而且,三大殿、中轴线与殿下石阶,组成了一个硕大的"土"字。中国一向以农立国,这个"土"字,也象征着皇帝的最高权威。

永乐十八年(1420)是为庚子鼠年,正好是朱棣的本命年。

他多年以来的夙愿就要实现了。

六、京师北移,影响中国历史六百年

永乐十九年(1421)正月初一,对六十二岁的朱棣来说,是特别重要的一天。

对整个中华民族来讲,也是有纪念意义的日子。

一直在京师监国的朱高炽,都被朱棣召到了北京,其用意不言而喻。

事实上,从朱棣第一次北巡开始,中国事实上的政治中心,就已经从南京转到了北京。但从这一天开始,北京才正式取得了大明京师的地位。

大年初一,本是阖家团圆的大喜日子,但明朝的高官们,照样还得上朝(新年假期从正月初十才开始,放到正月二十)。

这一天的朱棣特别兴奋。他戴上了崭新的金冠,穿上了新做的龙袍,一大早就赶到了新落成的北京太庙(今劳动人民文化宫),奉安五代先祖。皇太子朱高炽则去了天地二坛,奉安昊天上帝和后土皇地祇神主。皇太孙朱瞻基则前往社稷坛,奉安太社太稷神主。

随后,朱棣爷孙三人都回到了紫禁城的奉天殿,在这里举行一年一度的大朝仪。特别值得强调的是,有史以来,汉人王朝还是首次在北京举办这一仪式。

朱棣一定记得十八年前,同样也是大年初一,他同样也要上朝。就在那天,在李时勉的建议下,他将北平改为北京。

不过,当时太子还在北京,太孙还是个毛孩子。

从北平到南京打下江山,他不过用了区区三年,而将京师由南京迁到北京,却花费了整整十八年。

十八年前,他还是精力充沛的壮年汉子,现在却成了年过花甲的

老人。

十八年前，徐皇后依然艳压群芳，现在，她已经住进了长陵。

十八年前，道衍、金忠和朱能还在自己左右，现在，他们已经永远停止了呼吸。

谁也不能阻止时光的流逝，谁也不能抗拒死神的到来，就连天底下最有权势的永乐大帝，同样也不例外。每过一天，他的紧迫感就增加一分。

可以说，过去十八年来，他做的所有事情，都是为今天打基础。他全部的努力，就是为了让北京成为"天下之中"，让大明比肩大元，成为天底下最为强大的国家。

从此之后，北京正式改名为京师，京畿地区称为直隶。而原来的京师改称南京，直隶则改称南直隶。

其实，早在上一年十一月初四，朱棣就颁布诏书，公开宣布了变动京师的事宜。

自周武王分封建天下以来，还没有一个汉人王朝，敢把京师放在远离中原核心区的地方。

自秦始皇灭掉燕国之后，一千六百多年过去了，这居然是第二个以北京为京都的汉人政权。可见，要没有朱棣的"一时冲动"，北京的建都史还真的是不好写。

必须强调的是，朱棣时代的北京，与边境还有近一千里的距离，前元的上都开平，也在朝廷军队控制之下，北京距开平的距离，比隋唐时期长安到吐蕃边境的距离近不了多少，根本算不上"天子戍边"。

朱棣为迁都耗费了近二十年心血，却只在新京师生活了三年。这位永乐大帝死后，继位者仁宗朱高炽把北京再度更名为行在，恢复了南京的京师头衔，并派太子朱瞻基去南京筹办迁都事宜。

不过朱高炽只当了十个月皇帝，就突然去世了，迁都的愿望也未能实现。宣宗朱瞻基继位后，低调地保住了北京的事实首都地位，并把朱高炽也埋进了昌平天寿山下。此后，一代又一代的大明皇帝在这里相聚，形成了中华文明史上最著名的一个墓葬群，就是今天的十三陵。

顺治元年（1644）五月，在明将吴三桂的支援下，盘踞东北的清政权赶走了李自成起义军，进入关内，建立了中国历史上最后一个专制帝国，并继续定都北京，继续以紫禁城为皇家宫院，只是将奉天、谨身和华盖三大殿，改名为太和、中和与保和殿，以宣示其正统性。

这里，继续是全中国最有权威的地方；这里，继续见证着中国历史的风云变幻。

朱棣的迁都，既有着承上启下的衔接作用，又让这座少数民族传统深厚的城市，从此重重地打上了汉民族的文化烙印，并成为各民族都能接受的天然政治中心。

朱棣迁都的历史贡献，在过去几百年里都被低估。而他修建北京和紫禁城的花费，却成了不少文人讨伐的箭靶。是啊，批评是最容易的，而做实事却往往吃力不讨好。这些文人饱读诗书，眼光与见识居然还比不上他们眼中不学无术的朱棣。

从战略角度上来说，朱棣迁都的意义极其重大。此举令北京从金贞元元年（1153）海陵王完颜亮迁都开始，在八百多年间里几乎不间断地充当着整个中国的政治中心，最后成为中国"天然的首都"。

同时，迁都又加强了南北之间的经济联系，缩小了南北差距，甚至促进了东亚各民族的融合，为中华民族的最终形成、中国版图的最终确立，都奠定了坚实基础。

当然，今天说这些话，有点儿马后炮的味道。但明朝作为夹在元与清两大少数民族政权之间的汉人王朝，能够顺应中华文明影响区域扩张的大趋势，没有如两宋一样退缩保守，确实表现出了相当的勇气与担当。

朱棣并非白手起家，他也是站在巨人肩膀上的。太祖朱元璋建立明朝之后，主动承认元朝的中华正统王朝地位，承认黄金家族过去近百年成为中国皇室的既成事实，并机智地以这个家族的继承人自居。如此一来，就为明朝接收蒙古帝国的庞大遗产，制造了法统上的可行性。

事实上，如果换一个皇帝，在平定江南、控制南宋基本疆域之后，很可能没有能力与魄力出兵北伐，与元朝军队硬碰硬。但朱元璋却做了最大胆也最令国人振奋的决策，完成了周世宗、宋太祖都不能完成的功业。中原传统领土的大致恢复，使得朱棣能够在更好的平台上，大胆实施自己的计划。

而且，从西周到唐末一直是中国政治中心的长安及关中腹地，相比东都洛阳，明显离匈奴、突厥和吐蕃等战斗民族聚居地更加接近，更有可能遭受入侵的威胁。但恰恰是定都长安的时期，汉唐两大帝国创造了最为辉煌的文明，而迁都洛阳的行为，往往只能表明衰落的开始。从某种意义上来讲，"天子戍边"，并不始于大明和朱棣，而是一个长期的传统，只是长安距边境的位置，相比北京没那么扎眼而已。

朱棣迁都北京，并不是出于一己之私利，而是放眼天下，希望将大明发展成为大元帝国的真正继承者，并最终将蒙古高原和东北全境纳入中华版图。当然这个目标，朱棣生前未能完成，而他的后代，又回到了消极防御的老路上。随着防线的大幅收缩，大明真正形成了"天子戍边"的尴尬局面。

历史选择了朱棣，朱棣也没有辜负历史。差不多与此同时，朱棣还完成了另一项伟业。

第十三章 迁都之后挑战多

一、万国来朝，东亚世界体系初告完成

如果要推选十五世纪前二十年最忙碌的人，朱棣肯定毫无悬念地排在首位，而雄踞第二的，当然非郑和莫属。

郑和的首次下西洋非常成功，意义深远。此后，在永乐年间，他又进行了五次航行，时间分别是永乐五年（1407）九月到永乐七年（1409）六月，永乐七年九月到永乐九年（1411）六月，永乐十一年（1413）十二月到永乐十三年（1415）七月，永乐十四年（1416）十一月到永乐十七年（1419）七月，以及永乐十九年（1421）正月到永乐二十年（1422）八月，但影响力都不如第一次。可以看出，这个频率是相当高的，朱棣执政期间，郑和有超过一半的时间在海上。

相比十五世纪末的西班牙与葡萄牙航海者，郑和率领当时世界上火力最强的船队，却以执行和平使命为目标。他所到之处，并没有要求任何一个国家割地赔款，甚至还扮演了和平仲裁者的角色。但无论如何，大明可不是追求与各国平起平坐的，而是要他们接受天朝皇帝的册封，定期向中华纳贡。

有元一代，蒙古皇帝统治下的大帝国，自然是整个亚洲的中心，其他国家大都要向其表示臣服，接受册封。拒不服从的日本、安南（今越南）和爪哇（今印度尼西亚爪哇岛一带）等国，均遭到了元朝海陆军队的讨

伐。但忽必烈的海外战争，大都没有取得预想的效果，有些还损失惨重。

值得强调的是，忽必烈两次惨败于安南，朱棣却一战而拿下全境，并建立起了交趾布政司。而爪哇、缅甸也加入了向明朝朝贡的国家之列。

《隋书·音乐志》："每岁正月，万国来朝，留至十五日，于端门外，建国门内，绵亘八里，列为戏场。"万国来朝当然是夸张的说法，不过在朱棣时期，定期来南京（1421年以后是北京）朝贡的国家，达到了六十多个。

郑和船队以及其他天朝使者的到来，让南洋各国发生了重大转变。事实上，永乐帝执政期间，以大明为核心，出现了一个"东亚世界体系"，这些国家都被纳入了天朝的势力范围，一定程度上成为大明的附属国。

附属国指名义上拥有主权，但实际上在外交、经济和军事等方面依附于强国并受其控制的国家。最典型的莫过于朝鲜半岛。新罗在公元七世纪后半叶统一朝鲜半岛之后，就主动向唐朝表示臣服，以此换取不被入侵的承诺。此后，王氏高丽和李氏朝鲜，都继承了这一"光荣传统"。

郑和船队每到一个之前没有去过的国度，就会先向当地国王或者酋长宣读永乐帝的诏书，并举行隆重的册封仪式，向当地统治者颁赐象征藩王身份的冠服与印章，甚至还要为这个国家的山川河流立碑刻文。由此，在大明与该国之间，就明确确立起了事实上的宗主国与附属国的从属关系。

当然，郑和一路追求和平，必要时候也会使用武力。他曾经将陈祖义捉拿回南京处决，在锡兰山俘虏当地国王亚烈苦奈儿，在苏门答腊击败苏干剌。因为双方力量差距过于悬殊，郑和从未遇到当年班超在西域的险境。他用自己的武力告诫爪哇、暹罗（今泰国）这样一些地区大国，不得对周边小国随意劫掠，大家都是平等的。

中华传统一向讲究厚往薄来，不让客人吃亏。南洋各小国的使节来大明朝贡时，换得的赏赐总是自身贡品价值的数倍。例如，胡椒在苏门答腊每百斤才值白银一两，但明朝政府对当地使节的赏赐，却按每百斤二十两白银来计算。后人不怀好意地嘲笑朱棣，说他是打肿脸充胖子。北宋在澶渊之盟以后给辽国送的岁币，相比大明在朝贡外交中的经济损失，简直可以忽略不计。否则，这些小国何以如此热爱朝贡？即使表面上丧失了土皇帝的尊严，也是丝毫不在意。

但是，如果回到历史大背景之中看决策，可笑的就不是永乐大帝，而是我们自己了。

郑和船队并没有造访日本和朝鲜，但这两个国家也早早加入了朝贡体系，并且表现得相当积极。

日本一向以中国为师，其对蒙古灭南宋相当反感，坚决不向忽必烈屈服，为此两度遭遇入侵也在所不惜。但是，明朝确立在中原的统治之后，当时掌握日本实权的幕府将军足利义满，却两次主动派遣使者来中国，请求恢复双方的关系。建文四年（1402），足利义满在兵库港迎接来访的明使，甚至用明朝人的跪拜方式，接受了建文帝的国书。

足利义满下拜，并不意味着日本从此成为大明的附属国，但加入以明朝为主导的华夷秩序，可以说是确定无疑的。第二年，朱棣在南京接见了日本使臣，并正式册封足利义满为"日本国王"——朱棣显然也和大多数中国皇帝一样，不知道天皇才是真正的领袖。但足利义满居然没有推辞，慷慨接受，并从此年年派使者朝贡，并不定期地捉拿一些倭寇送到中国，以表现自己的"忠心"。

隋世祖杨广三次对高句丽用兵，均以惨败告终，最终导致了帝国的解体。不过洪武二十五年（1392），李成桂建立李朝之后，却主动向明朝称臣。在崇祯十年（1637）皇太极征服朝鲜之前，这个半岛国家，一直是大明忠实的附属国。

洪武二十五年到代宗景泰元年（1450），李朝派遣了使节来华合计三百九十一次。除了献上金、银、薄席、豹皮、海獭皮、亚麻布和人参等特产之外，还要定期贡马，并献上男童女童入宫（女的当宫女，男的当太监）。

不过，值得强调的是，终永乐一朝，朱棣并没有解除父亲朱元璋于洪武四年（1371）实行的严格海禁，依然不允许民间进行海外贸易。直到隆庆元年（1567），明穆宗在高拱等重臣支持下，才大胆调整海外贸易政策，允许民间船只远贩东西二洋。但事实上，民间私自的贸易（走私）是一直存在的。

学者郑一钧对《明实录》做过详细统计，发现在洪武年间，各国派使团来大明朝贡共一百八十三次，平均每年六次；永乐年间，各国派使团共三百一十八次，年均上升到了十五次；仁宗执政时，接待了十个使团；宣德年间，接待的使团有七十九个，平均每年约九次；而英宗朱祁镇在位期间，平均每年仅七个使团来朝。就西洋各国的来朝次数，永乐年间比其他时期高出数倍。

相比朱元璋不对海外发动战争的保守做法，朱棣却在事实上将这些小国纳入了势力范围。

没有秦始皇的"多事"，珠江流域就不会被纳入华夏文明之中；没有汉武帝的"黩武"，河西走廊上就不会有汉人定居。对华夏一族而言，这些在西洋海域中捉鱼摸虾的居民，与贵州云南那些打猎为生的苗彝各族，没有多大区别。

朱棣的子孙后代，理解不了他构建"东亚世界体系"的长远意义，正如他们理解不了，朱棣为什么非要迁都不可。

二、勤于政务，建立巡抚制度

朱棣在南京出生和长大，却对这个六朝故都没有太多留恋。继位之后，他一门心思要迁都北京，而这个过程，差不多耗费了他二十年时间。

就藩北平的时候，朱棣还是个二十一岁的青年，不过这个年纪，他的好几个后代，早已经坐到金殿上当皇帝了；在南京登基时，他已过四十三岁，到了这个岁数，不少明朝皇帝已经住到十三陵去了；正式迁都那年，他六十有二，而他之后的十五位君主，没有一个活过六十岁的。

相比中国历史上的多数皇帝，朱棣执政这些年来，工作效率高得惊人。永乐年间，大事一件又一件地发生。当然，这一方面说明朱棣精力旺盛，意志坚定；另一方面，也是与他极大付出分不开的。即便完成了迁都大业，即便已经年过花甲，他的劲头一点儿也没有松懈下来。

朱棣自己就曾说：

> 朕每旦四鼓以兴，衣冠静坐。是时神清气爽，则思四方之事、缓急之宜，必得其当，然后出付所司行之。朝退，未尝辄入宫中，间取四方奏牍，一一省览。其有边报及水旱等事，即付所司施行。宫中事亦多，须伺外朝事毕，方与处置。闲暇则取经史览阅，未尝敢自暇逸，诚虑天下之大，庶务之殷，岂可须臾怠惰，一怠惰，即百废弛矣。卿等宜体朕此意，相与勤励，无厌斁也。自今凡有事当商确者，皆于晚朝来，庶得尽委曲。

朱棣这样雄才大略之人，知道必须时时保持清醒头脑，明白"一怠惰即百废弛矣"之道理。永乐年间，朱棣几乎没有假期，大年初一都要上朝办公，自己的生日——万寿节也是照常工作。

朱棣虽是个工作狂，但还是有人情味的一面。永乐七年（1409），朱棣一下子划出十天作为法定假期，即每年的正月十一到二十一，在此期间，停止一切公务，与民同乐，元宵节也可以舒舒服服地赏花灯吃汤圆了。不过，大臣们放假，朱棣却并不是、也不可能是真的休息，如果有突发情况，他也会立即结束休假状态，马上处理。

永乐时代的二十二年间，朱棣居然有十二次过生日时不在宫中，而是在出巡和北征的路上，当然就没法儿好好庆祝。这恐怕也是历代皇帝中的一个纪录了。

相比后代们丰富多彩的业余生活，如朱瞻基斗蛐蛐、朱厚照打豹子、朱厚熜炼仙丹、朱由校当木匠，朱棣这个工作狂，几乎没有什么时间享乐。虽然历史学家们总是批评永乐盛世期间花钱太多，但朱棣自己过得相当节俭，甚至会把破了的衬衣穿在龙袍下面。他认为："为人君者，但于宫室车马服食玩好无所增加，则天下自然无事。"

朱棣是一个很有危机意识的皇帝，而且特别善于触类旁通。有一回，他在看奏折时，胳膊肘碰到了桌案上的镇纸，差点将这个小铜猴子撞到桌子底下。皇帝身边的小太监看到了,自然是帮皇帝把镇纸往桌子中间移了移。

朱棣因此心有所悟,于是他告诉身边的近臣:"大家知道吗?这么一个小物件,把它放在正确的位置,它就是安全的,把它放到不恰当的地方,就相当危险了。大明江山,与这个物件不也类似吗?"

因此,朱棣绝对不会等到鞑靼和瓦剌特别强大了才去进攻,而是要打得它们根本强大不了;他不会等到自己死了,才让太子知道怎么当皇帝,而是让太子提前监国,学习和摸索治国谋略。

永乐十九年(1421)三月初一,朱棣还亲自主持了自京师迁到北京后的第一次殿试,为大明挑选人才。值得一提的是,后来领导北京保卫战的名臣于谦,此次殿试也有幸见到了朱棣。不过他的成绩欠佳,只名列三甲第九十二,因而也就失去了进入翰林院的机会,着实可惜。

朱棣在凤阳从事军事训练时,就喜欢微服私访,直接听取民意。他对官场上那股敷衍了事、阿谀奉承之风非常痛恨。

永乐十九年,因紫禁城三大殿失火,朱棣派蹇义等二十六人带着任务奔赴各布政司体察民情,调查吏治。由此在原有的承宣布政使司(管民政)、提刑事按察使司(管司法)和都指挥使司(管军事)的基础上,产生了中国政治制度史上一项极为重要的旨在监督地方官工作的制度,并且沿用了五百余年。

这就是巡抚制度。

"巡抚"的得名,还源自朱棣的大哥朱标。洪武二十四年(1391),朱元璋安排"皇太子巡抚陕西,经略迁都事"。

巡抚并非地方官,而是由皇帝直接任命、朝廷发薪水,却可以管理地方事务的官员,相当于钦差大臣,并往往兼任尚书、侍郎、都御史和少卿一类的京官,位高权重,说话顶事,让地方上的三司相当忌惮。

朱元璋设定的三司,动机当然是好的,可以防止一人独大、一家独裁。但正如俗话所说"三个和尚没水吃",遇到一些尖锐问题,如赈灾、剿匪等，三司会推诿扯皮。朱棣让巡抚协调三司事宜，并有拍板决定权，自然能大大提高工作效率。

到了代宗景泰年间（1450—1456），巡抚职能开始全面地方化和制度化，成为三司之上的地方最高军政长官。巡抚衙门也变成省级常设权力机构，而三司事实上成为巡抚下属的部门性机构。

不过，明朝的巡抚，未必是专门管一省的。如南直隶，就由凤阳和应天两巡抚南北分管。蹇义作为朱棣的重臣，巡抚的正是京畿周边，可算是首任应天巡抚。而极端的例子，如王阳明担任过的南赣汀漳巡抚，管辖江西、福建、广东和湖广四个布政司交界处的八府一州。后来，辖地多、事务众的区域，又设立总督一职。如嘉靖二十九年（1550），就设置了蓟辽、保定总督，办公地点在密云县，下辖顺天、保定和辽东三巡抚，地跨直隶和山东两布政司。

至于清朝建立之后，也设立巡抚、总督，不过，清朝的巡抚只管一省，而总督可以管一省甚至若干省。再次强调一下，明代的巡抚和总督不是地方官，而是京官，这一点与清朝不同。

做完了这么多大事的朱棣，是不是能够轻松一些呢？

三、三大殿失火，是天怒还是人怨？

朱棣上台以来，坚定不移地执行削藩政策。二十年间，先后已经有齐王朱榑、岷王朱楩、辽王朱植和谷王朱橞等被夺了王爵和封地。其他诸侯和亲王无不心惊胆战，生怕达摩克利斯之剑不知什么时候就落到自己头上，一个个纷纷向朱棣宣誓效忠，并请自裁卫队，把子女送到南京当人质等。

总之，只要朱棣不收拾他们，他们什么屈辱都愿意承受。他们不再当自己是皇帝的手足兄弟，不敢有什么"非分之想"。

不过，有一个亲王，朱棣似乎从来没有怀疑过他的忠诚，一直对其关爱有加。他就是朱棣的同母弟朱橚。

永乐十九年（1421）二月，朱棣突然传旨，宣在开封的周王到刚刚升级为京师的北京。开封离北京也不远，朱橚只用十来天就赶到了。

站在巍峨的皇城之下，朱橚不禁回忆起十九年前，四哥攻陷南京，救出自己的情形。不过一进奉天殿，朱橚就发现气氛不对，四哥对他的态度特别冷漠，完全没有亲兄弟久别重逢的喜悦。这又是为什么呢？

朱橚在阶下傻傻地跪着，太监呈给他一份文书。这位王爷一看头就大了，上面密密麻麻地记录了锦衣卫精心搜集的、周王过去十多年来为非作歹的证据。

此时的朱橚，知道自己无法抵赖，当场就磕头谢罪："臣有罪，请皇上赐臣一死！"

也许是这招以退为进起了作用，也许是朱棣没打算处死自己同父同母的弟弟，朱棣决定对老五不予追究，并将他送回封地，不过还是把周王府三护卫给削夺了。这当然更多的是起警示作用，连最亲的五弟都不包庇，自然也不会对其他藩王手下留情。

经过朱棣二十年如一日的不懈努力，让建文皇帝头疼不止、最终导致他丢失皇位的削藩问题，在永乐朝得到了比较圆满的解决。

此后二百多年时间里，各地藩王可以花天酒地、醉生梦死，但他们既不能互相串门（王不见王），也很少能上京，更不能干涉地方的政务，在自己的封地上形同人质。

也有过少数藩王试图叛乱，想用武力改变命运，但无不轰轰烈烈开局、冷冷清清坚持、凄凄惨惨收场，没有成功的可能性，只不过给了武将练手的机会，甚至让文臣一战成名。

永乐十九年（1421）四月初八，距朱棣正式定都北京不过百余日。

已经到了初夏，天气渐渐热了。各位一定都知道，北京属于温带半干旱气候，一年的降雨主要集中在夏天，而且多为雷阵雨。很多时候，明明早上天气还好好的，只要出门不带伞，准能淋成落汤鸡。

这天上午，天气还可以，朱棣在奉天殿接待了上朝的国家重臣。中午，他正在乾清宫休息，忽然之间，远处"轰隆隆"一阵雷声，把皇上当场给吵醒了。夏天嘛，打雷也不稀罕。

朱棣费力地翻了个身，还想接着睡。可就在这时，一个小太监慌慌张张地跑了进来：

"启——启奏陛下，大——大事不好了！"

大事，还能有什么大事？可当太监把话说完之后，朱棣脑袋"嗡"地一下，差点儿一头栽在地上。当初皇后死时，他的反应都没这么大。那么，这是怎么了？

朱棣快步走到窗下，小太监赶紧推开窗户。三大殿的方向已经是漫天火光，场面十分混乱，空气中弥漫着呛人的烟味，无数人慌慌张张地跑来跑去。

奉天、谨身和华盖三大殿，同时因为雷击着火了！

在那个年月，别说出动消防车，连个灭火器和高压水龙头都没有，只能靠众多太监们推着水车来扑救，能起多大作用呢？

大火直到晚上才被扑灭。不过，早上还无比雄伟庄严的三大殿，现在已经只剩下了一片残垣断壁。多少年的心血，就这样化为乌有；无数财富，就这样打了水漂。任谁看到这悲惨的一幕，都不会无动于衷，甚至还会潸然泪下。

最为伤心的，莫过于朱棣本人。这可是他一生奋斗的成果、一辈子努力的心血，说没就没了。

内官监对失火原因进行了反复调查，最后得出的结论让大臣们忧心忡忡，令言官们心中暗喜，更让朱棣大为震惊：这并非人为破坏，而是由雷击引发的天灾！难道真的是上天降罪？难道自己真是铸下了大错，以致天怒人怨、人神共怨？

当年不可一世的汉武帝，到了晚年下了个《轮台罪己诏》，首开中国皇帝自我批评的先河，被好事者嘲笑了一千多年。

虽然此次事件无法排除人为破坏的可能，但朱棣并没有将起火原因彻查，而是真的反省自己了。一个英雄，无论当初何等意气风发，也还是阻止不了时光的流逝、改变不了自己的衰老，而与脸上的皱纹一同到来的，往往还有内心的胆怯。年轻时，可以天不怕地不怕，可以发毒誓撒谎骗人，到了晚年，这种莽撞也好、这份勇气也罢，也越来越少了。

四、修省求言，发现人心的可怕

靖难之时，朱棣是个天不怕地不怕的叛逆者，但随着容颜的日益衰老、精力的日渐衰弱，他也开始一天天地相信命运。因此，朱棣（居然）将三大殿失火看作上天的惩戒，并没有立即着手重新修建。

此后，直到朱棣离开人间，三大殿一直是一片残垣断壁。皇上坚持采用"御门听政"的方式与大臣会面，可惜并没什么文章称赞他，大明的文人们都在忙着给永乐帝挑错。

朱棣去世之后，标榜"与民生息"的仁宣二帝，传承了朱棣的节约做法。需要提醒的是，仁宣盛世期间，北京只是陪都行在，直到正统六年（1441），英宗朱祁镇才安排阮安重修了三大殿，并一劳永逸地恢复了北京的京师地位。

即便将三大殿失火看作上天的惩戒，朱棣也没有下罪己诏，也压根儿没这个打算——他可不想给大臣们制造更多的口实。不过，朱棣还是下旨，鼓励大臣据理直言，指出朝政的缺失。同时，他派出官员巡抚各地，安抚百姓，纠察不法，并免去永乐十七年（1419）之前军民拖欠的税赋徭役，以及次年遭受旱涝灾难地区的税粮。

其实，朱棣迁都北京之后，还特意下令铸造了一口大钟，钟口直径一丈、高两丈，重量达到了九千三百多斤，上面密密麻麻地刻着十六种佛经和一百多种咒语，合计二十三万多字。后世的乾隆皇帝看到之后，就认为朱棣这是为自己过去的行为忏悔："瓜蔓连抄何惨毒，龙江左右京观封。谨严难逃南史笔，忏悔讵赖佛氏钟……欲藉撞杵散愤气，安知天道怜孤忠。榆木川边想遗恨，凫氏徒添公案重。"到底他的本意如何，也许只有天知道了。

其实，当官能当到一定级别的，书呆子还真的不多。在洪武年间，不小心说错话是要掉脑袋的，批评朝政当然万万使不得。即便是表扬和赞美，也有可能被当成阿谀奉承而倒大霉。当然，当大臣的又不能什么都不说，如何安全地讲话，已然成了一门大学问。

四月十七日就是朱棣的生日，也就是万寿节。皇上收到了一份又一份特殊的礼物。这些天，他的案头上，已经堆满了各种奏折。

他们还是对朱棣迁都耿耿于怀，或者直言不讳，或者旁敲侧击，甚至引经据典、夹枪带棒地讽刺挖苦。不过中心思想很明确，就是南京好、北京不好，你迁都迁得天降大罪了，趁着腿脚还能活动，还是打哪来回哪去，别再惹老天爷生气了❶。

那么，朱棣又将如何抉择呢？

很快，一则喜讯就在大臣中传开了，七品御史何忠和郑惟桓、八品给事中柯进，因为上书直言，都被提拔为六品知州。

不过，从那以后，上书的人却大大减少了。难道他们不想得到提拔，受到重用？原来升职的三位去的地方，正是当年解缙工作过的交趾。自从解大才子死后，六部官员早就将交趾视为鬼门关。有些人宁可辞官不做，也不愿意去交趾建功立业；宁愿守在秦淮河畔哭泣，也不愿到升龙城里抖威风。

大伙算是看出来了，朱棣这就是杀鸡儆猴，拿几个小人物当靶子。如果二三品大员还想继续找不痛快的话，那后果有多么严重，还真的不好说了。

不过，大明文官的脊梁，真的就这样抬不起来了吗？当然不是。吏部有一位主事，名叫萧仪，只是个五品官，平时基本上不上奏折。可这一次朱棣广开言路，萧仪写了一封《应求直言诏疏》。

没想到朱棣却以诽谤之罪将萧仪关进诏狱。还没等正式判决，萧仪就

---

❶ 详见《明太宗实录》卷二三六。

不明不白地死在里面了。但是，朱棣也并没有要求彻查此事，看来，他跟这个五品小官真是较上劲了。

其实，萧仪的上书中并没有什么新鲜元素，无非是指出皇上营建北京城和皇宫时间太长、花费太大、征夫太多，造成民力凋敝、民怨沸腾，以至于老天降罪。同时，他又委婉地劝朱棣还都南京。

问题是朱棣已经迁都，再迁一回都，再折腾一次，才是劳民伤财。怪只怪萧仪点儿背，撞在了朱棣的枪口上。

萧仪的死，在群臣中引起了轩然大波。

不过，脑袋倒是自个儿的，谁愿意当下一个萧仪？言官们从此不批评皇上了，而是指责内阁大学士和朝中重臣，说他们严重渎职，没有尽力辅佐皇上，有失人臣责任。

不久，午门外的空地上，突然呼啦啦地聚集了数百名穿戴整齐的文官，排成了整齐的两队，全都面对皇宫跪了下来，表情十分严肃。不一会儿，两帮人就完全丢下了文人的矜持，扯着嗓子对骂了起来。

一边是朝廷的言官，本来就以给大臣提意见为己任；另一边是六部三司的骨干们，他们辅佐朱棣领导这个庞大的帝国。言官们认为这些重臣们太不作为，不仅不阻止皇上迁都北京，铸成大错，还一味地阿谀奉承，有失人臣职责；而骨干们则毫不客气，嘲笑言官们站着说话不腰疼，就知道纸上谈兵瞎评论。

虽说两路人马吵得很热闹也很过瘾，但跪的时间长了，大家的腿难免有点儿承受不住。可既然没分出输赢，朱棣又没有下令让大家起来，那不还得跪着吗？日头一点点地西沉，天色一点点地变暗，很多人的脸色，也变得越来越难看，吵架声也是越来越小了。

眼看情况越发不可收拾，有人果断地站了起来，找朱棣汇报去了。

敢这么做的，也只有朱棣的心腹大臣。他就是户部尚书夏原吉。老夏跪在皇帝面前，毕恭毕敬地说："言官们给朝政提意见，那是他们的本分；我们这些当大臣的，事情没做好，有负皇上的信任，责任应该由我们来承担，请皇上处罚！"

朱棣当然知道他的真实目的，于是下令让还在午门外跪着的一群人，赶紧起身，回家吃饭。大家伙知道事情真相之后，自然对夏尚书非常感激，当然也对皇上更加敬畏，再也不敢随便发表议论了。

摆平了众大臣，不等于说朱棣从此就没有麻烦了。

第十四章　告别人间不甘心

一、袭击三卫，实为败人品之举

永乐十九年（1421），朱棣顺利完成了迁都大业。同时，天寿山下的长陵已经修好了，皇后早已被重新安葬了，皇太孙也已经长大成人了，而他却感到自己的精力大不如前。

中国的二十四史（朱棣时代只有二十一史）中充满了谎言、骗局和狡辩，但有一点还是值得称道的，那就是从来没有虚构任何一位皇帝成仙之事。历代史官们也都清楚，这是忽悠不了人的。

朱棣知道自己不可能实现这个心愿，他不吃那些造价昂贵的仙丹，但按今天的观点，这些东西和毒药的区别也不大。尽管患有风湿等多种疾病，朱棣还是活到了六十五岁，大大超过了中国皇帝的平均寿命：三十九岁。

朱棣不会想到，他的后代子孙生活环境比自己好、居住条件比自己强，也没有自己这么辛苦，居然就没一个比自己活得长的。

而把他捧为成祖的嘉靖皇帝，本来身体非常健康，却大量吞食丹药，只活了六十岁。当然，嘉靖底子好，在几十年如一日的慢性自杀之下，寿命还能高居大明皇帝的第三位，仅次于朱元璋父子俩。

永乐八年（1410），朱棣第一次北征时，阿鲁台就是鞑靼的统帅，这么多年过去了，他依然大权在握，是大明不大不小的威胁。

进入暮年的朱棣，也有了朱元璋当年的危机意识了：我得把这些麻烦事都摆平，给太子，不，主要是皇太孙，留下一个可靠的江山。

他热爱战争，只有打仗才能让他真正兴奋。

这年十月，朱棣召集除工部之外的六部尚书开会，商议出兵的事情。结果这几位大员一致主张：现在国家财力紧张，应以休养生息为上策，不宜出兵。

兵部尚书方宾说得更难听："皇上，现在军粮都不够吃，还怎么能打仗呢？"

户部尚书夏原吉则从专业角度指出："边境的粮草储备只够防守用，不能供给北征大军。"

这话朱棣肯定不爱听。但夏原吉还说："陛下，这些年您没少出兵打仗，却收获不大，还把戎马物资消耗了十之八九。灾祸不断，内外疲惫。您的龙体也欠安，还需要调养，就不要惊动六师了。"

朱棣火了，把夏原吉赶到开平去筹集粮草。之后不久，刑部尚书吴中也说了一通泄气话，让皇上更加生气，就把他关在了内官监。没多久，朱棣就把夏原吉召了回来，跟吴中在牢里做伴。

没想到，这时候有人扛不住压力，居然自杀了。

谁啊？就是那个方宾。朱棣大怒，下令将方宾戮尸，给尸体再抽四十鞭子。

朱棣余怒未消，又下令抄了夏原吉的家。但夏原吉一心为公，偌大的家里居然没搜出什么值钱的东西，实在让朱棣有些失望。于是放出话来，打算杀掉他。

其实，朱棣当政近二十年，就没处死过几个文臣，人到老年，他只是想宣泄不满情绪。首辅杨荣是个人精，知道应该给皇帝个台阶下。于是赶紧上门求情，说夏尚书这些年忠心为国，贡献良多，不能杀啊。朱棣一听，很快就来了个"借坡下驴"，把夏原吉扔在一边不管了。

这样一来，朝中大臣们都学聪明了。由礼部尚书吕震带头，纷纷主张北征利国利民，造福千秋。（多花点儿钱算什么呢。）这事就这么定了。

朱棣一高兴，让吕震兼管兵部和户部事务。等于一人当了三个尚书。

吕震算是明白什么叫"搬起石头砸自己的脚"了。

永乐二十年（1422）三月，朱棣终于如愿以偿，开始了第三次远征。

就在三天前，边关传来情报，阿鲁台围攻兴和，还杀死了都指挥王祥。这一下，朱棣更是师出有名了。

朱棣下令，都督朱荣为前部先锋官，安远侯柳升统中军，宁阳侯陈懋统御前精骑，永顺伯薛斌、恭顺伯吴克忠统马队，武安侯郑亨、阳武侯薛禄统左右哨。

英国公张辅已经从安南回来了。这一次，朱棣命他和成山侯王通统率左、右两掖。

这么大的阵势，讨伐实力已经大大削弱的阿鲁台，实在有一点儿大炮轰蚊子的意思。按理说，朱棣根本没必要亲自出征，更不应该带这么多人，可见其对消灭阿鲁台部的执着与急切。

蒙古高原占地上百万平方公里，有的是躲猫猫的好地方，阿鲁台绝对不想和朱棣的神机营正面对抗。而且，蒙古人既不筑城，又不囤积物资，基本上是靠天吃饭、逐草而居，收起帐篷就搬家。朱棣能把他们怎么样呢？

阿鲁台当然知道，朱棣大军远道而来，消耗巨大，多转悠一天，就得多消耗数十万斤的粮食。只要自己多隐藏一天，离安全就近了一步。

想打仗的人，折腾了四个月都打不上仗，从春暖花开一直搜寻到酷热难当，这个滋味换谁都不好受啊。朱棣的马也骑不住了，他被迫钻进了马车里。但龙辇遮住了头顶的太阳，挡不住燥热的空气，更遮不住一肚子的郁闷。

几十万人大老远来一趟容易嘛，这一路都是有史官随行的呢。难不成，自己的实录会出现以下内容：

永乐二十年三月，上亲率五十万大军，出师漠北，历四月无获，遂命收兵……

可悲，可恨，可耻！朱棣望着窗外的骄阳，突然灵光一闪，有了！当他兴致勃勃地说出自己的计划时，可把杨荣等人给惊呆了。

他们赶紧跪下请求：陛下，使不得啊！万万不可！

传令下去，就这么办！

太阳就要落山了，夕阳的余晖给齐拉尔河畔铺上了一层温和的金色。草原的傍晚相当凉爽，朵颜三卫的牧民们，三三两两地聚集在一起，一边喝着马奶酒，一边聊着他们感兴趣的话题。大明又在打鞑靼了，瓦剌又在搞内乱了，朝鲜又在给永乐皇帝选妃了，女真又在和朝鲜攀亲了。他们时不时露出爽朗的微笑，脸上的表情真实而又自然。

突然，一阵急促的马蹄声，打破了原有的宁静。成群结队的大明官兵杀了出来，他们先用火铳山炮猛轰一番，把这里变成一片火海。大小帐篷全是易燃品，哪里经得起这样的折腾？随后，全副武装的大明骑兵，手提弯刀和长矛，满世界追杀从大火中仓皇逃命的牧人。

这些牧民都傻眼了，大明军队不是去追剿鞑靼了吗？怎么会突然打我们呢？完全没有心理准备啊！我们一向是按时纳贡的啊！二十年前，我们的父辈们，还跟随着不怕死的燕王殿下，从大宁一路杀到南京，开创了永乐盛世……

朵颜三卫的根据地，就这样毁在朱棣手上了。很多人一路狂奔，跑出三十里才停下脚步。腿脚不利落的，都原地跪下请降，只求能保住性命。

看着熊熊燃烧的营帐、尸横遍野的战场、缴获的物资，朱棣非常开心。

看着朱棣得意的笑容，老学究杨荣差点儿没哭出来。这样败人品可不行啊，早晚报应要落到我们头上！

当然，朱棣也有自己的解释："阿鲁台敢于忤逆，靠的就是兀良哈（即朵颜）为羽翼，我们必须发兵剪除之。"真应了一句古话，欲加之罪，何患无辞啊。

狠狠修理了朵颜三卫，朱棣心满意足地班师了。可是，回到北京没有多久，刚刚过完元旦，宫里就又出大事了。

二、未遂政变，动机恶毒效果平庸

一回到京师，朱棣就病倒了。

都说岁月不饶人，连不相信命运的朱棣，也不得不在时间面前低头。靖难时期，他曾经有过几天不合眼的纪录；执政期间，他每天都休息不了几个时辰。但现在，他已经是六十三岁的老人了，远征漠北、风餐露宿，整个夏天都在酷热的天气下行军，对身体的损害可想而知。

元旦之后，朱棣把朝中政务放给了太子朱高炽，军务留给了太孙朱瞻基。自己则集中精力，做最重要也是最应该做的事情——养病。

朱棣的身体越来越差，每天都要服用大量的药物。

谁会相信这位看起来时日不多的"北京病人"，在一年之前，还亲自领着大军追击鞑靼、偷袭朵颜三卫，还亲手砍倒了好几个蒙古骑兵？

朱棣并不忌讳死亡，但当死亡的威胁真的要来临之时，他无疑是相当痛苦的。还有那么多的事情没有做，还有那么多的障碍没有清除，就这么走了，实在不甘心啊！

他大概不会想到，就在自己病情恶化的时候，有些人正在打他的主意。

长期以来，朱高炽和朱高煦两兄弟，为了大明江山的继承权明争暗斗。老二的招数是耍浑，专门无事生非，无中生有，无理取闹；老大的对策是隐忍，你要打我的左脸，我就把右脸伸给你，让父皇看清你是什么货色。

朱棣既然立了朱高炽为太子，要把江山传给他，自然要对他严格要求，不过，出于对老二的亏欠心理，当父亲的也就分外宽容，甚至一度不惜违背朱元璋"藩王不得留京"的训令。

但遗憾的是，老二的表现实在过于差劲，朱高煦各种丧心病狂却又低端拙劣的谋逆行为，在坊间被老百姓当成笑话、编成段子。朱棣实在看不下去了，最终将他赶到了小城乐安思过，让朱高炽坐稳了继承人之位。

但所谓"鹬蚌相争，渔翁得利"。有一股力量，长期被人所忽视：有一个人，并没有大家想的那么规矩。

此人就是老三朱高燧。

在朱棣一家最艰苦的靖难时期，朱高燧并没有什么贡献。因此登基之后，朱棣在选继承人时，也压根儿没考虑过老三。但是，在确定了朱高炽的太子之位时，朱棣也封朱高燧为赵王，让他驻守北京。行在的事务，都要先向赵王汇报而后行。

可见，朱棣对老三也是相当看重的，不过让他继承皇位这种念头，恐怕从来没动过。朱高燧看在眼里，要说没有一点儿失落情绪，恐怕也不是事实。

三殿下的心思，其实和朱高煦没有本质上的区别。但他的表现，却比朱老二隐蔽沉稳得多。长期以来，朱高燧给人的感觉，不过就是朱高煦身边的小跟班，当老二陷害老大的时候，他明里暗里都要支持二哥，煽风点火扩大事态；但如果看到局势向着不利于自己的趋势发展时，他又能果断地保持中立，干脆利落地划清界限。

自打朱高煦被削了两卫并被赶到乐安之后，所有人都觉得继承权之争已画上了句号，老大接班只是时间问题。但谁知道，这第三股势力，居然试图搞点动静出来。

朱棣迁都北京，意味着朱高燧不再是北京的主人。他的权势必然会大受影响。按皇上的意思，老三也应该早点收拾东西，自己主动搬到彰德去，让当爹的赶就不好了。

而宫中很多太监，原本都是跟着老三一起诬陷太子的。眼见朱棣的健康一天天地恶化，大胖子登基只是时间问题，一旦朱高炽当上皇帝，他们的苦日子就开始了。

怎么办？老二已经靠不住了，而且远在乐安，那么……

永乐二十一年（1423）五月的一天，赵王朱高燧正在北京府中休息，突然有太监上门，说皇上要召见他。三殿下隐隐感觉，可能要出乱子。但圣旨难违，他只好穿戴整齐，赶往了朱棣在紫禁城的办公地点。

一进门，朱高燧吃惊地发现，平日病恹恹的父皇，此时却一脸严肃地坐在正中。一边站着的那个，自己当然也非常熟悉——自己的大哥，太子朱高炽。

然而，更让人吃惊的还在后面。

没等朱高燧行完礼，朱棣就让太监拿出一份诏书，摔在了老三面前，冷冷地说了句："这是你干的吗？！"

朱高燧打开一看，吓得面无血色，差点没当场昏过去。朱棣丢过来的，居然是一份遗诏。

遗诏当然是伪造的。皇上本人不是还没死嘛，他也没有打算马上立遗嘱。可有些人，已经巴不得朱棣早点儿归天了。

这份遗诏大概意思是，太子朱高炽有负圣恩，三子朱高燧才德过人，自己归天之后，要立朱高燧为帝，大赦天下，等等。

这位也算见过大世面的赵王，吓得半天说不出话来，只是拼命磕头哭泣。朱棣并没有马上发作，也没有跳起来用靴子踹他，可能是因为病得不轻，已经根本没这个体力了。但他从眼中流露的凶光，就足以让老三不敢直视了。

按理说，此时的朱高炽应站在朱棣一边，但他，看到这架势，似乎动了恻隐之心，立刻跪在朱高燧旁边，以一种相当肯定的口吻说道："父皇息怒，这些事都是下属人等私自做出的，三弟必定没有参与。"

说得这么肯定，难道他知道什么内情？

那么，这份伪造的遗诏，又是怎么落入朱棣之手的？

时间来到了不久之前的一个晚上。时值深夜，朱棣正躺在病床上辗转反侧，难以入睡。身边伺候的宫女，自然也是丝毫不敢懈怠，生怕一个小小的疏忽，就给自己带来灭顶之灾。

就在这时，一个太监快步走进来，在朱棣耳边轻声说着什么。

都这么晚了，能什么事情呢？朱棣挣扎着坐了起来："宣他进来！"

原来，常山中护卫总旗王瑜求见。朱棣以前从未见过他，但不知道为什么，他觉得此人一定有要事禀告。

朱棣让小太监退下。眼见左右无人，王瑜从怀里掏出一份文书，恭恭敬敬地呈给朱棣。

朱棣看着看着，突然猛地站了起来："岂有此理！"

原来，他刚才看的，就是那份伪诏。

随后，王瑜就把自己知道的都供了出来。

王瑜是赵王府文官高政的外甥。而高政与常山中护卫指挥孟贤，羽林卫指挥彭旭，太监黄俨、江保等人，制订了一个相当复杂的政变计划。

第一步，收买朱棣身边的小太监，在皇上的药里下毒。

第二步，等朱棣的死讯传开，就立即调兵，夺取内库的武器与印玺，先拘捕外朝的五府六部大臣（大部分都是太子的人），再将伪造的遗诏，并交由太监杨庆的养子保管。

第三步，拥戴朱高燧登上皇位，拘押朱高炽。

朱棣没等王瑜说完，就已经气得浑身哆嗦。二十四年前，他同样在北京，同样躺在病床上，同样面临重大危机，同样有人冒着生命危险，到病床前来告密。

不过，当年他只是在装病，而现在，他是真的病得很厉害。当年他正值壮年，精力极其充沛，现在他已是日薄西山，精力和体力都大不如前了。

幸运的是，每到关键时刻，总有人来帮忙。如果稍有闪失，历史的走向可能就完全不同了。

过去的二十年里，朱高煦虽说坚持不懈地为夺位做准备，但他想争夺的，只是皇位继承权，却从来没有想过要谋害父亲性命。而朱高燧的手下，食君之禄却恩将仇报，想直接要了朱棣的命！

朱棣平时并不喜欢听朱高炽的意见，可这一次，父子俩难得达成了共识。朱棣对朱高燧并没有深究，甚至还保住了他的王位，也没有赶他去彰德。而那些疑似参与政变的太监与军官们，可就没一个能有好下场了，通通被抓捕，并很快被处决了。

各位一定注意到了，王瑜始终未能透露一点：这个政变计划，到底是一帮人的自发筹划的,还是由朱高燧在幕后操盘的呢?

其实,即便王瑜没有告密,这次政变真的就能够成功吗?谁也不敢下定论。

首先,要毒死皇帝,就十分困难。朱棣在进餐和服药前,都有小太监试吃,确定没有问题才会呈给皇上。

其次,夺取内库的武器与印玺也是难于上青天,需要各种复杂程序和印鉴。而自从朱棣迁都以来,行在后宫的控制权,早已不是由朱高燧说了算。

最后,这场叛乱也是太子一党根本无法容忍的。朝中文臣怎么可能支持老三,他们真的会伸着脖子等你收拾?

平日奄奄一息的永乐皇帝,此时突然完全恢复了健康,这是非常耐人寻味的事情。更离谱的是,两个月之后,他又跨上战马,率领十万军队北征了。

这到底是朱棣自编自演的一出"引蛇出洞"的苦肉计大戏,还是他受了极大刺激之后的"回光返照"?

三、意外收降,让统帅有台阶可下

朱棣兵不血刃地镇压了一场未遂政变,但他似乎并不觉得过瘾,打仗,才是他的最爱。

不过就在这时,朝廷还真收到了一份模棱两可的边关情报,说阿鲁台正集结兵马,随时可能侵犯大明。这个消息,等于是给瞌睡的人一个枕头。

永乐二十一年(1423)七月,已经六十四岁高龄的朱棣,集结了号称三十万的军队,开始了他的第四次北征。这还真应了苏东坡的名句:"老夫聊发少年狂。左牵黄,右擎苍。锦帽貂裘,千骑卷平冈。"

十天之后,大军来到怀来城边的土木堡。朱棣突然来了兴致,要在这里大阅兵。

这个地点,对明史略知一二的同学,一定不会陌生。二十六年之后,朱棣的重孙朱祁镇也来到了同一个地方，但经历的事情，却与朱棣有天翻地覆的区别。

时值八月，已是仲秋，阳光已经不再灼热。一阵微风吹来，让人感到很舒服。手脚麻利的工兵，很快在场地中央搭起了高台。朱棣在朱瞻基的陪同下，登上了高处。穿着铠甲的大明官军，迈着整齐的步伐，接受皇帝的检阅。

朱棣看着数万大军严整威武的军容、进退有序的步调、昂扬旺盛的斗志，以及配合得当的步骑兵、阵法娴熟的神机营，当然特别开心。他的思绪不由得又回到了四十多年前，自己在中都凤阳军训的情景。

年轻真好，不服老不行啊。幸运的是，如今的朱瞻基已经二十六岁，完全是个成年人了，能够代替自己指挥军队，也有自己当年的英勇之气。朱高炽固然不令人满意，但帝国交到孙子的手中，自己是放心的。

这时候，天突然下起了雨。雨点儿越来越大，砸在士兵身上，但没有将官的命令，哪个士兵也不敢乱动。他们的队形依然那样整齐，他们的操练依然那样认真，他们的呐喊依然那样有力，朱棣也被这种气氛感染了。

他想起了二十四年前，自己和道衍在北平起兵靖难，举行出征仪式时，也赶上了一场大雨，雨甚至把王府的瓦片都掀掉了。关键时刻，还是道衍挺身而出，一句话就稳定了军心：

"飞龙在天，一定会有风雨相随；殿瓦落地，预示着大王要更换黄瓦，大吉大利啊！"

可惜，道衍和金忠这两个朱棣最信任的人，已经离开人世了。道衍死于永乐十六年（1418），而金忠更是早在永乐十三年（1415）就病逝了。但是，年轻一代已经崛起，他们的未来，必将更加辉煌。

朱棣的军事演习搞得很隆重、很圆满，但对战争的进程却起了反作用。阿鲁台打听到消息之后，哪里还敢与明军正面冲突啊。他再度使出了看家本领——躲猫猫。朱棣的大军在沙漠中东跑西颠，最多能抓几个掉队的病号，却还是无法搞清楚阿鲁台的主力在哪里。

这一下，朱棣无疑又要面对与上次同样的尴尬。

不过鞑靼部落一个小有名气的王子——也先土干（和后来在土木堡收拾明军的也先没关系），听说了朱棣的英雄事迹，居然带着手下数百名兄弟，主动前来投奔。

朱棣极为看重也先土干的归顺，如果不是这位年轻人，自己第四次北征的实录，又没法写下去了。他传令在营内大摆宴席，好好款待这位蒙古朋友。也先土干虽说出身鞑靼的贵族，但生活质量和中原的小地主相比，都差了几个档次。光是满桌叫不上名的酒菜，都能让他看得表面平静，暗地吃惊。

酒逢知己千杯少。在亲切友好的气氛中，朱棣宣布，将宴会用的精美纯金餐具，全部赠送给也先土干。这位年轻人还没有从狂喜中缓过神来，更大的惊喜又把他给砸晕了。

朱棣大手一挥，直接把也先土干封为忠勇王，并且把老部下金忠的名字赐给了他，从此，大明就又多了一个金忠。

在回来的路上，朱棣特别兴奋，和金忠骑着马，并辔而行，说说笑笑。而手下的文臣武将们都有些哭笑不得：十万人在沙漠里转悠了四五个月，浪费了多少粮食物资，连一场仗都没打过，这算个什么事啊！

更让人难堪的是，朱棣刚回到北京休息，阿鲁台就又出来活动了。本着"敌退我进、敌疲我打"的精神，阿鲁台对边境重镇大同发动了袭击。虽然没有占领这座城市，但把守城官兵吓得够呛，之后几个月都睡不好觉。这完全是在向天朝示威，是赤裸裸的挑衅。朱棣受得了这个气吗？

看来，三年内的第三次北征，已经不可避免了。

刚刚投奔过来的金忠，为了表现自己的忠诚，主动要求担任先锋官和向导，发誓要和阿鲁台死磕到底。朱棣装模作样地征求文臣的意见，几乎没有一个人敢公开反对，事情就这么定了。

除了带回也先土干，朱棣第四次北征真的一无所获吗？还真不是。

当年七月，就在遥远的边关宣府，朱棣遇到了一个从千里之外赶来的老部下。

他到底有什么事情这么着急,都不能等朱棣回北京后再说?

四、夜会胡濙,终结建文帝行踪之谜

敢于深更半夜敲朱棣房门的,当然都肩负着极其重要的使命。那么,这位名叫胡濙的文官,为什么要赶到漠北?

一切还得从二十一年前讲起。

建文四年(1402)七月,朱棣占领了南京。适逢宫中大火,士兵们从火堆中拉出一具五官烧焦的尸体,送到金川门。正忙于指挥抢救火灾的朱棣,看到尸首之后立马伏地大哭,严肃认真地宣布,这正是他这三年来朝思暮想、一直试图保护其免受奸臣陷害的好侄子,皇帝朱允炆。

朱棣还当着众多将士的面,一把鼻涕一把泪地数落道:"我和你,就像当年的周公姬旦和成王姬诵。我是来保护你的,你为什么要自杀呢。"随后,朱棣就下令厚葬这具尸体,并沉痛地向全世界宣布,万民景仰的建文帝,不幸在宫中大火中遇难归天了。

这才有了群臣拼死劝进,朱棣被迫登基的华丽演出。

但这具尸体是不是朱允炆,朱棣心里是最清楚的。而且据传言,皇宫中的十八方宝玺,居然少了最重要的三方:皇帝奉天之宝、制诰之宝和敕命之宝。这两件事联系在一起,朱棣很快就看出破绽了:这些宝玺,谁偷了去也换不来钱财,反而会引火烧身,惹来杀头之祸。宫中值钱的金银珠宝多的是,为什么偏偏要偷它们,而且偷得如此精准?

能在一片慌乱中,精准从容地挑中三方最重要的宝玺,并最终顺利出逃的人,也只有朱允炆自个儿了,因为他是大明皇帝,很多人愿意为他牺牲;因为他平日宽厚平和,很多人都不愿意看他倒台;因为他被朱棣害得很惨,很多人都希望他能卷土重来。

这样,朱允炆走到哪里,哪里就是行在。他说出的每一个愿望,做出的每一份承诺,发布的每一道命令,盖上这三方宝玺中的任意一个,那都是圣旨。

在登上皇位的二十二年里,世间对朱棣的质疑从来没有停止过。无论

他怎样努力,似乎都逃脱不了一个"篡"字。

朱允炆既没有朱元璋那样的治国能力,也没有朱棣那种不达目的不罢休的狠劲儿。在南京之时,朱允炆能够调动全国军队,能够得到全国的物资援助,能够获得全国的舆论支持,尚且不能粉碎朱棣的攻势,扼杀朱棣的挑衅,最后还让朱棣直捣南京。现在朱允炆出逃在外,就算带着三方宝印,他还能有多大作为呢?皇帝已经换了,年号已经改了,无论是武将还是文臣,都倒向朱棣那边了。少数坚持只承认建文皇帝的顽固派,如徐辉祖和梅殷,都不得善终,死得不明不白,谁还会步他们的后尘?

对于老百姓来说,无论是谁当皇帝,江山都是朱家的,能有多大差别呢?对于武将来说,投奔朱棣比效忠朱允炆能有更多打仗的机会、更大的晋升空间和更多物质补偿。对于文官来讲,朱允炆自然更投他们的脾气,但他们已经习惯于为朱棣打工。方孝孺的前车之鉴,谁能不震惊不害怕啊!而且,朱允炆2.0很快就要上线了,曙光就在眼前嘛。

朱棣并不害怕朱允炆出现,他怕的是大侄子不出现。你不找我,那我就去找你吧!

早在永乐四年(1406),当胡濙还是个小小的礼部主事时,就领到了一个光荣的任务。

八年来,他做着同一份差事——找人。他对外宣称的是寻找神奇道士张三丰,实际上是捉拿流亡和尚朱允炆。

他的上司是太阳底下最有权势的人,他做的事情却是偷偷摸摸、不能让世人知道的。让大家都知道建文帝没有死,这不是在抽朱棣的耳光吗?因此,胡濙只有低调低调再低调,风里来,雨里去,带着一身的尘埃。八个春夏秋冬,他没有心情观赏身边的美景;近三千个日日夜夜,他没有一天轻松自在。从太湖到洞庭湖,处处都留下了他疲倦的身影;从九华山到峨眉山,一家又一家寺院都被他敲开过大门。就像当年治水的大禹,他多次路过家门而不能入,甚至母亲去世也不能去哭灵,更不可能守孝。

永乐十二年(1414),胡濙被召回南京。所谓没有功劳也有苦劳,朱棣当即传旨，加封胡濙为礼部左侍郎。胡濙十分激动："臣就是肝脑涂地，也难报答陛下的大恩！"

随后的五年，胡濙做了左侍郎，日子过得还算舒服。但姚广孝的死，给他平静的生活画上了句号。

永乐十七年（1419），朱棣再次派胡濙秘密出行，继续履行未完成的使命。这一年，朱棣已经整整六十岁了。

一天，两天，一个月，两个月，一年，两年……对于年过六十的人来说，时间的紧迫感与日俱增。难道，他要带着遗憾和未解之谜，住进已经修好的长陵吗？

永乐二十一年（1423）的夏天，在即将踏入沙漠之前，朱棣先进驻宣府操练兵马。

晚上，劳累了一天的朱棣已经睡下，突然，一个卫兵急急忙忙地跑了进来："万岁，有人求见！"

朱棣十分不悦，不过，当卫兵说出那人的名字之后，朱棣马上换了一副表情："快，快宣！"

然后他火速穿衣坐起，其紧张程度，恐怕仅次于当年第一次见徐皇后。

敢在深更半夜吵醒朱棣的人，这个世界上可能一只手就能数过来。但能把朱棣吵醒还能让他开心的人，全世界恐怕只有一个。

这人正是胡濙。朱棣很清楚，没有特别重要、特别靠谱的事情，胡濙根本不可能大老远追到边关来见自己，更不敢半夜把自己吵醒。

看来，一定是大侄子的行踪有确切消息了。

朱棣见到了胡濙，屏退了旁人。君臣两人交谈了很长时间，直到漏下四鼓（半夜一点到三点），胡濙才从皇上的帐中出来。明史记载："至是疑始释。"

什么叫"疑始释"呢？就是从这一刻起，朱允炆的问题，再不会让朱棣苦恼了，他已经完全安心了。

那么，是什么事情，能让朱棣如此释怀呢？

他们两个人交谈的内容，后人永远无从知道。笔者写的是人物传记，以历史事实为基础，当然不能虚构他们的谈话内容。但可以根据史料，展开合理的推理分析。

胡濙既然从江南跑到了宣府，肯定是有重大情报来汇报，不然他根本不敢来。

而这个情报如此重要，以至于胡濙觉得，必须第一时间当面向朱棣汇报，而且朱棣绝对不会因为被打搅了睡眠而发火。

那么只有一种可能，就是他掌握了朱允炆的切实行踪，他的任务终于完成了。

那么，朱允炆的行踪，无非是三种可能。

第一，他死了。胡濙要么是发现并确认了他的尸体，要么是亲手将其杀死。如果是这样，胡濙三两句就能向朱棣汇报清楚了，根本不需要那么长时间。

但是，朱棣与胡濙却谈了很久。这只能让人怀疑，朱允炆并没有死。

如果他没有死，那肯定被胡濙控制起来了。

第二，他没死，但被胡濙捉住了。这样胡侍郎才敢来向朱棣汇报，等待朱棣的发落。

如果是这样，两人的对话时间也不会长。反正朱允炆也跑不了，朱棣打完鞑靼，回去再审也不迟。

第三，胡濙发现甚至是控制了朱允炆的行踪，并且随时可以捉拿他。但这个时候，需要得到朱棣的指示。

抓，还是不抓？

放，还是不放？

这样一个问题，朱棣怎么可能不纠结，两人怎么可能不讨论很长时间？

如果换年轻时的朱棣，也许处理方法会很简单。

直接派锦衣卫干掉，然后严肃认真地宣布，你是假冒的，朱允炆早就被烧死了。

可这么多年过去了，朱棣自己也走到了油尽灯枯的边缘。朱允炆也从少年天子，变成了四处躲藏的中年人。

而且，他既丧失了重夺皇位的能力，也完全没有了那份心气。

对于朱允炆来说，他很可能已经习惯了和尚的身份，还想继续当下去，因此他完全有可能向胡濙说出了心里话，并请后者转告朱棣：

请你不要再花精力在我这儿了，好好忙你的国家大事吧！

潜台词就是，你当你的永乐大帝，我当我的游方和尚。

朱棣心里也纠结，要不要处理朱允炆？杀，他是自己的亲侄子；不杀，能说一点儿风险都不存在吗？

胡濙很可能好好开导了朱棣一番，替朱允炆说了很多好话，并且担保这个前皇帝已经相当令人安心，绝无公害，甚至免不了磕头求情的戏码。

而朱棣，应该也是接受了胡濙的建议。不然，胡濙也不可能继续留在朝廷受到重用，又当上了礼部尚书。甚至到了朱棣的孙子朱瞻基去世时，他还是顾命五大臣之一。

过去这些年来，凡是朱棣惦记之人，通常都没有好下场。那么，除了朱允炆，让永乐大帝放心不下的还会有谁呢？

五、魂断榆木川，留下太多遗憾

永乐二十二年（1424）四月初三，六十五岁的朱棣又一次披上了铠甲，离开了他前后生活了近三十年的北京城，出发北征鞑靼。这是他第五次亲征。

朱棣上一年十一月才回到北京，没过半年又动身，是不是有些太折腾了？是，不过有人就是想折腾他。

谁啊？当然是他的老对手阿鲁台。就在这一年的正月，在大明百姓欢度元旦的时候，他居然带了一队人马，对大同发动了袭击。

阿鲁台是光脚的不怕穿鞋的，他似乎知道了朱棣的身体情况，但这一回，朱棣却没有以前那么冲动了，这当然也和自己的身体状况有关。但是，如果不给阿鲁台一点儿颜色看看，那也不是朱棣的风格。

朱棣征求文武大臣的意见，这些人似乎不愿意表态，很快把皮球又踢给了他："请皇上圣断。"

当断不断，反受其乱。朱棣决定第五次亲征。

英国公张辅、安远侯柳升、成山侯王通、武安侯郑亨、阳武侯薛禄，这五个永乐年间最受器重的大将，分别统领五军。而杨荣和金幼孜两位内阁重臣，也随军出征。

不知道什么原因，这一次朱棣并没有带上皇太孙朱瞻基。一路之上，他甚至都没有骑马，而是坐在了车驾之中。

看来，皇上的健康状况，已经不允许他承受马匹的颠簸了。

这已经是朱棣连续第三年亲征鞑靼了。前两次虽然没有找到阿鲁台的骑兵，没有和他们发生直接对抗，没有擒获哪怕一名军官，这一次，朱棣能如愿以偿吗？

朱棣的生命不仅属于自己，更属于大明帝国。自己的身体自己清楚，他希望能再痛快地和阿鲁台打上一场，但又担心出什么意外。

六十五岁的老人，还能剩下多少时光呢？

洪武十三年（1380）三月十一日，二十一岁的朱棣拜别了父皇母后，带着徐王妃和五千余名亲兵，离开南京，第一次奔赴北平。

建文四年（1402）六月十三日，已经四十三岁的他，带领十万人马开到了南京城下，夺取了他父亲曾经坐过的、本来不属于他的大明皇帝宝座。

从北平到南京，从藩王到皇帝，他用了二十二年，走上了那个象征最高权力的地方。

之后，又是一个二十二年，他励精图治，从一个无数人咒骂的篡位者，转变为天下人景仰膜拜的永乐大帝，并且开创了一个全新的盛世。

夜深人静，除了个别卫兵，大部分人都进入了梦乡。烛光下，朱棣捧着一本书，看着看着，精神就恍惚起来。

他看到了父亲朱元璋和母亲马皇后。朱棣赶紧起身参拜，他们却根本不吃他这一套，还指着朱棣的鼻子大骂："你为什么要抢了皇太孙的江山？"

他看到了生母碽妃。她边哭边说："儿啊，你为了当皇帝，就连我都不想认了吗？"

他看到了大哥朱标和大嫂常氏。他们狠狠地瞪着他："你到底把允炆怎么样了？"

他看到了朱高煦。他一脸无辜地说："父皇，靖难的时候，您不是说世子多病，不适合继位吗？我哪点儿比朱瞻基差了？"

好不容易有个人对他说话客气了，不过这番话让他感觉更瘆得慌："陛下，臣妾已经等了您十七年，您不想我吗？"

是她，没错，是徐皇后。她还是那样美丽温柔，仪态万方。朱棣赶紧去牵她的手，可是她却慢慢消失了。

正烦恼之时，朱棣突然看到了一位老道士，鹤发童颜、神情严肃，一看又是个找碴儿的。果然，道士发话了："我就是你要找的张三丰。你好战成性，究竟是为了天下苍生，还是为了你自己的虚名？你发动靖难，可知道有多少家庭破裂，多少女人成为寡妇？你打着找我的旗号去搜捕建文帝，为何做事这么绝情？"

道士越说越气，挥起拂尘，就准备给朱棣来一家伙。朱棣慌忙躲闪，却一下栽在了公案上……

朱棣揉了揉眼睛，原来是看书太困，趴在公案上睡着了。不过，梦中的情景历历在目，就像真的发生过一样。

朱棣累了，他想家了。阿鲁台，放他去吧，连续三年的远征，也把他折腾得差不多了。

七月上旬已经立秋，漠北的天气一日日地凉起来了。出征时所带的粮草出现了短缺，朱棣下令，班师回朝。

他五次亲征，有四次都是针对阿鲁台的，却始终没有将此人抓获。

此时他已经有了一个更为大胆的想法，并告诉了身边的重臣。

这些人立即跪倒在地："万岁，万万使不得啊！"

他们以为这是皇上对自己的考验，其实，这正是朱棣的真实想法。他是这么说的：

"东宫历涉年久，政务已很熟悉。回到京师之后，我就把军国大事全部交给他。我在人生暮年也就游乐一番，享受安和之福。"

回顾历史，主动让位的皇帝，两千年来都非常罕见。赵构之流也不过是做戏。但是，朱棣是认真的，他有这样的胸襟，更有这样的气度。

不过，他能挺到这一天吗？

七月初，北征大军行至榆木川。这片人迹罕至的荒原，却从此青史留名。因为朱棣一到这里又病倒了。

而且，这一次他病得比以前任何一次都要严重。任何人的生命都有尽头，死亡是每个人必然的归宿。既然死亡是不可避免的，那为了维持生命所做的一切努力，又有多大意义呢？

你是天底下最大的帝国的君主，你的一句话能决定无数人的生死，但你不也和普通老人一样，抗拒不了死神的召唤吗？

我还有很多未完成的心愿，我还有很多必须要做的事情。

就这样结束了，我实在心有不甘。

可是，留给他的时间已经不多了。回忆的闸门一旦打开，往事就如同潮水般喷薄而出。

曾经的往事，一幕幕地在眼前闪过。

曾经的朋友，一个个地从记忆深处走来。

曾经的荣耀、曾经的失意，都已成为过眼云烟。

曾经的执着、曾经的坚守，现在都已无足轻重。

七月十八日，在榆木川，朱棣为世人留下了最后一道命令：

"传位皇太子，丧服礼仪，一遵太祖遗制。"

遗诏如此简单，可见，他对于自己的死亡准备不足，对于离开是多么的不情愿。他真的还想再活五百年，建设一个真正的永乐盛世。可惜，上天不会也不可能再给他机会。

当时，三个儿子和皇太孙都不在朱棣身边，也无法和他道别。而朱元璋生命的最后时刻，至少还有朱允炆相伴。

朱棣终究还是输给了时间。相比其他帝王，特别是下个世纪那两位后代，二十二年的执政时间实在太短了。

时间对任何人都是公平的吗？未必。

同样是藩王，朱棣四十三岁才登上皇位，还是靠之前三年提着脑袋造反换来的；而把他捧为成祖的嘉靖，十五岁时不用打一天的仗，就当上了皇帝，从此一干就是四十五年。

如果上天也给朱棣四十几年的统治时间，他又会做出哪些惊天动地的大事来？难以预料，不可想象。也许更令朱棣始料不及、更为痛心的是，自己精心挑选、一再培养的接班人朱瞻基，并没有依照他的期望行事，大明并没有成为比肩大元的庞大帝国。再后来，他的后代们重新修起了长城，并出现了"天子守国门"这样让后人不解和诟病的行为。

不过，有明十六个皇帝中，朱棣的寿命居然排在第二，仅次于他的父亲。他的十四个后代和继承人，没一个活到六十岁的。他的儿子和孙子，死得多少都有些蹊跷。

就这样，朱棣的人生落下了帷幕，五次北征也写进了历史。实事求是地说，相比前两次北征的军事成就与威慑作用，后三次不仅意义不大，只是充分展现了一位六旬老战士的执着。

曾经随驾参赞北征的杨荣，对此倒是大加赞颂：

皇上以神武之资，继志述事，旌钺一麾，而龙沙万里之外，罔有遗患，以为圣子神孙万年无疆之业。其于古昔因循不究，以蹈后艰者霄壤不侔矣。圣德神功，巍然焕然，直与天地准。夫岂浅见薄识，所能形容万一哉！然臣荣猥以菲才，叨职翰墨，备员扈从于戎马之间，亲睹皇上躬御戎衣，以临六军，神谟庙算，机敏睿发，出奇料敌，变化若神。天戈所至，罔不披靡，是以扫除胡孽，易若拾芥，此致此万世不拔之功业也。

帝师姚广孝也曾有如此评价：

曾未及月，即抵虏境，群凶嗷嗷，无处逃命。搂其窟穴，尽其丑类，所获马驼牛羊，不计其数。扫净朔漠，洗清草野，士卒卷甲，兵不血刃。诚为王者之师，自古所无有也……北南一览，尽归王化，大无外兮。神功烈烈，圣德巍巍，与天齐兮。纪诸史册，刻之金石，昭万世兮。

今天看来，朱棣亲临战场、不畏艰辛的精神显然是可嘉的，但偷袭朵颜三卫实属败笔，也先土干的归降，当然也不算什么战绩。至于第五次北征，更是相当不负责任的赌气行为，事实上也缩短了自己的寿命。

粗通历史的人都知道，在专制统治年代，一个皇帝的突然去世，特别是没死在京城里，往往会给这个国家、这个民族带来多么深重的灾难。比如中国第一个皇帝嬴政。

那么，皇太子朱高炽会顺利接班吗？

第十五章　大明步入下行道

一、离奇驾崩，仁宗之死疑点太多

世间已无永乐大帝。不过，出于安全的需要，朱棣的死讯并没有马上公布出来。朱棣身边的文臣，大都是朱高炽的拥护者，他们可不希望朱高煦趁机造反，而是期盼太子能顺利继位。因此，向着朱高煦的张辅，必然会被晾在一边。

一千六百年前，秦始皇在第五次出巡时，病死于沙丘行宫。他既没有公开指定继承人，也没有留下遗嘱，如此一来，就给大秦帝国留下了严重隐患。按始皇本人的意思，当然是希望大儿子扶苏回来接班，可丞相李斯和宦官赵高联合起来，伪造皇帝遗书，逼扶苏和大将蒙恬自杀，把老二胡亥送上了皇位。胡亥的登基推倒了多米诺骨牌，短短四年之后，曾经不可一世的大秦帝国，就成了历史名词。

在阻止朱高煦政变一事上，马云发挥了特殊作用。他是内宫的主管，皇帝的身体状况他最清楚。朱棣一死，他立即就告诉了杨荣和金幼孜。

杨金二人都是坚定的太子党。他们担心朱高煦想浑水摸鱼，于是就和马云商量，暂不发丧，还悄悄赶制了一个锡棺，然后将工匠全部处死。

此后，他们还按朱棣的日常作息，按时向车里奉送饮食。让外人认为，伟大的永乐皇帝，依然有条不紊地指挥着一切。

这几位的保密工作做得太好，不仅骗住了大明帝国所有不知情者，也让一直关心老爹病情、随时准备发动政变的朱高煦蒙在鼓里。等他知道父皇确切的死讯时，太子已经在北京宣誓就职了。

永乐二十二年（1425）十二月十九日，北京已经到了寒冬。萧瑟的北风之中，新皇帝朱高炽主持了下葬仪式，将父皇朱棣埋进了他自己选定的长陵。在此之前，已经上谥号为"启天弘道高明肇运圣武神功纯仁至孝文皇帝"，庙号太宗。

历代专制王朝将开国皇帝尊敬为太祖，将二代尊为太宗，已经形成惯例。宋朝开国皇帝赵匡胤为宋太祖，其继承人赵光义为宋太宗；忽必烈按照汉人王朝模式建立大元之后，追谥成吉思汗为元太祖，窝阔台为元太宗。这里给朱棣上的庙号，显然有意识地将朱允炆给否定了。

而且，这也非常符合朱棣的经历。这位四皇子通过造反，夺取了本不属于他的大明皇位。他在位二十二年，励精图治，锐意进取，开创了一个远超汉唐的永乐盛世，让自己的名字，与汉太宗刘恒、唐太宗李世民、清太宗皇太极这些伟大的帝王排在了一起。

这一年，四十六岁的朱高炽已经满头白发，当了整整二十年的皇太子，由青年变成了中年，现在又直奔老年。

这一年，跪在父亲后面的皇太子朱瞻基只有二十六岁，却已经做了十年的皇太孙，出落得非常干练。

这一年，徐皇后已经去世了十七年，也在长陵等候了十一年。

过去二十年来，朱高炽每日小心谨慎，瞻前顾后，战战兢兢，唯唯诺诺。他还要承受二弟和三弟的反复栽赃陷害。

当然，朱高炽比朱标还是要强一些的，他成功地熬到了朱棣归天，坐上了龙椅，终于可以做自己爱做的事情了。但他没有想到的是，自己不过是明朝的第四位国君，居然是有明十六帝中，继位时年龄最大的一个（四十六岁）。论在位时间，他也仅长于干了三十天的光宗朱常洛。

永乐二十二年九月七日，朱高炽顺利登基，并定次年为洪熙元年，大赦天下。十一月一日,他正式立老大朱瞻基为皇太子。

上台之后,朱高炽进行了一系列的政务革新,表现得相当老练沉稳,跟之前在父亲面前的懦弱形象反差实在过大。

现在,他终于卸下了伪装,露出了本来面目。这一切完美地诠释了一则金句:当初隐藏得有多深,后来暴露得就有多狠。

一个人装一天傻并不难,难的是一装就是二十年,蒙蔽了所有对手,甚至让最亲近的人也摸不着头脑。北平守卫战时的坚韧,面对老二挑衅后的隐忍,登基之后施政中的高效,都展现了朱高炽的真正实力。

朱高炽有一点非常值得称道。他并没有秋后算账,他只是颁下旨意,让老三正式去封地彰德上班,省得整天给大哥磕头了。

当哥哥的没有大开杀戒、向手足挥刀,可以说他是缺乏魄力、妇人之仁,但我们不应该低估,一个饱读诗书的君子对骨肉之情的真心维护。

我一直都相信,中华民族的传统文化中,不只是厚黑学与阴谋论,更多的还是仁义礼智。

但是,朱高炽跟朱棣,还是有太多不同的。

朱棣死时,朱高炽的一大批追随者——夏原吉、吴中、杨勉、黄淮、杨溥和金问,都还在监狱服刑。新皇帝当然要把他们全都放出来,官复原职,好生安抚。

针对朱棣时期的进取政策,朱高炽做了大幅度的收缩。首先,停止大规模征讨蒙古,安排军队镇守边关;其次,收缩驻安南的军队,为全面撤出做准备;最后,他强调恢复生产,与民生息。(潜台词是,再不能像我爹那样折腾了!)朱棣生前的若干事宜,如下西洋、云南取宝石、交趾采金珠、撒马尔罕等处取宝马,以及采办烧铸进供诸务,都通通停止。

看待历史问题,切忌站在今天的角度上当"事后诸葛亮"。洪熙的政策当然有其合理性,永乐最后三年的连续北征当然也不是常态,减轻百姓负担绝对没有错。但在朱棣刚刚去世不久,就打算在南北两端进行实质性的大幅收缩,显然不像是一个有为之君的做法。要知道,此时的基础,可是朱棣付出极大代价才打下来的。

贤明的国君，通常都会不拘一格地用人才。朱棣一生，从来不怎么偏袒自己的燕藩老臣，而是唯才是举，尽量给他们展示才华的机会。但朱高炽却喜欢重用自己东宫的那批老人，而且更可怕的是，这些人的政治见解，跟保守的皇帝可以说是大同小异——不然也不会成为如此坚固的同盟。

也就是说，凡是与朱棣立场接近的进取派，基本上都被朱高炽排除在权力核心之外了，而朱高炽死后，儿子朱瞻基基本上全盘接收了父亲的班底。被无数文人美化的"仁宣之治"，在内政外交上会如此保守，给大明王朝未来的发展埋下了很多隐患。

朱高炽能当上太子，解缙可说是第一功臣。更重要的是，为了朱高炽的大业，解大才子直接被老二的亲信纪纲害死了。

那么问题来了，朱高炽登基之后，为其平反了吗？

真相既出人意料，又让人惋惜。朱高炽已经大权在握了，却只是"诏归缙妻子宗族"。

这里，也看出了老大做事的稳当。自己刚刚继位，多一事不如少一事！因此，直到正统元年（1436）八月，仁宗的孙子英宗朱祁镇才赦还所抄的解缙家产。成化元年（1465），宪宗朱见深正式下诏，为解缙平反昭雪，恢复官职，赠朝议大夫，谥文毅。

其实，还有更让人闹心的。洪熙元年（1425）三月，朱高炽提出了一项新举措，在朝中赢得了广泛赞誉。

洪熙皇帝要还都南京！

先皇去世仅半年多，尸骨未寒，朱高炽就悍然下诏，将在北京的各部司名称前，一律加上"行在"二字，并恢复了北京行部和行后军都督府。四月，朱高炽又安排太子朱瞻基前往南京，名义上是让老大拜谒孝陵，其真正目的，就是为迁都做先期准备。

把太子打发回南京"监国"，意味着在皇上眼中，北京就只是个陪都了。

还都南京是朱高炽的一个远大理想,不过朱棣活着的时候,他可从来不敢吱声,知道后果是极其严重的。但现在,天下还有谁能管得了我,不,朕?

自永乐四年(1406)开始,朱棣经过十五年的艰难营造,克服了诸多困难,才在永乐十九年(1621)元旦正式迁都北京。

迁都是朱棣一生中最大的工程,也是他最引以为豪的成就,而且,这也直接与他的宏伟蓝图有关。

可朱高炽就这样轻率地推翻了朱棣的决定。

当然,公平地说,朱高炽并非出于对父亲的报复,也并非拆永乐盛世的台。他的举措,其实是大部分文官所期望的,也是许多朝代传统的做法。

不过,我们当然都知道,大明并没有迁都。到了五月十二日,朱高炽就突然驾崩了。

在打发儿子离京时,朱高炽的身体似乎还没太大毛病。显然,如果这时候他已经重病缠身,肯定是不会让朱瞻基走的。而且,他还没开始为自己修建寝陵,认为办这事还早得很。

这样的皇帝,怎么可能说死就死呢?

一般认为,仁宗平日热衷于亲近女色,但他违反一年守孝期内禁绝房事的规定,个别大臣可就看不下去了。据说翰林官员李时勉的直言批评,令皇上受刺激发病而死。

但这种说法比较牵强。一个四十八岁的中年人,平日并没有严重病症,就算是小老百姓,也不会因别人的风凉话说死就死,何况是专门有太医院为之服务的当朝皇帝?

朱高炽死后,南京依然是京师,北京依旧被称为行在,但迁都事宜事实上已经彻底停摆了。连仁宗本人都被埋到了昌平的献陵,安葬在长陵附近。此举显然违背了朱高炽的心愿。

再联想到朱瞻基接班的顺利，有人甚至推测，这儿子有弑父的嫌疑。

从朱瞻基后来处死二叔一家十二口，而没有任何思想顾虑来说，他要谋害自己的父亲，并不是一点儿可能性都没有。

朱瞻基弑父的理由，可能会有哪些呢？

这一年的朱瞻基年仅二十七岁，正常来说，人生之路还相当漫长，他肯定不急着接班。而且，让父皇收拾二叔和三叔，给自己留下一个更好的局面，不是更好吗？

如果朱瞻基当时是三十七岁、四十七岁，为了早日登基，弑父倒是有理论上的可能，但在这一年，确实没必要。

当然也有另外两种可能。

一是朝廷中某位大臣受了朱棣密诏，如果朱高炽敢于迁都，就除掉他。

朱高炽的悍然迁都，否定的是朱棣几乎忙碌了一辈子的成果，也很可能彻底改变后者遏制东北和蒙古的基本国策，其后果不堪设想。

而且，以朱棣的智慧，他一定能看出，老大可能在自己死后还都南京。他因此做一些预防措施，当然也不是不可能。

那么，有必要让朱高炽付出生命的代价吗？

只要翻一下中国历史，就会发现为了争夺最高统治权，父子相残的事儿不少。唐玄宗还有一天之内连杀三皇子的纪录呢！但从明朝开始，这种情况有了明显改观。朱元璋可以说杀人如麻，却从来没有处决过一个儿子；朱棣本来孩子就少，就更舍不得了。

因此，朱棣如果要留密诏，最可能的说法是，如果朱高炽要迁都，就废了他的帝位，而让皇太孙早日登基。

都说朱高炽即位前是极度压抑，上台后是极度放纵，身体虚弱是必然的。那么，当接受密诏的大臣，向仁宗出示先皇旨意，逼他下台时，这位皇帝受到的打击和伤害，必然会远胜被李时勉等人讽刺挖苦之时。

就这样猝死，倒也不失为一种可能。当然，一向为朱高炽高唱赞歌的《明史》《明通鉴》等官方史书，肯定要对事实真相遮遮掩掩。

二是在永乐朝受朱棣恩惠很深的大臣，或者锦衣卫，或者太监，看到永乐帝辛辛苦苦完成的迁都大业就要毁于一旦，出手暗杀了皇帝。

这种可能性也并不是一点儿都没有，比如朝中的好战派张辅对朱高炽的收缩政策就非常不满。

以上情形纯属推测。不管怎么样，朱高炽的突然死去使他的迁都计划落空，此后二百二十年间，北京一直是大明真正的政治中心。

朱高炽死后，朱瞻基登基。这个朱棣亲自选定的继承人，从此可以甩开膀子大干一场了。

二、宣宗亲征，杜绝"穷人版朱棣"逆袭

盘点一下历史就会发现，以藩王身份武装夺权成功的，竟然只有本书男主一人。朱棣之后，再无朱棣。

但有些自命不凡的傻瓜偏偏不这么想。远的有一百年后的宁王朱宸濠，近的则是朱棣的二儿子朱高煦。

乍一看，朱高煦和朱棣似乎有很多共同之处。他们都性格豪爽，喜欢笼络部属，在士兵面前没有架子，打仗喜欢冲在最前面。但这些，只是表面现象：朱高煦只是个军人，而朱棣却是个成熟的政治家。可以说，他身上集中了两个儿子朱高炽和朱高煦的全部优点；或者说，他把自己的特质一分为二，让两个孩子继承了，因此，他们两个都和自己差得太远。一加一不是等于二，而是远远大于二。

正如美国总统尼克松所说，政治就是演戏。朱棣深谙此话的精髓。

而全部的聪明劲儿都写在脸上的二皇子，显然和他父亲的段位差得太远。这是一个武夫和英雄的巨大差距，而且绝对不是通过后天努力就能消除的。更何况，朱高煦并没有多少自知之明，也没能像李世民那样，虚心向十八学士请教，一起进步。他的全部心思，都用在夺权上了。即便被赶出了京城，即便守在乐安，凭着多年来在武将圈打下的人脉，朱高煦在京城布置了许多眼线，留意着那里的一举一动。

洪熙元年（1425）五月，朱高煦得到了一条可靠的消息：大哥只当了

十个月皇帝，就急着去和父亲团聚了。而此时的朱瞻基，也已经被大哥打发到南京，筹备迁都的事情。

人在乐安、心系京城的朱高煦，造反的愿望依旧强烈，篡位的理想依然坚定。

贵为太子的朱瞻基要来北京继位，无论是坐船走大运河，还是骑马走陆路，肯定都得经过山东，路过朱高煦的地盘。皇太子一死，京城群龙无首，正是自己建功立业之时。

朱高煦盼星星盼月亮，也没有盼到朱瞻基路过山东的那一天。就在他困惑不解的时候，六月二十七日，京城里却传来了特大新闻：新皇上登基了！而且很快就确定了年号，明年就是宣德元年。

朱瞻基怎么避开他二叔的重重埋伏，顺利地登了基，也是一个让历史学家们备感困惑的问题。

难道说，他故意不走山东，而是绕道河南进京？那为什么速度又那么快呢？

再或者是朱高炽身边的大臣们，又把一年前用在朱棣身上的招儿使了出来，秘不发丧，并通知太子火速进京？等到朱瞻基到了之后，才对外宣布洪熙皇帝的死讯，同时派人假装去南京接朱瞻基，刺探朱高煦的反应？

反正朱瞻基顺利继位了。朱高煦扑了个空，内心的失落感可想而知。

一个人努力了二十年，还没有做成一件事。

如果这时候的朱高煦认清形势，认真地在皇帝面前韬光养晦，他还能多活几十年，也能保住子孙后代的荣华富贵。但他的选择是什么呢？

宣德元年（1426），汉王朱高煦已经四十七岁，即将进入知天命之年。

行在北京，英国公张辅正准备上床休息，门房拿了一样东西，说是有人求见。张辅看了之后，吩咐让他进来。

来的是他的多年至交枚青。张辅一看对方的神色，就猜出了七八分。

"有什么我能帮到你的吗？"

"有，当然有啊！"枚青警惕地看了看四周。张辅乐了："到我这里了，还有什么信不过？"

"没有，没有。"枚青小心地解开衣服，掏出了一封信。

这是朱高煦亲笔写的。问候完老朋友之后，汉王也就不拐弯抹角，直接希望张辅成为他的内应，打开京城，事成之后，重重有赏！

"呵呵！"张辅笑了，笑声中俨然有一种鄙视。对啊，现在的张辅已经是武将之首，是英国公了，你还怎么封赏？学朱棣，裂土为王？可能吗？

张辅并没有客气地把枚青打发走，而是把他留了下来。

而且，张辅还招呼下人，给他身上缠了很多道绳子，转眼就把他送到朱瞻基那里。

朱瞻基听了张辅的汇报，立即召集手下大臣开会，讨论怎么对付自己的二叔。张辅和薛禄都跃跃欲试，想带兵去收拾朱高煦，为自己的功劳簿再重重添一笔。皇上对他们却还是不够放心。

而文官杨荣和夏原吉，却有不同的看法。特别是夏原吉，看似轻描淡写地说了一句话，就让朱瞻基拿定了主意。

"陛下还记得李九江当年的事情吗？"

几位武将的脸色唰的一下都变了，这是把我们比作李景隆这个废物啊！而朱瞻基也从龙椅上一跃而起，"仓啷啷"抽出了宝剑。

为了这么大点儿破事，就要诛杀户部尚书？现场空气相当紧张，不过朱瞻基一张嘴，大家都松了一口气。

"朕意已决，亲征乐安！"

枚青被抓，朱高煦的造反嫌疑也坐实了。那他现在在干什么呢？

朱高煦曾联络山东都指挥靳荣，希望他一起举兵，但人家根本就不搭理这个汉王。

然后，朱高煦就什么也没做。

十万精兵把乐安围了个里三层外三层。朱瞻基并不急着进攻，而是盼咐手下书生们写好了讨伐朱高煦的檄文，宣传了一番投降从严、抵抗更严的道理，并且为朱高煦的人头开出了理想的价码，让士兵绑在箭上，向城内发射。

听说皇帝亲征，朱高煦开始还挺高兴，若此时把皇帝干掉，自己不就能顺利登基了吗？理想很丰满，现实却很骨感。他想调集兵马出城迎战，却发现手下的将官已经叛逃了一大半。

官军这边，众将建议朱瞻基强行攻城。这位年轻皇帝没有答应，仍继续玩心理战！

朱高煦被困在王府里，每天如坐针毡。不断有传言说手下将军纷纷被朱瞻基收买，准备把他绑了当作投名状。

朱高煦，这个在靖难战场于万军中取人首级的猛将，会有什么样的应对措施呢？

稳坐中军帐、悠然自得的朱瞻基突然得报，说汉王使者前来，并呈上了朱高煦的亲笔信。朱瞻基一看乐了，"好！"赏了使者，让他回去交差。

第二天一早，朱瞻基命令在乐安城南搭起一座高台，把能叫的官员都叫来。

要出什么大事情？

一位身材壮硕、目光却十分呆滞的中年人，骑着一匹快马，向着高台方向奔驰。人群里突然发出一声惊呼：

"汉王！"

这不正是信誓旦旦要夺取天下的朱高煦吗？他这唱的是哪一出啊？

朱高煦已经没戏可唱了。在前一天晚上呈给皇上的信中，这位曾经无比嚣张的二殿下，居然像小学生写检查一样，提出向朱瞻基负荆请罪。

第二天，朱高煦果然告别了妻子儿女，单人独骑前来投降，倒是挺讲信用的。

朱瞻基的卫兵当然不放心，先给汉王来了个全身大搜查，然后将他捆得像个粽子，押着向高台走去。沿路之上，对朱高煦的咒骂声和嘲笑不绝于耳，更有人丢出了臭鸡蛋。

朱高煦面无表情，也不理会这些攻击。走到朱瞻基面前时，这位汉王深吸了一口气，做出了一个足以载入史册的潇洒动作，把在场的卫兵都惊呆了。

只见这位虎背熊腰的壮汉，扑通跪倒，拼命叩头，嘴里还念叨着："臣朱高煦罪该万死，请陛下惩罚！"朱瞻基看着不敢抬头的二叔，眼神中充满了蔑视。他身边的大臣们纷纷跪下，建议将朱高煦就地正法，扬大明国威，均被朱瞻基一口回绝。

朱瞻基很想亲自夹枪带棒地狠狠数落朱高煦一顿，但朱高煦毕竟是长辈，于是他挥了挥手，身边一个御史挺身而出。

此人一看，就是脑瓜极其好使、知识极其渊博、口才极其了得。他根本不用打草稿，上前一步，指着朱高煦就开始骂，而且逻辑严密、条理清楚、抑扬顿挫，半天不带重样的。骂得二皇叔完全没有了脾气，跪在地上大气都不敢出；骂得皇上龙颜大悦；骂得围观群众爆发出一阵又一阵热烈的欢呼声。

这位御史的名字，从此也在大明历史上占据了一席之地。千万别以为他只会耍嘴皮子，人家干起实事来也非常靠谱。二十三年之后，朱瞻基早已不在人间，他却以一己之力，扛起了挽救大明江山的重任。

此人正是大明捍卫者于谦。眼看骂得差不多了，朱瞻基指示二叔写信，把十一个儿子都召来投降。随后皇上大赦朱高煦余党，下令班师。

其实，朱高煦在准备投降之前，曾被部将王斌拦住过。王斌跪在主子面前，一把鼻涕一把泪地劝他："王爷，不能去啊，咱们宁肯战死，也不要去给宣德当俘虏啊。"朱高煦不置可否。

王斌走了。朱高煦换了身衣服，从另一条道秘密出城投降。这招"明修栈道，暗度陈仓"，也算是他这些年来唯一成功的谋划了。

朱瞻基收拾了二叔，心里还对另一个人念念不忘。谁啊？三叔朱高燧。想当年，这哥俩串通一气来欺负他爹，导致朱高炽十年如一日地当缩头乌龟。现在，朱瞻基既想为父亲出气，也想给自己立威，打算带兵直扑彰德，给三叔来个突然问候。

不过，杨士奇力主不要动朱高燧。他认为，当年赵王手下伪造诏书企图政变的事情败露之后，太宗都没有逮捕朱高燧，而仁宗更是为三弟苦苦求情。现在，皇上就这么一个叔叔了，如果捉拿他，恐怕先帝在天之灵，不会感到安心。

朱瞻基也认为有道理，因此没有采取行动。而赵王不愧是人精中的人精，他得到风声，火速请求交出仅剩的一支护卫，最终换取了自身平安，得到了善终。

朱高煦和他的十一个儿子一起被关在了西安门里。

据说，当朱瞻基好心地去看二叔时，没想到朱高煦居然伸出脚，把皇上绊倒在地。

朱瞻基不乐意了，就找了个三百斤的大铜缸，把二叔罩在里面，想让他反省一下。

谁知道，朱高煦猛然间把缸举起来，还东瞅西瞅。

然后，就没有然后了。朱瞻基让人把他重新扣在铜缸下，然后找来大堆木炭堆在缸边，生起熊熊大火，算是送给朱高煦最后的温暖吧。

随后，朱瞻基又将十一个堂弟通通杀掉，让他们一家在阴间团聚了。

轻松收拾了朱高煦，无疑让年轻的朱瞻基得到了朝廷内外的广泛拥护，接下来，他是不是应该大显身手，将朱棣开创的战果扩大下去呢？

三、宣德盛世，朱瞻基的希望与失望

朱瞻基是朱棣亲自选定的接班人。这个孙子的身上，寄托着永乐帝太多的期盼。早在第二次北征蒙古之时，朱棣就特意将皇太孙带在身边，目的就是让他早日认识到战争的残酷、蒙古铁骑的凶险、未来执政的不易。儿子是指望不上了，只希望自己开创的大业，能在孙子手上发扬光大。

朱瞻基刚一上台，倒是表现出与父亲所不同的英雄气概。他效仿朱棣亲征，弹指一挥间就铲除了朱高煦的势力，为自己赢得了极高声誉。在这短暂的时间里，他确实有了爷爷的一些影子。

但是，朱瞻基的辉煌似乎也就到此为止了。从此以后，他反而逐渐走上了父亲的保守道路。这位皇帝年纪轻轻不想着去开疆拓土，反而如宋徽宗一样迷恋书法绘画。当然他最大的贡献，是保住了北京的"事实首都"地位。

有些历史学家好心地将"永乐盛世"与"仁宣之治"合称为"永宣盛世"，但事实上，这是两个相差很多的时期。

永乐时代的二十二年间，朱棣的重大举措接连不断。北征蒙古、南平安南，修建新都，出使西洋，疏通运河，建立巡抚制度，等等，但国库消耗确实不轻。宣宗继承了父亲的施政策略，继续轻徭薄役、休养生息，遇到水旱灾情，就减免相关地区的租税。他也曾经微服出巡，考察百姓的实际生活状况。平心而论，朱瞻基绝对不是个昏君。

朱瞻基继续倚重以内阁"三杨"、夏原吉和蹇义等为核心的前朝老臣，能做到从善如流、虚心纳谏，并对勤政认真的地方官进行奖励。宣德时期，确实涌现了以苏州知府况钟为代表的一大批清官廉吏，于谦也正是在此期间当上了晋豫巡抚。

宣宗当政期间，南北两线都没有了重大战事，也停止了大规模的修造工程，即便是父亲的献陵也修得并不奢华。

因国力强盛、政局稳定，朱瞻基继续扩大内阁的权力，采用了一种被称为"条旨"或"票拟"的办事程序。大臣们的奏折，首先要由内阁大学士审议，并将自己的解决方案贴在草拟的诏令上，供皇上审批，而皇上用朱笔进行批示后予以生效。

因为掌握着批红，朱瞻基根本不用担心大权旁落。但没过多久，这位宣德皇帝就下令，由司礼监太监代替自己，为诏书批红画圈。取得这种权力的宦官被称为"秉笔太监"。

朱瞻基为什么要把这么重要的权力下放呢？难道他不知道危险的后果

吗？他当然清楚。不过，一来，宣宗的业余爱好实在太多，要他像皇爷爷一样整天扑在国事上，那万万不可能；二来，让渡的这种权力，他可以随时收回。太监们断不敢因为自己的私利，而触怒了龙颜。

太祖朱元璋对历朝太监专权的事情相当在意，他当政时，曾经铸了一块铁牌挂在皇宫门上，上面刻着"内臣不得干预政事，预者斩"。不过，自打朱棣时代开始，宦官就在积极地为大明江山贡献力量。《明史》强调说："盖明世宦官出使、专征、监军、刺臣民隐事诸大权，皆自永乐间始。"但事实上，郑和、马云、阮安和王景弘等人，都有着不错的口碑。

朱元璋禁止太监学习文化知识，让他们没有为祸作乱的资本。但他的重孙朱瞻基，却在宫里办了内学堂，向太监们教授文化知识，从中选拔可以为皇上代笔之人。

笔者并非对朱瞻基有意见，对于开办内学堂一事，亦无意完全否定，教在宫中服务的太监读书识字，也是为了能让这些人更好地做好本职工作而已。况且"读书识礼"，一定程度上还能提高他们的素质。

当然，知识能为良善之士提供帮助，也可以给邪恶之徒插上翅膀，提升他们的作恶能力。但作为与皇帝朝夕相处的人，自然不应该都是些奸佞之辈。

宣宗本身有着不错的政治智慧，在他秉政的十年里，并未出现宦官乱政的情况。但是，日后的王振、汪直、刘瑾和魏忠贤这四大奸恶的出现，朱瞻基多少还是要负一点儿责任的吧？

朱棣花很大的心血栽培朱瞻基，希望他能将自己一手开创的永乐大业进行到底，让大明真正成为比肩大元的朝代，甚至超越其上。可朱瞻基的所作所为，如果爷爷在九泉有知，必然是相当失望。

首先是从安南撤军。这块领土可是当初朱棣调动二十万大军、耗费上百万银两打下来的。安南地盘虽然不大，却很有示范意义：这是之前元世祖忽必烈想占领而没有占领的土地。

自打对安南用兵起，朱高炽就从来没有支持过父皇的决策。当了皇帝之后，适逢黎利反叛的声势越来越大，他更想甩掉这个包袱。

而朱高炽死后，朱瞻基则是摇摆不定。他显然不想就这么轻易放弃，怕被人笑话，又不想费心太多。于是在宣德元年（1426），这位宣德皇帝抱着试试看的态度，先后派出王通和柳升前往安南。

作为朱棣相当赏识的将军，柳升曾组建了中国历史上首支正规火器兵种神机营，并在忽兰忽失温战役中，让鞑靼骑兵吃尽了苦头。但安南的丛林，显然更有利于游击战，而不利于正规军火枪兵的发挥。宣德二年（1427），柳升在倒马坡中了叛军的埋伏，壮烈殉国。都督崔聚与工部尚书黄福继续前进，最终双双被俘。本应前来支援的沐晟听说了他们败亡的消息，居然不战而走。

人在东都的王通，更是完全不顾国家大义，擅自与黎利达成了媾和协议，约定在年底班师回朝。此等卖国行径，会得到什么样的下场呢？

中国太大，大明行在与安南相距六千里，消息传递需要将近一个月。就这一点而言，迁都的不利一面确实暴露出来了。而南京兵部还无权决定这种大事。

在北京，朱瞻基与他的主要大臣们就安南事宜展开了激烈讨论。杨士奇与杨荣建议放弃，而蹇义、夏原吉及张辅主张继续镇压。

平定安南，是张辅一生最大的荣耀。二十一年前，年轻的张辅率领二十万明军，克服了种种困难，付出了极大代价，才将安南收归大明管辖。数千将士的遗体，长眠在这片土地之下。此后，他又三次入安南平叛。

不过，永乐二十年（1422），朱棣却将他调到北京，并参与了最后的三次北征。永乐帝对张辅当然充分信任，如果张辅一直留在安南，黎利还能如此嚣张吗？

二十一年过去了，张辅已经年过半百，两鬓斑白，身体欠佳。但正如父亲张玉一样，他的内心，依旧和当年一样充满热血。

张辅对年轻的朱瞻基寄予了很大希望，期盼他能如他的祖父一样，用血与火的手段，让这些不知好歹的叛徒们付出代价。他希望宣德圣旨一下,自己再度披挂整齐,带领大军杀向交趾,去捍卫大明勇士的尊严,去彰显大明帝国的国威,去告慰太宗文皇帝的在天之灵。

可是,朱瞻基却不愿给他机会了。这个二十八岁的年轻皇帝,思维却和六七十岁的老臣们一样保守。

当然,黎利并不是像朱高煦一样的莽夫。他知道自身实力终归有限,主动向大明求和,并立了一个名叫陈嵩的傀儡,号称这是陈朝的后裔。有了台阶可下的朱瞻基,果断地决定撤军,正如他去年果断地兵发乐安一样。

就这样,安南彻底独立了。黎利定国号为大越,到了英宗正统元年(1436),明廷又册封其子黎元龙为安南国王。不过,独立之后的安南君主,也算是相当明智,并不准备和大明发生冲突,确实让朱瞻基及其子孙保住了面子。

南方就这样了,北方的经营,能不能用点儿心?答案同样是"否"。

宣德三年(1428),朱瞻基在京外巡游时,正好碰到一群兀良哈牧民窜入长城之内,试图打劫。皇帝带了三千骑兵,将他们赶了出去,这算是三十岁的宣德皇帝最值得吹嘘的军事胜利了。

两年之后,当薛禄建议放弃开平时,朱瞻基居然没用多长时间就批准了。开平是元朝的上都,无论是地理位置,还是对蒙古的心理威慑作用,都是无比重要的。如果朱棣能彻底征服蒙古,他很可能会在开平设置布政司来管理。可他的孙子,就这么轻易地把这座重镇放弃了。而且,随着战线向后移动了数百里,北京郊外差不多就成了"边疆"。从此之后,大明真的要向世界诠释什么叫"天子守国门"了。

还有更糟糕的。在朱棣统治时期,本着中华民族最擅长的战略,明廷在瓦剌和鞑靼之间大玩制衡之术,让他们自相残杀,并且坚定地奉行一个原则:绝对不能让其中一方有压倒性优势,谁强了就灭谁,谁弱了就扶谁。

然而,在宣德时期,这种均势局面渐渐被打破。鞑靼的阿鲁台走向了衰败,而瓦剌的脱欢势力日益强大。

永乐十四年(1416),瓦剌首领马哈木战死。两年之后,脱欢承袭王位,被朱棣封为顺宁王。宣德九年(1434),脱欢向鞑靼用兵,杀死阿鲁台,替朱棣完成了心愿。他又杀死了本部的贤义王太平、安乐王秃孛罗,从此一家独大。

到了英宗正统三年(1438),朱瞻基已经不在人世。十二岁的小皇帝朱祁镇无法亲政,实权由张太皇太后掌握。脱欢又攻杀了阿鲁台拥立的阿台汗,立脱脱不花为大汗,自任丞相,进一步控制了东部蒙古,草原的平衡彻底被打破了。

如果朱棣还在人间,他绝对不允许这样的事情发生,会毫不犹豫地出兵北征。但长期以来,朱瞻基母亲,似乎满足于瓦剌的定期朝贡,并没有采取必要措施。知道脱欢的儿子叫什么吗?说出来如雷贯耳,这是一个令大明由盛转衰的关键角色——也先。

当然,把土木堡惨剧的主要责任归结于宣宗,肯定有失公允;这个锅还是由朱祁镇自己背吧。也先成为瓦剌领袖时,已经是正统五年(1440)。但要说这事跟朱瞻基一点关系都没有,恐怕也不是事实。

在东北,朱瞻基也在走被动防御之路。

宣德九年(1434),明廷宣布放弃奴儿干都司,朱棣当年千辛万苦才设置起来的这一机构,仅仅存在了二十五年。当然,都司下属的各卫所并没有撤销。但毫无疑问,大明对东北广大地域的控制,肯定是减弱了。

正是在宣德任内,辽东都司在与奴儿干都司相邻的区域,修起了边墙,最终与长城连了起来,让鸭绿江口成了长城东端。辽东都司似乎希望用这道墙,把东北各少数民族挡在外面,防止他们进入富庶的辽河平原捕鱼打猎,免得给当地人的美好生活带来冲击。但如此一来,东北与中原的交流,只能是更加困难。女真与汉族的矛盾,不就进一步升级了吗?

朱棣一直致力于和东北各族拉近关系,而朱瞻基却在破坏爷爷的心血和成果。都说历史不能假设,但要是奴儿干都司一直还在,努尔哈赤部落还能野蛮生长到那样的规模吗?

宣德十年(1435)正月初三,三十七岁(按今天的算法也就三十五周岁)的宣宗朱瞻基突然去世。这个年龄,在今天还算个青年,还是生命力最为旺盛的时候。况且在执政的十年间,朱瞻基都是精力充沛、思维敏锐、兴趣广泛,根本不是病秧子。说死就死,缺少征兆,显得相当蹊跷。《明史》《明通鉴》对朱瞻基的病症也是遮遮掩掩,语焉不详。

仁宣这对父子的真实死因,很可能要永远被淹没在历史长河之中了。太子朱祁镇作为唯一的继承人,毫无悬念地登基。正是这个招人喜爱的孩子,却成了大明由盛转衰的关键人物。

不过,相比朱高炽,宣德在位期间还是做了一件好事的——圆了一位老人的最终梦想。他是谁呢?

四、郑和之后,再无郑和

朱棣自己一路向北开疆拓土,郑和一路向西乘风破浪。两人的距离似乎越来越远,但事实上,他们的心却是离得最近的。

到了仁宗朱高炽继位之后,他大张旗鼓地更改朱棣的进取政策,罢下西洋只能算其中之一。

朱棣去世之时,郑和正出使旧港(今印度尼西亚巨港),进行第六次航行。等他回到国内之时,已经是洪熙元年(1425)二月。郑和的心情想必非常悲痛,他未能看到皇上最后一眼,未能向他汇报此行的经历。

但接下来的事情,无疑更让这位老人无奈。根据户部尚书夏原吉的建议,所有下西洋的宝船,都被封停在太仓刘家港。郑和则被任命为南京守备,其实也就是个养老的差事。在此期间,郑和还主持修缮了南京宫殿和大报恩寺。

宣德五年(1430)正月,五朝老臣夏原吉去世。而长时间被老臣约束的朱瞻基,似乎也得到了解放,也终于可以充分按自己的意图行事了。

果然,当年六月,郑和接到了再下西洋的诏书。

这一年的郑和已经六十岁了。烈士暮年,壮心不已。如果说朱棣的舞台在北疆,那么郑和的战场就在大海。跨上战马的朱棣,能从垂暮老人一下子变成凶猛战士,而踏上宝船的郑和,也不再是颤颤巍巍的虚弱老太监,而是指挥若定的航海家。

当年闰十二月,船队从南京龙江关启航,二十一日抵达刘家港。在那里,郑和主持维修了天妃行宫。他相信,过去六次远航的成功,靠的正是天妃的保佑,而这一次,当然也离不开她的庇护。

宣德六年(1431)二月,郑和船队由长乐太平港出发,正式开始了第七次远航。这一次,他的重要使命之一,就是给各国传递新皇登基的消息。永乐大帝早已经不在人间,现在执政的是他的孙子。

宣德七年(1432)七月初八,在先后历经占城、爪哇和旧港,向各地宣示了宣德皇帝诏书之后,郑和一行到达了满刺加(即马六甲王朝),慰问了这个正遭受暹罗侵扰的国度。郑和的态度是相当坚定的,他要维护这个小国的独立与领土完整。他的下一站,当然就是暹罗。

郑和宣示的诏书中,委婉地批评了暹罗的对外扩张政策,但又将责任推给了文武大臣,目的是保住国王的面子。他说:"陛下,我认为这必定不是您的本意,而是您身边那些鼠目寸光之人蓄意挑唆,才有今日之后果。希望您能对他们的行为予以约束。"

其实,抢夺满刺加商船,正是国王自己的主意。郑和给了他台阶下,他当然要有所收敛,并且明白在这片区域,谁都得听大明皇帝的。

随后,郑和船队又走访了阿鲁(今印度尼西亚苏门答腊岛东岸)、那孤儿(今苏门答腊岛西北部)、黎代(苏门答腊岛上小国,在那孤儿西面)、南渤里(今苏门答腊岛西部)和锡兰(今斯里兰卡)等国,一路传达大明皇帝对各地的关心。但此后,流传下来的记录就说不清楚了。

这是郑和最后一次出海。从此之后,大明再没有精力,也没有兴趣进行如此大规模的远航活动了。

郑和船队造访了印度洋上的翠兰岛屿之后,又横穿阿拉伯海,并派洪保访问古里（今印度南部喀拉拉邦的科泽科德一带）。据中国史书记载，洪保的助手马欢跟随古里国王，前往天方朝圣。

我们中国人都知道《天方夜谭》。天方是伊斯兰教的发源地，穆斯林的三大圣地——麦加、麦地那和耶路撒冷，都为天方管辖。作为虔诚穆斯林的郑和，当然以去麦加朝拜为人生第一大心愿。但他七次航行，中国史书中均未有明确的朝圣记载，这实在是耐人寻味的事情。

常年的海上之旅、狂风恶浪的侵袭、突发事件的干扰，朝中文臣的非议，他都挺过来了。但是，和他的主人朱棣一样，郑和终究战胜不了时间，终究还是要走到人生的终点。

当返航的船队走到古里时，郑和突然病倒了。这里，正是他首航时路过，并立下"刻石于兹，永昭万世"石碑的地方，冥冥之中似有天意。

始于古里，终于古里。这位老人实在太累了，恍惚之中、弥留之际，他似乎又看到一个曾经极其熟悉，却一度变得陌生的身影。

人生得一知己足矣！朱棣与郑和，地位上是君臣。就四夷臣服、怀柔远人的见解来讲，他们当然是最知心的伙伴，是这项伟大事业的创意者与执行人。

宣德八年（1433）三月，中国最伟大的航海家郑和在古里去世，享年六十三岁。注意我这个用词，是"最"，没有"之一"。

在二十八年时间里，郑和驾驭着当时地球上规模最庞大、装备最先进、战力也最强劲的船队，七次下西洋，航行于太平洋和印度洋之上，没有侵略外邦的一寸土地，没有掠夺一点不义之财，却主动承担起了维护地区和平的责任，将大明永乐皇帝与各国友好往来的意愿传播到了数十个国家。

他以自身的努力，书写了十五世纪早期人类远洋史中最为精彩的篇章；他用自己的善举，为大明气度做了一次最为圆满的海外宣传；他凭自己的辛劳，为中华民族铸起了一块永远不会被磨灭的丰碑。他的贡献，一直被低估，他的才华，无论怎么强调都不为过。

相比六十年后，拿着火枪四处抢劫破坏的达·伽马和哥伦布，郑和用和平手段，赢得了沿路各国政府和民众的尊重。另外，他还有一件事，也不能不提。

永乐十四年（1416）十一月到十七年（1419）七月，郑和进行了第五次远航。这次海上之旅特别值得强调：据中国官方的记载，船队到达了非洲东岸的索马里。但是，郑和就没有可能走得更远了吗？再往南，就是好望角，穿过这里，就可以到达美洲了。

2002年，就在即将迎来郑和下西洋六百周年纪念日的前夕，一部英国人的著作，却让整个世界炸开了锅。退役军官加文·孟席斯在其所著的《1421年：中国发现世界》（*1421: The Year China Discovered the World*）中，向世界抛出了自己的惊世大发现：最早到达美洲和进行环球航行的，不是意大利人哥伦布，也不是葡萄牙人麦哲伦，而是十五世纪初的中国人郑和及其船队。鉴于中国传统史书一贯的春秋笔法，连马可·波罗的名字都没有出现，隐藏很多真相根本不算什么。真相有没有被揭开的一天呢？

其实，就算没有到达美洲，就算没有进行环球航行，仅凭那七次成功的航海，郑和就足以担起"伟大"一词。

郑和之后，再无郑和。

不过，如果把下西洋看作一个大项目，首席执行官当然是郑和，而幕后的总决策人当然只能是朱棣。下西洋的创意是朱棣想出来的，下西洋的操作方式是朱棣决定好的，下西洋的经费是朱棣硬要出来的，下西洋的船队是朱棣信得过的，而郑和，则是朱棣思想的合格执行人。

说到底，还是朱棣的后世子孙，没有他那种四海之内皆兄弟的宏大气魄，没有他怀柔远人的胸襟和胆略，更没有他不惧骂名、不怕后世史家曲解的心态。

也就是说，朱棣之后，再无朱棣。

而且，更大的麻烦还在后面。

五、土木堡之变，明朝历史的拐点

时光如流水一般奔涌，转眼就来到了明正统十四年（1449）。

八月十五是传统的中秋佳节，但北京顺天府的多数居民，却完全没有庆祝节日的意思。他们的年轻皇帝朱祁镇，亲率五十万大军北征蒙古，还没有回来。

这一年，距离太宗朱棣发动靖难，已经过去了整整半个世纪。

五十年前的七月，朱棣正是从这座城市起兵，带领八百壮士一路向南，席卷天下，用不到三年的时间，就夺取了大明江山。

也正是朱棣，从这座城市出发，五次北征蒙古，让鞑靼和瓦剌吃尽了苦头，不得不向大明朝贡，接受册封，表面上予以臣服。

永乐二十二年（1424）朱棣第五次北征，死于榆木川之时，正统皇帝朱祁镇还没有出生。也就是说，朱棣从来没见过这位重孙。

朱祁镇是大明第二位亲征漠北的皇帝。当年七月，这位年仅二十三岁的国君，决心要重走太爷爷当年的道路。

中秋当天，北京市民自愿摆上香案，为朱棣的重孙祈福，盼望他早日凯旋。

第二天，一则消息如长了翅膀一样，很快地传遍了京城，并迅速在这个千年古城引发了一场大地震。很多人丢下手边的工作，面朝西北下跪不起，号啕大哭。

而哭得最厉害的，当属紫禁城里那些住户：皇后、嫔妃和宫女们。她们的男人，已经被瓦剌俘虏了。

不管怎么说，年轻的皇帝毕竟还活着，而十多万士兵，已经永远睁不开眼睛、见不到亲人了。

跟他们一同阵亡的，还有英国公张辅、成国公朱勇、兵部尚书邝埜、户部尚书王佐、大学士曹鼐和张益等六十多位大臣，差不多大明一半的文武精英。

朱棣当年起兵第一战，就在八月十五日偷袭雄县，打了耿炳文一个措手不及。可整整五十年后，他的重孙，却在这一天成为别人突袭的牺牲品，当上了对方的阶下囚。

还是那句话，没有金刚钻，别揽瓷器活。不是每一个皇帝，都有杰出的军事才华的，当然也不是每个皇帝，都有必要御驾亲征的。

大明开国皇帝朱元璋行伍起家，可在鄱阳湖大战获胜之后，他再也不亲自领兵上战场了。

土木堡的悲剧，原本根本不用发生。而引发这起悲剧的人，还是王振。

王振原本是个读书人，可能是科举考试的竞争压力过大，他就想到了"壮士断腕"的招数，自阉后参加内书堂的选拔，结果幸运地被选中，并在东宫陪小太子朱祁镇读书。没过两年，宣宗就去世了，太子变成了正统皇帝，自然对王振不断提拔、持续依赖。

如果不是朱瞻基开办内书堂，王振也不太可能走得那么远。但是公平地说，王振的专权，不应该由朱瞻基背锅，更不能怪罪太爷爷朱棣。主要责任，当然还在于英宗自己。

一个二十三岁的皇帝，已经娶妻生子，完全是个成年人了，还要受太监摆布，这就不能不让人叹息了。

当张太皇太后还在世时，王振自然不敢放肆，朝中还有大名鼎鼎的"三杨"辅政。但正统七年（1442）张太皇太后过世之后，"三杨"中也只剩下老迈的杨溥，根本限制不了王振。

正统十四年（1449）七月，瓦剌首领也先因贡马受到王振的勒索，居然大发脾气，主动向大明发起进攻。

瓦剌军队本来就不多，还要兵分四路，一路攻辽东、一路攻甘肃、一路攻宣府，最后一路，由也先亲自率领，目标是重镇大同。

不难看出，也先把姿态摆得很高、战线拉得很长、声势搞得很大，似乎显得很不专业。但实际上，他只是想吓唬一下朱祁镇，想从日后的边境贸易中捞到更多筹码。

但他哪里知道，有人握着一手好牌，却打得如此之烂。

王振获悉，也先亲自率领的队伍只有两万人。主动出击，非但没有任何风险，还是扬名立万的大好时机。但他一个太监，又不能领军出征，不得已，还得煽动自己的主子出动。

于是，王振以英宗的名义召集了将近二十万精兵，本着天朝一贯以来的作风，号称五十万，并带上了在京一半左右的文武大臣，浩浩荡荡开向边关。

带武将是为了打仗，带上那么多文官是为了什么呢？这实在令人费解。更可悲的是，这些人基本上都成了王振的陪葬。

二十万对二万，似乎是没有任何悬念的一边倒，但结果呢，大家都知道。

七月十七日，明军从北京出发，八月一日抵达大同。王振的老家蔚州就在附近。要是能在父老乡亲门前走一遭，那别提多有自豪感了。但此时的他，却突然没有了和也先正面对抗的勇气，反而下令班师。

画风突变，这是为什么呢？

几天前，在大同郊外的阳和爆发了一场大战，明军死伤惨重，随军太监郭敬却奇迹般地逃了出来。听取了郭敬的汇报之后，王振做出了似乎明智的选择。

富贵不还乡，如衣锦夜行。王振当然也不能免俗，他带着二十万人开向蔚州，但为了给父老乡亲留下好印象，避免军马踩坏庄稼，明军不得不返回大同，准备从宣府入居庸关。

这通折腾，把二十万人搞得精疲力竭、怨声载道，说士气低落一点儿都不夸张。

八月十三日，明军到达了距离怀来二十五里的土木堡，只要进入怀来城，他们就安全了。短短二十五里，甚至都不够二十万人列个队形的。

可就在土木堡，就在八月十五日，大明最精锐的二十万军队，却遭到了两万瓦剌军队的致命打击，几乎全军覆没，实在是大明军事史上的一大耻辱。

二十六年前，永乐二十一年（1423）七月，朱棣第四次北征时，也是在这里举办了一场规模盛大的阅兵，在中国历史上留下了精彩的一页。

朱祁镇做了俘虏，也先原本想用他换来一大笔赎金，但北京那边，朱祁镇的弟弟朱祁钰在兵部侍郎于谦等大臣的支持下登基，让也先非常恼火。他的野心，也因为土木堡的大胜而极度膨胀。

城防空虚的北京城，难道我就攻不下吗？

北京这座名城拥有三千年的建城史，发生过的大大小小的战事难以统计，但提起"北京保卫战"，所有人都知道指的是哪场战役。

那就是正统十四年（1449）十月，在京师城下发生的那一场无比惨烈的战事。英宗朱祁镇是第一个在北京皇宫大婚的皇帝，却也是历史上为数不多被生擒的国君，更是开创了"率领"侵略者叩关的可耻纪录。

很难想象，如果北京城破，大明会不会重蹈大宋的覆辙，丢失半壁江山，让南北朝再度重现。幸运的是，明军取得了胜利，保住了长城之内的领土。之后不久，也先放回了英宗。后者被尊为太上皇。

在当时，明朝迁都北京不过二十八年，但已经有三个皇帝——太宗朱棣、仁宗朱高炽和宣宗朱瞻基，先后葬在了昌平天寿山下。

正因为国都北迁，三个皇帝埋在京郊，给了京城官兵血战到底的勇气与决心，也彰显了朱棣迁都的积极意义。

这场战争的胜利，原本可以成为提升大明国力的重大契机。但遗憾的是，不该发生的英宗复辟，又在明朝甚至整个中国历史上，书写了非常不光彩的一页。

景泰八年（1457），支持英宗的将领石亨、政客徐有贞、太监曹吉祥等人发动"夺门之变"，将这位太上皇重新扶上台。英宗执政后，少保于谦和首辅王文以谋逆的罪名被处死。而这场政变的策划者，从此都当上了大官、掌握了大权，他们的胡作非为一点儿也不亚于王振，甚至发生了企图篡位的"曹石之变"。而重新上台的朱祁镇，还是原来的老样子，甚至还为王振立庙祭祀。

到了英宗之子宪宗朱见深执政时期，鞑靼重新崛起，并在此后的一个多世纪里，长期威胁大明的安全，甚至有了嘉靖二十九年（1550）的"庚戌之变"。北京城在一百年后，又一次面临被攻破的危险。

因为鞑靼反复入侵，从宪宗朝开始，明朝开始大规模修筑长城，希望能借此阻挡一下他们的侵略势头。随着蒙古势力的不断扩张，大明都城北京与国境线的距离越来越近，才出现了中国历史上让人哭笑不得的"天子守国门"。在和平解决了鞑靼问题之后不久，东北的女真悄然崛起，西北又有农民起义，终于为大明王朝的灭亡，钉上了最后一颗钉子。

崇祯十七年（1644）三月十九日，明思宗朱由检在煤山上吊，次年五月二十五日，清军占领南京，标志着明朝的正式灭亡。大明起于南京，亡于南京，在二百七十七年（1368—1645）❶的历史之中，永乐时代的二十二年，成了其最为辉煌的一段时间。其疆域最为广大，国力最为强盛，对外战争几无败绩，南洋各国慕名朝贡。

如果沿着朱棣设计的轨道发展，大明全盘接收元朝的遗产，建立一个将整个蒙古草原和满洲包括在内的庞大帝国，可以说有很大希望。但"仁宣之治"的保守政策，令大明丧失了最好的时机。而土木堡的惨败和夺门之变的内耗、于谦等人的冤死，更让这个原本最有血性的汉人政权，不可逆转地沿着内向退缩之路下滑。

在一定程度上，朱棣的子孙做得多糟糕，就证明永乐大帝当年做得多出色；他们的眼光有多短浅，就显示了朱棣的意识有多超前；他们的行为有多保守，就验证了朱棣的行为有多开放。

但平心而论，在力行文官制度、完善科举选才、保证漕运通畅和提升军队战力等方面，明朝中后期的统治者们，却沿着朱棣开创的趋势继续向前发展，青出于蓝而胜于蓝，取得了可圈可点的成绩，并没有退回到朱元璋的老路上去。

朱棣在去世一百一十四年之后，他的伟大终于被后人发现并承认了，庙号就由太宗发展到了成祖。这又是搞哪一出呢？

---

❶ 关于明朝灭亡的时间，有1644年、1645年、1662年和1683年四种说法，本书将弘光政权被灭，作为明朝正式灭亡的时间，因此明朝一共有十七位皇帝。

第十六章　永乐大帝的遗产

一、从太宗到成祖，地位提升有玄机

朱棣已然不在人间，但他对后世的影响依旧深远。

通常来说，只有开国皇帝才能称祖，而以后的继承者们只能称宗。但唐朝之前，庙号的设置却比较混乱，三国时期，曹操、曹丕和曹叡，分别被尊为太祖、高祖和烈祖，并称"魏氏三祖"；隋朝开国皇帝杨坚被尊为"高祖"，儿子杨广的庙号则是"世祖"。

唐朝之后，庙号就相当规范了。开国皇帝可以把自己的三代祖先，都追尊为祖，但非开国皇帝，只能称为宗。就连李世民这样的"天可汗"都不能例外。

开国皇帝通常被追尊为太祖，如宋太祖赵匡胤、元太祖铁木真、明太祖朱元璋、清太祖努尔哈赤。李渊屈居"高祖"，只因他将祖父李虎追尊为太祖。

刘邦的正确庙号其实是汉太祖（高皇帝），但很可能是《史记》的传抄错误，"汉高祖刘邦"被叫了两千多年，反而不好更正了。

而开国皇帝的继承人，通常会得到"太宗文皇帝"的庙号，如唐太宗李世民、宋太宗赵光义、元太宗窝阔台、清太宗皇太极等。

但第一个打破这个惯例的，就是明世宗嘉靖皇帝。他把朱棣尊为"成祖"。

这里面又有什么玄机呢？

清朝的康熙并不是开国皇帝，但他死后的谥号就是"圣祖"。这一庙号是当年唐玄宗为道教创始人李耳（老子）所设，历代汉人皇帝从来不用，但满洲人可不计较这些。而且，康熙平定三藩之乱，收复台湾，平定噶尔丹，抗击沙俄，武功卓著；在内政上也是与民生息，发展经济，开创了号称中国两千年皇权专制史顶峰的"康乾盛世"。作为远远超过了其父的康熙皇帝，成为"圣祖仁皇帝"似乎也没有什么争议。

但康熙能获得这样的庙号，正是建立在朱棣已经称祖的基础上，完全是有样学样。嘉靖对先祖朱棣的追尊，才是真正的突破，具有划时代的意义。

朱棣死后，被尊为"太宗文皇帝"，这个庙号也算是中规中矩。他的继承人朱高炽，本身性格就保守拘谨，显然没有突破祖制的勇气。不过值得一提的是，庙号再次强调了建文帝身份的非法性，强调朱棣才是太祖朱元璋的合格继承者。

太祖是一个王朝的开拓者，通常出身军旅或崛起于江湖，以大无畏的勇气，经过血与火的重重洗礼，在前朝废墟上建立一个全新的政权；而太宗则在太祖开创的基础上，励精图治、安抚百姓、发展经济，把帝国引向一个正确的轨道。

并不是每一个王朝的第二位君主，都有资格被称为"太宗"的，例如那个引发八王之乱、把西晋搞垮了的晋惠帝，就得不到这样的待遇。

特别值得一提的是，从第一个统一的王朝——秦朝开始，中国历史就无一例外、不同程度地出现了二代危机。几乎没有一个汉人王朝能一直平稳顺利，那些没有度过危机的帝国，如秦、晋和隋，很快就走向了灭亡；而经历了严重动荡但艰难走出危机的一些朝代，却获得了相当长期的繁荣，如汉、唐和明等。相比之下，元清两个少数民族政权的二代危机还不算特别严重，解决之后，国家也迈向了正轨。

这其中最具有戏剧性的，当属唐太宗李世民的玄武门兵变和明太宗朱棣的靖难夺权。

唐太宗生活的年代，距今已有一千三百多年，历史真相早就在一代代的历史学家精心地粉饰下，变得面目全非。一个亲手杀死亲哥哥与亲弟弟，并逼迫父皇退位的逆子，摇身一变，居然成了中国历史上的千古一帝。

李世民的所作所为，和有"篡位嫌疑"的杨广比起来，无疑更加血腥、更加明目张胆、更加不计后果。为什么后者就遗臭万年，前者却流芳百世？难道就是因为隋朝二世而亡国，而唐朝没有？

这一点，朱棣早于我们六百年就看出来了：强者可以创造历史，这个"创造"有两重含义，一是可以通过自己的英雄行为，让历史进程发生改变，比如他的靖难；二是通过自己控制的文人，对史书进行删删改改，把真相小心地掩埋起来，包装出一个全新的皇帝形象。

朱棣的权力，不是来自太祖的授予，而是来自武力夺取。

在这一点上，他和李世民无疑是一致的。但李世民夺取最高权力只用了三天，死了十来个人；而他却用了整整三年，造成了数万将士的阵亡。李世民的玄武门之变，从一开始就优势明显，甚至可以说几无悬念；而朱棣的三年靖难战争，却是胜利与失败相互交替，机遇与危机始终并存。直下南京的决策，近乎孤注一掷。

朱棣生前最佩服的就是李世民，他也和后者一样，使用武力夺取了江山，坐上了本不应该属于自己的皇位。为了这个宝座，两人都不惜向亲人开刀。李世民杀死了自己的亲哥哥和亲弟弟，而朱棣则让自己的亲侄子生死不明。

他们登基之后，对内励精图治，勤于政务，为本朝三百年统治奠定了基础；对外抗击强敌，屡次获胜，让自己的国家成为当时东亚的核心。作为太宗，他们二人得位最不正，但执政期间，成果却最突出。

唐朝是在突厥的帮助下建立的。唐高祖曾向东突厥称臣，而李世民却彻底消灭了突厥，并被西域各族首领拥为"天可汗"；在经济方面，唐太宗进一步完善了自北魏开始实行的均田制与租庸调制，促进社会稳定发展,百姓安居乐业;在文化方面,他继续推广科举制,大力奖励学术,修史多部,并在长安设国子监,吸纳优秀人才。

按这个标准,朱棣可以升级为"祖",李世民自然也没有问题。

当然,李世民也有不如朱棣之处。和杨广一样,他三次远征高句丽无法取胜,朱棣却能让李朝朝鲜成为大明最忠实的纳贡国。

在选择接班人方面,李世民眼光没有朱棣好。朱棣让子孙后代通过政变登基的可能性大大降低。

但总体来说,两人不分伯仲,都足够伟大。

嘉靖十七年(1538)九月,明世宗朱厚熜突然将朱棣的庙号改为"成祖",并改谥为"启天弘道高明肇运圣武神功纯仁至孝文皇帝"。他的主要目的,是将朱棣的儿子仁宗请出太庙,把自己的生父朱祐杬(追谥庙号为睿宗)强行塞进来。

但嘉靖也无意中道出了一个事实:朱棣和其父朱元璋一样,也是大明帝国的创建者,并且将朱元璋未竟的事业变成了现实。让我们听听陈学霖[1]教授怎么说:

回顾起来,1538年追赠给皇帝的最后谥号成祖,似乎是一个恰如其分的称誉。它集中体现了与传统治国之道——贤君理想地联系起来的文治武功。永乐帝被公认为是一个足智多谋和精力充沛的征战者,通过其征剿和对外远征,他完善了开国皇帝的丰功伟绩,并使明朝的力量和影响达到了顶峰。他被誉为一个有干劲和献身精神的统治者,他恢复了儒家的治国

---

[1] 陈学霖(1938—2011),著名金元明史研究专家,美国普林斯顿大学哲学博士,华裔。历任新西兰奥克兰大学历史系高级讲师,美国哥伦比亚大学《明代名人传》编纂处研究员,澳洲国立大学远东史研究员,台湾大学历史系客座教授,美国华盛顿大学杰克逊国际研究学院及历史系教授。是《剑桥中国明代史》第四章《建文、永乐、洪熙和宣德之治》撰稿人。主要著作包括《明代人物与史料》《明初的人物、史事与传说》《刘伯温与哪吒城:北京建城的传说》等。

之术，重新建立起古代的政制，他又被誉为一个把帝国南北两部分统一起来，从而为王朝奠定新基础的人。

《明史·本纪第七》则如此称赞：

文皇少长习兵，据幽燕形胜之地，乘建文孱弱，长驱内向，奄有四海。即位以后，躬行节俭，水旱朝告夕振，无有壅蔽。知人善任，表里洞达，雄武之略，同符高祖。六师屡出，漠北尘清。至其季年，威德遐被，四方宾服，明命而入贡者殆三十国。幅陨之广，远迈汉唐！成功骏烈，卓乎盛矣！然而革除之际，倒行逆施，惭德亦曷可掩哉！

应该说，这个评价还是比较公道的。朱棣，绝对配得上"成祖"这个加谥，配得上永乐大帝的威名，配得上远超汉唐的赞誉。

朱棣在位只有区区二十二年，却开创了中国历史上非常著名的"永乐盛世"。这二十二年，在大明历史二百七十七年中只是浪花一朵，却开出了最艳丽之花，结出了最饱满之果。它如同一道最耀眼的流星，在悠长的黑暗岁月中，令人猝不及防地照亮了整个天际。

永乐盛世是独特的，因为其缔造者永乐大帝，是大明历史上独一无二的统治者。他身上既有汉族政客的圆融世故，又有蒙古武士的坚韧嗜血；既有永远不服输的劲头，也有必要时候低头的智慧；既能手不释卷地阅读历代经典，也能大胆质疑前人做法的合理性。

这个盛世有几个特点：

1. 出现在明朝建国仅三十余年之时，而并非如汉武盛世、开元盛世或乾隆盛世那样，都是经过百年左右的积淀与发展，才逐步形成并达到巅峰的。

2. 持续时间相当短，仅有区区二十二年。有后人将"永乐盛世"与"仁宣之治"合并起来，统称"永宣盛世"，但我们都知道，永乐与仁宣年间的执政理念，差距很大。

3. 文治武功都极其突出，势力范围创下历代汉人王朝之最，一改华夏政权最擅长的软弱做派，展现出了强大实力与可贵血性，开创了"万国来朝"的局面。

4. 经济方面的建树并不突出，资源浪费比较严重，社会财富的积累与创造显然落后于中晚明。当然，这也和明朝建政时间不长、经济方面人才储备不够有关。

不过，放眼三千五百年中国史，一个纯正的汉人王朝，能同时在政治、军事和文化上达到这样高度的，能同时在南北两面开展大规模战争，同时又进行修建新都、疏通运河等多项工程，又没有捅出大乱子的，似乎只有永乐一朝。

别说中国，放眼全世界，真正可以被称为"大帝"的统治者，也并不算太多。他们都是因为自己的文治武功，对人类历史进程产生过极其重大影响的人。如古希腊的亚历山大大帝、古罗马的恺撒大帝、俄罗斯的彼得大帝，法国的拿破仑大帝等。平心而论，朱棣的功业与他们相比，也可以说并不逊色，各有千秋。

朱棣确实得位不正，但他的历史贡献是无法抹杀的。他确有滥杀行为，但更多是出于巩固政权的无奈措施。他以自己的顽强意志，为中国历史添上了浓墨重彩的一笔；他用自己的特殊贡献，为大明的三百年统治奠定了坚实的基础；他凭自己的超前眼光，为中国版图的最终确立、中华民族的最终形成，发挥了无可替代的作用。

那么问题来了：大家都知道朱元璋是大明王朝的缔造者，那为什么真正的奠基人反而是朱棣？

二、父子PK，为何朱棣才是大明奠基人

提起明朝，我们最熟悉的皇帝，恐怕非朱元璋和朱棣父子莫属。而执政期间成就最大、对后世影响最大的，当然还是这对父子。

相比一个个清朝皇帝的"兢兢业业"，大部分明朝君主显得碌碌无为，甚至是浑浑噩噩。有鉴于此，有历史学家甚至认为，明朝只有一个皇

帝，那就是朱元璋。

但这种说法，显然与事实不符。无论从哪个层面来讲，朱棣都不容忽视。

虽然朱元璋打下大明江山，但是，站在朱元璋肩膀上的朱棣，显然看得更长远，治国手笔也更大气，对后世的影响也更显著。

平心而论，作为开国皇帝，朱元璋的文治武功都相当出色。如果不是他的坚定决心和坚强意志，明朝的地盘，也不会比南宋大多少。朱元璋"驱逐胡虏，恢复中华"的勇气与责任感，值得后世永远尊重，他有条不紊的战略部署，更让人钦佩和赞赏。

建国之后，朱元璋完全没有停下来享福的意思。一方面，他倡导垦荒屯田，兴修水利，鼓励移民，轻徭薄赋。虽说都是些常规做法，但对于社会经济的恢复和发展，还是起到了积极作用。

另一方面，朱元璋为了巩固皇权，不仅大肆清洗开国功臣，更大搞恐怖政治，废除丞相开历史先河，分封诸王开历史倒车，造成了比较恶劣的影响。

但作为一个从社会最底层走到权力巅峰的皇帝，他的总体表现，显然不能说差；他的很多问题与失误，放在很多贵族出身的开国皇帝身上，其实也不能完全避免。

朱元璋人生起点极低，吃过各种苦头，他的成就是自己一步一个脚印创造的。

但朱棣一出生，就是显贵之后，从小接触的都是名门，眼光、见识与境界自然不同，看问题高屋建瓴，做事情大刀阔斧。徐达这个老丈人对朱棣只是锦上添花，而郭子兴对朱元璋却是雪中送炭，意义有根本区别。

对大明政权来说，朱元璋是一个好的创造者，但不是好的建设者。事实上，大明王朝的最后二百余年，基调正是由朱棣而非朱元璋制定的。

只要我们抛下有色眼镜，客观地看待明初的历史，就会发现一个事实：朱棣在位时期的成就，绝不亚于明太祖朱元璋，甚至比其父更为重要。大明能够立国三百年，朱棣的贡献要大于他的父亲。说永乐帝是大明王朝的真正缔造者和设计师，应该并不是什么夸张之辞。

1. 明朝中后期能走向宽松政治，绝对不是朱元璋的本意，而是朱棣的作用。

今天，中华大地上出现了一股明史热。越来越多的学者认为，从中晚明开始，中国社会出现了早期近代化的端倪。在成化、弘治与正德年间（十五世纪中叶至十六世纪初叶），向近代社会转型的苗头已经出现；嘉靖年间至明末（十六世纪初叶至十七世纪中叶），新的经济人文因素更为普遍且显著地增长起来，向近代社会的转型开始启动。

但是，在朱元璋统治的三十年间，能看到什么迹象呢？

朱元璋和朱棣，都在很大程度上被后来的文人丑化。朱元璋的"火烧庆功楼""烧鹅杀徐达"和"毒杀刘伯温"等恶行，都是后世杜撰出来的著名段子。但胡惟庸案、蓝玉案、空印案以及郭恒案等，却都是无可否认的事实，是永远也洗不白的。

朱棣在靖难前遭受的不公正待遇，被后世文人小心掩盖甚至曲解；而他占领南京之后的屠杀和清算行动，则被刻意放大和夸张。别的不说，方孝孺"灭十族"就是不可能的，明朝一些正史中，就有仁宗和万历年间善待方家族人的故事。

朱元璋为保自家王朝永固，极力清洗开国功臣，为加强皇权专制，不惜肆意杀人立威，表现出的是草根创业者的心虚与鸡贼。朱棣却对靖难元老通通予以优待，连"杯酒释兵权"式的把戏也不玩，让他们继续为国家奉献才智，彰显的是贵族式的大气与自信。张辅这样的大将，居然能一直为明朝效力到土木堡之变。

朱元璋当政期间，不断加强和巩固自己的权威，废宰相，将都督府分成五军，将地方上的行省变成三司，让官员们互相制约，终于令皇权达到了有史以来登峰造极的地步。

但朱棣上台之后，实打实地建立和完善了内阁制度，弥补了宰相的缺失，把大批才子吸引进来，让他们为国家贡献聪明才智，"三杨"就是其中的代表。这些人往往一干就是几十年，保证了政策实施的稳定。朱棣创设巡抚，有利于地方军政权力的集中，这与朱元璋的策略就背道而驰了。

在朱元璋治下，你如果才华出色，像胡惟庸、蓝玉一样锋芒毕露，可能被视为政权的威胁，随时可能掉脑袋；你像傅友德一样，自甘堕落、贪污受贿求平安，还是随时可能掉脑袋。

在朱棣时代，虽说也有解缙、萧仪式的悲剧，有站错队表错忠心的麻烦，但大部分官员，生活还是挺舒坦的，工作还是很积极的，安危还是有保障的，对朝廷还是有高度认同感的。而沿着这个趋势前进和发展，政令开明在有明一代成为常态。书院的兴起、心学的滥觞，对外来文明的吸收与利用，文官制度的成熟和完善，这一切首先应该感谢的，当然不是朱元璋，而只能是朱棣。

2. 朱棣的温和削藩，为明朝政权的长治久安奠定了一定基础。

朱元璋在世期间，一心想用诸子代替开国名将守边，对皇子们的栽培不遗余力。到了晚年，他甚至让傅友德、冯胜等开国元勋受晋王、燕王等皇子管辖。

西汉"七国之乱"造成了恶劣影响，西晋"八王之乱"更是将中华民族几乎引入了崩溃边缘。封建皇子到地方掌握军政实权，已被证明是一种不合理且危险的方式，唐宋当权者已予以抛弃。朱元璋偏要学元朝封建藩王，却不顾及汉蒙之间具体条件的差异，说是开历史倒车也不为过。

正是朱元璋的这种分封制，给了燕王朱棣夺取天下的机会。最终搬起石头砸了孙子的脚，导致燕王靖难攻入南京、建文不知所终。

朱棣是朱元璋分封政策最大的受益者。如果他和清朝亲王一样被留在京城，没有自己的嫡系队伍，根本不可能完成以北平一隅夺取天下的壮举。但他上台之后，却明白自己必须做些什么。

朱允炆集团意识到了藩王的危害并着手削藩，但具体处理方式存在严重问题，对待诸王也过于刻薄。类似汉武帝"推恩令"的政策，以温水煮青蛙的方式收回兵权，无疑是更为合理的方式。

朱允炆迟迟不对朱棣下手，完全是一种欺软怕硬的表现，并且帮助朱棣坚定了靖难的决心。很大程度上，朱允炆集团的悲剧，是他们错误方式导致的必然结果。

朱棣登基之后，很快就成为建文帝政治遗产的忠实继承人。但作为合格的政治家，他的处理方式更为高明妥帖。朱棣逐步将诸藩王迁入内地，缩减王府卫队，并限制他们与地方官员的沟通。如此一来，既没有把诸王逼上绝路，又保证了他们优厚的生活待遇，还给自己积累了好名声。

从此以后，明朝的亲王们，过上了一种类似高级囚徒的生活。他们的封地不再是环境相对恶劣的边疆，而是条件好得多的内地；他们依然有封地，但管不了当地民政；他们依旧有卫队，但人数相当有限。他们免去了上阵厮杀为国捐躯的风险，同样也失掉了凭战功上位的可能性，"朱棣二世"也很难再出现了。

不过，王室子弟规模的快速扩张，给朝廷财政确实也带来了不小的压力。

显然，明朝大部分时间里安排亲王的措施，遵照的是朱棣的办法，而不是朱元璋的方式。明初由诸王管理的边塞重地，也转由国家大将镇守。让专业的人做专业的事，当然有利于国家的长治久安。有明一朝，不仅成就了刘荣、戚继光和李如松等许多边关名将，也涌现出了威宁伯王越、新建伯王阳明和于谦等不少善于用兵的文官。

3. 朱棣迁都，既奠定了北京的历史地位，又稳固了明朝的疆域，更促成了中国版图的最终形成。

朱元璋生前，一直有将京城迁到北方的想法。他曾经以开封为北京，也派朱标考察西安，但这两座古都，因为地理条件与经济环境的变化，都很难再成为大明王朝的京师。

北京是朱棣的龙兴之地，后世在谈及朱棣迁都时，往往认为这是他从个人利益出发的考虑。此种观点难说公正。

朱棣迁都北京，主动将国家都城放在传统意义上的边关城市，主动顺应民族融合的大趋势，无疑是个极为大胆的举措。明朝能够有近三百年国运，恰恰是因为将都城设在离国境线不远的北京，而不是看起来离危险很远的南京。

在朱元璋时代，京城位于国家的经济中心地区，物资供给方便，漕运的作用也就无足轻重，南北交流不畅，地区差异继续扩大，并不利于国家的长久稳定。

朱棣迁都北京，并使其充当国内第二大城市和重要商贸中心，从而有效带动了直隶及周边布政司的发展，一定程度上弥合了南北经济的巨大差异。与此同时，江南地区维持了既有繁荣，南京继续是国内最大城市。

北京需要通过漕运输送大量物资，仅粮食一年就能达到四百万石。这看似造成了巨大的运力浪费，却让大运河真正成为连接南北的大动脉，让南北交流更加频繁、南北差距进一步缩小，更为运河沿线的百姓，创造出了很多就业机会。

终明一世，朝廷高官中南方人占据主导地位，北京有大量南方移民，也让京师成为最有南方气质的北方城市。这个特质甚至一直持续到了六百年后的今天，对中国社会经济的发展产生了微妙的影响。

朱元璋安葬于钟山，朱棣却将自己的皇陵选在昌平天寿山下，随着后代子孙的加入，最终形成了一个庞大的十三陵。既然列祖列宗都埋在这里了，以后遇到再大的危机与挑战，也万万不能放弃京师。正统十四年（1449）十月的北京保卫战能够成功，北方领土能够得到完整捍卫，正得益于这种誓死不退的精神。

朱棣迁都北京，是期盼大明能够比肩大元，让北京成为"天下之中"。后世子孙即使无法完成他的遗志，即使放弃了东北大部，但也绝对不敢放弃长城，也就保住了华北和西北的庞大国土，并能持续对内外蒙古和东北产生一定影响力。

这两处地方最终能纳入中国版图，蒙古族和满族能够成为中华民族的组成部分，明朝的贡献一直被忽视。而入关的清朝统治者，事实上只是朱棣政治遗嘱的执行者。

4. 郑和下西洋和"万国来朝"，一定程度上打破了海禁，推动了明朝中后期"白银时代"的到来。

在对外关系层面，朱元璋和朱棣的想法差距不小。

平心而论，他们都是不缺乏战略眼光的帝王，对蒙古的潜在威胁都高度重视。

朱元璋在首次北伐占领元朝两都之后，在洪武年间，又先后进行了十三次北征，力图彻底消灭残元势力，剪除其对中原的威胁。这与朱棣的五征漠北的出发点相同。

但在开疆拓土方面，朱元璋无疑比较保守，他以祖训的形式告诫其子孙：

> 四方诸夷皆限山隔海，僻在一隅，得其地不足以供给，得其民不足以使令。若其不自揣量，来扰我边，则彼为不祥。彼即不为中国患，而我兴兵轻犯，亦不祥也。吾恐后世子孙倚中国富强，贪一时战功，无故兴兵，杀伤人命，切记不可。

他还将大明周边的日本、朝鲜和安南等十五国列为"不征之国"，似乎忘记了秦始皇在安南设立象郡，唐高宗在朝鲜设置安东都护府的故事。而到了永乐五年（1407），朱棣就将安南变成了交趾布政司，显然违反了朱元璋的训导。

朱元璋一改宋元时代传统的海疆开放政策，实行了严格海禁，一是出于封锁倭寇的需要，二是"重本抑末"传统思想的作怪。

朱棣上台之后，并没有废止海禁，但却实施了令全世界为之瞩目的"郑和下西洋"，恢复了广州、泉州和宁波三个市舶司，并事实上建立了一个最多有六十国加入的"朝贡贸易体系"。

如此一来，外国使团来到三地朝贡时，随船有大量的"私货"也贩入大明。更有使节之外的专职商贩，他们携带货品在当地出售，利润不菲。明代《续文献通考·市籴考》记载：

> 凡外夷贡者，皆设市舶司领之。许带他物，官设牙行，与民贸易，谓之互市。是有贡舶，即有互市，非入贡，即不许其互市矣。

显然，朝贡贸易非但没有埋葬民间商品交易，反而对后者起到了保护作用。而在中国这边，郑和下西洋的成功、官营船厂的发展，自然也促进了民间的造船业与航海业的发展，让私人海外贸易从无到有、从小到大发展起来了。而出于某些原因，很多沿海官员，对这种"走私"是睁一只眼闭一只眼的。

隆庆元年（1567），在内阁首辅徐阶等人的倡议下，明穆宗正式宣布部分解除海禁，允许民间私人远贩东西二洋。从此民间海外贸易有了更加快速的发展。

在国际贸易中，中国凭借着在丝绸、瓷器等方面无可匹敌的制造和出口优势，与绝大部分国家都是贸易顺差，成为最重要的白银净进口国。据贡德·弗兰克等学者估计，从神宗万历元年（1573）至崇祯十七年（1644）的七十二年间，全世界生产的白银，有大约三分之一通过各种渠道最终流入中国，共计大约三亿五千三百万两。

当然，这个数字未必精确，但全球白银大量流入中国，是毫无争议的。中晚明时期，中国进入了一个"白银时代"，并与国内的宽松氛围形成了良性互动，有力推动了城市经济发展与消费社会的形成，也极大促进了社会观念的变革与进步。在江南城市中出现了文化创作的繁荣，展露出了近代化的曙光。这对过去历朝历代来说，恐怕都是不可想象的。

平心而论，我们肯定不能将主要功劳归于朱棣。但如果没有他营造的突破口，后面的一切恐怕也无从谈起。

朱棣的后世子孙们，尽管失去了成祖的血性和魄力，在军事和外交上没法像朱棣一样锐意进取，但是永乐时代定下的许多基调却延续了下来。后世总体上的施政措施，显然更接近朱棣而不是朱元璋，并且步子更大，力度更强，成果也更显著。

他们继承了距边境线不远的京城和政治军事中心，继承了一个有多个朝贡国的庞大帝国，继承了庞大的漕运体系，继承了两京制和和巡抚制，也继承了文官秉政和精英政治模式，并有了进一步发展和完善。

如果大明完全按照朱元璋定下的基调发展，恐怕只会成为一个封闭保守的落后国家，国运也未必能长久。也不可能出现十六世纪初的文化复兴，出现王阳明心学的盛行，出现兴办书院与民间讲学的热潮，出现江南商品化农业和手工业的繁荣，等等。

朱棣用自己的智慧和努力，为大明政权打下了一个扎实的基础，给后世子孙留下了一笔丰厚的遗产，并期待他们能百尺竿头，更进一步。但比较遗憾的是，中晚明的经济和文化等诸多方面还能继续发展，军事实力却是明显下降了。

三、盖棺定论，朱棣不输任何帝王

俗话说"盖棺定论"，永乐二十二年十二月十九日，朱棣就住进了北京西郊的长陵。清宣统三年十二月二十五日（1912年2月12日），长达两千余年的帝制也宣告终结。那么问题来了：

在中华民族漫长的专制帝王史中，朱棣到底处于什么样的水平？

要给处于不同朝代的皇帝打分，显然有点"关公战秦琼"的意味。各个政权建立和存续的历史条件千差万别，国君们也不在一个起跑线，很难有一套完全客观的标准。但历史解读从来也不可能百分之百客观，必然是见仁见智的思考与判断。

有历史学家曾经说过，浩如烟海的中国历史不过是两大主题——夺取皇位与捍卫皇位。正因为专制制度有着巨大的历史惯性，中国传统文化又不推崇创新与变革，而鼓励保守和继承。如此一来，能有所作为的帝王，当然就不会很多，往往都集中于开国时期的头几任君主。

朱棣并不是开国皇帝，但从其得位方式看，他显然无限接近于一个新王朝的奠基人。上台之后，他面对的困难与矛盾，承受的压力和挑战，也更像一个初创君主。从这个意义上来说，朱棣想要平庸，也是不太现实的。

历史学家们大都认为，朱棣是个"好"皇帝。不过这个"好"，是"好大喜功"的缩写。但是，好大喜功，往往是与"勇于担责"联系在一起的。朱棣的文治武功和历史贡献,显然胜过了父亲朱元璋以及中国大多数皇帝,可能唯有秦始皇、汉武帝、隋世祖、唐太宗、唐玄宗、元世祖和清圣祖等少数君主,方能与之相提并论,而其他大多数,似乎都与他相去甚远。

秦王政元年(前247),年仅十四岁的秦王嬴政在雍城登基,成为这个西部战斗民族的领航者。八年之后,二十二岁的他开始亲政,剪除太后赵姬和丞相吕不韦在朝中的势力。随后,从秦王政十七年(前230)到二十六年(前221),这位雄才大略的君主用了十年时间,先后消灭了战国七雄中的六个:韩、赵、魏、楚、燕和齐。在中国历史上,能够同时完全控制黄河与长江流域的政权,秦朝无疑还是第一个。

此时,当上皇帝的嬴政没有停止扩张的步伐,也完全没有这种意识。秦军一路向南,将闽江与珠江流域完全划入帝国版图,并设置郡县进行直接管理。在北边,秦军则不断驱逐匈奴势力,并攻占了河套等地。事实上,在荡平六国之后,秦始皇的最后十年,对外战争几乎就没停止过。

一统天下之后,原本就应与民生息,但秦始皇似乎不愿意这么做。大规模地修驿道、筑长城、建新宫、拓皇陵,对社会资源形成了极大消耗。

朱棣有五次北征,秦始皇则有五次巡游。他第五次出巡到沙丘(今河北省邢台市)附近时,突然离奇身亡,到底是病死还是遇刺,已经成了解不开的千古之谜。秦始皇事先没有立储,导致赵高和李斯联手发动政变,扶持胡亥上台,为四年之后的灭亡埋下了种子。而朱棣死后,他身边的重要大臣却能稳定局势,让太子顺利继位。

秦始皇奠定了统一中国的基础,首次将华南纳入中国版图,但其建立的帝国,不过区区三百万平方公里,而朱棣迁都北京之后,直辖领土和势力范围超过了一千万平方公里,达到了历代汉人政权的最高峰。

秦始皇不能击败匈奴,遂大规模修建长城以保平安。但朱棣却以自己五征漠北打得鞑靼、瓦剌四处逃窜。

在对外战争上与朱棣有同样辉煌经历的汉人帝王，非汉武帝刘彻莫属。他执政的五十四年间，被认为是西汉统治的高峰，但也是衰落的开始。在刘彻上台之前，祖父文帝与父亲景帝实行了近四十年的休养生息政策，社会安定，经济发展，国库有了积蓄。因此，他才有条件发动对匈奴的三次大规模战争，通过漠南之战、河西之战和漠北之战，汉武帝打出了华夏民族的自信与血性。

也正是在汉武帝执政时，广东、广西和云南再度回归华夏版图，中国南部基本疆域得以奠定。张骞出使西域的开创之功，不亚于郑和下西洋；平定河西走廊、设立西域都护府、开创丝绸之路等，都是造福千秋的伟业。

在修城建庙、大兴土木方面，汉武帝倒是显得低调和保守，五十四年内唯一的重大工程，就是有"中国金字塔"美誉的茂陵。但封禅出游、入海求蓬莱真神、算缗告缗与民争利、逼死太子刘据和卫皇后的"巫蛊之祸"，都让他承受了巨大压力，迫不得已，汉武帝晚年下《轮台罪己诏》，开在位皇帝自我批评的先河。汉武帝死后，汉朝就开始全面走向衰落，八十年后就被王莽篡位了。

试想一下，如果汉武帝也学习朱棣，在对外长年战争的同时，也营建第二个权力中心并迁都，疏通运河，六下西洋……以当时落后的经济条件，能不能扛得住？一手将大隋帝国送上绝路的隋世祖杨广，从另一个角度回答了这个问题。

朱棣与杨广，这两个生活年代相差八百余年的皇帝，在许多方面都有惊人的相似之处。

他们都有一个光鲜的年号，并为此奋斗了很长时间。他们都大建陪都、大搞巡幸、大修运河，都以建立一个大帝国为己任，都在对外连年战争的同时，在国内大搞基建工程。他们都有一支无敌之师，朱棣有三大营，杨广有媲美三千营的骁果军铁骑。朱棣三巡北京，五出漠北，搞南北双城生活；杨广执政十四年，在京师长安总计停留不超过一年，把大量时间折腾在了巡幸路上。

但是，杨广把老爹"开皇之治"打好的基础给彻底败光，并断送了大隋江山，甚至丢掉了自己的性命，留下了千古笑柄；而朱棣在"洪武之治"基础上继续前进，国力达到了有明一代的最高点，缔造了"永乐盛世"。

他们的父亲都是开国皇帝，他们都不是长子，但最后都继承了大统。当然，杨广能够继位，得益于自己的才华和大哥杨勇的无能，而并非政变或暴力手段。朱棣则是用让人诟病的三年靖难战争，硬是从侄子手中抢到了帝位。

朱棣原本是南方人，自从就藩北平之后，反而喜欢上了北方的粗犷；而杨广明明是个陕西人，自从参与灭陈并长期担任江都（今江苏省扬州市）总管之后，也逐渐喜欢上了江南的繁华。

朱棣在南京新城修建仅仅四十年后，就开始重新修建北京城，疏通运河，迁都北京，开创了中原王朝将京师从富庶之地迁往边境地区的先河。而杨广在大兴城竣工不过二十二年之后，就下令营建东都洛阳新城，并开凿以洛阳为中心、全长五千四百里的大运河，又将扬州打造为江都，建成控制中国南部的中心城市。

朱棣能预感到北京可以成为汉人的"天下之中"，杨广则预测到江南经济将超过北方。不得不说，两人的眼光和视野，都跳出了当时的时代，行为也是那些四书五经熏陶出的大臣无法理解的。

两人确实都好大喜功，一定程度上甚至可以说是穷兵黩武，但付出的代价却大相径庭。朱棣五次北征，后三次都浪费甚大且收效甚微，杨广的三征高丽更是带来了极其严重的后果，引发了全国规模的起义与叛乱，最终导致了隋朝灭亡。而朱棣统治末期，虽有唐赛儿等起义，但规模与危害显然要小得多。

公平地说，朱棣文化程度不高，治国能力是在登基之后一步步积累起来的；杨广的文化造诣远胜朱棣，领袖才华极为突出，也不缺少军事眼光，却因自己的自负而走上了绝路。除了运气不佳，缺少自控力也是重要原因。

杨广显然缺少朱棣的自律精神和政治嗅觉,更不能把文臣武将真正团结在一起。说难听的,他只要不折腾得太离谱,如明朝的嘉靖、隆庆一样专注于吃喝玩乐,隋朝江山都不会垮。一定程度上,他也称得上才华支撑不了梦想。

朱棣即使在靖难最危险的时候,身边大将也没有一个变节的,可见他的御人之术有多高,宣传鼓动能力有多强。杨广避居江都,凭借当时最精锐的十余万骁果军,至少可以守住半壁江山建立"南隋",却被自己的亲信夺走了性命,孙子后代被屠戮殆尽。可见,朱棣的人格魅力远大于杨广。

朱棣最喜欢自比李世民。两人都是开国皇帝的儿子,都以军事起家,都靠不法手段上台,在位时间相差无几,死后庙号都是太宗文皇帝。但李世民统治期间,更多强调休养生息,显然吸取了杨广时代的教训,其在施政魄力上,显然不如朱棣。

清朝皇帝自顺治元年(1644)入关之后,事事模仿明朝,从这一点上来说,他们就失分不少。康熙大帝在位六十一年,文治武功上取得了很大成绩,他本人也锐意进取,但相比朱棣,还是略为逊色。

康熙为了立威,不仅惩治了鳌拜,逼反了吴三桂,还让整个华南陷入内战之中。他的这种做法,似乎更接近于建文式的莽撞,而缺乏成熟政治家的稳重。

康熙倒是不乏血性,两次亲征噶尔丹,但大清军队配备的火器,居然没有近三百年前的明军多!朱棣的神机营,战斗力甚至不亚于英格兰内战时的议会军。康熙用数千精兵艰难战胜雅克萨的数百俄兵之后,还开了获胜割地的可悲先例。

康熙和朱棣一样,在执政期间发动了多场战争,却因《尼布楚条约》丧失了东北大片土地,而朱棣则建立了奴儿干都司,控制了东北全境。康熙去世之时,清朝国土面积依旧不如朱棣离世时的大明。

朱棣开创的内阁制，在后世得到了很大发展，让明朝中后期建立起了完备的文官体制。康熙却设立南书房分掉内阁权力，不断加强皇权，施政方式更像朱元璋。在文化上，康熙更是大搞文字狱，实行愚民教育，扼杀读书人的创造力，也远不如朱棣不拘一格降人才来得开明。

其实，朱棣真正想效仿的皇帝，是元世祖忽必烈。

永乐十九年（1421）迁都北京之后，朱棣治下的帝国疆域与忽必烈时代相差不算很大，还占领了后者搞不定的安南。忽必烈晚年对东南亚各国的军事战争均以失败告终，而朱棣却通过下西洋，让他们主动朝贡，在东亚世界建立起了一个以明朝为中心的朝贡体系，或称"永乐式的东亚国际秩序"。而忽必烈两次远征都未能征服的日本，也乖乖地对大明表示臣服。

从这些方面来看，朱棣不仅有资格成为元世祖的继承人，甚至做得比前者更好。当然，两人的历史条件不同，正如元大都夯土而筑，而明北京城却全用砖石包建，自然要气派宏伟得多。

但无论如何，我们似乎可以小心翼翼地得出这样一个结论：朱棣的名字，足以跻身中国历史上最伟大的帝王前十位之列。

相信这种说法，是不会引来太多争议的。

朱棣年谱简编

至正二十年（1360），一岁。

三月，"浙东四学士"刘基、章溢、叶琛、宋濂共赴应天，入朱元璋幕府。

四月十七，生于应天府，是为朱元璋第四子。未取名。

闰五月，汉王陈友谅杀徐寿辉，引兵犯应天。朱元璋用刘基计，在龙江大败汉军。

至正二十一年（1361），二岁。

八月，朱元璋克陈汉都江州，陈友谅奔武昌。

十二月，朱元璋下龙兴路，改为洪都府。

至正二十二年（1362），三岁。

三月，明玉珍于重庆称帝，国号大夏。

至正二十三年（1363），四岁。

三月，朱元璋率军赴安丰，救出小明王，置于滁州。

七月，朱元璋与陈友谅战于鄱阳湖。

八月，陈友谅败死，二子陈理在武昌称帝。朱元璋改洪都为南昌。

九月，张士诚称吴王。

至正二十四年（1364），五岁。

正月，朱元璋称吴王。

二月，朱元璋亲征武昌，陈理出降，汉亡。

至正二十五年（1365），六岁。

十月，朱元璋令徐达、常遇春讨伐张士诚。

至正二十六年（1366），七岁。

二月，明玉珍死，子明升继位。

八月，朱元璋颁讨张士诚檄文，称白莲教妖言惑众。

十二月，朱元璋遣廖永忠杀小明王，于应天立宗庙、社稷。

吴元年（1367），八岁。

本年，朱元璋为诸子命名，四子为朱棣。

九月，徐达、常遇春克平江，俘张士诚。

十月，朱元璋派徐达、常遇春领兵二十五万北伐元廷，发布《讨元檄文》。

明洪武元年（1368），九岁。

正月初四，朱元璋在应天登基，建立明朝，年号洪武。以马氏为皇后，朱标为太子。

四月，朱元璋幸开封，李善长、刘基留守应天。

七月，北伐军占领通州，元顺帝奔上都开平。朱元璋令改大都为北平府。

八月，朱元璋诏以应天为南京，开封为北京。

十一月，朱元璋建大本堂，延师教授太子及诸王。

洪武二年（1369），十岁。

三月，北伐军克奉元路，朱元璋令改为西安府。

六月，常遇春克开平。

七月，常遇春病死，被追封为开平王。

九月，朱元璋以临濠为中都，召群臣议定都之事。

洪武三年（1370），十一岁。

四月，朱元璋封九子为亲王。朱棣受封为燕王，以北平府为封藩。

十一月，朱元璋大封功臣。李善长等六人为国公，汤和等二十八人为侯。

洪武四年（1371），十二岁。

正月，傅友德领军伐夏。六月，明升出降。七月，明军占领成都。

洪武五年（1372），十三岁。

正月，遣徐达、李文忠和冯胜三路并进，征伐北元。

三月，徐达在土剌河惨败于王保保。

洪武六年（1373），十四岁。

二月，设置乌思藏、朵甘卫指挥使司。

洪武七年（1374），十五岁。

十月，朱标长子、皇长孙朱雄英生。

洪武八年（1375），十六岁。

四月，刘基卒，朱元璋罢营中都。

遣皇太子及秦、晋、楚、靖江王赴中都讲武。

洪武九年（1376），十七岁。

二月，燕王娶徐达长女徐氏。同月，与秦、晋二王同赴中都。

六月，改行中书省为承宣布政使司。

洪武十年（1377），十八岁。

正月，诏增秦、晋和燕王三府护卫。

六月，命中外政事先启皇太子裁决，然启奏闻。以胡惟庸为左丞相，汪广洋为右丞相。

十一月，世子朱标次子朱允炆生。

洪武十一年（1378）十九岁。

正月，罢北京，以南京为京师。

四月，北元爱猷识里达腊死，子脱古思帖木儿嗣位，改明年为天元元年。

八月，朱棣长子朱高炽生于京师，时燕王于凤阳操练。

洪武十二年（1379），二十岁。

正月，燕王由凤阳回京师。

十二月，杀右丞相汪广洋。

洪武十三年（1380），二十一岁。

正月，朱元璋诛丞相胡惟庸一党，并罢中书省。

三月，朱棣就藩北平。

十二月，朱棣二子朱高煦生于北平。

洪武十四年（1381），二十二岁。

正月，诏天下编赋役黄册。

九月，遣傅友德、蓝玉、沐英等征云南。

洪武十五年（1382），二十三岁。

三月，云南全境平，设布政司。

七月，马皇后薨。朱棣京师奔丧，结识道衍。

十月，废丞相，设四辅官、殿阁大学士辅政。

十二月，朱棣三子朱高燧生于北平。

洪武十六年（1383），二十四岁。

三月，诏傅友德、蓝玉班师。沐英家族世守云南。

洪武十七年（1384），二十五岁。

三月，李文忠卒。

五月，宋晟于陕西大败西番。

洪武十八年（1385），二十六岁。

二月，燕王岳父、魏国公徐达卒，被追封为中山王。

三月，朱元璋廷试黄子澄等四百七十二人于奉天殿。

同月，户部侍郎郭恒案发。

十月，御制《大诰》成，颁示天下。

洪武十九年（1386），二十七岁。

九月，遣行人刘敏等偕内监出使真腊等国。

十二月，冯胜预攻北元。

洪武二十年（1387），二十八岁。

六月，冯胜北征至金山，元将纳哈出降。

九月，朱元璋六十寿辰，受朝贺。置大宁都指挥使司。

洪武二十一年（1388），二十九岁。

四月，蓝玉于捕鱼儿海大破北元，俘元主次子、妃等。

九月，秦、晋、燕、周、楚、齐、湘、鲁、谭诸王进京朝见。

十月，元主特古斯特穆儿被杀。

十二月，封蓝玉为凉国公。

洪武二十二年（1389），三十岁。

正月，改大宗正院为宗人府，以秦王为宗人令，晋、燕王为左、右宗正，周、楚王为左、右宗人。

五月，置泰宁、朵颜和扶余三卫于兀良哈。

八月，更定大明律。

十二月，周王朱橚弃国奔凤阳。命其居京师，世子理藩国事。

洪武二十三年（1390），三十一岁。

正月，命晋、燕王率师北伐。傅友德从燕王，王弼等从晋王。

三月，燕王等收降乃儿不花。晋王不见敌而还。

四月，谭王妃父坐胡惟庸党，谭王惧罪自杀。京城外城完工，周一百八十里，有十六门。

五月，杀李善长。作《昭示奸党录》，通告天下。

洪武二十四年（1391），三十二岁。

三月，封皇子朱楩等十人为王。

八月，秦王有过，将其召至京师。命皇太子朱标巡抚陕西，经略迁都西安事宜。

同月，命傅友德备边北平，徐辉祖备边陕西，叶升练兵甘肃。

十一月，太子回京师，献陕西地图。

当年，更造黄册成。计户一千六十八万四千四百三十五，口五千六百七十七万四千五百六十一。

洪武二十五年（1392），三十三岁。

正月，晋、燕、楚、湘王来朝，次月还藩。

四月，太子薨，年三十八。

八月,葬太子于孝陵之东,谥懿文。

九月,立朱标次子朱允炆为皇太孙。

洪武二十六年(1393),三十四岁。

二月,蓝玉疑谋反,被诛。列侯以下坐党夷灭者一万五千人。

三月,改封豫王桂为代王,汉王楧为肃王,卫王植为辽王。

同月,冯胜、傅友德备边山西、北平,其属卫将校悉听晋王、燕王节制。

十二月,《永鉴录》成,颁赐诸王。《世臣总录》成,颁示群臣。定天下都司卫所。

洪武二十七年(1394),三十五岁。

正月,禁民间用番香、番货。

十一月,傅友德卒。

洪武二十八年(1395),三十六岁。

正月,命周王、晋王发兵往塞北筑城屯田。

二月,冯胜卒。

三月,秦王朱樉薨,年四十。

同月,命燕王发北平、辽东兵,同总兵官周兴等往三万等卫搜捕野人女真。

九月,颁《皇明祖训条章》于内外文武诸司。复论"后世有敢言更制者,以奸臣论,毋赦"。

十月,皇太孙朱允炆大婚,以光禄少卿马全女为妃。

洪武二十九年(1396),三十七岁。

三月,燕王北征,败寇于彻彻儿山。

九月,大赉致仕武臣二千五百余人入朝,各进秩一级。

十月,《稽古定制》成,颁功臣之家。

洪武三十年(1397),三十八岁。

四月,敕晋、燕王备边十事。

五月,令楚、湘王率师征古州洞蛮。

同月，敕晋、燕、代、辽、宁、谷六王勒兵备边，戒勿轻战。

同月，颁《大明律诰》，罢除即位以来禁例榜文。

十二月，朱元璋有疾，群臣数问安。

洪武三十一年（1398），三十九岁。

三月，晋王朱棡薨，年四十。

四月，敕燕王备边方略。

五月，敕燕王节制北平都司、行都司及燕、谷、宁王府兵。

闰五月，朱元璋崩，年七十一。皇太孙朱允炆即位，改明年为建文元年。大赦天下，命齐泰、黄子澄参与国政。

八月，逮周王朱橚入京，废为庶人。

建文元年（1399），四十岁。

二月，建文帝追尊朱标为孝康皇帝，庙号兴宗。诏令诸王不得节制文武吏士。

三月，命宋忠屯开平，耿瓛练兵山海关，徐凯练兵临清，调兵屯彰德、顺德，防燕王。

四月，湘王朱柏自裁，齐、代二王被废为庶人。朱棣佯病。

六月，废岷王朱楩为庶人，徙漳州。朱棣装疯自保。

七月，朱棣杀张昺、谢贵等，举兵靖难。

八月，朱棣破耿炳文军于真定。

十月，朱棣大宁借兵，得朵颜三卫相助。

十一月，朱棣于北平郑村坝败李景隆。

建文二年（1400），四十一岁。

正月，诏均江浙田赋。

四月，燕军败李景隆军于白沟河。

五月，燕军围济南不克，解围撤兵。

十二月，朱棣与盛庸战于东昌，败走。张玉死于阵中。

建文三年（1401），四十二岁。

三月，朱棣破盛庸于夹河，再破平安于藁城。断官军粮道。

四月,罢齐泰、黄子澄以为缓兵之计。遣大理寺少卿薛嵓驰报燕,使罢兵归藩,不听。

七月,贻书燕世子朱高炽,令归朝廷,许以王燕,不成。

十一月,燕王祭南北阵亡将士。道衍力劝直趋京师。

建文四年(1402),四十三岁。

三月,燕军趋宿州,败平安于淝河。

四月,燕军大败官军于灵璧。俘平安等三十七将。

六月,朱棣于浦子口败盛庸,都督佥事陈瑄率舟师降。

同月,燕军困南京,谷王朱橞、曹国公李景隆开金川门请降。宫中火起,建文帝不知所终。

六月十七,燕王即位,革除建文年号,称洪武三十五年,改明年为永乐元年。

同月,杀齐泰、黄子澄、方孝孺等多名"奸臣"。

八月,命侍读解缙、编修黄淮等直内阁预机务。

十一月,立燕王妃徐氏为皇后。诏重修《明太祖实录》。

本年,北元鬼力赤杀坤帖木儿,废元国号,称鞑靼。

永乐元年(1403),四十四岁。

正月,改北平府为北京顺天府,恢复被建文帝窜逐诸王爵,各令之国。谷王改封长沙,宁王改封南昌。

二月,命宦官侯显出使西域,征番僧。

三月,改北平行都司为大宁都司,移治保定。

四月,令夏原吉巡视浙西,治嘉、湖、苏、松水患。

十一月,安南黎氏篡国,册黎苍为安南国王。

永乐二年(1404),四十五岁。

正月,定屯田赏罚则例。

同月,召世子朱高炽及高阳王朱高煦至京师。

同月,夏原吉再赴苏松治水。

三月,始选进士为翰林院庶吉士。

四月，立世子为皇太子，封朱高煦为汉王，朱高燧为赵王。以僧道衍为太子少师，复姓姚，赐名广孝。

六月，封哈密安克帖木儿为忠顺王。

八月，安南国王族陈天平抵南京。

永乐三年（1405），四十六岁。

二月，哈密忠顺王安克帖木儿被杀，命脱脱嗣位。

五月，以书戒周、楚、齐、蜀诸王。

六月，遣郑和、王景弘首次下西洋。

十月，驸马都尉梅殷卒。

永乐四年（1406），四十七岁。

三月，送陈天平之国，为安南执政者胡氏父子杀害。

五月，废齐王朱榑为庶人。

九月，令朱能、张辅统兵攻安南。

十月，朱能卒于军中，时年三十六岁。张辅领征安南军统帅。

永乐五年（1407），四十八岁。

二月，出翰林学士解缙为广西布政司参议。

六月，设交趾布政司管理安南。

七月，皇后徐氏薨，年四十六。

九月，郑和出使西洋还，处决海盗首领陈祖义。当月二下西洋。

十一月，修永乐大典成，赐名《文献大成》。

永乐六年（1408），四十九岁。

正月，岷王朱楩复因罪，削长史以下官属。肃王朱楧有罪，诏逮其长史官属。

三月，鞑靼知院阿鲁台，因鬼力赤非黄金家族后裔，杀之，迎立本雅失里于别失八里。

永乐七年（1409），五十岁。

二月，朱棣继位后首巡北京，皇太子朱高炽监国。

同月，封瓦剌马哈木为顺宁王、太平为贤义王、把图孛罗为安乐王。

同月，编《圣法心学》成，永乐亲为作序。

六月，郑和出使西洋还。

七月，丘福率师征鞑靼，全军覆没。

九月，郑和三下西洋。

同月，营昌平天寿山长陵。

永乐八年（1410），五十一岁。

二月，首度北巡，车驾发北京。

三月，亲征鞑靼。长孙朱瞻基留守北京。败本雅失里及阿鲁台。

十一月，车驾至京师。

永乐九年（1411），五十二岁。

二月，令工部尚书宋礼开会通河。

六月，郑和出使西洋还，俘锡卢山国王阿烈苦奈儿，释还。

十月，封哈密兔力帖木儿为忠义王。

同月，诏重修《明太祖实录》。

同月，立朱瞻基为皇太孙。

十二月，鞑靼阿鲁台来朝，请统领属吐蕃、女真诸部，不允。

永乐十年（1412），五十三岁。

二月，削辽王朱植护卫。

三月，升顺天知府为府尹，秩正三品，与京师顺天府同。

四月，命宋礼治卫河。

本年，瓦剌马哈木杀本雅失里，立答里巴为可汗。

永乐十一年（1413），五十四岁。

二月，设贵州布政使司。

同月，天寿山陵成，葬皇后徐氏。

四月，二度北巡，车驾到北京。

七月，封鞑靼知院阿鲁台为和宁王。

十二月，郑和四下西洋。

永乐十二年（1414），五十五岁。

二月，亲征瓦剌马哈木，皇太孙从征。

六月，于忽兰忽失温大败瓦剌。

八月，车驾至北京，于行宫奉天殿受朝贺。

闰九月，因接驾不恭敬，逮东宫官属蹇义、黄淮及杨浦等。

十一月，命胡广、杨荣和金幼孜等修纂《五经》《四书》《性理大全》。

永乐十三年（1415），五十六岁。

正月，锦衣卫指挥使纪纲杀解缙。

三月，徙封汉王朱高煦于青州。

五月，南北漕运通，罢海运。

七月，郑和出使西洋还，俘苏门答腊王之弟苏干刺以献。

十月，陈诚使西域还。

永乐十四年（1416），五十七岁。

三月，改封赵王朱高燧于彰德。

八月，作北京西宫。

十一月，朱棣还南京，迁都意决。

同月，削汉王朱高煦二护卫。

同月，郑和五下西洋。

永乐十五年（1417），五十八岁。

二月，谷王朱橞有罪，被废为庶人。

三月，徙封汉王朱高煦于乐安。

同月，三度北巡，此后不再南归。五月车驾至北京。

永乐十六年（1418），五十九岁。

本年春，因马哈木死，封其子脱懽为顺宁王。

三月，姚广孝卒于北京庆寿寺，年八十四。后被追赠荣国公，谥号恭靖。

四月，复代王朱桂护卫及官属。

五月，胡广卒，年四十九。赠礼部尚书，谥文穆。明朝文臣得谥号，自胡广始。

六月，遣礼部侍郎胡濙巡抚江浙诸郡。

本年，重修《明太祖实录》《明太祖宝训》成。

永乐十七年（1419），六十岁。

六月，辽东总兵刘江大破倭寇于望海埚。

七月，郑和出使西洋还。

永乐十八年（1420），六十一岁。

二月，唐赛儿于益都反。遣安远候柳升及都指挥刘忠统兵征讨。

九月，召皇太子、太孙至北京。

十一月，北京皇宫坛庙落成。接受朝贺，大宴群臣，确定迁都。

十二月，置"东缉事厂"于北京。

永乐十九年（1421），六十二岁。

正月初一，于北京紫禁城受朝贺，始以顺天府为京师。

同月，郑和六下西洋，护送十六国使臣回国。

四月，京师奉天、华盖、谨身三殿毁于大火。

同月，后宫"鱼吕之乱"发。

十月，议征鞑靼，夏原吉力谏止，将其下狱。

永乐二十年（1422），六十三岁。

三月，亲征鞑靼，皇太子监国。阿鲁台远遁，袭击兀良哈部。

八月，郑和六下西洋还。

永乐二十一年（1423），六十四岁。

五月，常山护卫指挥孟贤等谋立赵王朱高燧夺嫡，事败伏诛。

七月，亲征鞑靼阿鲁台，皇太子监国。

同月，于宣府密会胡濙。也先土干来投，封忠勇王，赐名金忠。

永乐二十二年（1424），六十五岁。

正月，命郑和出使旧港（今印尼巨港）。

四月，北征阿鲁台，六月下令回师。

七月十八，崩于榆木川，遗诏令皇太子朱高炽即位。

十二月十九，葬于京郊天寿山长陵，谥文皇帝，庙号太宗。

后 记

本书的创作完成于2011年，次年3月在中国友谊出版公司出版，定名为《皇帝是这样炼成的：朱棣的成功之路》。原计划创作上下两册，但出于某些原因，只出版了上册，即朱棣靖难部分。本次再版，不仅完成了下册，还对上册内容进行了一定的调整与删改，希望能给读者呈现出一个完整的朱棣形象。

拙作力求突破传统传记的藩篱，让读者看得过瘾，同时传递出一定的思想深度。

人物传记可不可以虚构？笔者认为，重大历史事件是不能虚构的，历史人物也是不能"创造"的，但一些细节，可以通过合理的推理及想象，进行适当的"现场还原"。否则，事事拘泥于原始文献，只会束手束脚，不敢越史料半步，那么，让读者直接看《明史》《明通鉴》的白话版，岂不更好、更省事？而且，这些所谓的原始文献，也并非全然是事实，同样也会为尊者讳。身为一个写作者，"写得好看"是一个不可忽视的原则。

农夫山泉的一则广告说："我们不生产水，我们只是大自然的搬运工。"此举当然受消费者欢迎。但身为一个创作者，如果打出"我们不作创新，我们只是文献史料的搬运工"，那恐怕不是明智的选择，读者肯定也不买账。

创作，在我看来，就是一种创造性的写作。你的叙事手段，是前人没有用过的；你的行文方式，能为读者带来愉悦感；你的创造性见解，会让读者觉得耳目一新，却又不是哗众取宠的故作惊人之语。

朱棣是中国人既熟悉又陌生的名字。说熟悉，是因为很多人知道他是朱元璋的儿子，知道他发动靖难，知道他迁都北京；说陌生，是因为大众对他的了解还停留在表面上，有着许多偏见和曲解。别的不说，朱棣迁都北京的意义，就长期被低估了。

许多人认为，朱棣迁都北京，是因为在南方根基不稳。一些人甚至认为，是朱棣习惯了北方的生活环境。以这样的心态揣测古人，特别是那些胸怀大志的英雄，恐怕不是明智的行为。

我们今天的生活环境和古人的已经大不一样，别的不说，今天一个普通人所能享受到的医疗卫生条件，已经远远胜过了朱棣这样的帝王。一个小区的便民诊所，其医疗水平都可胜过专门为皇室服务的太医院。今天一个初中生所掌握的数字知识，肯定要比祖冲之丰富得多。但我们千万不能认为，古人的智慧就一定不如我们，他们只是受制于当时的条件。如果我们穿越到过去，恐怕会万事艰难；而古人如果来到当下，也许一样可以发展得很好。

因此，用今人的价值观念去要求古人是不理性的，以今人的思维习惯去猜度古人是不明智的，拿今人的道德标准去苛求古人是不公道的。为古人立传，就是要站在当时的时代背景下，对传主作出尽量合理的分析。

当然，朱棣是人不是神，也曾经有过失误与错误，特别是在晚年，连续三年北征鞑靼实属徒劳无功，甚至可以说是劳民伤财。但所谓瑕不掩瑜，功大于过，朱棣的治国成就，足以令他跻身中国历史上最伟大的前十位帝王之中。而且相比朱元璋"草根创业者"的狭隘与残忍，朱棣身上显然已经拥有了贵族式的大度与自信。明朝中期开始的社会、经济与文化的繁荣，其奠基人并非仁宣二帝，而恰恰是无数知识分子并不欣赏的朱棣。

历史写作是漫长而艰苦的，但正是广大读者的鼓励与支持，给了我坚持码字的勇气和信心，让我走到了今天。必须首先感谢各位。此外，衷心感谢余世存老师，北京博采雅集图书公司，李黎明、刘鹏、王觉仁、杜君立和吕峥等业界同人，以及所有在我创作过程中给予帮助和指点的朋友。本人深知水平有限，书中难免会出现错误与纰漏之处，真心希望读者朋友们不吝赐教，非常感谢！

燕山刀客

二〇一七年三月于北京

再版后记

作为明史写作者，我对两个庚子年记忆犹新。

六百六十二年前（1360），朱棣生于应天府，就此似乎给父亲朱元璋带来了好运。从这一年开始，朱元璋连续消灭陈友谅和张士诚，肃清江南，北伐中原，西进川滇，远征大漠，用二十年时间大体上统一了传统中国疆域，缔造了盛唐之后最为强大的汉人王朝。

六百零二年前（1420），朱棣主导修建的北京紫禁城完工落成。十一月初四，他颁布诏书，正式决定次年正月初一在新殿举行朝贺。

朱棣迁都北京，在元、清两大王朝中间补上了至关重要的一环，使这座城市能够在八百余年里，几乎不间断地充当中国的政治、军事、文化、交通和经济中心。

显然，如果没有朱棣，北京在中国历史中的地位，将会受到严重影响。其所扮演的角色，将会大打折扣。

如果没有朱棣，今天的北京，很可能会是另一种样子。今天的故宫，也不太可能出现在北京。

但是，朱棣的贡献绝不仅限于这些。我们完全可以说：

是他，而不是他的父亲，创造了明朝能够存续三百年的条件；

是他，而不是他的父亲，为后世子孙打下了可望治隆唐宋的基础；

是他，而不是他的父亲，让大明社会有触摸近代化曙光的机会。

这样的一位伟人，值得认真研究，用心书写。

这样的一段历史，值得永远铭记，永久怀念。

回想十年前，我的第一部作品，正是朱棣传记。

当时，我并不想以传统传记模式书写，而是尝试在植入密集笑点的同时，注重悬念的营造与场面的渲染，使它与《明朝那些事儿》一类的作品区分开来。那段日子，可以说是我文字感觉和身体状况都最好的时期。仅靖难战役，就洋洋洒洒写下了二十万字。

当时市面上朱元璋的传记早已铺天盖地，而关于朱棣的作品却少之又少。但感谢读者的支持，我这部作品居然取得了不错销量，甚至与《明朝那些事儿》《大明王朝的七张面孔》一道，被列为明史通俗写作的三大标杆。因此到了2017年，拙著能在博采雅集图书公司顺利再版，并出齐了上下册。

每位作者的第一本书，就像自己的第一个孩子，必然会倾注全部的热情、创意与心血。而每一次的修改与润色，既是对往事的回顾，又是对未来的期许，更是与书中人物的隔空交流、心灵沟通。本着对文字的敬畏之心，必当全力以赴。

此次再版，我花费了半年多时间，对书稿进行全面修订和润色。一是修改了过往一些过于调侃的网络语体，二是对个别史实硬伤进行了订正，三是丰富和充实了一些细节。全书（上下册）由四十万字扩充到了四十五万字，希望为广大读者呈现一个更加丰满立体的朱棣形象，并将那个时代比较精准地还原出来。

本书能够顺利出版，首先，要感谢读者朋友们的支持与认可。否则，我肯定早就放弃写作了。其次，要感谢为出版发行付出很大心血的吕进老师。再次，要感谢帮助我走上写作之路的李黎明、刘鹏、刘峰和郑英祖等业界同人。最后，还要特别感谢作序推荐的余世存老师，以及王觉仁、张程、吕峥和李浩白等作家朋友的帮助与支持。笔者深知世上没有完美的作品，行文中依然存在不足与疏漏，欢迎读者朋友拨冗指正，不胜感谢。

燕山刀客

二〇二二年一月于燕郊

参考文献

1. （明）陈建.皇明通纪[M].北京：中华书局，2008.

2. （明）顾炎武.历代宅京记[M].北京：中华书局，1984.

3. （明）谈迁.国榷[M].北京：中华书局，2001.

4. （明）王世贞.弇山堂别集[M].北京：中华书局，1985.

5. （明）叶盛.水东日记[M].北京：中华书局，1980.

6. （清）张廷玉等.明史[M].北京：中华书局，2015.

7. （清）夏燮.明通鉴[M].北京：中华书局，2014.

8. （清）谷应泰.明史纪事本末[M].北京：中华书局，2015.

9. [英]崔瑞德，[美]牟复礼.剑桥中国明代史[M].北京：中国社会科学出版社，2006.

10. [德]贡德·弗兰克.白银资本：重视经济全球化中的东方[M].成都：四川人民出版社，2017.

11. [美]黄仁宇.明代的漕运[M].北京：新星出版社，2005.

12. [美]黄仁宇.万历十五年[M].北京：生活·读书·新知三联书店，1997.

13. [加]卜正民.哈佛中国史·挣扎的帝国：元与明[M].北京：中信出版社，2016.

14. [加]卜正民.纵乐的困惑：明代的商业与文化[M].桂林：广西师范大学出版社，2014.

15. 陈时龙.探明：他们的明朝[M].北京：华文出版社，2019.

16. 陈梧桐，彭勇.明史十讲[M].北京：中华书局，2015.

17. 陈学霖.刘伯温与哪吒城：北京建城的传说[M].北京：生活·读书·新知三联书店，2008.

18. 蔡石山.永乐大帝：一个中国帝王的精神肖像[M].北京：中华书局，2009.

19. 葛剑雄.统一与分裂：中国历史的启示[M].北京：商务印书馆，2013.

20. 侯仁之.北京城的生命印记[M].北京：生活·读书·新知三联书店，2009.

21. 刘勇等.北京历史文化十五讲[M].北京：北京大学出版社，2009.

22. 鲁西奇.中国历史的空间结构[M].桂林：广西师范大学出版社，2014.

23. 毛佩琦.永乐大帝朱棣[M].石家庄：花山文艺出版社，2006.

24. 孟森.明史讲义[M].北京：民主与建设出版社，2015.

25. 钱穆.国史大纲[M].北京：商务印书馆，1996.

26. 史念海.中国古都和文化[M].北京：中华书局，1998.

27. 吴晗.朱元璋传[M].西安：陕西师范大学出版社，2008.

28. 吴晗.明朝大历史[M].西安：陕西师范大学出版社，2010.

29. 雾满拦江.烧饼歌中的历史[M].郑州：河南文艺出版社，2008.

30. 阎崇年.故宫六百年[M].北京：华文出版社，2020.

31. 杨宽.中国古代都城制度史研究[M].上海：上海人民出版社，2016.

32. 赵中男.明朝的拐点[M].北京：中华书局，2015.

33. 张宏杰.大明王朝的七张面孔[M].桂林：广西师范大学出版社，2009.

34. 周振鹤.中国历史政治地理十六讲[M].北京：北京联合出版公司，2018.

35. 朱希祖.北京城：中国历代都城的最后结晶[M].北京：北京联合出版公司，2018.

36. 郑天挺.明史讲义[M].北京：中华书局，2017.

37. 阎崇年.阎崇年自选集[C].北京：九州出版社，2016.

38. 孙正荣.朱元璋系年要录[G].杭州：浙江人民出版社，1983.

39. 赵其昌.明实录北京史料[G].北京：北京出版社，2018.